国家自然科学基金项目资助出版 NSFC Project No：71073091

中国工程保证担保制度研究

（第二版）

Study on the Construction Bonding System in China

邓晓梅　著

中国建筑工业出版社

图书在版编目（CIP）数据

中国工程保证担保制度研究/邓晓梅著. —2版.
北京：中国建筑工业出版社，2012.2
　ISBN 978-7-112-13857-9

　Ⅰ.①中… Ⅱ.①邓… Ⅲ.①建筑工程-担保制度-
研究-中国　Ⅳ.①F426.9 ②D923.34

　中国版本图书馆 CIP 数据核字（2011）第 269636 号

　　工程保证担保是国际上保障建设工程承发包合同履行的一种重要的信用工具。当前中国建筑领域存在的许多问题，如工程质量问题、工程款拖欠和农民工工资拖欠问题等，都与承发包合同履行不良有着密切的关系。本书系统回顾了工程保证担保制度相关的国内外研究成果，借助信息经济学和交易成本理论深入分析了工程保证担保的运行机制、市场功能及其实现条件，总结了国际工程保证担保制度特征和模式差异，并结合中国国情，提出了在中国建筑业市场推行中国工程保证担保的整套制度设计方案。本书还在分析中国工程担保制度试点推行的发展历程、取得成果和存在问题的基础上，对中国工程保证担保制度的后续发展方向提出了系统的建议，包括担保品种的后续发展、政府对工程担保行业的监管和服务等系列构想，并引入了公共治理理论，讨论了通过构建中国工程担保同盟及其再担保平台来实现行业自律、强化监管和加速中国工程保证担保制度推行的必要性、可行性和具体操作方案。最后，本书还深入探讨了借助担保工具加强腐败预防制度建设的系列构想，这将为相关政府部门强化和完善腐败预防，也为专业工程担保公司的进一步市场开拓提供启示。

　　责任编辑：石枫华　李　宁
　　责任设计：张　虹
　　责任校对：刘梦然　刘　钰

国家自然科学基金项目资助出版 NSFC Project No：71073091
中国工程保证担保制度研究
（第二版）
邓晓梅　著
*
中国建筑工业出版社出版、发行（北京西郊百万庄）
各地新华书店、建筑书店经销
北京红光制版公司制版
北京世知印务有限公司印刷
*
开本：787×1092 毫米　1/16　印张：29¼　字数：580 千字
2012 年 3 月第二版　　2012 年 3 月第二次印刷
定价：**72.00** 元
ISBN 978-7-112-13857-9
（21261）

Abstract

Construction contract guarantee/bond is an important credit instrument to guarantee the performance of a construction contract. Nowadays, many problems exist in Chinese construction market, such as bad quality and non-payment, which obviously related with bad performance of contract. Based on a thorough literature review, and the theoretical application of information economics and transaction cost theory, the author analyzes the mechanics, functions and conditions of consfruction bonding system, and the features and mode differences of the international practices of construction bonding system in depth, and gives a systematic proposal on how to apply consfruction bonding system in China. Meanwhile, the author also makes a monitoring research on the development and pilot use of construction bonding system in China, and based on the problems analysis on such practices, gives advises on the following strategies on the direction, bond products, government regulation and services. The author also applies the theory of public governance into the discussion of industry discipline, gives her proposal on the necessity, feasibility and specific implementation solution to establish a industry ally and a re-surety/re-insurance platform for the Chinese surety industry. The author also extends her discussion into the perspective and specific solution of using bonding/guarantee system as corruption prevention tool, which may give inspiration for the government to strengthen its anti-corruption strategies, as well as for corporate sureties to expand to a possible market.

第一版序

我与作者相识是在 1999 年底举办的一次旨在推动中国工程保证担保制度的试点工作的研讨会上。我当时在会上特别谈到了学术界应加强对工程保证担保制度研究的问题。而作者正在为做博士论文进行调研工作，其博士论文的题目是《中国工程保证担保制度的理论基础与实施策略的研究》。这是国内首篇以工程保证担保制度为研究方向的博士论文。作者在会上以"工程保证担保"为题做了讲演，其才识、严谨治学、刻苦钻研和积极进取的精神风貌给我留下了深刻的印象，也促使我后来一直关注作者的研究进展。

推行工程保证担保制度是我国建设市场管理体制与国际接轨的一项重要举措，也是我国工程建设市场运行机制需要深化改革的一个重要课题。对工程保证担保制度进行研究的重点首先在于如何熟悉国际惯例，之后才能进一步结合中国国情进行制度创新。作者为了完成对国际工程保证担保制度的调研，克服了许多困难。在研究经费不足的情况下，作者于 2000 年争取到了国外担保公司的资助，并独立完成了对美国从事工程保证担保工作的各相关部门的实地考察，走访了包括美国财政部、多家担保行业协会、担保公司、担保代理商，以及在此领域有声望的多位美国担保专家和大学教授。同时，作者还充分利用国际互联网进行调研，与美国、日本、韩国、意大利、德国、西班牙、丹麦、瑞士、英国等国专家之间以英文进行的有关担保问题咨询讨论的 E-mail 往来就达数百封，以其惊人的工作量获取了世界上一些主要发达的市场经济国家的相关制度的第一手资料。

在充分占有资料的基础上，作者还创造性地运用信息经济学原理和交易成本理论对国际工程保证担保制度进行了深入系统的分析。提出了考察工程保证担保制度特征的基本方法、国际工程保证担保制度的三大模式、工程保证担保市场的需求和均衡状态等，对国际工程保证担保制度的国际惯例进行了总结。作者的这些研究成果极大地提升了国内对工程保证担保制度这一国际惯例的认识，为中国在此领域的制度创新打下了坚实的理论基础。

作者对于国际工程保证担保制度的研究一直是围绕着如何导入工程保证担保制度以服务于中国社会的现实需要这一主题，体现出了一位青年学者高度的社会责任感和执著的敬业精神。作者针对中国工程建设领域存在的许多问题，如工程质量问题、工程款拖欠、三角债的问题等，进行了深入的理论思考。其对工程质量问题在信用机制上的理论分析，对拖欠工程款以至于"三角债"的形成原因等方面的分析，逻辑结构严密，所引论据充分，分析正确深刻，反映出作者对中国国情有较准确的认识和把握。

基于对国际工程保证担保制度的深入理解和系统掌握，以及对中国的具体环境和现实需要的认识，作者提出了建立中国工程保证担保制度，并对其理论基础、承包商和业主责任的两种保证担保制度以及与之相关的组织、市场风险机制、推行策略进行了研究。作者指出，中国工程保证担保制度应该由中国工程承包保证担保制度和中国业主责任保证担保制度两大部分组成，并且在国际惯例的基础上分别对这两方面进行了适合中国国情的发展和创新。对于工程承包保证担保制度，作者提出了应以高保额有条件模式为主、以低保额无条件模式和有担保的承包商模式为补充，并对强制性工程保证担保制度的具体内容和实施范围进行了研究，提出了不少新的创见；业主责任保证担保制度则更是作者为解决当前中国建筑市场严重的工程款拖欠和三角债的问题而对国际工程保证担保制度进行的大胆创新，并对此做了充分的理论分析和可操作性的分析。作者所探讨的在中国建立保证担保制度的组织、担保市场的风险机制以及推行这一制度的实施策略、步骤和方法、进程等，有可操作性。

推行工程保证担保制度是中国建筑业推行市场化改革、建立风险管理机制的重要组成部分，也是支持中国建筑业实施国际工程承包战略的重要举措。对于建立风险管理机制的必要性，我曾谈到过当前中国建筑业发展的三个背景：

一是市场背景。搞市场经济，就必须研究适应市场经济环境的新的市场管理手段。建立工程保险与工程保证担保制度是完善市场经济体制的必然方向。

二是规模建设背景。中国经济进入了快速成长期，面临着巨大的规模建设的任务，从事建筑业和建筑业行业管理必须要有充分的社会责任感和历史责任感。面对规模建设，建设部一再采取措施，加强管理力度。但仅仅依靠行政管理很难从根本上解决问题，一些死角管理覆盖不到，或是力度不足，工程质量事故时有发生，且破坏性有不断增大的趋势。当前，这种大规模建设还将持续相当长的一段时期，如何有效地加强建筑业管理，提高工程质量，已是一项非常紧迫的任务。尽快建立和完善工程保险与担保制度，以市场经济的手段来控制工程质量风险是非常有必要的。

三是入世背景。中国加入世贸组织，就是使中国经济全面与国际接轨。市场要接轨，市场体制也要接轨。大家都采用同样的游戏规则参与市场竞争。中国入世对建筑业既是机遇、又是挑战。中国入世并不是为了使门户大开，让外国企业到中国来赚钱；我们希望我们的企业尽快的成熟起来，尽快适应国际竞争，去赚外国人的钱。我们建筑业的国际化程度还很不够，作为一个建筑业大国、劳动力资源大国，我们在国际建筑业市场所占的份额与我们应有的地位还很不相称。当前，我国建筑业已经出现过剩问题。面对入世的机遇和挑战，我们必须尽快研究对策。如何帮助我们的建筑业企业提高竞争力、适应国际竞争，并进一步帮助我国建筑业扩展国际市场份额，把我们的队伍带出去，正是我们建筑业管理的一项重要任务。工程保险和担保制度是国际惯例，中国建筑企业缺乏对这些国际惯例的了解和应用，正是制约中国建筑业走向国际市场的一个重要因素。为了让我们的施工企业尽快适应国际化竞争，无论是国际市场还是国内市场，都应加以采纳，这样我们的施工企业才能在自己的工作中将工程保险和担保的因素考虑在内，熟悉这一国际惯例，在与国际市场环境相接轨的国内市场中得到锻炼并尽快成长起来。

一百多年前，美国开始实施政府强制性工程保证担保，这在当时是一种制度创新，结果对规范市场竞争、节约投资、减少腐败等都起到了很好的效果。世界银行、亚行等也都对自己贷款的项目的保证担保与保险有着严格的规定。当前，我国要建立工程保证担保制度，也需要结合中国国情，结合中国建筑业的实践需要，进行我们自己的制度创新。中国是一个很大的国家，搞制度创新也不能一刀切，要进行研究和试验，在有条件的城市、企业、项目中先试验，积累经验，逐步推广。在这一过程中，本书的研究成果具有重要的理论指导意义和实用价值。

我感谢作者对中国工程保证担保制度研究所做的工作，感谢作者对建筑管理学科的发展所做出的积极探索和有益的贡献，也希望有更多的有志之士投入到建立和发展中国工程保证担保事业的研究和实践。

姚兵[1]

2002 年 3 月 25 日

---

[1] 姚兵同志目前任中国建筑金属结构协会会长，中国民族建筑研究会会长，中国节能协会副理事长，也是同济大学、北京交通大学和哈尔滨工业大学的兼职教授和博士生导师。此前曾任建设部建筑管理司司长、建设监理司司长、建设部总工程师、中纪委驻建设部纪检组组长等职。长期从事工程建设和建筑业的行政管理和研究工作，主持或参加工程建设与建筑业管理方面的研究课题多项，在国内外公开发表学术论文、讲话百余篇，并出版有多部建筑管理领域的学术专著，包括《建筑管理学研究》、《建筑经济学研究》、《建筑经营学研究》和《房地产学研究》等。

第二版序

我与作者的相识缘于作者在我们清华大学公共管理学院做博士后的时候。当时她优异的专业素养和出色的组织能力令我印象深刻。我也有幸成为其简朴婚礼的见证人——没有婚宴、没有豪宅，只有寒舍一间、亲友数人、美酒几杯，却温馨浪漫、尽显创意。虽然作者于2004年就出站离开了公共管理学院，但我们一直保持着联系，也相互合作开展了一些课题，因此也经常有机会了解到她在自己专业领域内的研究不断有所进步，和她的旺盛的创造力在工作中不断有所发挥。

作者在工程担保领域的研究基础深厚。本书第一版作为一本基于博士论文的学术理论专著，竟然能够在较短时间内售罄，是对其成果社会效益最大最真实的肯定。此后，作者在2003年成功申请到了国家自然科学基金项目"中国担保业发展的基础理论研究"。作者也将工程担保运用到了建设领域的反腐败相关研究，并于2004年成功组办了"工程担保与建设领域反腐败国际研讨会"。她还因对工程保证担保制度的深入研究和积极推广，而以第一完成人的身份荣获了2006年高等技术学校科技进步一等奖。其研究成果得到了大量的运用，直接促进了各地建设系统的工程担保试点工作的开展，以及中国专业的工程担保行业的发展。

本书作为第一版的延续，补充了作者近年来相关最新成果。其中包括作者对全国各地的中国工程担保试点工作的系统总结、对存在问题的深入剖析，以及对中国工程担保事业后续发展策略的建议。其中最为瞩目的是其对构建公私合作的"中国工程担保同盟"及其再担保平台的论述。公共治理（public governance）是近年来公共管理领域的一个备受推崇的理论，其核心思想是认为要实现社会的良治（good governance）需要政府、公众和私人部门相互合作、共同努力。但其合作将具体如何实现，却依然是一个有待探讨的问题。作者论述中的中国工程担保同盟的概念最早由专业担保公司提出，反映出私人部门已经出现了对规范行业发展的迫切需求，但立法和政府监管环境的发展却相对滞后，这就为私人部门自行组织起来参与公共事务、规范行业发展提供了一个重要契机。作者借鉴公共治理理论，提出了同盟及其再担保平台建构的一整套系统策略，对于促进中国工程担保行业未来的发展，以及促进公共治理模式在中国的实践与创新都具有重要意义。对于同盟未来的走向和发展，我将乐观其成。

施祖麟①

2011 年 9 月 30 日

① 施祖麟先生现任清华大学公共管理学院教授，博士生导师，国务院参事。研究方向是区域与城市发展战略。

第二版前言

笔者从 1998 年因博士论文选题而介入工程担保领域的研究以来，已经整整过去了 13 个年头。笔者本人期间也已经历了从博士生、到博士后、到大学教师、以至于孩子母亲的转变。而当年的博士论文选题竟然真的改变了笔者的人生方向，而博士论文的成功也真的成为了笔者人生事业的一个重要基石。回顾这段人生经历，一个重要的感慨就是：一个人一生的每一步都要尽量走得坚实，付出的东西都终将有所回报。也因此感谢笔者的博士生导师、同济大学的丁士昭教授把笔者引进了工程担保这道门。

本书的第一版出版于 2003 年，是基于笔者的博士论文略微改写而成。该书是在出版社不看好市场前景、但出于支持优秀学术理论著作的理由而出版的，为了减少给出版社带来的经济压力，刚出校门还颇为寒酸的笔者积极申报了国家科学技术学术著作出版基金，有幸成功得到了资助。同时，笔者当时所在的清华大学公共管理学院廉政研究室也拿出了少量课题经费为笔者弥补出版经费的不足。自此以后，常常走到哪里都会有不期而遇的学界或工程担保行业的人士主动地问候：原来你就是邓晓梅啊！你的书我看过，写得不错！大约之后一年左右的时间，偶遇出版社领导张惠珍女士，她兴奋地告诉笔者："恭喜啊！你的书 1500 册已经全部卖完了，真是没想到啊！一般博士论文很少能卖完的。"第一次印刷的书全部卖完对笔者还有一个特殊意义，那就是按照出版合同的约定，笔者现在终于有资格向出版社领取稿费了！看来，一个贫寒书生要真想靠稿费谋生，那非得饿死不可，可见学术人生的不易。

加印的书依然销路不错。综合各个渠道反馈的消息，据不完全统计：本书第一版被同济大学、浙江大学、四川大学、哈尔滨工业大学等多所高校推荐为教材或教学参考书。当然，笔者在清华大学开设的建设工程担保这一研究生课程，也必然是以此书为基础。而对于一些从事工程担保的专业担保公司，该书更是成为了员工培训的必读教材。甚至还有曾经资助笔者考察美国担保市场的美国资深担保专家 John Phinney 先生，也多次托笔者为他购置了好几十册书，说是作为礼物赠送给他的客户。而后来成为挚友的河南城建投资担保有限公司的董事长白红磊先生，最近也说起：他们公司早期展业，为得到省内各县市有关领导对工程担保事业的理解和支持，也是大量购买本书第一版到处赠送。

大约到了二三年前，加印后的本书第一版也都基本售罄，市面上已经很难买到了，其间有多位高校同行来询问，说希望能让我联系出版社再加印一批，以满足其课堂教学的需要。但因为本书第一版责任编辑崔勇博士已经离开了中国建筑工业出版社，加上笔者一直忙碌于各种事务脱不开身，于是加印书的事就这么搁下了。直到今年，白红磊先生主动联系到笔者，畅谈了创建"中国工程担保同盟"的构想，其间他也非常迫切地建议笔者能够将该书再版，并且建议将笔者近年来一些新的相关研究成果纳入其中，说该书已经是中国工程担保行业的"圣经"和"孙子兵法"，不能就这么从市面上就消失了，很多同业都还迫切需要此书。这一次，"中国工程担保同盟"的前景的确再次燃起了笔者对继续推进中国工程担保事业的极大热情。于是在白先生的敦促下，笔者开始系统编撰本书再版的提纲和书稿。真是不编不知道、一编吓一跳：没想到多年的积累中，竟然无意间已经又形成了几乎与本书第一版等长的新增部分。

这次再版本书，笔者全面重新规划了篇章结构，将全书分为4大篇章。其中第一篇是引言，其内容基本重新撰写以使其能够统领全书。其中特别有价值的工作是使得对国内外相关研究的回顾更为系统全面，也补充了近年来的新的研究动向，可以帮助有兴趣的读者真正搞清楚我国整个工程担保事业及相关研究的来龙去脉，也给希望深入本领域研究的读者提供一个通览国内外整个工程担保领域相关研究的有用资料。第二篇则是基本完整地继承了本书第一版后续各章的内容，但对其中已完全失去时效性的内容稍作了修改。第三篇则汇集了笔者近年来对国内各地工程担保试点的跟踪调查和思考建议。第四篇则较为全面地展示了笔者近年来将工程担保与预防腐败相结合的相关研究成果。可以说本书是对笔者13年来涉足工程担保领域相关研究成果的一个系统呈现。希望这本书能够对中国工程担保事业未来的发展继续有所贡献。

最后，笔者还想说的是：本书第一版面市以来取得的成功并不是因为笔者个人的成功，而是从一个侧面展现了学界和业界同行对整个工程担保事业价值的认可。而笔者仅仅是尽了自己的绵薄之力，却因这个事业发展的内在需要而被推上了潮头。笔者是幸运的，因为只有不多的人能有这样的机会：接受了国内最好的教育，研究着当今巨变中的中国所迫切需要研究的问题，并且可能有机会将自己的研究成果直接贡献于国家的公共政策，并因此服务于千千万万笔者所深爱的祖国人民，特别是那些因为种种原因而失去了接受同等教育机会的人们。作为在城市长大的孩子，当笔者第一次领悟了，对于十几亿中国人，教育资源是多么稀缺，而教育资源的分配又是多么的不平等后，就再也不敢沾沾自喜于个人奋斗的成功，而是怀着对那些缺乏教育资源的人们的深深歉疚，并希望自己的工作能够对更多的人有所报答、有所贡献，这正是笔者从单纯的建筑设计转向更为复杂的建筑行业公共政策和制度设计的一个重要原因。

邓晓梅

2011 年 9 月 28 日于清华园

目 录

第一篇　中国工程保证担保
制度研究成果简介

第一章 引　言

第一节　中国推行工程保证担保制度的必要性

在市场经济发达国家，工程保证担保作为一种信用工具被广泛地运用于工程建设承发包中。具有到海外承包经历的中国建筑企业都与工程保证担保的问题打过交道。没有担保，就没有了通往海外建筑市场的通行证。如今，中国承包商和投资者已经是全球化的市场竞争中的重要一分子，而缺乏一个成熟的工程担保行业对其保函需求的支持，已经成为制约中国承包商走出去的一大短板。要成功实现中国建筑业的走出去战略，在中国建筑企业自身需要加强努力的同时，一个能为建筑业提供强有力支持的风险和金融服务体系是必不可少的，担保正是其中的重要一环。

改革开放早期，为了适应建筑业海外承包的需要，国内各大银行已纷纷提供了各种投标担保、履约担保、预付款担保等服务。但由于国内缺乏工程保证担保制度，使我们的建筑企业缺乏在有担保要求的现实环境中的锻炼，对设定担保的风险缺乏认识，致使不少建筑企业在海外承包中遭遇到了保函被索赔的事件，其中有不少属于不公正的索赔，蒙受了大量的损失。可见，要想让中国企业成功参与国际竞争，在国内也营造一个与国际接轨的市场环境，从而使国内企业得到充分的锻炼，并培养出适于这种竞争环境的人才，是非常必要的。因此，中国推行工程保证担保制度的一个重要的理由，就是帮助中国建筑企业适应国际化的建设工程承发包环境。

然而，中国推行工程保证担保制度更大的动力来自于中国市场经济制度发展自身的现实需要。中国建筑业是国民经济的一个重要产业，并且创造了大量的就业机会。改革开放以来，中国建筑业引入了竞争性的招投标制度，在建设项目的投资方与建设方之间建立起了承发包合同关系，这些改革措施极大地提高了中国建筑业的市场化水平，对于提高建筑业的生产率、满足因我国经济增长和人民生活水平日益提高而不断产生的对建筑业新的要求，都发挥了积极的作用。然而，在长期的计划经济体制的影响下，合同履约意识不强、合同管理水平低下、对合同履行中的风险缺乏规避手段等问题在中国建筑业市场中极为普遍，直接影响了建设项目的投资（成本）控制、进度控制和质量控制，导致工程合同纠纷频繁。加上建筑业进入门槛低，从业者素质良莠不齐，市场秩序混乱、恶性竞争、诚信缺失等问题一直困扰着中国建筑业。其导致的恶果的典型表现就是工程款及农民工工资拖欠现象屡禁不止，以及工程质量问题频发。工程款拖欠问题直接危害中国建筑业的现实生存；而工程质量问题和农民工工资拖欠，则进一步将损害对象扩大到了更广大范围的民众群体和社会公共利益，甚至危及社会稳定，也严重损害了中国建筑业的信誉和整体形象。工程款及农民工工资拖欠，又往往与工程质量问题交织在一起，并且相互加剧，已经成为了危害中国建筑业发展的两大毒瘤。而这些问题归根到底，都与合同履约不良有着密切的关系。

当前中国建筑市场中之所以存在着严重的合同履约不良现象，是因为中国建筑业市场在市场经济建设的过程中，原有的市场信号机制已经失灵，而又缺乏新的信号机制，建筑市场中存在着严重的信息不对称现象。市场信号机制失灵是中国建筑业的制度缺陷，对于这一点还将在本书第二章中展开。要扭转这一局面，就需要借鉴和运用一些在市场经济环境中行之有效的信用工具，从而完善市场机制。

在市场经济发达国家，工程保证担保作为一种信用工具被广泛地运用于工程建设承发包中，规避了合同信用风险，有效地保障了合同履行，并发挥着许多积极的市场功能。建筑业是一个对交易信用有着很强依赖的行业，因为建筑产品的交易过程不是一个简单的"一手交钱一手交货"的过程，它成交所基于的只是合同和图纸，而非实际的产品或样品，而整个合同的实现要经历漫长的施工过程，涉及大量的款项，这些款项也不可能一次性支付。全部履约工作的推进必须基于承发包双方的相互信任和配合，任何意外都可能使合同的圆满履行面临风险。正是因为这样，担保工具的应用才对建筑业有着更为重要的意义。在国际上，保证担保业务有 2/3 来自工程担保，可见工程保证担保的重要地位。

目前，随着中国工程担保制度试点工作的不断推进，业界对工程担保的认识也在不断提升，但工程担保制度在全国范围内的发展状况并不理想。立法滞后、监管缺失、对工程担保制度的市场功能及其实现条件认识不清，具体的试点推行方式方法不遵循担保市场自身规律等一系列问题，已经严重制约了工程担保市场的健康发展。如今，担保市场鱼龙混杂、专业担保公司的保函由于信用不足而在不少地方被市场所拒绝，担保市场的需求潜力远未得到有效开发。现阶段，由于工程担保的有效需求不足、市场发展前景不明朗，甚至已经导致一些工程担保市场早期的开拓者逐渐淡出甚至退出。但面对这一严酷的现实，依然有一批专业工程担保公司，因为坚信工程担保事业对整个中国建筑业以及全社会的巨大价值而坚持下来，并通过团结同业规范自律，逐渐获得市场的认可，在一些地方试点省市脱颖而出。这批专业工程担保公司的成功探索不仅彰显了工程担保对建筑业规范发展的宝贵价值，也坚定了中国工程担保制度继续向前推进的信心。

第二节　国内外研究背景回顾

一、国外相关研究

国际上从事工程保证担保研究的主要有三种力量：其一是从事工程担保的专业律师，他们的研究多集中在工程保证担保的法律关系、担保合同各方的权利和责任以及各种司法案例等（Davis 等 1995[40]，Loulakis 1995[84]，Gerrity 1996[53]，Hunt 1996[60]，Malikowski 1997[89]，Stephens 1997[154]，Lybeck 等 1998[87]，Hill 等 1999[57]，Gallangher 1999[52]，Moelmann 等 1999[100]，Stark 1999[153]，Gallangher 2000[51]，China 2000[32]，Seifert2006[135]，Ward 等 2008—2009[15]，Marsh 等 2011[16]，Weissenberger 等 2011[17]）；其二是工程保证担保行业的专家，他们的研究侧重于承保风险（McKenna 1988[18]，Byerly 1989[19]，Severson 等 1993[20]，Severson 等 1995[21]，Kangari 等 1995[22]，Barnett 1998[23]）、担保业务操作（ICC 1978[24]，Moore 1982[25]，Fitzgerald 1991[26]，ICC 1992[27]，Russell 1992[28]，Welch 等 1992[29]，SAA 1995[30]，INSCO 1997[31]，ICC 1997[32]，Winter 1997[33]）、市场形势（Krizan 1988[34]，Russell 1990[35]，Zinkewicz 1996[36]，CLaeys 1998[37]，Robertson 1999[38]，Maloney 2000[39]）、担保产品的研究与推广（SAA 等 1991[40]，Jones 1994[41]，Burns 1996[42]，Borden 1998[43]，Kehlenbach 1998[44]，Dougherty 1999[45]，SIO 等 1999[46]）、或从帮助承包商投保的角度开展一些研究（Vann 1987[47]，Heffron 1991[48]，Akenhead 1992[49]，AGC 等 1993[50]，Adcox 1995[51]，Landau 等 1995[52]，Ahenkorah 1997[19,53]，AGC 1997[54]，Anderson 1999[55]，Anderson 2000[56]）。其三是工程咨询界专家，他们着重于从建设项目承发包合同的角度来研究保函的运用（Tenah 等 1985[57]，Madge 1986[58]，NJCC 等 1986[59]，Levine 等 1991[60]，ICE 1991[61]，Knocke 1993[62]，Clough 1994[63]，Lee 1996[64]，Kunishima 等 1996[65]，Kunishima 等 1996[66]，Klein 1996[67]，Lee 等 1996[68]，Lee 1997[69,70]，Construcciones 1999[71]，Hendrickson 等 1999[47,72]，金本良嗣 1999[73]），包括保函文本的制定（AIA 1970[74]，AIA 1984[75]，AGC 1988[76,77]，AGC 1991[78]，AGC 1999[79,80,81,82]）。

早期，学术界对工程担保的研究介入不多，美国密歇根大学教授 Russell 是为数不多的对工程担保开展过系统研究的学者。他比较了业主自行开展的投标资格预审和专业担保公司的承保资格预审，指出后者的工作对前者是一个有效的替代（1990[83]），研究了承包商履约失败的原因（1991[84]）及专业工程担保公司开展承保资格预审的流程（1992[85]），与合作者一道开展了预测承包商履约失败的定量评估方法相关研究（Russell 等 1992[111][110]，Severson 等 1994[137]，Russell 等 1996[112]），并出版了专著《Surety Bonds for Construction Contract》（2000），其中基于美国的工程担保实践，对工程保证担保的定义、历史、主要的相关市场主体及相互关系、承保和理赔实践、担保综合授信、主要担保品种、保证担保的其他替代担保方式等，都做了系统的论述，也对国际上其他一些地区流行的工程担保实践做了简单的介绍。另一位较早涉足工程担保领域相关研究的学者是美国乔治亚理工大学 Kagari 教授。他领导的团队研究了美国的工程保证担保对促进建筑市场公平交易的作用（El-Itr 等 1994）[47]，尝试了利用神经网络模糊评价技术进行了评判承保风险（Bekheet1995）[72]，讨论了工程履约担保具体操作中的一些问题（Kangari 等 2001）[71]。

对承包商履约失败风险的定量评估方法研究依然是近年来的一个研究重点。如 Al-Sobiei 等（2005）也提出了一套运用人工神经网络技术预测承包商履约失败风险的算法[16]。加拿大 Alberta 大学的 Aminah Robinson Fayek 教授和她的团队近来在运用人工智能技术为专业保证人开发承保风险评价决策支持系统方面做了不少工作，如其将模糊逻辑与神经网络技术相结合而开发了神经-模糊专家决策支持系统 SuretyAssist，以帮助专业保证人开展对承包商的承保风险评价，并通过与专业承保人的决策相比较，认为该系统的决策建议准确性在 80% 以上（Marsh 等 2009[92]，2010[93]），并进而提出了一个集成应用基因算法、模糊逻辑、神经网络和案例学习方法等进一步发展对承包商承保风险评价的决策支持技术的综合框架（Awad 等 2010[21]）。

美国工程担保近期的一个发展是：部分高速公路采用了长周期的维修担保，如 1998 年美国新墨西哥州采用的维修担保期为 20 年。由于长周期维修担保的突出特征，配套采用了此类担保的合同发包被认为是一种叫做"维修担保发包"（warranty contracting）的新型发包模式。美国普渡大学的 Makarand Hastak 教授所领导的团队对此类新型的工程担保实践进行了跟踪调查研究（Bayraktar2004[25]，Bayraktar 2006[26]），并认可了公共业主购买此类担保给公路工程带来的质量提升、节约全寿命成本和促进承包商创新等价值（Cui 等 2008[38]，2010[39]），分析了影响维修担保作用发挥的一系列影响因素，如合同施工技术规范（specification）中条款规定模糊、侵权责任不清、业主、承包商和担保公司缺乏对此类担保的了解等，并进而提出了担保公司如何评价承包商的一套评分体系（Bayraktar 2010[29]）。Sees 等（2009）对采用此长周期维修担保的相关法律问题进行了讨论[133]。Gharaibeh 等（2009）则研究了此类长周期维修担保的合同定价问题，并建立了一个基于风险量化评估的维修担保定价模型[54]。

另外，随着绿色建筑实践的兴起和相关立法的发展，其对工程担保行业的影响也成为近来人们关注的一个话题，如 Seifert（2008[134]）讨论了美国首都华盛顿的绿色建筑立法对专业工程担保公司带来的新的风险。

总的来说，由于国际上工程担保制度已经成为惯例和传统，美国推行强制性工程保证担保制度也已有上百年的历史。研究人员的兴趣更多地是在现有制度条件下研究工程保证担保的具体操作，及如何将实践中产生的新问题补充到既有的担保知识库中去。如近年来相关研究的兴趣点主要集中在工程担保相关法律问题、对作为主要被担保人的承包商的承保风险评价和相关决策支持系统的研发等实际操作性问题，以及长周期维修担保的引入和绿色建筑的最新实践给工程担保所带来的新的问题和风险等方面。尽管人们已经普遍认识到了美式工程担保与国际上大多数地区的工程担保实践有很大的不同，但各国的工程担保专家们的观点常常局限于自身所处的工程保证担保制度的模式环境，对不同模式下的工程保证担保现象难以提供准确的理解。而很少有人再去深入思考：工程保证担保制度为什么是必要的？它为什么会是现在这个样子？整个担保市场的运行机制是什么？从无到有地推行这种制度需要哪些条件？而这些都是中国在进行工程保证担保领域的制度创新中必须回答的问题。

二、国内相关研究

国内对工程保证担保的研究可以分为 3 个阶段，分别是 1998 年以前，1999～2003 年以及 2004 年以后。

1. 第一阶段：1998 年以前

此阶段因少数中国承包商开始涉足跨国承包及世界银行等国际金融机构援助项目招标而产生了工程担保需求，而在当时的国内市场环境下，只有银行有条件出具保函来满足此类需求，因而一些围绕银行保函实务操作的研究开始启动[343]，而一些早期开展工程担保业务的银行也逐渐出台自己对保函业务的管理办法[383,384,318,319]。在这个阶段，因国内建筑企业对海外承包中采用独立保函的风险认识不足，而遭遇了一些不公正索赔，为此付出了巨大的代价[385]，也因此对控制承包商保函风险的措施展开了初步研究[386]。学术界介入此领域研究的专家很少，西安公路学院的雷俊卿（1994）是目前可查最早介绍国际工程担保实践的学者，他著文探讨了工程承包的风险与索赔对策以及在我国推行工程担保之必要性与可行性[275]。黄明知（1996）在国际工程承包惯例的相关讨论中，将工程担保制作为与合同管理制、工程监理制等并列的一种制度作了粗略介绍[113]。同济大学的丁士昭教授指导硕士生周武因受当时建设部的委托而对国际工程合同担保制度进行了介绍性的研究（周武 1997）[405]。在此阶段，建设部组织了对美国工程担保制度最早的考察，李燕鹏（1998）作为考察团成员其后发表文章对美国的工程担保制度作了最早并相对系统的介绍，并首次讨论了美式保证担保（surety bond）与欧洲传统的担保（guarantee）的区别[286]。在此阶段国内业界和学界对工程担保的认识都还相当模糊，对中国推行工程担保制度的具体方向还缺乏系统深入的思考。

2. 第二阶段：1999～2003 年

此阶段始于中国首家专业工程担保公司——长安担保公司登上历史舞台，并通过其积极开拓而启动了中国工程保证担保制度的早期试点。在此阶段，长安担保公司通过编辑相关培训[297]和宣传资料[201]、业务指南[199]等，对工程保证担保的概念进行了大力宣传。并在 1999 年 7 月召开"建立我国工程保证担保制度高层研讨会"。该会议第一次汇集了中外学者和业界专家并对在中国建立工程保证担保制度的必要性和途径展开了较为深入的研讨，以此启动了中国工程保证担保制度的早期试点，其会议论文集也是对之前阶段国内对工程担保领域的知识探索做了一个系统的总结[200]。其中，原建设部副部长谭庆琏、当时的建设部总工程师姚兵、中国质量万里行组委会主任艾丰、长安担保公司总经理刘智等领导在会上发言，积极呼吁推进中国工程保证担保制度的发展；深圳盐田港的吴福良、美国担保法律专家 Daniel Mitterhoff 等在会上对美国工程担保的实践做了介绍；笔者也在会上发言交流了自己当时对工程担保的初步认识。

在此阶段，中国的融资担保行业也开始进入了一个蓬勃发展的阶段。中国经济技术投资担保有限公司（简称中投保公司）作为比长安担保公司历史更为悠久的中国首家担保公司，联合了相关部委，并邀请了国际知名担保行业组织和相关政府代表参加，在 2000 年组织召开了中国首届担保论坛，成为初生的中国担保行业集体亮相的一个标志性事件。此次论坛提出了"市场、政策和风险防范"的主题，来自国内外担保机构、政府有关部门 130 余家单位的 280 多名代表出席了会议。在此次会议上，财政部研究所所长贾康、国务院发展研究中心吕薇、国际金融公司总经理许小年等一批知名学者就中国担保业的规范发展和政策需求等问题做了发言，笔者在此会上也就保证担保的运行机制做了大会发言[387]。从此阶段起，中国的工程担保行业就与融资担保行业开始了几乎同时的起步发展，但后来的实践结果是融资担保行业的发展速度和热度远远高于工程担保行业；而在国际上，市场化的担保公司却是以工程担保公司为主流。因此，中投保公司所积极交往的大量境外担保同业来到中国担保论坛上发言大都是集中于工程担保方面的实务操作，如泛美担保协会、意大利 SIC 担保公司等都是如此。这也引起了国内担保行业对工程担保的普遍关注和期许。中投保公司在此阶段某种程度上扮演了担保行业龙头和知识传播中心的角色，中投保公司还于 2001 年中国担保论坛上组建了中国担保联盟，积极促进担保行业的行业自律，此后还举办了多期中国担保论坛，并出版了同样名为《中国担保论坛》的内刊，还编辑出版了不少相关书籍[387]，这对整个担保行业发展的相关知识传播起到了非常有益的作用。工程担保行业尽管区别于融资担保行业，但也存在着一些共性，加上这个阶段业内并未明确将工程担保与融资担保区别开来，因此中投保的上述工作对中国工程担保行业的发展也起到了非常积极的作用。

在此阶段，学术界也逐渐有更多的学者介入到工程担保问题的研究。如天津大学的何伯森教授（1999）从国际工程合同管理的角度对工程担保这一国际惯例进行了的介绍[258]、广东工业大学马振东等（1999）撰文探讨了在施工过程中应用担保转移风险的机制[299]，清华大学的孟宪海（2000）对国际工程合同担保制度在《建筑经济》上进行了连载介绍[303,304,305]，并对中国工程担保制度推行中的相关法律问题进行了初步探索（2001）[302]。吴福良（2001）等率先讨论了工程担保制度对实行合理最低价招标的重要性[348]。

这个阶段最重要的工作是由笔者（2000）通过博士论文完成的[212]，其后相关成果在本书的第一版中正式公开发表（2003）[213]。该成果对保证担保的运行机制运用信息经济学和交易成本理论进行了系统分析，首次阐明了国际工程保证担保制度的模式差异和均衡状态，使国内对工程担保这一国际惯例的认识水平得到了极大提升，并完成了对中国工程保证担保制度的系统设计。在本书的第二篇这些内容将得到详细阐述。这些理论分析的结论在此后的中国工程担保实践中不断得到了检验，并对今后中国工程担保事业的发展依然有指导意义。吴福良等（2001）也从委托代理关系视角讨论了工程担保的作用机制和实施条件[349]，与笔者的观点形成了相互印证。至此，推行中国工程保证担保制度的理论建构基本成形。

在此阶段，工程担保试点方案也得到了初步的讨论。如深圳市建设局的查晓斌（1999）、丁明往（1999[219]）、胡建文（2000[266]）、高泉（2000）等，都先后在期刊发文介绍了美国等发达国家的工程担保实践及对在国内推行工程担保的基本思路和初步设想，这些思考为深圳率先在 2001 年就通过地方性的《深圳经济特区建设工程施工招标投标条例》强制推行工程担保做了很好的铺垫。丰景春等（2002）探讨了业主（项目法人）付款担保、反担保、完工担保、差额担保 4 种担保品种在我国水利水电工程中的试点前景[224]。厦门建设与管理局（2003）作为最早开展工程担保试点的单位之一，也对其试点经验进行了介绍[354]。

3. 第三阶段：2004 年至今

这一阶段始于当时的建设部（现住房与城乡建设部）正式启动首批城市的工程担保试点。各地试点工作的展开以及建设部《关于在房地产开发项目中试行建设工程合同保证担保的若干规定（试行）》（建市［2004］137号）的发布，使得工程担保开始成为一个业界和学术界研究的热点。

在此阶段，建设部也启动了对《建筑法》的修订工作，工程担保被纳入修法工作范围，为此建设部政策研究中心李德全处长（2004）特别发文，系统阐述了政府监管部门对依法推行工程担保的相关思路，其中包括了希望通过对《建筑法》的修法，明确工程担保制度的法律地位和监管要求，并解决建筑工程留置权缺失这一重大问题，但有关业主支付担保的论述因继承了当时建设部先天不良的试点方案的思路而显示出其局限性[277]。笔者也有幸参与了上述修法工作，并提出了一些具体法条的建议，详见本书附录2。但遗憾的是，此次《建筑法》修订工作至今尚未正式完成。

此阶段的一个研究热点显然是集中于各地工程担保试点中反映出来的各种问题。如郭瑛（2004）较早对国内实践中滥用保证金的现象提出了批评[254]。同济大学盛春奎等（2004）认为我国工程担保推行过程中，有关担保方式、担保主体、担保品种、额度、范围、费用等问题都亟须进一步研究和明确；同时，在法律方面还需解决工程担保的强制性、公共工程中的工程担保应变约定担保为法定担保，以及解决建筑工程留置权缺位等问题[327]。保定市的张清嵋等（2004）作为政府监管部门的成员，从推行工程担保试点的需要出发，分析了地方政府在工程担保推行中的现实困难，如立法滞后、政府推行力度不足、社会信用环境不良、暗箱操作使政策失效、监管模式缺乏研究、知识普及不足、缺乏正确的社会综合导向、担保机构能力不足等，并提出了相关对策的思考建议[376]。建设部市场司司长王素卿（2005）在中国首届工程担保论坛上发表演讲，在充分肯定中国推行工程担保试点的意义和成绩的同时，也提出了工程担保制度后续推进所亟须解决的担保机构发育不良、监管缺失、现金担保泛滥、反担保手段单一以及如何克服业主优势地位等问题[342]。广州建筑工程监理有限公司李栋则基于工程咨询实践体会，将试点中暴露出来的问题从承包商的角度概括为：认识不足、应对被动、自身素质参差不齐、国有企业产权虚伪带来的信用问题等，而担保机构则普遍存在自身信用和能力不足、担保从业人员大都缺乏对工程实践的理解以及缺乏风险分散和风险补偿机制等问题[278]。北方交通大学刘玉明和刘伊生等（2005）在研究北京市推行建设工程合同保证担保制度中，还进一步提出了担保公司业务操作不规范、保函格式以及费率标准等方面存在的具体问题[295]。国家发改委投资研究所的吴亚平（2006）发文支持在政府投资项目中强制推行工程担保制度，但认为当前国内工程担保市场的发育还存在普及面窄、品种不全、保额偏低、保证人资信不足等问题[351]。沈阳建筑大学的孙建平等（2006）对担保法与工程担保的法律配套性展开了研究，认为现行担保法的缺陷在于：不调整工程担保、约定担保不足以约束业主行为，以及留置权缺位等方面。陈春来等（2007）报告了杭州市工程担保试点过程中出现的问题，包括市场主体认识不足、实施范围、保函格式不统一、对专业担保机构缺乏监管、中途退保、工程担保效果不明显等[203]；厦门建设管理局的孙劲峰（2008）认为当前的工程担保试点中反映出的履约保障低能、普遍零索赔和担保公司功能欠缺等，已经导致人们对相关工程担保措施的必要性的普遍怀疑。万克淑等（2009）认为我国发展工程履约担保中存在着认识不足、偏向于惩罚性、没有形成公平合理的担保机制、合同范本可操作性不强等问题[340]。笔者（2006）也在《建筑经济》上发表了对厦门、深圳两地工程担保试点情况的跟踪调查报告的部分内容，指出实践中普遍存在的虚假保函、廉价保函等现象与当前工程担保试点方案本身设计不良有关[217,218]。王迎莹（2010）从受益人的角度讨论了当前工程担保实践中在赔付条件约定和担保期间等方面的问题，并建议应优先选择银行保函、并确保保函机构所在地与工程实施所在地一致，来规避运用工程担保中的风险[344]。这正好从一个侧面证实了市场对工程担保试点所应积极推进的担保公司保函并不认可。

尽管试点中暴露出来的问题不少，但业内对工程保证担保制度提升建设项目风险管控能力（王作成等 2003[345]）、增强建筑市场主体行为自律、规范建筑市场秩序、遏制工程款和农民工工资拖欠、遏制不合理低价中标（宿立强等2009[331]）、遏制建设领域的腐败（笔者 2002[276]）、提升工程质量和我国建筑行业竞争力等方面的价值依然普遍高度肯定（李德全 2004[277]，张清嵋等 2004[376]，盛春奎 2004[327]，王素卿 2005[342]，王洪波等 2006[341]，陈春来等 2007[203]，吴旭丹 2007[350]）。

鉴于试点中发现的诸多问题，越来越多的学者和业内专家在以下问题上达成了共识：

（1）有必要增强工程担保的强制性（李健等 2004[282]，陈春来等 2007[203]，於峰 2009[368]），特别是应在政府工程中强制推行工程保证担保制度（吴亚平2006[351]，於峰 2009[368]）。2005 年，国家发改委也组织了专门的课题组对建立我国公共工程合同保证制度展开了研究[272]。

（2）有必要扭转现金担保被过度使用的局面（郭瑛 2004[254]，於峰 2009[368]）

（3）有必要对独立保函和从属性保函区别对待（孙劲峰等 2007[333]）。在此阶段，国内对独立担保形成了明确的认识，李燕（2004）出版了专著对国际工程担保中常用的独立保函的相关国际惯例进行了系统的介绍[284]。

（4）高保额有条件模式的保证担保是前进的方向（孙劲峰等 2007[333]，孙劲峰 2008，高向峰 2007[226]，李广涛 2007[279]）。如吴亚平（2006）提出政府工程履约保函应不低于 50％，最低价中标的应为 100％[351]。特别是采用合理低价招标的工程项目，必须配套实施高保额有条件保函。温州是第一个推行高保额有条件保函的试点城市[347]。王迎莹（2010）则将试点模式按照工程担保与建筑市场信用系统是否关联进行了分类，认为对于有关联的地区可以适当降低保额要求，而在没有建立关联的地区则一定要采用高保额保函[344]。

（5）应将业主支付保函发展为一种向政府提交的许可证保函，以强化对业主行为的约束，和克服因业主的谈判优势地位而造成的业主支付保函形同虚设的问题（孙劲峰等 2007[333]，2008）。

（6）认可专业工程担保公司保函的价值（吴亚平 2006[351]，宋宗宇等 2008[330]），并认为有必要通过强化监管和行业自律来规范和发展壮大专业工程担保行业（张清嵋等 2004[376]，陈春来等 2007[203]，高向峰 2007[226]，刘粤波等 2007[296]，孙劲峰 2008）。

（7）加强工程担保立法工作，构建确保工程担保制度正常运转的法律环境（李健 2004[282]，高向峰 2007[226]，於峰 2009[368]）。

以上观点都与笔者之前基于理论分析所提出的相关建议相一致。

此阶段一些相关基础理论研究也有所推进。如笔者指导研究生张蕊（2005）共同开展了我国工程款优先受偿权与美国建设者留置权的对比研究[377]。针对工程担保在实践中所面临的法律困境，国家法官学院副院长曹士兵（2008）作为国内担保法学的首席专家，将国际工程担保实践中的不少习惯做法归为非典型担保，为国内的工程担保实践中一些突破担保法的常见做法提供了法学依据[196]。

重庆大学宋宗宇等（2008）提出工程担保是一种损失控制措施，而非风险转移措施，其实质是改善风险单位的特性，减少对债务人财产的依赖性，以保证债权的实现。并进而提出，保证金担保和建设工程优先受偿权属分割措施，即以财产分割手段来确保债权的优先权；而银行保函和专业担保公司为复制措施，即以扩大索赔对象和财产规模而增强债权保障。分割与复制同属损失控制措施，但鉴于分割措施不利于实现合同目的，而采用复制措施更有利于社会资源的有效配置，应在损失控制的理念之下，积极发展专业担保公司担保的模式，促进建筑市场的健康发展。这就为大力促进专业工程担保行业的发展提供了另一视角的理论依据[368]。

华侨大学的冷静、秦旋等（2008）运用信号传递博弈模型，分析了专业担保公司和承包商在追求各自利益最大化的前提下达到双方利益均衡的博弈过程，为目前担保行业常用的风险规避措施，如建立严格的资质审查制度、制定合理的担保费用收取标准，以及要求提供抵押品、反担保等提供了理论依据[276]。

阮文良等（2008）运用博弈论讨论了引入工程保证担保制度对建设活动中博弈过程和规则的改变，认为工程保证担保制度能够起到改变纳什均衡解的作用，使博弈的结果达到帕累托最优[315]。也从另一视角从理论上论证了工程保证担保制度带来的价值。

在对国际经验的借鉴方面，笔者（2004）对公共工程合同新履行保证制度进行了更加深入的跟踪研究[198]，证实日本传统的替补承包商担保（即我国所称同业担保）的确与日本过去严重的围标现象之间有着密切的关联[175]，李慧敏等（2009）则跟踪研究了质量担保发包模式（即前文所述维修担保发包模式）在欧洲和美国高速公路项目的实践[280]。

此阶段还对工程担保行业的业务操作、风险内控和行业监管机制做出了有益探索。如永安担保公司总经理周锐等（2007）基于自身的工程担保实践，对专业工程担保公司的业务操作和风险控制措施进行了系统的总结[404]；首创担保公司总经理梁宝忠（2007）基于首创担保公司的业务实践，系统总结了首创担保构筑担保体系、实施全动态风险管理的经验[287]。这些成果对于促进中国担保行业在未来的成长和发展是非常重要的知识积累。2006年，住房和城乡建设部委托了中国建筑业协会工程担保专家委员会组织开展了"工程担保机构资信能力评价及市场行为监管研究"，笔者作为工程担保专家委员会的委员也参与了其中的工作，并负责监管机制部分的撰稿；同年，国务院发展研究中心受中国担保同盟委托，也组织课题组（巴曙松等执笔）开展了中国担保业监管研究[186]。该报告系统提出了中国担保行业从中央到地方的整体监管框架、监管协调机制，以及中国担保行业发展相关的法律体系、信用体系、会计标准、税收待遇等。上述相关课题的研究为政府后续的政策走向提供了重要参考。但国务院发展研究中心的报告所提出的监管措施更多是以融资担保类公司的监管需求为基础，因此其对专业工程担保公司的适用性还有待进一步考察。

这个阶段也出现了一系列自发的工程担保实践创新。如华远地产是率先认识到工程担保对项目业主巨大价值的房地产公司，并与长安担保公司合作自主开发了一些满足其企业自身需要的工程担保创新品种[268]。农民工工资担保也正是在这一阶段被各地普遍运用到建筑市场。

总之，以上研究充分证实，工程担保是保障建设工程承发包合同履行的一种重要信用工具。改革开放以来，中国建筑业引入了竞争性的招投标制度，但与之配套的合同风险机制——工程担保制度却长期缺位，导致工程合同纠纷频繁、工程质量事故频发、工程款拖欠问题也积重难返、建筑业竞争无序。而在市场经济发达国家，工程保证担保作为一种信用工具被广泛地运用于工程建设承发包中，规避了合同信用风险，有效地保障了合同履行，并发挥着许多积极的市场功能。

但这些市场功能要得到充分的发挥，必须要遵循相应的市场规律，并需要政府在其中扮演重要角色，如今，这一点取得了越来越多的共识。

中国推行工程保证担保制度自然是对国际工程保证担保制度成功经验的引入。然而，所谓国际工程保证担保制度并没有一种现成的统一模式可资借鉴，而是在世界各国各地区都有着千差万别的不同表现，其中，美国的高保额有条件保函模式和世界上许多国家和地区广泛流行的低保额无条件保函模式形成了颇具竞争的两大主流模式。此两种模式的保函在市场功能、实施条件及具体业务操作中都存在不同特点。而对这种模式差异及其产生原因的深入分析正好是理解和掌握国际工程保证担保制度的运行机制及其发展趋势的突破口，只有这样才能正确把握中国工程保证担保制度的目标方向。

第三节　中国工程保证担保制度研究成果概述

笔者从 1998 年起介入工程担保领域的相关研究，至今已经 13 个年头。本书是对笔者此 13 年来的主要研究成果的一个系统整理。以下是对这些研究成果的简要概括。①

一、对保证担保运行机制的研究

通过将信息经济学和交易成本理论运用于工程担保这一国际惯例的研究，发现了工程担保对于纠正建筑市场信息不对称[214]的信号传递价值；深入分析了保证担保的信用风险转移机制、信用过滤机制，从而阐明了工程担保的制度功能和必要性。分析了保证担保信用机制的作用条件，以及市场接受这一信用工具的条件，提出保证人的专业化和保证担保的制度化是担保机制成功运行的必要环境这一论断，为明确中国工程担保制度的相关政策方向和制度建设的必要性提供了依据[213]。

二、对国际工程保证担保制度惯例的研究

通过考察各国工程保证担保制度特征的 5 个维度，即需求来源、担保品种、保函类型、承保人和保额标准等，揭示了国际工程保证担保制度存在的模式差异，只有高保额有条件保函和低保额无条件保函两种模式是担保市场的两种均衡状态[215]，而其中又只有高保额有条件模式具有以下完整的市场功能，包括：

---

① 本节内容被收入《工程管理论文集—同济大学工程管理所（RIPAM）20 周年庆典》，中国建筑工业出版社，2011.

（1）有利于帮助承包商提高履约能力和竞争力；（2）增强招投标工作的透明度，促进公平竞争和减少腐败；（3）节约公共项目投资；（4）为宏观经济周期带来的风险提供一个市场减震器和风险蓄水池。因而是国际工程担保制度的发展方向[176]。但高保额有条件模式并不能成为一种市场的自发选择，需要政府有意识介入，并合理利用公共工程保额标准的设定来加以引导，这是因为保额标准是担保模式选择的控制性因素，而政府在公共工程中推行强制性的工程担保制度必然带来对公共投资的节约。但担保市场容量和担保机构成熟度等却是工程担保模式选择的约束条件，政府在设定保额标准时应充分衡量担保市场容量和担保机构成熟度，确保避免发生担保短缺[213]。此外，政府还应对中小承包商提供担保援助，以避免过高的担保门槛过度限制市场的竞争水平[213]。以上理论研究结果为中国工程担保制度模式选择和相关公共政策方向提供了依据。

三、对替补承包商担保模式（同业担保）的批判

通过考察日韩经验，发现所谓"同业担保"即替补承包商担保模式，是由另一位承包商为其同业者——中标的承包商向业主提供完工担保，是日韩在上世纪末开始摒弃的一种担保模式。它的问题有 3 个方面：

（1）由竞争者提供担保，助长了日韩建设市场严重的围标现象。据日本学者估计，围标给日本公共工程投资带来的损失约在合同额的 20％左右。

（2）将违约承包商的风险传递给替补承包商的做法，使建筑企业面临连锁破产的风险。

（3）仅仅依靠替补承包商担保自身并不能给建设项目投资者以充分的保护，所以还必须有只承担货币赔偿责任的专业化担保作补充[213]。此项研究，澄清了国内对"同业担保"的不少误解，避免了中国工程担保制度走上盲目引进同业担保的弯路。

四、对担保市场规律的研究

以美国作为成熟担保市场的代表，通过研究担保公司数量、总净资产，以及担保市场历年赔付率等历史变动情况，揭示了担保市场的风险性和周期性，提出了衡量担保市场竞争性的指标：担保业净资产的单位年保费收入[213]。

进一步研究国际工程担保市场，发现存在银行保函模式和注册公司制保证担保模式两种市场组织模式。其中，注册担保公司模式是高保额有条件保函的组织模式。它与银行保函模式相比，具有以下特点：

（1）担保市场主体之间有更为复杂的专业化分工，其担保市场主体不仅包括担保机构，还包括担保代理和理赔咨询顾问两类重要的中介组织。

(2)市场运行过程更加复杂，包括严格的承保风险评判、一揽子赔偿协议的签署、保后监管和违约责任调查等。

(3)市场有明确的监管主体，承保主体受到严格的金融监管，包括市场准入、信息披露、风险监控和价格监管等[213]。

担保市场的健康发展还与工程保险市场的发展密切相关。一方面，担保业要专注于控制不可保的信用风险，并在实际出险后有效控制自己的损失，并保持一个较低的运营费用，这就需要尽可能把可保风险都转移给保险公司，因此工程担保市场的健康发展还需要一个相对成熟的保险市场的支撑。另一方面，担保和保险分别转移的是不同性质风险，具有不同的出险规律和时间。因此，一家保险公司同时经营担保和保险两种业务可以有效分散保险公司的财务风险[213]。所以在美国不少专业的担保公司都是保险集团公司的下属公司。

五、对中国推行工程保证担保的制度设计

中国工程保证担保制度的总体构架应包括以保障承包商履约为目标的"工程承包保证担保制度"和以保障业主支付工程款为当前主要目标的"业主责任保证担保制度"[213]。

"工程承包保证担保制度"应以高保额有条件保函、低保额无条件保函和有担保的替补承包商担保所构成的混合模式为基本模式，以高保额有条件保函模式为目标模式，根据工程担保市场发育的成熟度，通过对保额标准的调节，逐步引导市场自发向高保额有条件模式过渡；此外，还补充以"有担保的替补承包商担保"这一创新担保方式。研究还包括了对强制性工程担保制度的具体担保品种、保额标准、实施范围、推行策略、相关组织发展和市场风险控制策略等的具体建议[213]。

"业主责任保证担保制度"是适应于中国国情现实需要的一个创新。发达国家此类担保缺位的原因在于私人工程中承包商有留置权这一法定担保品种作为替代[348]，而公共工程又在严格的预算约束下有着充分的资金保障，以上条件在我国现阶段都不具备。业主责任担保是以发达国家存在的以维护公共利益为目标的许可证担保为参照，要求建设项目业主在向政府申请相关许可证时，向监管部门提交以政府为名义受益人，以承包商和分包商等为索赔权利人，按项目预期投资额一定比例提交担保。为使此创新担保品种不会对项目投资人造成过度的资金压力，笔者提出了分阶段滚动担保的构想和"善后责任"的概念。未来工程款支付问题解决后，此担保品种可作为许可证担保持续运用于担保业主的环境和公众责任[213]。

六、对我国工程保证担保试点工作的跟踪研究

在上述有关工程保证担保理论研究开展的同时，我国的工程担保试点也同步开展起来。在对我国工程保证担保试点工作的跟踪调研中发现，在我国试点的工程担保品种中，履约担保的价值在公共工程业主那里得到了充分肯定，而私人业主则在认识上存在较大分歧[213]；业主支付担保则基本未发挥出其被期望的作用[349]；对于遏制拖欠款，最有力的担保品种却是农民工工资支付担保。以上现实恰恰很好地印证了笔者的不少理论研究结论。如：由于决策效用不同，履约担保对于公共业主和私人业主的价值并不相同[210]；以承包商为受益人，由业主向其提交的业主支付担保，会因承包商在缔约时缺乏平等的谈判地位而流于形式[208]；只有将其作为一种许可证担保，并且政府作为名义受益人强制介入，才会使索赔权利人的权利得到充分保障[294]，这恰恰是农民工工资支付担保成功的本质原因。农民工工资支付担保实质上正类似于一种许可证担保，只有提交了该担保的承包商或业主才能进入政府开设的有形建筑市场中交易。只是在农民工工资支付担保中，索赔权利人仅仅包含了农民工，而政府介入的方式则包括了：作为保函上的受益人（成都）或作为保证金的保管人（深圳等），以及作为理赔金额的裁决人（各地清欠办介入）等多种方式和多环节。

由于推行工程担保必须有充分发育的担保市场的支撑，因此笔者的研究也涉及中国担保业的发展问题，对担保业务操作、风险规避方法和政府对担保市场的监管等都有所涉及[222]。

以上研究提升了我国对工程担保这一国际惯例的认识水平，对我国工程保证担保制度政策方向的确立、各地相关试点工作的开展、工程担保市场的培育等起到了重要的理论指导作用，也有力地推动了工程项目业主和承包商运用工程担保规避信用风险的水平，对我国建筑企业熟悉和适应工程担保制度环境、顺利参与全球化环境下的国际竞争起到了重要的参考作用，并对克服中国建筑业普遍存在的质量问题和工程款拖欠问题，深化我国工程建设领域的市场机制改革、完善市场风险管理机制也有着重要意义。

七、运用担保工具预防腐败

运用担保工具预防腐败的方式包括：（1）与最低评标价法相结合，预防招投标中的腐败；（2）运用担保工具增进关键人员的诚信；（3）运用担保工具改进行政审批程序；（4）运用担保工具进行建设项目全过程的腐败和信用风险预防[212]。

可以运用担保工具预防招投标腐败的原理在于：保证人作为市场主体需独立考察担保申请人（承包商）的资信，并以自身的财产为自己错误批准的担保承担

经济损失，因而更倾向于对承包商的履约能力进行认真严格的资格预审。但只有高保额有条件担保模式下担保公司的资格预审才基本可替代业主自行进行的资格预审。低保额无条件模式由于严格的反担保措施而削弱了资格预审效果，替补承包商模式则由于迫使承包商之间相互担保，加剧了围标这一承包商之间的串通腐败现象[212]。

运用担保工具增进关键人员诚信的具体方法是：要求负责工程项目决策的关键岗位人员提交担保，基本原理包括：（1）担保工具将信用风险转移回风险源的机制，可以增强被担保的人员的行为自律；（2）设定担保可以起到事前警示的效果；（3）借助人类风险心理中普遍的"失"大于"得"的效用放大机制，极大提高腐败成本；（4）以便利的合同手段增加失信成本的机制；（5）第三方的市场化监督机制；（6）腐败风险发生后使纳税人免受损失。此类担保在国外常见有官员忠诚担保和雇员忠诚担保[212]。

运用担保工具改进行政审批程序的具体方法是：与备案制相结合，向政府申请许可证或执照的申请人提交担保，一方面借助于增进被担保人的自律来强化相关政府监管效果，另一方面又可减少行政官员的自由裁量权[212]。

运用担保工具进行建设项目全过程的腐败预防和信用风险预防的可能方式还可以是多种担保手段的结合。如通过官员忠诚担保约束行政审批官员和公共业主的行为自律，通过项目经理忠诚担保和建筑业从业人员个人诚信担保增强从业人员的行为自律等。将以上担保手段灵活运用于项目决策和实施的各个阶段可以有效地减少腐败。

第四节　本书概要

一、总体说明

本书分为四大篇章。第一篇只包括1章，作为全书的引言，主要论述中国推行工程保证担保制度的必要性，并对国内外研究以及笔者在工程担保领域所取得的系列研究成果进行了一个较为系统的回顾。

第二篇从第二章到第七章，基本继承了本书第一版的内容，是笔者对中国推行工程保证担保制度从理论基础到实施策略的一个系统总结，但对一些具有时效性的内容进行了改写；第三篇和第四篇则是本书新增加的内容。其中，第三篇从第八章到第十三章，是对笔者近年来跟踪研究中国工程担保制度发展状况的一个系统总结，特别是包括了最新的有关建立中国工程担保同盟的相关思考；第四篇从第十四章到第十七章，则是笔者将工程担保相关研究与建设领域反腐败相关研究相结合，所取得的一些研究成果。以下从第二章起分别介绍各章内容。

二、第二篇　中国工程担保制度的理论基础与制度设计

第二章：中国工程担保制度的理论基础与制度设计。该章首先将整个市场作为一个整体，应用信息经济学和交易成本理论，通过对有无应用担保工具的市场交易成本的对比分析，阐述了保证担保的运行机制和保证担保市场的形成条件，分析了保证担保的专业化和制度化的必要性。其次，对工程保证担保的国际惯例进行了分析和总结，提出了描述工程保证担保制度的四大特征因素，指出保额标准是决定工程保证担保制度特征的控制性因素，提出了担保市场仅存在高保额有条件担保和低保额无条件担保两种均衡状态。最后，本章从中国建筑市场的实际需要出发，提出了中国工程保证担保制度设计的三大基本准则：（1）符合市场经济规律，以市场手段解决市场经济中的问题；（2）有利于实现中国对规模建设的需要；（3）有利于与国际接轨。进而提出了中国推行工程保证担保的制度框架："工程承包保证担保制度＋业主责任保证担保制度"。并对中国工程保证担保制度的功能目标进行了讨论。

第三章：工程承包保证担保制度。本章首先对国际上工程承包类保证担保的基本模式进行了分析，总结了国际工程承包类保证担保的三大模式，即：高保额有条件模式、低保额无条件模式和替补承包商保证担保模式，并对其优劣和适用条件进行了分析比较，提出了高保额有条件模式是国际工程保证担保制度的发展方向这一结论。其次，在借鉴工程承包类保证担保的国际惯例的基础上，结合中国国情的现实需要，提出了对中国工程承包保证担保制度的基本模式、担保品种，以及强制性工程承包保证担保的实施范围等的建议。指出：中国工程承包保证担保制度的基本模式应该是一种以"高保额有条件保函＋低保额无条件保函＋有担保的替补承包商担保"的混合模式为过渡，以高保额有条件保函模式为目标，通过对履约保函的保额标准的调节引导市场自行向高保额有条件保函模式演化的动态综合模式。其中，"有担保的替补承包商担保"是笔者提出的一种创新担保模式。在对担保品种的讨论中，笔者对以国际上工程承包类保证担保的制度模式为线索，对各担保品种的特征及其功能都作了深入分析，这对读者思考各种担保品种的应用将很有帮助。对于担保政策的制定者，笔者还进一步提出了确定强制性工程承包保证担保实施范围的两大原则：不得对不同的承包商实施歧视性的担保政策；不能只对风险程度高的项目要求强制性担保；以及在非强制性工程保证担保范围的项目中使用无条件保函的限制条件：必须同时设定业主责任保证担保，以避免业主对无条件保函的滥用。最后，笔者还进一步讨论了确定实施强制性工程保证担保项目最低投资额的两大依据：其一是投保成本对项目投资的影响，其二是担保市场容量的限制，并给出了相应的计算公式。

第四章：业主责任保证担保制度。业主责任担保是笔者在借鉴了国际惯例并结合中国国情的现实需要而提出的一种创新的强制性担保品种，这一担保品种主要用于解决当前中国建筑市场中严重的拖欠工程款问题。拖欠工程款在本质上就是业主责任履行不良的一种表现，但业主责任履行不良的危害并不仅限于此。本章首先讨论了业主责任及对业主责任进行监管的国际惯例，分析了我国业主责任履行不良的原因，指出"投资导向型市场经济"及其与我国业主责任虚位的因果关系是拖欠款问题的根源，分析了市场经济发达国家业主责任类保证担保缺位的原因，分析了我国在现阶段推行强制性业主责任担保的必要性。在本章的第二节，笔者进一步提出了业主责任担保应采用受益人与索赔人分离的机制，并对保证人及其承保模式、索赔模式、业主责任范围、保额标准、保函期限、保证人的权利等进行了详细的讨论。其中，"善后责任"的概念的提出解决了如何将业主责任化整为零而又不削弱其担保效力的技术难题，这一概念是使业主责任担保这一创新担保品种成为可行的关键。由于业主责任担保是一种影响重大的创新的强制性担保品种，在本章的第三节笔者还进一步对推行业主责任保证担保制度的相关影响进行了分析。

第五章：工程保证担保的市场组织和运行机制。本章首先对国际工程保证担保的两种主要组织模式——银行保函模式和注册公司制专业性担保模式进行了考察和总结，并特别对美国工程保证担保制度的组织特点进行了研究。其次结合中国国情，提出了一种混合型的中国工程保证担保组织的构想，并对其运行机制展开了讨论，进而对政府在推行中国工程保证担保制度中的角色定位进行了讨论，提出政府在工程保证担保组织中应当：（1）作为保函的收益人，为保证担保市场提供需求；（2）担当市场监管主体；（3）维护市场的公平性机制；（4）为中小承包商提供担保援助，帮助担保市场的信用启动；（5）扶持和推动行业组织的建设。其中，笔者提出了对在强制性公共项目保证担保制度下，私人投资项目中对工程保证担保的应用比例低这一现象的理论解释。最后，本章对工程保证担保市场各主体进行了研究，并着重对担保公司和担保代理机构这两种担保市场特有的市场主体进行了讨论。对于担保公司，基于对国外担保机构的考察，笔者提出了对担保公司性质的两大判断：首先，担保公司是金融机构，而非普通中介机构；其次，担保公司是经营信用风险的专门机构，其价值在于以信用风险自留和控制的专长为市场提供服务。并且基于对美国部分担保公司的考察，给出了几种不同的担保公司组织模式的案例。对于中国专业工程担保公司的建设，笔者特别提出了应尽量避免国家财政直接投资组建担保公司的主张。担保代理机构是注册公司制专业工程担保模式下担保市场特有的中介组织。基于对美国担保代理机构的考察，笔者深入讨论了这一市场主体的功能和组织，结合对中国保证担保市场组织实行混合模式的构想，提出了对中国担保代理机构的市场价值定位：帮助担保公司在担保业务方面与银行竞争和扩展市场；以及为业主、承包商等相关客户提供专业担保咨询。最后，笔者还提出了对中国工程担保行业协会的组织构想。

第六章：工程保证担保的市场风险与防范机制。本章以美国这一成熟的工程保证担保市场为对象，对工程保证担保市场的风险与防范机制进行了研究。数据分析显示：美国担保市场的进入和退出变动频繁，反映出担保市场是一个风险性很强的市场；担保市场也存在着明显的周期性，它的周期与宏观经济周期、建筑业周期等都有着明显相关性，并且与建筑业周期存在着一定的滞后。在本章的第二节对工程保证担保市场的风险因素进行了分析。其中，介绍了基于4C的承保风险评判；引入了担保业净资产的单位年保费收入来量化担保市场的竞争性。最后，笔者主要研究了美国工程保证担保市场的风险防范机制，为中国工程保证担保市场的风险防范提供参考，包括市场进入管理机制、信息披露机制、市场竞争与价格监管机制，以及市场退出机制等。其中特别强调了对担保公司净资产变化的动态监管的必要性，以及政府监管的作用应该是保证担保市场的进入和退出都有顺畅和平稳的通道。

第七章：对中国推行工程保证担保制度的实施策略的探讨。本章完整地保留了笔者早期对中国工程保证担保制度实施策略的思考，首先考察了早期在中国推行工程保证担保制度的现实环境，对有关保证担保关系的法律基础、国内担保业当时的发展状况、相关市场建设等多方面的因素中的有利条件和不利条件进行了深入分析，并提出了如何利用有利条件、化解不利条件的相应对策。提出了工程担保相关法律体系和制定《工程担保法》的立法建议，在中国推行工程保证担保制度的具体实施策略和步骤，包括对组织策略、人才策略、技术策略、市场策略、资金策略等的一揽子初步构想，如：组建中国工程保证担保政策研究与推广工作小组的构想；在现行各种工程咨询业的认证考试中加入工程保证担保的普及性知识内容的设想；基于网络的市场共享的担保业务操作电子平台的构想；以立法确立强制性工程保证担保制度从而为市场提供需求启动和效果示范的策略；配合市场担保容量的发展，分阶段合理制定强制性工程保证担保制度实施范围的策略；政府以推行对中小承包商的担保援助计划作为对担保市场资金启动的构想等。这些策略中不少至今仍然适用。

三、第三篇　对中国工程担保试点工作的跟踪研究

第八章：厦门、深圳工程担保试点情况的调研报告。厦门和深圳是我国最先尝试在本地强制性推行工程担保制度的城市。本章首先对两地2000年以前所推

行的工程担保制度的特点进行了总结，比较了其异同。以此为背景，基于对两地公共工程和私人工程的业主、承包商和政府监管部门相关人士的访谈，笔者对两地强制开展履约担保、业主支付担保的实施效果和经验教训进行了概括总结。研究发现业主支付担保的实行效果并不理想，大多存在上有政策下有对策的暗箱操作，如虚假保函、廉价担保、承包商为业主提供反担保等现象，这也证实了本书第四章中所论述的另一个观点：由于业主对承包商在缔约阶段拥有谈判优势，需要采用受益人与索赔权利人相分离的业主责任担保，让承包商等项目业主的合同对方做索赔权利人，而不是直接做受益人，否则这种担保很难实施，即使强制实施也会流于形式。履约担保在私人业主中的推行效果同样不大理想，其原因有多个方面，既包括了私人业主风险意识不强、对工程担保缺乏足够的认识，也包括私人业主普遍采用扣留部分工程款这一本质上的现金担保方式替代了履约保函；此外，这一实践结果也恰恰验证了本书在第五章中所做的理论推断，即设定履约担保对于私人工程的价值取决于投资人的风险态度。而履约担保的推行只有在公共工程业主中得到了一致的认可，并且不少公共业主在实际操作中还通过收取差额担保、不自觉地实践了高保额的履约担保，显示出履约担保的确给公共工程带来了巨大的价值。这也印证了本书第五章的相关结论。此外，本章还讨论了两地试点中所反映出来的担保市场亟待规范的问题。

　　第九章：中国工程担保发展现状。本章基于笔者对中国工程担保试点情况的长期跟踪，包括作为专家组成员参与住房和城乡建设部在 2009 年底至 2010 年初对住房和城乡建设部批准的工程担保试点城市的考察，对中国工程担保制度及其运行环境和专业工程担保市场的发育情况等进行了系统总结。具体内容包括对我国工程担保相关法律法规和政策性文件从国家和地方试点省市两个层次进行了全面的梳理概括，对各地试点做法的异同进行了比较。本章还特别对超出建筑行业主管部门最初规划，但在各地试点因市场形势发展而出现的一些新的担保品种实践进行了研究，充分肯定了这些市场自发产生的担保需求的生命力，也对其存在的问题进行了讨论。本章还对中国工程担保市场中共存的银行保函和担保公司保函的运用情况，工程担保市场主体的发育情况等进行了概括，对工程担保行业进一步发展所面临的问题进行了较为深入的分析。最后，本章对中国工程担保发展现状进行了总体评价，一方面肯定了各地方实践创新所取得的成绩，另一方面也对当前中国工程担保业发展中存在的诸多问题进行了分析，这些问题包括：对工程担保的模式差异认识不足、对政府在推行工程担保制度中的角色定位不准、必要的公共服务和行业监管缺位；强制推行不具备真实市场需求的担保品种，强制对象和范围设定不够恰当，工程担保操作不规范等情况，妨碍了工程担保核心价值的发挥；相关政策层级不高，法律依据不足、缺乏适于专业工程担保公司生存的必要法律环境，等等。

第十章：对中国工程担保试点深化方向的建议。本章是基于第九章对中国工程担保发展现状的分析，针对当前各地工程担保实践的现实条件和存在的各种问题，提出了正确定位、规范发展，提升信用、完善功能，彰显价值、服务社会的根本性指导思想和八项基本原则。并从规范担保市场行为、深化工程担保品种试点、强化对担保机构的管理与服务等三个方面提出了相关建议。其中，有关规范担保市场行为的建议措施包括：严格禁止使用一般责任保函；用保证担保取代现金担保；以及规范专业化运作，提升工程担保机构能力等。有关深化工程担保品种试点的建议措施包括：做精市场需求明确的核心担保品种，如履约担保和农民工工资支付担保等，以彰显工程担保价值；合并功能相近的多重担保要求，推进高保额模式的应用；以及重视市场自发形成的担保需求，引导促进担保市场健康发展等。有关强化对担保机构的管理与服务相关建议措施包括：建立有效的市场准入机制；保障担保机构的风险承担能力；提升担保机构的风险管理能力；提升担保机构的市场开拓能力；以及改善政府对工程担保市场的服务等。

第十一章：以工程担保制度治理农民工工资拖欠。本章首先通过对"垫资承包"、"工程款拖欠"和"农民工工资拖欠"问题及其相互关系的深入讨论，论证了政府必须以坚决的行政和法律手段解决"农民工工资拖欠"问题的必要性，同时也提出了应将承包商自愿的"垫资承包"和默许"工程款拖欠"的现象视作承包商参与建设项目融资这一国际惯例在中国现实环境下的变异模式，并建议依据市场经济原则取消对"垫资承包"的禁止，尊重市场主体的合同自由和创造性，为承包商参与建设项目融资打开合法空间。同时，笔者对相关国际工程担保实践中预防建筑工人工资拖欠的机理进行了分析，并参照相关国际惯例，对当前国内的工程款支付优先权、业主支付担保和农民工工资支付担保等相关实践及存在问题进行了分析，并在此基础上，提出了解决农民工工资拖欠问题的一套系统的工程担保解决方案。此整套系统方案的实施将不仅能够有效解决当前中国建筑市场的农民工工资问题，还能有助于从整体上规范建设项目业主和建筑企业的市场行为，并有利于与国际惯例的工程担保制度接轨，而所谓"垫资承包"和"工程款拖欠"问题也将不攻而破，并有效保障更为广泛的公共利益。

第十二章：中国工程担保行业的监管机制研究。本章首先对工程担保行业的行业监管需求，从担保分类、工程担保产品价值和工程担保责任承担类型等三方面进行了深入的分析，在此基础上提出了对工程担保行业监管架构的总体设想，其中包括政府监管和行业自律各自的定位和相互关系分析。并进而基于对相关国际经验的借鉴、对工程担保市场政府监管关系人分析和对工程担保市场政府监管的职能分析，提出了对政府监管模式和监管内容的建议。有关政府监管模式，本章的具体建议是遵循先易后难的路径，以许可证担保为突破点，实施针对该担保品种的市场准入制度，从中积累经验，以图今后不断扩大战果；并设立工程担保索赔裁定中心来为工程担保制度提供配套服务；与此同时，积极同步推动与其他政府相关部委的政策协调，逐渐改善推行工程担保制度的外部环境，从而使工程担保制度得到稳步推进。对监管内容的具体建议则覆盖工程担保市场准入标准、工程担保信息监管与信息披露机制、对工程担保行业竞争与费率监管机制等方面的内容。

第十三章：关于组建"中国工程担保同盟"的建议。本章基于当前中国工程担保市场亟须规范的现实，以及对中国工程担保行业监管缺失原因的分析，依据现代"公共治理"理念，并借鉴美国联储银行和世界各国大量存在的公司制证券交易所等承担一定准公共职能的私人机构的实践，提出了走政府监管与行业自律以外的第三条道路，来加速推进工程担保行业监管自律的设想。即建立起"中国工程担保同盟"这样一个介于政府、社会和企业之间的合作沟通协调平台，团结专业工程担保机构同业，并通过在其旗下设立公司制的再担保平台，以利益为纽带强化对加盟担保公司规范运营的实质性约束，从而以一种创新的公共治理模式来达成专业工程担保公司的自律监管。本章还进一步提出了同盟宗旨与功能定位的建议、同盟总体运作机制的设想，并提出了多个同盟的组织建构方案及其过渡方案供读者参考和讨论。

四、第四篇　利用担保工具预防腐败

第十四章：应用担保工具进行腐败预防的基本原理。本章基于腐败交易决策的数学期望模型，对担保工具预防腐败的作用机理从信用风险回传机制、事前警示机制、以便利的合同手段增加失信成本机制、对被担保人守信要求的心理放大机制、第三方的市场化监督机制、保护受益人不因违约事件而蒙受经济损失机制等方面进行了深入的剖析。并进而提出了应用担保工具进行腐败预防的几种途径，具体包括：借助工程保证担保制度增强政府采购中的透明度、借助执照与许可证担保增强政府行政审批职能的社会化与市场化、借助忠诚担保增强公职人员和重要岗位人员的行为自律等。

第十五章：应用工程担保制度预防公共工程中的腐败。本章是对第十四章所提出的应用担保工具预防腐败的第一种途径的进一步深入讨论。本章首先分别讨论了工程保证担保制度对公共工程招投标和合同履行中的腐败预防机制，然后对国际上的几种不同的工程保证担保模式对腐败预防的功效成败进行了深入讨论，指出只有高保额有条件模式的工程保证担保制度才能真正有效地遏制工程项目招投标和合同执行过程中的腐败。最后在当前国情下，我国对如何应用工程保证担保制度预防腐败提出了具体建议。

第十六章：应用执照与许可证担保预防政府行政审批中的腐败。本章是对第十四章所提出的应用担保工具预防腐败的第二种途径的进一步深入讨论。本章首先介绍了执照与许可证担保的基本概念和相关国际经验，然后深入分析了执照与许可证担保对于执照审批、执照持有和相关执法过程中的腐败预防机制，并对执照与许可证担保在我国的应用提出相关建议。具体包括：将申报备案制改革同执照与许可证担保制度结合起来、以担保措施取代注册资金制度等，并对我国政府监管部门运用执照与许可证担保强化政府监管和腐败预防的相关法律基础以及与建设领域相关的担保品种设置进行了讨论。

第十七章：应用忠诚担保增强廉洁自律和职业道德。本章是对第十四章所提出的应用担保工具预防腐败的第三种途径的进一步深入讨论。本章首先介绍了忠诚担保的基本概念和相关国际经验，对忠诚担保的腐败预防机制进行了分析。然后对在我国运用官员忠诚担保增强官员的廉洁自律，结合我国各地的"廉政保证金"实践进行了相关讨论，对后续发展给出了建议；对运用个人忠诚担保增强从业者的职业道德和责任的具体方式方法，从项目经理忠诚担保和劳务人员从业诚信担保两个方面进行了讨论并给出了建议，对与之相关的我国项目承包人履约担保实践进行了介绍。

第二篇　中国工程担保制度的
理论基础与制度设计

第二章 理论基础、国际惯例与中国推行工程 保证担保的制度框架

本章将分别对保证担保的运行机制、国际工程保证担保制度的特征及形成机制等加以分析，然后再结合中国建筑市场的具体问题对中国工程保证担保制度进行目标定义。

第一节 担保的基本概念^①

一、担保的定义

在高级汉语大词典中，担保表示"负责，保证做到或保证不出问题"；在中国，担保的法律关系是依据《中华人民共和国担保法》而确立。担保法第二条规定："在借贷、买卖、货物运输、加工承揽等经济活动中，债权人需要以担保方式保障其债权实现的，可以依照本法规定设定担保……本法规定的担保方式为保证、抵押、质押、留置和定金"。其中，保证是由第三方保证人提供担保，而抵押、质押、留置和定金等都属于物的担保。

在英文中，担保在不同的商务活动中有：guarantee；surety bond；stand-by letter of credit；security；mortgage，impawn；collateral；deposit；indemnity 等多种不同的表述。guaranty 和 suretyship 几乎是同义词，大英百科全书对它们的定义是：in law, assumption of liability for the obligations of another（为另一人的责任承担债务的一种法律关系）。其特征是由第三方保证人提供担保，相当于中国的"保证"担保，大英百科全书还进一步指出：suretyship - or guaranty - has come to be undertaken by business corporations organized for that purpose（保证担保已经越来越多地为专营此业的商业机构所承担）。而其他的担保方式则多为物的担保。

---

① 笔者指导的学生王爱华参加了本部分的资料收集和部分内容写作。

二、担保的性质

《担保法》第五条规定，"担保合同是主合同的从合同，主合同无效，担保合同无效。担保合同另有约定的，按照约定。"它强调担保具有从属性。但在国际商务实践中，具有独立地位的担保合同类型也趋于流行，即所谓"first demand guarantee"或"on-demand guarantee"（见索即付保函）和 stand-by Letter of Credit（备付信用证）。这类保函的赔付无需基于被担保人对主合同的违约，所以赔付较为快捷，但同时也可能引发不公正索赔的问题。有的学者认为，独立性的见索即付保函在本质上并非是真正的担保关系。但现在更为普遍的态度是将其认可为特定担保类型——独立担保。我国担保法第五条以遵从合同约定的方式，也为这种担保类型的应用留下了空间。

三、担保的分类

市场中有各种各样的担保行为，为的是适应不同市场交易行为的需要。比如从担保所保障的被担保人义务的法律属性是否为合同义务来划分，有合同担保和非合同担保；从担保设定的依据来划分，有法定担保和约定担保；从担保主体来划分，有专业机构提供的专业性担保，也有包括自然人在内的其他市场主体所进行的一般民间担保行为；从担保义务的履行方式来划分，有义务履行型担保和货币赔付型担保等[211]。

1. 合同担保与非合同担保

根据担保所保障的被担保人义务的法律属性是否为合同义务，可以将担保方式划分为合同担保和非合同担保两类。

合同担保是为确保合同履行，双方当事人通过协商一致或者根据法律规定，由一方或者其提供的第三人采取的担保措施[370]。其作用在于促使当事人切实履行合同，确保各方当事人的权益，是对合同法律效力的补充和加强。它所担保的被担保人的责任是一种合同责任，即因被担保人违反合同约定的义务而引起或产生的法律后果，如实际违约责任、预期违约责任、缔约过失责任等[364]。合同担保设定的前提是存在依法成立的合同。我国担保法规定的五种担保方式都属于合同担保。

除合同担保外，在国际担保实践中，还有大量的非合同担保的应用。在非合同担保中，不存在合同担保中所指的主合同，所担保的被担保人的责任通常是基于一些法律责任，并非是合同责任，如担保官员忠实履行职责的官员忠诚担保，担保取保候审的嫌疑犯将随时响应法庭传唤的司法担保等。尽管在非合同担保中不存在一个主合同，但非合同担保本身所采用的保函就是一种合同，它通常对其所担保的上述法律责任同样具有从属性。本书将在后面章节中对部分非合同担保品种进行详细介绍。

2. 法定担保与约定担保

根据担保设定的依据或设定方式的不同，可以将担保方式划分为法定担保和约定担保两类。

法定担保（Statutory Bonds/Guarantee）是指法律强制规定必须设立的担保。法定担保具有法定性，担保的条件、担保的当事人、担保的范围等均由法律规定，当事人对担保的约定必须符合相关法律的规定。法定担保的担保责任可能是基于基础合同责任，也可能是基于法律所规定的责任，即法定责任。留置担保是担保法中唯一明确规定的法定担保。除了留置担保之外，实践中还存在大量以公共部门为受益人的法定担保，如司法担保（Judicial Bonds）、海关担保（Custom Bonds）、许可证担保（License Bonds）、官员忠诚担保（Public Official Bonds）、证券担保（Security Bonds）、公共部门的合同担保（Contract Bonds for Public Works）等。

此外，在这里不得不提的一个概念是"优先权"。优先权又称先取特权或优先受偿权，是指由法律直接规定的特种债权的债权人，就债务人的全部或特定财产优先受偿的权利[253]。例如我国《海商法》规定的船舶优先权、《民用航空法》规定的民用航空器优先权、《合同法》规定的工程款优先受偿权等，都属于优先权的一种。关于这一类优先权是否属于法定担保，学术界的认识并不统一[253,290]。不过可以肯定的是，优先权和担保之间是具有相关性的。本书认为，优先权的涵义更广一些，担保债权是某种意义上的优先权。在我国，由于建筑物属于不动产，其加工人——承包商不受留置权的保护，而工程款优先受偿权可以被视为是对国外普遍存在的"建设者留置权"（mechanics' lien）这一法定担保的一种替代。当然，其效力与后者相比还有很大不足。

约定担保，又称意定担保，是指由当事人双方自行设定的担保。约定担保具有自愿性，当事人可以决定是否设定担保。从担保的方式、担保的条件至担保的范围等，均由当事人自行约定。约定担保是最常见的、最主要的担保方式。因为其自愿性，约定担保多为普通商业担保（Common Business Bonds/Guarantee）。普通商业担保的受益人为一般市场主体，受益人自身承担对担保机构的担保能力的审查并承担风险，它包括雇员忠诚担保（Employee's Fidelity Bonds）、银行贷款担保（Loan Bonds）、除留置担保外的合同担保（Contract Bonds）等。

3. 专业化担保与一般民间担保行为

根据担保人的不同，可以将担保方式划分为专业化担保和一般民间担保行为两类。

专业化担保（Institutional Guarantee）是由经营信用风险担保产品的专业担

保机构以商业化方式开展的以赚取保费为目的的担保行为。这种专业担保机构可以是担保公司，也可以是银行、保险公司。专业化担保有以下优势：（1）易于积累承保经验。专业担保机构专门开展经营担保产品的业务，且业务不止一两笔，所以能在较短时间内积累大量的承保经验。（2）易于代偿能力的集中运用。其一，大多数专业担保机构本身资金实力雄厚，甚至可以筹集到社会的闲散资金，从而形成其代偿能力的规模效应；其二，保证人只承保一笔担保业务时赔付风险较高，而专业担保机构可以充分运用自身的代偿能力，承保多笔业务，从而分散风险。（3）易于建立专业化的市场信誉。专业担保机构需以信用为其经营的产品，其清偿能力还往往接受严格的金融监管，这就极大地保障了保证人的信用，进而建立专业化的市场信誉。

包括自然人在内的其他市场合法主体所进行的一般民间担保行为（Non—institutional Guarantee）也是受担保法保护的。在一般民间担保行为中，比较有代表性的是以自然人或母公司作为保证人的担保。这类担保可以方便灵活地适应千变万化的市场需求。但缺点也是显而易见的，一方面，保证人可能缺乏承保经验、风险意识和代偿能力；另一方面，受益人难以验证保证人的代偿能力。在我国，过去有不少上市公司提供对外担保，但常常因被担保人经营活动的失败而不得不承担起巨大的债务，严重损害了股东的利益。此后，证监会发文（证监发〔2005〕120号）要求，自2006年起"上市公司董事会或股东大会审议批准的对外担保，必须在中国证监会指定信息披露报刊上及时披露……所称'对外担保'，是指上市公司为他人提供的担保，包括上市公司对控股子公司的担保……"。

4. 有条件担保与无条件担保

有条件担保和无条件担保是根据担保合同对索赔条件的不同约定而划分的。有条件担保（Conditional Guarantee/Bond）也称为"基于违约责任的担保"（On-default Guarantee/Bond），它的特点是受益人索赔权利的产生必须以被担保人违约为条件，且索赔金额以违约责任金额为限，是典型的从属性担保。所谓从属性担保，就是指担保合同责任是基于主合同的债务而产生，也随主合同债务的消除而消除。

无条件担保（Unconditional Guarantee/Bond），又称见索即付担保（On-demand Guarantee/Bond），是独立担保中的一种极端形式。所谓独立担保（Independent Guarantee）是相对于从属性担保而言的。其最根本的区别在于独立担保的担保合同独立于基础合同①，不具有从属性。换言之，基础合同的效力、变

---

① 这里的"基础合同"与前文提到的"主合同"都是指债权人和债务人订立的合同。因为"主合同"与"从合同"是相对的，而独立担保合同不具有从属性、不是"从合同"，所以在独立担保中，"主合同"这一概念无从谈起。因此，在这里称"基础合同"更为恰当。

更、履约情况等均不影响独立担保合同的效力和履行，保证人仍应依担保合同约定承担担保责任。

判断一个担保是否是独立担保的关键就在于判断该担保是否具有独立性。有些合同的名称虽然写明了"独立担保"等字样，但内容却有不同约定，则应当以内容为准；有些合同即便是引用了基础合同，但不一定就不构成独立担保。在不少建设工程担保中，通常也会约定保函效力不受通常作为主合同的建筑工程承包合同的变更的影响，但依然会约定担保责任必须基于主合同违约而产生，这就依然属于从属性担保而非独立担保。由于有条件担保和无条件担保对于建筑业的影响迥异，在本章第三节的"国际工程保证担保制度特征的概述"中还将做更深一步的讨论。

5. 义务履行型担保与货币赔付型担保

义务履行型担保是指保证人在被担保人不履行义务时，可以选择接管主合同，以被担保人的身份履行主合同的担保方式。在这种情况下，担保人可以选择实际代为履行，也可以选择货币偿付。当受益人的最终目标不能完全用货币来衡量时，其要求的担保往往会是义务履行型的。美式有条件担保就是典型的义务履行型担保。此外，我国常说的"同业担保"——其原型是已在日本公共投资项目中废除的替补承包商保证担保，也是一种义务履行型担保。其操作方式通常是在业主与中标的承包商签订合同时需事先约定一位替补承包商作保证人，保证若中标人不能履行合同，则由该承包商代为履行。

货币赔付型担保是指保证人在被担保人不履行义务时，在担保金额内仅以货币的方式来履行自己承诺的担保义务的担保方式。因为债权人的目标多数能转化为货币化的经济目标，所以货币赔付型担保的应用也非常广泛。特别是在金融机构提供的担保中，由于金融机构具有雄厚的资金实力，因此货币偿付比代为履行更加方便快捷。原建设部（现住房和城乡建设部）制定的《承包商履约保函（试行）》（建市［2005］74号）中有如下条款："我方（保证人）按照贵方（受益人）的要求以下列方式之一承担保证责任：1）由我方提供资金及技术援助，使承包商继续履行主合同义务，支付金额不超过本保函第一条规定的保证金额。2）由我方在本保函第一条规定的保证金额内赔偿贵方的损失。"这两个条款是在借鉴美式义务履行型担保基础上的一种演化，其中第二条是典型的货币赔付型表述，而第一条则常见于义务履行型担保，但又比美式担保少了两种其他代偿方式，不是全面的义务型担保。

在英语中，这两种不同类型的担保在术语上是有区别的。义务履行型担保通常被称为"Bond"，它强调保证人与被担保人之间存在的一种类似被捆绑在一起的紧密关系，由保证人和被担保人站在一起，共同向受益人负责。"Bond"通常由担保公司、保险公司或有清偿能力的个人提供，我国过去也常将之翻译为"保证书"。而货币赔付型担保，在英语中常被称为"Guarantee"，它强调一种金钱上的保障，保证人的代偿义务可能从属于主合同或非合同担保中的法定义务，也可能独立于基础合同或相应的法定义务。货币赔付型担保通常由银行出具，是汉语中"保函"一词的最早对应术语。但近年来我国专业担保机构大量涌现，他们把自己经营的产品也称为"保函"，因此广义的"保函"目前对应的英文术语既包括了 Guarantee，也包括了 Bond。另外，世界银行还使用了一个英文术语"Security"，在其采购指南中被用作 Guarantee 和 Bond 的统称。

第二节　保证担保的运行机制

研究保证担保的运行机制能帮助透视国际工程保证担保制度的不同形态，从而形成对国际工程保证担保制度的准确把握。

一、保证担保的基本功能

在市场经济环境中，市场交易总是依赖于对一系列合同的履行而完成的。市场经济存在着风险，以担保手段增强合同履约的信用、规避合同履约失败的风险、并弥补因此给交易对方带来的损失是成熟的市场经济环境中的一种惯用手段。

保证担保是我国担保法所规定的五种合同担保方式中的一种。工程保证担保机制运行的基础是保证担保的法律关系。担保法第二章第六条指出："保证，是指保证人和债权人约定，当债务人不履行债务时，保证人按照约定履行债务或者承担责任的行为[392]。"保证担保关系，在英文中为 *suretyship*，不少作者对它做出过定义，现引述如下：

（1）*Legal, contractual relationship in which one party, surety, agrees to be answerable to another party, obligee, for the debt, default or miscarriage of third party, principal*[20]；

（2）*Suretyship is the relation which exists where one person has undertaken an obligation and another person is also under an obligation or other duty to the obligee, who is entitled to but one performance, and as between the two who are bound, one rather than the other should perform*[61]；

（3）*Suretyship is a very specialized line of insurance that is created whenever one party guarantees performance of an obligation by another party. There are three parties to the agreement. The principal is the party that undertakes the obligation. The surety guarantees the obligation will be performed. The obligee is the party who receives the benefit of the bond*[124].

综上所述，保证担保的特点是由第三方保证人保证被担保人如约履行合同义务；或者，保证主合同的其他各方因被担保人不能履行合同义务而造成的损失得到弥补。保证担保与其他四种担保方式最大的区别是：保证人是市场合同交易双方之外的第三方，其担保效力来自于保证人的信用（图 2-1）。韦氏辞典对保证人的定义是：

That which confirms or makes sure; a guarantee, one who pledges in behalf of another and accepts certain accruing responsibilities.[1]

而抵押、质押、留置和定金这四种担保方式都是在合同当事人之间进行，并以物的方式提供担保。

担保法规定，保证分为一般保证和连带责任保证，若合同双方无约定，推定为连带责任保证。连带责任保证能给予债权人更为有利的保护，它规定债权人在债务人不履行债务时，可以向债务人索赔，也可以直接向保证人索赔，也可以同时向这两者索赔①。本书所探讨的保证担保仅指连带责任保证。这里所讲的债务是指合同之债。合同之债的债务是一个广义的概念，它包括债务人所承担的全部合同义务[300,352,406]。

担保法还规定，一旦保证人代债务人履行了债务，就取得代位追偿权，可从债务人处就代为履行债务所担负的损失得到赔偿。所以债务人若不信守承诺、认真履约，最终承担损失的将是债务人自己。因此，债权人利用保证担保规避风险的结果，是将信用风险转移回风险源本身（图 2-2）。

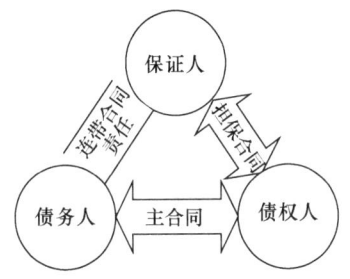
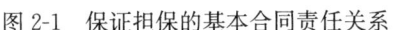
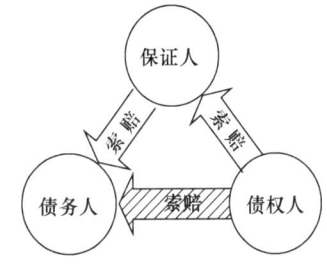

图 2-1　保证担保的基本合同责任关系　　图 2-2　信用风险转移回风险源

对保证担保的基本功能可以概括如下：

（1）保障合同履约：由于保证担保具有把信用风险转移回风险源本身的机

---

① 《中华人民共和国担保法》（1995 年 10 月 1 日起施行）第三十一条。

制，债务人必然在主观上消除不认真履约的动机，加强自律，信守合同，这就极大地增强了债务人履约的自觉意识，降低了违约事件的发生概率；

（2）保障债权的实现：在债务人不能履约的情况下，保证人的代为履行可保护债权人免于损失或减少损失。

二、保证担保的信息经济学原理

保证人作为市场交易的第三方，之所以成为一种需要，是因为债权人对于了解债务人履行合同义务的能力处于信息不对称状态。

"信息不对称"是上世纪经济学的一个重大发现。如果市场存在着严重的信息不对称，就会发生市场失灵。因为在古典经济学中，价格对市场的自发调节机制是以信息对称为前提的。也就是说，只有交易双方对交易品的质量都有较为准确地把握，并信守承诺，价格才能为调节市场供求关系发出准确的信号。市场失灵表现为，市场竞争的结果不是优胜劣汰，而是优汰劣胜[378,363]。

经济学家把人视作理性人，若隐瞒事实真相对某交易方有利可图，他会毫不犹豫地隐瞒真相，这样就会产生信息不对称。旧货市场正是在信息不对称条件下的市场失灵的典型例子。由于买卖双方信息不对称，买方因对市场平均质量的心理预期降低而降低出价，使质量成本较高的产品退出市场，从而导致市场平均质量下降（图2-3）。

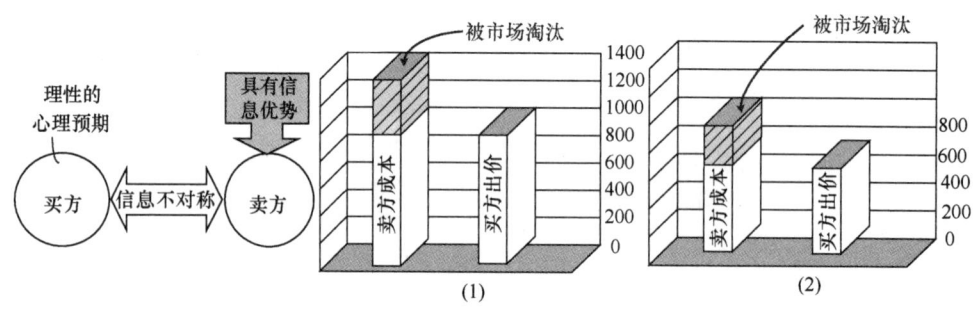

（1）成本高于卖方出价的产品退出市场，导致市场平均质量下降；

（2）市场平均质量的下降使卖方对市场的心理预期进一步下降，出价更低，导致成本较高的产品又一次退出市场，于是市场平均质量进一步退化。

图2-3　在信息不对称条件下市场的退化现象

但若通过一定的信用工具使隐瞒真相付出的代价大于其带来的好处，这种行为就自然被杜绝了。"信息不对称"在现实中普遍存在，但市场并不总是失灵，其原因就在于健康的市场中总有一些信用工具可以帮助完善市场的信号机制，修正市场中的信息不对称状态，增进市场交易双方的信用（图2-4）。这时，古典经济学中描述的市场机制才真正地发挥其优胜劣汰的作用[378]。

保证担保正是这样的一个信用工具。在保证担保中，债权人对债务人能否履约缺乏足够的信息，但他却可以充分信任保证人。而保证人之所以敢于对债务人给予担保，是基于他对债务人的履约能力有深入的了解。可以认为，债权人与保证人之间是信息对称的，而保证人与债务人之间也是信息对称的，于是保证人成为交易双方的一种信用桥梁，它使市场交易得以顺利进行（图2-5）。所以，保证担保是一种信用工具。保证担保的基本经济学意义就是完善市场信号机制，修正市场的信息不对称状态，增进市场信用，为发挥价格机制对市场的自动调节作用创造条件。

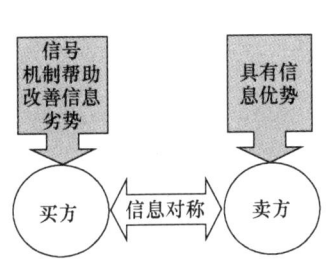

图 2-4　信息不对称的改善

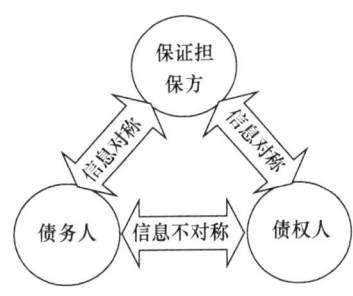

图 2-5　保证担保—信用桥梁

三、市场接受保证担保工具的条件

在中国担保法规范的五种担保方式中，其他4种物的担保方式都没有第三方保证人介入，但都具有类似的市场功能。保证担保之所以成为市场中可选择的担保方式中的一种，主要有以下两条理由：

（1）设定担保的交易成本可能较其他担保方式更为经济；

（2）或，债权人所需要的债务履行不仅仅是货币赔偿。

若以物的方式提供担保，当债务人违约时，债权人可以通过对担保标的物的拍卖而得到货币补偿，但具体的合同目标却不能保证实现——如建筑物的如期交付使用。

在现代经济运行中，具体的合同目标多数最终可转化为货币化的经济目标。如果设定担保后，一旦违约事件发生，债权人所得到的货币赔偿足以弥补因具体合同目标未实现所蒙受的损失，他就无需特别关注具体合同目标是否实现。

下面假设市场中债权人都是理性决策者，且对采用何种担保方式没有偏好，则市场仅需通过考察设定担保的交易成本来衡量采用何种担保工具[95]。这时，保证担保工具能为市场所接受的条件为：

$$0 < C_2 \leqslant C_1 \tag{2-1}$$

其中，C_1＝除留置以外的物的担保[①]方式的交易成本；

　　　　C_2＝保证担保的交易成本。

　　物的担保是市场中保证担保的替代品，作为保证担保方式的参照物，C_1 可被视为常数，而 C_2 必然为正，所以上述问题可以转换为讨论如何使保证担保的交易成本 C_2 尽量小。对式（2-1）中的各项交易成本进一步分解，有：

$$C_1 = Q_1 + r_1 D_1 + B_1 \tag{2-2}$$

其中，C_1＝设定物的担保的交易成本；

　　　　Q_1＝信用考察成本：债权人考察债务人履约信用的成本；

　　　　r_1＝债务人履约失败的概率；

　　　　D_1＝索赔成本：债务人履约失败后，债权人为实现债权而支付的费用；

　　　　B_1＝占用银行信用的成本（因债务人资产被用于设定担保，导致银行信用被占用，影响债务人进一步获取流动资金的能力，也就削弱了债务人的履约能力和盈利能力，这一成本最终会转移给债权人）。

$$C_2 = Q_2 + r_2 D_2 + B_2 + P \tag{2-3}$$

其中，C_2＝设定保证担保的交易成本；

　　　　Q_2＝信用考察成本：债权人考察保证人履约信用的成本；

　　　　r_2＝债务人履约失败的发生概率；

　　　　D_2＝索赔成本：债务人履约失败后，债权人为实现债权而支付的成本；

　　　　B_2＝占用银行信用的成本：因债务人需向保证人提供反担保而占用银行信用的成本，此成本最终转移给债权人；

　　　　P＝保费（保证人向债务人收取，但成本最终转移给债权人）。

　　对保费 P 的构成进一步分解，有：

$$P = Q_3 + r_2 D_3 + F \tag{2-4}$$

其中，Q_3＝信用考察成本：保证人考察债务人履约信用支付的成本，相当于承保成本；

　　　　D_3＝追偿成本：保证人在代偿后对债务人进行追偿而支付的成本；

　　　　F＝专业担保机构的运营成本及利润。

　　代入式（2-3），有：

$$C_2 = (Q_2 + Q_3) + r_2 (D_2 + D_3) + B_2 + F \tag{2-5}$$

由于构成 C_2 的每一项成本都必然为正，为使 C_2 尽量小，必然要求构成 C_2

[①]　物的担保包括除保证以外的其他担保法中四种担保方式（毛亚敏，1997），但留置是法定担保，非由合同当事人双方约定，所以在其担保成本与其他几种不具有可比性。

的每一项成本都尽量小。下面分别结合其现实经济背景进行讨论。

1. 信用考察成本

首先讨论债权人对保证人信用考察的成本 Q_2。使这一成本得到有效控制的条件为：

（1）债权人与保证人之间存在着长期的、密切的关系；

（2）或者，保证人具有非常好的商誉和毋庸置疑的清偿能力。

以上两个条件中，第一条显然只会出现在极为偶然的情况，而第二条则为市场化运作专业化的保证担保业指出了方向。

其次讨论保证人对债务人信用考察的成本 Q_3。保证人要保持对债务人信用考察的低成本，通常需要存在以下某个或某几个条件：

（1）与债务人之间存在着长期的、密切的关系；

（2）存在着某种制约机制而使债务人必须对保证人提供真实的信息；

（3）保证人以某种严格的反担保措施承保，使自己规避了部分承保风险；

（4）因对同一债务人的多次承保而使单笔承保的信用考察成本降低；

（5）保证人对于信用考察有着丰富的经验积累。

2. 追偿成本

$r_2(D_2+D_3)$ 实质上反映的分别是保证担保方式的追偿成本。首先分析 D_2，它主要取决于保证人的信用，包括其清偿能力。如果保证人的信用良好，则：$D_2 < D_1$。这是因为在保证人信用良好的情况下，保证方式与其他担保方式在诉讼成本方面是相当的，但保证方式却使债权人在行使债权时多了一个索赔对象，使保障清偿能力的资产规模从单一的债务人资产扩大为债务人和保证人两者资产之和。而若保证人的信用很差，则可能出现：$D_2 > D_1$。这是因为，保证人信用不良时，因保证人拒绝代偿而发生诉讼成本的概率会极高，若保证人还缺乏足够的清偿能力，则强制执行的难度也会比其他物的担保方式高，导致诉讼成本也相对较高，在保障债务清偿的资产规模增加方面的作用也十分有限。

其次分析 D_3。当保证人以 100% 的严格反担保条件对债务人承保时[①]，$D_3 = D_1$；但若保证人对债务人有一定的授信，而又要求 D_3 尽量低，则需要有以下条件：

（1）债务人本身具有非常好的商誉并且具有毋庸置疑的清偿能力；

（2）保证人与债务人之间存在着特殊的长期的信用关系，这种关系使得债务人逃避对保证人的债务的代价极高。

当保证人对债务人的授信为 100% 时，可以认为：$D_3 = D_2$。

---

① 为使讨论简化，这里不考虑以保证担保方式（第三方担保）提供的反担保。

最后分析 r_2，它受两方面因素影响，即主观因素和客观因素。债务人违约的一个重要原因可能是主观上没有认真履约，设定担保的一个重要目的也是为了使债务人的履约自律得到加强。作为理性人，如果债务人可以很方便地逃避债务而不受惩罚，则很难指望其履约的自律得到增强。物的担保通过对债务人资产的抵押或质押，可以有效地将信用风险转移回债务人本身，从而增强债务人的自律；而在保证担保中，信用风险转移回债务人则需通过保证人，那么，这种风险转移是否有效对于控制主观因素所带来的风险至关重要。保证人有效转移信用风险有两种途径：

（1）通过设定严格的反担保措施，在保证人与债务人之间建立起物的担保关系；

（2）或者，通过与债务人之间建立的特殊的长期的信用关系，使得债务人逃避对保证人的债务的代价极高。

可以看出，以上两条也是使 D_3 最小的条件。这是因为，如果保证人不能有效地将违约风险转移回风险源本身，保证人向债务人追偿也会遇到很大的困难。如果假定保证方式在增强债务人自律方面的措施是有效的，则单从主观因素看，$r_2 = r_1$。

然而，债务人违约的原因还可能是客观上不具备必要的履约能力。对于这一点，如果保证人在承保前对债务人的履约能力进行了深入的考察，则保证担保相对于物的担保就有了可贵的优势，因为它可以帮助排除一部分因债务人高估自己的履约能力而造成的违约，客观上降低了债务人履约失败的发生概率。

值得注意的是，保证人对债务人的履约能力进行考察的意愿是与其采取反担保措施的严格程度成负相关的。通常，债权人会期望保证人能够帮助自己对债务人实际履约能力把关，以保障合同能够实际得以履行。也就是说，保证担保除了保障债权人免于可能的经济上的损失以外，还应承担起对债务人信用过滤的功能[51]。这就需要进一步了解保证担保的信用过滤功能的发生机制。

其实，保证人的风险和债权人的风险在本质上有很大区别。债权人的风险在于其合同债权能否得以实现，而一些合同目标对于债权人甚至全社会的意义并不能仅仅以经济因素来衡量。保证人则更多考虑的是如何避免赔付风险，特别是对于专业担保机构，安全地赚取保费才是他们关心的首要问题，而对所担保的主合同的实际合同目标能否实现并不在意。保证人为了转移和尽量减少自己所承担的风险，可以要求债务人以保证金、抵押、质押或第三方保证人等方式提供反担保，故：

$$保证人的风险敞口 = 担保授信额度 = 担保总额 - 反担保金额 \qquad (2\text{-}6)$$

又，

$$保证人的风险敞口 \in (0, 担保总额)$$

或，
$$风险率 = \left(1 - \frac{保证金 + 反担保金额}{担保总额}\right) \times 100\% \qquad (2\text{-}7)^{[384]}$$

式（2-7）中，保证金从反担保金额中独立出来。显然，当保证人的风险敞口为零或风险率为零时，保证人对债务人实际履约能力的审查必然放松。只有保证人保留一部分信用风险于自身，也就是给债务人一定的担保授信额度，它才能切实感受到履行主合同的连带责任的压力，也才有动力承担起对债务人履约能力的严格审查，以化解此部分风险。若保证人将违约风险转移回债务人的措施是有效的，在承保前又对债务人的履约能力进行了仔细的考察，则 r_2 可得到有效控制，且 $r_2 < r_1$。

总之，如果保证人既具备良好的清偿能力，在承保前对债务人的履约能力又进行了深入的考察，而其将信用风险转移回债务人本身的措施又是非常有效的，则追偿成本 $r_2(D_2 + D_3)$ 降至最低。

3. 占用银行信用的成本

通常 $B_2 \leqslant B_1$，即当担保总额一定时，保证方式占用债务人银行信用的成本最高不超过相同担保总额下抵押或质押所占用银行信用的成本，这取决于保证人所采取的反担保措施的严格程度。如果保证人对债务人的承保条件是等额的抵押、质押等的反担保措施，即 100% 的严格反担保时，有 $B_2 = B_1$；而只要存在保证人对债务人的授信，则 $B_2 < B_1$。保证人对债务人授信的条件有：

（1）经过对债务人审慎的信用考察，对债务人的履约能力、清偿能力和良好的商誉都有充分信心；

（2）存在着除严格反担保以外的其他低成本追偿途径，如保证人与债务人之间的特殊的长期的信用关系能得到制度化保障。

4. 专业保证机构的运营成本及利润

市场化的专业保证机构是以追求利润最大化为目标的经济实体，而运营成本尽管可以通过规模化经营而降低，但始终存在着下降的极限，所以 F 不可能无限降低，且始终为正。欲使 F 值最小，必须使担保业保持充分的市场竞争，并且使担保机构实现规模化经营。

在上述讨论中可以看出，保证人为保障自己代偿后对债务人追偿的债权所可能采用的反担保措施对于交易成本的影响既有正影响，也有负影响。下面以 100% 严格反担保这种极端情况对式（2-1）是否成立进行分析。

将式（2-2）和式（2-5）分别代入式（2-1）并移项可得：

$$[Q_1 - (Q_2 + Q_3)] + [r_1 D_1 - r_2(D_2 + D_3)] + (B_1 - B_2) - F \geqslant 0 \qquad (2\text{-}8)$$

当采取 100% 严格反担保措施时，$Q_1 = Q_3, r_1 = r_2, D_1 = D_3, B_1 = B_2$，代入式（2-8）左边，有：

$$[Q_1 - (Q_2 + Q_3)] + [r_1 D_1 - r_2(D_2 + D_3)] + (B_1 - B_2) - F$$

$$=-Q_2-r_2D_2-F<0$$

⇒式（2-8）不成立。

可见，保证担保这种信用工具不能以 100% 严格反担保措施作为保证人风险规避的手段，否则不能为市场所接受。如果排除严格反担保手段，则可以发现，比较保证担保与物的担保的交易成本的核心是信用考察成本，因为保证人对债务人授信必然是基于对债务人信用考察成本的支出。由于担保措施对违约风险出险率的有效降低，使 r_1D_1、r_2D_2 和 r_3D_3 与信用考察成本相比均小到可忽略不计；作为追求利润最大化的企业，担保公司如果通过授信会对占用债务人的银行信用成本有所节约，也会尽量使其成为自己支付运营成本和获取利润的源泉，故可以假设：

$$[r_1D_1-r_2(D_2+D_3)]+(B_1-B_2)-F\rightarrow 0$$

则式（2-8）可简化为：

$$Q_1-(Q_2+Q_3)\geqslant 0$$

∴
$$Q_2+Q_3\leqslant Q_1 \tag{2-9}$$

式（2-9）是对式（2-1）（市场接受保证担保工具的条件 $0<C_2\leqslant C_1$）进行成本分解后的一种近似表达。

最后，对保证担保市场信用机制的作用条件总结如下：

（1）保证人具有良好的商誉和毋庸置疑的清偿能力，能够给债权人以足够的经济保护；

（2）债权人获得有关保证人信用信息的成本（Q_2）需远远小于直接获取债务人交易信用信息的成本（Q_1），而保证人获取债务人信息的成本（Q_3）也应远远小于债权人直接获取债务人信息的成本（Q_1），且 $Q_2+Q_3\leqslant Q_1$，交易成本因此得到节约；

（3）保证人应通过对债务人的担保授信，将一部分风险保留于自身，保证人为规避此风险而对债务人进行的严格的履约信用考察，帮助市场形成了非常有价值的一套信用过滤机制；

（4）保证人应通过对债务人的担保授信来增强债务人的履约能力。只有对债务人进行担保授信，债务人才可免于向债权人或保证人提供其他物的担保，避免了因资产被抵押或质押而占用自己的银行信用额度，从而增强了自己运用流动资金成功履约的能力。

（5）保证担保还需有专业化和制度化的运行环境。市场承保主体的专业化和保证担保的制度化是保证担保机制得以成功运行的必要环境。

四、专业化和制度化环境对保证担保的影响分析

专业化的工程担保承保机构应具备以下特点：需以信用为其经营的产品，以信用为生命，其清偿能力接受到严格的金融监管。具备上述特征的专业化担保市

场可以极大地保障保证人的信用，大大降低市场对保证人信用的考察成本。由于保证担保所转移的是信用风险，只有专业化的承保机构才能积累起大量的承保经验，成为经营此类风险的专家，这将极大地降低保证人的承保成本，其结果就是降低整个市场的交易成本。

但保证担保市场的专业化又有赖于保证担保的制度化，因为专业化的保证担保市场需要一种持续的需求来加以支撑。虽然保证担保的需求在市场交易中也会自发产生，但非制度化的方式使每一笔担保都面临较高的信用风险，从而导致担保成本过高，难以为市场所接受。只有制度化的保证担保才能培育出专业化的保证担保市场。制度化的保证担保有以下作用：

（1）有利于帮助保证人控制信用风险。如果没有制度化的环境，失信于保证人就不会使债务人付出很大的代价，债务人可以避开保证人进入下一次交易，同时，保证人代偿后追偿的难度也会很大，所以债务人申请担保后的履约意识很难加强，而保证人也面临很高的信用风险。

（2）有利于促进保证机构对债务人的担保授信，并以此形成市场对守信者的正反馈机制。保证人对债务人的担保授信与保证担保发挥其市场信用过滤功能密切相关，同时也可增强债务人履约能力。通常，担保授信额度会与保证人对债务人履约信用的评价密切挂钩，守信者凭着良好的履约记录，将会得到越来越高的授信额度，投保成本也就相应降低，保证担保正是通过这一机制鼓励守信者，惩罚失信者。但若没有保证担保的制度化，不仅保证机构很难形成对债务人履约信用的信息积累，守信者投保成本低的优势对于提高自己的市场竞争力的作用也不大，因为投保成本对于竞争对手并非是必然发生的成本。

（3）制度化的保证担保可以为专业化的保证担保市场提供持续的需求，有利于形成一个具有一定规模的市场化的风险"蓄水池"，为市场经济条件下对信用风险的化解形成一种良性的机制。

可见，保证担保市场承保主体的专业化和保证担保的制度化对于保证担保市场的形成以及保证担保的市场功能的发挥起着重要作用。

第三节　国际工程保证担保制度的特征及形成机制分析

本节将对国际工程保证担保制度中的担保品种、不同国家和地区的市场特征等加以归纳，并对隐藏在不同形态的工程保证担保制度背后的形成机制加以分析。

一、建设工程承发包的基本合同责任及其担保

建设工程承发包合同是一种双务合同，也就是说，签订合同的双方都对对方

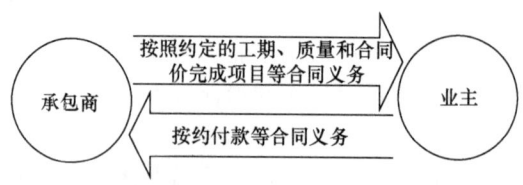

图 2-6　建设工程承发包中
的基本合同责任

负有履约义务。在建设工程承发包合同中，承包商的义务是按照合同规定的工期和质量要求完成建筑物的施工任务，而业主的义务中很重要的一个内容是按照合同要求按时支付工程款（图 2-6）。理论上讲，对建设工程承发包合同设定担保应该既包括对承包方履约责任的担保（图 2-7），也包括对业主方履约责任的担保。然而，在国际上，要求承包商为履行合同义务提供工程承包类保证担保是国际惯例，且担保品种繁多，而要求业主向承包商提供担保的做法却非常罕见[11,12,15]（图 2-8）。但对于业主责任的履行，发达国家还存在着另一类由业主向政府提交的保证担保品种，它们不是严格意义的业主支付担保，但对于理解保证担保对业主责任的担保原则和责任范畴却很有帮助。下面就对承包方和业主责任的保证担保分别加以讨论。

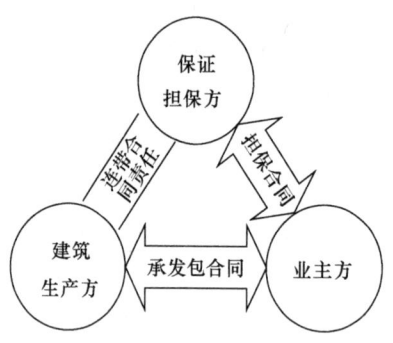

图 2-7　对承包商的合同
责任的保证担保

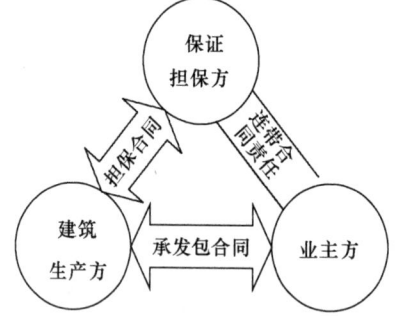

图 2-8　对业主方合同责任的保证担保（相当于国内试点推行的"业主支付担保"。但此类担保在国际实践中几乎没有）

1. 工程承包类保证担保

工程承包类保证担保主要包括投标担保、履约担保、付款担保、预付款担保、维修担保、保留金担保等。这些担保的保函需分别在承发包合同签订和履行的不同阶段提交给业主，其担保标的也各有不同（图 2-9）。对这些担保品种国内有不少资料作过介绍，但也有不少误解。为了对这些担保品种有准确的理解，下面分别摘引一些国外较为权威的定义。

（1）投标担保（bid/tender guarantee/bond）（图 2-10）

A Bid bond provides that the surety will compensate the owner if the bidder is a-warded the contract but fails to accept and sign it or fails to provide the requisite per-

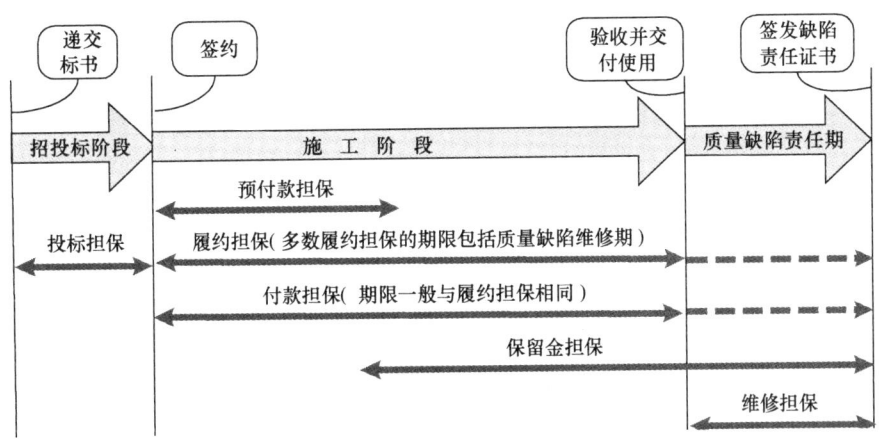

图 2-9　工程承包类保证担保一览

formance and payment bonds. [173]

　　事实上，投标担保可被视为一种特殊的履约担保[51]。

　　（2）履约担保（performance guarantee/bond）（图 2-11）

　　A *performance bond guarantees to the obligee（the owner or possibly，a prime contractor，and in the event of a dual obligee bond，the lender）that the surety will be liable up to the penal obligation of the bond for the cost of completing the work in the event that the contractor defaults.* [61]

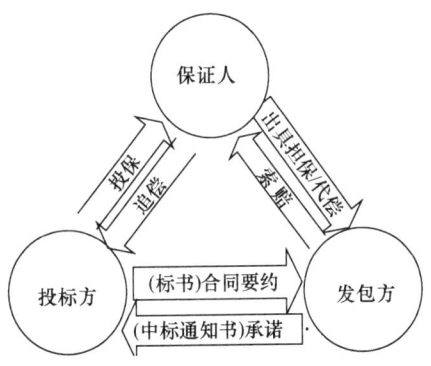

图 2-10　投标担保中的合同责任关系

　　定义中提到，受益人可能是业主、上级承包商，甚至贷款人。通常，履约担保是由承包商向业主提交，而分包商向上级承包商提交的保函又称分包担保（subcontract bond）[173,35,80,85]。有时，项目贷款人会要求在保函中被列为共同受益人，即双受益人保函（dual obligee bond）[61]。虽然履约担保担保的是承包商的履约义务，但对于有条件保函，若承包商不能履约的原因是因业主违约在先，则保函的义务可以解除，所以对业主也有一定的义务约束；另外，在美国还有一种特别的完工担保（completion bond），它与履约担保相似，但对受益人却没有履行义务的约束[49,114]。

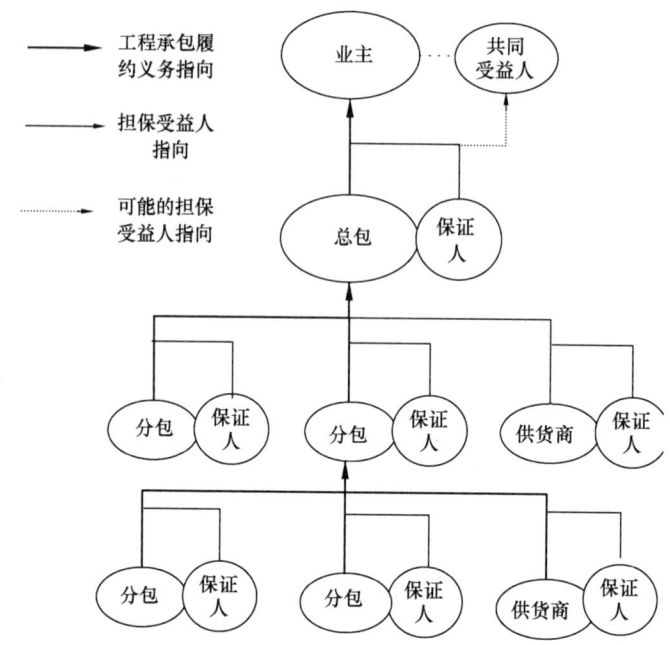

图 2-11　一般工程承包类保证担保的担保责任关系

（包括：履约担保、预付款担保、维修担保、保留金担保等）

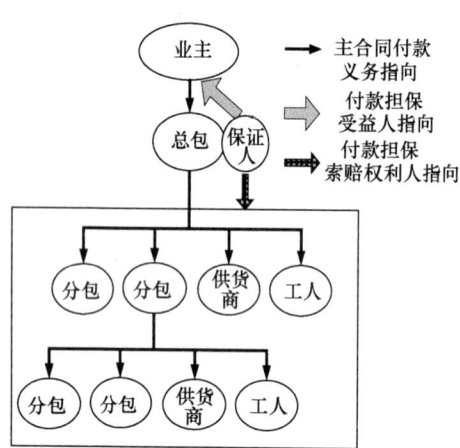

图 2-12　付款担保的担保责任关系

（3）付款担保（payment bond）（图 2-12）

A payment bond（sometimes referred as a labor and material bond）is given by the contractor to guarantee payment to laborers, material suppliers, and subcontractors for the labor or services that is incorporated in the project that they perform and the material that they furnish in performing the construction contract.[114]

付款担保是美国的一种特别的承包类工程保证担保，密勒法案（Miller Act）所保护的索赔权利人的范围如图 2-12 所示，通常包括总包的工人、分包商、供货商，以及分包的工人、供货商和下一级分包，但不包括供货商的分包[14,44,51,87]。英国于 1996 年在政府项目中开始推荐使用一种被称为清偿保护担保（Insolvency Protection Bond）的新担保品种，以保护分包商和材料供应商不因总包商破产而蒙受经济损失，与付款担保为同一类保函，但非强制执行[160]。

46

（4）预付款担保（advance payment guarantee/bond）

Advance payment bond：A bond given by the Guarantor in favor of the Beneficiary to secure the repayment of any sum or sums advanced by the Beneficiary to the Principal under or for the purposes of the contract，where such sum or sums is or are advanced before the carrying out of works，the performances of services or the supply or provision of any goods pursuant to such Contract. [65]

此种保函的担保金额因预付款扣回而随预付款余额的减少递减[65:pp51][405:pp24]。

（5）维修担保（maintenance guarantee/bond；warranty bond）

Maintenance Bond：A bond to secure Contractual Obligations relating to the maintenance of works or goods following the physical completion or the provision thereof，pursuant to a Contract. [65]

由于通常履约保函的期限会包括保修期，维修担保只会在一些特别的情况下才单独使用[114]——如对保修期有超出一般工程合同的特别要求[25]。近年来，在美国一些州的高速公路项目中，已经开始使用一种为期长达 20 年的维修担保，使这一担保品种的重要性凸显。

（6）保留金担保（retention bond）

Retention Bond：A Bond to secure the payment of any sum or sums paid or released to the Principal by the Beneficiary before the date for payment or release thereof contained in the Contract. [65]

保留金担保本质上是用一纸保函换取合同规定本应扣留的保留金，而保留金本质上则是一种物的担保，用于担保承包商后续的合同义务履约。

2. 业主责任履行类保证担保

这一类保函的共同特征是保函的受益人为政府，由业主在向政府申领执照、申办许可时提交，属许可证担保范畴。它们所担保的可能仅涉及业主责任中的某一个方面，但一个共同特点就是这些业主责任的履行都与公众利益相关。以下担保品种均属此类。

（1）回垦担保（reclamation bond）

Reclamation Bond are required by state and federal regulatory authorities and underwritten by suerty and insurance companies to guarantee performance of reclamation on different types of mining and waste disposal operation. [51]

这是美国政府从环保的立场出发对矿业业主（operator）要求的一种保证担保，它保证将废弃的矿床以及填埋有害废弃物的场地恢复表土及植被，否则由担保公司代为履行。

（2）地块开发责任担保① （subdivision bond）

Subdivision Bond：Bond required by a local governing authority that guarantees that a developer of a sub-division will, within a specified period and at his own expense, construct improvements on the property, such as streets, sidewalks, curbs, gutters, sewers, landscaping, etc[20].

这是美国不少州及地方政府对房地产开发商所要求的一种保证担保，由房地产开发商在申请地方政府辖区内某地块的开发权时向当地政府提交，目的是保证项目业主按照城市规划和相关法律的要求，在规定的开发时间内，并以自己的投资负责完成项目的市政公共配套设施开发，如街道、人行道、排水沟、下水管、景观园林绿化等。保函的担保责任范围在项目业主与政府的地块开发协议（Subdivision Agreement）中有详细的规定。它的特点是不涉及项目开发所需全部资金，但业主必须保证完成与公众利益相关的这部分工作的资金。

（3）完工担保 （completion bond）

A completion bond guarantees the completion of a building or improvement... The bond names as the obligee, a lender or other party who can invoke the performance features of the bond, but who does not have an obligation to provide the funds to pay for the project...[49]

这种担保保函往往应用于业主与承包商为一体的情况。它的特点是，被担保人将进行项目开发并保证将项目如期完工，而受益人无需承担为项目付款的责任。美国联邦政府对两类项目要求此种担保，其一是美国住宅与城市发展部（*US Department of Housing and Urban Development*）的中低收入者住宅发展项目；其二是美国邮政局（*US Postal Service*）的邮政设施建设项目[114: pp49-50]。这两类项目都是由政府发起的具有一定公益性的项目，但资金来源却主要依靠民间投资。由于其资金运作的特别模式，往往需要开发商或承包商自行注资先行完成施工。但通常，这类项目最终的资金流入都是有保障的，承包商参加这些项目也都是自愿的。这也就是如今人们常常谈及的 BT（Build-Transfer）模式项目借款机构有时也要求这种保函，这时完工保函类似于以项目设定的抵押[114: pp49]。对于私人业主要求完工保函的情况则必须非常审慎。

（4）特许经营权担保（*concession bond*）

这是巴西政府推行的一种保证担保，由 BOOT 项目的承包商在与政府签订特许经营合同时向政府提交。特需经营权担保所担保的合同不仅合同金额巨大，而且合同期限常常长达 20～30 年，是一种标的很高、风险巨大的合同担保。为

---

① 在本书第一版中称为"管辖地担保"。

了使担保制度得到成功推行，巴西政府采取了化整为零的方式。所以，它实际上包括一系列与 BOOT 合同（即 *concession contract*[76]）相关的保函。它规定，中标的承包商首先需提交保额为经营期预期收益 1‰ 的履约保函。保函必须每年重续，担保金额为上年经营收入的一定百分比。其目的是为了防止私人企业在获得对公共设施的特许经营权后，不遵守特许经营权合同的规定，以损害公众利益的方式盲目追求经济效益而有违项目开发的初衷。另外，项目最后移交时还需提交担保金额为项目预算 3‰ 的维修保函[105]。

二、国际工程保证担保制度特征的概述

保证担保在发达的市场经济国家是非常常见的一种信用工具，特别是在工程建设领域应用极为普遍。建设工程承发包的特点一般是先签订合同、后生产商品，履约周期长、涉及合同金额巨大、风险因素复杂，所以建筑业的生产具有对履约信用的高度依赖性。正因为这样，工程保证担保成为国际惯例，也成为保证担保业的主要市场。表 2-1 是笔者对世界部分国家工程保证担保制度的调查结果汇总①。可以看出，世界各国家及地区的工程保证担保制度其实各有特点，并无统一模式。对此，笔者认为对于国际工程保证担保制度可以通过以下特征加以把握：

（1）市场对担保产品的需求来源是什么？是否对公共投资项目实行了强制性工程保证担保制度？

（2）采用的保函类型是有条件（conditional/on-default）还是无条件（unconditional/ on-demand）？

（3）担保市场主要的承保人是谁？

（4）对保额的要求是高保额（high penalty）还是低保额（low penalty）？

下面分别从以上几个方面对国际工程保证担保制度的现况进行归纳。

1. 市场对担保产品的需求来源

虽然保函通常是由承包商直接购买，但保费是计入工程报价并最终由业主负担的，所以业主是担保产品的最终购买者，是担保市场需求的创造者。

工程担保市场的业主主要可分为三类：其一是私人业主；其二是政府，即公共投资项目的业主；其三是银行等贷款机构，银行虽然不是直接的项目业主，但

---

① 表 2-1 及后面的综述综合了参考文献和笔者自己的调查，包括对美国担保专家 Lupien J.，Winter C.，Schubert L.，Robertson F.，Barnett R.，Buckley D. M.，Phinney J. 和意大利 SIC 公司的 Limagalli D. G. 等的访谈，以及对下列人员的 e-mail 调查：美国的 Thompson A. J. 法国的 Pavillet Y.；德国的 Wulff R.；西班牙 Mapfre Caución y Crédito 公司的 Hoyos C.；瑞士丰泰保险的 Loher Werner；韩国建筑产业研究院的 Lee E. S.；丹麦的 Larsen K.；荷兰 Nationale Borg 的 Wesseling W. 等。

事实上大量的投资项目都是离不开银行的贷款资金的，而如若项目投资失败，借款人无力还贷，则最终损失的是银行，所以可以将银行纳入广义的业主范畴[143]。

是否要求担保是业主根据对风险转移的需要和风险转移的成本自行决定的。在上述三类业主中，政府和贷款银行常常是担保产品最为坚决的购买者。对于私人业主来讲，它的投资行为只需对自己负责；政府业主则需对纳税人的钱负责，同时政府对具体项目负责人的行为事实上非常难以控制。对于政府而言，工程保证担保不仅可以转移风险，使纳税人的钱得到保护，而且也是减少腐败的一种工具[122,150,145]。而银行等贷款机构由于不是直接的项目业主，也感到有必要对贷款资金的运用效果有所控制。一些国际性的银行投资机构，如世界银行、亚洲开发银行等，为工程保证担保在第三世界国家的应用和推广起到了很大的影响[105,258]。

工程保证担保一览表　　　　　　　　　　　　　　　　　　　表 2-1

洲	国家或地区	工程保证担保制度
美洲	美国	对公共投资项目实行强制性保证担保：保函由经批准从事担保业务的保险公司和专业担保公司出具；保函特点为高保额的有条件保函；主要担保品种为：投标担保、100%履约担保和100%付款担保；其中，投标担保保额为：联邦政府 20%或最高 300 万美金的投标保函；州政府 5%～10%投标担保。[173,35,49,114,44] [22,32,50,52,56,162,169,165,166,285,297]
	加拿大	与美国的担保制度相似，但履约担保金额仅为 50%。[22,23,297]
	墨西哥	与美国的担保制度相似，实行有条件保函和对担保业务的特别监管。担保品种包括：投标担保 1%～10%；预付款担保 25%～100%；履约担保 10%～20%；维修担保 10%～20%[22][37][Buckley]
欧洲	英国	在政府工程中，投资超过一定金额的项目一般要求使用保函，保函品种主要包括履约担保、预付款担保、保留金担保等，政府工程中要求的履约担保须是有条件保函，此外，从1996 年起还推荐使用清偿保护担保；在民间项目中，采用 ICE 合同时一般需提交 10%的履约保函，以无条件保函为主。保证人主要是银行，其次是专业保证公司和保险公司。[160,22,27,45,46,66,68,81,103,88]
	法国	无投标担保；发包人有时会参考 OPQCB① 颁发的证书；5%的履约保函（多由银行承保）。[22,78]
	德国	传统上无投标担保，主要采用 5%的履约保函但有免除条款[22,78]。但近来 1%～5%的投标保函、5%～20%的预付款保函和履约保函及 2%～5%的维修保函都越来越多地在大型项目及政府投资项目中得到使用。银行主要承保无条件保函（90%市场份额），保险公司主要承保有条件保函（10%市场份额）
	西班牙	对公共投资项目实行强制性保证担保：2%投标担保＋预付款担保＋ 4%履约担保＋维修担保，保函为有条件方式，在私人投资项目中类似[22,97][Hoyos]

---

① OPQCB：Organisme Professionnel de Qualification des Constructeur du Batiment，是法国对建筑业企业进行资信评估的民间专业组织。

续表

洲	国家或地区	工程保证担保制度
欧洲	意大利	对公共投资项目实行强制性保证担保：2%投标担保＋10%履约担保，为无条件方式。当中标价与标底相差20%以上时，增加差额担保（表现为提高履约担保保额），承保人主要为保险公司和银行。目前，该国正在研究将履约担保的保额提高到25%～100%[22,297]
欧洲	丹麦	没有强制性担保要求，但在公共项目和私人项目中都普遍采用15%的履约担保，到工程竣工后保额减至10%，为期1年；之后2～5年保额减至2%，总维修期为5年；1%～2%的投标保函通常只在国际招标中采用。保函通常为有条件方式，但一些私人业主会要求无条件保函。承包商可以要求业主提交支付保函，但很少。主要承保人为专业从事担保业务的保险公司（共两家）和银行，其市场份额分别占60%和40%[22]
欧洲	荷兰	没有强制性担保要求，但在合同中普遍要求担保，担保品种有投标担保、履约担保、维修担保、预付款担保，多为无条件保函。保额为5%～20%不等，由合同双方自行确定。银行为主要承保人（85%的市场份额），其次是保险公司[22]
大洋洲	澳大利亚	以私人投资项目为主要担保市场，5%～10%见索即付的履约保函为主要担保品种，其他包括预付款保函和保留金保函等。市场正在开始接受100%的美式有条件保函[22]
亚洲	日本	投标担保：发包人要求每一个投标人提交至少为合同金额5%的投标担保金，但假若已提交了投标担保、保险合同或投标人已通过资格预审，则可免于支付保证金； 预付款保证：由专门的预付款担保机构承保。公共投资项目中，法定要求在开工前向承包商支付30%～40%的预付款，以防备资金不足的工程开工； 传统上，中标人应提供由其他投标人承诺的完工保证；1996年后，改为履约保证金担保，可以是现金、等额有价证券、履约保函、或保证保险等。[22][78][79][106:pp483-485][183]
亚洲	韩国	对公共投资项目要求担保，品种有：投标担保：5%；履约担保：罚没性（forfeiture）保函20%，或10%＋替补承包商；或30%以上有条件保函；另外，还有预付款担保、维修担保等。承保人主要是会员制的建筑业联合基金（KCFC：Korea Construction Financial Cooperative）[42,181,182,180]
亚洲	中国香港	公共投资项目用的4种合同文本中对担保都有规定，并接受RICS条款31①的原则，一般保额履约保函保额＜5%，这是因为只有政府批准的名单上的企业才有资格参加政府工程投标，不履约的风险通常很小。私人投资项目中，保额一般为10%；有条件和无条件两种保函都有应用[15,58,267,179]
亚洲	新加坡	新加坡建筑师协会（the Singapore Institute of Architects）发布的新加坡建筑承发包标准合同对担保有所要求。承发包普遍使用招投标方式，一般要求5%～10%的履约担保，签发人是银行或保险公司，一般是按年签发，到期续签，直到保修期结束。除了这种货币形式的担保以外，还有一种要求保证人继续完工的担保，一般是由承包商的母公司作保。这种一般很少采用，因为业主一般更喜欢货币的方式。这种担保常常是国际跨国公司业主，雇用他们本国的承包商，合同条件与他们在母国的合同几乎一样。 无条件保函成为如今新加坡市场的主流。业主也不再分阶段索取保函，而是10%的保函担保建设的全过程以及保修期甚至更长[22,156,177,365]

---

① RICS（皇家测量师学会：Royal Institution of Charted Surveyors）条款31为履约担保条款，特点是可根据由建筑师签发的工程实际完成证书（issue of the Certificate of Practical Completion）扣减保总保额（Hills M. J. & FAN L. C. N.，1990）。

国际上，美国、加拿大、墨西哥、西班牙、意大利、日本、韩国等国家都有专门的立法要求对公共投资项目实行强制性担保[49,297,37,79,78,183,181,182,180,188]。而在其他许多市场经济国家或地区，虽然不一定有强制性工程保证担保立法，但工程保证担保作为一种惯例，无论在公共投资项目还是私人项目中均普遍采用，如英国[46]、中国香港[58]、新加坡[156]等都是如此。在已经实行强制性工程保证担保制度的国家中，除美国的相关立法有上百年历史外[49]，其他国家的历史都不长，如意大利法案通过于1998年。此外，不少欧洲国家，如英国、法国均在对此进行审慎的研究[160,67,73]，而欧盟对于由欧盟投资的项目的强制性担保立法则尚在进行当中[160,73,28]。可以看出，通过立法对公共投资项目实行强制性工程保证担保正在成为一种国际潮流。

2. 采用的保函类型

目前国际上在采用有条件保函还是无条件保函的问题上存在着不少分歧。在美国和受美国担保模式影响较大的美洲，有条件保函是最为流行的担保方式，但在世界上其他许多地方，无条件保函似乎更为流行。如东南亚地区是以无条件保函为主；欧洲虽然传统上采用有条件保函，但无条件保函的影响越来越大；而在中东，无条件的银行保函基本上是唯一被接受的担保方式[12,15,45]。

有条件保函要求担保公司的赔付必须基于被担保人的违约责任。它体现了保证担保的本来含义。为一般人所忽视的是，有条件保函其实又可分为传统和现代模式两类。严格的有条件保函是有条件保函的传统模式，它起源于欧洲。1978年出版的《国际商会第325号出版物：合同保函统一规则》（*ICC Publication No. 325: the Uniform Rules for Contract Guarantees*[63]）所规范的就是这种担保方式。它要求，业主的索赔要求必须经承包商书面同意，或按照合同约定经过仲裁或法院判决，根据仲裁通知书或法院判决书上的金额执行。这种模式的特点是赔付必须基于违约责任，但保证人无需介入对违约责任的认定。它比较便于银行的操作，但缺点是业主在遭受损失后很难立即得到赔付，诉讼往往程序繁琐且时间漫长，法律费用高昂。这种保函现在已越来越少被使用。

现代的有条件保函则是美式有条件保函，它的特点是[49]：

（1）承包商违约后，保证人在保函所规定的担保总额内将对承包商尚未履行的全部合同责任负责，但同时也继承了承包商的合同权利；

（2）保证人有权自行选择代为履行合同的方式，包括：

1）提供技术、经济和管理上的支持，由原承包商继续履约；

2）引入新的承包商；

3）将未完工程另外发包并向业主支付因此增加的合同金额；

4）向业主直接赔付一笔业主能接受的赔偿金以买回保函。

与传统有条件保函中保证人不介入对违约责任的认定相反，美式有条件保函鼓励担保公司的积极行动。1993 年出版的《国际商会第 524 号出版物：合同担保统一规则》（*ICC Publication No. 524：ICC Uniform Rules for Contract Bonds*[65]）正是基于美式有条件保函而制定的。

无条件保函即"见索即付（On-demand）"保函，这种保函起源于 20 世纪 70 年代的中东地区[15]。美国银行业为规避历史上一度严格的金融分业管理而提供一种被称为备付信用证（stand-by letter of credit）的产品，与无条件保函类似[70]。就无条件保函索赔时，业主无需证明承包商违约，而只需按照保函上所规定的索赔程序及出示相应文件（通常仅仅是业主的书面索赔要求），保证人就需付款，就如同承兑一般的银行票据。这种保函的赔付责任与主合同相对独立，如今已被广泛接受为一种新型的保证担保类型，即独立保函[284]。但它并不是中国担保法所规范的严格法律意义上的保证担保[392]。保证人以担保金额为限只承担经济赔偿，并不承担实际履行的责任[70][284]。保证人在开具无条件保函时，为了规避风险，往往会采取严格的反担保措施，如收取 100％的保证金或接受等额的抵押物等，或将其视同信贷，将担保金额严格控制在其对承包商的授信额度以内。而赔付发生以后，垫付金额立即转为对承包商贷款。由于以上特征，无条件保函担保方式的作用机制有以下特点[15,58]：

（1）保证人对于保函所承保的合同义务及其风险性质并无需作太多的了解，所以，它的担保作用不是对承包商的履约能力进行事前甄选；

（2）低保额的无条件履约保函并不一定能使业主完全免于承包商违约造成的经济损失，其真正的意义在于，业主随时掌握了承包商的一笔钱，承包商则必须处处小心，或者说，是增强了承包商的自律意识；

（3）由于业主在掌握了保函后，可以随时强迫承包商接受一些合同之外的要求，并以不听话就会对保函索赔相威胁，所以并不是一种很公正的合同担保方式。

国际商会为适应国际上无条件保函的发展趋势而于 1992 年出版了《国际商会第 458 号出版物：承付保函统一规则》（*ICC Publication No. 458：ICC Uniform Rules for Demand Guarantees*[64]）。值得注意的是，458 号出版物所规范的承付保函（Demand Guarantee）和本书前面讨论的无条件保函（On-demand Guarantee）是有所区别的。这表现出国际商会对于使用无条件保函并不持完全赞同的态度。承付保函的特征是由索赔人自行提供符合保函赔付条件的各种文件，保证人不介入对违约赔付责任的认定，只是在得到满足赔付条件的索赔要求后以货币支付的形式来履行担保责任。其实，ICC 的承付保函是一种包括了无条件保函、传统有条件保函以及其中的许多中间模式的一个较为宽泛的概念。图 2-

13 反映了承付保函可能的各种不同变化形式，其中 A 点所代表的正是见索即付的无条件保函，而 B 点所代表的则是传统的严格有条件保函。根据文本对索赔条件的要求的严格程度不同、或是对付款时间的不同约定，承付保函可能表现出千差万别的形式。如有的承付保函可能会要求业主在要求付款时出示的一份关于承包商违约情况的说明，有的银行会在保函中约定付款时间是在索赔要求提出的 2～3 周后才付款等[64]。

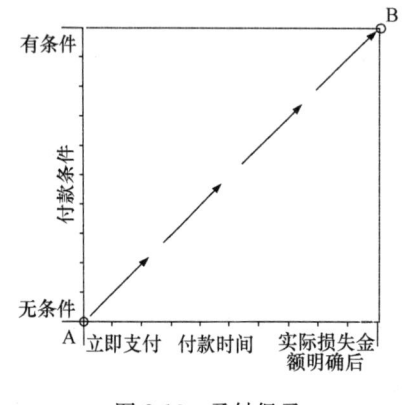

图 2-13　承付保承

联合国也于 1995 年通过了《联合国独立保函和备用信用证公约》（*United Nations Convention on Independent Guarantees and Stand-by Letters of Credit*），此公约于 2000 年起开始生效。公约确认了独立担保和备用信用证的共同基本原则和共有特点，将承保定义为"一项独立承诺"，此种承诺系由银行或其他机构或个人（担保人/开证人）作出，保证当提出见索即付要求时，或随同其他单据提出付款要求，表明或示意因发生了履行义务方面的违约事件、或因另一偶发事件、或索还借支或垫付款项、或由于委托人/申请人或另一人的欠款到期而应作出支付时，即根据承保条款和任何跟单条件向受益人支付一笔确定的或可确定数额的款项。"公约所涉及的担保书具有独立性、单据性和不可撤销性，即该公约不适用于"附属的或"有条件的"保函[73,183]。公约对"保证"、"保证人"、"单据"等做了解释。对保证的开立、形式、变更、转让与让渡、保证效力的终止，保证的到期日，保证人和受益人的权利与义务，拒绝付款的例外，申请人的救济，适用法律等作出了规定。尽管公约的法律效力要高于国际商会制定的有关规则，但由于公约只适用于营业地在缔约国的独立担保人的承保行为以及由冲突法规则导致适用的情况，是推荐性的，不具有强制性，因此当事人可以排除或改变公约规则的适用，而选用其他的惯例规则[284]。

表 2-2 总结了对无条件保函和有条件保函的比较。表 2-3 归纳了承包商在无条件保函下对抗业主不公正索赔的手段，可以看出，承包商的抗辩手段非常有限。

3. 担保市场主要的承保人

从世界范围来看，工程保证担保的承保人一般是银行和开展担保业务的保险公司。因银行通常不善于经营风险，也缺乏专业的理赔经验，又不愿意因卷入工程合同纠纷而使自己的信誉受损，更愿意将保函视作承兑票据处理，所以银行保函多为无条件保函；而保险公司则更擅长经营有条件保函。但这种划分并不绝对。另外，美国是世界上唯一具有成熟的现代注册公司制保证担保（Corporate Surety）的国家，它的业务量占全球保证市场的 2/3。虽然美国的专业担保机构主要也是保险公司，并被纳入保险业的监管，但它与一般的保险公司担保的区别在于：担保机构从事担保业务需经由政府专门批准，并接受专门金融监管[36]。这种模式使保证担保业达到了很高的专业化和制度化程度。

对有条件和无条件两种主要的担保模式的比较① 　　　　　　　表 2-2

	无条件保函	有条件保函
英文表述	Unconditional/On-demand/Demand Guarantee	Conditional/On-default Guarantee/Bond
基本特征	除了提供一种保证之外，本身还是一种有价证券。它与主合同义务相对独立	主要功能是防止履约一方破产给受益方带来的损失。严格按照主合同义务的责任范围提供担保
保证人	常常由银行承保	常常由保险公司或专业担保公司承保
保费支付	保费一般随进度定期支付	保费通常提前一次支付、或分几次支付
承保方式	一般需要提供足够的反担保	承保一般需经过非常慎重的承保风险评判，但通常不要求严格的反担保
索赔	对业主非常有利，在索赔时不会有任何麻烦。索赔的唯一条件就是按保函规定的办法提出索赔； 比如，有的保函会要求受益人在正式提出索赔之前的几天内事先就索赔一事通知保证人并陈述索赔所针对的违约事件及对损失量的估计。这是一种在有条件和无条件保函之间的折衷方式； 有条件/无条件有时很难判断。通常，法庭倾向于推定为无条件，目的是避免对银行的商业信用体系造成损害，同时，若推定为有条件保函，则索赔证据要求可能很不清晰	当就有条件保函索赔时，若保证人不接受受益人提出索赔的证据，可以拒付，并等待法庭的裁决或仲裁。 保额越高，越能促使保证人为减少损失而积极采取行动避免损失的扩大，这对业主利益的保护会非常有利
公平性	无条件保函引起了许多法律和商业上的严重后果，如受益方就保函的不公正索赔，特别是对承包商而言	有条件保函的问题不在于它自身，而是在于根据其他相关的合同文件来判定是否存在违约事件，及其损失量的界定，常常引起争议
对抗索赔	承包商需自行向法院申请禁止令：禁止业主提出索赔或禁止银行赔付。为避免对银行的商业信用体系造成损害，法院对于颁发禁止令一般会非常慎重，且禁止令通常也只有几天有效	保证人拒付并等待法庭裁决

① 表 2-2、表 2-3 综合了文献 [12，15，49，65，45]。

在无条件保函下承包商对抗业主不公正索赔的抗辩[21]　　　　　表 2-3

抗辩理由	举证	效果
1. 欺诈 指业主在明知无正当索赔理由的情况下索赔，或索赔金额没有依据。 银行作为欺诈方：很少发生，除非有清楚的证据证明银行的赔付是发生在银行明知业主的索赔为欺诈时	承包商通常需提出明确证据证明没有违约事件发生、或没有给业主造成任何损失、或指出业主已扣留的保留金足以弥补已造成的损失而无需就保函索赔。承包商还可提出，如果不能得到禁止令，他就会真正陷入破产境地，失去任何抗辩的机会； 业主或银行则无需为举证大费干戈，他们只需找出一些似是而非的索赔理由	法院只会在有明确的证据证明业主索赔为欺诈行为时，才支持这种抗辩（问题是常常保函文字过于简单。在建筑承发包合同履行的漫长期间，业主常常总能找出一些似是而非的索赔理由）
2. 索赔程序问题	如若合同中要求业主在索赔前应通知承包商，而他们没有做到这一点	有效。因为索赔的程序是非常重要的，一定要遵守
3. 非法	保函本身是非法的，或保函所担保的事项是非法的	有效，但很少发生

在银行和保险公司的竞争中，银行作为担保业务的传统经营者往往占有更大的市场份额。如在欧洲，除丹麦是由专业从事担保业务的保险公司承保外，其他地区银行约有 90％的市场占有率，但一些政府机构越来越倾向于接受保险公司的有条件保函[45]。

此外，日本和韩国为保障承包商履约，传统上实行的是替补承包商保证担保制度，即保证人不是银行或保险公司等金融机构，而是另一个具有实际施工能力的承包商企业，通常为未中标的承包商，它的特征是由竞争者提供担保①。但在要求替补承包商的同时，还要求货币性（monetary）的担保保函。目前，该两国公共工程中都放弃了这种传统的担保方式，而转向更多地借鉴美式有条件保函模式[78,79]。

4. 对保额的要求

对于保额的要求也存在着低保额和高保额的分歧。美国实行的是典型的高保额，其总保额高达 200％（100％履约担保＋100％付款担保）[52]。其次是加拿大，保额达 50％。而世界上其他国家和地区普遍实行的是低保额，履约担保保额最低的是西班牙，仅 4％。但伴随着对公共投资项目实行强制性担保这一国际趋势的发展，提高保额也成为越来越多的政府的选择。如日本和韩国正在将履约保函的保额提高到 30％～40％[180]，意大利已经开始采用一种保额达 50％的 global

---

①　日本东京大学教授国岛正彦对此的英文表述为：Completion Guarantee by Competitor（Kunishima M，1996）。

performance bond，并在探讨采用 100％保额的可能性，而欧盟拟议中的保额标准也是 50％。

保额的高低与保函类型之间存在着某种联系。低保额地区往往也是无条件保函更为流行的地区；而高保额地区则更加流行有条件保函。另外，在实行低保额的担保制度的国家和地区，如欧洲、亚太地区和澳洲，公共投资项目和私人投资项目对于工程保证担保的应用不存在明显的差别，但在实行强制性高保额制度的美国，私人项目投保的比率明显偏低。目前，美国担保业正在积极向私人投资项目领域拓展业务[114,143,150,42,121,140,149,147]。

三、国际工程保证担保制度的形成机制分析

通过上节的分析可以看出，国际上并不存在一个可以作为所谓"国际惯例"的统一的工程保证担保制度模式。然而，通过对这些差别分析，却可以发现隐藏在国际上这些不同工程保证担保制度背后的一些共同的形成机制，分析如下。

1. 业主主导机制

由于业主是工程保证担保产品的最终购买者，所以工程保证担保就牢牢地打上了业主的烙印。业主主导机制导致了国际工程担保市场的以下两大现象。

（1）工程承包类保证担保成为工程保证担保的重点：由于业主在承发包合同关系中具有优势地位[15]，所以国际上几乎看不到业主向承包商提交保函担保自己履行业主方的合同责任，而是单方面地要求承包商向业主提交保函，担保承包商的履约责任；

（2）无条件保函的流行：由于无条件保函使业主可以非常方便迅速地得到补偿，所以无条件保函一经出现，有条件保函马上就失去了业主的青睐。

无条件保函的流行主要是得到了业主和银行业的支持。无条件保函可以使业主很方便地索赔，但显然给了业主过分的权利，其流行主要是因为建筑业的高度竞争性使业主往往在合同关系中处于优势地位，他可以很容易地迫使承包商接受一些苛刻的条件；从银行方面来看，基于违约责任的有条件保函要求银行对索赔要求进行仔细的审查，对不符合索赔条件的要拒付，或等候法院判决或仲裁，这就使银行很可能因不及时兑付自己出具的票据而得到外界不利的信用评价，这是银行非常忌讳的。世界银行作为银行业的一个代表性机构，就曾明确主张在 FIDIC 条款中删除采用有条件履约保函的要求[258]。事实上，法庭也倾向于将银行保函推定为无条件保函，因为推定为有条件保函的索赔证据要求常常很不清晰，而保函究竟是有条件还是无条件有时很难判断。法庭支持将银行保函推定为无条件保函的目的是避免关于保函的纠纷对银行的商业信用体系的损害[156,157]。

然而，无条件保函使承包商在合同中的平等权利受到了损害，导致了不少承

包商因业主就保函不公平索赔或欺诈性索赔而蒙受损失[156,40,170]。长期以来，工程界都在致力于提倡有条件保函[40]，如 FIDIC、ICE 等被广泛采用的标准合同都要求使用有条件保函[258,45,66]，并积极呼吁以立法形式废除无条件保函，但由于受到业主和银行业的支持，无条件保函还是很快流行起来。

2. 公平性机制

公平性机制是另一类主要的保证担保——有条件保函的主要动力。有条件保函要求受益人（通常是业主）就保函索赔时，必须证明承包商违约，而且赔付责任在保函的担保金额内以业主的实际损失为限，所以非常公平，但它的最大缺陷就在于索赔效率方面[15,63]。

工程界人士为了抵制无条件保函，一方面积极倡导以立法禁止其使用，另一方面也在努力对有条件保函加以改进，而其关键就是提高对违约责任认定的效率。如英国在 1998 年 5 月 1 日起实施的"建筑法"中增加了新的裁判法，规定争议在 28 天内通过裁判人裁决，原告同意可再延长 14 天，双方同意可无限期延长。裁判人是一些德高望重的工程界专家。裁判人制度的引入可以使争议双方避免繁琐的司法诉讼程序，且弥补了仲裁或司法当局不熟悉工程建设专业问题的缺陷[27]。

然而，美式的有条件保函却以另一种机制，既避免了传统的有条件保函的缺陷，又保持了有条件保函公平性的优点，从而成为了一种与无条件保函颇具竞争性的保证担保模式。

美式有条件保函秘密正是在于采纳了高保额保函。由于保额很高，担保总额对于帮助保证人限定赔偿责任的作用并不明显，而且美国法律还规定，当保证人选择自行履约时，责任范围并不以原合同价的 100％为限[114]。由于担保公司对承包商的全部合同责任做出了担保，担保公司的最大利益就在于如何以最小的代价使工程顺利完成。承包商违约所造成的任何项目造价的增加，包括对违约事件未能及时处理而造成的损失的扩大、竣工延期的罚金等，对于担保公司都意味着损失。出于控制自身损失的利益驱动，美国的担保公司对索赔的反应一般是极为迅速的。对于美式保证担保不熟悉的业主常常顾虑担保公司会因为理赔调查而不能向银行那样对自己的索赔要求做出快速反应。其实，担保公司进行理赔调查的目的一方面是要对承包商是否违约进行认定，另一方面，也是为了寻找继续履约最为恰当的方案[114]。而且，并不罕见的是，担保公司常常在业主察觉到问题发生之前就已经应承包商的求援而介入，并通过对承包商提供经济和技术上的支持而使承包商渡过了难关。

担保公司的理赔调查正是这种担保方式区别于承付保函的重要特征。由于担保公司的责任是以承发包合同中承包商的合同责任为限，如果业主不履约，担保公司的担保责任就可以免除了[114]，所以，担保公司作为第三方介入，在解决承包商违约的同时也敦促业主严格履约，常常能起到对业主与承包商之间的纠纷的调解作用。这正是有条件保函的公平性的体现。

可见，美式有条件保函模式不仅更加公正，对业主的利益也提供了足够的保护（图2-14），而且对于提高市场上承包商的整体履约率也起到了很好的作用，兼顾了公平和效率。同时，它在公共投资项目中的应用还有效地减少了腐败，保护了纳税人的利益[122,297]。这些成就都是有目共睹的。这对不少国家在制定对公共投资项目的强制性保证担保制度时都产生了不少影响，如美洲、日本、韩国、意大利等。甚至有人乐观地预计，国际工程保证担保有望统一到采用高保额的有条件担保模式。

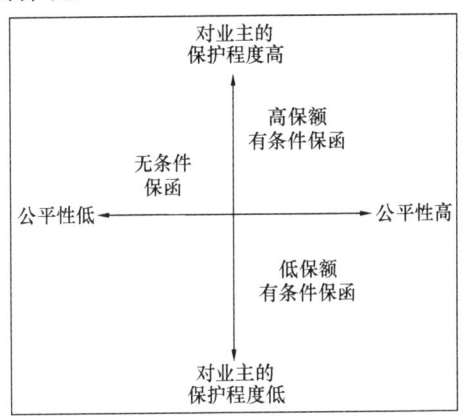

图 2-14　无条件和有条件保函的担保效果对比

3. 成本机制

各国在对保证担保制度做出不同选择时，成本是一个很关键的考虑因素。目前，国际工程保证担保基本上有两种主流模式：其一是低保额的无条件保函；其二是高保额的有条件保函。这一现象产生的原因正是由于背后的成本机制。

根据式（2-2），可以对低保额的无条件保函和高保额的有条件保函的担保成本进行比较。由于两种保函都是由信用良好的专业金融机构承保，可以认为，两种保函在 Q_2（债权人对保证人交易信用考察成本）和 $r_2 D_2$（债权人对保证人的追偿成本）两项上是相当的，对两种保函的担保成本的比较主要是对 P（保费）和 B_2（占用承包商银行信用的成本）的比较。如前文所述，由于无条件保函往往以严格反担保方式规避承保风险，所以无条件保函的担保成本与保额具有很强的相关性，事实上，高保额的无条件保函所采用的严格反担保措施所带来的负担会对承包商的实际履约能力造成严重削弱，这对业主也是非常不利的。而有条件保函的承保是基于对承包商严格的承保风险评价，一般不采取严格反担保措施，所以其担保成本主要与其对承保对象风险评价的成本相关，而与保额不具有很强的相关性（见图2-15）。一个很明显的例子是，1999

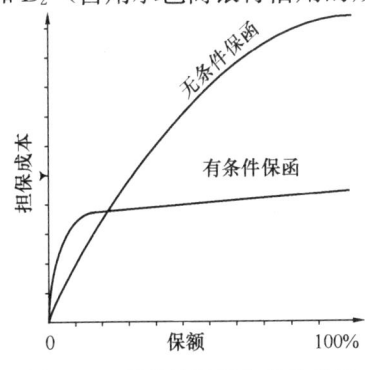

图 2-15　无条件保函和有条件保函的担保成本特征曲线对比分析

年8月，美国政府将付款担保的保额由原来的40%～50%合同价及250万美元的最高限额提高到100%且取消最高限额[32,52]，而担保公司不仅没有借此机会提高保费，而且在相互之间激烈的竞争环境下，保费取费标准一直呈下降趋势。可以看出，在业主主导的市场环境下，在有条件保函和无条件保函之间，市场的选择其实是基于在业主对担保成本的支出和因此得到的保护之间谋求一个平衡。显然，无条件保函只有在低保额的条件下才是可行的，而有条件保函只有在高保额的条件下才是可行的。如果假定银行只经营无条件保函，而保险公司只经营有条件保函，在给定保额标准的市场环境下充分竞争，则其竞争结果必然是：在低保额条件下，银行保函会成为市场主流；而在高保额条件下，赢家将会是保险公司。这正是分别发生在欧洲和美国的保证担保市场的情况。可见，担保市场只有两种均衡状态，即高保额有条件保函和低保额无条件保函，具体出现哪一种均衡状态取决于市场给定的保额条件（图2-16）。

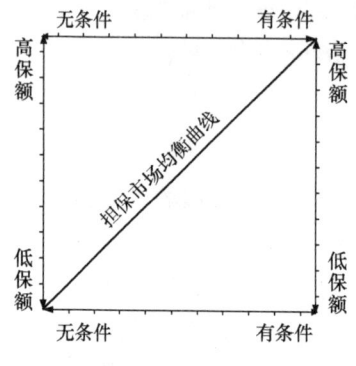

图2-16　担保市场均衡示意

提高保额正是改进有条件保函的理赔效率的关键所在。所以，在日本和韩国的公共投资项目中以及在中国的世行贷款项目中，都看到对两类保函的保额的不同要求[258,180,179]。如日本对所谓货币性（monetary）担保只要求10%的保额，而对所谓实际履行性的履约担保（由保险公司承保）的保额要求则是30%[180]。

然而，虽然有条件保函更加具有公平性，许多国家的政策制定者对于提高保额要求对改善有条件保函的作用机制也具有一定的认识，但世界上其他国家却都很少推行美国那样的真正的高保额保函，即使是在保证担保制度完全采取了美国模式的加拿大，其对履约保函的保额要求也只有合同价的50%（但此种保函是按年度提交的，所以对于工期超过一年的项目，其提供的担保总金额以及投保的成本都与美式保函相当，只是把1份保函分成了2份），这对于降低担保成本还是有一定好处的。事实上，制约各国采纳高保额有条件保函的主要原因还是在于成本问题。

担保公司的承保风险评判是一件非常依赖于经验的主观性很强的工作，所以不同的担保公司可能因此而在担保成本上具有极大的区别，同一担保公司由于不同市场环境中风险程度的不同以及对风险的了解不同也会有不同的担保成本。如图2-17所示，由于成本因素的影响，若某成熟的担保机构有担保成本曲线S_1，只要市场对保额的要求大于K_1，与无条件保函的提供者相比就有竞争优势，市场需支付的担保成本也较低；而对于不成熟的担保机构（担保曲线为S_2），市场对保额的要求需提高到 K_2，才开始具有相对竞争优势；同时，出于成本因素的考虑，当对于保额要求低于 K_2 的担保要求，即使业主接受的是有条件保函，他也会以无条件保函的承保方式来进行承保（即采取存入相应金额的反担保金及抵押等严格反担保措施，其特征是占用投保人的银行信贷额度）。也就是说，如果市场中没有成熟的有条件保函的提供者，即使立法禁止业主要求无条件保函（出于公平性考虑），市场也会以无条件保函的承保方式

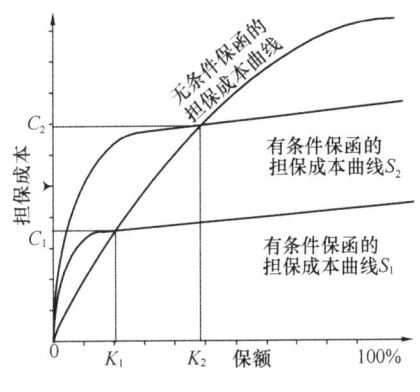

图 2-17　担保成本对担保
模式选择的影响

来运作；但当保额高到一定程度，无条件保函承保方式的成本就会高到不再为市场所能接受，如果此时市场中一时又没有足够的成熟的有条件保函的提供者，市场中就会发生担保的短缺。这就是为什么有时还会在某些市场上发现，即使市场中有此需求，但却没有担保公司或保险公司提供相应服务的情况，如在韩国，30%的竣工义务履行性保函（类似于美式有条件保函）从 1997 年开始就已被市场所接受，但却没有保险公司愿意提供相应的担保品种。中国的保险公司也发现了市场中有一定的需求，一些公司也曾一度尝试过提供保证担保书，但发现风险难以控制，就终止了此类业务，将市场拱手让给了银行。

　　担保短缺的结果是造成承包商投保成本的增加，也就是业主最终建设成本的增加。所以，在推行对公共投资项目的强制性保证担保政策时，对保额要求的设计是一个非常值得研究的问题。这正是许多国家对于在公共投资项目中提高保额要求非常谨慎的原因。日本和韩国在公共投资项目中推行新的履约担保制度时，都同时推行 10%～20%的货币性担保（相当于无条件保函）和 30%的竣工义务性担保（相当于有条件保函），就是意在谨慎地给市场留下了多种选择，避免担保短缺给建筑市场带来负面影响。

　　另外，日本和韩国替补传统上采用承包商担保模式的初衷在很大程度上也与对成本的考虑有关。关于这一点的论述详见第三章。

　　4. 习惯、行业竞争和经济全球化对担保业的影响

　　对于国际工程担保市场目前的格局的形成，习惯是一个非常强有力的影响因素。在国际工程保证担保惯例的形成中，国际工程界的行业组织制订的标准合同条款一直在发挥着相当重要的作用。如 FIDIC 合同[258]、英国的 ICE 合同[45]和 JCT 合同[88]、美国的 AIA 合同等[14,13]。如 FIDIC 在条款 10 中提及履约担保，规定：若业主要求任何形式的保函（如投标保函、预付款保函、履约保函等），

都应在招标文件中预先说明，以便承包商将保费计入成本，保函文本由甲乙双方自行决定[258]。保费计入成本正是国际工程保证担保的一个惯例。

采用低保额保函以及以银行为主要保证人等都是源于欧洲的一种传统习惯。银行业在欧洲的历史悠久，并且具有混业经营的传统，在一般业主们的心目中是最值得信任的担保机构，而保险公司传统上经营的低保额有条件保函也让业主们感到缺乏足够的保护。中国香港、新加坡等东南亚国家和地区以及澳大利亚等继承的都是英联邦的传统。而美洲大陆则受到美国模式的强大辐射，更倾向于保险公司的有条件保函。

银行业和保险业对担保业务的竞争对担保业的影响也是明显的。传统上，银行投资机构都只接受银行保函。前面已经分析过了银行的准业主角色。这显然对保险公司的担保业务的发展起到了极大的制约作用。然而，随着国际金融局势的动荡，许多银行机构也逐渐地放弃了它们原先只接受银行保函的立场。金融危机不仅动摇了人们对银行的信心，也迫使银行业开始寻求将风险转移到银行体系以外的出路。从20世纪80年代南美债务危机、20世纪90年代中欧洲的一些大型银行机构破产以及20世纪90年代末的东南亚金融危机都使银行业受到了沉重的打击，保险公司的专业保证担保也乘机扩展地盘，不仅南美取得了决定性的胜利，也使世界银行接受了专业保证担保机构的保函[258,106]。1999年，美国通过《金融服务现代化法》而放松了其对银行业的管制，并结束了其对银行和保险业的分业监管，但2008年以来始发于美国并进而引发的全球性金融危机再次显示了对银行业强化金融监管的重要性。而专业担保机构所提供的工程担保的重要性则越发显现[62]。

另外，经济全球化的影响也在改变着国际工程担保业的面貌。在一度采用独特的替补承包商保证担保制度的日本，关贸总协定的谈判最终促动了它下定决心放弃这一不符合国际惯例的传统[78]。韩国对担保制度的改革的一大理由也是要与国际接轨[182,179]。实行工程保证担保是国际惯例，没有成熟的保证担保市场对本国承包商的支持，承包商参与国际竞争的能力就会受到很大的限制。而成熟的保证担保市场不仅能够为承包商申请担保提供支持，还能起到对本国承包商保驾护航的作用。这一点在美国的保证担保市场非常明显。例如，虽然当时中国的保险市场尚未全面对外开放，担保市场也基本尚未形成，但首批在中国获得注册的美国的Chubb保险公司为进入中国市场已经作了多年的努力，对中国市场做过很多研究，它们的口号是：我们的承包商要到哪里，我们就必须抢先到达那里。

四、考察国际工程保证担保的几点结论

（1）国际惯例的工程保证担保主要是工程承包类保证担保。

（2）国际惯例的工程保证担保的保证人是接受金融监管的金融机构。可能是银行，也可能是经营担保业务的保险公司。其中，专业化和制度化程度很高的美国现代注册公司制保证担保是一种非常值得注意的模式，它具有其他担保模式无法比拟的社会功能，包括：1）积淀建筑企业成功发展经验，帮助所担保的企业走向成熟和实现平稳的发展；2）帮助建筑企业探明风险，为所担保的企业向新的市场领域拓展创造条件，提高了这些企业的竞争力；3）充当市场宏观经济风险的蓄水池和减震器，减轻建筑市场波动对相关行业造成的冲击。

（3）有条件保函是传统的工程保证担保模式，它体现了保证担保在法律上的本来意义：由第三方保证人就主合同的履行义务承担连带合同履约责任；同时，有条件保函承保过程中对承包商的资格预审给社会带来了很高的价值。

（4）无条件保函是在低保额条件下的一种市场选择，它给业主就保函索赔带来了极大的便利，但也给了业主超越合同公平性的过度权利；同时，无条件保函的承保模式一般是以设定反担保为条件，不能提供对承包商进行履约能力的甄选功能。

（5）由于业主主导机制和成本机制的共同作用，工程担保市场的自然均衡状态只有两个：或是低保额的无条件保函，或是高保额的有条件保函。

（6）政府作为公共利益的守护者，和公平交易、公平竞争的维护者，应以推动有条件保函的使用为己任。

政府推动有条件保函的策略有两种：

（1）以法律禁止无条件保函的使用，这虽然可能会增强承包商对抗业主不公正索赔的手段，但在低保额条件下，市场可能依然会按照无条件保函的承保模式来运作，不能帮助市场利用有条件保函对承包商履约能力的甄选功能[①]。

（2）提高保额标准，这可帮助市场创造出在有条件保函模式下实现均衡的条件，依靠市场的力量推动有条件担保模式的运用。但提高保额要求需兼顾市场的承保能力，避免担保短缺的发生。

第四节 中国工程保证担保制度的目标定义

对中国工程保证担保制度的目标进行定义，除了要对国际工程保证担保制度的现状和形成机制等都有较为深入的理解外，还需深入分析中国建筑市场这一具体环境对保证担保制度的功能要求。

---

① 见第三章第一节相关讨论。

一、对中国建筑市场机制缺陷的分析

建筑业是中国改革开放启动较早的一个行业，市场化水平相对较高。建筑业涉及投资规模巨大，消耗大量不可再生资源，建筑产品的消费者更是遍布各行各业和千家万户。对于这样一个关系到国计民生的重要行业，政府在对建筑业的监管方面投入了很大的精力。然而，中国建筑业的现状却并不令人乐观。目前，中国建筑市场存在着以下两大问题急需解决。

其一是工程质量问题。住房和城乡建设部掌握的资料反映，在中国建筑业技术装备和技术实力使工程质量水准得到普遍提升的同时，一些重大的、甚至恶性的质量责任事故的发生却也同时呈上升趋势。工程质量问题不仅危害人们的生命安全，使国民经济遭受严重损失，也使中国建筑业的形象遭到了严重的损害。

其二是工程款拖欠问题。据有关部门统计，建筑业的工程款拖欠总额在1999 年就已超过 3000 亿元。《建筑时报》2000 年对工程款拖欠问题所作的调查显示，反馈调查表的 80 家企业被拖欠款就达 203 亿元，拖欠款占企业年产值的比例高达 46.54％，被拖欠款的建筑企业规模大小从年产值 5000 万以下到 5 亿以上的都有，拖欠款的项目类型也包括从市政工程到住宅商办等，而拖欠款的项目业主也是从政府、国企到私人投资和中外合资等，并以国企和政府名列第一和第二（图 2-18[313]）。工程款被拖欠不仅严重影响到建筑企业的资金周转，而且还涉及企业员工的个人收入，80 家企业的员工工资和医疗费被拖欠就达 7.87 亿元。沉重的债务负担使不少企业难以为继，而债务负担的层层转嫁更像一种恶性肿瘤在整个建筑市场蔓延。图 2-19[389,390] 反映，从 20 世纪 80 年代以来，中国建筑企业的平均利润率呈逐年下降趋势，20 世纪 90 年代以来基本上都在 2％左右，如今，据业内人士反映，由于市场竞争更为激烈，建筑企业平均利润率甚至更进一步下滑，即使一些优秀的企业，要将利润率维持在 2％以上都极为艰难，这远远低于国际建筑业的 5％左右的一般利润率水平。这一方面固然是因为建筑业的竞争日趋激烈，另一方面，拖欠款问题的影响也是明显的。《建筑时报》的调查反映，被欠款最多的一家企业拖欠款达 22 亿元，单项欠款时间最长的一笔达 20 年，数额最多的一笔达 1.5 亿元。被调查的 80 家企业中，39 家成立了"讨债队"，人数共计 1939 人，某一家企业为催讨债每年发生的费用就达 320 万元。可以想象，在这样长期的、巨额的拖欠之下，光是利息损失就可以吃掉建筑企业多少利润？而为讨债支付的巨额成本对于国民经济没有任何贡献，只能是一种令人痛心的制度耗损。

工程款层层拖欠的另一恶果就是大量农民工工资被拖欠，由此引发各地大量

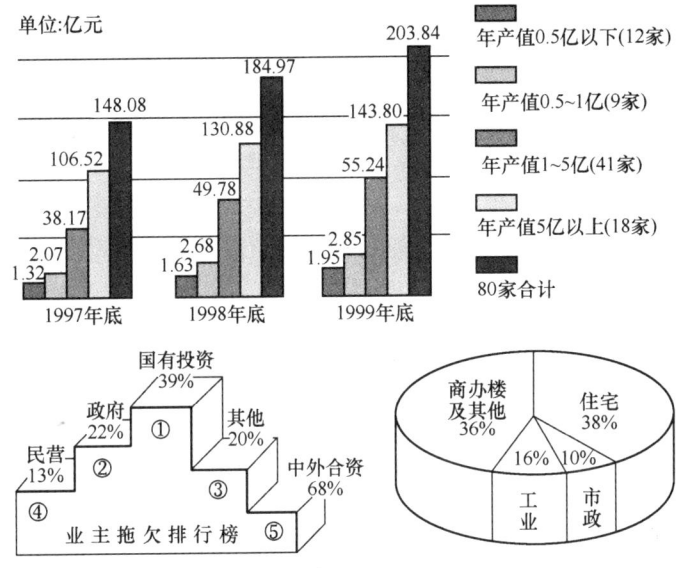

图 2-18　《建筑时报》对 80 家建筑业企业的工程款拖欠
问题的调查资料统计图表

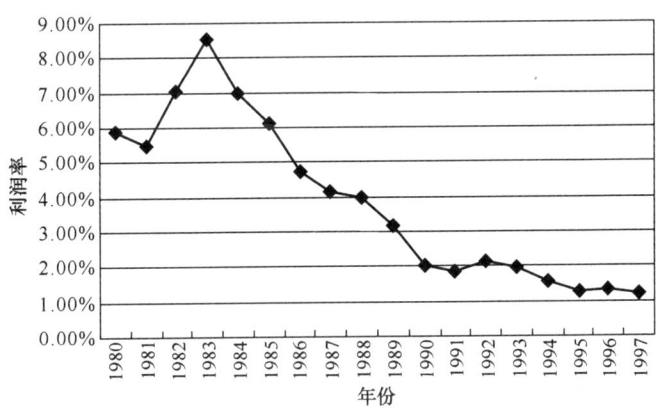

图 2-19　中国建筑业企业的利润率走势图

的群体性事件。2004 年，国务院总理温家宝上任伊始就提出了限时三年基本解决农民工工资拖欠的任务，由此各地都成立了清欠办，处理农民工工资拖欠问题，农民工工资拖欠现象得到了遏制，但这类问题仍未能彻底解决。

以上两个问题看似相互独立，实际上却是相互纠缠。在建筑企业呼吁社会正视工程款拖欠问题所带来的巨大危害的时候，外界却更关心工程质量如何保证。拖欠款是违约行为，但不少业主在拖欠款时总是真真假假地将问题与工程质量挂上钩，拖欠起来也就振振有词、理直气壮了。鲁班网展开的对工程款拖欠的讨论中，有网友留言："不要一味地说业主不愿'埋单'，看看你们的履约记录，再看看你们完成的项目，歪的、裂的、断的、跨的、塌的、漏的俯首皆是。不要把国家投资的项目当冤大头了。"于是，工程质量和拖欠工程款似乎成了一个"二律背反"：一方面承包商要必须依赖足量的流动资金以正常履约和保证工程质量；另一方面，业主以保证质量为由，却又大肆地扣留工程款、挤占对承包商异常宝贵的流动资金。

拖欠工程款的原因是非常复杂的，本书对此在第四章和第十一章中还将作详细的论述。但如果把一些主观的和人为的信用不良或道德风险的因素排除，先来研究隐藏在这个"二律背反"现象背后的问题就会发现，中国建筑市场存在着一个严重的机制缺陷，这就是关于信用工具的缺陷。

前面已经谈过，信息不对称是现实生活中普遍存在的现象，它会影响自由市场中优胜劣汰的机制的发挥，正常的市场中人们之所以对此不察觉，是因为市场中存在着有效的信用工具来纠正信息的不对称。而在中国建筑市场中却存在着严重的信息不对称问题，并缺乏相应的信用工具对其加以纠正。市场平均质量下降是信息不对称条件下的市场的典型特征，造成这一现象的原因却是市场中的买方由于不能获得的产品质量的准确信息，而不断地以对市场平均质量较低的预期出价，造成优质产品因高成本而退出市场。现在，不少建筑界业内人士痛感业主行为不规范的一个很典型的问题就是：不顾建筑工程的合理建设成本盲目压价。这其实正是一个信息不对称的市场中的典型现象。现在中国的施工承发包市场还没有向国际承包商开放，但设计市场稍微松动，人们马上发现，中国的设计院因任务不饱和而竞相打折压价竞争，而大凡稍具影响的设计方案都被外国建筑师以高价承接了。这一现象说明，市场并不乏对优质设计的需求，也愿意为此出高价，但由于市场信息不对称，尽管中国其实也不乏素质优秀的设计师，这批愿出高价购买优质品的业主出于对中国建筑师的平均设计质量预期较低而转向了预期较高的国际市场；而低价承接设计往往又使设计人员不得不同时承接更多的项目来保证一定的收入水平，投入每一个具体项目的精力也就不得不相应减少，设计质量的下降也就成为必然。

中国建筑市场中产生信息不对称现象的原因是在市场经济建设的过程中，原有的市场信号机制已经失灵，而又缺乏新的信号机制。

从以上分析可见，目前，中国建筑市场中存在着严重的信息不对称现象，市场信号机制失灵是中国建筑业的制度缺陷，而解决这一缺陷的思路是引入保证担保这一信用工具。

二、中国工程保证担保制度设计的基本准则

建设部前总工程师姚兵同志总结了中国建筑业当前所处时代的三大背景[366]。

一是市场经济背景。当前，中国经济正处在从计划经济向市场经济转轨的过渡阶段。这个阶段的特殊性在于，原来的计划经济体制已经被打破，但市场经济的新秩序还没有完全确立，市场保障体系还未建立。很多市场行为不规范、竞争无序。市场经济的各种制度建设正是当务之急。

二是规模建设背景。这种规模建设的动力来源有许多。首先，新中国成立以来改革开放以前，我国的经济建设走过许多弯路。一是在"先投资后消费、先国家后个人"的长期政策导向下，对广大老百姓的住宅建设投入严重不足，对与老百姓生活密切相关的许多产业的投入也严重不足，基础设施建设严重滞后，这一切都需要大量补课。二是对国际形势错误判断造成大量的无效投资，现在许多建在山沟里的三线工程都已废弃。所谓拨乱反正，造成了改革开放以后的一轮投资建设高潮。其次，是国民经济新发展的需要。改革开放以来，我国遵循市场经济规律，不断发现新的市场需求、不断培育新的产业。传统企业也开始学会参与市场竞争，甚至已经参与国际竞争。新产业、新产品以及企业自我的更新改造等都带动了大规模的建设。还有就是城市化的需要。我国社会经济发展的一大特点是城市化进程滞后于工业化。这种不平衡的状态带来了许多社会问题：如农村剩余劳动力的盲目流动，教育水平低下给农村剩余劳动力转移到其他部门带来的困难，乡镇企业素质偏低造成发展后劲的不足，以及严重的环境资源问题等。解决这些问题的必然途径是加快城市化进程。只有通过城市化，才能使原农村地区得到所急需的人才，帮助发展教育、改善人口知识结构、提高乡镇企业的素质；只有城市化，才能形成集约化的经济，节约环境资源成本。而城市化必然带来大规模的建设。

三是"入世"背景。如今可以把这一点改为全球化背景。中国"入世"任务已经基本完成，中国建筑业已经成为国际建筑市场的一个重要的竞争者。在《美国新闻记录》（Engineering News Records）发布的 2011 年度 ENR 国际承包商225 强排名中，中国承包商有 51 家上榜。但与国际著名大型承包商相比，我国企业实力仍有一定的差距。名单显示，中国入选企业大都集中在名单的后半部分，排在 100 名以外的达到 31 家。本届国际承包商 225 强平均完成海外营业额为 17.05 亿美元，约为中国企业平均海外营业额的 1.5 倍，我国只有 8 家企业高于入选的国际承包商海外平均营业额。国际承包商 225 强排名首位的德国HOCHTIEFAG 公司 2010 年度海外营业额为 274.24 亿美元，而排名中国公司首位的中国交通建设股份有限公司 2010 年度海外营业额为 71.34 亿美元；全球排

名前10位的公司2010年度海外总营业额为1302亿美元，而排名前10位的中国公司2010年度海外总营业额仅为360亿美元[409]。此外，该报道没有显示利润率和人均产值等的相关数据。而据笔者了解，此两项数据对中国承包商而言都是弱项。而且，中国承包商抢占的海外市场大多是市场环境发育不够完善以及政治环境动荡不安的第三世界国家，且有很多是属于利用了中国对外援助或出口信贷的项目，这类项目通常附带有要求使用中国承包商的条件。而在市场经济发达、市场环境规范的欧美等国，尽管项目利润丰厚，却常常因为中国承包商难以适应所在国的法制环境，以及缺乏获得投标必备的投标保函和履约保函的能力，而难以进入。我国是一个建筑业大国和劳动力资源大国，而我国在国际建筑市场所占的份额与我国应有的地位依然很不相称。因此，继续提高我国建筑业的国际化程度、帮助建筑企业持续提高竞争力，从而进一步拓展国际市场份额，把队伍带出去，依然是中国建筑业管理的一项重要任务[367]。

把握住当前时代的这三大背景，就不会把中国在建筑业推行工程保证担保制度看作是一种孤立的行动，因为它必须要适应以上三大背景给中国建筑业提出的深化改革的要求。为此，中国工程保证担保制度设计应当遵循以下原则。

（1）符合市场经济规律，以市场手段解决市场经济中的问题

长期以来，由于历史原因，我国的行政管理部门存在以行政手段来处理问题，以行政干预代替借助市场力量的调控的惯性，某些政策的制定随意性较大。在中国工程保证担保制度的建设中一定要避免上述倾向。而避免上述倾向的办法就是深入理解工程保证担保制度的经济学原理和内在的运行机制，并将其自觉地运用于制度设计的始终。常言道，"差之毫厘，谬以千里"，在中国工程保证担保制度创建之初必须非常慎重，以避免制度设计的不合理、不严密，以及过多的行政干涉等，导致日后市场的不规范行为积重难返。比较遗憾的是，如今中国工程保证担保制度已经过10余年的推行，已经在某种程度上背上了试点方案先天缺陷的包袱，因此重温此原则依然具有非常现实的意义。

（2）有利于实现中国对规模建设的需要

推行中国工程保证担保制度是为了规范建筑市场行为，为中国建筑市场的健康发展创造条件，使中国建筑业适应于中国规模建设的现实需要，而不是抑制建筑业的发展、抑制社会各界对建设项目的投资；是为了通过制度的改进而消除当前建筑交易中不创造任何价值的不合理损耗，降低建筑企业的负担，降低社会交易成本，而不是增加交易成本，增加建筑企业的负担。

同时，建筑业是一个高度社会化的产业。人创造建筑、建筑又反过来塑造人。建筑活动往往投资巨大，参与生产和使用的人数众多、具有广泛的社会影响。而且，一项建筑活动不仅仅关系到投资者、生产者和使用者，还影响到城市

形态、环境生态、文化和历史。从事建筑业和建筑业行业管理必须要有充分的社会责任感和历史责任感。所以，在中国工程保证担保的制度设计中，除了考虑到建设项目参与各方之间的责任，还应该充分考虑到项目建设对于社会公众的责任。

（3）有利于与国际接轨

在全球化背景下，国际市场与国内市场正在全面接轨。参与国际竞争已不再仅仅是一些优秀企业的雄心壮志，而是每一个中国企业面临的现实挑战。增强中国建筑企业的国际竞争力已经是一个迫在眉睫的任务。中国工程保证担保制度建设将是中国建筑业与国际接轨以及增强中国建筑企业的国际竞争力的一个重要环节。而要实现这一点，就必须使中国工程保证担保制度与国际接轨。

三、中国工程保证担保制度的目标定义

1. 中国工程保证担保制度的基本框架

现在，建筑业内人士都在呼吁如何规范业主行为，但在讨论建筑市场的问题时，时刻不能忘记的是：建筑市场是一个业主主导的市场。英国牛津大学于1997年举办的一次国际建筑业研讨会中，来自国际建筑业各方的高层人士一致认可：业主是建筑业发展的动力，建筑业应该不断地调整自己以满足业主的需求[220]。

那么，中国的业主目前对建筑业最迫切的要求是什么呢？他们要求工程建设的进展能够配合和实现项目建设的总体目标，通常，他们希望以最低的成本购买到质量和进度都令他们满意的建筑产品。他们在发包前，希望选择到有实力有信誉的承包商；在合同签订后，他们希望承包商能兑现一纸承诺；在工程竣工后，他们不希望发生质量问题，但若出现问题能得到承包商的及时修补。然而，他们缺乏信息，在发包前，他们不知道该信任谁；在开工后，他们担心承包商偷工减料、担心他们不能完成进度；在竣工后，担心工程的质量隐患暴露后不能得到及时的修补。在国际建筑市场，这些问题都有相应的保证担保品种来加以解决，并由此产生了专门的工程担保市场。建筑产品是一种特殊的商品，业主在购买这种产品时，能看见的只是一堆图纸，甚至有时连图纸都还没有，而不像逛超级市场那样可以随意地挑挑拣拣；而且，他们还必须耐心地等上一两年，这期间承包商会不会出现什么重大的变故？所有这一切，都使他们的担心成为当然，也使保证担保的应用成为必要。而在中国，业主却除了合同之外，几乎得不到任何其他保护，只有捏住手中的钱。

要解决中国建筑业中关于质量和工程款拖欠这一"二律背反"问题，必须首先使业主对建筑业的期望得到满足，这就是：在中国建筑市场中引入工程承包保

69

证担保制度。工程承包类保证担保在国际上有着大量的实践，研究中国工程承包保证担保制度的主要任务是深入理解国际工程保证担保制度中不同的担保模式和担保品种产生的机制及所承担的不同的市场功能，并结合中国市场的具体环境设计出一套既符合国际惯例、又符合中国国情的、具有可操作性的工程承包保证担保制度。

在业主的期望得到满足的前提下，就可进一步解决业主行为不规范的问题。业主行为不规范即业主没有正确履行业主责任。业主责任包括业主对公众的责任，以及业主的合同责任。业主责任的履行也是一个信用问题，所以本书也尝试运用保证担保工具来解决这一问题。

造成业主责任履行不良的现象背后有着非常深刻的制度原因，是中国社会特定的历史发展阶段的特定问题。由于业主责任保证担保制度在国际上没有惯例可循，必须依靠中国自己来摸索，所以业主责任保证担保制度的研究将较为复杂。对业主责任保证担保制度的研究将首先研究这套特别的制度在中国实施的理论依据，解决在没有国际惯例可循的条件下如何与国际接轨的问题，然后再深入研究保函的具体内容，以及它的实施效果。关于业主责任的保证担保问题将在第四章中作详细的探讨。

从解决中国建筑市场的现实矛盾出发，笔者对中国工程保证担保制度的基本框架的设想是：

$$\text{中国工程保证担保制度} = \text{中国工程承包保证担保制度} + \text{中国业主责任保证担保制度}$$

2. 中国工程保证担保制度的功能目标

通过对国际工程保证担保制度的考察，可以总结出工程保证担保制度对于建筑市场的以下功能，这也应是中国推行工程保证担保制度所欲达成的目标。

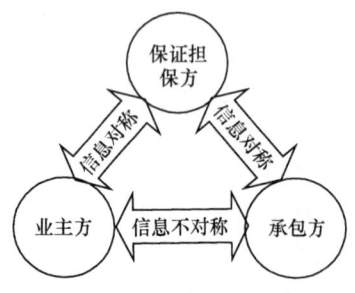

图 2-20　保证担保对建筑业
信息不对称状态的改善

（1）完善市场信号机制（图 2-20）

中国建筑市场机制中的基本缺陷就是缺乏信用工具，使市场信号不能得到有效传递，从而导致中国建筑市场处于严重的信息不对称状态，使市场自发的优胜劣汰的机制不能得到有效发挥。通过保证担保这一信用工具的引入，有望使信息不对称状态能够得到有效的改善，从而使市场机制能够得到正常的发挥。

（2）降低交易成本

市场信息严重不对称导致市场信用不足，而信用不足的后果之一是不得不采取复杂的预防措施，从而增加交易成本。根据科斯的交易成本理论，交易成本增加导致企业寻求成本内部化，同时出现市场萎缩。中国当前建筑业的专业化分工程度远远不够，正是与交易成本有关。

我国为改善建筑市场信用状况其实已经为此支付了不少成本。例如，从政府监管的角度，我国对承包商实施了严格的资质管理和市场准入措施，设立了有形的建筑市场以强化招投标管理，推行了强制性社会监理和质监站的强制性质量监督，对分包采取了严格的控制措施等；从业主方面来看，他们往往不得不采用庞大的业主班子，动用大量资源对承包商投标资格加以考察，一些业主采取了收取质量、工期的保证押金等措施，更多的则是扣留大笔尾款等；从承包商的角度看，因为工程款拖欠而损失了大量的银行利息，因催讨工程款而支付了大量的费用，等等。以上成本的付出，有的也产生了一定成效，但对于改善中国建筑市场信用不足的现状显然缺乏足够的力度，而不少成本的支出更是冤枉。

采用保证担保这一信用工具也需支付一定的交易成本，但保证担保方的介入可在以下方面降低交易成本：

1）以对承包商严格有效的专业化的资信预审代替行政方式的市场准入控制和业主的自行考察；

2）以保证人对承包商的信用担保取代目前业主动辄扣留工程款的准现金担保方式，使承包商的资金周转和银行信用被占用的成本得以降低；

3）通过增强市场信用而鼓励和促进专业化分工，从而提高整个行业效率，使建筑业的综合成本得以降低。

（3）规范市场竞争

建筑市场是高度竞争性的市场，公开招投标则是竞争的集中表现。采用招投标制度的目的是通过建筑企业之间的竞争，使业主以自己满意的价格找到合适的承包商。在正常的市场经济环境中，招投标的竞争是管理的竞争、技术的竞争、效率的竞争和成本的竞争。通常，国际上通行的是最低评标价中标的原则。而严密的工程保证担保体系是保障最低评标价中标原则的合理性的基础（图2-21）。由于有严格的保证担保措施，承包商以不合理低标中标的结果是：进则亏损，退则被罚。

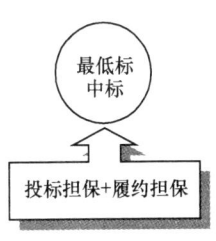

图 2-21　最低评标价中标原则的合理性基础

我国招投标法规定可以采用以综合评分最优或最低评标价两种方式选择承包商。综合评标一般常采用标底，并以接近标底价为中标要件。这固然是为了防范投标人以不合理低标中标后最终无法履约，但却是导致招投标行为严重扭曲的重要原因。在此类评标办法下，建筑企业之间的竞争成了编制预算能力的竞争、探听标底能力的竞争、垫资的竞争以及人际关系的竞争。而且也成为领导干部违规干预评标，以及招投标双方勾结串标的掩护手段，受到了广泛的批评。

近年来，为了规范建筑市场秩序，减少招投标中的人为因素，从而遏制此类腐败现象，越来越多的省市开始推行最低价中标，为防范最低价中标带来的恶意低标及承包商履约风险，大都认识到了配套推行工程担保制度的重要性，甚至会要求偏离标底一定范围的低标要在履约保函之外另行提交一份低价风险保证金，其本质就是以差额担保的方式提高了履约担保的担保金额。需要注意的是，最低评标价中标并非等于最低价中标，评标价并非是投标人的投标价，而是评标委员会采用招标文件中的评标价计算规则，在投标报价基础上更进一步加上或减去了其他可以货币量化的投标条件后得到的一个在不同投标人之间具有充分可比性的计算标价，以此作为评标依据。对于这一点，目前我国各地在试行最低价中标时可能并没有充分地认识到，造成了一些偏差。

总的来讲，招投标制度转向最低评标价中标，并配套推行高保额的履约担保，将极大地增强招投标工作的透明度，帮助和鼓励中国建筑企业以健康的手段参与市场竞争。最低评标价中标也将是降低市场交易成本的一条重要途径。其机制还将在第四章中进一步阐述。

（4）保障合同履约

保证合同履约是工程保证担保制度的基本功能。无论是无条件保函、还是有条件保函，都在保证合同履约方面发挥着重要作用，其中，又以高保额的有条件保函的保障机制最为完备。在美式高保额保函中，当被担保的承包商（债务人）不能履约时，保证人将首先调查承包商不能履约的原因，寻找保障合同顺利履行的有效措施。若该承包商尚有进一步履约的可能性，则为承包商提供必要的帮助（包括资金、技术和管理等），以便合同继续被履行；若该承包商无法继续履约，则：或赔偿因此给业主造成的损失；或接手工程，引入新的承包商继续履约。中国工程保证担保制度设计的目标应该是最好地发挥保函的保证合同履行的功能。

（5）加速资金融通

加速资金融通是中国建筑市场管理中最值得重视的一项工作。资金被誉为市场的血液，只有资金流通正常的市场才会具有活力。加速资金融通的关键内容首先是怎样促进业主尽快结清工程款，同时，还需采取措施解决工程款的层层拖欠。在解决工程款层层拖欠的问题上，已有美国的付款担保的成功经验可以借鉴，但在解决业主的支付问题上却没有现成的担保品种可以借鉴，这将是中国工程保证担保制度设计的难点。

（6）转移信用风险

工程风险可分为可保风险和不可保风险。保险保的是可保风险，转移的是意外和自然灾害的风险；而担保保的是不可保风险中的信用风险，它的特点是将信用风险转移回它的风险源。信用风险转移的结果是债务人增强了履约的自律。剩下的就是决策和政治风险，将由投资人自行承担（图 2-22）。

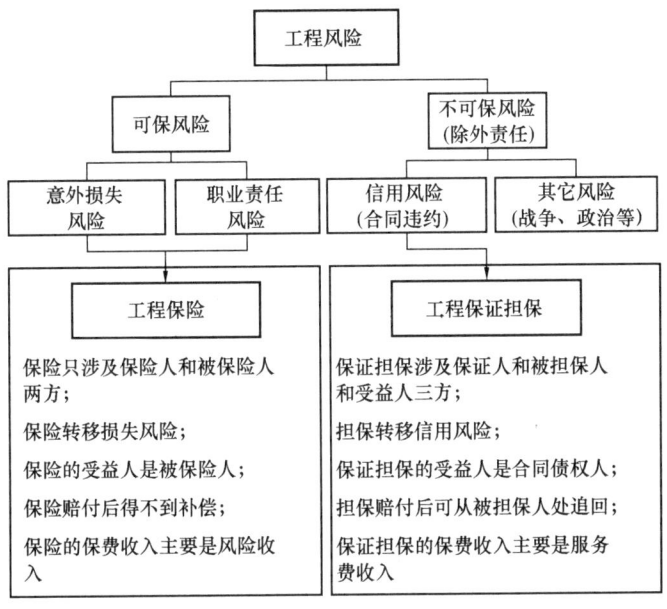

图 2-22　工程保险与工程保证担保的关系

工程保证担保所解决的仅仅是工程风险的一个方面，不能代替工程保险制度的建设。要全面解决中国建筑市场的风险机制问题，必须将工程担保和工程保险同时推进，让它们各司其职地解决工程建设中的各种不同性质的风险。

（7）增强建筑企业的竞争力

全球化对增强中国建筑企业的竞争力提出了迫切要求，推行工程保险和担保本身也是国际化行动[150]。推行工程保证担保制度可以在以下几方面提高我国建筑企业的竞争力。

1）成千上万的企业在有风险的市场中谋求生存、趋利避害的竞争行为，帮助市场这只看不见的手实现了社会资源的有效配置。通过对市场信号机制的完善，将使中国建筑业的竞争由无序到有序，市场竞争的优胜劣汰的机制得到真正的发挥。只有这样，中国建筑企业才能专注于提高管理水平、提高技术实力等，从而使建筑企业的竞争力得到实质性的提高。

2）通过在中国市场中推行符合国际惯例的工程保证担保制度，使建筑企业尽快熟悉工程保证担保的国际惯例，在与国际市场环境相接轨的国内市场中得到锻炼而迅速成长起来。

3）企业家对于企业的发展起着很大的作用。市场经济中蕴含了风险，懂得如何利用保险和担保来规避和控制风险，是企业家成熟的标志。通过工程保证担保制度的建设，可以帮助中国的企业家尽快成熟起来，为企业家的成熟创造一个良好的环境。有了工程保险和担保，中国的企业家就可以集中精力研究决策风险和政治风险，这将大大提高我国的决策水平、减少资源的浪费。

4）通过保证担保工具的引入，可以大力促进我国建筑业的专业分工。提高专业化程度是提高建筑业生产效率、提高我国建筑企业竞争力的重要途径。

（8）减少腐败

近年来，我国出现了一批为人民所深恶痛绝的"豆腐渣"工程。一项建设项目最后成为"豆腐渣"工程，浪费的是国家的投资，是纳税人的钱，是宝贵的自然与环境资源。据报道，近年查处的经济案件中，涉及工程招投标的占30%～40%，而其中大多又往往与腐败行为互为表里[289]。在中国建筑市场推行工程保证担保制度的一个重要目的，正是希望将所有的"豆腐渣"工程都拒之门外，让国家投资、也就是纳税人的钱有所保障。

美国当年对公共项目实施强制性保证担保的一大动力也是为了遏制腐败。因为只有公共项目的业主具有调动大量公共资源的权力而又无需为投资失败负责。腐败与权力总是一对孪生物。要根除腐败就必须尽量减少权力，或对权力的运用实施强有力的监督，这样才能有效地减少权力的诱惑。这种诱惑对许多干部具有很强的腐蚀作用。

工程保证担保制度是一项市场保证制度，是对一部分政府职能的社会化。它以市场经济的手段建立起一道"硬性"的市场准入门槛。国外的经验证明，它对于保障工程质量、降低工程造价、减少腐败都起到了很好的作用。

有关工程保证担保制度预防腐败的机理以及其腐败预防功能的作用条件等相关讨论，详见本书第四篇相关内容。

第三章　工程承包保证担保制度

工程承包保证担保是对承包商向业主提交的一系列保函的总称。由于工程承包类保证担保在国际上有大量的成熟的实践，所以在本章中，将不再全面讨论每个担保品种保函文本的具体内容，而是在对国际工程承包保证担保进一步分析的基础上，对中国工程承包保证担保的基本模式、担保品种设置、实施范围等与工程承包保证担保制度设计紧密相关的内容加以讨论。

第一节　国际工程承包保证担保制度基本模式的分析

第二章所讨论的工程担保市场的两种均衡状态，即高保额有条件保函和低保额无条件保函，实际上正好对应了国际主流的两种工程承包保证担保模式。此外还有日韩特殊的替补承包商保证担保模式。中国在进行工程承包保证担保制度设计时，究竟应该参考那一种模式呢？要在其中做出选择，还需进一步加深对这三种模式的理解。

一、高保额有条件保函模式

高保额的有条件保函模式就是在美国已成功运行的对公共投资项目的强制性保证担保模式。在这一模式下，由于保额很高，就无需对一个承发包合同不同阶段及不同部分的履约责任分别加以担保，所以美国通常仅采用三种主要的担保品种：投标担保、履约担保和付款担保。付款担保所担保的是总包商对分包商的支付工程款义务，是公共投资项目业主对处于合同关系中劣势地位的分包商的一种法律援助。100％的履约担保和付款担保实际上就覆盖了其他国际市场上常见的预付款担保、维修担保、保留金担保等名目繁多的各担保品种。

美国专业保证担保机构在高保额条件下有效控制承保风险的根本在于采用了以全面补偿协议（GIA，General Indemnity Agreement）为核心的承保模式[51,173,49,114]。全面补偿协议是美国的担保公司与承包商之间关系的基础，可译为一揽子赔偿协议。由于有了全面补偿协议，担保公司与承包商之间的关系就不仅仅是为某一具体项目承保的关系，而是一种紧密捆绑的关系。这种关系给担保公司、承包商以及整个社会都带来了多方面的好处。

　　一个典型的 GIA 协议的产生是这样的：承包商在开始考虑希望承接有担保要求的项目（如政府投资项目）时，就必须开始寻找自己的担保公司。在担保代理人的撮合下，担保公司就开始了对承包商的全面考察。若担保公司认为承包商的条件可被接受，就会安排与承包商签订担保协议和一揽子赔偿协议，即 GIA。在担保协议中担保公司一般会授予该承包商一定的担保额度（line of credit），并约定保费收取标准；而 GIA 中则规定一旦因该承包商违约而发生赔付，担保公司可根据 GIA 追回代为履约所发生的损失。索赔财产的范围除了承包商公司的全部资产外，还往往包括承包商的主要股东、配偶及亲友等所有在 GIA 上签名的人的个人财产。GIA 可以被视为担保公司所采取的一种反担保措施，但它并不是严格意义的反担保。首先，GIA 不是针对某一特定保函的反担保协议，而是针对所有由该担保公司承保的项目的一揽子的反担保协议；其次，GIA 不规定一定的担保金额，它虽然通常覆盖了承包商的所有财产，但承包商完全可以自由处置自己的财产，如用于投资或抵押贷款等。一家承包商通常只会同一家担保公司签订这样的协议，而承包商与担保公司的这种紧密关系只有在非常特殊的情况下才会出现变化。一旦承包商与担保公司达成了担保协议和 GIA 协议，就成为了"有担保的承包商"（bonded contractor）[51,173,49,114,116]。

　　担保公司与承包商之间的关系虽然超出了对某一具体项目的担保，但担保公司的保费收入却是来源于一个个具体的项目，而利润则来源于承包商的成功履约，这就使担保公司对于自己所担保的承包商的成功发展异常关切。一方面，他们希望自己的承包商能尽量多地承接项目，但又不希望承包商不顾实力盲目扩张而造成履约失败。担保公司掌握了大量承包商履约失败的教训，如：承包商仓促地跨地域承包，涉足自己所不熟悉的项目类型，承接的项目规模超过了自己的生产能力和资金实力，关键的管理或技术人才的流失等。他们总是在努力地通过自己的承保风险评判而避免类似悲剧再次发生。

　　担保公司为社会提供的最有价值的工作就是它的承保评判，即在考虑接受承包商为自己的承保对象以及确定其担保额度时，对承包商所进行的资格预审。这种资格预审不仅帮助市场将不合格的承包商排除于竞争之外，同时也使承包商获益匪浅。这是因为担保公司所掌握的一套承保评判原则正是一个建筑企业健康发展所必备的条件。担保公司通过这些评判原则将建筑企业管理的一般成功经验系统地和强制性地灌输给了"有担保的承包商"。不接受这些原则的承包商只能在有担保要求的项目外徘徊。

　　担保公司还为承包商扩展市场提供了极大的便利。在美国的担保公司之间存在着激烈的竞争，担保公司为了维护与素质优良的客户——也就是好的承包商的长期合作关系，一般不会对担保申请轻易拒绝，而是去尽量满足客户发展的需求。然而，担保公司又必须采取措施控制承包商履约失败的概率。对于承包商欲向新领域扩张的计划，担保公司往往必须进行非常慎重的研究，并向承包商指出风险之所在，甚至提出对风险应对措施的建议。只有在承包商的承包计划对担保公司所顾虑的所有问题都有所安排之后，担保公司才可放心地开出保函。尽管担保公司的这一风险决策必须非常慎重，但迫于竞争压力，它又必须保持对担保申请的快速反应能力，否则贻误了承包商的商机往往会导致客户的流失。担保公司为了保持竞争优势，总是努力在对承包商的成功经营提供强有力的支持方面下功夫。他们不仅仅利用自己掌握的大量经验教训帮助承包商避免发展中各种可能的陷阱，甚至还积极地努力先承包商一步向可能的新领域扩展，帮助承包商探明那里的风险，为承包商未来可能的发展铺平道路。例如，尽管中国建筑市场尚未对境外的承包商完全开放，但美国丘博保险集团（Chubb）早已于 1993 年就开始了对进入中国市场的准备工作，掌握了关于中国市场风险的大量信息。担保公司的这些努力实际上为提高美国建筑业企业的国际竞争力做出了极大的贡献。

由于实行了强制性的政府工程担保制度，承包商必须与担保公司维持一种长期的关系，所以承包商的自律普遍得到了加强，承包商违约的发生通常都是因为承包商经营失败，无法继续履约。承包商履约失败与宏观经济的周期具有极强的相关性。市场经济具有周期性是一种客观规律。在经济衰退期，市场中新的投资减少，承包商之间的竞争加剧，不得不以很低的利润承接项目，任何风险的发生都可能使项目的盈利减为负值，或导致承包商破产。如果没有担保公司，一家承包商破产就可能导致链式反应，因为投资人可能因项目不能如期竣工而面临巨额的违约赔偿责任，分包商和材料供应商也可能因不能按期得到工程款的支付而资金周转困难，从而导致在其他项目上违约。而且，在经济衰退期，往往会出现的是大批的承包商破产。担保公司的赔付不仅避免了上述链式反应的发生，而且担保公司以其雄厚的财力还起到了市场周期减振器的作用。正因为这样，美国的担保业表现出了很强的周期性。它们在建筑业景气的年份往往会有持续的盈利，因为赔付极少发生；而在赔付集中发生的年份，则会随之出现大面积亏损，大有把历年的盈利都赔出来的势头。如在美国的 20 世纪 80 年代中期，担保业曾经连年出现亏损，其间一家主要的担保公司——旅行者保险集团宣布放弃其担保业务[115: pp323-341]。如今，距笔者上一轮对美国担保市场的系统考察又过去了 11 年，而当时美国工程担保市场上的三巨头中，如今也仅剩下了一家。其余的两家或因经营不善而退出市场，或在经营困难中被其他保险集团兼并。可见，专门的保证担保业实际上起到的是宏观经济的风险蓄水池的作用，在宏观经济形势好的年份通过收取保费为不景气的年份向市场放水做好准备。

由于高保额保函提供了对承包商的资格预审功能,美国的公共项目招投标过程中业主无需自行进行承包商资格预审,通常实行完全的公开招投标制度;在评标过程中,也采用最低评标价中标的评标办法。这就不仅给市场提供了公平的竞争机会,也使招投标工作极大地简化,增强了招投标的透明度,极大减少了公共项目的投资代表人乘机以权谋私的机会。同时,在市场竞争机制的作用下,美国的公共项目的投资得到了大量的节约。

对以美国模式为代表的高保额有条件保函模式总结如下:

1. 高保额保函模式的特征:

(1)以高保额保函覆盖一个项目的承发包合同的全部责任;

(2)以 GIA 协议为核心的对承包商进行资格预审的承保方式。

2. 这种模式除了保证担保的一般履约保障功能外,还具有以下的市场功能:

(1)为承包商的发展输送必要的管理经验,帮助承包商提高履约能力和竞争力;

(2)增强招投标工作的透明度,促进公平竞争,防止腐败;

(3)节约公共项目投资;

(4)为宏观经济周期带来的风险提供一个市场减振器和风险蓄水池。

3. 高保额保函的实施条件:

(1)对保函要求的制度化:即对保函做出强制性的要求,以此规避承包商的道德风险;

(2)保证担保市场的专业化:即对保证担保市场实行专门的金融监管,并创造条件大力促进保证担保市场的成熟;

(3)保持保证担保市场的竞争性。

对于高保额保函的实施条件中的前两点已经在本章第一节中做了论述。而保持保证担保市场的竞争性也是非常重要的一点,它对于高保额保证担保的市场功能的发挥起着举足轻重的作用,因为若专业的担保机构之间不能形成竞争机制,担保机构就很可能通过其垄断地位妨碍建筑市场的竞争,这样就不能达到节约投资的目的。

二、低保额无条件保函模式

低保额保函模式与高保额模式相比,更容易由市场自发形成。所以,在保证担保制度主要是受习惯影响所形成、而非政府强制性推行的国家和地区,都会看到低保额保函的流行。这是因为低保额保函的保费通常会比高保额保函低,这就降低了单笔保函的保费,以及承包商投保所需抵押的门槛。

然而,采用低保额保函模式并不等于业主不需要得到经济上足够的保护。所以，在低保额保函模式下，对某一项目的承包商履约责任的担保实际上是分为多个保函的，包括一般所说的5％～10％的低保额履约保函，以及预付款保函、维修保函、保留金保函等。这种低保额的履约保函通常是罚没性的，也就是说，在合同履行的全过程中，始终有5％～10％的保证金掌握在业主手上，随时可能被业主以各种理由扣下，而不是像高保额有条件保函那样，保函的赔付责任随未履行部分的减少而减少，并以实际损失为限。预付款保函则通常承担相当于全部预付款金额的赔偿责任，通常占总投资的25％，在日本更高达30％～40％。保留金在大多数承发包合同中都有所规定，通常为合同价的5％。若将上述几种保函的担保责任相叠加，会发现低保额模式的实际总保额可能并不低，一般会达到全部合同金额的40％左右。这样，低保额模式相对于高保额模式的保费优势其实并不明显，加之占用承包商银行信用额度的成本，实际上并不一定具有成本优势。但它的一个明显特征就是：将对承包商履约责任的担保化整为零，而且保函是在工程进展的不同阶段分别提交，这就极大地降低了承包商申请单笔保函时提供抵押的压力。特别是申请预付款保函时，承包商根本无需占用自己的信用额度，只需将预付款存入出具保函的银行即可。

第二章已经对低保额保函模式进行了分析，而且指出，不管市场要求的是否是有条件保函，对低保额保函的承保方式都会主要以无条件方式运作。而无条件保函的缺点也是明显的：它不仅缺乏公平性，也不能为市场提供对承包商的资格预审的功能。事实上，在实行低保额保函的国家和地区的招投标中，无论有无对投标担保的要求，业主往往都须自行对承包商进行资格预审，以有限招投标或议标方式将一些可能的投标人排除在竞争之外；若是进行完全的公开招投标，则在评标过程中就必须采取所谓综合评价的方法，而不是直接将合同授予最低标（见表3-1）。资格预审和综合评标都是缺乏透明度的环节，在公共投资项目中，这些环节就正好给了腐败以可乘之机，如果再加上社会监督机制不健全，腐败分子就更可为所欲为了。而在高保额条件下，担保公司是以自己的资产为承包商的履约能力做出担保，不对资格预审把好关就将付出巨大的代价。可见，高保额的保证担保正是保障公开招投标和最低评标价中标制度正常运行的必要条件。

总之，低保额模式除了给业主提供一些有限的经济性保障之外，缺乏高保额模式下的其他几项非常有价值的市场功能。因此，在保证担保的发源地的欧洲，甚至有人认为在承发包合同中采用履约保函并无必要[103]，而且也并非所有欧洲国家都在公共投资项目中推行强制性保证担保。

然而，在市场专业担保机构的担保容量有限、担保公司尚不成熟的客观条件下，也可考虑将低保额保函模式作为中国工程承包保证担保制度一种补充。也就是说，借鉴日本和韩国的办法，让两种模式在市场中并存一段时期，并创造条件帮助市场顺利过渡到高保额模式。

部分国家公共工程招投标的招投标制度模式对比[78]　　　　表 3-1

国家	执照	资格审查	招投标制度	中标原则	担　保
美国	联邦政府无；部分州政府有	无；但投标担保制度起到了资格预审的作用	原则上完全公开竞争，有部分议标；投标人需提交投标保函	合同授予最低标	投标保函；（联邦政府20%或最高三百万美金；州政府5%～10%）100%履约保函；100%付款担保
英国	无	资格预审制度；业主准备一个合格投标人名单，按技术实力、资金实力、过去工程记录将投标人分类	原则上为一步到位的有限范围招投标制度，业主从合格投标人名单中根据投标人意愿、资金实力、项目施工能力等选出投标人	投标人要提交报价清单，业主审查后将合同授予最低标	没有投标担保；推荐使用预付款担保、保留金担保、清偿保护担保、有条件履约担保等，但非强制性要求
法国	无	无资格预审；发包人有时会参考 OPOCB 颁发的证书	公开招投标；有限招投标或议标；最近越来越多的采用对竞争性招投标的综合评定办法	除投标价外，还综合考虑其他经济和技术条件	无投标担保；5%的履约保函（一般由银行开具）
德国	无	由业主决定是否采用资格预审办法；业主有时会准备一个合格投标人选名单；对投标人的能力在评标过程中考虑	公开招投标；有限招投标或议标；有限招投标虽然较为普遍，但近年来公开招投标已是主流	除投标价外，还综合考虑其他经济和技术条件	无投标担保；5%的履约保函（一般由银行开具），但有免除条款
日本	有	资格预审制度；业主为各项目根据项目规模、类型和其他一些商业条件准备一个合格投标人名单	原则上公开竞争；业主从合格投标人名单中选择一部分企业参与投标	由报价低于最高限价的最低报价投标人中标	或要求10%的保证金担保，或要求＞30%的义务履行性履约保函

三、替补承包商保证担保模式

在第二章中已经对这种保证担保模式做过介绍，并特别提到这是在日本的公共投资项目中已被废除，在韩国也正在被废除的一种模式。这里再将其产生的机制及被废除的原因加以分析，以便为中国的工程承包保证担保制度模式选择提供一些参考。

80

1. 替补承包商保证担保模式的核心概念

替补承包商保证担保模式起源于日本。日本和韩国的公共投资项目承发包都采用招投标和最低评标价中标的办法[78,183,182]。在业主与中标的承包商签订合同时需事先约定一位替补承包商作保证人，保证若中标人不能履行合同，则由该承包商代为履行。替补承包商一般是由参加同一项目投标但未中标的承包商担当，在日本被称为工事完工保证人，故又称为"工事完工保证人制度"。中国也有人将其称为"同业担保"。笔者认为，"同业担保"的提法是不妥的，主要是容易根据中文而产生望文生义，造成概念混淆。替补承包商保证担保的核心概念是"由竞争者提供的完工担保"[79]，它与国际上通常的母公司对子公司提供担保以及关联企业之间的相互担保有着本质的不同，而后者是属于一般保证担保的范畴，并非通常意义上所讲的工程保证担保模式中的一种，虽然业主可能会接受承包商提供这种形式的工程保证担保。在市场经济的环境下，市场机制发挥作用的关键是使企业之间保持充分竞争，所以，由竞争企业之间相互提供担保必然只能是一种例外，而不能是一种惯例，否则，市场机制必然被扭曲。

2. 替补承包商保证担保模式的社会经济与文化背景

替补承包商担保模式在日本和韩国发展起来与这两个国家的文化和经济背景有着密切的关系。日本和韩国都是单一的民族国家，并都是在政府领导的赶超型经济背景中发展起来，这种经济模式崇尚的是本民族企业之间的协作和对外的赶超；同时，建设资金短缺也是这种经济模式的一大特征。日本是亚洲最早向西方学习的国家，但它在以西方制度为蓝本进行自己的制度创新时对许多西方的经验加以了变通。在工程担保制度的设计中，建设资金短缺的现实使得降低工程担保成本成了一个非常重要的考虑。为了降低担保成本，日本以有限招投标代替了完全公开的招投标，以业主自行的资格预审取代了投标保函；用替补承包商的担保取代了银行或担保公司的履约担保，目的是使业主既得到第三方担保的好处又避免支出保费[78,79,183]。从表面上看，这种目的似乎是达成了，但后来的事实证明这种一厢情愿的做法并没有真正使成本降低，而只是使成本以另外的方式发生罢了。

3. 替补承包商保证担保模式的弊端

在20世纪90年代，日韩两国都发现了这种担保模式的不少弊端，并都对此进行了不少改革。替补承包商担保模式的弊端主要表现在以下几个方面。

第一，从承包商的角度看，替补承包商承担了很大的风险，而没有相应的权益保障。所以，这种担保制度缺乏其内在的经济合理性。

替补承包商不是专业的风险运营机构，它只对某一项目的某一承包商提供担保，即使收取保费，与所承担的风险相比其实也是毫无意义的，所以一般也不收取保费。当中标人履约失败后，它必须以中标人的原合同条件继续履约。由于合同价往往是最低标的中标价，正常情况下替补承包商的履约成本都会高于中标人，因代为履行合同而发生的损失虽然从法律上讲可以通过对原中标人的代位追偿权追回，但现实中往往原中标人在履约失败之后的清偿能力极为有限，所以替补承包商因代为履约而发生亏损的概率是很高的[181]。日本建筑业企业破产率明显高于全社会企业破产率就很可能与其担保制度有关，如在 1994 年日本建筑业企业破产率为 0.68%，而全社会企业破产率为 0.58%[183]，1984~1997 年各年负债总额 1000 万日元以上的建筑业破产企业数和占全部破产企业数的比率高达 20%~30%；而韩国关于工程担保问题的研究报告中则明确谈到了由于替补承包商制度而引发了建筑业企业的连锁破产的情况[181]。

在这种风险和权益悬殊的情况下，可以设想以下现象的发生：首先，建筑业企业之间可能进行私下的大规模联合，以对不参加联合的公司不提供担保的手段排斥竞争；然后，利用有限招投标的机会内定中标人，通过整体提高报价水平来提高企业的利润水平，从而提高抗风险能力。由于缺乏竞争而使业主多支出的投资成本往往会远远高于在担保上节省下来的保费。缺乏竞争的另一危害是妨碍了日本建筑业企业整体竞争力的提高。据研究，美国的建筑业生产率比日本高出 35%，而美国一直是世界上建筑业生产率最高的国家之一[297]，这与美国先进的工程保证担保制度是有着密切关系的。

日本土木及房屋建设项目的发包定级标准[78]　　　　表 3-2

合同价（100 万日元）	级　别	合同价（100 万日元）	级　　别
>500	A	17~50	D
200~500	B		
50~200	C	<17	E

日本的承发包制度中一些特别的规定从侧面证实了上述现象的存在：比如，对项目实行严格的分级发包制，规定根据项目的投资额，特定级别的项目只能授予特定级别的承包商（表 3-2），其重要目的之一是为了给中小承包商留出一定的生存空间，使他们有得到合同的机会。我国对建筑企业分级的宗旨主要是为了避免承包商越级承包自己力所不能及的项目，而在日本这一制度的目的似乎很大程度上是为了防止大的承包商向下越级承包[78]。如果没有这种严格的分级制度，不知道还能不能看见日本的中小承包商。

日本在政府投资项目的承发包中的一些制度缺陷在 20 世纪 80 年代一度空前暴露，许多涉及众多政府官员丑闻的贪污大案被曝光引发了此后不断的政府频繁更替。日本从 1993 年开始研究对公共项目招投标制度的改革，其中，对担保模式的反思成为了重要一环[183]。

除了妨碍竞争外，这种担保模式本身也并不经济。业主要求安排另一建筑企业作保证人的目的，是希望保证人具有履行实际施工义务的能力，以便在必要时很快接手工程。日本的《建筑法》中并没有要求替补承包商必须是参与项目投标的其他承包商[402]，但在实践中，请曾参加项目投标的企业作担保人是最为经济的安排，因为他们通过参加投标对项目的许多具体情况已经有所了解，最具有条件以最快速度来接手项目继续施工。但即便这样，这种担保模式依然是不经济的，因为对于建筑企业来讲，最为经济的做法是根据自己的实际生产能力有计划地参与投标，通过合理的生产计划尽量用足自己的生产能力。而对于替补承包商来说，它很难对所担保的项目在什么时间需要投入自己多少生产能力做出恰当的安排，若特地为此保留一定的生产能力，而中标人没有出现履约失败，显然就有些浪费；但若不将其纳入计划，又可能会面临突然需要代为履约却安排不出足够的人力物力的尴尬局面。此外，本来保证人与被担保人之间要求建立起相互信任和密切合作的关系，但承包商与替补承包商之间又客观上存在着竞争关系，互相之间有着许多商业秘密，使得这种信任和合作自然大打折扣。这也是这种担保方式缺乏经济性的另一个原因。

第二，从业主的角度看，替补承包商的担保并不能给业主以足够的经济上的保护。

日本和韩国的业内人士都强调他们的这种履约担保模式是一种对施工义务履行的担保措施，而不是经济赔偿性的担保措施[78,182]。然而，一个建设项目的承发包合同还包含了许多经济责任，仅仅有施工能力的担保并不足够，只有保证人对这些经济责任具有足够的清偿能力，他的担保才能给业主提供足够的保护。

事实上，日本和韩国的业主也已经认识到了这一点，所以，即使是在废除此担保模式之前，替补承包商的保证担保也并不是日韩的工程承包保证担保制度的全部。在日本，有30％～40％的预付款担保；在韩国，承包商在有替补承包商作保之外还必须同时提交给业主相当于合同金额10％的履约保证金保函，以保证承包商履约失败后对业主尚有足够的经济上的赔偿。在日本，新的履约担保制度的重心则已经从对实际施工能力的要求转变为对履约保证金的要求。因为很显然，只要有足够的经济上的安全保障，就有条件购买到所需的施工能力。

4. 日本和韩国对公共投资项目的工程承包担保模式的改革

1995年6月，日本大藏省修改了《预算结算的会计法令》，从1996年起，各地方自治团体也逐步采用了类似原则，其核心是要求公共工程的承包商必须支付合同保证金，可以是现金、国债及其他有价证券，或者购买履约保证保险、履约保函等。1995年11月以后，日本建设省在土木工程2亿日元、建筑工程1亿日元以上的项目中废除了替补承包商担保制度；1996年4月起，又进一步对所有的工程都实施了新的履约担保制度。地方自治团体也从1996年起逐步废除了替补承包商担保制度[180]。但替补承包商担保作为一种传统的担保模式并没有完全消失，原因是一方面该会计法令还留了一个口子，即在合同负责长官认为支付合同保证金并无必要时，可以规定合同保证金免付，替补承包商担保则作为一种习惯方式填补进了这一空缺；另一方面，日本建设部以及各地方自治团体的改革所涉及的仅仅是公共投资项目，对于私人投资项目则是本着合同自由的原则，由业主自行决定[79,180,106,183]。但履约担保显然给予了业主更为完善的保护，随着替补承包商担保这一传统模式在公共投资

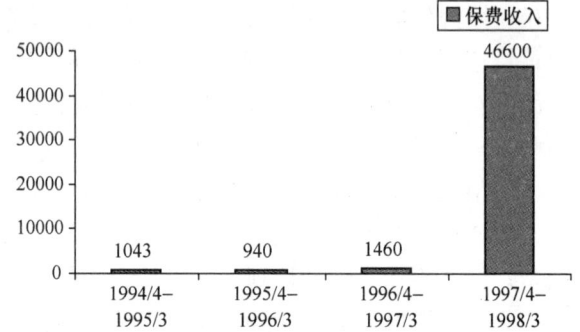

图 3-1　日本在公共项目承发包中废除替补承包商担保制度前后担保公司年保费收入的变化（万日元）

项目中的废止，履约担保市场迅速繁荣起来（图 3-1[106]）。

　　韩国建设产业研究院在 1996 年向政府提交了对韩国的工程担保制度加以改革的报告，建议废除替补承包商担保制度，引入类似于美国和日本[①]的新型履约担保制度。此后的 1997 年韩国开始了对工程担保制度的改革。在此之前，韩国的承包商必须有替补承包商作保，并同时提交相当于合同金额 10% 的保证金保函，这种保函是罚没性质的。若承包商愿意将保函金额提高到 20%，则业主可以考虑免除对替补承包商的要求。1997 年的改革则跨了一小步：不再是业主，而是承包商可以自行选择是提交 20% 的保证金保函，还是采用 10% 的保证金保函＋替补承包商，或者，提交相当于合同金额 30% 的类似于美国的履约保函[②]。然而，有趣的是，第三种选择从来就没有出现过，原因是没有保险公司从事这项业务，也没有专业的担保公司开展这项业务。但韩国政府计划于 2001 年起进一步进行了改革，要求所有采用最低价中标的公共投资项目强制实施履约保函制度。但将履约保函的担保金额提高到了 40%，而 1997 年改革方案的前两个选项继续保留。也就是说，2001 年的改革方案区别于之前的主要在以下两个方面：其一是提高了履约保函的保额，其二是增强了使用这种高保额保函的强制性。此后，高保额的履约保函逐渐成为了公共投资项目主要的担保方式。到 2011 年，韩国不少地方政府进一步废除了替补承包商担保模式。

―――――――――

　　① 指 1996 年以后日本在公共投资项目中废除了替补承包商担保的工程履约担保制度。
　　② 即有条件保函，且保函的赔偿责任是根据实际的损失发生金额进行赔偿，而不是像前面的 10% 或 20% 的保证金保函，是罚没性质的，只要承包商违约，业主就可以就全部保证金额索赔。

从日本和韩国对工程担保制度的改革方向可以看出，两国都先后放弃了自己传统的替补承包商制度，而更多地采纳了美式的保证担保模式。促成这一改革的，除了对替补承包商模式本身的弊端的认识外，还有经济全球化这一历史背景。韩国建筑产业研究院的报告中就明确地将该模式不符合国际惯例作为改革的一条很重要的理由[182,180,179]，日本也谈到加入关贸总协定对于改革日本的招投标制度和担保模式的推动[79]。而从两国改革的经验可以看出，只有政府强制性地实施履约保函制度，这种立法意图才可奏效。这是因为，从业主的眼光看，用替补承包商担保可以立竿见影地省下不少保费，在往往是业主方占优势地位的建筑市场，如果没有政府的果断措施，这种模式还是颇有市场的。而如果不通过立法将业主的这种选择强制性地去除，专业的担保市场就很难发育，这正是发生在韩国的情况。与韩国相反，在日本，履约保函业务之所以得到了保险公司和担保公司的支持，是因为没有了替补承包商担保模式的竞争，与日本政府所接受的现金和准现金方式的保证金相比，履约保函就是非常合适的一种选择了。

5. 替补承包商保证担保模式对我国的借鉴意义

从以上分析可以看出，替补承包商保证担保模式，并不是工程保证担保的一种国际惯例，它的出现有着具体的社会经济和文化背景。由于这种模式的不少弊端，目前，这种模式在其发源地已经受到了不少批评，并逐渐地在被废弃，而并非是一种正在蓬勃发展的国际主流。

但是，这并非说替补承包商保证担保模式毫无借鉴价值，特别是我国推行工程担保制度时，也碰到了建设资金短缺、金融机构担保能力有限等类似问题，所以对这种特殊的保证担保模式的研究依然具有一定的借鉴意义。但我国在考虑借鉴这一特殊的工程保证担保模式时，必须注意到这一模式的上述背景和发展趋势，注意到经济全球化的现实背景，并对国际工程保证担保的主流模式及其运行机制要有深刻的理解。

笔者认为，在我国现阶段保证担保市场容量严重不足的客观条件下，可以将替补承包商保证担保模式作为一种补充和过渡模式，以为工程承包保证担保制度的顺利推行创造条件。但同时，必须注意克服这一模式的弊端和采用这一模式对主流的保证担保市场可能的冲击。

第二节 对中国工程承包保证担保制度核心内容的探讨

一、中国工程承包保证担保的基本模式

无论是从中国建筑市场的现实需要和中国参与全球化竞争的时代背景，还是

从国际工程保证担保制度的发展趋势来看，高保额有条件保函模式都应是我国推行工程承包保证担保制度的主流模式。但推行这种模式需要有成熟的保证担保市场，需要有足够的保证担保容量，这些在我国一时都还不具备，所以，目前还为多数国家广泛采用的低保额模式和日韩一度使用过的替补承包商模式对我国同样具有一定的参考价值。低保额保函虽然有一些功能上的缺陷，但可以降低承包商投保的门槛，而替补承包商又能弥补一些承包商在施工义务履行方面的问题，若能以一定的机制纠正其弊端，也不失为一种对担保市场容量的补充。这使笔者考虑到是否可以将这些模式作为中国推行工程承包保证担保制度初期的一种补充和过渡。然而，值得注意的是：专业担保市场的发育与工程担保制度的推行之间似乎存在着一种"鸡生蛋还是蛋生鸡"的问题。这反映在日本和韩国对工程承包保证担保改革所取得的不同效果。所以我国在制度设计中必须非常谨慎，一定要尽量避免补充和过渡模式对主流模式的冲击，避免对这些模式的采纳妨碍专业保证担保市场的发育。

笔者设想，在推行中国工程承包保证担保制度的初期，可以采取以下 3 种模式并存的方式（图 3-2）。

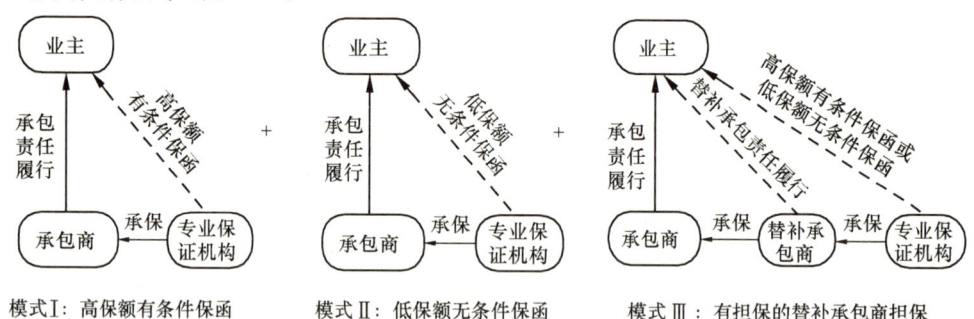

模式Ⅰ：高保额有条件保函　　　　模式Ⅱ：低保额无条件保函　　　　模式Ⅲ：有担保的替补承包商担保

图 3-2　中国工程承包保证担保的基本模式

（1）模式Ⅰ：高保额模式。此模式下的保函接受国际商会第 524 号出版物[65]的统一规范。此模式顺应国际工程保证担保发展的潮流，应为中国的工程承包保证担保制度建设的主方向。

（2）模式Ⅱ：低保额模式。此模式下的保函接受国际商会第 458 号出版物[83]的统一规范。此模式也是国际惯例的一种，便于中国工程承包保证担保制度与国际接轨。

对不同项目和不同担保模式采取不同的保额标准的办法在日本、韩国以及我国现行的世行贷款项目中都有所应用。

（3）模式Ⅲ：有担保的替补承包商担保模式。所谓有担保的替补承包商，就是有条件提交保函的建筑业企业。采用此模式时，承包商须向业主提交另一建筑业企业承诺在该承包商违约时代为履约的保证书的同时，还应提交由专业保证担保机构对该企业承保的高保额有条件保函或低保额无条件保函。

在替补承包商保证担保模式一度流行的日本和韩国，都有经验表明替补承包商的保证担保还必须与由专业保证担保机构承保的保证担保相结合，以担保承包商或替补承包商的清偿能力。只接受有担保的承包商作替补承包商是一种一箭双雕的措施，既为业主得到足够的清偿能力提供了保证，又可避免这种模式对专业的保证担保市场需求的分流，从而促进专业担保市场的发育。

可以看出：模式Ⅰ和模式Ⅱ是中国工程承包保证担保市场的主模式，二者都可方便地与现行的国际工程保证担保制度接轨。而模式Ⅲ是从属于主模式的一种补充模式。

笔者将模式Ⅲ设计为一种对目前担保市场容量的补充和将保证担保制度顺利导入建筑市场的过渡性工具。

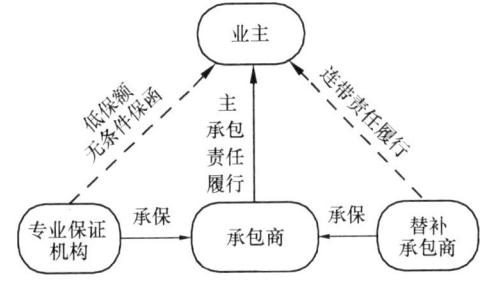

图 3-3 韩国的替补承包商保证担保模式

它与韩国目前尚在使用的替补承包商担保模式有所不同（图 3-3）。对它的作用机制分析如下。

如果我国实行强制性保证担保制度，所有的承包商为取得参与竞争的资格，都不得不向专业的担保机构投保，而这些机构一时还缺乏足够的风险评判经验，也缺乏对承包商的资料积累，很明显，只有那些历来声誉卓著的大型承包商可以很容易地得到担保，而中小承包商将会被排除在以签订 GIA 协议方式获得担保的大门之外；其次，有一定资产或资金周转富余的承包商可以考虑以存入保证金或办理抵押的方式来获取担保，采用低保额无条件保函模式可以降低这一部分承包商投保的门槛；最后，那些既无法得到 GIA 协议，又无力办理抵押或质押的中小承包商，可能它们被拒在担保市场大门之外的原因仅仅是因为我国的专业担保机构还没有成熟，这时，如果他们能成功地游说有能力获得担保的大型承包商企业为自己承保，这些大企业的保证机构就会有机会很快积累起这些企业的信息，对其履约能力进行深入了解，而大型建筑业企业的承保也会增强专业保证机构对这些中小企业的信心。这一切就使这些中小企业得到承保的机会大大增加。由有能力获得担保的建筑业企业作替补承包商，是中小承包商获得担保的理想桥梁。

对于这种担保模式能否运行的另一个担心是，承包商之间的竞争是否会使它们拒绝承保其他同行？这种情况显然会存在，但由于存在其他两种担保模式，这种拒绝的后果不会严重到完全排斥竞争的程度。另外，若两个企业不是一个数量级，对于大型承包商而言，自己的担保额度有富余，而承保中小承包商又可赚取保费，且承保对象又很难在一时半会儿成长为自己的竞争对手，凭借自己丰富的管理经验，它们在承保风险评判上又无需支出大量的成本，他们还是会乐于开展这项工作的。这和目前建筑市场中出卖执照的情况是大不相同的，因为它们是名正言顺地承担起了连带履约的责任，且还有保函在业主手中，若到时候拒绝履行自己的担保责任，就会引起业主的索赔，最终损失的是自己。

可见，模式Ⅲ既可以帮助一些中小承包商降低投保的门槛，又可避免替补承包商担保对专业的担保市场构成对需求分流的竞争关系，同时又可帮助专业承保机构积累客户资料，逐步扩展市场。所以这是一种较为理想的过渡模式。

二、中国工程承包保证担保制度的担保品种

在本书第二章第二节中对国际工程保证担保中对承包商责任履行类的担保品种作过一些介绍，而本章第一节中对高保额模式和低保额模式下担保品种的设置的不同特点也进行了分析。为了对工程承包类保证担保的担保品种有一个更加准确的把握，现将这些担保品种按照责任的不同指向和不同时段做一个总结，见表3-3。

工程承包类保证担保品种一览　　　　　　　　　　　　　表 3-3

工程承包责任		担保品种	
		高保额保函模式	低保额保函模式
投标期间		投标担保	（投标担保）
合同责任履行期间	对业主方的责任	履约担保 （维修担保①）	履约担保 （差额担保②） 预付款担保 保留金担保 （维修担保）
	对分包商和材料供应商的责任	付款担保	（预付款担保） （英：清偿保护担保）

① 维修担保通常被履约担保或保留金担保的责任范围所覆盖，只有当对维修期限的要求超过通常的缺陷责任期，也就是履约担保的担保期限时，才需使用。

② 差额担保是在实行最低评标价中标的招投标制度时，为防止承包商以不合理低价中标，对于中标价低于一定标准的情况，要求承包商提交差额担保，以便在承包商履约失败时使业主有所保护。韩国一度在公共项目中对此有强制性要求，但现已取消此种担保；意大利在公共项目承发包中是通过对低于标底20％的合同增加履约担保保额的方式来体现对差额担保的要求。

从表3-3可以看出，担保品种的设置在高保额模式和低保额模式下是有所区别的，但区别主要是集中于合同履行期间，其实质是把一份高保额的履约保函分解为多份低保额保函。下面对中国工程承包保证担保制度中担保品种的设置进行讨论。

1. 投标担保

设定投标担保的主要目的是：保护业主不因中标人不签约而蒙受经济损失。中标人不签约时，业主方的损失体现在：业主方不能以最低的价格签约，所以，标准的投标担保的赔付金额通常为中标价与最后签约的承包商的投标价之间的差价，但以担保金额为限[19]，此为赔付方式一。但由于投标担保的金额通常不高，国际上也流行一种罚没性的投标担保，即在中标人不签约时须赔付投标担保保函上的全部担保金额，此为赔付方式二。通常，方式二的担保金额设定会低于方式一。

在建设工程项目招投标期间，招标方要求投标方提交投标担保是一种国际惯例。然而，也有不少国家的公共项目招投标中并不使用投标担保，但不使用投标担保往往发生在实行低保额模式的情况。有人认为，投标保函能起到资格预审的作用，其实不然。正如在本章第一节中所分析的那样，在低保额条件下，单靠投标担保并不能成为合理最低评评价中标的保障。其实，在高保额和低保额模式下投标担保的功能是有差别的，现分析如下：

（1）在高保额模式下，设定投标担保的一大功能是对可能的履约担保的保证人起到预先的信息传递的作用。在高保额模式下，保证人承保了投标担保并非是对承保履约担保的一种承诺，但若保证人认为承包商不适宜参加某一项目的投标时，通常会拒绝签发投标保函。在以 GIA 协议为核心的承保方式中，承包商通常会获得一定的担保额度，在此额度内的投标，保证人一般不必再仔细审核；但若无投标担保，保证人就可能会完全失去承包商的投标动向。若待承包商中标后，保证人才发现承包商并不适宜承接此项目，则承包商和业主都会因此蒙受损失。另外，若承包商用不同的保证人分别承保投标保函和履约保函，就会增加保费支出（否则投标保函是免费的[51,49,114]）。所以，在高保额模式下，投标担保可以对投标人起到一定的甄选作用，对于担保机构控制风险也是有必要的。

（2）在低保额模式下，设定投标担保的主要功能是抬高了承包商参与竞争的门槛。虽然低保额保函在资格预审方面的作用十分有限，但抬高参与竞争的门槛毕竟有助于减少过度竞争，而承包商对于自己的投标行为也会更加慎重，所以，投标担保对于低保额模式的缺陷倒是一个补救。

由于投标担保在不同的担保模式下具有不同的功能，而高保额模式又具有投保成本方面的优势，且提高保额标准又对低保额模式的缺陷有所补救。所以，笔者赞成对投标担保的保额采用较高标准。但同时，对保函的赔付方式应严格采用方式一。

目前，在国际上常见的投标担保的保额为 2%～5%，而美国联邦政府对投标保函的要求则高达20%，但以300万美元为上限。参照国际惯例，我国的投标担保可以定为 5%，但可设定担保金额的上限，如 1000 万元人民币。

2. 履约担保

在合同责任履行期间，高保额模式和低保额模式下的担保品种设置的差异，主要体现在履约担保上，可谓各成体系。低保额下存在多担保品种的一个明显的原因就是：单凭一份低保额的履约担保不能给业主以足够的经济保护。而在同一项目中同时采用多品种的低保额保函实质上就是将一份高保额保函化整为零，其意图是为了降低承包商投保的门槛和便于担保机构控制风险。前面已经分析过，这种化整为零的结果同时也意味着一些担保功能的损失，所以笔者建议将高保额模式作为我国工程承包保证担保制度的目标模式。但在相当长的一段时间内，我国都还面临着培育担保市场的任务，在专业的担保机构不成熟、市场担保容量有限的条件下，强行引入高保额保函模式，反而会对我国的担保市场的健康发展造成损害。所以，笔者对中国工程保证担保制度的设计是采用三种模式并存的基本制度模式，其中，又以高保额模式和低保额模式为主模式。可以预见，这两种模式将在相当长的一段时间内并存。下面分别从两种基本模式入手，探讨中国工程承包保证担保制度的担保品种的设置。

高保额的履约担保以美国模式最为成熟。美国推行强制性工程保证担保制度以来，一直采用的是 100% 的履约担保。从密勒法案实施以来，对履约担保的多次修正都只集中在要求强制性担保的项目的最低投资额上，从最初的 7000 美金，提高到 25000 美金，以及到后来的 100000 美金[51,32,52,83]。这些修正都是为了与通货膨胀的情况相适应。担保制度的稳定性从一个侧面反映出了这种担保模式的成功。

在同样实行高保额模式的加拿大，履约担保的保额是 50%，但分年度提交[297,31]。而美国的履约担保的标准期限为两年（超过两年的项目将根据担保期限的延长而增收一定的保费[114,116]）。一般而言，大量的项目工期会超过一年，但多在两年内结束，若采用加拿大的履约担保，则两个 50% 之和等于 100%，保费也相加，两者相比差别其实并不大。但将保额从 100% 分解为两个 50%，担保期限为之缩短，却对降低担保机构的承保风险有很大的好处。

根据对中国工程承包保证担保制度的模式设计，中国的保证担保市场将存在高保额与低保额模式并存的情况，所以对于高保额模式的保额要求的设定，还应考虑到两种模式的竞争。这与日本和韩国目前的工程保证担保制度相似。在日本，在 10% 的保证金担保（相当于无条件担保）和 30% 以上的竣工义务履行性担保（相当于美式的有条件履约担保）这两种担保模式之间作何选择是由公共项目的业主根据项目的具体需要来决定；在韩国，在 20% 的罚没性的经济赔偿担保和 30% 的履约担保（相当于美式的履约担保）之间的选择是由承包商自行决定，但韩国的承包商还有一个选择：同时提交 10% 的罚没性的经济赔偿担保和替补承包商担保。罚没性的经济赔偿担保在实质上应被视为一种有条件担保，因为赔偿责任是基于承包商违约而产生的，但它不是以业主的实际经济损失为赔付额的依据。也就是说，韩国政府同时接受 3 种保额不同的有条件保函。一个令人深思的现象是，在韩国承包商的这三种选择中，由于保险公司不提供相应的履约担保产品，而使 30% 的履约担保这一选择形同虚设。显然，保险公司对于提高保函的赔付责任并不感兴趣。目前，韩国在公共项目中推行强制性履约担保的政策正在酝酿中，同时也在敦促保险公司为此做好准备。

中国也出现了类似的情况，在中国的世界银行投资项目同时接受 10% 的银行保函和 30% 的保险公司的履约担保书[258]，但却没有保险公司承保，使承包商事实上无此选择。据笔者对世界银行的保函文本的研究，发现世界银行所接受的银行保函应分为两种类型，一种是无条件保函类型，一种是基于违约，但类似于韩国的罚没性的经济赔偿保函。保险公司的担保书则是标准的美式履约保函。显然，如果银行有无条件和有条件保函两种选择，而保险公司只有有条件保函这一种选择，还需承担比银行高 3 倍的赔付责任，这样的规定明显对保险公司带有一定的歧视性。保险公司的担保书既缺乏竞争力，对建设项目的履约风险又不熟悉，放弃这一业务也就在所难免了。

笔者认为，在中国的工程承包保证担保制度中，结合目前国际市场的实践，可以先暂时设定 10% 和 30% 两种保额，但应改变目前以承保机构性质划分保函标准的做法，而应以保函的无条件或有条件性质来确定所适用的保额标准。10% 的保额只是用于无条件保函，而 30% 的保额则适用于有条件保函。10% 的无条件保函接受国际商会 458 号出版物的规范，而 30% 的有条件保函则以国际商会 524 号出版物的规范为标准。这样，银行和保险公司都可选择适合于自己的承保方式。在我国专业保证担保机构尚不成熟的情况下，以无条件方式承保可以给他们以熟悉建筑业履约风险和积累承保风险的机会，再在市场竞争的促动下自行过渡到高保额模式的承保方式。

如何断定市场机制的选择方向会指向高保额承保方式呢？如图 2-15 所示，投保成本将是促使市场对承保方式做出选择的关键因素。其实，无条件保函和有条件保函的承保方式并不是截然划分为全额抵押或完全不设定抵押两种，但这正是这两种承保方式可能的两个极端。为分析方便起见，下面仅对这两种极端的承保方式进行比较，假设无条件保函的承保条件就是严格设定全额反担保，而有条件保函则完全不使用占用银行信用的严格反担保措施。设无条件保函的承保成本为 C_1，有条件保函的承保成本为 C_2，假定市场中的决策者是理性的，对保函类型也没有特别的偏好，则市场选择有条件保函的承保方式的条件为：

$$C_1 \geqslant C_2 \tag{3-1}$$

对 C_1、C_2 分别作进一步的分析，有：

$$\begin{cases} C_1 = P \cdot S_1 \cdot R_1 + \lambda \cdot I \cdot \dfrac{P \cdot S_1}{\omega} \\ C_2 = P \cdot S_2 \cdot R_2 \end{cases} \tag{3-2}$$

式中，P——承发包合同金额；

S——法定保额标准；

R——担保机构的费率；

I——承包商的利润率；

ω——承包商的单位产值所需流动资金，即 $\omega = \dfrac{流动资金(W)}{产值(Y)}$；

λ——承包商的产值关于流动资金的弹性，关于 λ 有如下定义：

定义一：
$$\lambda = \frac{\dfrac{dY}{Y}}{\dfrac{dW}{W}} \tag{3-3}$$

这是经济学中对弹性的精确定义，在式（3-3）中，产值随流动资金的变化而连续变化。然而求产值的连续变化不仅繁琐，而且实际应用价值也不大。而在实际应用中往往更需要了解的是在流动资金变化的一定区间，产值的总体变化趋势，所以又有：

定义二：
$$\lambda = \frac{\dfrac{\Delta Y}{Y}}{\dfrac{\Delta W}{W}} \tag{3-4}$$

这是经济学中所常用的弧弹性，在本处的推导中所应用的正是这一定义。

$\lambda \cdot I \cdot \dfrac{P \cdot S_1}{\omega}$ 即式 2-2 中承包商的银行信用额度被占用的成本 B_1，其推导过程是：

$$\lambda = \frac{\dfrac{\Delta Y}{Y}}{\dfrac{\Delta W}{W}} = \frac{\Delta Y}{\Delta W} \cdot \frac{W}{Y} = \frac{\dfrac{B_1}{I}}{P \cdot S_1} \cdot \omega, \quad \therefore B_1 = \lambda \cdot I \cdot \frac{P \cdot S_1}{\omega}$$

$$\because C_1 \geqslant C_2, \quad \therefore \quad P \cdot S_1 \cdot R_1 + \lambda \cdot I \cdot \frac{P \cdot S_1}{\omega} \geqslant P \cdot S_2 \cdot R_2$$

解上式，得：$S_1 \cdot \left(R_1 + \dfrac{\lambda \cdot I}{\omega} \right) \geqslant S_2 \cdot R_2$

$$\therefore \quad \frac{S_1}{S_2} \geqslant \frac{R_2}{\left(R_1 + \dfrac{\lambda \cdot I}{\omega} \right)} \tag{3-5}$$

根据上式可求出保持有条件模式的竞争力的合理保额范围。例如，经笔者调查，目前中国的银行保函的费率通常按年度收取，为保函金额的 $0.1\%\sim0.2\%$；而美国的担保业的平均费率不到工程造价的 1%。目前笔者对中国建筑业企业的单位产值所需流动资金尚无调查，但美国建筑业的经验数字为 10%[10]。令 $R_1=0.1\%$，$R_2=1\%$，$\omega=10\%$，现假设 $I=2\%$，$\lambda=0.2$。将以上数据代入式 3-3 可以求出，市场选择有条件保函的条件是 $S_2<4S_1$，也就是说，如果无条件保函的保额为 10%，只要有条件保函的保额不超过 40%，承包商就宁愿采用有条件保函。

从式（3-5）还可看出，承包商对投保方式的选择与有条件保函的费率标准 R_2 呈负相关，而与承包商的利润率 I 以及承包商产值关于流动资金的弹性 λ 呈正相关。在建筑市场已处于充分竞争的环境下，利润率 I 虽然因承包商的不同而有所差别，但从整个市场来看可以将其视为一个常数。有条件保函的费率 R_2 是担保机构根据自己的承保成本来确定的，估计在中国推行工程承包保证担保制度之初，这一成本会相当高，但当担保机构逐渐成熟，这一成本就会下降，比较理想的状态是下降到美国目前的费率水平。而 λ 反映的是假设在承包商现有的其他资源状况不变的情况下，仅仅再增加一定量的流动资金会给承包商的产值带来多大的影响。承包商的资源状况包括管理能力、技术水平和装备劳动力及其他各生产要素的资源配置情况。这一数值可以通过实际调查来掌握。目前，我国承包商的 λ 值估计不会很高，一方面这是因为我国的建筑业主要是劳动密集型，对资本的依存度不高；另外，在社会信用体系不健全的现实环境下，三角债问题严重，对债务的清偿能力并没有被作为一个很严肃的问题加以对待，现在社会上工程款层层拖欠的情况非常普遍，但承包商因此破产的情况却极少发生。可以预计，λ 的值在推行履约担保的初期会较低，但随着国家对三角债的清理的力度加大，特别是随着保证担保制度中业主责任保证担保和承包商的付款担保的推行，使工程款拖欠的债务负担层层转嫁的路被堵死，流动资金对于产值增加的作用就会越来越大；同时，中国建筑业的现代化和生产率也会逐渐提高，对资本的依存度会逐渐增高。所以，λ 的值从长远来看会出现逐步升高的趋势。可见，R 和 λ 这两项的值都会向有利于有条件保函的应用的方向变化。

根据式（3-5）可以求出两种担保模式保额之间的比例关系。随着市场对高保额模式的操作逐渐成熟，市场信用的逐步增强，这一比例会逐渐增大，也就是说，市场会自发地向高保额模式演化。另外，还可以通过实践对 30% 的保额的保护是否足够加以验证，如若不足，可以在适当的时候对保额标准做进一步的调整。

需要进一步指出的是，上述对市场演化过程的预测是建立在担保市场充分竞争的前提下的。如果这一前提不存在，则担保机构就没有足够的动力去适应承包商对降低投保成本的需求，也就不会努力去学习高保额模式下的承保风险的评判方法，中国工程担保市场就很难出现理想的演化结果。所以，中国的工程担保市场一定要注意保持足够的竞争。

3. 付款担保

付款担保是在合同责任履行期间设置的一种高保额担保品种。这是由美国首创的一种特殊的担保品种。设定付款担保的目的是为分包商和材料供应商提供保障，它在公共投资项目领域是一种法定担保，但在私人项目中也有所应用。付款担保的设定与美国法律中的建设者的留置权（Mechanic's Lien）有着极深的关系。对建设者的留置权的定义引述如下。

Mechanic's lien：Charges on real property in favor of parties supplying labor, materials or professional services for a construction project, for value of labor, materials or professional services they supply; the lien prevents owner from obtaining clear title until the claim is settled. The right to file a lien is common in the U. S. A. and Canada, except as prohibited, as may be the case on public works. [20]

Most states have what are known as mechanic's lien laws, which give un-paid suppliers of labor and materials a statutory right to file liens against the owner's real estate for the value of their labor or materials. [173]

可见，建设者的留置权是一种法定权利，它规定承包商、分包商、材料供应商以至普通工人，只要他对建设工程投入了合同要求的劳动或提供了材料设备，而未得到合同要求的付款，就可对承建的建筑物行使留置权，通过对在建工程的拍卖，所得款项优先支付所欠工程款和材料款[53,154]。这一权利使业主对物业的所有权和自由处分权受到了妨碍[7]。所以，业主往往会在向总包支付工程款时，要求总包提交使业主免于留置权诉讼的保函（mechanic's lien bonds[49]）。但留置权不适用于公共项目，所以付款担保作为留置权的一种替代物，在公共项目中的应用是强制性的[51,87,145]。

曾经一度，履约担保和付款担保可以是一份保函，但很快发现这种做法的弊端是：在公共项目的业主对保函索赔后，可能保函金额所剩无几，同时，若政府业主与总包之间陷入法律纠纷，保函还往往会限制分包商和材料供应商在政府得到赔付之前就保函索赔，所以这种二合一的保函不足以给分包商和材料供应商提供足够的保护，于是履约担保和付款担保就分离成为两份独立的保函[15,87]。

在美国，对公共项目强制性的工程承包保证担保制度是从1893年的"赫德法案"开始的，1935年通过的"密勒法案"则奠定了美国工程保证担保制度的现代模式。这一模式的基本框架就是："投标担保＋履约担保＋付款担保"。从密勒法案实施以来，对付款担保的规定作过一些修订，修订条款主要集中在对保额的提高。在 1999 年 8 月之前，这一担保品种的保额是 40%～50%，并以 250 万美元为限，现在则保额高达 100%，并取消了对付款担保最高限额的规定，而且，强制性付款担保项目投资额的起点依然维持在 25000 美金，而不是与履约担保同步提高到 100000 美金[51,52]。另外，在美国的州政府一级的公共项目中推行 100% 的付款担保已有很长的历史了。可见，付款担保在美国经历了一个从无到有的重要性不断提升的过程，而且似乎已超越了履约担保。

付款担保之所以受到越来越多的重视，是因为它对于弥补国际惯例的工程建设的总分包体系的缺陷具有重大意义。总分包体系之所以能成为国际工程建设的惯例，是因为它有助于建筑业的专业化分工的形成，从而提高建筑业的整体生产率。总分包体系的一种极端模式就是所谓的总承包管理，总包商只是一个管理公司，实际施工任务全部分包出去，相当于 100% 的分包。然而，总分包体系又是一个令业主和建筑界有识之士忧虑的一柄双刃剑。因为在总分包体系下，业主所挑选和所能控制的只是总包商，而所要求的实际施工任务的大部分都最终由分包商来完成，也就是说，最终建筑产品的质量是掌握在分包商的手中，而分包商对于业主而言实际上却往往处于失控状态。现实的情况是，分包商常常是中小企业，清偿能力极为有限，难以获得银行信用，抗风险能力差，而它们又大多只能在工作完成后才得到支付。分包给项目带来的风险常常与分包商的清偿能力相关，如因无法让材料供应商按时供货或分包商破产造成工期拖延，或因拖欠工人工资造成不满使施工质量下降等。增强分包商履约能力的一个重要手段就是帮助他们增强清偿能力。付款担保不仅能加速总包商向分包商和材料供应商的支付，而且有付款担保保护的分包商和材料供应商可以更方便地从他们的供货商那里得到商业信用，这就极大地缓解了分包商资金周转的困难，增强了分包商的履约能力。我国现行建筑法对工程承发包中的分包有着严格的限制[396]，这是不符合国际惯例的，不利于建筑业专业化分工的形成，却又是对于控制分包风险的一种无奈的选择。推行强制性的高保额付款担保正是解决这一问题的良机。

在传统的低保额模式下的担保品种中没有一种专门的担保品种对分包商和材料供应商提供保护，但履约保函、预付款保函和保留金保函等对承包商的此项义务都具有一定的敦促作用，它体现在，若业主发现分包商或材料供应商没有按时施工或供货的原因是总包没有向他们支付所需的款项，就很可能通过这些保函向总包商索赔。特别是预付款保函，它规定总包商在获得预付款后，应将款项全部用于项目施工所必要的支付，实际上也就是对分包商和材料供应商的支付。

目前，对分包商和材料供应商提供必要的保护对于业主的利益的保护作用越来越得到国际上有识之士的认可。然而，对于究竟应该在多大范围内提供这样的保护，以及提供多大程度的保护，却是一个没有定论的问题。

设定付款担保的一种新思路是结合工程进度付款，以进度款的100％而非合同造价的100％来设定付款担保的保额，并在业主支付款项时由承包商向业主提交。这种方式似乎是一种将美式高保额的付款担保化整为零的方案。但值得注意的是：这二者虽然都是为了给分包商和材料供应商提供一定的保护，但保护的程度却是不同的。以进度付款为条件的付款担保实际上是一种与预付款担保的思路相类似的担保品种，它们都隐含了这样一种主张：总包商向分包商和材料供应商付款的前提是得到了业主的付款，即"Pay if paid"。而在美国的付款担保的司法实践中，这种主张是违背美国法庭所掌握的司法原则的。在美国，当付款保函中有得到业主支付为前提的文字（"Pay when paid"）时，法庭只接受将其解释为总包商所承诺的向分包商和材料供应商付款的时间，但不是总包商是否履行付款义务的前提，理由是总分包合同是总包商和分包商两者之间的合同，总包商履行合同的义务与处于第3方的业主的行为是不相干的，同时，总包商没有理由将业主的信用风险转移给予业主没有直接关系的分包商和材料供应商[57,153]。这一司法原则的一个显著的作用就是斩断了工程款层层拖欠的债务链，总包商没有了转嫁债务负担的退路，就必须更为谨慎地在投标前对业主的支付信用做出准确的判断。美式的付款担保对于中国目前解决建筑业中工程款层层拖欠所造成的三角债问题是一个很好的启发。

在中国工程承包保证担保制度中设置付款担保这一担保品种，其重要的目的是防止工程款的层层拖欠。高保额模式的付款保函显然对于实现这一目标更为有利。在这一点上，墨西哥的做法很有借鉴意义。墨西哥虽然是受美国保证担保模式影响较大的国家，对一般履约保函的保额要求却只有10％~20％，然而他们对付款担保的保额要求却依然是100％，与其他保函的低保额取向形成鲜明对比，可见对于要求高保额的付款担保的必要性的高度认同。

然而，高保额的付款担保的实施环境都有一个重要的特点，就是业主支付的风险都是受到有效的控制的。在美国，一方面有法律严禁没有投资来源的公共投资项目上马；一方面有留置权这一法定的物权担保措施对承包商在私人项目中获得支付的权利给予了保障，所以，对承包商向分包商和材料供应商的支付责任提供担保的风险主要在于承包商的信用和自身的财务清偿能力，而这些都是专业的保证机构所熟悉的风险。

在我国，却存在着严重的业主支付信用问题，这将是推行高保额付款担保的一大难点。所以，要推行高保额的付款担保，就必须对增强业主支付信用的问题有所交代。本书将在第四章中对推行强制性业主责任保证担保制度加以探讨。笔者认为，设定业主责任保证担保，以及对我国现行担保法中对留置权不适用于不动产的规定加以修订，使承包商对所承建的项目的留置权得到明确的保护，是推行高保额的付款担保的必要前提条件。因为，若承包商享有对所承建的项目的留置权，就相当于担保机构已得到了在建工程作抵押的反担保；另一方面，业主以向政府提交业主责任保证担保的方式来解除承包商的留置权（这时承包商的担保机构实际上就相当于得到了业主的保证人的反担保），这时，只要承包商诚实可信，没有马上会破产的危险，签发高保额付款保函的担保机构就基本上没有多少风险。所以，在承保机制上，美国的专业担保机构向来不将付款担保视作一种独立的风险。一般专业保证担保机构的原则是：若为某一客户就同一项目一道签发付款担保与履约担保，则付款担保免费。由于在高保额模式下，付款担保与履约担保一同签发时不另收保费，所以付款担保保额的提高并未导致项目成本保费的增加。在美国，当保额从 40%～50% 骤增至 100% 时，保费并没有增加。此项立法之所以得到了担保行业的大力支持，是因为提高保额虽然增加了赔付风险，但发生高额赔付的概率毕竟很少；然而，提高保额却明显地增加了专业担保公司保函对以无条件模式承保的银行保函，以及其他担保替代品的竞争优势。

笔者认为，若能将上述两个条件付诸实施，在中国推行高保额的付款担保不会有很大难度。付款担保的具体保额标准可以与业主责任保函的保额标准相同。

在推行付款担保的初期，若中国的担保机构对于承保此种担保尚无把握，还可采取以下措施规避风险：要求承包商从业主那里得到的每一笔支付都进入自己可监控的账号专户，实行专款专用，直到承包商就该保函下的所有支付责任到期才能提走余额。

4. 进度付款担保

在前面讨论付款担保时，谈到了实施付款担保的两个前提条件：强制性的业主责任保证担保制度和对留置权立法的修改。若这两个条件都不具备，则业主支付风险就不能解除。但若以承包商得到业主付款为前提来设定对分包商和材料供应商得到付款的担保，则可以避开上述矛盾。进度付款担保是一种付款担保的替代品，它保证在获得业主如约支付工程款的前提下，承包商对所完成的工程不会向分包商和材料供应商等拖欠工程款，其责任以承包商从业主那里所得到的工程款总额为限。这种创新的担保品种可以将预付款担保所覆盖的责任也包括进去。前面已经讨论过这种方式相对于美式付款担保的缺陷，但这一担保品种避开了业主支付风险问题。以业主的付款额为限设定对分包商和材料供应商的担保，可以很便于担保机构的操作，因为担保机构可以要求承包商直接以业主的付款设定抵押，既避免了承保风险，又无需占用承包商的信用额度。所以，这也不失为解决工程款层层拖欠的一种折衷办法。所以，若我国在留置权立法方面的修订一时还没有落实，则笔者建议，对于没有设定业主责任保证担保的项目，可以用这种担保品种来取代付款担保的使用。进度付款担保的索赔条件应同付款担保。

5. 其他担保品种（预付款担保、保留金担保、进度款担保、维修担保等）

在美国，预付款担保、保留金担保、维修担保等在其他实行低保额模式的国家和地区较为常见的这些担保品种都被归纳为杂项担保（Miscellaneous Bonds[49,114]）。

预付款担保和保留金担保是两种在传统的低保额模式下最为常见的担保品种。这两个担保品种的一个共同特点是，业主在合同规定的支付责任到期前提前将款项支付给承包商，以帮助承包商改善流动资金状况，增强对项目的履约能力。然而，为了确保自己的权益不因提前支付承包商而遭受损失，业主在付款时会要求承包商保证，在得到这些支付后承包商会将款项用于完成工作的各种正当开支和一如既往的履行自己的义务，如购置材料、支付工人工资、支付分包商、修复已完工工程的缺陷等，否则业主有权收回这些预支款项，或自己另行代为支付后从保函中追回。这些担保义务在业主对承包商的支付责任到期后自动解除。如预付款是在进度款中逐月扣回，则预付款担保的总金额就逐月减少；而保留金的支付责任则是在缺陷责任证书颁发以后，所以，保留金保函的担保责任就在缺陷责任期满后解除。在国际商会 325 号出版物中的偿还款项担保（Re-payment Bond[63]）实际上包括了所有这一类担保。

预付款担保和保留金担保的担保责任范围都比较模糊，既有承包商对业主的合同履行责任，也有一定的承包商对第三方的支付责任，所以它们的索赔条件很难清楚地定义，而所担保的又都仅仅是货币性的赔付责任，所以这两种保函通常都只能是无条件保函。笔者认为，这些保函之所以在低保额模式下非常流行，是因为它们弥补了低保额模式下履约保函赔付金额的不足，同时，也能起到一定的付款担保的功效。目前在对中国工程保证担保制度的担保品种的设计中已经有了高保额的付款担保或进度付款担保，所以这两种保函中对第三方的支付担保功能已经被覆盖了；而在履约功能方面则有 10% 的无条件担保和 30% 的有条件担保可以由承包商选择。所以，对于选择提交 30% 保额的履约保函的承包商，只要预付款额不超出此比例，预付款担保都不再有必要，但保证人为了控制自己的风险，有权要求业主将预付款存入自己可监控的项目专用账户；对于提交 10% 的履约保函的情况，业主在支付预付款时应要求承包商提交预付款担保。保留金保函的应用也应采用同样的原则。

正如在表 3-3 中所分析的那样，维修担保（Maintenance/Warranty Bond）并不是一种很常用的基本担保品种，因为履约担保、保留金担保等已经覆盖了它的担保责任范围，除非是履约担保责任期仅仅到工程竣工就结束，或是业主对工程的某部分品质的担保期限要求超出一般履约担保的责任期限，会单独对此要求维修担保。所以对维修担保可不做任何强制性要求。业主可以根据自己的需要来确定是否需要此种担保。

三、对中国工程承包保证担保制度核心内容的总结

通过前面对中国工程承包保证担保制度的基本模式和担保品种的讨论，可以对中国工程承包保证担保制度的核心内容总结如下。

（1）中国工程承包保证担保制度将主要包括以下基本担保品种（图 3-4）：

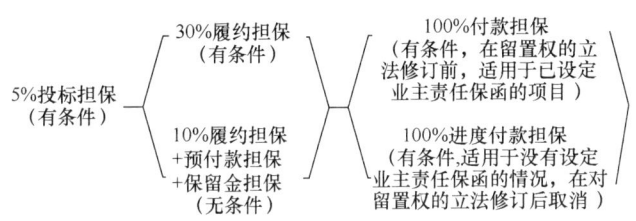

图 3-4　中国工程承包保证担保制度的担保品种

1）5％的投标担保，以中标人退出合同给发包人带来的实际损失为赔偿依据；

2）30％的有条件履约担保，或 10％的无条件履约保函加上预付款保函再加上保留金保函，具体采用哪一种模式由承包商自行选择；

3）对于已设定业主责任保证担保的项目，强制实行 100％的付款担保；对没有设定业主责任保证担保的项目，推行 100％进度付款担保。在对担保法中的留置权不适用于不动产的条款修订以后，也就是承包商的留置权得到法定保护以后，即全面推行 100％的付款担保。

（2）以上担保品种的保证人应是获准从事保证担保业务的专业金融机构，包括银行、保险公司和专业的保证担保公司，或者是具有承接承发包合同标的项目相应资质的建筑业企业。但承包商在以建筑业企业为保证人时，还需同时提交以该保证人为被担保人的相应担保品种的保函。

（3）在实行强制性工程承包保证担保制度的工程项目承发包中，本章第二

节第 1 点中讨论的三种模式都是可接受的担保模式；承包商对于具体采用哪种模式拥有自主选择权，业主不能强制指定其中某一种模式以及特定的保证担保机构。

这一点非常关键，业主本来就在承发包合同关系中处于优势地位，若由业主指定采用特定的担保模式，或只接受某特定的保证担保机构的保函，都会对中国保证担保市场的发育产生不良后果。前面已经谈到，日韩的替补承包商保证担保的最致命的问题就在于它妨碍竞争，而造成这一现象的关键因素是日韩曾经一度将替补承包商作为承包商承接项目必要的担保措施。若将此种模式的强制性特征取消，就会极大地改善它的实施效果。同样，虽然本书赞成高保额有条件的保证担保模式，但在中国保证担保市场发育的初期，市场容量极为有限，且易为个别保证担保机构所垄断，若指定采用这种模式，则保证担保市场的竞争性就会减少，担保成本就会很高，从而加重建设项目的投资负担。国际上，虽然私人业主有权自行指定保证机构，但工程界专家都不赞成这种做法[35]。英国有专门规定：若公共业主指定有担保机构，也应允许承包商推荐其他保证人，并不得无故拒绝[45]。

第三节 工程承包保证担保制度的实施范围

所谓工程承包保证担保的实施范围，也就是强制性工程承包保证担保品种的实施范围。虽然推行工程承包保证担保制度具有其必要性，市场也会存在一定的自发性需求，但没有强制性担保制度，就不能很快形成规范的保证担保市场，不利于保证担保业的发展。但推行工程承包保证担保制度究竟应以什么样的工程项目为对象，在多大范围内强制性推行呢？

一、确定工程承包保证担保制度实施范围的原则

推行工程承包保证担保制度的目的是要规范建筑市场，以及帮助市场建立一套风险规避的机制。于是，有人认为，哪里风险大就规范哪里，而在中国的建筑市场中，出问题多的都是所有制情况复杂的中小企业，如果要推行担保制度，一定要从这些中小企业抓起。而如中建集团、上海建工这样的大型国有建筑企业一贯是中国建筑业的中坚力量，如果连它们的履约能力都信不过还能信谁？要求它们提交担保似乎就没有什么必要了。

这种想法虽然表面上看似合理，但却忽视了保证担保这一经营信用风险行业的基本运行机制。保证担保和保险同属经营风险的行业。虽然很多文章都在谈论担保和保险的不同，如保险业是预期风险必然发生，并通过对风险发生的概率来

计算保费，再通过保费收入形成一定规模的风险蓄水池来对风险实际发生的情况加以赔付；而保证担保则不预期风险发生，实际赔付发生后可以通过向投保人追回损失来加以弥补，所以担保的保费只是用于弥补担保公司的办公成本，而不起风险蓄水池的作用[95,46]。然而事实上，在现代担保业的历史中风险事件却实实在在地在不断发生。担保业与保险业真正区别是：由于导致担保的风险事件发生的因素异常复杂，风险发生的概率很难计算。但担保业的成功运行依然离不开风险蓄水池这一概念，而要形成风险蓄水池则离不开对投保的强制性要求。事实上，许多保险业务也是如此，如在医疗保险中，如果没有一定范围的强制性投保要求，则会出现只有自己感到会生病的人才去投保，则保险公司的运营就很难维持；在车险中，还存在着一个投保人逆向选择的道德风险；投保后就不再小心翼翼的开车，发生车祸的概率就会增加。保险公司对付这一问题的办法是对发生车祸次数高的投保人提高保费，然而在这一措施的背后，还有强制性的保险要求在共同起作用，否则，投保人在出了几次车祸后就不再投保了，结果保险公司惩罚性的保费措施就不能起到纠正投保人逆向选择的问题。在保证担保中也是如此，如果业主只对自己不太放心的承包商要求担保，也就是说投保项目都是高风险，则担保公司的赔付概率就会大为增加。另外，如果没有强制性的担保要求，无法形成重复博弈机制，则投保的承包商就可以在欺骗担保公司一把后就消失得无影无踪，这些情况都会造成担保公司入不敷出、难以为继，要么退出市场、要么走向破产。显然这有违推行工程保证担保制度的初衷。

要帮助担保业形成风险蓄水池的机制，不仅要实行强制性的担保制度，还必须对承包商一视同仁，只要参加投标就必须按规定提交担保。如果对一些优秀企业免除担保要求，不仅使担保业难以得到素质优良的客户，而且也使企业之间处于不公平的竞争条件，因为被要求投保的承包商会比被免除投保要求的承包商多一项保费的支出，这是实行自由竞争机制的市场经济中非常忌讳的。在担保制度发达的美国，对于因担保要求而导致承包商的不平等竞争地位的情况总是非常小心地加以避免。美国各州对担保公司费率监管的一条重要原则是，不得对承包商采取歧视性的费率标准[114]。

其实，即使对优秀的承包商企业要求担保，它们的竞争优势依然存在。因为，很明显，一旦强制性的工程承包保证担保制度得以推行，它们将是最先与担保机构建立起以 GIA 协议为核心的承保关系的客户，与那些不得不提供抵押等严格反担保措施才能得到承保的承包商相比，它们的竞争优势将是非常明显的。

所以，确定中国工程承包保证担保制度的实施范围的第一条原则就是：强制性担保制度的实施范围不能以承包商为对象来划定，不能对不同的承包商实施歧视性的担保政策。

基于同样理由，确定实施范围的第二条原则是：也不能只对风险程度高的项目要求强制性担保。

以上两条原则都是为了帮助担保业形成健康的发展机制。只有使担保机构有足够的利润来源，才能使它们担负起对高风险项目的赔付责任，否则担保市场就无法实现良性循环，担保业也就无法依靠自身的力量立足于市场。

那么，强制性工程保证担保的实施范围应该如何划分呢？其实，前面讨论国际工程保证担保制度时笔者一再提到公共投资项目和私人投资项目这两个概念，以此划分强制性担保制度的实施范围正是一种国际惯例。

二、中国工程承包保证担保制度实施范围的基本框架

1. 对公共投资项目实行强制性工程承包保证担保制度

从各国的实践来看，本着合同自由的原则，一般强制性保证担保制度的实施范围都以公共投资项目为限，因为政府作为公众利益的监护人，必须采取必要措施对公共投资负责，而也只有公共投资项目中才存在业主缺位的问题。公共投资项目的业主并不是对自己的投资负责，所以只能由立法对公共投资项目采取统一的强制性制度措施，对名义上的业主的权利加以限制。

实施强制性工程承包保证担保的目的，一方面是对用纳税人的钱投资的项目采取必要的保障措施，另一方面也是以此来消除招投标中的腐败现象。我国强制性工程承包保证担保制度的推行可与招投标制度的改革配套进行，不仅对强制性工程承包保证担保范围内的项目实行严格的公开招投标，还应同时推行最低评标价中标制，这将使招投标制度的公正性和透明度得到极大的改善。

鉴于我国的实际情况，公共投资项目的范围除了政府直接投资项目外，还应包括所有国有企业及国有控股企业的投资项目。中国的国有企业向来存在着严重的所有者缺位问题，虽然现在市场化程度已经很高，但将其纳入强制性保证担保的范围无论是从工程担保市场的建设，还是从规范建筑市场的需要来看都是非常必要的。中国目前正在进行大规模的产权制度改革，国有独资企业将会越来越少，但只需以国有资产的股权就可认定强制性工程承包保证担保制度的适用范围。

此外，由于中国的银行体制是以国有商业银行为主体，事实上大量的项目投资离不开银行贷款的支持，控制好国有商业银行的资金投放和资金使用的安全，也会对中国建筑市场的规范和健康发展有着极好的推动作用。虽然理论上讲，一般企事业单位利用国有商业银行的贷款进行项目开发时，应由贷款人自行承担项目开发风险，但若项目开发失败，或投资控制不力而造成还贷困难，则易于造成银行的呆账坏账，最终是国有资产的损失。所以，即使是对于非国有经济占主体的企业的投资项目，只要在项目资金来源中，国有商业银行贷款超过一定比例，如50％，则也应纳入强制性担保范围。同理，除了商业银行外，我国还有一家直接发放政策性贷款的银行——中国国家投资开发银行，该银行的贷款项目也应纳入强制性担保的范围。

2. 在私人投资项目中，是否采用工程承包保证担保由业主自行决定。但使用无条件保函的前提是该业主已向政府提交了业主责任保证担保保函①。

私人投资项目中业主是对自己的钱负责，在法律允许的范围内拥有对自己的财产的处分权，所以在私人投资项目是否采用工程承包的保证担保措施在国际上一般都是由业主自行决定。

正如前文所述，若无对高保额保函的强制性要求，保证担保市场就很容易在低保额无条件保函下找到均衡，而无条件保函在公平性上又有所欠缺。为解决公平性问题，应规定：使用无条件保函的前提是业主已经向政府提交了业主责任保证担保。这样，无条件保函在公平性上的缺陷就得到了纠正。给使用无条件保函设定前提条件，一方面是为了给承包商以必要的法律援助；另一方面，也是为了将市场向高保额有条件方向引导。

这一规定对市场的引导作用是这样发生的：可以设想，在私人投资项目中，业主具有对担保要求的自主权，所以它可自由确定对保额高低的要求，若它感到低保额的有条件保函不能给自己足够保护，就可以通过提高保额来增强有条件保函的保护效果。这样，市场就自然会出现对高保额有条件保函的需求。

在市场经济的发达国家，市场信用机制较为完善，承包商对其风险也比较熟悉，业主不公正索赔的现象虽然存在，但并不是非常严重；同时，无条件保函在市场中大量使用，并已形成习惯，而私人投资项目又在市场中占有巨大的比重，所以对限制无条件保函的问题比较谨慎，但在公共投资项目中一般都是不提倡的。中国的现实情况是，私人投资项目所占比例较小，业主方面也尚未形成使用无条件保函的习惯，所以禁止无条件保函的使用不会对市场投资产生严重的影响，也不会有较大的阻力，而且还可防范业主以此方式变相强迫承包商垫资②；同时，中国的市场信用机制尚不健全，承包商也缺乏处理担保问题的经验，若听由市场自行发展到无条件保函泛滥，则可能会对建筑业企业造成严重的损害。

综上所述，笔者认为，在中国推行工程承包保证担保制度的起步阶段就果断

---

① 业主责任保证担保保函的一个首要功能就是保证承包商得到支付工程款，具体内容将在第4章中加以讨论。

② 据笔者的调研，以向承包商要求履约保证金这种方式变相强迫承包商垫资的情况目前在中国建筑业市场已经有所发生（中华全国律师协会民事业务委员会，1999）。

采取法律措施杜绝对无条件保函的滥用是非常必要的。

三、对设定强制性工程承包保证担保范围的最低合同金额的研究

前面已经明确，在私人投资项目中是否采用担保应由业主自行决定，所以讨论范围已经缩小到了公共投资项目。具体确定工程承包保证担保制度的实施范围要考虑以下几个问题。

1. 设定担保对项目投资成本的影响

工程保证担保虽然通常要求承包商投保，承包商将担保保费纳入工程造价并最终由业主负担是工程保证担保的国际惯例。所以设定担保必然会引起项目总投资的增加，而增加的金额则取决于担保机构的保费标准。担保公司的保费一般是与担保金额挂钩的，而担保金额又取决于保额标准和项目工程造价。担保公司制订保费标准的一个重要标准是承保成本，承保成本虽然与担保金额成正相关，但却不是一种等比例递增的关系，一般承保成本会随着担保金额的增加而增长幅度递减，而对于担保金额很小的保函，担保公司承保的成本却会保持在一定水平以上不再降低了（图3-5）。所以，对于造价低的项目，其保费在投资额中所占比重要高于造价高的项目，也就是说，设定担保对项目投资成本的影响是造价越低，影响越大。从美国担保公司的费率标准也可以看出这一规律[113]。显然，当项目的工程造价小于一定水平时，设定担保就不再经济。而从风险事件的发生对投资项目的影响来看，风险事件的发生对投资者造成的损失一般是以造价为限，所以工程造价低的项目的风险易于为投资者自己所承担，而造价高的项目则必须转移出去。可见，确定工程承包保证担保制度的实施范围应以项目的工程造价为标准，在实际执行中应以合同金额为标准，对高于这一标准的公共投资项目全面推行强制性的工程承包保证担保制度。

设担保公司的承保成本为 C，费率标准为 R，合同价为 P，保额为 S，则担保公司的保本点为：

$$C = P \cdot S \cdot R \tag{3-6}$$

又，
$$C = C_1 + C_2 + C_3 \tag{3-7}$$

其中，C_1 为风险评判成本，它与担保金额只有微弱的正相关性；

C_2 为摊入的运营成本，它可按项目保费收入占总保费收入的比例来摊入，有：

$$C_2 = \zeta \cdot \frac{P \cdot S \cdot R}{T}，\text{其中 } \zeta \text{ 为总运营成本，} T \text{ 为总保费收入} \tag{3-8}$$

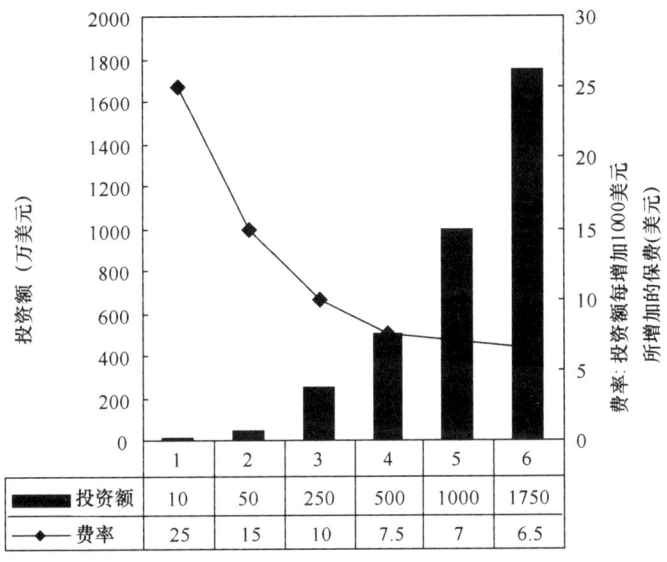

图 3-5　1987 年的 SAA[①] 费率标准

C_3 为赔付成本，它可根据赔付率的历史数据来估算，有：

$$C_3 = l \cdot P \cdot S \cdot R，其中 l 为赔付率$$

将式（3-7），式（3-8）和式（3-9）代入式（3-6），得：

$$P \cdot S \cdot R = C_1 + \zeta \cdot \frac{P \cdot S \cdot R}{T} + l \cdot P \cdot S \cdot R$$

$$P = \frac{C_1}{S \cdot R \left(1 - l - \dfrac{\zeta}{T}\right)}$$

$$\therefore \qquad \frac{P}{C_1} \cong \frac{1}{S \cdot R (1-l)} \qquad\qquad (3\text{-}9)$$

因 $\dfrac{\zeta}{T}$ 的值很小，以下忽略。

以保额为 30% 的履约担保为例，美国担保业历年的平均赔付率多集中在 40% 左右。现欲估算值得投保的项目的最低投资额，故设想担保费率取高值，令

---

　　①　SAA 为美国担保协会，现已更名为 SFAA（Surety & Fidelity Association of Americ），即：美国保证与忠诚担保协会。

$R=2\%$。将上述数据代入，可算出，只有当合同价超出担保公司最低承保风险评判成本近 280 倍时，项目投保才具有经济性。

2. 担保市场容量对强制性担保制度实施范围的制约

在建筑市场推行强制性的工程保证担保制度需要有足够的担保市场容量的支持，否则就会出现市场担保短缺，导致投保成本高，或因部分项目的投保要求得不到满足而使政策难以落实，以及制约建筑业发展等。在强制性工程保证担保制度推行之初，这一点需特别注意。强制性工程保证担保制度将为担保市场提供巨大的需求，合理制定实施范围就能使这种需求得到有效控制，使之既能促进中国工程担保市场的发育，又避免担保短缺带来的负面效果。由于中国工程承包保证担保制度的模式是混合模式，所以对于担保市场容量可以从担保公司和银行两方面来考虑。

（1）担保公司对建筑市场的容量支持

对于担保公司对建筑市场的容量的估算可以通过与美国担保市场与建筑市场规模的关系来进行类比。笔者对美国建筑市场和担保业市场规模的关系的分析，是通过对 1964～1998 年的 35 年间的数据的回归，求出工程担保业的保费收入（y）与建筑业投资额（x）之间的关系。建筑业投资额取的是公共项目投资额，这是因为只有公共项目具有强制性的担保要求；另外，笔者用 83% 这个百分比对担保业工程保证担保保费收入进行了修正，83% 是来自公共项目的保费收入的比例。经过回归计算（数据及计算过程见表 3-6、表 3-7），得出：

$$y=-0.669+8.828\times10^{-3}x \tag{3-10}$$

在美国，保证担保是财产保险公司的一项业务，据笔者对 1996～1998 年间保费收入的统计，工程保证担保的保费收入仅占财产险总保费收入的 0.3%（表3-4）。

美国工程保证担保保费收入占非寿险（财产险）总保费收入的比例[①] 表 3-4

年份	工程保证担保保费收入	非寿险总保费收入	工程保证担保保费收入所占比例
1996	1,068	366,529	0.3%
1997	1,186	375,966	0.3%
1998	1,267	387,080	0.3%

以此对中国担保市场进行类比，设想中国的财产保险公司将全面开展工程担保业务，成为担保公司的主要力量，据统计，中国所有财产保险公司的保费收入

---

① 表 3-4 中，工程保证担保保费收入数据由 SAA（现已更名为 SFAA）提供，非寿险保费收入引自中国保险网（www.china-insurance.com）1996、1997 和 1998 年世界各国（地区）保险业务情况统计。

已从 1999 年的 527 亿元增长为 2009 年的 2992.9 亿元，代入式 3-10，则有：

$$527 \times 0.3\% = -0.669 + 8.828 \times 10^{-3} x$$

$$x = 255 \text{ 亿元}$$

$$2992.9 \times 0.3\% = -0.669 + 8.828 \times 10^{-3} x$$

$$x = 1092.9 \text{ 亿元}$$

所以，10 年来，来自我国保险业的担保容量已经从 255 亿元增长到了 1092.9 亿元。再考虑目前我国有专业工程担保公司约 200 家的容量，由于缺乏相应统计数据，以各地监管备案所要求的备案准入门槛的中间值 3000 万元计，可暂估为 60 亿元，则来自保险业与工程担保行业的总担保容量可估为约 1150 亿元。若保额为 30%，则可为约 4000 亿元的建筑业投资额提供担保。

（2）银行业对建筑市场的容量支持

对于银行业的担保容量的估算也采用类比法。由于工程保证担保属于银行业的表外业务，在数据资料采集方面存在着极大困难，所以目前本文的结论只是建立在极为有限的数据支持之上，只能作为大致参考，在正式制定政策时应进一步扩大数据收集范围，进行更为准确的估算。

由于目前国内银行的工程担保业务开展还不够成熟，也不存在普遍的工程保证担保需求环境，所以同样采用外资银行作类比。这里采用的是香港上海汇丰银行 1998 年年报的数据。香港上海汇丰银行总部在香港，其主要业务所在地——亚太地区，是世界上银行保函模式盛行的主要地区，该银行是世界最大的银行之一，在亚太地区有着举足轻重的影响，所以其保函业务的开展情况具有一定的代表性。

香港上海汇丰银行的保函业务情况（单位：百万港币）[59]　　　　　表 3-5

年　　份	1997	1998
总资产	1475449	1477575
保证合同总金额	50701	51532
保证合同总金额占总资产的比例	3.44%	3.49%

从表 3-5 可以看出，保函业务所承保的合同总额占该行总资产的比例约为 3.5%。以此类推，若：

$$银行业担保容量 = 银行业总资产 \times 3.5\% \qquad (3\text{-}11)$$

目前中国银行业总资产已从 1999 年末为 160212 亿元[①]增长到了 2009 年的

---

① 数据摘自《重庆商报》2000-04-17，网站：China CQSB. com.

787690.5 亿元[①]，则中国银行业的担保容量也从 5607 亿元增长到了 27569.2 亿元。同样以 30% 的保额标准推算，可以支持约 9.2 万亿元的建筑业投资额。

将银行与保险业及工程担保业所能提供的容量相加，总共可为 9.6 万亿的建筑业投资额提供担保容量。而中国建筑业产值从 1999 年的 11152.9 亿元增长到了 2009 年的 76807.74 亿元[②]。以上估算显示，若推行强制性工程保证担保制度，仅仅依靠担保公司，其担保容量远远不够，但仅仅依靠银行业就可以为建筑业提供足够的担保容量。然而，以上对担保容量的估算都是基于中国的银行和担保公司在目前的资产规模下能够成熟地经营担保业务的假定。事实上，无论是中国的银行业，还是担保公司都有一个逐渐成熟的过程，不可能一下子就达到理想的担保容量。特别是担保公司所提供担保容量是支持高保额有条件模式得以推广的基础，单纯依靠银行则存在限制承包商履约能力得以全面发挥的弊端。所以，推行强制性工程保证担保制度时，应主要以担保公司所提供的担保容量为依据，再结合银行业所能提供的支持来合理确定实施范围。根据前面的估算，笔者在 2000 年将当时担保市场能为建筑业提供的支持定在 1000 亿元，因为这样银行业可以为担保业补充足够的容量，而总担保需求量又不超过担保公司的理想容量。如今这一基准值可上调到 4000 亿元。在这一数值确定后，就可以根据中国建筑市场中各种项目合同额的分布情况，并参照最低承保成本的条件来合理确定推行强制性担保政策的项目合同额的下限。但需要注意的是：保险业涉足担保业务的禁令目前尚未明确解除，制约了这一担保容量的市场实现。因此，如今银行保函依然应是市场所主要依靠的保函类型。

美国建筑业投资额与担保业保费收入（1964～1998）[①] 表 3-6

年份	公共项目投资额（x）	工程保证担保保费收入	调整后的保费收入（y）
1964	20203	1.70	1.41
1965	21920	1.73	1.44
1966	23846	1.97	1.64
1967	25377	1.95	1.62
1968	27437	2.08	1.73
1969	27793	2.18	1.81
1970	27908	2.32	1.93

① 数据引自银监会网，2009 年银行业金融机构资产负债情况表。http://www.cbrc.gov.cn
② 本部分计算国内担保市场容量所使用的保险业和建筑业数据，均引自中华人民共和国中国统计局，统计年鉴 2000 和 2010

续表

年份	公共项目投资额(x)	工程保证担保保费收入	调整后的保费收入(y)
1971	29699	2.48	2.06
1972	30030	2.70	2.24
1973	32348	2.89	2.4
1974	38132	3.23	2.68
1975	43293	3.38	2.81
1976	43980	3.35	2.78
1977	43083	3.52	2.92
1978	50146	4.52	3.75
1979	56646	5.04	4.18
1980	63646	5.54	4.6
1981	64691	5.97	4.96
1982	63064	5.89	4.89
1983	63450	6.16	5.11
1984	70238	6.56	5.44
1985	77815	7.10	5.89
1986	84582	7.65	6.35
1987	90648	8.49	7.05
1988	94735	9.74	8.08
1989	98174	10.82	8.98
1990	107478	11.53	9.57
1991	110109	11.57	9.6
1992	115847	11.44	9.5
1993	115960	11.72	9.73
1994	120193	12.19	10.12
1995	129933	12.09	10.03
1996	134476	12.87	10.68
1997	143102	14.29	11.86
1998	145373	15.27	12.67

①公共项目投资额数据引自 U. S. Bureau of the Census，Historical C30 Value of Construction Put in Place Data，www. census. gov，1999；保费收入由 SAA 提供。

SPSS 回归计算结果　　　　　　　　　　　　　　　　　表 3-7

ANOVA[b]（单因素方差分析对方程的总体评价）

模　型		平方和	自由度	均方和	F 值	显著性系数
1	回归值	417.238	1	417.238	3155.080	0.000
	残差	4.364	33	0.132		
	合计	421.603	34			

a 预测变量：（常数），X

b 因变量：Y

Coefficients[a]（系数）

模　型		非标准化的系数		标准化的系数	t 值	显著性系数
		B 值	标准差	Beta 估计值		
1	（常数）	−0.649	0.126		−5.168	0.000
	X	8.838E−03	0.000	0.995	56.170	0.000

a 因变量：Y

第四章　业主责任保证担保制度

讨论在中国推行业主责任保证担保制度的主要目的是为了以担保手段对业主行为加以规范，而其重点则是就业主的清偿能力为项目参与各方提供财务保障。第二章中已经提到，国际上基本上不存在业主向承包商提交保函的情况，而以政府为受益人的业主责任类保函也一般将担保责任限定在一个很小的范围之内，面对中国建筑业日趋严重的工程款拖欠问题，它们都无法提供一个现成的解决方案。下面，将对中国推行业主责任保证担保制度的理论依据和业主责任保证担保制度的具体内容加以讨论，并分析这种制度创新对市场相关方面的影响。

第一节　推行业主责任保证担保制度的理论依据

中国建筑业当前的许多问题都与业主行为不规范有关，这已经成为建筑业内人士的共识。国务院于 2000 年 1 月 30 日颁布的《建设工程质量管理条例》中用了长达 10 条的篇幅对业主的质量责任进行了界定，并制定了相应的罚金标准[117]。对于拖欠工程款问题，建设部于 1999 年年底颁布的《建筑工程施工许可管理办法》中明确要求将建设资金的落实作为申请施工许可的前提条件[403]。这些措施无疑都对规范中国建筑市场起到了重要作用。然而，政府历次加大管理力度的实际效果并不理想，人们对此普遍怀有"上有政策、下有对策"的心理预期也就不足为奇了。非常可喜的是，在《建筑工程施工许可管理办法》谈到了"有条件的可以实行银行付款保函或者其他第三方担保[403]"。这是一条非强制性条款，但却为以保证担保这样一种市场经济的手段来解决市场经济问题朦胧地打开了一扇窗户。

然而，在市场经济发达国家建设项目承发包的大量实践中，却只发展出了为保证承包商履行合同义务而向业主提交的承包商履约类保证担保，相反，保证业主责任得到履行的担保品种却非常罕见。因此，对于保证担保这样一种信用工具能否用于担保业主责任的履行，国际上已有的实践并没有提供现成的答案。在第二章中，笔者提出，"有利于与国际接轨"应作为中国工程保证担保制度设计的基本准则之一。那么，利用保证担保工具强化和规范业主责任履行的这一制度创新思路是不是有必要？是不是一条可行之路？以及在没有太多国际惯例支持的条件下又如何与国际接轨？这些都是本节将要探讨的问题。

一、中国推行业主责任保证担保制度的必要性研究

1. 业主责任及对业主责任进行监管的国际惯例

业主代表的是建设项目的投资方。业主责任应该包括两方面。

（1）对社会公众的责任。由于土地的稀缺性，建设项目所占用的土地具有很高的机会成本。同时，建设项目往往投资巨大，它的实施不仅会消耗大量不可再生资源，还对城市功能、城市景观、城市文化和城市生态等都可能产生影响。所以，业主一旦获得某一地块的开发权，他就有责任使该地块得到合理利用，并承担起对城市功能、城市景观、城市文化和城市生态等的相应责任。在项目实施过程中，业主也同样面临对社会公众的责任，因为项目实施过程中往往需要对市政公用设施做临时性改变，如搭建工地临时设施、施工噪声、建材运输以及设备管线与市政公用设施接通等，都难免会对周边居民的生活造成干扰。所以，业主还有责任尽量减少对社会公众的干扰。这包括对市政公用设施的尽快还原，创造条件使项目的实施能尽快完成以减少对外界的干扰等。

（2）合同责任。建设项目的实施需要动用大量的人力物力，这些是通过业主与建设生产各方签订一系列合同来实现的，包括设计合同、施工合同、设备材料采购合同和监理合同等。这些合同都会对业主责任做出详尽的规定。其中，业主最主要的责任就是按期支付设计费、工程款、材料款和监理费等。所以，业主必须在签订合同之前就落实项目开发所需资金。此外，业主责任往往还包括及时向政府申请各种许可证，使得项目实施合法地、顺利地开展。

由于业主责任重大，对于业主的公众责任，世界各国都制定有相关法律法规，通过政府对各种项目开发所需执照的审批来加以监管，并且常常配合采用保证担保措施使这些监管措施得以强化；而对于业主的合同责任，一般是本着合同自由的原则，认可合同当事人之间的约定，以民商法加以协调，但对此也有一定的限制[197]。这是因为在建筑业竞争激烈的环境下，业主对承包商往往具有优势地位，同样，总包商对于分包商和材料供应商也具有优势地位，采取一定的法律援助措施对合同的自由度加以限制是很有必要的。例如，美国不少州在关于留置权的法律中规定，除非满足特定条件，承包商放弃自己留置权（Mechanics' Lien）的合同约定是无效的。这特定条件就是，只有总包向业主提交了付款保函，保证分包商和材料供应商得到支付，总包与分包在合同中才可约定分包放弃留置权[154,57,153]。承包商的留置权正是对市场交易中客观上处于劣势地位一方的法律援助。

2. 对我国业主责任履行不良原因的分析

我国法律法规对业主责任的制约也是采用了类似的原则。如，对于业主的社会公众责任，主要是由政府进行监管，包括立项审批、规划许可审批、施工许可审批等。而对于业主的合同责任，则主要尊重合同当事人之间约定，并以《合同法》和《建筑法》等相关法律法规加以制约。

但在现实中，我国的业主责任履行的状况并不容乐观。这固然与我国在市场经济方面的法律法规体系还有待进一步完善有关，而更重要的方面却是，在计划经济与市场经济的过渡阶段，市场机制还没有真正发挥其作用，而惯用的计划经济调控手段又不再如过去那么灵验，给市场留下了一些管理真空。比如，在我国对于业主的公众责任和合同责任的界限划分，就是一个很有中国特色的问题。如：在《建设工程质量管理条例》中规定：业主不得明示或者暗示施工单位使用不合格的建筑材料、建筑构配件和设备[394]。业主作为建筑产品的购买者，自己要求使用不合格材料，在成熟的市场经济环境中是不可想象的。再如建设资金的落实问题，成熟市场中的业主在资金不落实时就贸然开工，会面临着极大的破产的风险，未经深入进行可行性研究决不会贸然启动一个项目。而上述问题在中国却需要由政府出面对业主作强制性要求。

业主拖欠工程款的问题正是我国业主责任履行中存在的许多问题的一个集中反映。拖欠工程款从表面上看似乎主要是合同责任，但当这种行为不是孤立地发生在某个具体的合同关系中，而是呈大规模蔓延趋势时，就会引发了严重的三角债问题，甚至造成了民工因工资长期被拖欠而铤而走险，这时就不再单是合同当事人自己的问题，而是社会问题。深入分析此问题的产生原因或许可以帮助找到解决问题的出路。

造成业主拖欠工程款的原因是多方面的，现简要列举如下：

（1）中国改革开放以来，百废待兴的局面和经济的高速增长不断拉动对建筑业的需求，工程建设的规模巨大，而银行业改革滞后，业主融资手段单一，管理方法落后等一系列原因使如此规模的建筑市场难以得到有效支撑。

（2）银行业改革滞后造成了许多业主的支付困难。在实行商业银行改革以前，中国的基本建设投资规模一直受到行政命令对资金的收放影响，波动很大；在商业银行改革以后，又出现了银行惜贷的问题：尽管市场中存在着对贷款的大量需求，银行却因惧怕款贷出去后收不回来而对发放贷款持过于谨慎的态度。许多房地产项目进展到正需要银行"输血"时，银行却采取了"断奶"政策，使业主无力支付工程款。

（3）国有企业经营状况不佳，产权不清，处理国企三角债问题牵涉问题众多，使国企业主成为拖欠工程款的老大难。

（4）一些地方政府官员热衷于搞"政绩"和"献礼"工程，不顾财政实力，盲目上马项目，造成工程款拖欠。据统计，在存在拖欠工程款问题的项目中，政府投资项目占有相当大的比重[313]。

（5）我国现行担保法规定留置标的物仅限于动产①，承包商没有留置权的保障，也就不具有行使债权的优先权，使承包商在主张得到支付的权利时缺少强制手段。为了弥补此项缺陷，我国合同法规定了建筑施工企业对工程款的优先受偿权，但这一权利与美国的建设者留置权相比，其对承包商的保护还是非常不足，且此项权利不及于分包商、供应商和普通建筑工人，也比留置权有很大欠缺[377]。

（6）市场经济的法律环境建设还不完善，信用不良的现象普遍存在，而守信者得到报偿，失信者受到惩罚的正向激励机制尚未形成。业主主观上恶意不履约的现象并不罕见[301]。

《建筑时报》对工程拖欠款的抽样调查中，对拖欠工程款的项目按投资来源进行排名，发现国有投资和政府直接投资高居榜首，两者之和达 61％。民营和中外合资企业分别占 13％和 6％（见图 2-18）[96]。这一触目惊心的数据揭示出隐藏在工程款拖欠后面还有更深层次原因。

笔者认为，产权制度不落实造成的投资人风险与收益的极大反差，并因此而形成了具有中国特色的"投资导向型市场经济"可能是问题的根本所在。成熟的市场环境是需求导向的。然而在中国，由于历史原因，所谓"中国企业家"大都没有自己的资本积累，个人基本上没有清偿能力。对他们而言，只要有项目、能拉来投资就有自身存在的价值，无论项目盈亏，都有自己获得不少灰色收入的机会，项目赚了钱对自己当然是更有好处，但项目亏了本，所谓"交学费"却无需自己掏腰包，自己也掏不起。博弈论早就指出，穷人比富人更愿意冒险，因为一无所有的人的机会成本为"零"[378]。所以，中国市场中这种"投资导向"现象是非常普遍的，而且在各种所有制的企业中都有。中国目前有一个很时髦的词，叫做"资本运作"，资本运作本身当然无可厚非，但目前中国的现实是运作资本的人是很容易从资本流动的过程中赚上一笔，而市场中却很缺乏具有良好造血机能的企业的支撑，这就让人感到"资本运作"似乎热得很值得怀疑。

在"投资导向型市场经济"中，企业家也考虑市场需求，但考虑市场需求的目的只是为了更好地吸引投资和争取银行贷款，他们比成熟的市场经济中的企业家更具有冒险性，更不计后果。中国银行业巨额坏账的形成显然与这种"投资导向型市场经济"有着密切的联系。建筑业内人士的一个说法，道出了这一现实：中国现阶段的业主在很大程度上都是"假业主"。那么，中国建筑业真正的业主

---

① 《中华人民共和国担保法》（1995 年 10 月 1 日起施行）第八十二条、第八十四条。

是谁呢？

《建设时报》2000 年对调查到的样本按项目类型进行分类，发现拖欠款中分别有 38％和 36％来自住宅和商办楼等，两者之和达 74％，这些都是典型的房地产项目，而来自工业和市政项目的仅占 16％和 10％（图 2-18）[313]。由于房地产项目与银行贷款之间往往存在着密切关系，这些数据就不由得令人去思考银行在项目开发中所扮演的角色。事实上，从大多数业主的实际资金来源来看，银行是主要的资金注入者，但银行并不会承认、也决不愿意承担业主的责任，所以才会看到银行在紧急情况下对业主实施"断奶"的现象。一边是假业主，一边不是业主。那么，面对业主责任虚位的现实，如何才能使业主责任得到落实呢？显然，唯一的出路是设计一种政府监管机制，使业主责任找到其真正的承担者。

二、对市场经济发达国家业主履约类保证担保缺位原因的探讨

在市场经济发达的国家，大量建设项目的投资来自于私人业主。以美国为例，美国公共投资的项目仅约占建筑业总投资的 20％，而私人投资占 80％[①]。

对于公共投资项目，在美国，除了法律严格禁止政府实施没有明确财政资金来源的政府项目外，还强制性推行付款担保（payment bond）这一重要的工程保证担保品种[87]。政府首先保证了自己作为业主不拖欠工程款，再通过付款担保来防止总承包商向分包商和材料供应商拖欠工程款。显然，政府已经注意到了总包对分包在合同关系中的优势地位，所以用立法来加以矫正。付款担保的具体内容在第三章中已作了介绍。付款担保之所以成为必要是因为法律规定建设者的留置权不适用于政府投资项目。付款担保这一担保品种对我国在利用保证担保解决工程款拖欠的问题上具有重要的借鉴意义。

日本为了防止公共投资项目资金不到位，规定公共投资项目的业主必须在项目开工前支付 30％～40％的预付款。同时，要求承包商出具预付款保函，以保证预付款被合理开支[180,183]。

在私人投资项目中，尽管市场经济发达国家一般社会信用机制健全，承包商同样还是可能面临工程款得不到支付的风险[84]。在市场经济环境中生存必须具有很强的风险意识，所以它们的保险业异常发达。保险业通常解决的是自然界的不可抗力造成的风险，以及意外事故风险。同样，承包商也面临信用风险，在欧洲，一种特殊的保险——信用保险被用来规避信用风险[67]。信用保险能够成为一种成功的保险品种的前提是整个社会信用机制健全，使不守信用的事件成为了

---

① 美国的建筑业市场总投资中，约有 25％要求担保，而其中 83％为公共投资项目（Russell J. S. 1991，Russell J. S. 2000），故公共投资项目约占总建设项目投资的 20％。

小概率事件，从而使信用风险由不可保风险转化为可保风险。

然而，通常还有以下一些情况下不可保的风险会严重影响业主的清偿能力，造成业主不能按照合同约定按期支付工程款：

(1) 经营风险：业主内部管理不善，经营无方，在财务上陷入困境，无力清偿债务；

(2) 市场风险：由于市场宏观环境变化而造成项目开发失败，导致业主在财务上陷入困境，无力清偿债务；

(3) 政治及法律风险：由于政策法规等方面的变化，造成项目开发失败，导致业主在财务上陷入困境，无力清偿债务。

各国民商法都承认合同自愿的原则，同时也都规定，订立合同的当事人必须具有独立的民事行为能力，这包括对合同签约对象以及合同履行前景的了解和合理判断，以及承担相应的风险[197]。所以，对于私人投资的项目，承包商往往在承接项目前会对业主的支付能力和项目投资前景进行详尽的调查，尽量避免介入业主支付能力可疑以及项目投资前景不明朗的项目。特别是对于承包商需提交履约保函的项目，承包商的保证人在承保时往往也会对项目业主的支付能力进行考察，以避免可能的合同纠纷。保证人还会建议承包商避免与信用不良的业主合作[2,3]。

除了进行事前调查外，在签订合同的过程中，承包商还往往采取一些必要的合同措施保障自己的权利。从合同担保的角度看，国际工程建设承发包的惯例中的工程预付款往往也具有一定的合同担保功能，是一项对承包商有利的合同措施，因为在预付款已经投入的情况下，若业主不能继续履约，已支付的款项不能收回，而他所希望购买的商品尚未完工，将蒙受相当大的损失。

然而，由于建筑业竞争的激烈，在建设工程承发包合同关系中业主与承包商的实际合同地位并不完全对等，业主方往往处于优势，并利用这一优势地位强迫承包商接受一些苛刻的条款。为了保证合同的公平性，世界上许多国家都认识到，给予承包商一些必要的法律措施的援助是必要的。留置权正是世界上大多数国家保护承包商得到工程款的一项基本法律。一个项目如发生留置权诉讼，则业主对该项目的产权就成为问题，不能自行销售和转让，所以一般私人业主都不愿意发生留置权诉讼[53,154]。

尽管留置权对承包商得到支付的权利提供了保障，但留置权的权利人最终得到支付还有较长的时间滞后，这期间甚至还会出现承包商因资金周转困难而破产。所以留置权只是一种补救性措施。事先对项目业主信用及其融资情况有所掌握依然是非常重要的。

同样，由于总包对分包和材料供应商也具有优势地位，美国的司法实践中还有一个重要原则，它赋予分包商和材料供应商更多的法律保护。这就是：即使承包商不能得到业主支付的工程款，也必须向其分包商与材料供应商付款[57,153]。正因如此，还有个别州对私人项目也要求承包商提交对分包商和材料供应商的付款担保。这就将对项目业主支付能力的考察的责任全部压在了总包的肩上。其理由是：对业主的考察是总包自己的责任，只有总包才有条件对业主的支付能力进行调查，与业主无直接合同关系的分包商和材料供应商对此并无过错，不应承担相应的损失。正因为这样，尽管在美国大量的私人投资项目中，也存在部分业主不能支付工程款的问题，但却不至于形成债务链。

所以，在市场经济发达的国家，对于私人投资项目的业主支付风险的化解主要有 3 个层次：

（1）将可保风险转移给保险公司（很少）；

（2）承包商自行承担不可保的风险，通过对业主和项目资金来源的事前调查和必要的合同措施来加以规避；

（3）利用留置权对风险实际发生的情况加以补救。

在以上三条中，由于保险公司很少承保此类风险，事实上承包商慎重对待自留风险才是最为关键的。需要特别指出的是：在市场经济发达国家，正是由于有着一整套有效的法律措施和担保措施，使承包商无法将业主支付风险转移给分包商和材料供应商，斩断了支付风险层层转移所形成的债务链，才使承包商对于自留风险采取了非常谨慎的态度。如今，中国国内一些市场化程度很高的民营建筑企业事实上也同样采取了谨慎策略来应对业主支付风险，甚至主动应用自己强大的融资能力来帮助业主进行项目融资，从而确保项目目标实现前提下自己的商业成功。

从以上分析还可看出，在市场经济发达国家业主履约类保证担保缺位的真实原因并非是没有需求，而是推出这一担保品种存在着一定的现实困难。要求业主方提交担保的主要困难是：

（1）由于业主方的优势地位，承包商往往不具备坚持向业主索取保函的条件，业主可以非常容易找到不要求保函的承包商；

（2）建设项目通常投资巨大，项目融资是一个非常复杂的动态过程，往往有一部分资金是在项目建设过程中才同步落实，而国际上承包商帮助业主融资的做法也非常普遍，笼统要求业主方提交支付担保涉及很复杂的技术问题；

（3）业主在项目开发的过程中面临的风险因素非常复杂，如经营风险、市场风险、政治和法律风险等，这些风险往往都是不可转移出去的风险，需由业主自身承担，即使是以经营风险为己任的保险公司和担保公司一般也不愿接手这一类风险，所以即使业主同意向承包商提交保函，可能也很难找到保证人。

三、推行以政府为受益人的业主责任保证担保制度的基本构想

1. 对国际上以政府为受益人的业主责任类保证担保的分析

尽管一般没有业主向承包商提交保函的做法，然而，第二章中已经讨论过另一类的业主责任保证担保，这一类保函的共同特点是保函的受益人为政府，由业主在向政府申领执照、申办许可时提交。通过对回垦担保、地块开发责任担保、完工担保和特许经营权担保这四种业主责任类担保品种的研究，可以发现以下规律：

（1）对于完全市场化的开发项目，政府要求保函的目标是为了使公众利益得到保护，而不是介入承发包合同本身，所以对保函的担保责任都严格限制在业主的公众责任方面。回垦担保和地块开发责任担保都可以归入这一类型的担保品种。如回垦担保，其出发点是保护公共环境；地块开发责任担保则是使开发商保证按照城市规划和相关法律的要求完成项目与市政公共设施相关的部分的工作。这些担保措施的出发点是无论项目开发成功与否，都要保证公众利益不受损害。很明显，政府的立场是不介入项目合同各方的履约纠纷，但要保证公众利益得到维护，这正是政府的职责所在。在市场经济环境下，合同自由是一条重要的原则，政府对于自己介入市场的角色都会非常谨慎。

（2）对于政府需借助民间资金参与的社会公益性项目，项目承建方需向政府提交担保，保证自己具有足够的参与项目开发的实力。完工担保和特许经营权担保都可以归入这一类型。如完工担保主要用于低收入者的福利型住宅的建设，这种项目没有任何市场风险，只是政府需借助开发商先期投入资金。而特许经营权项目所涉及的都是关系到公众切身利益的大型市政项目，为了吸引私人投资者，政府通常都是将有较好盈利前景的项目出让给民间来开发，但政府不希望把项目交给没有足够资金实力的开发商，特许经营权保函所担保的建设期责任实际上就相当于完工担保。此外，特许经营权项目通常还具有一定的垄断性，因此政府在出让项目的经营权时还会在协议中对经营者的经营行为作一些规定，以保护消费者的利益，如果经营者不遵守，消费者的利益就会受到威胁。所以，特许经营权保函所担保的经营期责任是经营者的公众责任。

（3）明确界定保函所担保的业主责任范围，充分考虑政策的可行性。对于担保的责任范围，以上四种担保品种的责任范围都有政府与开发商签署的相关协议为基础；另外，由于对特许经营权协议的担保期限长、风险大，政府还特别采取了化整为零的方式，将建设期与经营期的责任分开，以不同的保函担保不同的业主责任，对于经营期的保函也是逐年重续，以便降低业主的投保门槛，使担保制度能够顺利得到推广。

2. 对中国业主责任保证担保制度的初步设想

通过本节第 2 点的讨论可知，在发达国家并非不存在对业主支付能力提供保障这一需求，但操作中的许多现实困难使业主向承包商提交保函的保证担保缺位，取而代之的是承包商自行对业主信用的考察，以及留置权这一法定担保措施的补救。

在中国，目前承包商的留置权还依然被担保法所禁止；而在社会信用体系还很不健全的环境下，承包商考察业主资信的手段极为有限；同时，承包商可以很容易地将债务负担转移给分包商和材料供应商，这就造成了严重的债务链问题。据《建筑时报》的调查，接受调查的 38 家被欠款的承包商自己消化的债务负担仅占 18%，剩下部分中，76% 转移给了分包商和材料供应商，还有约 6% 是拖欠内部职工工资或医药费等（见表 4-1[313]）。严重的债务链造成的后果是整个建筑行业的不景气，据上海市对 2000 年二季度企业景气的调查，唯一处于不景气区间的是建筑业[204]。而对职工工资的拖欠不仅严重影响到职工的个人生活和社会安定，也导致建筑业人才外流、人心浮动，这将严重影响到中国建筑业质量品质的提升和建筑市场开放后的国际竞争力。

《建筑时报》对 80 家企业的工程款拖欠情况的调查　　　　表 4-1

"人欠"与"欠人"（据 38 家企业统计，单位：亿元）		
（1）被拖欠工程款总额	139.71	100%
（2）对外拖欠总额	106.31	76%
（3）拖欠职工工资及医药费	7.87	6%
（2）＋（3）占（1）比例	81.73%	82%

如果能够设计一种保证担保模式，既能对业主责任的履行提供担保，又能避开推行业主责任担保中的各种问题，具有充分的可行性，就可使困惑中国建筑市场的业主问题很好地被解决。笔者认为，借鉴国际上以政府为受益人的业主责任类保证担保模式，推行以政府为受益人的业主责任保证担保制度将是一条可行之路。

业主责任保证担保制度的基本形式是：在项目实施前，由业主向政府提交由第三方金融机构承保的业主责任担保保函，保证业主责任的履行。按照国际惯例，业主责任应主要是业主的公众责任。然而，业主投资资金的落实，既关系到业主合同责任的履行，也关系到业主公众责任的履行，所以，对业主落实项目投资和支付工程款的担保将是业主责任保函的核心内容。与国际上实施的有限的业主责任担保制度相比，这将是中国推行工程担保的制度创新点。

正如前文所述，由于业主在承发包合同中的优势地位，任何要求业主向承包商提交保函的努力都是不现实的，国际上也无此惯例。而政府主管部门作为保函受益人有其合理性。除了国际惯例所认可的政府对公众利益的维护责任外，中国政府还有以下特别理由：

（1）在市场经济的发达国家，政府立法一般只对公共投资项目的资金到位提出要求，对私人投资则由市场机制加以调节。但在中国，不仅政府直接投资是建筑业投资资金的重要来源，而且各种所谓"企业自筹"的投资资金也与国有资产有着千丝万缕的联系。同时，中国国有商业银行也是国内众多建设项目事实上的资金提供者。此外，中国的土地国有制使得政府有义务对土地资源得到合理利用加以监管。这一切都使得政府有充足的理由要求提交以保证支付能力为核心的业主责任担保保函。

（2）当前在我国，政府是有形建筑市场的发起人和管理者，进入市场的业主应该向政府保证其具有足够的支付能力。

（3）拖欠工程款造成的许多社会问题必然只能依靠政府出面加以解决，而政府作为受益人，政府的清欠工作就有了合理的资金来源，使工作可以迅速落实，同时避免了动用其他的社会储备。

目前我国强化政府监管的主要手段是对违规行为的事后行政处罚，与之相比，保证担保机制具有很大的优越性。这是因为，事后行政处罚依赖的是惩罚所产生的威慑效果，而保证担保机制所依赖的则是事前的防范效果。事后处罚，则往往是损失已经发生，而发生原因可能仅仅是因为业主对相关法规的无知，而且损失发生后，可能会出现业主无力支付罚金的情况，政府将面临很尴尬的处境；但若业主需在事前提交保函，他必然会去了解如何才能避免发生保函索赔，从而自觉采取措施避免违规行为的发生，减少违规行为发生的概率，同时，政府还可以得到没收罚金的保障，对于必须整改而业主又无力履行的情况，政府可以利用保函所保障的资金代为履行。这将增大政府的执法力度，并使执法效果也得到改进。同时，事前提交保函可以使业主在事前就对可能的成本支出有一个准确的了解，也避免了一些不规范的政府行为加大业主成本的情况。

业主责任保证担保还有一个重要作用，就是通过保函使业主责任找到它的实际承担者。在正常的市场经济环境中，参与市场交易的双方必须是具有一定的清偿能力的自然人或法人，因为自身没有对风险成本的承受能力是没有交易信用的。然而，在中国的特殊市场经济环境中很难判断业主自身的清偿能力。但房地产开发大都离不开银行的支持。在没有保函的制约时，业主拖欠了工程款，银行见势不妙可以马上抽身，本来就资金不足的业主可以理直气壮地说自己就是没有钱。而有了保函制约后，银行为了自身安全，出具保函前必须非常慎重地对业主的资信和项目的可行性进行审查，业主为了申请到保函也不得不以一定的反担保措施来打消保证人的顾虑,那种毫无风险成本支付能力的"假业主"也就可以被排除在市场之外了。如果银行都能做到在贷款前对项目的前景心里有数,对业主的家底心知肚明,也就能做到该输血时输血,该断奶时断奶;如果业主都能做到在上项目前真正以市场为导向,对项目的可行性进行慎重地研究,所谓"不见兔子不撒鹰",这样,即便是"假业主"也就变成真业主了。可见,保函在这里起到了一种将资金供应者和项目操作者捆绑在一起的作用,以连带责任的方式使业主责任得到了落实。至于业主责任究竟是落实在了谁的头上却不必深究,总之是落实在了一定的清偿能力的基础上。保证人的实际责任则以自己对被保证人的授信的多少而不同。

如何理解这种保证担保制度与国际接轨的问题呢?笔者认为,所谓与国际接轨,就是在政策法规的制定中,必须遵循市场经济的原则,而不是对所谓国际惯例的生搬硬套。国际惯例的形成经过了市场经济环境的千锤百炼,去了解在这些惯例背后所蕴含的科学依据是非常必要的。但中国特殊的市场经济环境中的许多问题都是国际上不曾有过的,要解决这些问题,还必须在对国际惯例充分消化的基础上进行制度创新。

从前面的分析可以看出,在市场经济环境下,政府在对建设工程承发包合同的监管问题上,一般遵循以下原则:

(1)合同自由:对签约对方的履约信用的考察是合同当事人自己的责任,政府不介入;

(2)保护弱者:对于在合同关系中处于劣势的一方通过立法给以帮助;

(3)保护公众利益:公众利益不因特定合同的履行或不履行而受到妨碍。

只要对中国业主责任保证担保的制度设计符合以上三条原则,就是与国际接轨。

综上所述,笔者认为,要规范中国建筑市场业主行为、落实业主责任,必须推行以政府为受益人的业主责任保证担保制度。

第二节 业主责任保证担保制度核心内容的探讨

中国业主责任保证担保的制度设计涉及担保模式、具体内容及推行业主责任保证担保制度的范围等,下面分别加以讨论。

一、业主责任保证担保制度的基本模式

1. 受益人与索赔人分离的机制

推行业主责任保证担保制度的核心内容就是要解决业主的清偿能力问题。所以,业主责任保函将采用受益人与索赔人分离的机制。这是借鉴美国的付款担保

而提出的中国业主责任保证担保的基本模式。

在这种模式下，业主责任保函的名义受益人是政府，但实际受益人主要是承包商和材料供应商，这些单位的法定名称虽然不是明列于保函上，但根据他们在项目中的合同地位而自动成为索赔的权利人。

采用这种机制的理由是，若在发生工程款拖欠后，承包商和材料供应商对保函的索赔都需经过政府，会给政府增加大量的工作，是不现实的。然而，若保函中直接列出特定的承包商和材料供应商为保函受益人，在操作中又有很多困难。首先，承包商和材料供应商作为受益人只能在相应的承发包合同和材料供应合同签订后才能明确。这一过程实际上贯穿于整个项目实施阶段的始终，而就每一合同分别提交保函则不仅增加费用，而且很难监督管理。其次，如前文所述，由于业主在承发包合同关系中往往是处于优势地位，它完全可以操纵串通承包商一起就保函向政府作假，如同现在一些承包商为业主出具收到预付款的假发票一样。所以，业主责任保函必须是通过政府强制性要求来推行，否则难以实现。以政府为保函受益人，而所有与业主签订合同的承包商和材料供应商自动成为向保函索赔的权利人，这就是受益人和索赔人分离的机制。

受益人与索赔人分离的机制是美国的付款担保中通常采用的方法。在美国，承包商要同时向业主提交两份保函，履约保函保证承包商正常履约，而付款保函保证承包商向分包商和材料供应商付款。付款保函的受益人是业主，而索赔人是与承包商有直接或间接合同关系的分包商与材料供货商。索赔人有权得到保函的复印件。索赔人在向保证人提出索赔要求时要将索赔要求抄送业主。索赔人的资格是法定的，索赔人的名称无须直接出现在保函上[51,173,74,87,166]。

这种担保模式可以很方便地移植到我国的业主责任保证担保中，即：要求业主在向有关政府部门申请建设执照时向政府主管部门提交以政府为受益人的业主责任保函，而保函中必须有一条款将承包商和材料供应商列为索赔人。对索赔人的资格、索赔程序和索赔所需出示的文件都应有明确的规定，以便于实际操作。承包商和材料供应商进行索赔时，也应将索赔材料向政府有关部门备案。

确定了受益人与索赔人分离这一基本原则之后，还应研究索赔权利的覆盖深度，即在多层次的承发包的合同关系中，这种索赔权利应赋予到哪一级别的承包商和材料供应商。美国的付款担保的索赔权利深度一般是到达下两级，即与提交保函的承包商有直接合同关系的分包商和材料供应商，或与这些分包商有直接合同关系的分包商及材料供应商。显然，深度越深，对下面的分包商和材料供应商的保护就越充分，但同时保函被索赔的风险就越大，因为没有直接合同关系的分包商及材料供应商就保函索赔的原因可能不是被担保人自己不履行付款责任，而是它的下一级分包商违约。在美国的付款担保中，对于直接合同关系的索赔权利人和间接合同关系的索赔权利人的索赔条件有不同的规定[51,14,87]。

与一般付款担保不同的是，业主责任保证担保所担保的付款义务的资金来源于被担保人自己，所以其中保证人的风险比付款担保的情况要高。一旦保证人承保了业主责任保函，如果业主自己没有足够的资金来源来履行支付责任，保证人实际上就承担起了为项目弥补资金缺口的责任。这一责任所包含的风险本身就足以令较为保守的金融机构却步，如果再在索赔权利的深度上提高保函的风险性，显然就会使这一保证担保制度不可行。鉴于付款担保和进度付款担保已经是工程承包保证担保制度中的强制性担保品种，在业主责任保函的索赔深度设计上应尽量简化，避免不必要地增加保证人的风险。所以，笔者建议将业主责任保函的索赔深度定为一层，即与业主有直接合同关系的项目参与各方，这除了承包商和甲供材料的供应商以外，还包括设计、监理等项目咨询方（图 4-1）。

2. 业主责任保证担保的承保模式和保证人

第二章提到，国际惯例的工程保证担保主要有国际商会 458 号出版物所定义的承付保函和国际商会 524 号出版物所定义的合同担保书两种。承付保函主要由银行承保，而合同担保书则一般由保险公司承保。当前国际上流行的承付保函主要是无条件保函，而合同担保书则是以美式有条件保函为蓝本。无条件

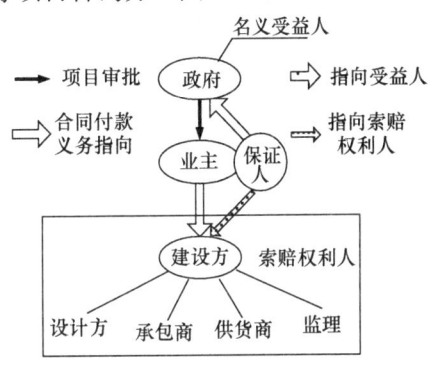

图 4-1 业主责任保证担保的担保责任关系

模式侧重于以设定抵押等方式使保证人有效地规避了赔付风险，并仅仅以货币赔付的方式来履行赔付责任；而有条件模式则侧重于承保前的资格预审来规避承保风险，在发生赔付时可以有代为履行或货币赔付这两种选择。在讨论无条件保函时曾经谈及无条件承保模式需占用银行信用额度这一缺陷，但在业主责任保证担保中，业主的履约能力正是以他的自有资金和银行信用额度来衡量，所以占用银行信贷额度对业主的履约能力没有任何削弱。而且，业主责任保证担保的赔付方式也必须是简单的货币支付方式。

显然，承付保函更适合于业主责任保证担保，而这一保函的承保主体必然会依托于银行。所以，业主责任保证担保建议采用以国际商会 458 号出版物所定义的承付保函模式。

银行作为业主责任的保证人的优势是：

（1）相对于我国保险公司和担保公司实力薄弱的现实，银行具有实力雄厚、信誉好的优势；

（2）任何房地产项目实际上都离不开银行的支持；

（3）根据我国现金管理的规定，任何款项的支付都需通过银行，银行作为业主责任保证担保的承保主体具有天然的优势；

（4）工程款支付的保证人显然在实际上承担着为项目应急融资的义务，银行在将垫付资金转为贷款方面的操作非常方便，而在我国实行金融业分业管理的现实条件下，保险公司和担保公司进行同样的操作也许还有一些法律困难。

但保险公司、担保公司以及其他金融机构，特别是专业从事工程保证担保的公司，对工程建设比较熟悉，也具有自己的优势，在条件许可时也可以对业主责任保证担保进行承保，但应得到政府有关金融监管部门的特别批准并接受相应的金融监管。

3. 业主责任保证担保的索赔模式

第二章中已经讨论过，承付保函可能是无条件保函，也可能是严格有条件保函，也可能是介乎其间的任何方式，这取决于保函中设定的赔付条件的具体内容。但这种赔付条件必须是非常明确，并且无需保证人介入对合同违约责任的认定。一方面，为了提高索赔效率，必须使索赔条件尽量简化；同时，这种条件又应能避免不公正索赔的发生。

对于业主责任保证担保的索赔方式，笔者初步设想如下（图4-2）：

（1）一般情况下，承包商可仅凭与业主签订的承发包合同和经现场监理工程师签字的付款凭证向保证人申请付款，保证人即行付款，但需向政府主管部门备案。业主根据由工程师签字的付款凭证向承包商付款是国际惯例，如果业主拒付，即由保证人代为履行，这种索赔方式易于国际接轨，并使我国的工程监理制度得到进一步强化。

（2）在有形建筑市场专设保函索赔裁定中心。当承包商无法得到现场监理工程师的签字时，可向该中心申请执行付款。若付款要求得到支持，就可凭中心的裁定书向保证人要求付款。当业主对保函的支付持异议时，也可由该中心对承包商的付款要求进行复议。若认定业主的异议成立，可下达裁定书，业主可再根据此裁定书向承包商索赔，或向承包商的保证人索赔[①]。

（3）承包商还可申请仲裁或向法院提请诉讼，并将仲裁决定或判决书作为向保证人索赔的依据。

所以，承包商只要向保证人出具以上3种付款凭证的任何一种，并连同与业

---

① 与业主支付担保制度同步推行的还将有承包商履约担保制度。据此，业主在与承包商签订合同后，会要求承包商向业主提交履约保函，其保证人将是特许的工程履约保证担保公司。故业主的索赔将会得到有力的保障。

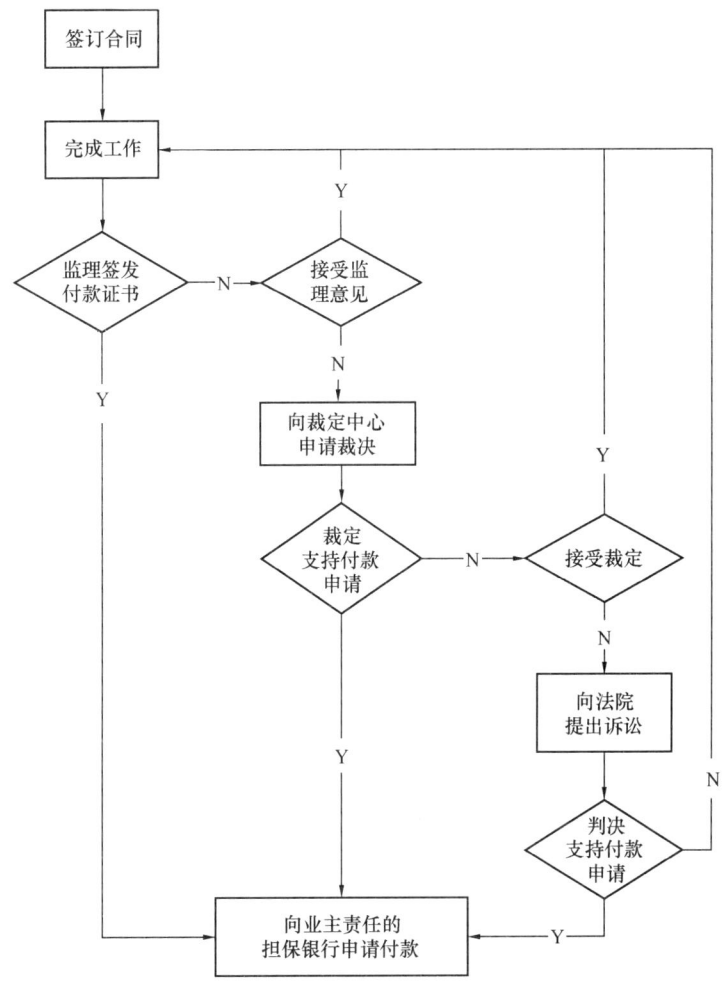

图 4-2　业主责任保函的索赔流程图

主所签订的合同，即可得到保证人的支付。

　　政府作为有形市场的主持人和保函的名义受益人，应该有义务对保函的索赔加以保障。在有形建筑市场设保函索赔裁定中心正是履行其义务的有效方式。由于该市场具有专业化的特点，设定保函索赔裁定中心应该是一种比正规的司法程序更加高效的机制。

　　上面仅以承包商为例阐述了对业主责任保函索赔的条件，这同样适用于与业主有合同关系的其他各方，如供货商、设计方等。唯一有所区别的是监理，因为监理自己给自己签字就得到付款显然是不合理的，所以，对监理的付款必须是经业主同意或经保函索赔认定中心裁定。

　　4. 对保函在项目进展过程中出具的环节的研究

　　一个建设项目的实施阶段从立项开始，有许多环节需政府审批，这在各地的规定略有不同，下面仅以上海市为例分析保函应出具的环节。

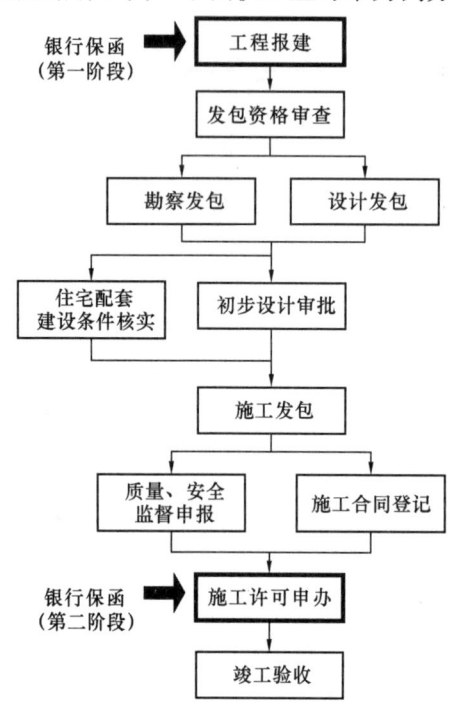

图4-3　上海市项目审批节点流程图，及对业主责任保函提交节点的建议

　　在破土动工以前，上海市政府对业主资金到位的审批环节主要有3个（图4-3)[15,101,320]：

　　（1）报建审批；

　　（2）发包资格审查；

　　（3）施工许可申办。

　　原则上讲，以上三个环节政府都是可能的要求业主提交保函的审批环节。选择审批环节的原则一方面是希望保函所提供的保护越多越好，另一方面又要兼顾保函的成本和可操作性，还要考虑到承保人的风险应该是可控的。

　　鉴于建设项目的特点，笔者认为可以考虑采用对报建与施工许可分阶段出具保函的方式。即：报建审批时，业主应出具项目的第一份保函，保证设计阶段的业主公众责任的履行和设计费的支付，保额可以相当于国家规定的设计费、监理费加上本阶段需向政府交纳的各种配套费用。在申请施工许可前，再出具相当于所申请开工部分的项目合同价的保函。由于设计费是小头，业主在申请保函时无需占据大量资金，利于项目启动，也利于保证人控制风险。施工合同是大头，按项目总投资提交保函会对业主资金周转影响较大；但施工许可是根据实际开工的需要申请，在开工前保证所开工部分资金全部到位正是设立业主责任保证担保制度的初衷，显然是必需的。也只有在实际开工前，所开工部分的设计预算才能最后算出，保证人也才真正可以弄清楚自己所承保的风险，所以，也只有这种安排才是实际可操作的。业主可根据自己的融资能力对开工计划作合理安排，将大项目分而食之；对保证人而言，可以避免一次性承担风险过大。

　　对于项目周期过长而又难以划分为子项的大项目，政府可以接受业主将项目按年投资计划划分逐年提交保函，但每年的总保额还应另加上一个合理善后所需资金，以备业主次年不能将保函延期的情况。这时有关政府可勒令停工，并就保函索赔，利用保函的剩余资金进行市政设施的还原、绿化，及对现已建成设施的利用等工作，也可以主持将在建项目拍卖给有继续投资能力的新业主。政府接管后，利用设施所得收益依然归原业主，项目拍卖收益也归原业主所有。合理善后的保额可以规定为施工合同价的一定百分比。这种两阶段及多阶段设保的安排对于工程设计施工总承包的发包方式也同样适用。

二、业主责任保函的具体内容

1. 业主责任保函所担保的业主责任范围

如前文所述，业主责任应包括业主的公众责任和合同责任两个方面。所以，对业主的支付能力的要求应包括其有关公众责任的支付能力，也包括其有关合同责任的支付能力。两者之和即是项目开发所需全部资金。然而，要使业主责任保证担保制度具有可操作性，必须将业主责任量化。

首先讨论业主的公众责任。业主的公众责任尽管抽象，但其实可以从以下几个方面加以量化：其一，业主的大部分公众责任的实现也是通过一系列承发包合同，由承包商加以实施的，所以可以认为合同责任中已经包含了一部分公众责任因素；其二，业主需向政府直接缴纳一些费用，由政府统一安排代为履行其相应的业主责任；其三，在业主违背其公众责任时，政府有相应的处罚条例加以惩处，所以可以将政府对罚金标准的规定也纳入业主公众责任的范畴。

其次，关于业主的合同责任，合同金额是一个很方便的量化工具。业主责任必须保证承包商已完成的工作得到合同所规定的支付。只有这样，才能避免承包商被拖欠工程款后债务链的层层延伸，从源头上治理三角债。

应注意的是，一般承发包合同都给予了业主要求暂停施工的权利。但从国民经济评价的角度看，工程建设项目最为经济的实施方式应当是在实施阶段资金支付能完全满足工程进度的需要。若因资金准备不足而造成"钓鱼工程"、"胡子工程"，不仅业主会面临实际造价的增加，也是对社会总资源的浪费。同时，工程款支付问题的发生往往不是业主完全没有支付能力，而是在项目开始实施以后资金尚存在缺口，这个缺口只有在实际出现支付困难时才显露出来。显然，业主在资金尚有缺口时便贸然开工是有违其公众责任的，应在一开始就采取措施加以避免；然而，明知资金不到位还强迫承包商继续施工、故意拖欠工程款显然更不可取。所以，笔者在此特地提出"善后责任"的概念。

"善后责任"是一种公众责任。在业主资金缺口较大，项目无法按原定目标完成时，从对资源的合理利用和维护公众利益的角度，保证人应负责对项目停工后的合理善后工作进行支付，包括对周边市政道路、公用设施等的还原，对已完工设施的整治利用，对现有场地的平整绿化，及场地内必要道路的铺设等。其目的是允许项目投资失败，但不允许"烂尾工程"。善后责任也可以是政府主持将项目强行拍卖时所发生的费用。

综上所述，可以对业主责任保证担保制度中的业主责任作如下概括：

$$业主责任＝业主的合同责任＋善后责任＋需向政府直接交纳的$$
$$各种配套费用＋违规罚金责任 \tag{4-1}$$

如果将善后责任定义为包含向政府交纳的各种配套费用及违规罚金的责任，则可将上式改为：

$$业主责任＝业主的合同责任＋善后责任 \tag{4-2}$$

2. 业主责任保函的保额标准

尽管业主能在项目实施之前尽量落实建设资金是最为理想的，但事实上，建设项目又往往是分阶段、分子项进行的。项目融资也是一个动态的过程。确定保函金额也必须结合建设项目开发的客观实际。并且，相当于项目总投资100％的担保总额会给保证人带来很大的风险。实际上业主支付担保的保证人不得不承担起为整个项目融资的责任。若照此实施，很可能会出现无人敢做保证人的局面。为了使业主责任保证担保制度能够得以顺利实施，必须在对保函保额的设计中采取相应措施帮助保证人控制风险。目前看来，有以下思路可以加以考虑：

（1）为了便于承保人控制风险，可将保函设计为多阶段方式，每阶段只承保本阶段相应的支付责任，但保函到期必须重续，否则政府有权收回对业主的投资许可，并就善后责任进行索赔；

（2）保函可根据项目的子项分别出具，只要业主愿意将项目化整为零地分别申请施工许可证；

（3）担保总额在支付实际发生后递减。即业主已支付部分可减扣担保总金额。保证人仅承担承发包合同中尚未支付的款项的支付责任。

保函担保金额的分阶段方案应根据项目的年度投资计划制定，对于计划工期不到一年的项目，建议全额担保；工期超过一年的项目，则根据合同条款分年度进行相当于本年度所需投资100％的担保，另加善后责任担保金额。

目前，我国对业主建设资金到位的规定为，"建设工期不足一年的，工程资金到位率不得少于工程合同价的50％；超过一年的，到位资金原则上不得少于工程合同价的30％[403]"。本书提出的100％的分年度保额要求是不是比现行资金到位标准高呢？其实不然，因为目前对到位资金的要求实际上是对现金的要求标准，无论这笔现金是自有还是来自于银行贷款，国际银行业《巴塞尔协议》对现金的风险权数定义为0，而其对一般保证担保所对应的风险资产的信用转换系数的定义是50％[220]。据此，可以认为，现金的资产质量是100％的原值，而100％的保证担保实际上就相当于50％的实际资金到位。所以，这一保额标准并未对我国现行的对业主资金到位的要求有所提高。

3. 保函的期限

一方面，保函期限不能过长以免增加保证人的风险，但同时又需对索赔权利人提供足够的保护。业主责任保函的特殊性在于，这一份保函可能对应多个合同，保函到期则意味着业主为该项目开发所签订的所有合同（包括设计合同、监理合同、承发包合同和供货合同等）的当事人对保函的索赔权利都失效了。所以，对保函的期限设定应该考虑到所有这些合同的合理索赔期限。

从项目开发的一般程序来看，项目实施阶段是从项目立项开始到项目竣工结束，所以业主责任保函首先应覆盖整个项目的实施阶段。由于一般承发包合同对竣工后的保修期也有所规定，并且业主最后一次履行支付责任是在保修期结束，再加上合理索赔期限，所以确定业主责任保函的期限的一个总的标准可以是以承发包合同规定的最后一次付款责任到期之后 6 个月。考虑到最后付款如需经裁定或法院判决，可能会拖很长时间，所以，承包商只要在此期间内提出了裁定、仲裁或诉讼请求，并将此通知了保证人并向政府主管部门备案，其索赔请求即为有效，并且只有在最终生效的裁定、仲裁或判决等对承包商的付款请求不予支持的条件下，保函的责任才能予以解除。如果发生项目开发失败的情况，则应以保证人履行了善后责任为准。

另外，前面将业主责任保函的提交主要分为两个阶段，两阶段可能对应不同的索赔权利人和付款责任，所以对保函的期限也应分别讨论。

第一阶段保函的索赔权利人将主要是项目咨询方，包括设计方及监理方，但责任可能延续到施工阶段。第二阶段保函的索赔权利人将主要是承包商，但也包括监理及设计方。可见，两份保函的责任范围并不能截然分开。然而，在第一阶段保函提交后，可能出现以下 3 种情况：

（1）项目进展顺利，并按计划提交了第二阶段的保函，进入施工阶段；

（2）业主由于市场或资金周转原因，决定将项目一次设计、分阶段实施，所以仅为所立项项目的某一子项申办了施工许可，并提交了第二阶段保函；

（3）业主在设计完成后，由于建设资金一时无法落实而使项目无限期拖延。

笔者的设想是，在情况（1），第一阶段的保函在第二阶段保函提交后即行作废，但在善后金额中将设计费尾款和监理费考虑进去；在情况（2），第二阶段保函所覆盖的子项所对应的第一阶段保函中的付款责任即予解除，其他责任按情况（3）处理；由于情况（3）存在的可能性，为使保函责任不至于无限期拖延，使保证人无法预计自己的风险，可以对第一阶段保函的索赔期限设置一固定期限，如从保函生效之日起的 3 年后失效。所以第一阶段保函的有效期可写为，或是第二阶段保函的生效之日起失效，或是 3 年后失效，以两个条件之中发生在前者为准。

将第一阶段保函也设定为分年度提交，即：如果业主不能以第二阶段保函换回第一阶段保函，则第一阶段保函分年度重新提交，如果到期不能续交，则项目的投资权被收回。

4. 保证人收回保函的权利

业主责任保证担保涉及投资金额巨大，如果保证人以严格的 100％ 的反担保额作为承保的条件，则意味着业主在项目开工前就必须全部资金到位，这不符合项目融资的实际规律。100％ 的保额只是要求业主保证有能力使建设资金根据项目进展的实际需要全部到位，而不是盲目提高项目开发的门槛。为此，赋予保证人收回保函的权利就非常必要了。

保证人收回保函的权利是指保证人在项目进展到一定阶段后，发现业主没有后续资金，为了减少自己的风险，保证人这时可以向政府申请收回保函，并就收回保函一事通告保函的索赔权利人。这时业主须在法定限期内提交新的保函，否则政府就收回业主的投资开发权。但保证人收回保函的条件是：对索赔权利人在法定期限之前完成的工作保证支付，并向政府交纳善后资金。

善后金额的确定因项目的不同处理方式而有所不同。对停工的情况，保证人应要求设计人员提交善后方案。该方案报送城市规划管理部门认可后，保证人需负责支付实施善后方案所需款项；对于项目转手的情况，保证人应支付政府组织项目拍卖的全部费用。

为配合为业主责任保证担保制度创造条件，减轻保证人的支付责任，城市规划管理部门应从控制城市整体面貌、维护市民利益、维护国土生态环境的角度出发，对工程停工后的善后方案提出统一的、明确的标准，但应避免要价过高。目的是使保证人在承保之前有标准可循，对承保风险有一个较为清晰的判断。

保证人对所代为支付的所有款项，包括对善后资金的支付，都享有对被担保人的代位追偿权。

三、业主责任保证担保制度的实施范围

前文已经谈过，实施政府强制性的业主责任保证担保的主要原因是：避免资金不到位的项目盲目开工造成的对社会总资源的浪费，解决三角债和由此造成的社会问题。由于中国社会经济体制的特殊历史背景，中国建筑业投资的绝大部分来自于政府、国有企业以及有着国有经济背景的各类法人实体。此外，我国还实行土地国有制，所以几乎任何投资行为都会与政府发生千丝万缕联系。政府作为公众利益的看守者，也有义务对业主的投资行为进行监管。据此，政府强制性业主责任保证担保制度可以适用于任何规模和投资来源的项目。

同时，我国的现行担保法将不动产排除于留置权的适用范围之外[392]，使承

包商的债权得不到类似于其他加工合同、运输合同等的承揽人所具有的法定担保权的保护。这就使业主责任保证担保制度的强制性推行更为迫切。

与工程承包保证担保制度的推行一样，业主责任保证担保制度不应对不同投资来源的项目采取歧视性政策。有人认为，既然业主责任保函的受益人是政府，是不是对政府直接投资的工程可以网开一面，免除对保函的要求？笔者认为这种思路是不符合国际惯例的。前面谈到美国和日本所采用的保证项目资金来源的法律措施都是针对公共投资项目，反而对私人投资则不作特别要求，而是听任市场力量去自发调节。可见，在市场经济环境下，往往需要对政府行为进行更加严格的制度化控制，这是因为，政府因其特殊地位，难以受到市场规律的制约。在中国的现实中，政府工程的业主也并没有成为市场的榜样，《建筑时报》对工程款拖欠问题的抽样调查显示，80 家企业被拖欠的 203 亿元工程款总额中，有 22％是来自于政府工程。也就是说，政府工程平均拖欠每一家企业的工程款都超过了5000 万。常言道，上梁不正下梁歪，所以不仅不能对政府工程免除业主责任保函要求，而且还应将其列为强制性业主责任保函的实施重点。这是因为，由于政府直接投资项目多为公益性项目，不适合作为留置权的标的物，即使在对我国担保法的留置权相关法律规定做出修改后，可能对一些适用于留置权的项目做出免于强制性的业主责任保函的规定，但对政府工程的业主责任保函依然不可免除。

同样，保函的实施范围也关系到成本问题。与工程承包类保函不同的是，由于业主责任保函将政府列为受益人，对于保函责任履行的任何争议都可能将政府牵扯进去，这必然会增加政府监管的工作量。然而，政府的监管能力是有限的，事无巨细地盲目扩大监管范围必然降低监管效率。提高监管效率的原则是遵从"2/8 定律"：抓住那些只需投入 20％的精力就可得到 80％的成效的工作。

从与现有建筑业管理体制接轨的角度看，可以将纳入强制性监理范围的项目都纳入业主责任保证担保的实施范围。这可与保函的索赔条件相协调。另外，由于第一阶段保函所涉及的担保金额与第二阶段保函相比非常小，业主拖欠款的问题也不如施工阶段那么严重，实际上第二阶段保函才是业主责任履行的重点和难点，所以对于项目投资额不高的项目，可以考虑免除提交第一阶段保函的要求，因为设计方对第二阶段保函依然有索赔权。

另外，由于业主责任保证担保制度是针对我国现阶段市场经济环境不成熟的客观现实需要而制定的，在中国的市场经济环境逐渐走向成熟之后，这项制度可逐渐淡出。笔者具体的设想是：首先，对《担保法》加以修订，使承包商的留置权得到保护。在此基础上，对适用于留置权的项目取消对业主责任保证担保的强制性要求，改为业主自愿提交，但对于提交了保函的项目免除承包商的留置权。而对于不适用于留置权的项目，则依然执行强制性的业主责任保证担保制度。

第三节　中国推行业主责任保证担保制度的效果分析

对于推行业主责任保证担保制度的效果，一是要分析实施这项制度的有效性，即它能不能解决推行这项制度所要解决的问题；二是要分析它的相关影响，即在解决了所关注的问题之后，是否又会引发出新的问题，从而对市场造成不良影响。在对推行业主责任保证担保制度的效果加以分析之前，有必要对前面所探讨的业主责任保证担保制度的特征加以总结，以为后面的分析奠定基础。

一、对业主责任保证担保制度特征的总结

对中国业主责任保证担保制度的特征总结如下：

（1）业主在项目立项后，对于所有按规定需进入公开招投标程序的项目，应分两阶段向政府主管部门提交以政府为受益人，以所有与业主有直接合同关系的设计方、承包方及材料供应方为索赔权利人的业主责任保函。

（2）该保函应由银行出具，或取得该项业务特许经营执照的其他金融机构出具。

（3）保函的保额：第一阶段，即工程报建时（项目立项后），担保金额相当于国家规定的设计费加上本阶段需向政府交纳的各种配套费用；第二阶段，即申请施工许可证时，保额为施工许可证所批准开工项目合同金额的100％。对于合理工期超过1年的项目，按当年投资计划的100％加上合理善后金额（如当年投资计划的20％），保函须逐年延续，若业主在保函到期后不能提交下一年的保函，政府可勒令停工，接管该项目，并用剩余资金对项目进行收尾或拍卖。利用设施的收益及项目拍卖收益，在扣除相关善后工作成本后，均归原业主所有。若项目开发未能如期进入第二阶段的实施，则第一阶段的保函在生效3年以后自动失效。

（4）保证人有权在项目进展的任何阶段向政府要求收回保函。这时业主须限期换交新的保函，否则政府将收回业主的投资开发权。收回投资开发权的具体操作与业主在保函到期后不能续交下一年的保函时的操作相同。

（5）保函的担保金额在实际支付发生后，随未支付金额的减少而减少。

（6）保函的索赔权利人仅需向保证人出具有现场监理工程师签名的付款凭证、保函索赔裁定中心的付款裁定书、仲裁决定或法院判决书等其中的任何一种带有付款金额的裁定，连同与业主签订的合同，并在向政府主管部门备案后，即可得到付款。对于不合理的支付，业主也可凭保函索赔裁定中心的裁定书，向承包商或其保证人追回。

在国际上，对业主支付能力要求担保的情况之所以罕见，是因为在实现这一点上存在着许多困难。中国业主责任担保制度以政府为受益人的方式越过了业主的优势地位这一障碍，但是否也已成功地避开了其他矛盾呢？对于推行业主责任保证担保制度，人们一般会有以下疑问：

（1）金融机构作为承保主体是否愿意承担相应的风险？

（2）对保函的索赔会不会过于困难而成为一纸空文？

（3）是否增加了业主的融资负担？

（4）实施业主责任保证担保制度后会对建筑市场的投资产生多大程度的影响，会不会因资金过分短缺而严重抑制投资？

（5）会不会因银行过度涉足房地产业而产生投资泡沫的问题？

以上问题分别涉及业主责任保证担保制度的有效性及其相关影响，下面就分别加以分析。

二、推行业主责任保证担保制度的有效性分析

推行业主责任保证担保制度所要解决的首要问题就是目前中国建筑市场中存在的严重的工程款拖欠问题。保证担保能否成功运行主要涉及承保和索赔这两个环节。所以，考察这项制度是否有效也应该从这两个环节来加以分析。

1. 金融机构的承保意愿

上文已经分析过，业主责任保证担保的承保将主要依托于银行。但银行作为承保主体是否愿意承担相应的风险？是否能够为这项担保制度提供有力的支持？

银行对于担保从来都是视同信贷业务。笔者认为，只要有充分的手段控制风险，银行是会很欢迎这项业务的。保函与贷款相比，其优点还在于，只要不发生索赔事件，就无需真正动用资金。现在中国的银行业已全部商业化了，贷款业务因受国家对利率的控制，竞争手段有限，而担保业务将为商业银行的竞争提供一个广阔的空间。

针对建设项目中业主责任担保金额巨大的问题，笔者在担保机制的设计中，已经充分考虑到保证人风险的控制问题，并通过两阶段及多阶段的方式，将保证人的风险化整为零。同时，通过保证金额随未支付金额的减少而递减的机制，使保证人的风险得到了有效的控制。另外，还通过赋予保证人收回保函的权利来帮助银行控制风险。

此外，银行自身在控制风险方面还有以下手段：

（1）要求业主以土地使用权和在建工程的未来产权做抵押，对此，承包商的履约担保和工程保险等措施可使银行抵押权的实现得到有效保障；

（2）以业主的其他资产设定抵押或质押；

（3）业主若有其他资金来源，可要求其他融资方向担保银行提交见索即付的反担保函；

（4）以上抵押物折价后，连同反担保函的担保金额一道，若仍小于银行所需提交的保函金额，则可要求业主存入相应数量的保证金。

通过以上措施，银行可以非常安全地出具保函。

可见，由于在对保函的设计中充分考虑到了承保主体的风险控制问题，推行业主责任保证担保制度并不会在金融机构的承保意愿方面遇到很大障碍。

2. 索赔效果的分析

推行业主责任保证担保制度成败的关键还在于保函的索赔效率。因为即使在目前工程款拖欠严重的情况下，承包商的债权并未消逝，只是实现困难罢了。如果推行业主责任保证担保制度后，保函的索赔效率极低且困难重重，则保函实际上就成为一纸空文，这套制度的推行也就流于形式了。

关于保函索赔问题，由于银行为保持自身信用的需要，一般采用见索即付的担保方式，不存在索赔困难的问题。而笔者对索赔条件的设计也非常简化，仅需监理工程师签署的付款凭证（条件1）、保函索赔裁定中心的裁定书（条件2）、或仲裁决定及法庭判决（条件3）。

可见，相对于目前承包商催讨拖欠款的手段，除了运用法律手段的仲裁或起诉外，还增加了条件1和条件2这两条快捷之路。此外，索赔的对象是银行而不是项目业主，这就不存在执行难的问题。

事实上，对于条件1，保证人实际担当的角色类似于委托付款人。在实际操作中，笔者正是希望承保银行同时担当起多重角色，既是保证人，又是建设资金的托管人，可能还同时是建设资金的主要贷款人。这样可以使业主申请保函的成本大大降低，同时也使承保银行的风险得到有效的控制。这实际上是以此向中国银行业强行导入国际上流行的主银行运营机制[317]。

运用条件1的问题是，监理会不会滥用这项权利？由于监理与业主的合同关系，且监理就保函索赔只能通过较为繁琐的条件2或条件3，事实上，监理在运用这项权利时会非常谨慎，因为得罪了业主会使他在得到支付的问题上遇到麻烦。关于监理的道德风险，可以要求监理投保职业责任险来加以规避。

对于条件2，取决于该中心的办事效率。除了采取措施严格控制该中心的办事效率外，笔者实际上是将其设计为一套备用机制，仅在条件1的机制中出现不可解决的矛盾时才需启用。控制提交保函索赔裁定中心裁定的案件的数量是提高裁定中心认定效率的另一途径，导致裁定中心大量案件堆积的原因可能是条件1的功能得不到充分的发挥，其原因可能是监理惧怕得罪业主而不作为，所以必须设计一套机制敦促监理作用的发挥。例如，可以规定，如果就同一项目业主责任保函的索赔案件超过 3 件，且裁定结果都是支持索赔权利人的付款要求，就可认定该项目的监理没有正当的履行自己的职业责任，索赔方即获得就申请索赔裁定的费用向监理索赔的权利。

推行业主责任保证担保的预期效果应该是，在政府主持的有形建筑市场中，大量的付款申请都无需经过裁定即顺利得到支付，非常简单易行。即使是面临复杂争议的局面，承包商如果最后能得到法庭的支持，也不会面临执行难的问题，这将为承包商以法律手段保护自己增加巨大的动力。在工程承包类的付款担保和进度付款担保这两种担保品种的配合下，推行业主责任保证担保制度后，严重的工程款层层拖欠的问题可望得到解决。

三、业主责任保证担保制度的相关影响分析

1. 对业主的融资负担的影响

上文谈到，作为保证人的金融机构可能以严格的反担保措施来控制自己的风险。会不会出现加重业主的融资负担的情况呢？

业主作为项目融资义务的承担者，需保证有足够的资金进行项目建设，无论是否实行业主责任保证担保制度，此融资负担都不会减少。加重业主融资负担的唯一可能是业主为申请保函而抵押了一部分财产后，还需为申请项目贷款再抵押一部分财产，这样业主的融资能力就会大打折扣。会不会出现以上情况呢？

事实上，本书之所以考虑银行作为保证人，正是为了避免上述情况的发生。可以设想，任何项目投资的业主都可能有一个主要的关系银行，它既是保证人又是支付行，它与业主之间的关系可能会出现以下情况：

（1）该行既是保证人又是贷款人，这是最简单的一种关系。银行可根据对业主的授信直接出具保函，信用不足部分再由业主在申请保函时向该行一次性办理抵押，并约定，贷款只在资金实际支付时才发生，开始计取贷款利息。保函的保费远远低于贷款利息，使业主的资金成本大为降低。

（2）业主另有贷款人。业主仅需向贷款行办理抵押，而要求贷款行向支付行出具见索即付的反担保函。同样，贷款只有在资金实际支付时才发生。业主可在每次需发生实际支付前，要求贷款行拨付所需资金。也可由支付行垫付资金，再向反担保行索赔，支付行垫付的资金实际上也被视同贷款并计取利息，所以业主可根据资金使用成本见机行事。

（3）业主有自有资金，可将其存入保证金专户。在支付发生时，支付行即从保证金专户划拨。这时，保证金相当于托管资金，由银行监督专款专用。

国际上，保函又被称为备付信用证（Stand-by Letter of Credit）[195]。事实上，它是以信用的延伸代替了现金的流通，大大地减轻了资金流通的压力，也减

少了资金使用成本。我国在考察项目资金是否落实时，一般是要求银行出具资金到位的证明。这就要求业主无论项目是否需要付款，也必须立即使贷款到位，这无疑会加重业主的资金使用成本。当然，也就出现了上有政策，下有对策的现象：银行资金证明办妥后，可以立即将资金转走。而保函方式不仅降低了资金使用成本，也避免了资金被抽走的危险。

在前面已经讨论过，保函方式与《建筑工程施工许可管理办法》（1999年12月1日起施行）所要求的实际资金到位并不是完全相同的概念。从《巴塞尔协议》的角度看，50%的实际资金到位与100%的保函可能正好相当。

实际上，在银行随时有权中止项目继续进行的条件下，并不需要采取100%的反担保措施，而是只要始终保持对近期将发生的支付以及中止合同的善后金额有足够的反担保就足够了，这可能只需项目合同额的20%～30%。当然，这要看保证人对承保风险的判断。

可见，推行业主责任保证担保制度，并不增加正常的业主融资责任，但却使政府对业主建设资金到位的要求真正地落到了实处。

2. 对建筑市场的投资的影响

推行业主责任保证担保制度的一个很关键的考虑是：实施业主责任保证担保制度后会对建筑市场的投资产生多大程度的影响，会不会发生资金过分短缺的情况从而严重抑制投资？

实施业主责任保证担保必然会对投资产生一定的抑制作用，因为其目的本来就是要将不合格、不具有投资能力的业主剔出建筑市场。在实施业主责任保证担保制度后，业主可能会丧失许多调动资金的灵活性。我想，这只会减少市场泡沫，使业主只能从事与自己实力相当的项目开发工作。这无疑是市场的福音。

问题的关键是，是不是会仅仅因为一时的资金周转困难而将一些本来可能会合格的业主剔出市场？

笔者认为，在建设工程开工以前完全落实建设资金对于全社会都是一件非常有利的事。在建设资金尚未真正落实以前，宁可在融资方面多花时间，也不能在资金不足仓促开工后又停工待料。如果项目融资不成功，说明业主所要投资的项目不为市场所接受，不具有可行性。将这样的项目拒绝于市场之外正是对社会资源的节约。长期以来，我国的可行性研究流于形式正是因为项目缺乏市场的硬性考验。

同时，实施业主责任保证担保并未对业主可能的融资渠道造成阻塞和限制，同时还可能将一些目前不正规的融资方式纳入规范化的轨道，并因此减少融资成本。如，目前业主在办理在建工程抵押贷款时，往往需要办理两次抵押：首先是在业主获得土地使用权后，办理土地使用权的抵押；其次是在工程开始预售以后办理在建工程期权的抵押。这种方式不仅手续繁琐，易发生资金周转的脱节，而且由于贷款后即发生利息，使资金使用成本过高。而以保函方式，抵押一次办理，而利息仅在实际支付时才发生，可以最大限度地减少资金使用成本，而且资金周转顺畅。

再如，目前我国对于承包商垫资的问题，虽三令五申却屡禁不止，究其原因，是因为一方面业主方存在着资金需求，另一方面一些有实力的承包商也确实具有帮助业主融资的能力。在国际上，有实力的承包商帮助业主进行融资是国际惯例。其实问题的关键不是项目有没有承包商垫资，而是项目有没有足够的资金保证开发顺利完成。承包商垫资承包的目的是希望最终能从项目中赚钱。现在的问题是，业主往往承诺承包商暂时垫资到项目完成到一定阶段，就会有后续资金跟上，但其实后续资金并没有落实，使承包商进退两难，背上沉重的债务负担。而且在目前禁止承包商垫资的政策环境下，承包商垫资往往是以隐蔽方式进行，与业主发生纠纷后，在法律上得不到有效保护。实行业主责任保证担保制度后，可以使承包商帮助业主融资走向前台，实现与国际接轨。承包商帮助业主融资的手段就是：在业主开工前资金尚有缺口的情况下，承包商可作为反担保人帮助业主取得保函。这与当前承包商垫资的最大区别在于：承包商的风险是有限的、可预测的。业主必须在落实了除承包商反担保以外的其他所需资金后，才能得到保函。也就是说，无论业主如何对项目进行融资，在项目开工之前，完成开工项目所需资金是完全有保障的。即使是因银行收回保函而造成项目中止的情况，由于有对合理善后的安排，项目在中止后可能因得到有限利用而取得一定的收益，承包商在为业主提供反担保之前，可以与业主约定将项目收益权抵押给承包商，这样，在最坏的情况下，承包商也可以通过项目的收益逐渐收回自己给项目提供的融资。承包商对于有限的、可预测的风险，可以根据自己的实际能力考虑是否帮助项目融资，还是退出。

可见，推行业主责任保证担保制度对建筑市场的影响将主要是去掉一些投资泡沫，并促使市场融资行为的规范化。

3. 对银行业与房地产业的关系的影响

推行业主责任保证担保制度后，一个很令人担忧的问题是：会不会因银行过度涉足房地产业而产生投资泡沫的问题？

银行业与房地产市场向来有着密切关系。在国际上，没有银行支持的房地产发展商几乎是没有的。银行被认为是审查项目投资风险的专家。然而，银行业对房地产的投资又向来是一个引人关注的问题，因为银行过度投机房地产往往是泡沫经济的一大特征。泡沫产生的原因是大批房地产商项目开发失败，无法偿还到期贷款，银行被迫接收大量的市值超跌的房产，使银行资产质量受到严重损害。

但银行是否会过度投机主要与银行自身的素质有关，与市场机制的完善程度有关，而与银行业与房地产业之间的固有联系无关。这从中国房地产市场的短暂历史中已经得到了验证。

实行业主责任保证担保制度后，银行与房地产商的关系会更紧密，但并不必然导致银行放松对房地产商授信的条件。银行向来将担保视同贷款，只要银行严格掌握授信额度和采取必要的反担保措施，就可使风险得到控制。同时，银行与投资人的纽带关系得到加强后，会帮助银行迅速积累起相关经验，有利于中国银行业的成熟。当前，中国金融业的发展明显滞后于市场经济发展的需要，刚刚理解了市场风险的商业银行还没有真正识别风险、了解风险，更不知如何去应付风险。如果通过业主责任保证担保制度，使银行更快地成熟起来，恰恰可以减少市场的泡沫。

可见，推行业主责任保证担保制度对于解决长期困惑中国建筑业的工程款拖欠问题，对于减少市场泡沫以及促进中国银行业的成熟等都具有很好的影响，同时也有望得到银行业的支持。可以预计，如果工程承包保证担保制度和业主责任保证担保制度两项制度双管齐下，一方面是建设方的履约意识得到加强，一方面是业主方的行为得到了规范，中国建筑市场的现状有望发生可喜的变化。

第五章　工程保证担保的市场组织和运行机制

中国工程担保市场的建设是推行工程保证担保制度的重要一环。而工程担保市场建设的核心内容就是担保市场组织的建设。在经济全球化的大背景下，中国的工程担保市场组织应该大胆借鉴国际工程担保市场的先进经验，努力与国际接轨，尽快发展出民族的保证担保业，为中国的建筑业企业参与国际竞争创造条件。以下关于市场组织问题的讨论中，将先着重对国际上成熟的保证担保市场的组织结构和运行机制加以分析，再结合中国的国情探讨如何在中国建立类似的保证担保市场体系。

第一节　国际工程担保市场的组织模式

前面已经讨论过，国际工程保证担保可以分为低保额无条件模式和高保额有条件模式两种主模式。这两种模式承保主体的代表分别是银行和注册担保公司。由于承保主体和运作机制的不同，国际上分别形成了银行保函模式和注册公司制担保模式两种典型的保证担保市场组织。

一、银行保函模式的市场组织

在银行保函模式下，担保的市场组织结构较为简单，市场的担保主体就是银行，它与被担保人和受益人之间构成一种三角形的关系。在承保方面，银行对担保业务的操作视同信贷，承包商一般是直接向银行申请担保；而在对保函的赔付方面，银行则将之视同一般承兑票据，只要受益人的索赔要求符合保函上规定的程序并出示相应文件，即可承付。银行保函模式的市场组织及其运行过程分别见图 5-1 和图 5-2。

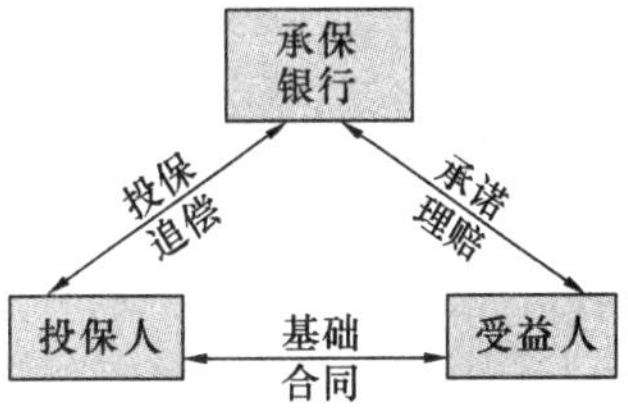

从对担保市场的监管来看，银行对担保业务的操作虽然视同信贷，但在业务分类中是被列入表外业务的，所谓表外业务就是业务经营的收支都不进入银行正式的资本与资产负债表，所以担保业务不在传统的中央银行监管体系的监管范围。

图 5-1　银行保函模式的市场组织

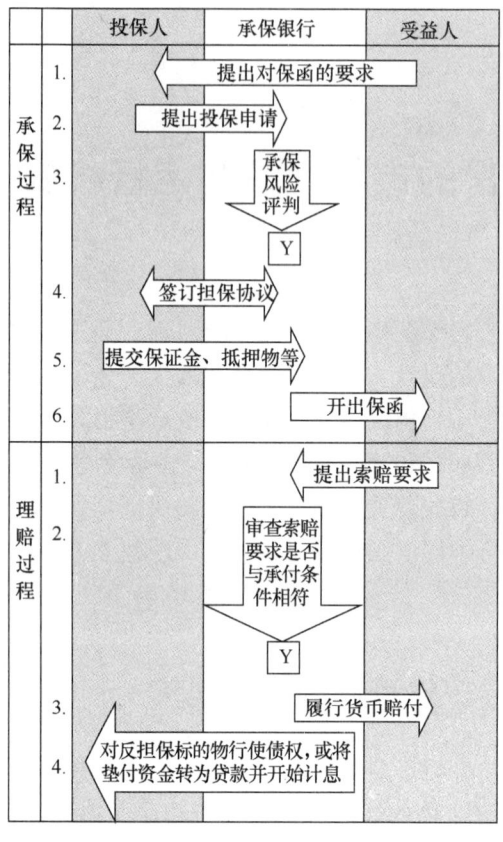

图 5-2　银行保函模式的市场组织的过程

国际银行业将表外业务纳入监管范围的尝试开始于 1988 年生效的《巴塞尔协议》[127]。《巴塞尔协议》产生的动因是国际银行业金融风险的不断加剧，以及人们对金融风险发生机制的认识不断加深。《巴塞尔协议》具体措施是将表外风险资产纳入了银行资本充足率的计算，开始对表外业务的风险加以监管，其目的是旨在限制表外业务的过度膨胀，使国际银行业系统更加稳定和健全。然而，对于表外业务的具体风险如何认定、如何评判仅仅停留在经验性的估计，还没有针对某一具体业务的特别监管措施。所以，对于工程担保的银行保函业务基本不存在什么严格的市场监管。有人认为，如果国际银行业加大对表外业务的监管力度，可能会导致银行保函业务的萎缩。

可以看出，银行保函模式市场中的监管主体只是粗泛地对整个银行的资产状况进行监管，而没有专门针对担保业务的特别监管。

二、注册公司制保证担保模式的市场组织

注册公司制的保证担保市场有着比银行保函模式复杂得多的组织。这是因为，高保额有条件保函的赔付责任高，承保机制主要依靠对承包商的资格预审和项目风险评判，而一般又不采用严格的反担保措施，所以它的评判过程就会复杂得多；同样，在理赔过程中，担保公司的赔付必须基于承包商的违约事实和违约责任，所以必须经过严格的理赔调查。同时，高保额有条件模式下担保公司有多种赔付方式可以选择，所以对理赔方案的决策也是一个复杂的过程，这一切都决定了高保额有条件模式的市场组织形态会比低保额无条件模式的组织复杂得多。注册公司制的保证担保市场的组织及其运行过程见图 5-3 和图 5-4。

与银行保函模式相比，注册公司制保证担保的市场组织有如下特点。

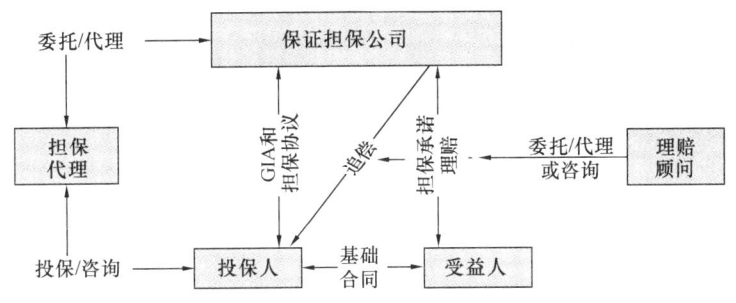

图 5-3　注册公司制的保证担保模式的市场组织

1. 担保市场主体之间有专业化分工

除了保证担保机构这一承保主体外，在承保方面还有担保代理人这一中介和承保咨询市场主体；在理赔方面也有专业的理赔咨询市场主体。所以，保证担保市场中，除了保证人、被担保人和受益人这三方外，还有担保代理和理赔咨询这两个市场主体（图 5-3）。

2. 市场运行过程更加复杂

注册公司制保证担保的市场运行过程与银行保函模式的区别最为明显之处就是多了一个对合同履约情况进行跟踪的过程。此外，在承保过程中，以一揽子的GIA 协议取代了由投保人为每份保函提交保证金、抵押物等。而理赔过程中，理赔调查和对理赔方案的决策过程也是银行保函模式下所没有的。

3. 市场有明确的监管主体，承保主体受到严格的金融监管

之所以将这种市场组织模式称为注册公司制的保证担保，是因为作为承保主体的担保公司是接受对其担保业务实施特别监管的金融机构。

根据第二章的讨论，保证担保这一信用工具为市场所接受的条件是：保证担保主体这个第三方的加入必须使总的市场交易成本得以降低。而交易成本降低的原因是：受益人获取保证人交易信用信息的成本大大低于他直接获取被担保人信息的成本，而保证人获取被担保人交易信用的信息的成本也低于受益人直接获取被担保人信息的成本。所以，市场对保证人的资格有着较高的要求。担保公司必须是金融机构，这不仅是因为市场要求担保公司必须具有充足的资金来保障自己的清偿能力，而且由于金融机构的信用是整个社会信用体系的基石，金融机构的交易信用由国家通过严格的金融监管体系来加以保障，这就使受益人在接收保函时一般无需对保证人的交易信用做特别的考察。只有这样，才能使保证担保机制引入后降低整个市场的交易费用。

三、美国工程保证担保制度的组织特点研究

通过前面的讨论可以看出，注册公司制保证担保模式是一个比银行保函模式更加

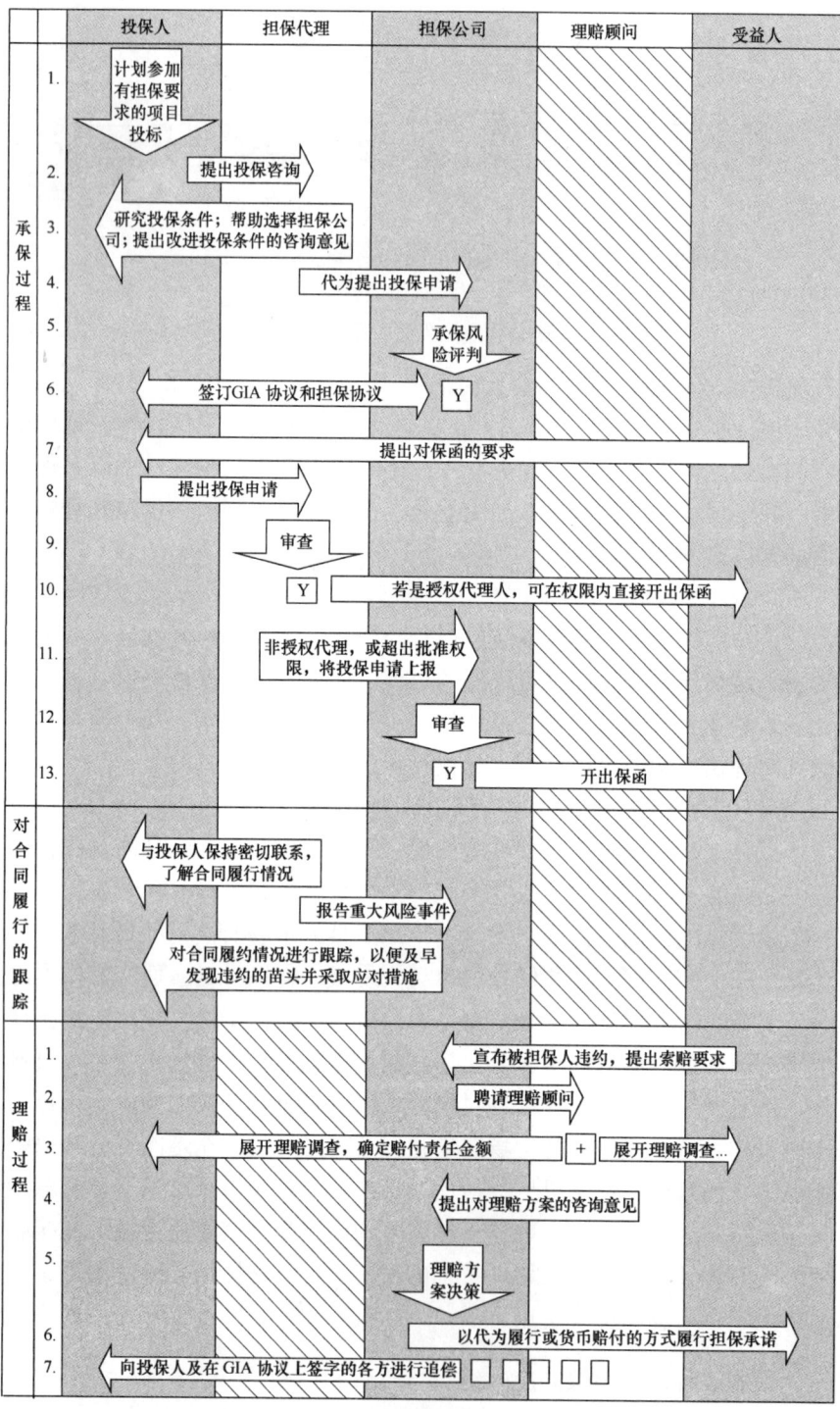

图 5-4　注册公司制保证担保市场组织的过程

专门化的保证担保市场组织。与后者相比,它有着通过细致的市场专业化分工形成的更为复杂的市场组织结构和运行过程,同时,也有着更加专业化的金融监管。也就是说,注册公司制的保证担保市场组织是一种更加具有典型意义的保证担保市场组织模式。而注册公司制的市场组织又是高保额有条件的保证担保模式的组织形式。美国有着成熟的高保额有条件模式的保证担保市场,是典型的注册公司制保证担保市场,所以有必要对美国的保证担保制度的组织做进一步的研究。

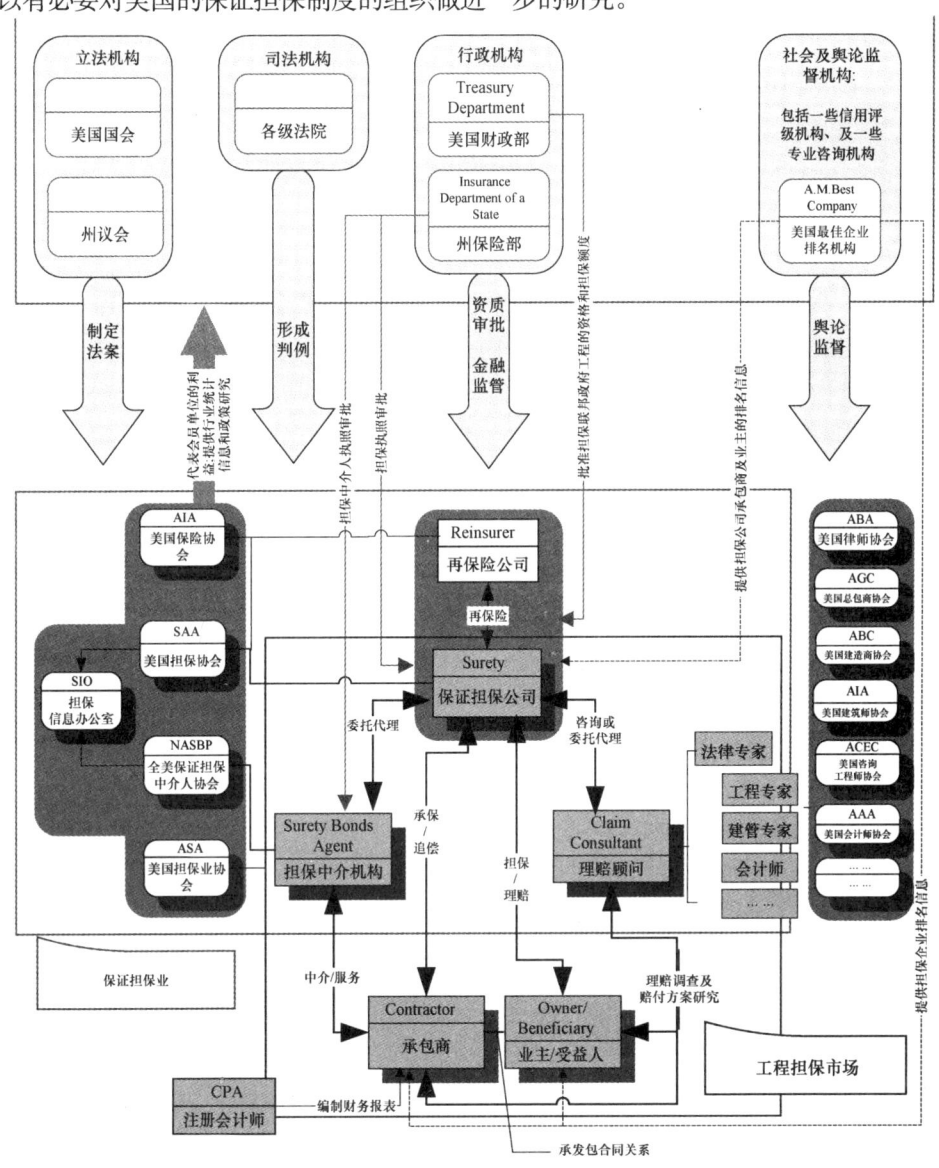

图 5-5　美国工程保证担保制度的组织

美国保证担保市场的组织如图 5-5 所示。美国保证担保制度的组织结构可以分为三个层次：其一是担保市场主体，活跃在这一层次的市场主体主要有三类，即担保公司、担保代理和理赔咨询，他们各自承担着不同的市场角色，此外还有一些相关市场主体，如会计师、项目管理工程师等；其二是担保行业，除了市场的直接参与者外，这一层次还主要包括一些行业组织；其三是与担保业相关的外部组织，包括立法、司法、行政三大权力机构，以及社会舆论监督机构等。现对这些组织各自在市场中的功能分析如下。

1. 市场主体

（1）担保公司（Surety）

担保公司是美国担保市场的承保主体。它们是在美国各州的保险部注册从事担保业务的担保公司，主要是非寿险的保险公司，以及部分专门从事担保业务的公司。若想承保联邦政府项目，则还需被联邦政府列入 T-list，并接受财政部的监管[163]。担保公司的核心业务可以分为承保和理赔两大部分。其中，承保（Underwriting）是担保公司的工作重点，公司内担任这一工作的人员被称为承保人（Underwriter），他们的工作成效和决策直接关系到担保公司的业绩；而理赔则是向担保产品的最终消费者－业主体现担保价值，并为担保公司保持良好的商誉的工作[173,114,148]。美国担保公司的行业协会是美国保证与忠诚担保协会[132,133]。

（2）担保代理人（Surety Agent）

担保代理人是担保市场的承保代理和咨询主体，他们是取得州保险部颁发的代理人执照的担保专业人士，主要从事担保中介业务和对承包商的担保咨询。传统上，担保中介组织可分为代理人（Agent）、经纪人（Broker）及担保顾问（Consultant）等，由于美国实行的是独立代理人制度，一个代理人可以同时代理多家担保公司，而为承包商提供有价值的服务是他们工作的共同特征，所以这些角色基本上已经融合了[101,152,178]。担保代理人的行业组织是全美保证担保商协会（National Association of Surety Bonds Producer，简称 NASBP）[3]。

代理人在美国担保业的地位非常独特，也非常有影响。担保公司通常只有通过他们才能向承包商推销其担保产品，这是因为在美国从事保险和担保的直接推销需要专门的执照，担保代理人的执照就是其中的一种。担保代理人须有州保险部颁发保险代理人执照。为获得执照，他们需经过一定的执业资格考试，以及每年完成一定的继续教育课程学分[94]。为区别于一般保险代理人，成为 NASBP 的会员是专业的担保代理人必不可少的身份标志。由于不少代理人有着丰富的担保知识和经验，是从事担保行业的专业人士，所以也常常担当起承包商的担保顾问这一角色。代理人如果得到担保公司的授权可以直接签发保函，则被称为授权代理人（Attorney-in-fact）[107]。

（3）理赔顾问（Claim Consultant）

担保市场的理赔顾问和咨询主体是专业从事理赔工作的律师事务所及一些理赔咨询机构，理赔专家主要是律师，但也包括其他咨询专家，后一类人也称自己为 Surety Consultant。在律师之外，还需要一些工程技术、工程管理及概预算等方面的顾问，他们以自己的专业特长帮助担保公司在理赔过程中解决一些技术性问题，他们可能不是专门只为担保业服务的组织，但他们的咨询意见却是担保公司在理赔工作中不可缺少的。政府对于担保理赔人员并无专门的监管，理赔咨询业的发展主要是依靠市场需求和理赔咨询业者的商誉。

理赔咨询这一市场的存在并非由法律规定，而是担保公司自身的需要。在担保公司的理赔工作中，每一个案例都可能有一些特殊的挑战性问题需要解决；而索赔事件发生的地点不同，适用的法律条件就也有所不同，理赔人员必须对违约项目所在地的地方法律、法规、法律程序有熟练地掌握；另外，理赔工作还涉及对一些特殊工程项目领域的违约事实和违约责任的认定。这一切都使外聘理赔咨询专家成为必要。理赔咨询专家的具体工作方式可能是加入到担保公司的理赔工作小组中，也可能是受担保公司委托代表担保公司直接处理理赔事宜。

2. 行业协会

美国各行各业都有许多行业协会组织，他们对外代表行业利益进行宣传推广和立法游说，对内进行信息交流、制定行业规范以及组织业务培训等，旨在提高行业整体素质，以实现行业的健康有序的发展。所有这些工作，对于担保业的健康发展都是非常重要的。

对美国担保业最有影响的行业组织是 SFAA 和 NASBP。

SFAA 即美国保证与忠诚担保协会是一个以担保公司为会员的行业组织，它是一个对担保业有着巨大影响的背景较为特殊的行业组织。SFAA 创立的背景是防止行业内的过度竞争导致保费收入低于担保公司维持正常业务的成本。它的前身是 SAA（Surety Association of American）其创立得到了美国保险监督官协会（NAIC①）和美国财政部的支持。所以也有人认为它是一个准官方组织[49,123]。SFAA 的主要工作范围包括[126,125]：

（1）为会员单位提供一个交流行业信息和讨论行业发展和共同利益的讲坛；

（2）代表行业利益对立法机构、政府、法院、其他相关行业组织及社会公众进行宣传、教育、游说，使担保行业得到更多的社会支持、理解和良好的发展环境；

---

① NAIC，即 National Association of Insurance Commissioner，是一个美国各州保险监督官的联席会议。由于美国的保险业的立法权在各州，这个组织的建立旨在对各州在保险业方面的监管行动进行一些协调。

（3）帮助相关政府部门进行行业数据的统计工作，分析行业的平均运营成本和风险分析，为行业研究制定参考性的手册、规范、标准文本等。

SAA 从创立之初，一直负有费率标准研究和为行业制定参考费率的使命，然而，从 1989 年开始，SAA 已不再制定费率，改为仅仅公布对行业平均赔付成本的统计。发生这一转变的原因是，SAA 不愿意自己被指责为以公布费率标准妨碍自由竞争。而维护竞争则是美国经济政策中的一个恒久的指导原则。

NASBP 是担保代理人的专业行业组织。NASBP 为了维护自己作为具有一定职业水准的担保代理人的专业性行业组织的特色，要求参加该协会的会员都须在担保代理业务上达到一定的业绩标准，要求代理人遵守本组织制定的职业准则。所以 NASBP 的会员资格代表了一定的职业水准[44,102]。

除了代表会员利益的对外宣传、教育、游说外，NASBP 的工作重点是放在如何为自己的会员提供继续教育机会和提升业务水平方面。因为 NASBP 清楚地认识到，代理人存在的价值除了提供一般中介服务外，还须保持一个较高的业务素质和专业水准，以便为承包商提供有价值的咨询服务，否则这一行业存在的合理性就会受到质疑。

NASBP 与 SFAA 的关系非常紧密，它们不仅经常联合举行一些研究、交流和宣传活动，在院外活动中相互配合，还共同成立了担保信息办公室（Surety Information Office，简称 SIO)[146]。SIO 是一个专门向社会公众免费提供担保信息的专业机构。SIO 的使命是向私人投资者推广使用担保这一风险专业工具，使担保市场在私人投资领域得到扩大。目前美国担保市场需求的 83％是来自于公共投资项目，在担保市场日趋激烈的情况下，向私人投资领域扩展对担保业是一个很诱人的前景[155]。

另外，在美国，与担保市场密切相关的行业，如保险业、建筑业以及律师等，它们的行业组织不仅与担保业的行业组织之间联系紧密，有的甚至在担保研究方面起着重要作用，现列举如下。

（1）美国保险协会（AIA：American Insurance Association）：AIA 是美国保险公司的行业组织。由于担保公司大都是保险公司，也是 AIA 的会员单位，所以 AIA 对美国担保业的发展也密切关注，在代表担保公司利益方面经常与 SFAA 采取联合行动。

（2）美国保险学会（IIA：Insurance Institute of American）：这是保险业的一个非盈利性的教育研究机构，它在担保业方面的一个重要工作就是会同 NASBP 和 SAA 开设了忠诚和保证担保职业资格认证课程 AFSB（Associate in Fidelity and Surety Bonding），并出版了系列教材[173,49]。

（3）美国建筑师学会（AIA：Architects Institute of American）：作为建筑咨询业的一个最有影响力的学会，AIA 在工程保证担保方面也做了大量研究，它对担保业最有影响的工作是公布了一系列 AIA 标准保函文本[74,13]，这些标准文本成为美式保证担保保函的代表性文本，得到大量的应用。

（4）美国总包商协会（AGC：Association of General Contractor）：AGC 是最有影响力的承包商行业组织之一，它与 SFAA 等担保行业组织有着密切的关系，同时也从承包商的角度开展一些担保方面的研究[3]。它目前在担保方面最有成效的工作是公布了投标担保[10]、分包担保[8,9]和 DB 承发包模式下工程保证担保保函的标准文本[4,5,6,7]，这是对 AIA 系列保函标准文本的补充。DB 承发包模式在美国建筑市场的份额越来越大，而 DB 模式给承包商和担保公司带来了一些与传统承发包模式不同的风险，为 DB 合同设计标准的保函文本是担保业适应建筑市场需求的一个重要步骤。

（5）美国律师协会（ABA：American Bar Association）：ABA 有专门的有关担保法方面的委员会，对担保中的法律问题做了大量研究，并对从事担保业（主要是理赔）的律师提供培训[51,87,100]。

3. 其他相关市场主体

担保市场的其他相关市场组织并非特别以服务于担保业为工作中心，但他们的服务却是担保市场健康发展不可或缺的部分。担保业的相关市场主体有很多，这里着重讨论独立的注册会计师行业、建筑咨询业和信息调查咨询业。

（1）独立的注册会计师（Certified Public Accountant，简称 CPA）

独立的注册会计师对担保业有着很重要的影响。在承保方面，担保公司主要依靠会计师事务所提供的财务报表来评判承包商的财务状况。通常，担保公司的承保人对一个承包商的第一个印象就来自于其所提交的财务报表。所以财务报表的编制质量以及编制报表的会计师的身份和背景等都会影响承保人对承包商的判断[1,116]。所以，对于承包商来说，要成为有担保的承包商，必须首先成为独立的注册会计师的客户，为此，它必须采纳一系列符合注册会计师规范的财务管理制度。

帮助承包商编制报表的注册会计师应该熟悉建筑业企业的财务会计，并了解担保公司的承保风险评判工作对承包商的财务信息的需要。这样，CPA 在帮助承包商编制财务报表时，就能选择最为恰当的编制方法，以便最好地满足承包商申请担保的需要，为承包商的申请顺利获得批准提供方便[1]。

一个好的 CPA 为承包商所提供的服务远远超过了财务报表的编制，他们会为承包商提供内部财务控制的咨询意见，会为承包商安排好的财务管理体系，并帮助承包商建立起好的财务管理信息系统，方便承包商对自己的财务状况随时有好的监测，为承包商的成功经营创造条件。担保公司对于 CPA 为承包商所提供的这些服务的价值有着清楚的认识，所以承保人不仅对他们编制的财务报表上的数据给予很高的关注，同时也会注意其他一些细节所透露出来的信息，如不正常的报表延期提交，报表上的错误和删改痕迹，注释的不详，报表缺乏与承包商相应的工作计划之间的联系，所有权、财务制度以及 CPA 的更换等。这些都反映出承包商可能遇到了什么麻烦。

在理赔方面，CPA 也是担保公司掌握承包商财产状况的一个重要信息来源。

（2）建筑咨询业

建筑咨询业在美国是一个重要的行业。建筑咨询业除了提供传统的设计咨询，如建筑师、工程师、机电工程师等的服务外，还有一个重要方面就是项目管理。

美国项目管理咨询业非常发达。项目管理咨询专家可以为担保业提供多方面的服务。项目管理工程师的特长是对项目进行投资控制、进度控制和质量控制，如果业主方在项目开发过程中聘用了项目管理咨询方，则他们对项目进展全过程都有着详尽的文档资料记录，对于帮助担保公司迅速认定承包商的违约事实，确定自己的赔偿责任和损失金额等都会大有帮助。传统上，在项目实施阶段派驻现场的建筑师也是承担这一角色，但其服务没有专业的项目管理咨询那么完善[56]。如果一个工程项目没有好的项目管理，而业主与承包商又对违约事实各执一词，则担保公司的理赔工作很容易陷入纠纷之中难以迅速行动，这是因为担保公司的赔付是基于承包商违约这一前提，而赔付之后担保公司还有权向承包商追偿。如果违约事实难以认定，承包商不承认自己存在违约责任，或不同意对赔偿责任的认定金额，则担保公司在做出赔付后，将面临着向承包商追偿的困难[114]。可见，项目管理咨询业的发展对于担保业也是非常重要的。

（3）信用调查咨询业

担保公司在承保过程中不会仅仅依赖于承包商自己提供的资料，还会做多方面的信用调查。美国的信息调查咨询业异常发达，包括提供一般企业排名或信用评级的咨询公司，如 Ambest、Moody、Dun & Bradstreet 等，也包括一些专门的调查咨询公司，他们应担保公司委托对特定的承包商企业的经营状况写出详尽的调查咨询报告。Dun & Bradstreet 是担保公司考察建筑业企业的一个必备的信息来源，而 Ambest 则为外界选择和考察担保公司的资信提供了重要的依据。这些公司的声誉都是在历年市场竞争中锤炼出来的。

4. 担保业相关的外部组织

美国是一个三权分立的国家。它的立法、司法和行政三大权力机构各自独立地对担保市场发挥着自己的影响。

（1）立法机构

对美国担保业最有影响的立法主体包括国会和各州议会，担保行业协会的一个重要工作就是针对它们有关担保方面的立法活动进行追踪、游说，促进一些有利于行业发展的法案的通过，以及阻止不利法案的通过等[106]。国会通过的密勒法案（Miller Act）和各州参照联邦政府的密勒法案所制定的各种小密勒法案（Little Miller Acts）构成了美国公共项目强制性保证担保的法律基础[51,68,83]。

（2）司法机构

司法机关对于担保市场中出现的纠纷做最后的裁决。美国是一个判例法体系的国家，司法判例对整个法律制度有着重大的影响[61,51,160,100,60]。大量的司法实践为美国的担保法提供了丰富的法官判例，担保专业律师的一个重要工作就是对这些判例加以掌握和应用。

（3）行政机构

美国的政府对担保市场的介入有两个环节。其一是对市场主体的行政监管；其二是对中小企业的担保援助。

美国是联邦制的国家，担当美国担保业的行政监管主体分为州政府和联邦政府两级。州政府一级的行政监管主体是各州保险部，它们主要是负责批准担保执照，审查定期申报的担保公司的财务报表和不定期地对担保公司的业务和财务状况加以检查，以及接受各担保公司对费率标准的申报并加以审批。对于担保代理人，则主要是批准代理人执照，并要求代理人每年参加由该州认可的一定学分的职业教育培训，可以是由行业组织及各类大专院校举办的专业培训课程，也可以是一些行业内的学术研讨会议等[94,98,97]。

联邦政府一级的监管主体则在美国财政部。财政部的监管是非强制性的，但它每年公布一次的联邦项目接受的担保公司名单（T-list）却对担保市场有着重大的影响。担保公司并非被强制性要求加入 T-list，但由于 T-list 影响巨大，它不仅是担保公司承保联邦项目的前提，也被许多州及地方政府套用，不少私人业主在对担保公司的信用考察时也参考 T-list，所以不加入 T-list，也就意味着市场空间将非常狭小[163,148]。据统计，1997～1998 年两年间，前 100 名担保公司的市场份额就占总担保市场的 99% 和 97%。而这两年的 T-list 上的担保公司总数都达到了 300 多家，并包括这 100 家。可见，T-list 的担保公司几乎分享了美国保证担保市场的所有市场份额[①]。而要加入 T-list 就意味着必须接受美国财政部的监管标准，此监管标准将在第六章中讨论。美国财政部对担保业的监管不仅包括直接从事担保业务的第一线担保公司，还包括对担保公司提供再保险的再保险

---

① 数据由 SAA 提供。

公司[154]。

美国政府的中小企业局（SBA：Small Business Administration）担当着中小企业、少数民族、妇女及残疾人等开办的企业的担保援助的角色。SBA 成立于1953 年，是美国政府为鼓励和扶持中小企业、少数民族、妇女及残疾人等开办的企业参与市场竞争的专门机构，其宗旨是为了使国民经济保持持续的活力。同时，SBA 还是帮助企业和家庭在遭遇灾害后进行灾后重建的联邦政府银行[130]。它为帮助中小承包商投保设置了两种担保援助计划。在计划 A（Plan A）中，SBA 对承包商的申请批准后，可为其向担保公司提供 80％～90％的反担保；在计划 B 中，SBA 则通过与担保公司的协议为合格的中小承包商提供 70％的反担保，并无需对承包商的申请自行加以审批。政府设置担保援助计划的目的，是为了帮助中小企业更方便地获得担保以参与公共项目投标，并帮助他们迅速成长为符合担保公司承保条件的承包商[131]。

综上所述，可以对美国工程担保市场的特点总结如下：

（1）市场组织有着细致的专业化分工。不仅担保公司自身将担保业务划分为承保和理赔两项核心业务，而且这两个业务方向都各自衍生出了一个相对独立的市场，即担保代理市场和担保理赔市场。

（2）行业协会组织发达，并对担保行业的发展发挥着重大作用。这些行业协会组织对外代表行业利益进行宣传推广和立法游说，对内进行信息交流、制定行业规范以及组织业务培训等，旨在提高行业整体素质，以实现行业的健康有序的发展。

（3）市场有明确的监管主体，承保主体受到严格的金融监管。虽然担保公司是被纳入各州保险部的监管范围，但对于联邦政府，担保事实上是被作为一种与财险、寿险等并列的一种特殊的业务，需申请单独的执照。美国财政部的监管，虽非强制性，却通过公共项目强制性担保制度的政策示范作用，将一整套独立的对担保公司的监管标准灌输给了全社会，对于担保公司的规范运作和保持他们在财务上的清偿能力起到了很好的作用。这些监管措施都有效地保障了整个担保业的信用。

（4）对中小承包商、少数民族、妇女及残疾人的承包商企业提供担保援助。这是美国工程保证担保制度的一个重要组成部分，是政府鼓励建筑业的市场竞争、使市场保持活力的重要举措。

（5）其他相关市场组织的完善：包括独立的会计师、建筑咨询业以及信息调查业等，这些相关市场组织并非特别以服务于担保业为工作中心，但他们的服务却是担保市场健康发展不可或缺的部分。

第二节　对中国工程担保市场组织的探讨

中国工程保证担保制度组织的研究，是在借鉴国外先进经验的基础上，结合中国工程保证担保制度的具体内容和现实环境，对中国工程担保市场的组织结构、组织中各主体在市场中的职能及其运行机制等做出研究。然后在此基础上研究如何实现这一组织目标。

一、中国工程保证担保制度的组织结构

本书设想的中国工程保证担保制度是由工程承包保证担保制度和业主责任保证担保制度两大部分组成的。其中工程承包保证担保制度采用了有高保额有条件保函模式、低保额无条件保函模式以及有担保的替补承包商模式等三种模式并存的混合模式。而业主责任保证担保制度则采用承付保函的模式。其中，高保额有条件保函的担保模式的市场组织可以直接借鉴美国保证担保市场的组织；低保额无条件保函模式的工程承包保证担保保函和业主责任保函同为承付保函，可借鉴银行保函模式的组织；而有担保的替补承包商模式其实并未为担保市场创造一种全新的担保模式，因为它或是依托于高保额有条件保函模式，或是依托于无条件保函模式，对担保市场的组织不会产生重大影响。由于高保额有条件保函模式的市场组织比银行保函模式的市场组织更复杂，也有更完善的市场监管，低保额无条件保函模式中的市场结构和市场主体在高保额模式下都有所涵盖，所以，中国工程担保市场组织应主要借鉴注册公司制的工程保证担保的市场组织，但将银行作保证人的情况考虑进去。

笔者对中国工程保证担保组织的初步设想如图5-6所示，它与美国的保证担保组织的主要区别有以下几点。

（1）与中国工程保证担保制度中多种担保模式并存的条件相结合，中国保证担保制度的市场组织模式也是混合式的，即承保主体有担保公司和银行并存。

（2）由于银行与被担保人一般有直接的业务关系，无需担保中介人。为使担保公司与银行有同等的竞争条件，对于担保公司是否使用担保代理人为其发展客户不作法定要求。这样，中国的担保代理人的地位将如同理赔顾问一般，它的存在将取决于它是否能为市场提供有足够价值的服务。

（3）由于中国工程保证担保制度是由工程承包保证担保制度和业主责任保证担保制度两部分构成，所以投保人可能是承包商，也可能是业主。而受益人，在工程承包保证担保中是业主，在业主责任保证担保中则是政府的建筑业主管部门。

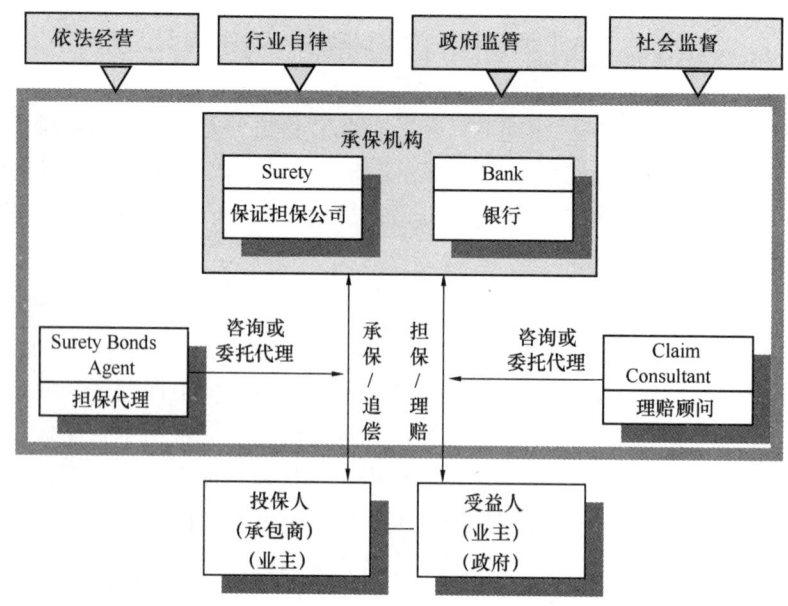

图 5-6　对中国工程保证担保组织的初步设想

二、中国工程保证担保制度的运行机制

1. 工程保证担保的运行过程

工程保证担保包括了承保和理赔这两个环节。图 5-7 对中国保证担保市场组织的承保过程作了一个概括。与单纯的注册公司制的保证担保市场相比，中国的保证担保市场的承保过程中，承包商面临一个担保模式选择的问题，这将是担保咨询介入的一个切入点。当承包商决定成为与担保公司有 GIA 协议的承包商时，市场过程就进入了典型的注册公司制的保证担保市场的承保过程，而此前则类似于银行保函的投保过程。中国工程担保市场的理赔过程则取决于投保人所选择的承保过程，可分别参见图 5-2 和图 5-4。

2. 对担保业实施严格的金融监管

中国工程担保市场借鉴的主要是注册公司制保证担保组织模式，将对工程担保业实施严格的金融监管。本书所讨论的担保公司的定义为：担保公司是指从事工程担保业务，并接受政府对保证担保业务的特别金融监管的金融机构。

在中国工程担保市场中，存在着担保公司与银行这两种承保主体。本章第一节第 1 点中已经提到，传统的银行保函组织模式下的保证担保缺乏严格的金融监管。那么，对银行业的保函业务的监管又如何开展呢？

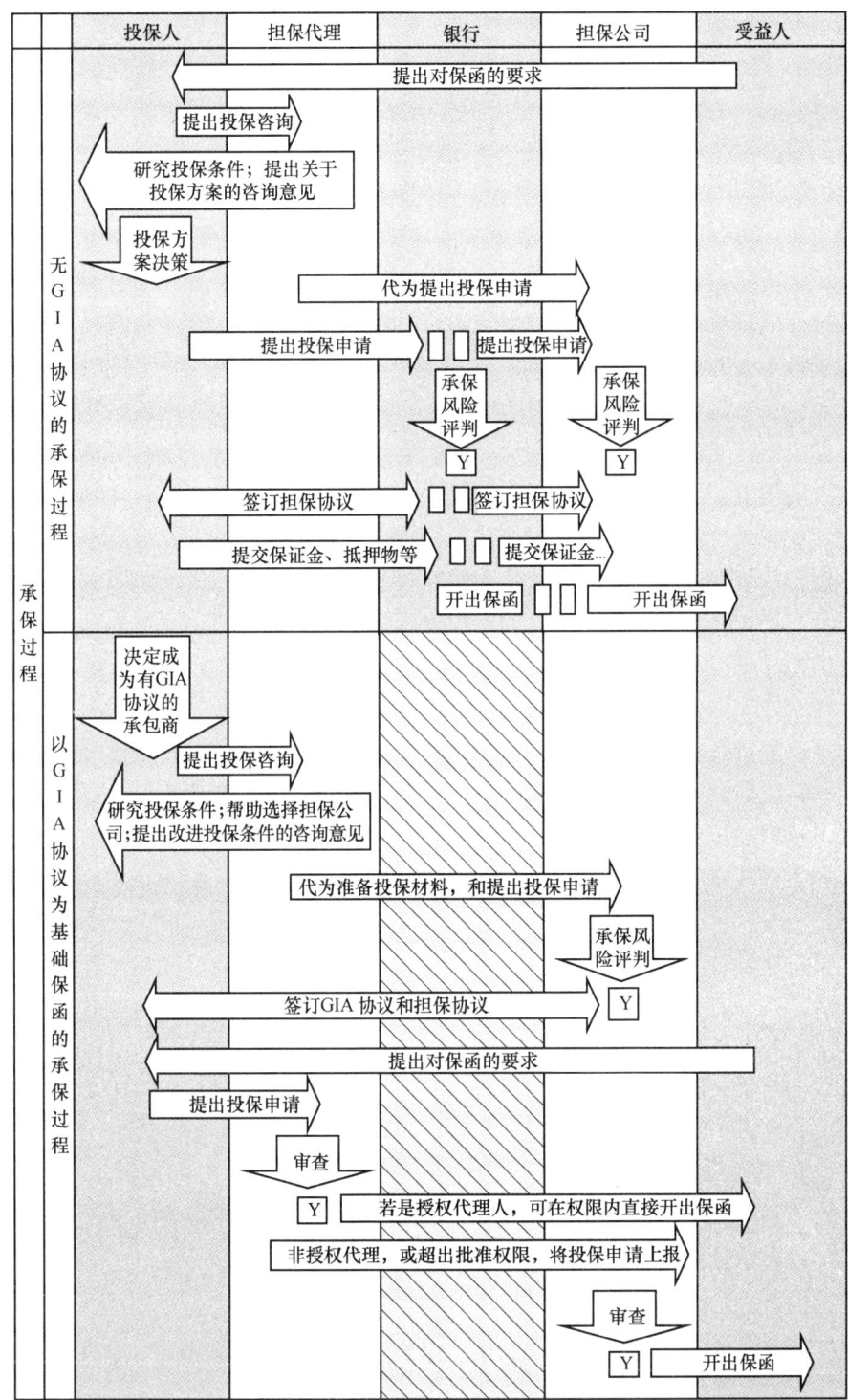

图 5-7 中国工程保证担保的承保过程

　　尽管银行和担保公司都是承保主体，但它们介入市场的角度不同，经营担保业务的方式也不同。其中，担保公司所从事的是风险经营，而银行所从事的是货币经营。我国的银行从 1980 年就开始了承保工程保证担保保函的业务，一开始主要是应中国企业参加海外项目之需，以及世行贷款项目、亚行贷款项目的需要等，但数量很少；近年来随着国内工程担保试点的展开而更多地涉足到国内工程担保市场。银行虽然是从事保函业务的传统机构，但银行的保函业务是表外业务，缺乏特别的金融监管。银行在操作中将担保业务视同信贷，而且担保业务也不是银行的核心业务，所以一般也没有专门的业务部门①。这种状况在市场对保函需求量不大的条件下是没有问题的，但一旦我国推行了强制性保证担保政策，市场对保函的需求量剧增，而中国银行业又普遍存在着自我约束机制不强的弱点，如果银行的保函业务突然剧增，又没有特别的金融监管，就可能给银行业带来很大的风险。为了控制宏观金融风险，并适应我国当前对金融业实行严格的分业经营的背景，笔者认为应对银行从事担保业务的范围作如下规定：

　　银行从事保证担保业务的资格无需经过专门监管机构的批准，但只能从事符合国际商会 458 号出版物所定义的承付保函的承保。而担保公司作为保证担保的专业机构，可以从事所有工程担保业务。

　　对银行保函业务范围的这项限制主要是为了限制银行开展以 GIA 协议为基础的高保额有条件的履约保函，因为这种保函事实上需为投保人提供很大比例的信用开口，而它所包含的承保风险的性质又是银行业所不熟悉的。

　　但这项规定并不是为了限制银行从事担保业务，根据本书对担保公司的定义，如果银行接受了保证担保业务专门监管机构的监管，即同时也被视为担保公司。

　　银行在经营保函业务方面有着天然的客户资源优势，如果市场存在大量的对保函的需求，而银行也感到有利可图，完全可以申请接受监管机构对其保证担保业务的监管，这样，它就可以保证担保业务扩展到所有保函类型。这正是笔者设计这一业务范围限制的初衷。这项规定一方面可使市场在一开始即达到相当规模的市场容量，但又不至于对政府加强对保证担保业务的监管构成障碍。

　　3. 充分发挥行业组织的功能

　　行业自律是保证担保市场运行机制的重要组成部分。参照美国工程保证担保的行业组织的功能，我国的担保行业组织应承担起以下任务：

---

　　① 中国建设银行是个例外，其传统上就是一个服务于建筑业的专业银行，因此对建筑市场的特点较为熟悉，其身处中国工程担保试点前沿的深圳分行还特别设有担保中心，如今在全国市场份额一直处于领先地位。

（1）为会员单位提供一个交流行业信息和讨论行业发展与共同利益的讲坛；

（2）代表行业利益对立法机构、政府、法院、其他相关行业组织及社会公众进行宣传、教育，推动工程保证担保的立法工作，使担保行业得到更多的社会支持、理解和良好的发展环境；

（3）帮助相关政府部门进行行业数据的统计工作，分析行业的平均运营成本和风险分析；

（4）为行业研究制定参考性的手册、规范、职业准则、标准文本等；

（5）开展保证担保业从业人员的职业资格认证；

（6）提供对相关市场人员的培训，如律师、会计师、咨询工程师等，帮助他们形成对担保业的理解以及了解如何配合担保业提供相关服务等。

三、政府在推行工程保证担保制度中的角色

通过对国际工程保证担保制度的考察可以发现，政府在工程保证担保制度的推行中发挥着重要的作用。我国政府由于传统原因，常常对自己在市场中的角色定位不准，对市场的管理具有较大的随意性，所以，对政府在市场中的角色的讨论对于中国发展工程保证担保制度有着重要的现实意义。参照市场经济发达国家的经验，以及中国保证担保市场的特点，政府在中国工程担保市场中的角色应包括以下内容。

1. 作为保函的受益人，为保证担保市场提供需求

通过对公共投资项目实行强制性保证担保，政府可以为工程担保市场提供巨大的需求，这一需求将是中国工程担保市场得以成功发展的基础。政府作为工程保证担保的受益人有两个角色：其一是作为业主，通过工程承包保证担保而使国有资产的投资得到有效保障；其二是作为建筑业的监管主体，通过业主责任保函而使业主责任的履行得到强化，使参与项目建设的各方免于因项目投资不足而被拖欠工程款。

美国推行的强制性保证担保制度其实仅相当于中国的工程承包保证担保制度。从美国的经验来看，尽管美国的建筑业投资来源中，公共投资仅占约 20%，而在投保的工程建设项目合同额中，公共投资项目所占比例却高达 83%[①]。这充分说明了政府作为保证担保的受益人，为保证担保市场创造了巨大的需求。

正是公共项目的强制性保证担保制度为美国保证担保业的蓬勃发展创造了条件。这可从注册公司制的保证担保在英国和美国的不同发展结果加以印证。最早的担保公司诞生于英国，但并没有得到什么发展。美国最早的保证担保的保证人

---

① 数据由 SIO 提供。

都是个人，担保公司最早出现在美国是 19 世纪中叶，但也很快就倒闭了，但由于个人担保存在着清偿能力有限、抗风险能力差、给业主提供的保护非常有限，依然有人看好公司化的保证担保市场。到 19 世纪末，又一批担保公司发展起来了，此后很快，美国通过了"赫德法案"（Heard Act），确立了对公共投资项目的强制性保证担保制度，这就为担保公司创造了巨大的稳定的需求，于是，担保公司才得以生存下来，而不是像他们的先辈那样昙花一现就消失了。很快，现代注册公司制的保证担保成为了美国保证担保市场的主流[51: pp3-39]。可见，现代注册公司制的保证担保离不开政府以强制性担保制度所提供的巨大的市场需求。

然而，值得注意的是，美国的私人投资项目的投保比例非常低，这不由让人怀疑强制性工程保证担保制度的必要性：似乎大部分私人业主并不认为花钱买担保是有必要的，那么政府是不是花了冤枉钱呢？其实不然。强制性保证担保制度在美国已历时上百年，在这一过程中，除了对保额要求的不断增加，以及随着通货膨胀而几次调整项目的最低投保合同金额外，并没有发生过什么根本性改变，而政府也认为通过对公共项目的强制性保证担保制度，使最低评标价中标的履约得到了有效的保障，政府在招投标中的节约远远超过了政府在保费上的开支。

那么私人业主为什么对投保不积极呢？笔者认为主要有两个原因。

首先，私人业主之所以不积极投保是因为它们已受益于公共投资项目的强制性保证担保。前面已经谈到了美国保证担保模式运行的核心是担保公司与承包商之间的 GIA 协议，以及基于这一协议而形成的担保公司与承包商之间的密切关系。美国担保公司在对承包商进行履约能力的资信预审时，决不会仅仅将已投保的项目纳入考察的范围，相反，他们会考虑未投保项目对承包商履约能力的影响。所以，在承包商为承接公共投资项目而接受担保公司的资信预审时，担保公司的这种颇有价值的工作的功效就已经福及私人业主了，尽管私人业主若没有投保将在真正遭遇承包商不能履约时缺少一份保护。

其次，政府投保和私人业主投保对各自的效用是不同的。由于政府对公共项目的投资是一种大规模的持续的投资行为，尽管承包商违约的风险很难预测，保证担保的运行机制也不预期风险的发生，但当同一业主有大量的项目投资且在很长时间都维持在一定规模时，承包商违约的风险几乎就是必然发生的确定性事件了。对于政府而言，保费的支出就像是从每一个项目中预留出一定的风险准备金，而当风险实际发生时，就可用这笔准备金来抵消损失。担保公司不过是帮助政府保管这笔准备金的一个很好的载体，担保公司之间的竞争就像是谁能更好、更有效率地保管这笔准备金的竞争。而对于私人业主来讲，涉足建筑业领域成为业主可能只是一生中的偶然事件，如果他们通过自行的资信预审而对承包商有足够的信心，则对他们而言承包商违约的概率就很小了。需要特别指出的是，与一般保险中的出险概率不同，如果不投保时市场中承包商违约的概率为 k，则投保后承包商违约概率 k' 会因保证担保将风险转移回风险源本身而出现 $k' \ll k$。担保公司制定费率标准时所考虑的赔付成本的依据是 k' 而非 k。担保公司制定费率标准时还会考虑自己的承保成本 S 及利润 I。然而，若业主不投保，则需自己进行承包商的资格预审，其成本 S' 往往会大于 S（因非专业化工作的缘故），同时因 $k' \ll k$，所以下面在比较业主在担保问题上的不同决策下承包商违约所带来的损失时，略去承保成本 S 和利润 I 这两个因素。

（1）对于政府业主，其是否投保的决策只是在两种确定性的损失之间作一个选择：

$$\begin{cases} \text{不投保}: L = k \cdot C \\ \text{投保}: L = k' \cdot C \end{cases} \quad \text{（其中，} L \text{ 为政府需承担的损失，} C \text{ 为可能的违约损失额。）}$$

显然 $k' \cdot C < k \cdot C$。可见，无论 k 值大小，对于政府而言，将项目投保都会对投资有所节约。

（2）对于私人业主，他面临的承包商违约的损失则是一种不确定状态：

$$\text{不投保}\begin{cases} L = 0, p = 1 - k \\ L = C, p = k \end{cases} \quad \text{（其中，} L \text{ 为私人业主需承担的损失，}$$
$$\text{投保}: L = k' \cdot C, p = 1 \qquad\qquad p \text{ 为私人业主蒙受损失的概率，} C \text{ 为可能的违约损失额）。}$$

显然，私人业主是否投保将取决于他对风险的态度。如果业主有损失的效用函数 $U(L, P)$，满足：

$$U(L, P \mid l_1 = 0, p_1 = 1 - k; l_2 = C, p_1 = k) > U(L, P \mid l = k' \cdot C, p = 1)$$

则该私人业主会选择不投保。

事实上，由于公共项目强制性保证担保的影响，当某私人业主不投保但选择有担保的承包商时，承包商违约的概率已不再是 k，而可能是在 k 与 k' 之间的一个值 k'' 了，这样，该私人业主选择不投保的可能性就更大了。这就解释了为什么在实行了高保额的强制性工程保证担保制度的美国，私人项目投保的比例会低于没有强制性保证担保制度的国家和实行低保额保函的国家。

从以上分析可见，政府对公共投资项目实行强制性保证担保制度，不仅自己受益匪浅，并通过创造这一市场需求为保证担保业的发展提供了强大的支持，也由此导致市场中承包商违约概率的普遍降低而使私人投资项目同时受益。而担保市场的成功发育也离不开政府作为公共项目的投资人给担保市场带来的巨大的、稳定的需求。

2. 担当市场监管主体

政府担当市场监管主体对保证担保市场实施监管的核心目标是维护社会信用

体系的正常运行。具体的监管措施有以下几个层次。

（1）对保证人的资格进行认定

保证担保机制的运行是基于受益人对保证人的信任，政府作为强制性保证担保制度中的受益人，有资格对自己认可的担保公司加以认定。我国可以借鉴美国政府的办法，一年一度地对担保公司的资格进行重新认定，由财政部每年一次统一公布担保公司名单和担保限额，所有在强制性担保制度实施范围内的项目业主和建设主管部门必须在接受保函时严格按照财政部名单和限额进行审查，检查保函的有效性，否则即视为渎职行为。由国家财政部，而不是具体的项目业主或地方政府决定担保公司名单是保障担保市场信用体系、减少腐败现象的重要举措。保持一年一度的更新，既可以使担保公司的担保资格和担保额度与其在承保能力上的变化相一致，又可以给担保公司以持续努力的压力。

（2）对担保公司的费率标准进行监管

政府对担保公司的费率的监管有以下三大原则。

1）防止担保公司以过低的费率标准收取保费而危害到自己的偿付能力

这一问题会发生在市场中存在着大量的担保公司的环境中。这时，以降低费率来争取客户是担保公司竞争的重要的手段[114,33]。对于费率的高低，SAA公布的参考费率（1988年以前）及市场平均赔付成本（1988年以后）为政府对费率的监管提供了主要的参照。从美国市场的经验来看，美国政府一贯奉行自由竞争的市场经济政策，一般对市场很少干预，所以对费率的监管是一个很敏感的问题。美国政府对费率的监管权在各州保险部，然而，对于费率的监管事实上基本处于一种监而不管的状态，除非是发现某担保公司的费率标准特别特殊，且有违反政府对费率标准监管的嫌疑时，会要求担保公司做出解释。SAA从1988年开始放弃提供参考费率，而改为公布市场平均赔付成本，同样也是出于规避妨碍竞争的批评的考虑。我国政府在对担保费率进行监管时，也应注意掌握好这一监管原则，应尽量减少对市场的干涉。

2）为使承包商能够公平地竞争，禁止同一家担保公司对不同的承包商采用歧视性的保费标准

在保险业中，保险公司通常是通过对风险高的投保提高费率来对风险损失进行弥补，所以人们一般会以为担保公司也会采用类似的手段。其实不然，担保公司承保的一个重要前提是对投保人的履约信用感到放心，担保公司的承保是建立在预期风险不发生的基础上的。如果认为某投保人违约的可能性较大，收再多的保费也难以弥补该投保人真正发生违约所造成的损失，所以担保公司的评判结果只有保与不保两种决定，而不是将保费提高到多少以后就可以承保。同时，由于对公共项目的工程承包保证担保是一种强制性的要求，而承包商支付的保费是计

入标价的，如果担保公司可以对承包商实行差别费率，则担保公司就存在操纵招投标结果的可能性：担保公司只需对不希望中标的承包商收以很高的保费，该承包商可能就出局了。所以，政府对此进行监管是很有必要的。

但担保公司在经营中通常会希望自己对费率掌握一定的灵活性。所以，美国的担保公司往往会采取措施来规避此项要求，办法是通过注册几家不同的担保公司来实施不同的费率标准。即使有这样的规避手段，这项费率监管措施依然是有一定成效的，毕竟它极大地减少了担保公司过度的费率差别对承包商之间竞争的公平性的影响。

3）避免担保公司以过高的保费造成对公众的剥削

前面在讨论政府如何通过强制性保证担保制度而受益时，使用了一个前提假设，即：担保公司会根据自己的赔付成本、承保成本以及自己的合理利润率来制定保费标准。它成立的条件则是担保公司之间存在着真正的市场竞争。如果没有竞争，加上强制性保证担保制度，则担保公司就可利用自己的垄断地位来制定高额的保费，造成对纳税人的剥削。然而，解决这一问题的根本途径是保持市场的竞争性，而不是对费率的人为的限制，因为只要有充分的市场竞争，过高的费率自然会为市场所抛弃，美国市场中就是这种情况：所有担保公司的费率标准都低于 SAA 在 1988 年之前制定的参考费率。保持担保业竞争性的考虑使美国政府在对担保公司的审批中，非常注意不对担保公司进行数量上的控制，而是设定了一系列客观的标准，满足条件的公司都可以参加担保业的竞争[164]。这一点非常值得借鉴。

3. 维护市场的公平性机制

由于在业主主导机制作用下，业主可以凭借自己在承发包中的优势地位使承包商接受一些不尽公平的担保条件，而政府作为公共投资项目的业主，如果能在推行强制性工程保证担保制度中谨守公平性原则，对于推动公平性强的工程保证担保模式在全社会的应用就可以起到很重要的示范作用。这一原则应当在确定担保模式、设置担保品种以及制定保函文本的具体内容中都得到贯彻。

工程担保这一概念进入中国的时间还不长，但笔者在调查中了解到，已经有不少业主借此概念做文章，将向承包商要求担保作为一种变相的强迫承包商垫资的工具[388]。可见，一套规范化的工程保证担保制度必须尽快出台，否则工程保证担保这一信用工具就很容易被歪曲成为又一加重承包商负担的工具。

4. 为中小承包商提供担保援助，帮助担保市场的信用启动

在我国推行强制性保证担保制度以后，所有的承包商要承接具有国有资本成分的投资项目都需要申请担保。可以设想，信誉好的大型承包商将是第一批与担保公司达成 GIA 协议而得到担保的承包商，而大量的中小承包商由于在担保公

司缺乏信用记录，要成为有 GIA 协议的承包商还需要一个较长的信用积累过程。对于一些有一定资金实力的承包商，可以通过向担保公司或银行交存保证金或提交抵押物等方式来申请保函继续承接项目并逐渐建立起自己的信用记录，最终过渡到有 GIA 协议的担保，尽管在这期间其流动资金的压力会很大，甚至影响到其承接项目的能力。而对于大量的没有富余流动资金、也没有能为担保公司所接受的信用基础的中小承包商，要成为有担保的承包商就会非常困难。推行工程保证担保具有提高参与竞争的门槛的作用，但这并不是为了限制竞争，而是为了使竞争更加有序。如果有一定实力的中小承包商仅仅因为缺乏富余的流动资金就被排除在竞争之外，就会严重抑制中小建筑业企业的成长，从长远来看，将不利于建筑业企业在竞争中得到发展。如果政府通过担保援助计划，帮助这一批中小承包商获得担保，就可以帮助中小承包商实现信用启动，也就是为中国工程担保市场实现信用启动。所以，对中小承包商实行担保援助计划应当是政府在推行工程保证担保制度中的重点工作内容之一。

5. 扶持和推动行业组织的建设

市场经济发达国家的行业组织对于市场的健康发展起到了重要的作用，并通过形成行业自律机制而分担了不少政府职能，所以政府对于行业组织的发展也是积极促进和配合的，美国的 SFAA 的半官方背景最清楚地说明了这一点。对此我国在发展保证担保业时应加以借鉴。此外，国外的行业组织多是在市场主体已经具备的环境下自发逐渐而成，而中国的保证担保行业尚处于起步阶段，市场主体还不成熟，中国保证担保行业组织的建设更有赖于政府的大力扶持和推动。

综上所述，对政府在工程担保市场中的角色总结为以下 5 点：

（1）作为保函的受益人，为保证担保市场提供需求；

（2）担当市场监管主体；

（3）维护市场的公平性机制；

（4）通过为中小企业提供担保援助，帮助担保市场的信用启动；

（5）扶持和推动行业组织的建设。

第三节　工程担保市场的市场主体

中国工程保证担保的市场主体，从承保主体来看，有银行和担保公司；从市场中介和咨询主体来看，有担保代理机构和理赔咨询机构。其中，银行这一主体是现已存在的。从组织的角度看，银行将担保业务视同信贷，一般也没有特定的只从事工程保证担保的业务部门，所以讨论其组织的意义不大。而理赔咨询主体主要是一些专业的律师事务所，也没有特别的组织问题。目前，保证担保业在中国还刚刚处于起步阶段，担保公司和担保代理都是国内尚不熟悉的，也是中国工程担保市场建设的重点，对它们的组织的研究对于中国保证担保市场的建设更具有现实意义，所以在此特别加以讨论。

一、担保公司的研究

1. 担保公司的性质

担保公司是从事保证担保业务的专业机构。目前，我国的担保业方兴未艾，人们已经认识到发展担保业对于经济发展的重要作用，各地都出现了不少担保机构，但目前国内的担保市场又是一个融资担保公司和工程担保公司并存的市场。目前由于缺少对此两类担保公司的明确区分，对这些担保机构的定位的认识存在着许多混乱，市场监管也就更加滞后了。为了使中国的保证担保业得以健康地发展，必须首先对担保公司的性质有一个准确的理解。

根据国际惯例，首先，担保公司的性质是金融机构。在第二章中已经谈到，保证担保是一种信用工具，它被市场接受的条件是：这一工具的引入能降低市场的交易费用。而交易费用得以降低的一个重要原因是受益人考察保证人的交易信用的费用远远低于考察被担保人的交易信用的费用。担保公司必须是金融机构，这不仅是因为金融机构一般具有充足的资金来保障自己的清偿能力，而且由于金融机构的信用是整个社会信用体系的基石，金融机构的交易信用由国家通过严格的金融监管体系来加以保障，这就使受益人在接收保函时一般无需对保证人的交易信用做特别的考察，只有这样，才能保障保证担保机制引入后能降低整个市场的交易费用。

曾经一度，中国担保业界有一种错误的认识，认为担保公司是一种中介机构。尽管担保公司是市场的第三方，其存在的作用是促使交易双方的合同关系得以确立，这些特点似乎与市场中的中介组织有某种类似之处，但其实它们有着很大的区别。市场中介组织的特点是通过自己掌握的信息帮助市场中的交易主体找到交易对象，从而帮助交易双方建立合同关系，而中介组织也通过提供此项服务而收取佣金。而在担保合同关系中，投保人和受益人都无需通过担保公司来寻找对方，而是在相互找到对方之后甚至在合同上达成一致之后，只是因为交易的一方感到对方的信用不足，而将提交保函作为合同生效或合同履行的一个要件。这时，担保公司正是通过借出信用来赚取保费，就如同银行借出货币而赚取利息一样。交易信用虽然似乎难以捉摸，但它对于合同履约的作用在某种程度上类似于流动资金：流动资金不会最终固化成产品，但没有足够的资金周转，生产就无法顺利进行，就没有办法将原材料加工成最终产品。交易信用的作用也是如此，尽管信用是看不见摸不着的，但没有足够的交易信用，一项合同交易就很难完成。

有时，交易信用和流动资金之间本身就可以相互转换：一个交易信用好的企业往往可以得到贸易伙伴的信用支持，本来需要预付货款的也可以免交，结账周期可以放得很宽，这样，企业对流动资金的需求就可大大减少。在保证担保业中，交易信用是以货币来衡量的，所以，担保公司必须以货币的方式来建立起自己的信用基础。可见，担保公司在本质上并非什么中介机构，而是以经营可以货币化的交易信用为特征的金融机构，而金融监管机构所监管的也正是担保公司如何来维持这一货币化的信用基础。

其次，担保公司是经营信用风险的专门机构。担保公司必须通过提供帮助受益人转移信用风险的服务而盈利。担保公司在帮助受益人转移风险时，通过自己审慎的风险评判而自留一部分风险是担保公司风险经营的特点，也是其为市场创造价值的根本途径。如果担保公司的承保是建立在严格反担保的基础上，则其存在就失去了合理性，因为如果没有担保公司，投保人直接向受益人提交作为反担保标的物的保证金或抵押物，还可节约一层保费。中国经济技术投资担保公司在其网站上发布的一篇文章就对该公司在其融资性担保业务中采取的反担保措施提出了质疑，认为："反担保措施悖理。担保需要被担保人提供可靠的反担保措施，有可靠反担保措施的，往往不需要担保，银行可直接贷款；没有可靠反担保措施的，担保公司又不能提供担保，能提供给担保公司做反担保的，缺乏有效性。"[335]

可见，担保公司必须以信用风险自留和风险控制的专长来运营，否则不会为市场所接受。担保公司所经营的是信用风险，风险事件的发生机制具有很强的主观因素，这与一般保险业所经营的客观的、可预期的风险又有很大区别。对于这样一种特殊的风险，除了依靠担保公司自身努力外，政府还必须加以特别的监管，只有这样，社会信用体系的稳定和受益人的权益才能得到保障。

2. 担保公司的组织

根据对担保公司的定义，它可能是专门从事保证担保业务的金融机构，也可能只是某金融机构中从事担保业务的一个部门或子公司。事实上，在美国，完全专门的担保公司是很少见的，保证担保通常被非寿险的保险公司作为一项业务。这种组织模式并不偶然：担保公司与保险公司虽然所经营的是不同类型的风险，但从经营风险这一角度看，它们之间又有许多共性，结合在一起就可以有许多资源共享的便利，如财务分析、精算、再保渠道、公共关系、行政管理等；同时，保证担保的风险与保险公司的其他风险的发生机制不同，在风险事件的发生时间上常常是不同步的，这就对保险公司起到了风险分散的效果：当其他保险业务出现大量赔付时，担保业务的盈利可以帮助保险公司渡过难关；反之亦然。由于以上原因，担保公司的组织除了承保和理赔这两个部门外，其他如财务分析、精算、再保非业务部门等，可能是融入保险公司的（图 5-8），也可能是相对独立的（图 5-9），这取决于保证担保业务的规模。如笔者在美国所考察的两家公司中，Chubb 在担保业排名第 10 位，市场份额约占 3%，其组织就采用了与保险业务部门共用非业务部门的模式；而 St. Paul 当时在美国担保业排名第一，市场份额约占 25%，其组织基本上完全独立于其他保险业务。

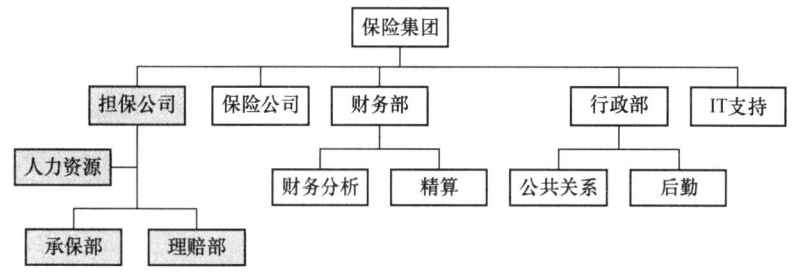

图 5-8 与保险业务共用非业务部门的担保公司的组织模式

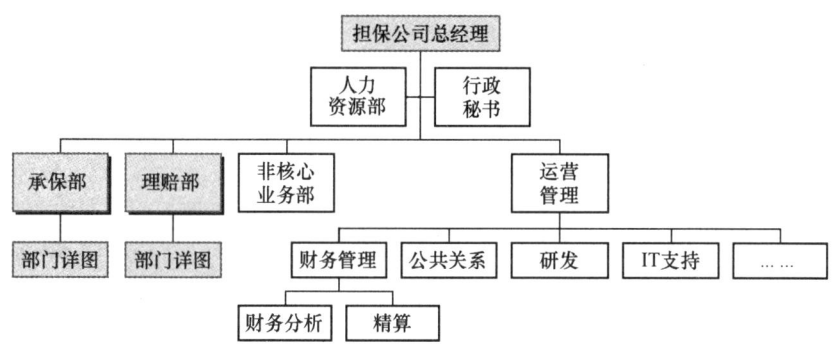

图 5-9 独立的担保公司的组织结构示意

然而，无论担保公司的总体组织结构如何，承保和理赔始终是一个担保公司的核心组织。其中，又以承保部为核心中的核心。担保公司为市场提供的产品就是保函，承保是担保公司对其产品的生产销售过程，理赔则是向消费者证明这一担保产品价值的过程。成功的承保可以极大地减小违约事件发生的概率，并为担保公司创造利润。担保公司的经营通常是建立在不预期风险事件发生的基础上，如果一个担保公司需要大量的理赔人员来处理大量的违约事件，则该担保公司也就离关门不远了。所以，担保公司的工作重心向来是放在承保部。笔者在美国考察了两个担保公司，其共同特点是都有一个很大的承保部，而理赔部则相对较小。Chubb 是一个年净保费收入超过 8000 万美元的担保公司，承保人约 93 人，而它的理赔部仅有 5 人。St. Paul 则是一家具有重视理赔的经营风格的担保公司，其保费收入约占整个美国担保业保费收入的 25%，其承保人有 75 人，理赔部人员共约 62 人。St. Paul 的承保人较少是因为他们大量依靠授权代理人，而 Chubb 则将批准承保的权利全部集中在自己公司内部①。

　　承保人是一个担保公司最重要的角色和最大的群体，一个担保公司的成败从根本上是取决于是否有一只好的承保人队伍，如何调动承保人的积极性，以及如何控制承保人主观评价可能带来的风险。

　　承保部通常根据业务的需要分成多级。图 5-10 所代表的正是一种多级化的承保组织模式。在这种组织模式下，每一级别的承保人（包括各级经理）都被赋予一定的对保函的批准权限，这一权限甚至被延伸到组织外的担保代理（授权代理）。承保人对于超出自己批准权限的投保申请需请示具有相应权限的承保人。为了消除分层级组织效率低下的问题，承保人在向上请示时不必遵循组织的隶属关系的顺序，而是根据批准投保申请所需的相应权限来决定请示的对象。

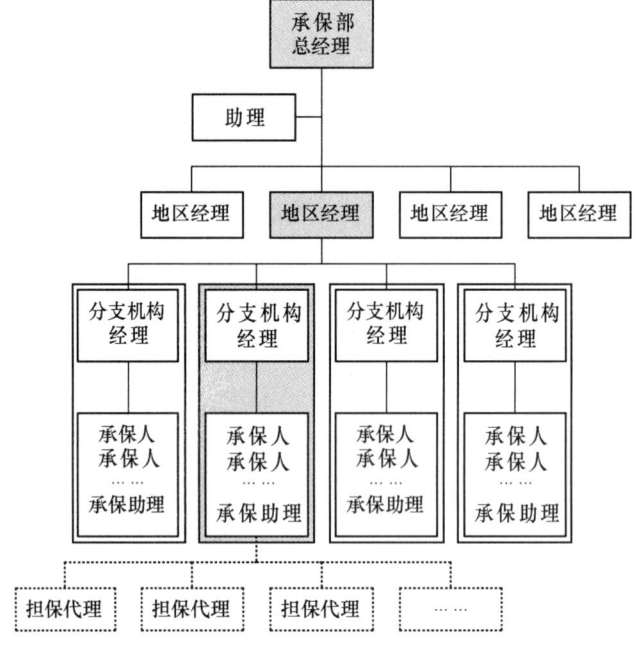

图 5-10　承保分级组织模式之一

　　图 5-11 是承保人的另一种组织模式，即"双承保评判"的模式。每一份投保申请都需经分支机构和总部两方面的承保人独立地审批，并在两方面最终取得一致意见后才能做出承保决定。这种组织模式旨在尽量减少某一承保人主观判断的失误给整个公司造成的损失。

---

①　数据分别由该两家公司提供。

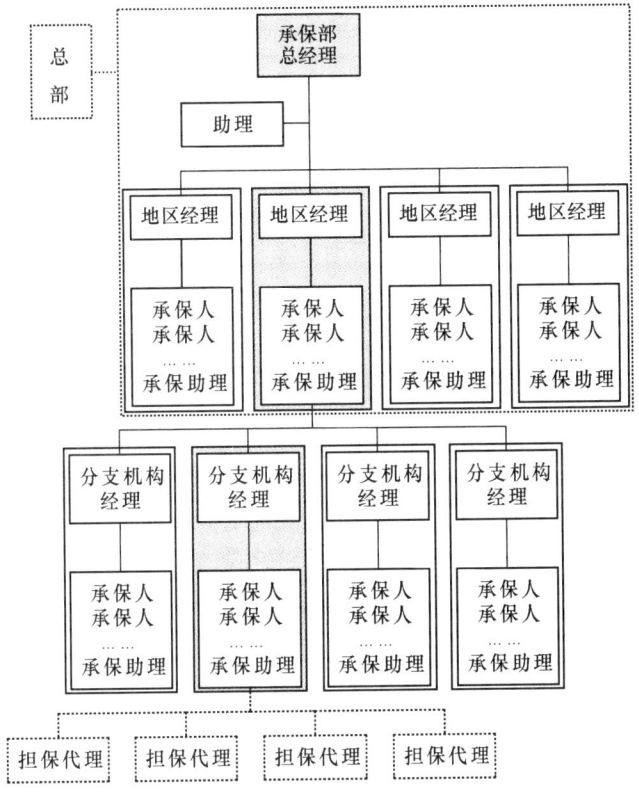

图 5-11　承保分级组织模式之二

　　工程保证担保的承保人需有丰富的知识背景，并特别以财务分析能力见长，能够熟练地根据投保人提供的各种申请材料，如企业管理规划、关键人员、设备清单、财务报表、施工组织方案和在建项目的进度报告等对一个建筑业企业的生产经营状况和发展潜力做出准确的判断[96]。分支机构的承保人还应具备熟练处理人际关系的能力，能通过与客户有限的会晤交谈迅速建立起与客户个人的人际关系，以便更多更深入地掌握客户的信息[49,114,173]。

　　不同的担保公司出于不同的经营理念，对理赔部门的组织设置也有所不同。有的侧重于以严格的承保来减少索赔发生的概率，倾向于维持一个很小的理赔部门以减少日常开支，而在实际索赔发生后则需外聘理赔咨询专家来帮助他们开展理赔工作。而有的担保公司则强调理赔能力的重要性，倾向于在公司内部维持一个较为庞大的理赔部门，因为高效率的理赔工作是体现担保公司存在价值的重要工作，也是获得业主信任和良好商誉的关键；同时，高水平的理赔可以帮助担保公司减亏，从而提高担保公司的利润水平。图 5-12 是担保公司理赔部的一种组织结构。理赔部的人员构成主要包括法律专家、工程专家和财务专家，其中又以

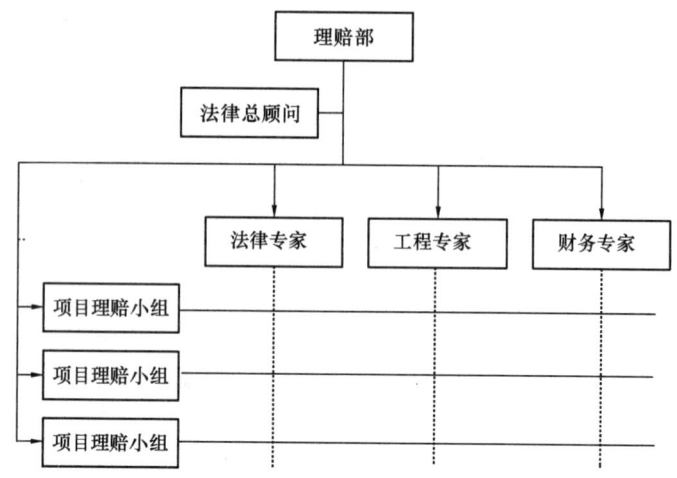

图 5-12　理赔部的组织结构

法律专家为主，因为理赔过程中对担保公司的赔付责任认定以及担保公司在履行了保证责任后所获得的权利等都涉及非常复杂的法律问题，理赔过程中的一些矛盾甚至需要通过诉讼程序来解决。而工程专家和财务专家的角色主要是在具体技术问题上为法律专家提供一些支持。理赔人员的使命是在依法履行担保公司责任的同时，使担保公司的损失降到最低。但为担保公司降低损失额的途径并不是推卸责任，而是一方面通过快速的反应控制事态的发展，使违约事件给受益人所造成的损失降到最低；另一方面，采取措施使自己对投保人的追偿权得到保护。若该保函受某再保协议的保护，则就再保协议向再保人索赔。由于再保协议通常给再保人以对担保公司理赔的参与监督权，所以，处理好与再保人的关系也是理赔过程中的一个很重要的工作。项目理赔小组是一个临时性的组织，当就某一项目的索赔发生后，担保公司会立即围绕该项目成立理赔小组，对项目违约责任展开调查。理赔小组通常由公司内部的理赔专家和外部的理赔咨询专家共同组成，可能还包括再保公司的代表。如果担保公司将该项目完全委托给外部的理赔咨询公司，则理赔小组也可能全部是由公司外的咨询专家所组成。理赔小组负责对项目违约情况进行调查，在充分掌握了项目进展情况、承包商的财务状况和继续履约的能力等事实的基础上，形成理赔方案，并经公司批准后实施[114,174]。

除了承保和理赔这两方面的人员外，如同保险公司一样，担保公司也有自己的精算人员，他们负责通过对过去赔付发生的情况来对赔付成本进行预测，为公司制定费率标准、提留赔付准备金等提供依据。但由于信用风险具有很强的主观性，其精算工作不像在保险业中那样占有很重的份量。担保公司的财务人员不仅要负责编制符合监管标准的财务报告，定期向政府监管部门报送，而且还要时刻对公司的经营状况进行跟踪分析，为公司高层的决策提供依据。由于担保公司需接受严格的金融监管，所以一般还有专门人员负责处理与监管部门的关系。

3. 担保公司的建设

中国要推行工程保证担保制度，必须大力培育保证担保市场的承保主体。虽然银行这一承保主体已经存在，但从中国工程保证担保制度的建设目标来看，高保额有条件保函的承保主体将主要依托于担保公司，所以大力发展担保公司是大势所趋。

培育担保公司要解决两方面的问题，一是资金，二是人才的培养。人才的培养是保证担保业的一个共性的问题，而且人才的培养也离不开资金问题的解决，所以，这里着重谈一谈对担保公司的投资机制的问题。

担保公司对市场承担着重要的信用保障功能，要使它的市场功能真正得到有效发挥，担保公司必须是具有现代企业制度的所有权清晰的企业。如图 5-13 所示，担保公司可以是现有金融机构投资组建，可以是有建筑业背景的企业投资组建，也可以是其他社会资金投资组建。但对于国家投资必须非常谨慎，最好是通过国有资产管理公司来对担保公司投资，并且不宜控股，而不是国家财政直接投资组建担保公司，要从一开始就尽量避免政企不分的现象的出现。

将现有的金融机构的业务延伸到保证担保这一领域，将是担保公司最为快捷

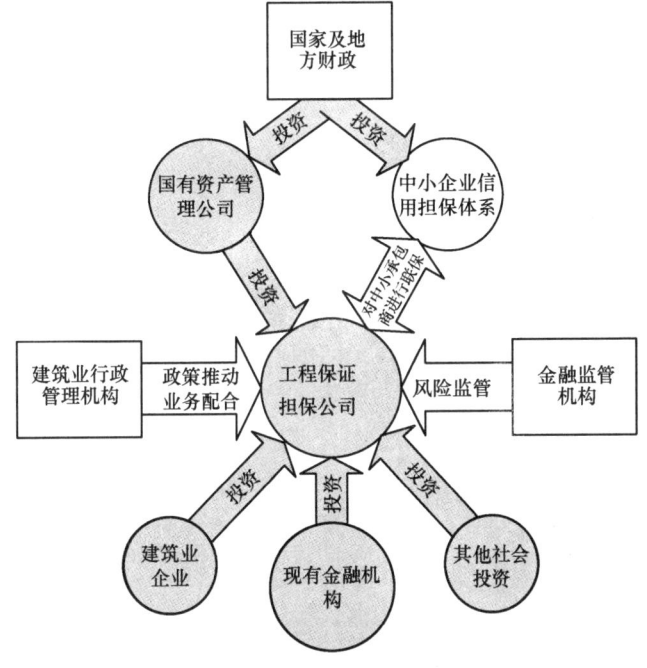

图 5-13　对担保公司的投资机制

的组建方式。从中国现有的金融机构来看，国家对银行、保险、信托、证券这四种金融机构实行的是严格的分业管理。其中，银行和信托公司的监管机构是中国人民银行；保险公司的监管机构是保监会；而证券公司的监管权则在证监会。以上四种金融机构中，只有保险公司的运作方式与担保公司最为接近，这就是为什么在国际上担保公司多为保险公司的原因。目前，中国的保险公司一般不开展保证担保业务的原因主要是对建筑市场和建筑企业管理这一特殊领域的风险不熟悉，同时市场对保证担保的需求很小，加上保监会在 20 世纪 90 年代给保险业涉足担保业务的禁令一直没有明确解除，使保险公司缺乏足够的动力去研究这一特殊领域的风险。但一旦工程保证担保制度得到推行，市场出现了巨大的需求，保险公司将最具备迅速涉足这一领域业务的条件，而相信保监会在明确理解了工程担保与融资担保本质的区别后，也会解除对保险公司涉足工程担保业务的禁令。其他类型的金融机构要涉足这一领域则需要有一个较大的业务转变，但都具有相应的清偿能力基础。所以，对于已有金融机构进入的保证担保业可以采取备案制，只要在相应的监管机构备案并履行相应的信息申报义务，即可从事相关业务。

具有建筑业背景将对担保公司的事业大有助益。应当鼓励有实力的建筑企业自行联合投资组建，或与金融机构合作组建一批专业的工程担保公司。另外，从国外的实践来看，组建建筑业同业担保基金也是帮助建筑企业得到担保的一种有效途径。这些基金如果达到金融监管机构的相关条件，可以直接获得担保公司的地位，否则，可以先开展一些反担保或再担保的业务，帮助担保公司降低承保风险，同样也能扩大市场的担保容量。

目前，根据我国担保法的规定，任何具有代为清偿债务能力的法人、其他组织或者公民，只要不是国家机关，或学校、幼儿园、医院等以公益为目的的事业单位、社会团体，都可以作保证人[1]。如何理解这些保证人和担保公司的关系呢？笔者认为，担保公司是从事保证担保业务的专业金融机构，只有他们才是强制性工程保证担保的合格保证人，这是政府作为国有资产投资的业主的代表以及公众利益的监护者，对于自己认可的保障建设项目承发包合同债务履行的保证人资格的要求，但并不限制其他组织和个人担当其他合同债务的保证人，这包括为担保公司提供反担保。但若这些组织和个人希望成为强制性保证担保项目的保证人，则必须按照规定的条件组建担保公司，接受相应的金融监管。为了尽快增大保证担保市场的容量，为中国大规模的建设提供足够的支持，并保持保证担保市场的竞争性，应当鼓励社会各界向担保公司投资或组建新的担保公司。

---

[1]　中华人民共和国担保法（1995 年 10 月 1 日起施行）第二章第一节：保证和保证人。

二、担保代理机构的研究

1. 担保代理的性质

担保代理人首先是担保市场的中介组织。他们为有投保需求的客户推荐担保公司，为担保公司寻找它们所愿意承保的客户，并为此收取佣金。

代理人这一角色在美国基本上是法定的，因为美国法律规定从事对客户直接推销（solicitation）的业务必须取得相应的执照，代理人的执照正是具有这一权限的执照。虽然法律不禁止担保公司也申请此类执照，但担保公司一般却没有这样做。有人认为，这是因为担保代理人在美国的势力很大，对客户很有影响力，担保公司不愿意因此得罪代理人而失去客户。

对于代理人这一角色，美国担保业内人士褒贬不一。有人认为代理人这一中间角色并不必要，因为他们的代理费直接与担保公司的保费收入挂钩，但却并不承担赔付的风险，所以他们的动机只是如何尽量说服担保公司接受他们所推荐的客户，而不是帮助担保公司客观地对客户的经营状况和投保项目的风险加以考察；此外，他们的工作的价值主要是第一次撮合承包商和担保公司，而当 GIA 协议签订后，他们的存在就不再有多少价值了，但担保公司却得为以后的每一笔保函的签发向他们支付中介费，而且接触承包商还不得不通过他们，既增加了承保成本，又妨碍了担保公司与承包商之间的直接信息沟通。在美国，担保公司支付给代理的中介费通常是保费的 25%～30%，远远高于一般保险代理人。通常担保公司和代理之间会签订代理协议，而代理费则在代理人帮助担保公司收取保费时，根据协议自行将中介费扣除，再上缴给担保公司。

但也有人认为，担保中介的价值并不仅仅是一种简单的撮合工作，他们提供给了承包商不少担保公司难以替代的服务；同时，他们的推销工作正是让担保市场的容量发挥出最大效用的关键。通常，担保公司的承保人出于控制风险的立场，往往会趋于保守，如果没有代理人的工作，可能不少本来具备承保条件的承包商会由于承保人的过分保守而被拒之门外，而代理人的角色正好与承保人形成互补，纠正了担保业的这一保守倾向。此外，代理人的存在节约了担保公司自行设置业务网点的大量费用，并使担保公司可以专注于提高自己的承保风险评判水平以及理赔效率，从而提高担保产品的销售质量和担保业的业绩表现。

代理人作为担保专业人士提供的服务通常有以下几个方面[152]：

（1）为谋求担保的承包商提供咨询，帮助承包商挑选合适的担保公司。

（2）帮助承包商按照担保公司的需要进行管理方面的调整和改组，以及准备符合担保公司规范的投保申请文件，从而使承包商的投保申请顺利得到批准。

（3）向担保公司推荐符合承包商需要的信用额度，为承包商提高担保信用额度（line of credit）出谋划策。

（4）与承包商保持密切接触，既是为维护与客户良好的业务关系，也是为了及早发现承包商履约中的问题，以便将问题解决于萌芽状态。由于担保代理人与担保公司处于不同的角色，以及代理人与承包商往往具有更加密切的关系，一些承包商不愿意向担保公司透露的问题很可能会告诉代理人，所以代理人的这一纽带作用是无可代替的。

（5）为承包商审查业主所提供的保函格式所蕴含的风险因素，帮助承包商争取对自己有利的担保条款，帮助承包商考察业主的信用，帮助承包商设定对自己提供保护的分包担保要求，并对承保分包保函的保证人的信用加以考察（这是代理人与担保公司的共同工作）。

（6）为承包商审查担保文件的有效性。这一工作也非常重要，如果承包商的投标保函因为某些技术性的细节而作废，导致正好是最低标的整个投标文件无效，就会给承包商造成巨大的经济损失。或者如果承包商所要求的分包保函是无效保函，却在分包商违约后才被发现，则承包商就失去了分包保函的保护。所以这一工作必须非常谨慎。

可见，由于代理人对承包商和担保公司双方的语言都很熟悉，这就使这种沟通更有效率，而为承包商提供担保方面的专业咨询意见更是代理人为市场增加的重要价值。由于中介费比较丰厚，代理人为承包商提供咨询一般是免费的。这一点对于担保市场的发展也是很有利的，因为代理人对外免费提供专业咨询更利于使担保知识得到普及。

针对代理人的批评意见，许多资深代理人认为市场竞争的压力和商誉可以对代理人的一些不良倾向加以纠正。如果代理人的工作是促进，而不是妨碍担保公司与承包商的沟通，则代理人的存在就不是增加不必要的担保成本，而是帮助担保公司节约了大量的成本。同时，代理人是自担风险，如果不能给担保公司带来保费收入，则不仅没有工资收入，而且还需支付自己的办公成本。代理人赖以生存的唯一资源就是客户资源，只有掌握住了客户才可能有稳定的中介费收入，所以他们比担保公司内部的承保人更有动力时刻掌握承包商发展的最新动态和需求，为承包商提供良好的服务，以便维持与承包商的长期稳定的关系。事实上，代理人中很多以前是担保公司的承保人，而担保公司也乐于将一些承保工作直接委托给一些商誉好、经验丰富、专业功底扎实的资深代理人。看来，担保公司对于好的代理人给自己工作带来的便利和成本的节约还是深有体会的。

另外一个值得注意的现象是：政府对担保业的监管代表——各州的保险部对于担保公司的监管是针对担保公司这一法人组织，而不是针对担保公司内部的承保人的个人资质；但对于中介机构的监管却不是针对代理人的公司执照，而是每个从业人员的个人从业执照。而只有取得这种从业执照的个人才有资格去直接向客户推销担保产品，虽然代理人常常开有自己的或合伙的担保代理公司。从这一监管原则可以看到，对于代理人这一角色，监管机构是给予高度重视的。究其原因，对于客户而言，代理人就是整个担保行业的窗口，代表了整个行业的形象，而且他们带给客户的关于担保的信息往往是客户对担保的第一次接触，这种先入为主的信息，如果是不准确的或者是虚假的，很可能会对该客户造成利益的损害和长期的不良影响。所以，从维护消费者利益的角度出发，政府有必要对代理人的行为进行监管，并要求代理人对从业所需的知识的掌握达到一定的水准。对于代理人向客户提供虚假信息而造成损失的，不仅代理人需承担赔偿责任，还会被吊销执照，甚至以诈骗罪受到刑事责任的追究。对代理人的这种严格监管对于整个担保行业的健康发展是非常有必要的。

2. 担保代理机构的组织

担保代理机构的核心成员是拥有代理人执照的代理人。有执照的代理人可以自行开业，如果两三个代理人在同一公司，常常也是合伙人的关系。担保代理机构的组织通常非常简单。图 5-14 是在美国南加州地区很有影响的一家担保代理机构的组织。由于保证担保业和保险业的密切关系，在美国均归入各州保险部的监管范围，所以没有担保代理人的专门执照，而是将其归入财险类的保险代理人执照[94]。担保代理人的业务与保险代理人也有一些联系，所以担保代理机构有时也从属于保险中介机构。图 5-14 所展现的这个担保代理机构事实上是一个很大的保险经纪公司内的一个相对独立的部门。然而，毕竟担保代理与保险代理是有很大差别的，在美国，NASBP 的会员资格才是专业担保代理人的标志。

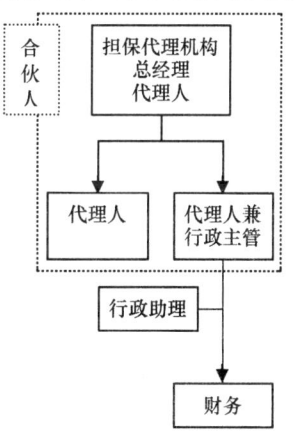

图 5-14　某担保代理公司的
组织结构

担保代理人的存在是增加了市场成本还是节约了市场成本，主要看代理人是否为市场提供了有价值的服务，这就对担保代理人的素质提出了较高的要求。担保代理人必须具有工程保证担保的专业知识，以及相关的法律知识，以便为客户提供有价值的咨询服务，如果要成为授权的担保代理人，还需具有承保人的专门知识。此外，担保代理人还必须是很好的推销员，具有发掘和掌握客户需求的能力，以及能与客户建立良好的客户关系的能力。

3. 中国担保代理市场的建设

在中国，由于银行保函业务一般不需要中介服务，所以担保代理人的市场价值应主要体现在以下两方面：

（1）帮助担保公司在担保业务方面与银行竞争，并扩展市场；

（2）帮助业主、承包商等相关客户提供专业担保咨询。

担保公司将根据自身需要，而不是法律的要求，来决定自己是否需要使用代理。这就对担保代理的素质提出了很高的要求。从中国工程承包保证担保制度的建设方向来看，若拥有一只高素质的担保代理人队伍，对于将中国工程担保市场向高保额有条件保函模式方向推进也大有助益。而高素质的担保代理人的出现还有赖于大力的培养。笔者设想，我国可以配合中国工程保证担保制度的推行，尽快建立一套担保从业人员的培训和认证体系，使担保业的从业人员素质得到有效的保障。

另外，美国的独立代理人制度有利于使代理人的知识最大限度地得到社会共享，可以加以借鉴。也就是说，我国应该允许一个代理人与多家担保公司签订代理合同，从而使代理人处于一个对客户服务的更为有利的地位。

三、对中国工程担保业的行业协会组织的设想

由于中国的保证担保的行业组织是与保证担保的市场主体处于同步建设的状态，又借助于政府的扶持和推动，这就有条件对其组织和职能进行合理规划。

根据对我国担保业的行业组织的功能的要求，笔者对中国工程担保市场的行业组织设想如图 5-15 所示：担保业协会将包括企业分会、从业人员分会及担保业统计研究中心。其中，企业分会将代表担保企业，而从业人员分会则代表从业人员，统计研究中心则专门从事担保业的统计及发展研究，定期公布行业经营业绩的统计资料及赔付成本，并开展一些促进行业运行制度化、标准化等的研究工作。从业人员分会的一个重要职能是对担保从业人员进行认证培训，为担保公司、担保代理咨询机构等输送人才。将企业、从业人员及研究中心等集中于同一个协会，可以使中国保证担保业在起步之初集中人力物力，使担保行业的相关各方都协同努力，共同促进中国保证担保业的健康发展。

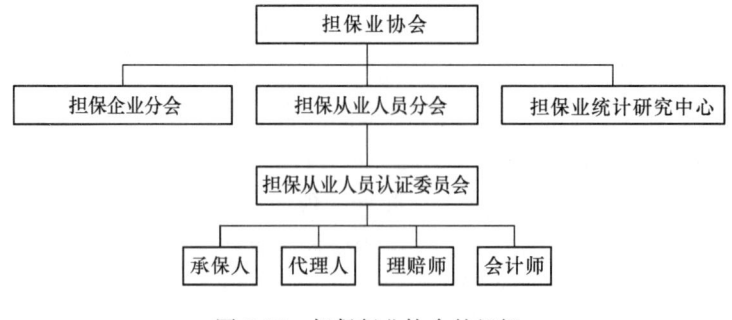

图 5-15　担保行业协会的组织

第六章 工程保证担保的市场风险与防范机制

工程担保市场是一个经营信用风险的市场，保持承保主体的信用是这一市场赖以存在的关键。研究工程担保市场的风险防范机制，就是为了保持市场承保主体的信用，防止承保主体无力承担其赔付责任而造成工程担保市场信用的崩溃。要对工程担保市场的风险防范机制进行研究，首先要了解工程担保市场的特性，并对风险因素加以分析，然后再制定出相应的防范措施。

第一节 工程担保市场特性的研究

由于美国的保证担保市场是成熟的保证担保市场，本书对工程担保市场特性的研究都是基于美国担保业历年的表现而进行的。

一、工程担保市场的风险性

工程担保市场存在着很大的风险，这种风险性从市场的表现来看就是担保公司进出担保市场频繁。笔者对美国担保市场的研究是基于美国财政部历年公布的担保公司名单以及 SAA① 提供的担保市场表现的统计资料而进行的。美国财政部公布的担保公司名单每年都在 300 家左右，这并不是美国担保市场的所有担保公司。但正如前面谈到的那样，由于财政部 T-list 担保公司中的 100 家就占有美国担保市场约 99％的市场份额，所以本书谨以每年 300 家左右的 T-list 担保公司来代表美国担保市场的所有竞争者。

笔者对美国财政部担保公司名单[167]从 1982 年到 1996 年的 15 年作了逐年统计。发现这 15 年间进出财政部名单的公司共计 510 家。美国担保市场购并频繁，笔者在统计时已经排除了购并的影响，即将购并前后的不同公司仅视作同一家公司。15 年间，这 510 家担保公司中始终在财政部名单上的公司只有 176 家，仅占34.5％，而在这 15 年间退出市场的公司有 189 家，占 37.1％。财政部名单 15 年间每年的平均变动率为 9％，变动率指每年进入和退出市场的担保公司的比率。

---

① 现更名为 SFAA

美国担保公司历年进入和退出市场的情况见图 6-1。图 6-2 则是 1976～1999 年间历年的担保公司总数及总净资产[167,168]。

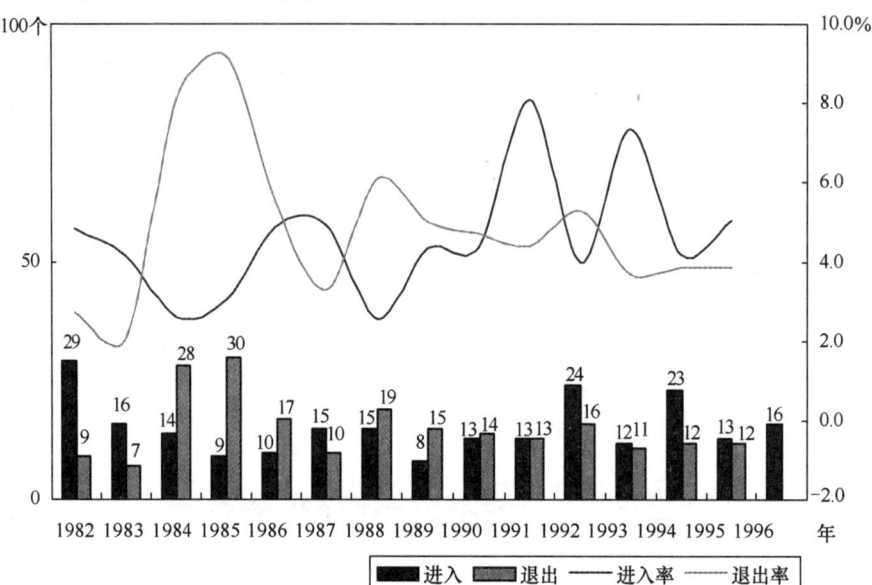

图 6-1　美国财政部担保公司名单 1982-1996 年间的历年变动情况（1982～1996 年）

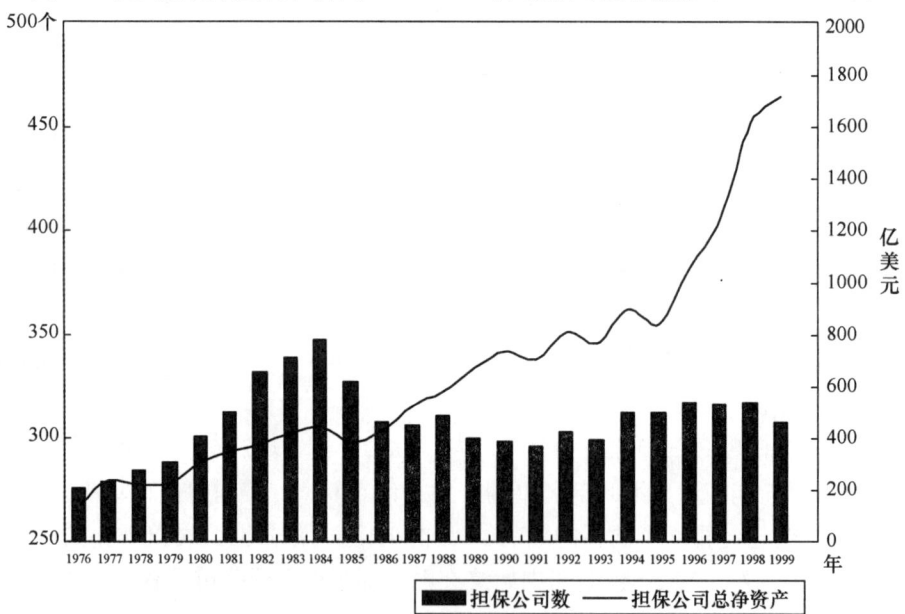

图 6-2　美国财政部担保公司名单的历年公司数及担保公司总净资产（1976～1999 年）

从图 6-1 可以看出，美国担保市场的进入和退出变动频繁。其中，担保市场的退出率在 1985 年和 1986 年达到峰值的 8.1％和 9.2％，这与这两年担保行业

出现的 94.4％和 103.1％（见表 6-1）的赔付率高峰相呼应，而市场进入则在 20
世纪 90 年代担保行业业绩趋于好转后表现出越来越强劲的势头，显示出担保公
司退出市场与业绩不良有着密切的关系。然而，无论担保行业景气与否，担保公
司的进入和退出的情况每年都在发生。担保公司的退出很可能反映出这些公司的
担保业务经营的失败，而新的担保公司的进入则意味着市场竞争的加剧。这些都
反映出担保市场是一个风险性很强的市场。

美国担保业工程保证担保的保费收入与赔付率统计[①]　　　表 6-1

年	保费收入	赔付额	赔付率	12 年平均赔付率
1961	141 940 821	68 139 684	48.0	
1962	145 717 615	56 827 812	39.0	
1963	161 405 747	83 772 615	51.9	
1964	169 573 623	79 927 528	47.1	
1965	173 435 916	68 271 485	39.4	
1966	196 959 436	74 806 041	38.0	
1967	194 811 000	55 324 000	28.4	
1968	207 859 000	69 276 000	33.3	
1969	217 833 000	70 452 000	32.3	
1970	231 761 000	93 582 000	40.4	
1971	247 547 425	99 260 077	40.1	
1972	269 561 997	79 959 135	29.7	38.1
1973	289 381 081	123 072 431	42.5	38.1
1974	323 150 798	274 064 455	84.8	43.7
1975	337 549 645	269 729 280	79.9	47.5
1976	334 755 032	187 167 171	55.9	48.4
1977	352 440 028	176 893 364	50.2	49.1
1978	452 413 762	229 292 651	50.7	50.0
1979	504 098 914	209 225 882	41.5	49.9
1980	554 434 706	367 816 315	66.3	53.0
1981	597 031 223	203 481 960	34.1	51.5
1982	589 200 631	211 583 954	35.9	50.1
1983	616 384 933	245 625 276	39.8	49.4
1984	656 029 065	375 791 379	57.3	51.3
1985	710 160 419	670 148 897	94.4	56.8
1986	764 884 581	788 734 849	103.1	60.8
1987	848 522 846	564 826 564	66.6	60.6
1988	973 784 788	327 324 567	33.6	57.4
1989	1 082 476 150	394 334 380	36.4	55.0
1990	1 152 614 406	350 819 014	30.4	52.0

续表

年	保费收入	赔付额	赔付率	12年平均赔付率
1991	1 156 688 840	308 516 836	26.7	49.6
1992	1 143 567 594	374 349 690	32.7	46.8
1993	1 171 949 609	262 864 407	22.4	44.9
1994	1 219 359 649	428 870 193	35.2	44.3
1995	1 208 899 301	393 586 614	32.6	43.3
1996	1 286 926 794	558 232 049	43.4	42.6
1997	1 429 395 438	403 120 562	28.2	38.4
1998	1 526 697 520	280 240 742	18.4	32.7

① 数据由 SAA 提供。

二、工程担保市场的周期性

表 6-1 是 SAA 提供的美国担保业从 1961 年~1996 年期间工程保证担保（合同担保：Contract bonds）的历年保费收入、赔付额、赔付率等数据。可以看出，美国工程担保市场是一个市场规模不断扩大的市场，保费收入呈逐年递增的趋势，而赔付额则有着剧烈的上下波动（图 6-3）。

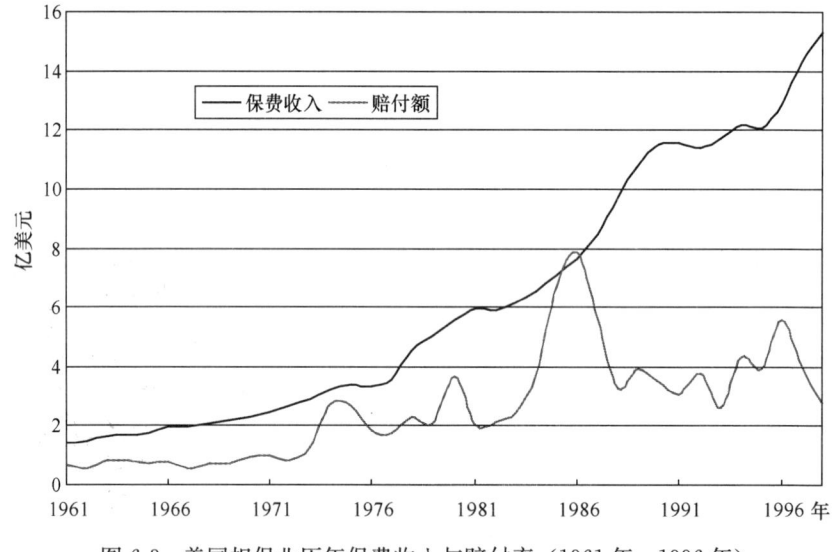

图 6-3　美国担保业历年保费收入与赔付率（1961 年~1996 年）

赔付率是赔付额在保费收入中所占的百分比。赔付率更好地说明了担保市场的表现。担保公司的成本是承保成本加上赔付成本，承保成本通常不会有很大的波动，所以担保公司是否能够赢利关键看赔付的情况。美国密歇根大学教授 Russell 认为，担保业正常的承保成本占保费收入的比率约为 60%[114:pp200]，这包括担保公司自身的成本以及支付给担保代理人的佣金。而根据 A. M. Best 公布的

176

数据显示，1981 年～1990 年期间的承保成本占保费收入的比值的平均值为
48%[49:vol.I pp25]。据此，担保公司正常的
赔付率应控制在 50% 左右，过高的赔付
率则意味着亏损。图 6-4 显示，美国担
保业历年的赔付率多在 40% 左右波动，
但在 20 世纪 70 年代中期和 20 世纪 80
年代中期曾经很明显地出现了两次大的
亏损，在这两次大的亏损期间，在 20 世
纪 70 年代末还有一次小的亏损。

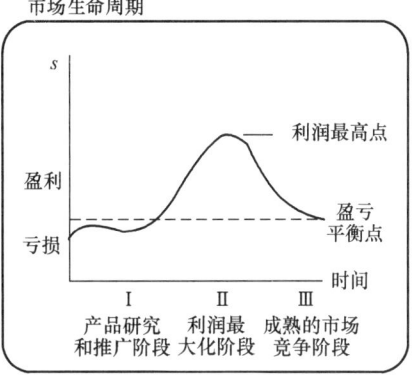

图 6-4　市场生命周期曲线

　　市场经济的周期性具有普遍性。任
何市场都具有从起步到成熟到衰退的过
程（图 6-4[49:vol.I pp.90]）。由于注意到了赔
付率的这种波动呈现出一定的周期性，SAA 在制定参考费率及 1987 年以后进行
赔付成本的统计时，不是以当年的赔付额作为参照，而是采用了 12 年的平均赔
付成本[127]，也就是说，SAA 假定的担保市场的周期为 12 年。从图 6-5 可以看
出，12 年的平均赔付率基本上是落在 40%～60% 的区间，变动也比较平缓，表
现出一定的稳定性。而 1986～1996 年间来赔付率更呈下降趋势，落到了历史上
罕见的低点，这反映出担保业在 20 世纪 90 年代有着非常不俗的表现。笔者在调
查中了解到，截止到 2000 年美国担保业出现了难得的连续 11 年的赢利，这与 20
世纪 90 年代美国经济形势由于新经济的带动而出现了难得的持续增长有关。但
2001 年以后工程担保理赔又呈上升趋势，之后一些著名的担保公司——包括笔
者曾经实习过的曾经名列美国最大三家担保公司之一的 St. Paul 担保公司也因巨
额赔付而退出了市场，向人们再一次证实了担保市场的周期率的存在。而 St.
Paul 担保公司之所以经营失败，与该公司过度扩张的市场策略显然有着密切的关

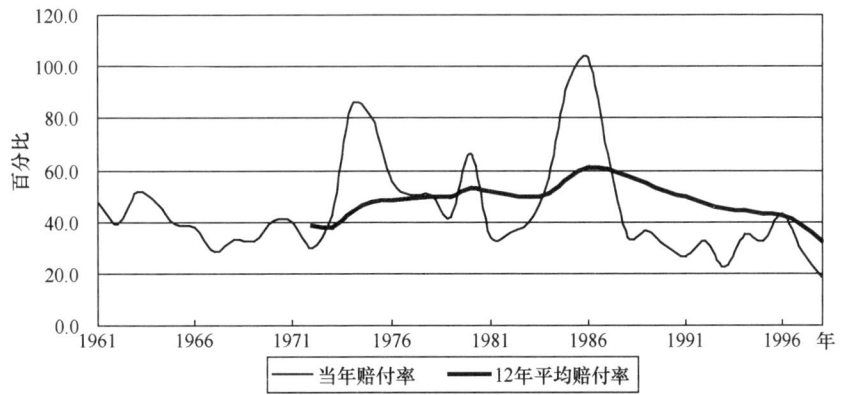

图 6-5　美国担保业工程保证担保的赔付率（1961～1998 年）

系。由于过度扩张，该公司积极抢占高风险的中小承包商市场，并因此放松了对承保风险的控制，为后来经济不景气时大规模的承包商履约失败导致的巨额索赔埋下了伏笔。

三、工程担保市场与建筑业的相关性

笔者根据美国统计局网站公布的建筑业历年投资额[161]计算出其增长率，并与担保业的保费收入增长率相比较，发现担保市场表现呈现的周期性波动与建筑业有着显著的相关性。图 6-6 显示，当建筑业增长率下降时，担保业的保费收入的增长率也会随之下降，但这两条曲线的波动并不完全同步，这是因为占建筑业投资额的 20％左右的公共项目投资额的增长率在很多时候并不与整个建筑业的增长率完全同步；而由于公共项目的强制性担保制度，公共项目投资额对担保业的保费收入又有着至关重要的影响。在 1978 年到 1982 年的 5 年间，当建筑业投资额的增长率和其中的公共项目投资额的增长率都同步下降时，这种相关性就很明显地表现出来。这期间，担保业的保费收入增长率也出现了明显的大幅下降，从历史最高的 28.37％一路下降至历史最低点－1.31％。三条曲线的波谷都出现在 1982 年。另外，20 世纪 70 年代和 20 世纪 80 年代建筑业增长率都表现出剧烈的大起大落，而此间担保业的赔付率也达到历史高点。

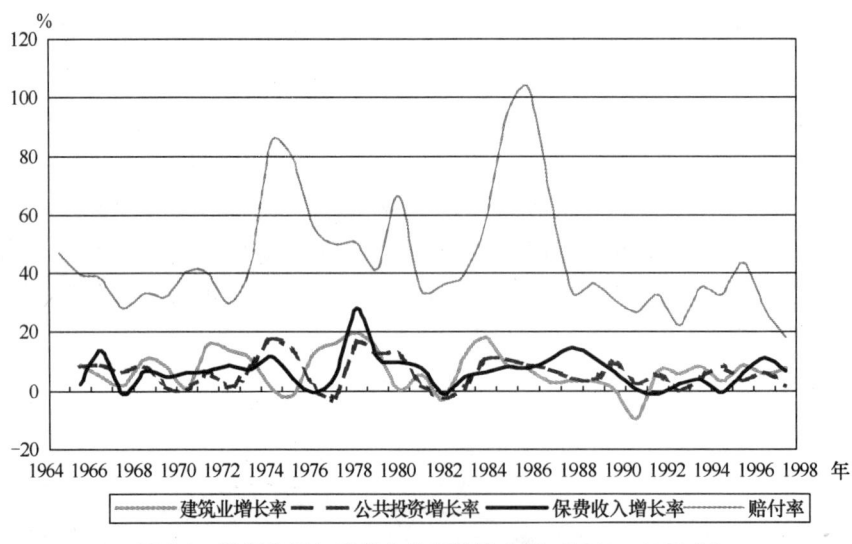

图 6-6　担保市场与建筑业的相关性分析（1964～1998 年）

图 6-7 是 NASBP 前任主席 Jack Lupien 总结的担保周期模型，它从理论上对担保业的周期性与建筑业的关系作了很好的描述[86]。根据该模型，当建筑业的周期处于萧条阶段时，市场的投保需求减少，而担保公司需要依靠保函的销售来维持必要的经营成本，在成本压力下，担保公司开始放松承保条件，其结果是赔

付率开始上升。由于担保业的赔付必然是在承保之后，根据经验，赔付率上升往往是出现在承保条件放松后的2～3年，这时建筑业已经开始走出了低谷，进入了上升阶段。赔付率上升的结果是担保公司利润下降甚至亏损，一些担保公司因此退出市场。痛定思痛，担保公司开始吸取教训，一方面从严掌握承保标准，使赔付率下降；一方面努力压缩成本开支，于是赢利情况出现好转。这时建筑业也进入了景气阶段，大量的投保需求使担保业进入了黄金时代。这时，市场外的资金受到担保行业高利润的诱惑，纷纷进入担保市场，担保公司数量剧增，竞争开始加剧。但这时建筑业若度过了它的黄金时代开始衰退，则投保需求就开始减少。在竞争的压力下，担保公司不得不用削价和放松承保条件两种手段来笼络客户，其结果是保费收入下降，而赔付率上升，担保公司的赢利再度下降甚至亏损，市场又进入了新一轮的周期。

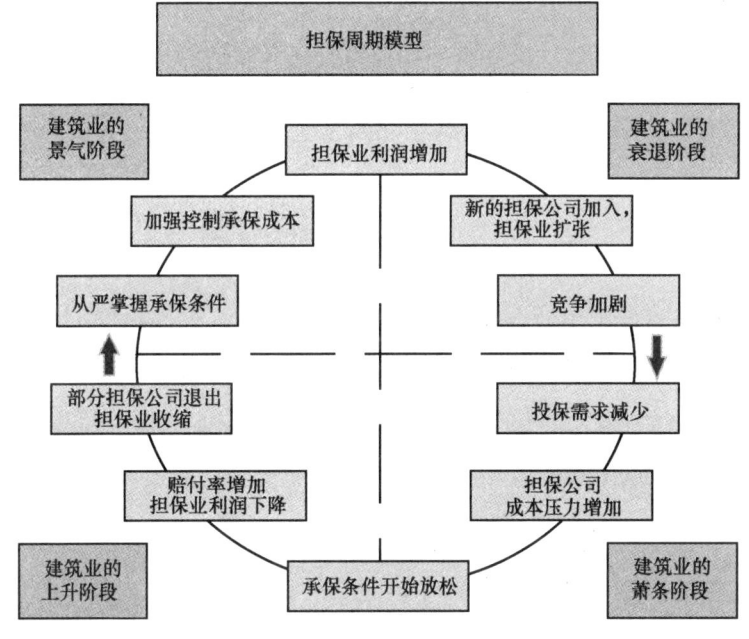

图6-7 担保周期模型

美国担保市场的表现很好地印证了担保周期模型。20世纪80年代以来，先是20世纪80年代初建筑业滑坡，到1982年～1983年降至谷底，然后是1985年～1986年担保业赔付率达到历史高峰，出现巨额亏损。之后，建筑业开始抱怨担保短缺。Krizan在1988年的一篇文章中谈到[33]：现在，承包商申请担保变得相当困难。担保公司拒保的理由有：业务量太多、付款不及时、进入新地域、承接新类型的工程、利润率低、在建工程中出现纠纷、内部财务管理问题（internal revenue service）等。对有破产记录、过低价投标记录、从事危险和有污染行业建设的承包商进行审慎地考察，或完全拒绝承保。国内（指美国）承包商在申请担保有困难（担保额度已满）导致了国外承包商大举进入美国市场。由于担保公司拒保，有承包商甚至诉诸法庭，要求担保公司赔偿因被拒保而造成的利润损失。但此利润是基于对假定的推理而未获得法庭的支持。由于得不到担保，未来 12～18 个月的经济形势将受到巨大的影响。然而，截止到 2000 年，美国担保业经历了连续 11 年的赢利。当时担保短缺的现象消失已经使得 SBA 担保援助计划对于中小承包商的意义已不像过去那样显赫了，因为担保公司对中小承包商的承保意愿很高，对于将保费分出去给 SBA 已经不再感兴趣。然而，担保市场竞争已趋于白热化，2001 年以后理赔又出现了大规模的上升，担保业周期性衰退的再度如约而现。当然，2008 年以来，美国的经济又陷入了新的一轮衰退至今没有摆脱困境，但这轮危机对担保业的影响由于其周期的滞后性还未得到充分的显现。

从美国担保市场的经验可以看出，保证担保市场是一个风险性很强的市场，担保公司之间的购并频繁，因经营不良而退出市场的情况每年都在发生。担保市场的波动表现出很强的周期性，这种周期性与建筑市场的周期性有着密切的联系，但比建筑业周期有所滞后。

第二节　工程担保市场风险因素分析

前面对保证担保市场的特性已经有所了解。其实，保证担保市场的这些特性正是保证担保市场在不同风险因素作用下的表现。下面就对保证担保市场的风险因素进行分析。

一、承保风险

担保市场面临的风险首先是承保风险。担保公司对承包商的风险评判通常会基于 4C（Character、Capitol、Capacity 和 Continuity）标准。美国乔治亚理工大学的 Kagari 教授及其博士生 Bekheet 在进行承保风险评判研究时，对以上 4C 的具体内容作了较为全面的归纳[72]，现引述如下。

（1）特性（Character），它反映承包商过去的经验、组织和管理信息。需考察的内容归纳为以下 17 项：

1）承包商的类型；

2）承包商的业务构成；

3）承包商的声誉和履约记录；

4）承包商管理技能和组织结构的质量；

5）承包商过去所有与担保公司交往的历史；

6）过去完成项目中业主和建筑师/工程师对承包商的评价；

7）成功履约的工程总量；

8）过去因违约而使担保公司赔付的情况；

9）当前或过去卷入诉讼的情况；

10）业务中公共项目所占比例；

11）业务中分包项目所占比例；

12）对分包担保的要求；

13）推荐信情况；

14）过去完成项目的毛利情况；

15）未来的商务计划；

16）承包商代理人的声誉；

17）承保人对承包商的个人印象。

（2）资金（Capital），对资金状态做出定性的判断是极为复杂的，承包人需考察的内容可归纳为：

1）财务信息的表达与质量；

2）编制报表所用的会计方法；

3）基于该会计方法所付出的税金；

4）会计师的资格（是否是 CPA）；

5）财务报表的可信度；

6）财务报表是否符合被认可的一般会计原则（GAAP[①]）；

7）账簿上的费用记录；

8）流动资金计划；

9）承包商与银行合作的声誉；

10）承包商在银行的信用额度；

11）（在本担保公司的）信用额度；

12）财务处理中债务的可靠程度；

13）社会信用评估机构（如 D&B[②] 和 NACM[③] 等）提供的咨询报告；

14）过期债务的价值；

15）Dun & Bradstreet 报告中的排名；

---

① GAAP，即：General Accepted Accounting Principle（Fitzgerald J. B. , Britt R. H. & Waldorf D. D. 1991）。

② D&B，即：Dunn & Bradstreet，中文译为邓白氏，美国建筑业最知名的信用评估咨询机构。

③ NACM，即美国信用管理协会，成立于 1896 年，提供多领域的信用评估、职业资格认证等服务，包括制造业、商业、服务业、金融业等。

16）财务状况表和信贷价值；

17）清偿能力指标：每日现金流量；应收款；应付款；流动比率；流动资产比库存；

18）净资产指标：净资产负债率；固定资产比净资产；净资产比存货；销售收入比净资产；

19）利润指标：毛利比销售收入；管理费比销售收入；税前利润率；净资产收益率；

（3）承建能力（capability），指承包商用于完成项目的资源状况，具体内容为以下 17 项：

1）关键人员所受的教育和经验；

2）项目管理及现场人员的经历；

3）完成的最大单项工程的合同金额；

4）过去未能完成项目的最大合同金额；

5）在建项目的数量；

6）目前正在承建的所有合同的总金额；

7）所有在建项目的估计毛利；

8）在建项目已完工作量的百分比；

9）在建项目未完成工作量的总量；

10）在建项目中可能无法实现预期利润以及可能亏损的项目的百分比；

11）已完成项目的毛利与在建项目毛利的比较；

12）过去完成的同类项目（对预承接的项目类型的熟悉程度）；

13）项目所在地域与承包商传统业务地域的比较；

14）项目规模与承包商过去承接的项目规模的比较；

15）承接项目所需施工设备条件；

16）承接项目所需劳动力条件；

17）承接项目所需建筑材料的供应渠道。

（4）持续性（Continuity），指投保人持续发展的可能性，归纳为以下 6 项：

1）承包商管理层已从事建筑业的年数；

2）如果少于 3 年，那么他/她以前是否曾经成功地经营过建筑企业；

3）有无可接受的企业持续发展计划；

4）能否与公司主要持股人达成个人赔偿协议；

5）当前公司所有者之间有无公司购并或出售协议；

6）有无以公司关键人物为受益人的人寿保险。

可以看出，承保评判是一种主观性较强的工作。对于承保标准的掌握可能因人而异、因时而异，这就是为什么担保公司很可能在竞争和成本压力下放松承保条件的原因。然而承保评判标准放松的后果就是赔付率上升。担保业的运行是基于零风险原则的，巨额赔付的结果就是亏损。如果担保公司没有足够的净资产来吸收亏损，就会出现资不抵债，使受益人得不到它所承诺的保护，使整个担保业的信用受到损害。

然而，即使承保评判标准掌握始终如一，承保风险依然存在，这是因为影响承包商履约的风险因素是多方面的[151]。Kopp 在他的硕士论文中对项目风险因素作了一个较为完整的分析，现引述如下[76]：

1) 利率和通胀风险（Interest Rate and Inflation Risk）；

2) 汇率风险（Exchange Rate Fluctuation Risk）；

3) 现场条件变化的风险（Existing Conditions Risk）；

4) 施工期间的气候（Weather during Construction）；

5) 劳工关系（Labor Relations）；

6) 施工期间的债务（Liability during Construction）；

7) 技术风险（Technology Risk）；

8) 运营和维护费用的风险（Operating and Maintenance Cost Risks）；

9) 水电等公共设施服务中断的风险（Service Interruption Risk）；

10) 雇员的偷盗行为（Employee Theft）；

11) 施工中的缺陷（Construction Defects）；

12) 人为破坏或战争（Vandalism or Acts of War）；

13) 不可抗力的风险（Force Major Risk）。

工程保证担保并不对以上风险事件所造成的经济损失进行赔付，但以上任何一种风险事件的发生，都可能使承包商的成本超出投标时的估算，影响到承包商的履约能力，造成承包商无力履约。所以，这些风险因素都可能转化为担保公司的承保风险。例如，Russell 在他的专著 *Surety Bonds for Construction Contracts* 中介绍了一个案例，某大型承包商违约的原因之一是某一项目在实施过程中不利的天气异常频繁地发生造成工程造价的巨幅上升，而该项目采用的是固定总价合同，所以该项目亏损严重，加之另一项目业主破产使几千万美金的应收账款成了坏账，使该公司不得不宣布破产。该公司正在施工的 47 个项目一下子都陷入了违约，其中有 31 个是有担保的项目[114]。据美国总包商协会统计，美国的承包商企业每六年就有一半的承包商企业经营失败，退出市场[149]。每一个有担保的承包商退出市场，都意味着担保公司赔付的发生。图 6-8 是美国担保信息办公室（SIO）提供的对美国建筑市场承包商违约情况的统计。

其实，建筑业的风险性在任何市场中都是同样的。然而，中国建筑业企业尽

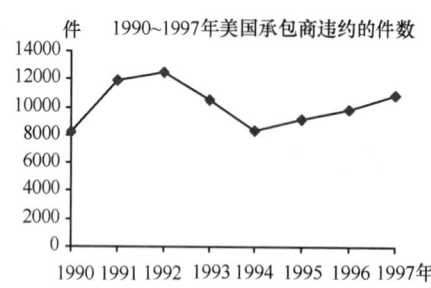
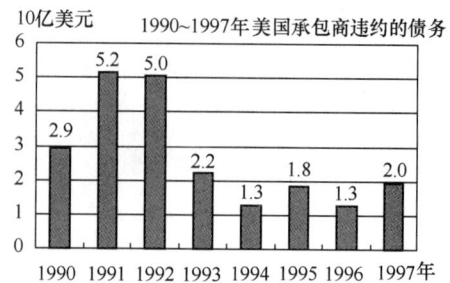

图 6-8　美国建筑业市场历年承包商违约情况（1990～1997 年）

管因拖欠款而步履艰难，但承包商破产的比例却似乎远远低于美国，这显然是不正常的，其原因是许多债务清偿责任没有强制履行，否则在约 3000 亿元的巨额拖欠款下，中国建筑业可能早已全面破产了。这也从一个侧面反映出，没有工程保证担保制度，清理工程拖欠款的努力可能难奏效。

二、竞争风险

担保市场要保持为市场提供价格合理的担保产品，就必须保持竞争。然而，过度的竞争又可能迫使担保公司压价竞争，如果同时赔付率没有得到有效控制，几个项目的高额赔付就可能危及担保公司的偿付能力。

笔者用担保业净资产的单位年保费收入 β 来量化担保市场的竞争性。设：

$$\beta = \frac{\text{年工程担保保费收入}}{\text{当年支持工程担保的担保业净资产}} \times 100\% \qquad (6\text{-}1)$$

担保业净资产体现了担保市场的规模，而保费收入则是担保业利润的源泉，如果 β 值较高，说明市场投保需求旺盛，竞争不是太激烈。而若此值较低，则说明相对于市场投保需求，担保业容量可能已经出现过剩，市场竞争加剧。

笔者对美国担保市场历年的 β 值进行了测算。担保业的总净资产依然通过财政部名单的担保额度进行汇总。由于工程担保只是许多担保业务中的一种，来自工程保证担保的保费收入约占美国担保业总保费收入的三分之二，但具体数字每年都有所不同，笔者用历年工程保证担保保费收入占总保费收入的比例来对担保业的总净资产进行了修正，得出支持工程担保的担保业净资产。即：

$$\begin{array}{c}\text{当年支持工程担保}\\\text{的担保业净资产}\end{array} = \text{担保业净资产} \times \frac{\text{年工程担保保费收入}}{\text{年总保费收入}} \qquad (6\text{-}2)$$

图 6-9 显示，1976 年以来 β 值的两个低点分别出现在 1977 年和 1983 年，它们分别对应了 3 年后，即 1980 年和 1986 年的两个赔付率峰值，正好与担保周期模型吻合，而且似乎 β 值低至 2.5 就反映出担保市场容量过剩，担保业竞争过度。然而，进入 20 世纪 90 年代以来，美国担保业的单位年保费收入持续下降，

并且 1992 年之后 β 值就低于 2.5 了，1998 年更是降至 1.77，反映出担保业的竞争已经进入白热化程度。根据担保周期模型，担保业当时没有立即出现衰退的原因，是美国宏观经济的持续增长使建筑业的衰退和萧条迟迟没有出现。也就是说，市场投保需求不足的情况尚未出现，赔付率依然得到了有效控制，β 值的偏低只是反映出激烈的竞争使担保公司不得不一再降低担保费率的结果。但此后的赔付率高峰终于在 2001 年出现，并导致当时美国担保市场上一些知名的担保公司退出了市场。

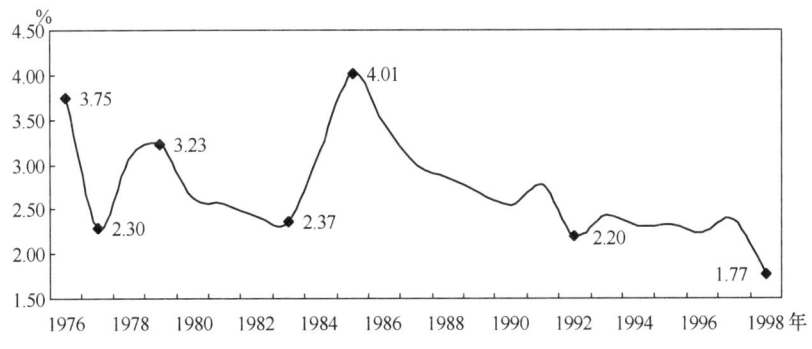

图 6-9　美国担保业 β 值的变动曲线（1976～1988 年）

三、宏观经济风险

前面谈到，担保市场的赔付率上升通常是由于担保公司放松承保条件的结果。过度竞争是导致担保公司放松承保条件的必要条件，但并不是充分条件，直接导致担保公司放松承保条件的一个重要因素是投保需求减少。任何企业的经营都有一个盈亏平衡点，担保公司也不例外。如果保费收入不能达到盈亏平衡点，担保公司必要的成本开支就无法维持。所以，当市场投保需求下降，担保公司在竞争的压力下又不得不维持一个较低的费率时，随着保费收入的下降，一些在竞争中处于劣势的担保公司在成本压力下只能有两种选择：要么全面停止担保业务，要么为了将保费收入维持在盈亏平衡点以上而放松承保条件，接受一些通常情况下可能拒保的申请。

投保需求显然是受到宏观经济的影响的。当宏观经济向好时，市场投资需求旺盛，对新的物业形成大量的需求，相应地带动了建筑业的发展，也就为担保业创造了投保需求。而当宏观经济不景气时，市场对建筑业的投资业就相应减少，投保需求也就有所下降。

市场经济具有周期性是客观规律。对于担保市场周期规律的准确把握可以帮助担保业规避风险、减少损失。根据美国市场的经验，担保市场的周期与建筑业的周期有着密切的相关性，但通常有所滞后，滞后时间一般有两到三年。而建筑业的周期又与宏观经济的周期也有着密切的关系，但也略有滞后（图 6-10）。

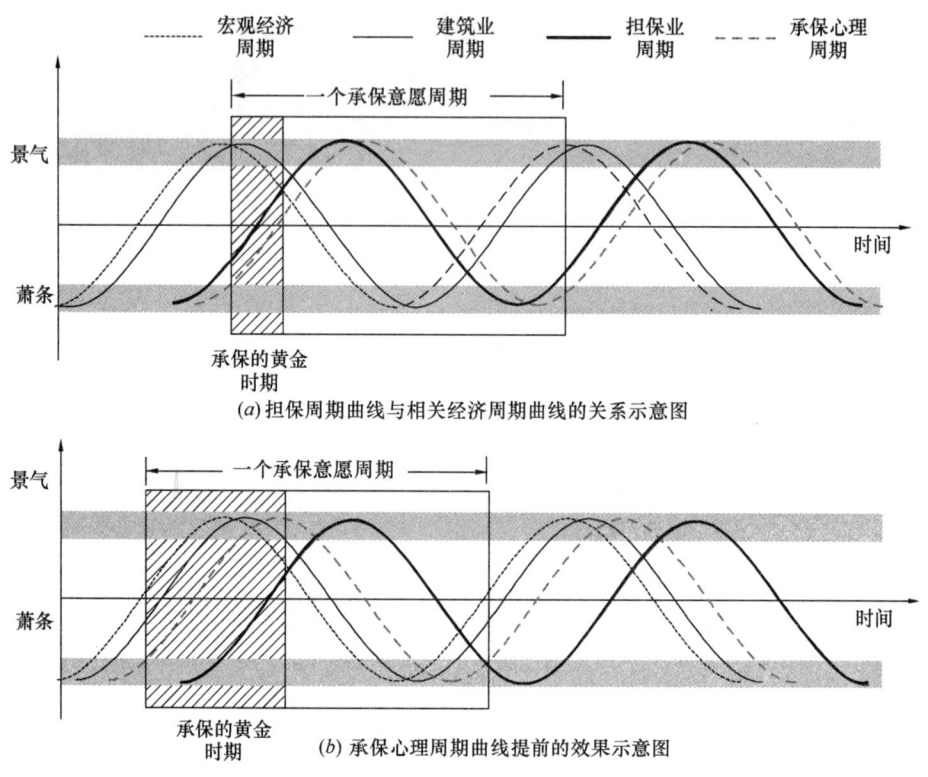

图 6-10　担保周期与相关经济周期的关系示意图

在讨论担保市场的周期性时，国际信用保险协会担保委员会主席 Frank Robertson 先生指出，除了以上三个周期外，还有一个承保心理周期。心理周期指的是承保人的承保意愿。在担保公司出现大量赔付后，承保人开始心有余悸，承保意愿可能会降到很低，而此时担保业整体上可能已经进入了黄金时代；而担保公司赢利很好后，承保积极性就很高，希望赚更多的钱，而此时担保业的衰退可能已经开始。所以，通常承保心理周期可能更滞后于实际的担保周期，如图 6-10所示。然而，如果对担保周期性的规律有准确的把握，成熟的担保公司就可以调整好自己的承保心理，尽量使承保心理周期曲线前移，甚至移至与建筑业周期同步，这样就可以使担保公司经营的黄金时期延至最长（图 6-10）。

正因为担保周期与宏观经济周期及建筑业周期有着明显的滞后关系，当建筑业走下坡路而违约事件可能上升时，担保业的上升和繁荣可以轻松吸纳违约的损失，使业主的利益得到妥善保护；而当担保业在巨额赔付后元气大伤时，建筑业可能已经步出了低谷进入上升阶段，这个阶段承包商投保需求的增加和违约的减少又对担保业形成了足够的支持。所以担保业发挥着宏观经济的减震器的功能。

除了宏观经济的周期性运行规律给担保市场带来的风险外，宏观经济风险还可能是由一些个别经济指标的波动而引发，如利率、通胀率、汇率等，以及一些对宏观经济或建筑业影响巨大的产品价格波动，如石油、钢材等。

20 世纪 70 年代美国担保业出现的赔付率高峰使人很容易联想到 20 世纪 70 年代的石油危机；而 20 世纪 80 年代中期的担保业亏损则与 20 世纪 80 年代初期美国利率急剧上升达到历史罕见高位有着明显的关系（图 6-11[49; vol. I pp. 24]）。石油危机造成各种产品价格连锁上涨，利率上升也有相同效果，其结果都是造成建设成本急剧上升，使一些过去履约记录一贯很好的承包商也无法承受上升的成本而破产违约。

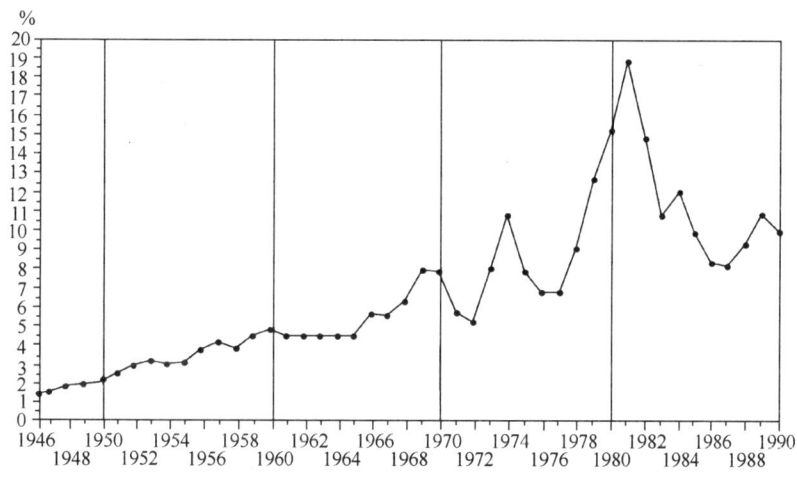

图 6-11　美国历年利率变化（1946～1990 年）

四、法律风险

导致承包商违约的另一因素是法律风险。相关政策法律的改变可能对承包商所承担的某一项目的实施造成重大影响，使承包商蒙受巨大的经济损失，从而导致承包商在其同期所承接的一系列项目上的违约。1996 年，美国某承包商以 BOT 方式承接了在伊利洛伊州的一个利用垃圾发电的项目，该项目的资金是该承包商以发行债券的方式募集，项目建成后承包商将获得 20 年的项目收益权来支付建设成本、兑付到期债券等，并赚取利润。在合同签订之时，该项目被列为 WTE（Waste-to-Energy）环保项目，根据该州的一项法律（State Retail Rate Law），它被允许获取较高的发电收益。此外，该项目还可以通过向抛弃垃圾者收取垃圾回收费盈利，并且还有一些税收上的优惠。然而，1997 年，这项法律被取消了，其结果是项目的发电收益将大为下降，而回收垃圾的收益也没有达到预期。显然，这个项目不仅不能完成其预期的盈利目标，还可能亏损。购买债券的债权人由于担心该承包商破产而集体与该承包商进行交涉。最后，该承包商以2亿美元的代价，并通过最终与债券持有人达成延长债券期限的协议使问题得到了解决。这一事件对承包商的履约能力的损害至今还在担保公司的密切关注下①。

第三节 工程担保市场的风险防范机制

在工程担保市场的诸多风险中，大部分需要由担保公司的成功经营去自行化解。但从市场整体的角度看，维持市场信用体系是保证担保市场机制正常发挥的前提。也就是说，工程担保市场可以波动，也可以进出频繁，但市场整体必须以最大的努力来保证向受益人做出的承诺能够得到履行。讨论市场风险防范机制正是为了实现这一目标。

一、工程保证担保的市场进入管理机制

市场进入管理（Market Entry Administration）就是对经营担保业务的资格的审批。通过第四章的讨论已经对担保公司及担保代理人所应具备的条件有所了解，市场进入管理的目标其实就是希望保证担保业内的企业和从业人员具备从事担保业务的相应条件。

工程保证担保行业的市场主体包括担保公司、担保代理人和理赔咨询三种不同的市场角色，但后两者又是担保公司在承保和理赔这两大基本功能的延伸。从市场这个整体来看，工程担保市场正常运行的条件其实可以归结为两个方面：

一是足够的偿付能力：建设项目的担保金额巨大，没有足够的偿付能力就很难对建筑业的投保需求形成足够的支撑，也难以履行对受益人的承诺；

二是担保专业人才：前面已经谈过，工程保证担保的承保风险是主观性较强的一种风险，没有担保专业人才的有效工作，几个不慎重的承保就可能造成巨额的赔付，迅速耗尽担保市场有限的偿付能力；而如果专业人才能够根据自己的知识和经验使承保风险得到有效控制，就可以为担保公司不断地创造利润，使担保市场的偿付能力不断提升，不仅能为建筑市场的投保需求提供有效支撑，还能促进担保市场的有序竞争。

所以市场进入管理应该包括以下两方面内容。

1. 偿付能力

对偿付能力的管理应该是政府监管的重点。因为对于人才的培养和管理更大

---

① 本案例由美国 Chubb 公司提供。

程度上应该是企业自主经营权限之内的事，担保公司只有拥有相应的担保专业人才才能保持其竞争力。而保持担保市场的偿付能力则关系到整个社会信用体系的安全性，需要由政府加以宏观控制。

由于担保公司的偿付能力是随其经营状况在不断地变化，所以基于担保公司偿付能力的市场进入管理也必须是一个动态过程。美国采取的办法是一年一度公布担保公司名单和担保限额（T-list）。担保公司及其担保限额在 T-list 上每年都会根据其净资产的变化而加以调整，达不到最低净资产要求的担保公司在下一年就被排除于市场之外了。这样做的好处是，对担保公司进入市场的审批不再是一劳永逸的，担保市场的偿付能力变化能够迅速得到反映。

美国财政部对 T-list 担保公司的偿付能力的要求主要有以下内容[①]：

（1）自有资本金不低于 250000 美元；对于申请再保情况，股份制保险公司（stock insurance company）不少于 250000 美元，互助保险公司（mutual insurance company）不少于 500000 美元；

（2）向有关监管部门缴纳 100000 美元的押金，用于保护索赔权利人；

（3）单笔保函的担保金额不超过财政部认可的担保限额，即该担保公司的净资产（Capital and Surplus）的 10%，否则需采取联保或再保措施；同样，再保公司所分保的金额也不得超过再保公司的担保限额，即净资产的 10%；

（4）财政部有权对担保公司申报的净资产根据一些原则加以调整，来确定担保限额。调整所依据的标准主要有以下内容：

1）剔除流动性超出 90 天的资产项目。

2）对各种流动性证券的投资，每个品种不超出公司总资产的 10%（国债除外）；在单个金融机构的存款也不得超出公司总资产的 10%。超出部分金额将不被接受。

3）低品质的债券和股票所代表的资产将被剔除（根据相关部门公布的评估结果）。

4）担保公司对房地产的投资将被剔除，与担保业务有直接关系的那一部分物业除外；单独的土地合同所代表的资产将被剔除。担保公司追偿所得的物业在两年内可计入担保公司资产。

5）担保公司不得将资产用于放贷，除非采取了以下反担保措施：品质良好的房地产的抵押（贷款额不超过抵押物的市值的 60%），债券、股票的质押（贷

---

① 根据美国财政部提供的法律文件：31CFR. 223；Regulations Governing Surety Company Doing Business with the United States (1978)，以及 Annual Letter to Executive Officers of Surety Companies Reporting to the Treasury 整理。

款额不超过质押证券市值的 90%），国债的质押（贷款额等于质押的国债的金额）等。用于抵押的房地产不得是留置权诉讼的标的物。监管部门将据此对担保公司用于放贷的资产进行调整。

6）担保公司的子公司要从事担保业务也需独立地申报自己的财务报表，接受财政部的监管和担保限额的审批。同在财政部名单中的母公司对子公司所拥有的资产将在母公司的资产中扣除。

7）担保公司可将风险分给财政部授权的再保公司；若分给财政部没有授权但认可的境外公司，需缴纳一定的风险准备金；若没有缴纳风险准备金，或将风险分给财政部没有认可的再保公司，则这项再保安排将不被认可。如果再保摊回（reinsurance recoverable）拖延 90 天以上，该项再保摊回将被剔除。

8）当财政部发现担保公司前后两年的精算对赔付预期结果明显地缺乏一致性和连贯性时，将酌情下调该公司的净资产，除非该公司能提供充分的证据证明自己的赔付准备金是充足的。

9）担保公司需对经营上的一些重大调整，如突然大幅提高赔付准备金、增设或停止某项业务、不寻常的再保安排等提交专门的解释备忘录。

10）担保公司需满足 IRIS 指标的要求（表 6-2）：

IRIS 指　标（%）　　　　　　　　　　　　　　　　　　　表 6-2

指　　标		上限	下限
Gross Premium to Surplus	毛保费收入比盈余	900	-
Net Premium to Surplus	净保费收入比盈余	300	-
Change in Net Writings	新保变化率	33	—33
Surplus Aid to Surplus	盈余帮助比盈余	15	-
Two-Year Overall Operating Ratio	两年平均费用率	100	-
Investment Yield	投资收益率	10.0	4.5
Change in surplus	盈余变化率	50	—10
Liabilities to liquid Assets	负债比流动资产	105	-
Agents' Balances to surplus	代理应收比盈余	40	-
One-Year Reserve Development to Surplus	一年期准备金提转差比盈余	20	-
Two-Year Reserve Development to Surplus	两年期准备金提转差比盈余	20	-
Estimated Current Reserve Deficiency to Surplus	当前准备金赤字估计额比盈余	25	-

IRIS（Insurance Regulatory Information System Ratios）是美国保险监督官

协会（NAIC-National Association of Insurance Commissioners）所采用的衡量保险公司财务状况的一种重要指标体系。当担保公司的上述指标不是落在正常范围内时，需对此做出专门的解释。如果解释不能使财政部对该担保公司的偿付能力具有足够的信心，则可能取消其担保资格[401]。

设定担保限额是监管机构保障市场偿付能力的重要举措。担保限额实际上是市场进入的另一道门槛，担保公司的经营活动只能根据自己的净资产的实力来进行，这就使不同实力的担保公司在市场中有着各自不同的活动空间。然而，担保限额并不是绝对禁止担保公司承保高于自己担保限额的保函，只要他们采取了联保（Co-surety）或再保（Reinsurance）措施，将超出限额的风险分出去。

联保和再保是担保公司规避承保风险的两种手段。联保的特点是几家担保公司均列为保证人，共同为受益人承保。一般，联保人均需各自对投保人及其项目进行独立的承保风险评判。而在再保中，再保人不在保函中出现，也就与受益人没有直接的合同关系。再保可能是对某一特定风险的分保安排，也可能是根据与担保公司的再保契约（Reinsurance Treaty），对担保公司的所有符合再保条款的风险统一分出。由于再保契约将担保公司的风险分出时，会返给担保公司一定的手续费（commission），这有助于担保公司改善其净资产的财务表现，也就对提高其担保限额有所帮助，这就是 IRIS 指标体系中所控制的 Surplus Aid。对此盈余帮助进行考察是为了剔除那些自身不具备从事保险和担保的资本实力，完全依靠再保来经营保险或担保业务的公司。

2. 从业人员

根据国际惯例，对于担保专业人士的监管机制应主要依靠行业自律。在第五章有关行业协会组织的功能中已经安排了对担保从业人员的培训和认证。然而，国家应立法对担保行业中的一些关键岗位要求从业人员应具有相应的资质。美国政府对于担保行业的相关人员资质要求主要有以下几方面：

（1）担保代理人需取得相应的执照。这是因为担保代理人需直接向公众推销担保产品，是担保业的窗口岗位。

担保代理人除了在申请执照时需参加相应的考试并向政府缴纳押金外，还需每年参加由政府认可的一定学分的培训课程，意在使代理人的职业水准始终保持一种不断提升的状态。培训权并不是由政府垄断，也不是由某一机构来垄断，而是行业协会、大专院校、各种研究机构都有权举办，相互之间有着充分的竞争。任何机构如欲开办培训课程，需向政府保险监管部门申报课程安排，政府根据课程的质量、课时等对学分加以核定。这些培训课程还可包括一些学术研讨会。

（2）在担保理赔咨询中承担重要角色的担保专业律师，需在其从业的州取得律师执照。此执照并非专门的担保律师执照。

（3）在财务监管中，要求财务报表由 CPA 编制。

（4）当政府对担保赔付准备金的提取有疑问时，担保公司可提供由独立的会计师事务所或独立的精算师的说明。但如果赔付准备金的提取连续两年都大幅度减少，则此说明不能由同一人来提供。

可以看出，政府对 CPA 和精算师的要求依然是从对偿付能力的监管出发的。值得注意的是，对于担保公司最关键的专业人士——承保人的资格，政府完全没有任何要求。

然而，担保业为了自身的健康发展，自行组织了一种对担保从业人员的培训和认证，即 AFSB 认证（Associate in Fidelity and Surety Bonding）。这种认证不是强制性的，担保公司对于自己聘用承保人依然有着完全的自主权，一些担保公司对于自己的人才培训可能更有信心。但这些认证工作却为大量担保公司在对人才的选择上提供了一种信号尺度，为担保从业人员的素质保持一定的水准发挥着重要的作用。

ASFB 认证培训由 SAA[①] 和 NASBP 发起，由美国保险学会（The Insurance Institute of America）主持。要通过 AFSB 认证需完成五项课程的学习，并通过全国性的考试。这些课程包括[49: vol. I pp. vii]：

（1）保证担保的原则（AFSB 151：Principle of Suretyship）；

（2）合同担保（AFSB 152：Contract Surety）[②]；

（3）忠诚与非合同担保[③]（AFSB 153：Fidelity and Non-contract Surety）；

（4）保险的法律环境（CPCU 6：The Legal Environment of Insurance）；

（5）财务与金融[④]（CPCU 8：Accounting and Finance）。

美国保险学会提供的认证种类很多，详见表 6-3。从 IIA 提供的认证培训可以看出，美国保险业分工十分细致，并且对每一种岗位都有相应的证书。这就使各种岗位的担保从业人员的素质都有了相应的标准。

此外，美国财产与灾害承保人学会 AICPCU（American Institute for Chartered Property Casualty Underwriters）还进行特许财产与灾害承保人 CPCU（Chartered Property Casualty Underwriter）的职业资格认证。保证担保被视为财险的一种，所以保证担保承保人也可能申请此项认证。CPCU 除了要求通过特定的考试外，还有一定的对承保人工作年限及职业道德规范的要求。

---

① 现更名为 SFAA

② 合同担保即工程保证担保。

③ 忠诚与非合同担保是美国担保业的另一大主业，约占总保费收入的 1/3。

④ 财务与金融方面的知识背景是对承保人的基本素质要求。

美国保险协会提供的认证培训种类　　　　　　　表 6-3

简称	证 书 名 称	
AAI	Accredited Advisor in Insurance	授权保险顾问
AIC	Associate in Claim	理赔师
AU	Associate in Underwriting	承保师
ARM	Associate in Risk Management	风险管理师
ALCM	Associate in Loss Control Management	赔付控制管理师
APA	Associate in Premium Auditing	保费审核师
AIM	Associate in Management	经营管理师
ARP	Associate in Research and Planning	研究规划师
AIAF	Associate in Insurance Accounting and Finance	保险财务会计师
AAM	Associate in Automation Management	自动化管理师
AMIM	Associate in Marine Insurance Management	海事保险管理师
ARe	Associate in Reinsurance	再保师
AFSB	Associate in Fidelity and Surety Bonding	忠诚与保证担保师
	Certificate in General Insurance	一般保险证书
	Certificate in Supervisory Management	督导管理证书
	Certificate in Introduction to Claims	理赔初级证书
	Certificate in Introduction to Property and Liability Insurance	财产与责任保险初级证书

　　担保代理人取得 NASBP 的会员资格本身也是一种职业水准的体现。NASBP 要求自己的会员需遵守一定的职业道德约定，参加培训，并以担保代理为主业，业绩必须达到一定的标准，虽然从事担保代理并不必须加入 NASBP[102]。

　　通过对美国保证担保业的考察可以发现，对于担保从业人员的市场进入，市场机制发挥着重要的作用。竞争的压力会使担保公司自发地产生对人才的需求。因此，政府除了对少数社会影响重大的岗位实行监管外，放手发挥市场机制的作用，依靠行业自律来实现对担保从业人员素质的提升是非常有效的。

　　我国对于担保业的市场进入管理可以大胆借鉴这种经验，将监管的重点放在对偿付能力的监管上，结合我国的国情和市场需求制定出进入担保市场的净资产标准，并据此对担保公司的担保限额加以控制。而在人员方面，应该抓紧行业协会组织的建设，并依托高校和研究机构的力量，迅速建立一套培训认证体系。为了使培训水平得到保障，还应注意避免某一机构对培训权的垄断，使培训机构之间也保持竞争的压力。保证担保业是一个对人员素质具有高度依赖性的行业，为中国担保业的发展输送合格人才，使中国保证担保业从一开始就站在一个较高的起点上是一个非常迫切的任务。

二、工程保证担保的市场信息披露机制

保证担保是以向市场提供信用来体现自己的价值的，这就要求担保业必须具有很高的信用，使投保人对担保业的信用保持足够的信心，只有这样才能保持市场对担保业持续的投保需求。担保业要保证自己的信用，除了自律以外，还必须接受社会监督。信息披露机制正是担保业接受社会监督、控制信用风险的重要一环。

1. 政府监管机构的信息披露

政府是代表社会公众利益对担保公司进行监管的，所以政府对担保公司的监管信息应该向社会开放。美国财政部是以发布财政部担保公司名单（T-list）的方式向社会公众进行信息披露的。T-list 不仅公布哪些公司具有承保公共投资项目的资质，还公布它们的担保限额。这就为投保人寻找具有相应的承保能力的担保公司提供了帮助，而无需自行对担保公司的信用加以考察。在美国，如果投保人要查询担保公司的信用状况，可以很方便地从政府的监管部门以及社会信用评级机构得到相关信息资料，其信息披露机制十分完善，其中，政府对社会公众的信息披露是有立法保障的。另外，政府不仅进行信息披露，而且还通过多渠道宣传使需要了解此方面信息的公众能够方便地找到提供信息的机构，包括在网上发布信息、与行业协会合作等。所以，政府的监管就成了社会公众了解担保业的一个窗口。我国对担保业的监管也应特别重视对监管信息的披露。

2. 担保公司的信息披露

美国政府对于担保公司对政府监管机构的信息披露有着非常详尽的规定。具体内容如下[①]。

（1）每年一月、四月、七月和十月报送上一季度的财务报表，每年一月报送上一年度的财务报表。

（2）每年一月、四月、七月和十月，报告自己在过去三个月中签发的每一份保函，对于超出担保限额的保函要特别说明。担保限额不仅仅适用于担保业务，担保公司的其他保险业务若单笔保额超过此担保限额，也在报告范围。

（3）每年4月1日前报送公司的经营管理分析报告。

（4）股份制的担保公司需报送财政部它的股东名单，每次公司有新的股份超过总股本5%的股东出现，都需在10日内报送财政部；任何股东的股份变化超过总股本的5%时，也需在10日内报送财政部。如果所有权的变动使担保公司发生物质性的改变（如地址、固定资产的变动），则财政部对该公司的授权需暂停至

---

① 根据美国财政部的 Annual Letter to Executive Officers of Surety Companies Reporting to the Treasury，对 Chubb 和 St. Paul 等公司以及 SAA 的调查整理。

所有改变都已安顿好为止。

（5）担保公司需将购并或更名的计划以及公司章程的变化等立即通报。购并合同和相关文件也应报送。

（6）担保公司需每五年通过一次由注册所在地的州保险部进行的全面检查。

（7）担保公司需授权州保险部监管人处理本州内发生的反对该公司的事件。

通过这些信息披露措施，政府监管机构对于担保公司的经营管理状况应该说有很全面的掌握。对于美国的上述经验，我国在借鉴其监管和信息披露的方法时，应该结合我国的政府组织结构加以调整。如美国对担保公司的监管分为州和联邦两级的做法就不适合于中国。相反，中国的政府监管应该强调中央统一控制，以便形成全国统一的大市场。同时，各地方分支机构还应与地方行政区划有所独立，以摆脱地方政府对监管工作的过度干涉。此外，公众性股份制担保公司的信息披露是对担保公司信息披露的另一主要渠道。

3. 社会信用调查机构对担保公司信息的披露

美国有许多民间的信用调查机构，他们常常有着不同的行业专长，如前面所提到的 B&D 的专长是建筑业，而因调低美国主权债务评级而名声大噪的 Moody 则长于对银行金融机构的信用评估。A. M. Best 公司则是对担保业最有影响的一家评估机构。它独立地对担保公司进行信用评级，其报告也是每年更新。A. M. Best 的评级体系见表 6-4[①]。

A. M. Best 信用评级体系　　　　　　　　　　　　　　　表 6-4

级别区	级别代号	代号涵义
Secure Best's Rating （安全区）	A++, A+	Superior（杰出）
	A, A−	Excellent（优秀）
	B++, B+	Very Good（很好）
Vulnerable Best's Rating （非安全区）	B, B−	Fair（一般）
	C++, C+	Marginal（勉强）
	C, C−	Weak（脆弱）
	D	Poor（差）
	E	Under Regulatory Supervision（在政府监管之外）
	F	In Liquidation（处于破产清算）
	S	Rating Suspended（评级暂停）

每份评级报告除了给出当年的评级结果外，还公布五年的信用等级记录。报告的栏目包括：

---

① A. M. Best；Rating Bests Report：The，INSCO/DICO，Group，A. M. Bestcom pany. 1998

（1）当前信用等级（Current Rating）；

（2）对评级结果的说明（Rating Rationale）；

（3）业务概述（Business Review）；

（4）财务表现（Financial Performance）；

（5）总资本状况（Capitalization）

（6）资产流动性（Liquidity）；

（7）历史（History）；

（8）管理层（Management）；

（9）监管情况（Regulatory）；

（10）再保安排（Reinsurance Programs）；

（11）资产负债表（Balance Sheet）。

社会信用评级以其独立的身份和在长期的市场运行中培养的名望，为投保人获取担保公司信息提供了另一非常有价值的信息渠道，构成对政府信息披露的一种补充以至舆论监督，既有利于社会公众、又有利于促进政府监管工作的廉洁。

我国在建设工程担保市场时，应该借鉴市场经济发达国家的这些先进经验，从政府和民间两个方面尽快建立和完善市场信息披露制度，以防范担保市场的信用风险。

三、工程保证担保的市场竞争与价格监管机制

保持担保市场的竞争性可以帮助担保市场保持活力，降低投保人的投保成本。然而，前面已经谈到，过度的竞争可能会迫使担保公司以不合理的低价竞争或放松承保评判标准。而这些都会危及担保公司的偿付能力，如果没有及时采取防范措施，就可能危及整个担保业的市场信用。

然而，对于市场竞争在何时为正常，何时为过度，却是一个仁者见仁、智者见智的问题。比如，笔者用 β 值来衡量美国担保市场的竞争性，根据过去的经验，过度竞争似乎早于 20 世纪 90 年代初就已出现；以价格标准来衡量，美国担保业 2000 年的取费标准也早已远远偏离了 1987 年 SAA 公布的最后一次参考费率，却保持赢利。承保人经验的成熟、有效的经营成本控制措施、良好的宏观经济背景等都使美国担保公司保持了在低取费条件下的赢利。美国由于奉行自由竞争的政策，没有强行对市场加以干涉。否则，如果设想在 20 世纪 90 年代初，政府认为担保市场已出现过度竞争的态势，宣布不再新批担保公司，那么 20 世纪 90 年代担保业在低成本、低保费下的繁荣局面就不会出现。而竞争导致的市场平均保费水平下降的最终受益者是投保项目的业主，其中，政府是主要的受益者。可见，对市场竞争的监管绝不是由政府来判断何时应介入市场，从数量上、资金规模上来限制竞争。相反，对市场竞争的监管应该是建立并维护一套公平的

竞争机制，使市场优胜劣汰的机制得以充分发挥。

根据美国的经验，对市场竞争的监管主要是对费率的监管。在第五章中讨论过美国政府对费率监管的以下三大原则：

（1）防止担保公司以过低的费率标准收取保费而危害到自己的偿付能力；

（2）禁止同一家担保公司对不同的承包商采用歧视性的保费标准；

（3）避免担保公司以过高的保费造成对公众的剥削。

在充分竞争的市场中，过高的保费自然会被市场所淘汰，所以价格监管的重心在于前两个方面。

美国担保市场的价格监管可分为政府监管和行业自律两个层次。压价竞争的问题在担保市场创建之初就很快反映出来。1908 年，SAA 在政府监管部门的支持下成立起来，其目标是帮助实现担保业的有序竞争，研究合理的担保费率的制定规则成为其重点任务。1909 年，道纳费率局（Towner Rating Bureau）成立，专门对市场中现行的各种费率标准进行清理，公布标准费率手册。后来道纳费率局与 SAA 合并，标准费率手册的公布由 SAA 继续进行到 1987 年[49]。SAA 标准费率并非强制执行，各担保公司可以直接采用 SAA 费率，也可以向各州保险部申报自己的费率，但无论采用何种费率标准，都需向各州保险部申报并获得批准。各州保险部对于费率监管的具体办法是有所不同的，有的采用审批制，费率需经正式批准才可采用；有的采用备案制，费率一经报送即可采用，除非收到保险部的否决意见。备案制可以大大提高监管部门的工作效率，也可以给担保公司变动费率以更多的灵活性，而监管部门只需集中精力处理一些特别的费率申报，可以有效地提高监管工作效率。

担保费率的制定是一个复杂的问题。SAA 制定费率时除了根据统计数据计算出行业整体的承保成本及赔付成本的估算外，还需综合考虑以下因素[49: vol. I pp. 86]：

（1）宏观经济运行对担保业或是某一类担保业务的影响；

（2）法律法规的改变对费用的影响；

（3）市场竞争因素；

（4）投保需求预测；

（5）风险的规模；

（6）保额要求的影响；

（7）风险的性质；

（8）已知风险的类别；

（9）法规的限制；

（10）信用延伸的价值；

（11）信用风险的程度；

（12）所要求的服务的性质；

（13）代理费标准；

（14）再保成本；

（15）逆向选择的影响。

可以看出，以上 15 项中不少都属于主观性较强的评价项目。同时，SAA 所制定的标准费率是依据行业平均成本，而各担保公司的承保成本和赔付成本都不尽相同，这就使美国政府各州保险部在进行费率监管时，即使有 SAA 标准费率作参考，也很难确定费率低到何种程度为过低。

1988 年以后 SAA 已改为公布 12 年行业平均赔付成本，数据来源于对统计资料的分析。这就避免了制定费率标准时所加入的许多主观判断，为政府监管机构提供了一个较为客观的参考指标。公布 12 年而不是当年的赔付成本的原因正如前面所谈到的那样，是因为担保业的赔付情况常常大起大落，而 12 年的统计结果具有相当的稳定性。赔付成本只是构成担保公司成本的一个方面，监管人员可以根据自己的经验，发现如果将赔付成本考虑进去，某公司申报的费率明显不足以覆盖其经营成本的需要，就可以要求该公司做出解释。即使这样，担保公司也可以用自己的业绩证明自己的赔付成本远远低于行业平均水平。只要担保公司能提供充分的证据，证明自己的费率标准能够覆盖住自己的成本，就可以得到监管部门的批准。通常，保险部只是针对与市场平均水平偏离较大的费率标准，要求申报的公司做出对该费率标准做出合理的解释，一般不会轻易否决。这种监管方式可以用一句话来概括，即"监而不管"。但这种监管条件对市场的引导作用还是不可忽视的。

另外，市场平均赔付成本的公布还增加了担保公司费率的透明度和社会公众对担保公司竞争行为的监督。公共投资的业主不能自行决定是否接受或拒绝某担保公司的保函，但私人业主有权对担保公司加以选择。如果某担保公司的费率明显低到难以维持其正常经营的成本时，私人业主完全有可能因怀疑其偿付能力而拒绝接受其保函，从而市场自行对恶性竞争说不。

担保费率不是孤立的，它还需与担保公司的义务承担相结合。义务承担的具体内容就在于保函文本上的具体规定。通常，保函文本是由业主，而不是担保公司或承包商来决定。如果是强制性的担保要求，则担保责任就是法定的。然而，只有对于每一担保品种的义务承担加以标准化，才能对其具体费率标准进行有效监管，也才能使竞争按照公平、公正、公开的方式良性发展。

在保函品种标准化方面，一方面，美国联邦政府为联邦投资项目制定了标准保函，并在联邦项目中强制应用；另一方面，美国建筑师协会（AIA）制定的保函标准文本具有广泛的影响[14,13]，随着 DB 承发包方式日渐得到广泛应用，美国总包商协会

（AGC）又补充了 DB 合同的标准保函文本[4,5,6]。这些行业组织牵头进行的研究工作对于担保产品的标准化有着巨大的影响。

SAA① 作为费率研究的专门机构，必须对费率标准所基于的担保品种的义务承担做出回答。为此，SAA 的一件重要工作就是制定和公布《担保规则、过程及分类手册》（The Surety Manual of Rules，Procedures and Classification[127]）。这一手册成为政府监管的重要依据。每一担保公司在申报自己的费率标准时，也需申报自己关于担保操作规则、过程及担保品种分类的相应手册。通常，担保公司都乐于接受 SAA 编制的这一文件，并可委托 SAA 代为申报。为反映不断变化的市场形势，如新的担保品种的出现、某些风险性质的变化等，这一手册一直在不断修订。每当新的版本修订好，SAA 就会根据担保公司的委托，自行将此文件报送各政府监管部门。

《担保规则、过程及分类手册》关于工程担保的相关栏目包括[127]：

（1）担保责任范围：包括对所涉及的担保品种的责任范围的定义、担保责任终止的条件、项目分类等；

（2）一般规则：包括规则的适用范围、分类编码方法、对取费的基础合同价的定义、计取保费的一般规则等；

（3）统计编码：对建设项目类型进行了详细的分类和编码，此编码将用于担保公司对保函的申报，使 SAA 能对各类工程项目的承保进行分类统计，从而精确地计算出不同项目性质的各类保函的赔付成本；

（4）风险分类：费率标准根据项目及担保品种的风险等级的不同而有所差别，所以 SAA 又对各种不同的工程项目及担保品种进行了风险等级的分类。

SAA 对平均赔付成本的公布也是按照担保品种、风险类别、合同金额等加以分类，以便于在制定实际费率时采用。

四、工程保证担保的市场退出机制

在一个充分竞争的保证担保市场中，有竞争就有失败，竞争失败就要退出市场。如果一个市场没有退出机制，则少数企业的经营失败就会像癌症一样在整个市场中蔓延，从而危及整个市场的健康。中国当前三角债严重的一个重要因素就是市场退出机制不顺畅，不少早已资不抵债的企业却不能破产，苦苦支撑、越撑越亏，其越积越多的债务又将不少本来经营良好的企业也拖下了水。

保证担保市场是一个靠市场整体信用吃饭的市场，为了市场的整体信用，必须构建一套稳妥的市场退出机制，在保持市场优胜劣汰、有进有出的同时，又能

---

① 现已更名为 SFAA

保证保函对受益人权益的保护不因此而消失，使担保市场失信于客户。保证担保的一个重要特征就是，保函一经开出就是不可撤销的，保证人不能以任何理由中止履行担保责任，除非是保函到期。之所以保证担保必须拥有这样的特征，正是因为要将担保产品推向市场，保持担保信用是其根本的前提。

要保护担保受益人不因担保公司的破产而蒙受损失，通常的办法是由政府出面组织一项破产清算基金，由担保公司在进入市场时按其净资产提取一定的比率。当发生担保公司破产清算时，对受益人赔付不足的金额，由此基金按一定比例来加以弥补。在保险中这一比例通常不是100%，以鼓励业主在接受保函时，对担保公司的信用加以考察，以避免蒙受损失。但对于公共投资项目的强制性担保，由于业主通常不得拒绝具有合格担保资质的公司的保函，要求业主承担担保公司信用不良的部分后果就不尽合理。所以对于清算基金的赔付规则还可结合对公共业主权利的保护作进一步的研究。

由于工程担保的标的巨大，如果一个担保公司一定要在已经资不抵债时才退出市场，则市场需要的是一个庞大无比的清算基金，这显然是不现实的。美国财政部以每年公布一次财政部担保公司名单（T-list）的方式，实际上创造了一个更加平稳的市场退出机制。担保公司尚未陷入资不抵债的状态，但净资产下降到一定限度之后它们已经不能为其承保提供足够的偿付能力的保障了，这时，担保公司将被排除在 T-list 之外。这就意味着该公司不能再新开保函，进一步扩大自己可能的赔付金额了，但该公司可能还保持了一定的偿付能力。一般保函的期限都会长达 2~3 年，保函的义务承担一经开出就不能取消，即使该公司已经失去了担保公司的资格，也必须在违约发生时兑现自己的承诺。剩余的这一点偿付能力就会对继续履行这些承诺有所保障。

可见，保证担保市场的退出机制包括两个层次：一是组建破产清算基金，使某担保公司的破产清算对受益人造成的损失减至最小；二是保持对担保公司净资产变化的动态监控，当其净资产下降至低于监管部门对担保公司净资产的最低限额要求时，必须果断地使其退出担保市场，而不是坐等其资产状况的进一步恶化和担保承诺的进一步扩大。退出担保市场的公司并不是死路一条，如果能通过其他途径使自己的净资产重新增长，再次达到监管部门对担保公司的最低净资产的要求，依然可以重新进入担保市场。美国的相关监管法规还专门规定，对于有此种经历的担保公司在审批时不得歧视。只要担保公司没有不履行自己的承诺，就不存在信用不良，进出担保公司名单的经历并不影响该担保公司的信用记录。政府监管部门设立此市场退出机制的宗旨只是为了控制市场的整体信用风险，使保证担保市场的进入和退出都有顺畅和平稳的通道。

第七章　对中国推行工程保证担保制度的实施策略的探讨

中国推行工程保证担保制度，基本上是从无到有的一项开创性工作。人们常说：万事开头难。要成功推行任何一项新事物，除了要有好的目标外，还必须有好的实施策略，这就是经济学上讲的路径依赖。如果路径选择不成功，就可能使改革走入死胡同，或是使其偏离了方向，永远不能达成原来预期的目标。所以，在推行中国工程保证担保制度的问题上，还必须对其实施策略进行审慎的研究。

第一节　推行中国工程保证担保制度的现实条件分析

中国推行工程保证担保制度必须基于我国社会经济发展的现实环境，所以必须对这一现实环境加以分析，找出其中的有利条件和不利条件，对有利条件加以利用，对不利条件进行改造，从而使中国工程保证担保制度能够顺利实施。

一、有利条件

1. 有关保证担保关系的法律基础已经具备

虽然工程保证担保的应用在我国还不多，但有关保证担保的法律基础已经大体具备。在本书第九章中，对与工程保证担保相关的法律法规进行系统的梳理。在此特别值得一提的是我国的担保法颁布以后，大量的法律专家、律师投入了担保法的研究[300,352,406,393]，而担保关系的法律纠纷随着市场经济的发展也层出不穷，这就使不少律师已经得到了处理担保关系法律纠纷的锻炼。所以，掌握了担保知识的律师队伍已经形成。这些律师如果再接受一些建筑工程和工程保证担保的专业知识，就会成为很好的理赔咨询专家。

工程保证担保中的担保关系，如果采用从属性的有条件担保，则完全适用于担保法中的保证条款。如果采用独立担保，我国担保法也并未禁止其使用。所以工程保证担保的法律基础已经存在。然而，值得注意的是，担保法中的保证是普通保证，它所规范的保证担保关系具有普遍性。工程保证担保只是其中的一种，而制度化的强制性工程保证担保更是将保证人的资格限定为具有工程保证担保资质的专业金融机构。这与担保法对保证人资格的要求是不同的，它的特点是更加严格，保证人的信用更有保障。

　　关于工程保证担保的保证人的资格，在美国除了专业担保公司外，有的政府业主也酌情接受个人担保，即保证人是个人而不是专业担保公司[36]，这可被视为普通保证的范畴。这主要是因为美国有私有制的传统，在公司制担保公司出现的早期，人们甚至认为个人担保的信用要优于公司担保，因为个人承担的是无限责任，而公司承担的只是有限责任。但随着对公司制保证担保监管的不断规范化，以及工程建设投资规模的不断加大，公司制保证担保的优越性就非常明显了。所以现在虽然个人担保并未完全绝迹，但已萎缩到非常小的范围了[51,95]。

　　关于普通保证和工程保证担保的关系应这样来认识：

　　(1) 首先，政府所规范的只是强制性工程保证担保的范畴，在此之外的工程保证担保可归入普通保证的范畴，并不禁止；

　　(2) 其次，普通保证及其他担保方式可用于向专业担保机构设定反担保。

　　另外，我国于1999年公布的《合同法》[395]，也使建筑承发包合同有了更加成熟的合同规范。有条件的工程保证担保的合同责任是从属于主合同的。主合同有了更加清晰的责权划分，对于保证担保业的健康发展无疑是提供了更为坚实的法律基础。

　　2. 市场担保主体已经有所发育，可以为担保市场启动提供相当规模的担保容量支持。

　　中国的工程保证担保虽然还处于起步阶段，但中国的银行业自从改革开放以来，面对涉外工程承包的需要，已经开展了不少工程保证担保的实际操作[384,298,318,343,362,383]。如今，随着我国工程担保试点在全国大部分省市推行，加上世行、亚行等国际金融机构对工程保证担保的强制性要求，以及外资、中外合资企业等对工程保证担保的需求的不断增加，中国国内对于工程保证担保的需求已经达到了一个相当的规模。只是，监管部门对保险公司从事工程保证担保在20世纪90年代下的禁令至今并未明确解除，而专业化的工程担保行业发展也不尽理想，如今银行的工程担保业务居于市场主流。承包商企业一般是向与自己关系密切的银行申请保函。据笔者的了解，到目前为止，我国国内的银行保函的业务还很少发生赔付，所以银行的承保意愿很高。由于银行有很高的承保意愿，这就为中国推行工程保证担保制度初期在担保公司还不成熟的环境下，提供了宝贵的担保容量的支持，使保证担保市场的发育可以与强制性保证担保制度同步进行，解决了中国工程保证担保制度在起步阶段"鸡生蛋还是蛋生鸡"的尴尬。只是，由于目前保函业务的风险很低，而保费收入对于银行也微不足道，所以不少银行将提供保函视为对客户的一种配套服务，以培养客户的忠诚度，以及吸引客户存款等，对反担保的要求并不严格，这已经给银行系统带来了一定的潜在风险。

另外，全国各地试点以来，在各省市地方政府或行业协会备案的担保公司目前已有超过 200 家专业公司，另外还有数千家以融资性担保为主业的专业担保机构[291]。这些都说明顺应市场经济发展的需要，中国担保业正方兴未艾。目前工程担保的有效市场需求还远远未能发掘出来，因此担保行业还将迎来一个大发展的阶段。只是，中国当前的融资担保市场远较工程担保市场需求量大，发展迅猛。这与国际经验很不吻合。从国际经验来看，非银行的专业担保机构以提供融资性担保服务为主业，其发展空间是十分有限的。所谓融资性担保，就是向银行等发放贷款的金融机构提供第三方保证，以帮助被担保人得到贷款。如果投保人有质量好的可被银行接受的资产设定抵押，它们就不需要担保公司的担保，而不能为银行接受的担保标的物也很难为担保公司所接受[335]，担保公司要谋求自己的生存空间，只能向信用担保的方向发展。因此，当前融资担保行业的繁荣其实从根本上说是我国银行业市场化发展滞后，不能为社会提供充足的市场金融服务的一个特殊时期的特殊机会。而从长远来说，信用担保才是担保行业的真正生存之道。工程保证担保是一种很适宜于以信用担保的方式来运作的担保品种，相对于一般融资性担保，它具有标的高而风险小的特点，是专业担保公司主要的担保品种。可以预见，强制性工程保证担保制度的推行所将创造的对工程保证担保的巨大市场需求，是现有的这些融资性担保机构将来摆脱困境的一条出路。未来待工程担保市场需求得到充分的释放时，市场中的各种专业担保机构也会抓住这个机遇，尽快转到工程保证担保这个方向来，为工程担保市场提供一定的担保容量。

3. 相关市场建设已经具有了一定的基础

工程保证担保的相关市场主要包括：独立的注册会计师事务所，工程咨询业和律师业。

现在我国已经有大量注册会计师执业，企业已经在接受独立的注册会计师事务所的服务。国际几大著名会计事务所也都在中国设有分支机构，并因此而培养起了一批精通国际会计规则的中国会计师。独立的注册会计师的服务是健康的担保市场不可缺少的相关配套服务，它帮助担保公司准确掌握投保人的财务信息，帮助提升投保企业的财务管理质量，改善它们的可保性。没有独立的注册会计师的服务，担保公司的承保风险将极大地增加。

中国的工程咨询业从推行强制性工程监理制度开始也已经得到了相当的发展。不少监理公司以自己的优质服务改变了业主对监理的看法，从被动到主动地接受监理的服务。此外，我国已经对工程咨询业开展了不少职业资格认证工作，包括注册建筑师、注册结构工程师、注册估价师、监理工程师、注册建造师等等，这些工程咨询和建造专业人士可以帮助业主认识以设定工程保证担保来规避工程建设中的信用风险的需要，帮助担保公司在理赔过程中尽快认定违约事实、确定违约责任金额、确定理赔方法等。中国的监理工程师在项目中的角色实际上就相当于国外的项目管理工程师，它们在工程建设中作为业主与承包商之间的第三方，对于认定违约事实有着举足轻重的意义。在本书对业主责任保证担保制度的设计中更赋予了监理工程师在批准索赔中的特殊地位。

随着市场经济的发展，人们的法律意识也不断增强，近年来我国的律师业发展迅速。律师事务所的运作已相当规范，有条件为担保业提供所需支持。

4. 存在着后起者的优势

中国的工程保证担保还很不发达，还没有形成自己固定操作方式。我国正好可以利用这一后起者的优势，在没有任何历史负担的条件下大胆借鉴国际先进经验，同时还可以抛弃它们由于历史原因形成的一些不合理而又难以纠正的问题，从零开始地构建自己理想的工程保证担保制度。尽管我国各地试点已经开展多年，但就全国性市场来看，相关制度建设依然还是空白，还有极大的机会充分利用这一后期者的优势。

关于工程保证担保的国际惯例应主要参照国际商会的以下文件：

(1) ICC Publication No. 325：*ICC Uniform Rules for Contract Guarantees*，即：《合同担保统一规则》（国际商会第 325 号出版物，1978 年出版）；

(2) ICC Publication No. 458：*ICC Uniform Rules for Demand Guarantees*，即：《承付保函统一规则》（国际商会第 458 号出版物，1992 年出版）；

(3) ICC Publication No. 524：*ICC Uniform Rules for Contract Bonds*，即：《合同保证书统一规则》（国际商会第 524 号出版物，1993 年出版）。

其中，国际商会第 524 号出版物代表了国际工程保证担保的方向，并为中国工程保证担保制度的主流模式——高保额有条件模式所采用。由于它是以美国的高保额有条件保函为蓝本的，所以本书在许多分析中重点借鉴了美国的工程保证担保制度。对于以上三个文件的讨论详见第二章。

5. 市场经济环境给工程保证担保带来了巨大的需求

在市场经济环境下，人们的风险意识不断加强，为使自己在市场竞争中立于不败之地，主动地采取措施规避风险将成为越来越多的企业家的必然选择[366]。目前，虽然我国还没有对工程保证担保进行立法和强制性推广，但各地试点积极踊跃，而且市场也已经出现了一些自发的工程担保需求和创新。可以看出，市场经济环境下，工程保证担保的确具有巨大的市场需求。目前这一巨大的市场需求中的很大一部分还仅仅是潜在需求，还没有真正转化成为有效需求。可以预见，随着工程担保知识的传播和全国性强制性保证担保制度的确立，以工程保证担保来规避承发包合同关系中的信用风险将越来越多地成为市场自发的选择。

6. 全球化竞争需求对中国推行工程保证担保制度的有力推动

目前中国已经成为全球化竞争的一个重要成员。然而中国承包商参与全球竞争更多靠的是低价竞争，生产率不高、赢利能力不强、特别是难以打入发达国家市场，依然是困扰中国建筑企业走出去的一个现实难题。面对这些诸多难题，中国的建筑企业必须尽快调整自己，主动地学习和实施国际惯例，使自己熟悉国际竞争的环境。而国内建筑市场激烈的竞争也使市场交易各方的风险意识不断增强，对工程担保的要求也必将越来越高。而当前中国的承包商获得担保的能力还很弱，也非常需要尽快学会在有担保的条件下承接项目和履行合同，才能真正提升自己的国际竞争力，在国内国际市场的角逐中立于不败之地。

同时，全球化时代也需要中国尽快培育起自己成熟的担保公司，否则难以为中国建筑企业实施走出去战略保驾护航。如果缺乏本国担保行业支持，将很容易因被国外担保公司轻易地以拒保或苛刻的承保条件而使中国承包商在参与国际招投标中处于劣势。目前一些参与海外竞争的中国承包商常常不得不面对以大量的流动资金被冻结为代价申请银行保函而增加的成本。所以中国企业参与全球化竞争的迫切需求将直接转化成尽快发展中国保证担保市场的动力。

此外，全球化也使大量的境外金融机构进入中国市场，使得它们在工程担保方面的知识和经验快速在中国传播，工程担保的人才也有望借助于这些境外机构而得到培养。这也是全球化背景给中国推行工程保证担保制度带来的另一个非常有利的因素。

二、不利条件

1. 有关工程保证担保的法律体系还不完善，部分法律法规的内容甚至还存在着冲突，需进一步加以完善

建议中的工程保证担保的法律体系如图 7-1 所示。该图是从法律内容的性质上对相关法律进行理论上的体系划分，并不特别对应于我国现行的各种成文法律法规。对于规范工程保证担保的法律法规，除了涉及担保法和建筑法以外，还包括合同法、物权法、侵权责任法、金融法。由于强制性保证担保制度是以公共投资项目为核心的，所以在国外还是政府采购法的重要内容[169]。如果因担保问题发生民事诉讼，则适用于民事诉讼法；如果在工程保证担保中出现诈骗等行为，则还需承担刑事责任。

目前我国关于工程保证担保的立法，除了《担保法》、《商业银行法》、《招标投标法》和《物权法》有所涉及外，其他法律法规基本上没有提及。除了内容上的缺陷外，目前我国有关工程保证担保的法律体系还存在以下问题。

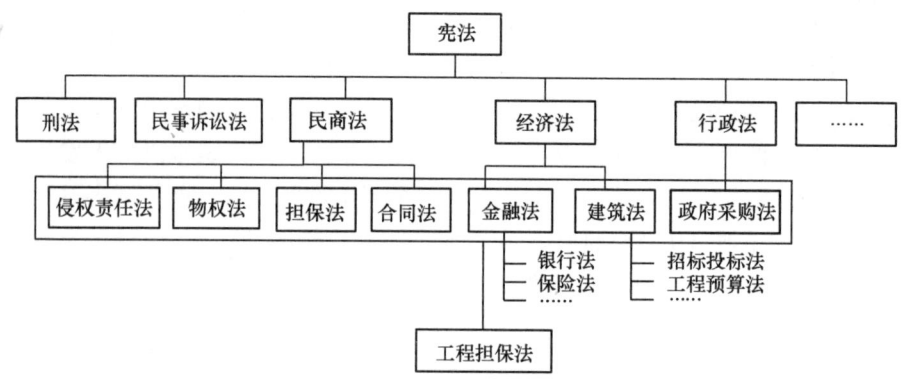

图 7-1　工程保证担保的法律体系示意

（1）《担保法》与《合同法》在建设工程的留置权问题上存在冲突

工程保证担保是工程担保的一种主要形式。在我国担保法中，规定了保证、抵押、质押、留置和定金五种担保形式[392]，广义地讲，只要与工程建设相关而采取的各种担保措施都是工程担保的一种方式。但除了保证和留置以外，其他的担保形式都是通过业主和承包商之间的约定进行，且只与业主和承包商有关。由于业主在承发包合同关系中的优势地位，抵押、质押和定金担保不仅占用承包商的流动资金、削弱其履约能力，还常常被业主利用以强加给承包商，是不公平的要求。如笔者在上海市建纬律师事务所了解到，一些业主以收取工程质量担保押金为名，变相强迫承包商垫资[388]。从维护市场公平秩序的角度，应该立法禁止业主与承包商之间设定除留置以外的其他任何直接的物的担保关系。

留置权是指债权人在对被委托的标的物投入了劳动或物料供应后，未得到委托人按合同规定应支付的款项而产生的一种法定权利。这时，留置权利人有权实施对加工物品的占有，将留置标的物依法拍卖，所得款项用于偿付债权人被拖欠的款项后，再将余额退回委托人[253,300,352]。显然，留置权是保护提供劳动和物料的债权人不被拖欠款的有力武器。然而，我国的担保法却规定，留置权的标的物必须是动产①，这就使承包商在被拖欠工程款后得不到留置权的保障。

对未得到付款的加工物品实施占有可谓出自于人类公平心理的一种自发行为，这也是法律中保护留置权的由来。笔者在调查中就了解到一些承包商试图以留置的方式来解决拖欠工程款的一些案例，但由于缺乏法律根据而未能得到法庭的支持。而工程承包保证担保之所以成为国外担保公司一种主要的担保产品，是因为承包商得到付款的权利受到留置权的保护，从而使项目融资问题所带来的风

①　《中华人民共和国担保法》（1995 年 10 月 1 日起施行）第五章第八十二条。

险得到了一定的控制。如果承包商得到付款的权利不能得到保护，就会极大地增加担保公司承保的风险。

在《合同法》中，这一问题得到了部分解决。《合同法》规定[①]："发包人未按照约定支付价款的，承包人可以催告发包人在合理期限内支付价款。发包人逾期不支付的，除按照建设工程的性质不宜折价、拍卖的以外，承包人可以与发包人协议将该工程折价，也可以申请人民法院将该工程依法拍卖。建设工程的价款就该工程折价或者拍卖的价款优先受偿。"

《合同法》的这一规定在实质上已经接近于赋予了承包商留置权，但因与担保法有所冲突，又没有明确提出留置的概念。这虽然给予了承包商一定的保护，但这种概念上的有意识模糊实际上有着许多弊端。它增加了人们对法律理解的歧义，也削弱了留置权的备而不用的警示效果。在美国，人们进行房地产交易前所需了解的一个重要信息就是关于该房产在抵押和留置方面的信息。由于留置权是法定的，权利人在此项权利到期之前始终享有此权利。一项房产在没有解除被留置的可能性之前，它的交换价值将受到严重的影响[154]。所以，在美国，不少私人业主常常会要求承包商提供使建设工程免于留置的保函，此保函也就相当于对分包商和材料供应商的付款保函。通常，项目的贷款人也列为共同受益人。这其实是保障承包商得到付款的措施。贷款人通常是银行，被列为共同受益人后，贷款人也就需与业主一道承担起向承包商付款的连带责任。而我国《合同法》所规定的协议折价和申请拍卖都似乎只是承包商的可能选择，只要它不主张这项权利就不产生，不能起到有力的警示作用。此外，《合同法》也没有规定向法院申请拍卖的最后期限，但若该工程的产权已经转让后，在新的所有者名下的产权与承包商的这项权利之间就会出现冲突。这在房地产项目中是很常见的问题。在美国，为了使留置权得到充分的保障，不少地方政府要求房屋在正式投入使用前，要办理动用许可。而工程无诉讼争议、无留置权设定，或留置权已解除的证明，就成为了重要的前置条件。新业主为自己免于成为诉讼对象，也常常会要求开发商提供上述证明。通常，法律还会规定承包商行使留置权的最后期限，以促进工程款的支付和避免产权问题拖而不决[89]。而在我国，目前的司法实践中，承包商对工程款的优先权是不足以对抗取得房屋所有权的"善意"第三人的。加上我国大部分房地产项目都是预售出让的，因此一旦开发商将房屋移交给了购房人，承包商的这项权利就基本落空。

从前面的讨论可以看到，《担保法》和《合同法》都为我国建筑业利用保证担保解决合同履约问题奠定了一些基础，但还存在着关于留置权问题的缺陷，

---

① 《中华人民共和国合同法》（1999 年 10 月 1 日起施行）第十六章第二百八十六条。

《合同法》与担保法之间这一冲突的解决，将为从制度上解决我国工程拖欠款问题迈出重要一步。

（2）《招标投标法》中用履约保证金指代工程承包的履约担保是不妥当的

招标投标法中，将履约保证金作为一种非强制性的选择①，对于推动工程保证担保的引入是有益的，但履约保证金这种提法不妥当。从字面上理解，履约保证金就是一笔现金，实际上就是鼓励业主向承包商要求一笔现金作担保。这种担保方式无论是从合同的公平性，从担保法的规定，还是从国际惯例来看都是不妥的。担保法规定的现金担保只有一种，就是定金。如果将履约保证金理解为定金，则若业主方违约需双倍退回②，事实上承包商却没有得到此权利。承包商在承发包合同中一般只有提供技术和劳动的义务，而没有提供资金的义务，承包商自备的有限流动资金只应满足正常履行合同的需要，而若在签订合同时就需向业主支付一笔现金，则不正常地加大了对承包商履约的资金要求，而发生的成本通常又不被承认，这显然有失公平。本来，履约保证金理论上依然为承包商所有但由业主代管，业主是不应随意处置这笔资金的，但事实上业主正好可借此机会解决自己的资金周转问题，也就为业主强迫承包商垫资大开方便之门。而国际上通行的是以提交保函取代现金，虽然无条件保函给予业主的权利已经接近现金，但毕竟业主不能随意挪用这笔资金，如果业主在承包商没有违约时通过对保函索赔提取资金，毕竟还可能受到承包商的起诉，可见业主利用保函的自由度比起现金来还是大大受限的，承包商的权益也就多了一层保护。

笔者建议，应将《招标投标法》中的履约保证金改为履约担保，并应立法明确禁止在承发包合同中以现金方式设定担保。在担保业发展到一定规模以后，业主与承包商之间以直接的抵押、质押作为履约担保也应禁止。

2. 工程保证担保的知识传播和人才储备还十分有限，还不能满足工程担保市场发展的需要

工程保证担保的知识传播包括以下几个层次。

（1）知识在相关行业中的普及

相关行业指工程咨询业、会计师行业、律师行业等。目前，律师行业对保证担保已有所了解，但对工程保证担保尚不熟悉，而工程咨询业和会计业对于工程保证担保都还相当陌生。工程咨询业对工程保证担保的推广起着重要的作用，因为业主是担保产品的最终购买者，而工程咨询专家又对业主发挥着重要的影响。如果工程咨询业对工程保证担保完全没有认识、或是认识模糊、甚至还有许多误

---

① 《中华人民共和国招标投标法》，第六十四条。
② 《中华人民共和国担保法》（1995年10月1日起施行）第六章第八十九条。

解，就会使担保市场的发育受到极大的限制。工程管理咨询专家对承包商也有着重要的影响，对担保知识有良好掌握的工程管理咨询专家可以帮助承包商向着满足担保公司承保条件的方向改善自己的管理水平，减少担保公司的承保风险和承保成本；反之，担保市场很难扩展。而为承包商服务的会计师是担保公司的重要信息来源，会计师很好地了解担保公司的信息需求可以帮助担保公司降低承保成本，并有效地跟踪和预测风险；反之，则担保公司或是极大地提高自己的承保成本，或是寸步难行。可见，在工程咨询业和建筑业专业会计师中普及担保知识对于培育工程担保市场有着重大的意义。美国对注册建筑师的考试就包括工程保证担保的一些常识性知识。建议我国对注册建筑师、注册结构工程师、注册估价师、注册监理工程师和注册建造师的考试中都应增加工程保证担保的相关内容，使工程保证担保中的一些常识性知识尽快得到普及。对于会计师和律师的培训则是更为复杂的一个过程，建议在担保行业的认证培训中专门开设对会计师、律师的培训。

（2）监管决策层对知识的掌握

一个行业能否得到健康的发展，监管决策层往往起着很关键的作用。市场运行何为正常、何时需要干预、需要向什么方向引导等，一项政策的出台必须综合考虑它的影响。这些都要求监管决策层对相关知识要有很好的掌握。早期，原建设部和长安担保公司联合举办的一些培训都主要是以各地的建设行业主管部门为对象，这种思路是对的。但应当看到，要搞好工程保证担保，不是建筑业一家就能自行解决的。工程保证担保是跨建筑、金融和法律三大学科的一种边缘学科，在实际操作中也离不开金融业和法律方面的配合，特别是金融业所提供的担保容量才是担保市场的核心力量，如果将金融业撇在一边，在政策的实际推行中就会面临无人承保的尴尬局面。按照美国对担保业的监管政策标准，为防范市场风险，中国最早的专业工程担保公司长安担保公司的净资约 4 亿元，则所承保的每份保函担保金额不能超过 4000 万元，动辄几个亿的大型工程建设项目都面临着分保和再保的问题，没有金融业的支持根本就是死路一条。曾经一度，长安担保公司通过与中国人民保险公司签订合作协议来增强自己的实力，此后又直接进军工程保险领域，同样的一拨主要负责人又创建了长安保险公司，这是一步很好的布局。但要将保险业与担保业之间彻底打通，保险业关于担保业务的禁令依然是一道难题。所以，要很快在全国推广工程保证担保制度，目前对于金融监管机构的工作还必须加强，特别是对于保监会，应尽快推动其对保险公司从事担保业务制定一些具体的监管措施，并取消对保险业从事担保业务的禁令。

另外，要改变将担保业视作中介业的错误认识，将其纳入金融监管，以防范担保业的整体信用风险。如果担保业继续无序发展，一旦部分担保公司偿付能力不能得到保障，出现信用危机，无论问题是发生在融资性担保公司、还是非融资性担保公司，都会造成对整个担保业的严重打击。再要恢复元气将是一个非常漫长的过程。

（3）担保从业人员对知识的掌握

应当说，我国目前的担保从业人员队伍培养尚在起步阶段。即使是一些专业从事工程保证担保的专业公司，其担保从业人员对工程保证担保知识的掌握也非常有限，实践经验也非常不足，尚未经历大的赔付风险事件和锻炼，对承保风险的认识还非常不足。担保代理人则更是不存在。这是中国推行工程保证担保制度最为不利的因素。中国保险业之所以退出担保市场，也主要是因为对工程保证担保的风险缺乏了解，缺乏相应的承保经验。对于担保从业人员的培养，最为关键的是对承保人的培养。如何迅速培养起一支合格的承保人队伍，是中国担保业发展的关键。

3. 相关市场的发展还不完善

前面提到了工程咨询业、会计师行业、律师行业等都在中国已有了相当的发展，这是推行工程保证担保制度的有利条件，但同时也应看到，这些相关行业的发展也都还远远没有成熟到能为工程担保业的发展提供足够的支持的程度，这又是推行工程保证担保制度的一个不利条件。

上述相关行业都有一个特点，就是都接受委托并通过自己的智力劳动提供有价值的专业咨询服务。这不仅对从业人员的职业技术水平有着较高的要求，还要求他们必须遵守相应的职业道德，并有条件对自己服务的失误给委托人所带来的经济损失加以赔偿。但目前，一些专业咨询人员没有恪尽职守地严格按照职业道德标准来工作，行业自律机制没有很好地发挥作用，而专业责任保险的缺位常常使这些专业人员所造成的损失难以弥补，同时又进一步加剧了专业人员自律意识淡化，形成了一种恶性循环。

在对业主责任保证担保制度的设计中，监理工程师这一角色被赋予了特别的地位。然而，当前中国监理业的发展良莠不齐，社会中也有诸多误解，其自身也面临着市场的重新定位，实际上正处于十字路口。但笔者相信，对业主方的项目管理咨询服务这一市场始终是存在的，所以这一角色也不会消失。当前的问题是如何提高业主方项目管理咨询主体的整体水平，使它们能肩负起在推行工程保证担保制度中的角色。

4. 市场中缺乏信用记录，社会信用调查业还不发达，道德风险较高

担保公司的承保工作是基于对投保人信用状况全面掌握的基础上的。在美国，担保公司不仅自己掌握着大量的客户资料，还有各种信用调查公司提供的排名、信用等级及各种分析报告等，使担保公司可以比较全面地掌握投保人的信用

状况，从而做出准确的承保风险评判。而刚刚起步的中国保证担保业不仅自己的客户信用资料积累不多，也少有社会信用调查机构提供的信息可以参考。中国的承包商中上市公司不多，可利用的上市公司信息披露的资源也非常有限。同时，道德风险高的问题在当前各行各业中都普遍存在，这一切都会使中国担保业面临严峻挑战。保险公司停止开展担保业务就是一个证明。这一问题的解决将不是一朝一夕之功。目前，建筑市场正大力推动政府监管系统与信用平台建设，这对工程担保行业的发展是一个非常有利的帮助。事实上，已经有业内专家将工程担保的合理额度与当地政府监管是否与建筑市场信用系统挂钩相联系[344]。

5. 保险市场的发展还不能满足担保市场的配套需要

工程担保市场的发展对保险业提出了要求。首先，担保公司会对投保人提出一些保险要求，以减少承包商因其他风险因素而引发违约风险，以及减少自己在代为履约后追偿权不能得到实现的风险；其次，担保公司会希望项目在工程保险方面有妥善的安排。这是因为工程保证担保和工程保险的标的物同为在建项目，尽管它们对所保的风险之间的界限有着严格划分，但项目出险造成的损失如果没有保险覆盖，则可能会造成承包商因损失而履约能力下降、履约成本增加等不利因素；而且，可能还会因业主对工程保证担保的误解而将担保公司拖入无谓的纠纷中去。其实，保险公司对于项目设定工程保证担保也是欢迎的，因为一些保险事故可能是因管理疏漏而人为造成的，而有担保的承包商是管理能力达到一定水平的标志，人为出险的可能性就会降低。所以，工程保险和工程保证担保通常是作为配套的风险管理措施而被统一应用。

担保公司通常会要求的保险项目有：

（1）为关键的管理和技术人员投保高额的人身意外险和职业责任险；

（2）承包商的自有资产的财产保险；

（3）一般雇员的忠诚保险；

（4）建设及安装工程的一切险；

（5）建筑安装关键的原材料和设备的产品质量责任保险；

（6）第三者责任险；

（7）与项目相关的设计方、咨询方的职业责任险。

上述险种中，职业责任险和忠诚保险等在我国还都只是刚刚起步，还远未成熟，这就使一大风险因素没有消除，而其他已开设的险种的推广程度还很不够，特别是对建设项目出险的理赔经验不足，加上业主投保意识不强，使工程保险的推广远不尽如人意。

第二节 启动中国工程担保市场的策略研究

中国工程保证担保制度的推行是一个系统工程。要启动中国工程担保市场，必须从组织、人才、技术和市场的培养以及资金投入等多方面加以研究，制定出具体的实施策略。

一、组织策略

1. 组建政策研究和推广小组

组织是目标实现的决定性因素，推行中国工程保证担保制度应该首先有组织的保障。笔者建议，在工程保证担保制度立法的酝酿阶段，可以先行组建一个工程保证担保政策研究和推广工作小组，集中进行工程保证担保制度的各种政策研究，制定行业规范，搭建行业技术平台等。

2. 明确市场监管机构及其监管办法

在工作小组的统一协调下，尽快明确并建立工程担保市场监管机构的组织，并制定具体的监管办法。

3. 对现有担保市场进行清理、引导、整合，尽快形成一定的担保市场容量

在监管机构建立以后，即将所有担保机构纳入监管范围，实现对现有担保市场的清理。对部分达不到最低偿付能力标准的担保机构进行重组，从资金和技术两方面提升担保公司。

4. 通过组建合资担保公司，尽快提升中国担保企业的素质

为了加速工程保证担保承保技术的引入，应该鼓励境外成熟的担保公司与中国的担保公司进行合资，利用境外公司的技术和管理优势迅速提升中国担保公司的承保能力。

5. 在各地组建保函索赔裁定中心

高效率的保函理赔是工程担保市场信用得以确立的关键。可以预见，在推行强制性工程保证担保制度以后，对保函的索赔事件比现在会大量增加，特别是针对业主责任保函。如果当事人之间在索赔过程中产生的所有异议都需通过正规的法律程序来解决，则工程保证担保制度的优越性的发挥就会受到极大限制。为加快索赔效率，应由建筑行业主管部门牵头，组织当地知名的工程界和法律界的专家，在各地组建保函索赔裁定中心。裁定中心可作为有形建筑市场的一个常设机构，裁判员可以由这些专家以业余方式担任。裁定中心在收到申请时，可在专家库中随机选出裁判员，但当事人可以要求某些裁判员回避。对裁定中心的受理和下达裁定书的期限应做出严格的规定，以保障裁定中心的工作效率。

6. 大力协助发展社会信用评估咨询业

社会信用评估咨询在发达的市场经济国家是一个非常发达的行业，而在中国目前还才刚刚起步。国内银行商业化以后，发现了这一行业对于帮助银行业规避信用风险的巨大价值，目前已经有少量信用评级机构开始运作，但其公信力还相当不足，有待进一步提升。担保行业也将同样受益于这一行业的发展，因此应该对中国社会信用评估咨询业的发展采取积极协助的态度。其中，对于工程担保业意义最大的是对建筑业企业的信用评估，住房和城乡建设部以及各地建筑业主管部门作为行业主管部门，正好可以牵头进行建筑业企业信用评价机构的建设工作。具体的办法是推动建筑业的专业报刊、杂志、网站等与一些工程管理咨询机构和经济战略发展研究机构联合组建 2～3 家独立的社会信用评估机构，授权这些机构免费获取政府所掌握的所有建筑业企业的各种档案资料，并对以后的信息也予以全面公开。这些机构将通过竞争获得它们在市场中的地位。这对目前政府主导的建造市场监管信息系统的建设将是一个非常有益的补充。

二、人才策略

1. 选拔优秀人才赴美参加 IIA 的 AFSB 认证培训

中国工程担保业在起步阶段所面临的首要问题是担保专业人才奇缺。要建立自己的认证培训体系，要从事担保研究，要对担保业进行监管，要组建担保公司开展业务，这一切都离不开人才。然而，要建成自己的高水平的人才培训体系不是一朝一夕之功。美国有着世界上最成功的工程保证担保制度，现有的担保从业人员的认证培训体系已非常完善，又有着丰富的实践经验，如果从国内选派一些优秀人才直接参加美国 IIA 认证培训，对美国工程保证担保的相关经验进行深入研究和系统掌握，就可以很快形成一批中国工程担保业的中坚力量。

2. 建立中国担保从业人员认证培训体系

中国工程担保业所需的大量人才当然不可能依赖美国的培训，而且国外的先进经验还必须与中国国情相结合才能得到有效的应用，建立中国自己的担保从业人员认证培训体系是当务之急。

认证培训体系的建设包括教材的编制、证书体系的设置和师资准备等。在培训体系启动之初，可以用请进来的办法，聘请一些国外的专家讲授关键课程。教材在初期也可以通过翻译直接引入，在初步的人才条件具备后，则需立即着手对教材进行结合中国国情的改编。例如，美国的承保风险评判训练中，很重要的一个内容就是通过对投保人的财务报表的考察来掌握投保人真实的财务状况，而美国的财务制度和中国的财务制度是有不少区别的，所以在学习他们的方法时必须融会贯通，准确把握中美财务报表之间的区别，才能在实践中成功运用。如果能在掌握了美国的承保知识后，基于中国的财务制度编制出自己的教材，就可以极大提高培养承保人的效率。

另外，在课程和证书体系的设置问题上，应该注意与中国各种相关行业现有的认证培训体系相协调。工程保证担保是一个跨金融、建筑管理和法律三大学科领域的一个综合性较高的行业，所以在认证培训方面也应相互配合。如，承保人需要有较强的财务知识背景，对于已完成注册会计师考试部分课程的人员，就不必从头开始培训。所以，应该与这些相关行业的培训认证体系进行协调，包括相互之间的一些课程学分认可等。另外，对于工程保证担保从业人员的培训还应分出层次，对于关键岗位的从业人员可以颁发专业资格证书，而其他一些人员则可以仅仅认可其参与培训的学分。

3. 在现行的各种工程建设领域专业人员执业注册资格考试中加入工程保证担保的相关内容

工程保证担保知识在工程建设领域专业人士中的普及是成功推行工程保证担保制度的重要因素。推行工程保证担保制度的目的不是将大量承包商排除在市场之外，而是帮助建筑市场实现有序竞争。担保公司有自己对承保条件的要求，对于达不到条件的投保人拒保是他们在市场中的本分。承包商要满足担保公司的承保条件，就必须提升自己的管理水平和技术水平，提高自己的履约能力。能帮助承包商成功实现这些转变的不是担保公司，而是能够为承包商提供工程管理和技术咨询服务的专家。所以，将工程保证担保知识在工程界普及是帮助承包商提升获得担保能力的重要途径，也是成功推行中国工程保证担保制度、帮助工程担保市场功能发挥的重要条件。

工程保证担保的普及性知识其实并不需要特别的培训，特别是对于已具有建筑业相关背景知识的人，通过自学可以很快掌握。所以，笔者建议在现行的各种工程建设领域专业人士执业资格考试中加入工程保证担保的相关内容。这里所谈的工程咨询业包括：注册建筑师、注册结构工程师、注册监理工程师、注册造价师和注册建造师等。

三、技术策略

1. 对现行法律法规中与工程保证担保制度相矛盾的内容进行清理、修订

现行法律法规中包含着一些对工程保证担保的误解和概念上的混淆。这对于工程保证担保知识的传播是极为不利的。应该尽快对现行的一些与建筑业相关的法律法规进行一次清理和修订，如前文所谈的留置权问题、履约保证金的提法等。

另外，强制性工程保险的问题还值得着重一谈。工程保险对于降低保证人的

承保风险也有着很重要的意义。在推行工程保险的问题上，将工程保险的保费纳入预算成本的问题同样存在。从险种来看，工程保证担保制度的推行在工程保险方面的最大障碍就是职业责任险的问题，而工程保证担保制度的推行必然造成对职业责任险的巨大需求。特别是在业主责任保证担保制度中，监理工程师被赋予了很大的权利，如果没有监理工程师的职业责任保险，则推行这项工程保证担保制度的一个较大的风险因素就不能得到控制。担保公司在承保时会对工程保险提出要求，在国际上，工程保险已成惯例，担保公司承保时一般不会遇到这个问题，但当前我国的业主风险意识差，如果没有强制性工程保险制度，可能会经常发生在承包商投保时才发现许多工程保险的问题还没有解决，而保费原来没有约定，造成许多不必要的纠纷，同时也使政策推行处于一种尴尬的境地。所以，建议对强制性推行工程保证担保的项目也同时推行强制性的工程保险，对于投保的险种、最低风险保护金额等都做出明确的要求，这样，在推行工程保证担保制度时，就不会遇到工程保险方面的障碍。另外，工程保险和工程保证担保作为工程项目风险转移的工具，分别覆盖的是不同性质的风险，之间不能互相取代。理想的状况是两者同时推行，使项目实施风险得到有效的控制。所以有关工程保险的立法也是推行强制性工程保证担保制度的一个重要的配套措施。

2. 统一制定并公布标准化的各工程保证担保产品的保函、担保业务的统一规则及编码系统

担保产品标准化的工作是使中国保证担保市场在起步之初就获得一个高起点的重要工作。它应包括标准保函文本、担保业务统一规则及编码系统等的制定。

标准化的保函将用于推行强制性工程保证担保的项目，并为市场提供一个理解担保产品的样本。除了为强制性工程保证担保制定标准化保函外，还应对一些非强制性工程保证担保品种制定一套示范性的保函文本。此外，在制定标准保函文本时，还要充分考虑到不同的承发包模式对担保公司带来的不同风险性质，并在具体文本内容中得到反映，如固定总价的施工总承包合同、平行承发包合同、联合体承包、CM 模式及 DB 模式等，其担保的风险都不同，对于相应的保函文本内容均需进一步深入研究。如 DB 的承发包模式越来越多地得到应用，在这种承发包模式下，由于设计责任与施工责任均由承包商承担，就对担保业提出了挑战[3]。美国总包商协会为顺应 DB 承发包模式的担保需要，专门补充了 DB 条件下的履约保函和付款保函，并为担保公司是否承担设计履约责任分别制定了不同的保函文本[4,5,6,7]。我国在制定保函标准文本时，还应对无条件和有条件的情况分别制定不同的保函文本，以和我国的工程保证担保制度模式相适应。

担保业务统一规则及编码系统用于对工程担保市场的监管。各担保公司将据此向监管机构进行费率申报及编制各种财务和统计报表。担保行业的统计和平均

赔付成本的分析将基于这一技术平台。在推行中国工程保证担保制度的初期可以先参照美国现行的担保统一规则，之后再结合中国建筑市场的具体特点对其加以修正。

3. 建立基于网络的担保业务操作电子平台

中国发展工程担保业可以利用后起者的优势，直接建立起高水准的技术平台。基于网络的担保业务操作电子平台是美国担保业近年来正在积极发展并加以应用的最新技术。担保业务电子化为美国担保公司降低承保成本发挥了重大作用，也是美国担保业近年来在低费率条件下保持盈利的重要原因。

担保业务操作的电子平台包括担保公司的业务操作、代理人的业务操作以及监管机构的操作等。目前，美国各担保公司大都选择了对系统的自行开发，以便最好地适应自己公司的特殊需要和保护商业秘密。代理人则更多的是利用现成商业软件，如 Erlon[43]。政府方面的联邦财政部、各州保险部、SBA 担保部等也各自有着自己的计算机信息管理系统。而受政府委托从事担保行业统计工作的 SAA 也有着自己的信息处理系统。这些各自独立的系统的信息共享性在各组织内部是很充分的，但在组织之间的接口却还存在着不少问题。其实这不是技术问题，而是组织问题。造成这一问题的主要原因是，各市场主体所运用的电子信息管理系统都经历了很长时间的发展，各自有着自己的习惯方式而难以统一。而中国作为一个后起者，却没有这些历史包袱，完全可以在市场启动之初，就发展出一个共享性更强的基于 internet 的电子平台，使需要共享的数据可以迅速地畅通无阻地在市场这个大系统中流通，这将使监管机构在减少监管成本的同时还能极大增强监管的力度。要实现这一点，其实只需对担保行业所需的各种信息管理系统的数据格式和编码制定统一的规范，以实现系统之间的对接（图 7-2）。

担保公司的业务操作电子化是整个担保业电子平台的核心。一般担保公司内部有一个共享的中央数据库，它储存各种客户资料及承保记录，不同权限的承保人可以分别在自己的工作平台上进行数据的录入、修改和调用。对数据的管理是基于 internet 的，只要具有进入该公司 intranet 权限的人，无论在世界各地都可以调用自己的工作平台，完成对数据的各种操作。系统对数据进行自动监测，依据一定规则选出风险性超出正常范围投保记录，请求承保人予以关注。这种筛选规则常常是担保公司多年业务经验的结晶。该数据库定期自动生成各种统计报表，该统计功能与财务管理系统有接口，可以自动生成各种财务报表所需数据。功能完善的电子平台还通常包括公司内部的办公自动化系统，以及帮助员工提高工作效率的工具知识库等（图 7-3）。

由于承保风险评判涉及的因素相当复杂，目前还没有一套成熟的风险评判辅助系统被担保公司普遍应用，风险评判工作依然依赖于承保人的主观评价。然

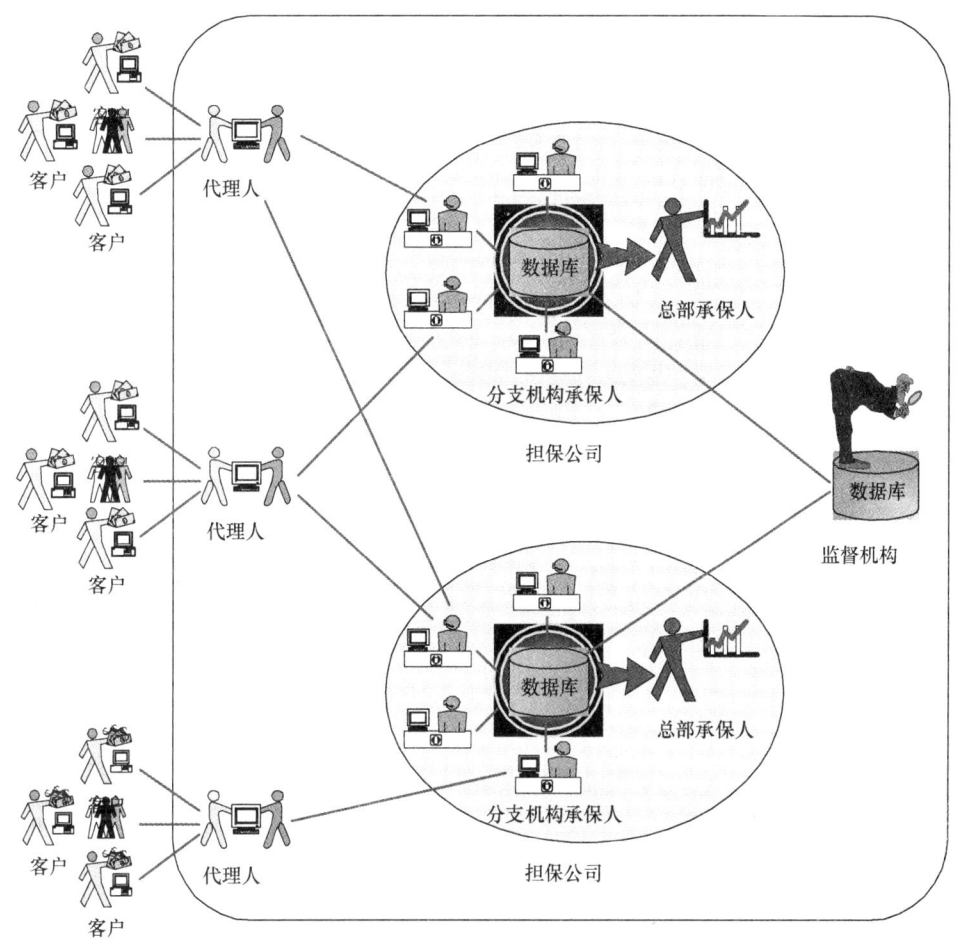

客户

客户

代理人

客户

客户

代理人

客户

客户

代理人

数据库

总部承保人

分支机构承保人

担保公司

数据库

总部承保人

分支机构承保人

担保公司

数据库

监督机构

图 7-2　基于 internet 的共享的担保业电子工作平台示意图

而，为了降低承保风险，系统进行的初步风险筛选依然相当有价值。它极大地避免了因承保人的疏忽所造成的损失。系统的初步筛选结果还被作为划分承保人批准权限的依据。如 St. Paul 担保公司就是按一个投保申请中非正常风险信号的数量来划分承保人的批准权限。

担保代理人的系统功能则大大简化，它通常只需单机操作即可，规模较大的代理公司则需要自己的局域网。随着互联网的普及，代理人的电子商务网站的地位日显重要。不少代理人将网站的建设作为自己扩展业务的一个重要渠道。网站除了提供一些有关工程保证担保的普及性知识外，一个重要的功能就是让客户直接在网上填写自己的投保申请。

美国中小企业局（SBA）因提供担保援助计划，需与参与计划的担保公司进行密切配合。它的系统给每个参加计划的担保公司提供了一个用户平台，基于

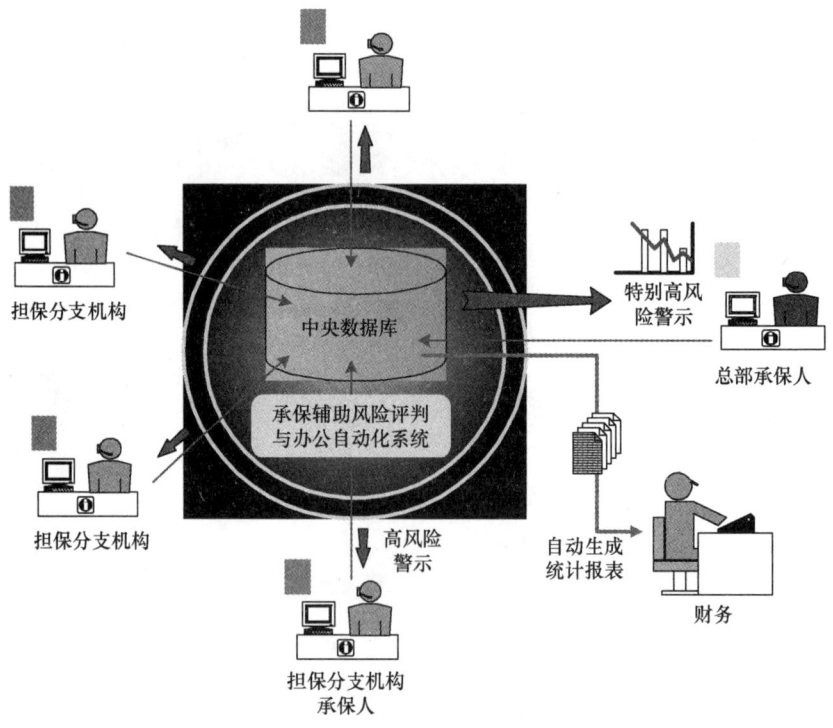

图 7-3　基于 internet 的担保公司内部业务操作电子工作平台示意

internet 向该局直接传输申请 SBA 担保的各种数据资料、报表等。这套系统被称为 PSBS（Prefer Surety Bonding System)[131,132]，它大大减轻了 SBA 承保的工作量，并提高了承保效率。

4. 加速承保风险评判技术的研究和应用

承保风险评判是担保公司的工程担保业务成败的核心技术。前面已经谈到，由于承保风险因素复杂多变，对承保人的主观评判经验有很强的依赖，完全定量的客观的承保风险评判技术是不存在的。但这并不是说承保风险评判完全就不可研究。目前，国际上在承保风险评判技术的研究主要有两种方法：其一通过对承包商的财务数据分析来预测承包商违约的可能性；其二是利用神经网络技术和模糊智能等人工智能技术进行承保风险评判。

（1）工程保证担保的承包商违约预测模型

在承保风险评判的 4C 中，唯一可以进行一些定量处理的就是针对 Capital 这一因素，对承包商的财务表现的分析正是其中的核心工作。工程保证担保的承包商违约预测模型（Construction Contractor Surety Bond Claim Predictive Model)[136,137]正是基于这一思路而发展出来的。这一模型的基本思路是基于承包商的一些关键财务指标对承包商违约的可能性做出预测。具体方法是通过对过去发生违约的承包商与未发生违约的承包商的财务报表进行数据对比分析，找出与违约相关性较强的指标，再基于这些指标及其对应的履约结果进行建模。所运用的回归方法是离散选择建模法（Discrete choice modeling），因为违约与不违约就是一对离散结果。模型所选用的违约概率方程是：

$$P = e^y/(1 + e^y) \tag{7-1}$$

其中，P 为违约概率，y 由关键财务指标所决定。

然而，研究人员发现，单纯运用财务指标并不能使模型得到理想的结果，在加入了一个管理变量——成本监控（Cost Monitoring）之后，模型的精确性得到了极大的提高。成本监测在模型计算中只有两个值：对于有无采用这项管理措施，Yes＝1；No＝0。其他财务指标（即模型变量）见表 7-1。

工程保证担保中承包商违约预测模型中的变量　　　　　　　　表 7-1

模型变量	解　　释
Cost Monitoring	成本监控（对于有无采用这项管理措施，Yes＝1；No＝0）
Underbilling	迟收款＝承包商已完工程量的实际合同额（成本＋利润）－已收款
Total Current Liability	总流动债务（一年内到期债务或超过一年但在承包商正常经营周期内的债务）
Retained earning	盈余公积（企业历年净收入－对所有者的利润分配）
Net income before taxes	税前净利润（税前总收入－总成本）
Sales	销售收入

通过回归计算，得出了 y 的计算式为：

$y = 2.27 - 2.72 \times$ 成本监控 $+ 45.05 \times$（迟收款/销售收入）$+$

　　$13.94 \times$（总流动债务/销售收入）$- 13.24 \times$（盈余公积/销售收入）$-$

　　$34.42 \times$（税前净利润/销售收入） $\tag{7-2}$

e 取值为 2.7183。

这样，对于任何承包商，只要从它的财务报表中获取模型所需的以上变量，加上对其是否采取了有效的成本监控管理措施给一个判断值 0 或 1，就可以计算出其发生违约的概率。目前，模型计算的概率结果可归入 3 类：

1）当 $P \leqslant 20\%$ 时，该承包商违约的可能性很小；

2）当 $P \geqslant 80\%$ 时，承包商违约的可能性很大；

3）但当 $20\% < P < 80\%$ 时，就无法对承包商违约的可能性做出判断了。

研究人员认为，模型之所以不能对这个巨大的中间地带做出判断，是因为承保风险因素复杂，一些导致违约的因素是承包商自己难以控制的，如与业主或设计方的协调关系问题、项目外部环境的改变等。对模型的测试结果证明：模型对

于 $P \geqslant 80\%$ 的结果与实际吻合很好，而当 $P < 80\%$ 时，模型就难以做出判断了，即使对于 $P \leqslant 20\%$ 的结果，尽管履约成功的可能性很大，也不能完全排除违约的结果。

　　显然，这一模型仅仅只能对投保申请进行初步分类，而最终要做出承保风险评判还需借助于承保人自己的判断。它的价值在于对 $P \geqslant 80\%$ 的投保申请发出警报，提请承保人的特别关注。它还极大地方便了承保人对已担保的承包商的跟踪，当承包商的违约概率值进入高违约可能性时，系统可以提请承保人注意并使担保公司迅速做出反应。这一研究还证明了，对于承保风险的判断仅仅依靠财务分析是远远不够的。然而，模型对成本监控这一管理因素变量的处理过于简单，对于究竟什么样的成本监控措施才足以控制履约风险还需作进一步的研究。

　　（2）利用神经网络技术进行承保风险评判

　　利用神经网络技术进行承保风险评判则顺应了承保风险评判主观性、模糊性、复杂性的特点。利用神经网络模型来模拟人类承保人的思维，将承保评判过程视作一个黑箱，用大量给定输入和输出的案例对系统加以训练，由系统通过特定的学习算法不断纠正自己的评判结果，最终达到与实际结果相吻合。输入的数据是对某一投保申请围绕 4C 的各个属性值，关于 4C 及其各个属性已经在第六章中作了介绍。这些属性中，有的是本身就是一个数值，可以直接输入，而有的则是一些主观判断，在输入时需基于一些规则给予定性的量化。而输出则是风险评价值分为高、中、低三种结果。系统分为 5 个亚网，其中 4 个分别针对 4 个 C 各自做出独立的判断，而第 5 个亚网则综合前 4 个亚网的结论做出系统最终的承保风险评判。模型选用的学习算法是 Rumellhartetal 于 1986 年提出的后向传播算法（backpropagation algorithm），模型结构的设计还包括对网络层数和各层神经元的数量以及神经元关联之间的定义。一个最简单的三层神经网络的模型结构如图 7-4 所示[72]。

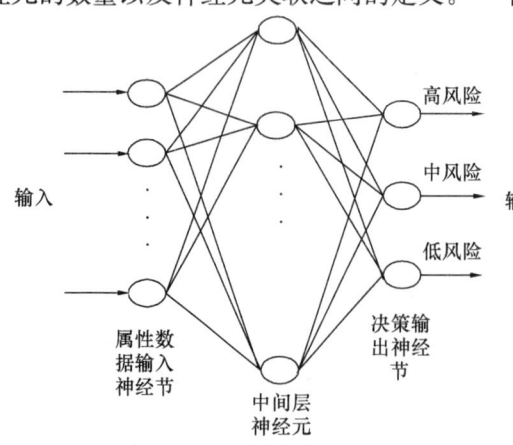

图 7-4　三层的神经网络结构示意图

　　有关此类方法和决策支持技术的开发，美加等国已经取得了一定进展但还远未成熟，在本书第一章中已有所论述。此类系统的应用一方面将因取代大量的专家劳动而带来很大的经济效益，一方面利用计算机的高速和稳定的性能提高承保评判工作的效率，并确保承保风险评判标准得到一致性的应用。这将是对单纯依靠专家判断决策的一个很好的改进。因为人类的承保人之间常常会有不一致的判断，即使是同一承保人也可能会出现思维中的不一致性。运用神经网络技术进行承保风险评判可以使承保决策的主观失误大为减少，从而减少担保业的风险。

然而需要注意，上述两种承保风险辅助评判技术都不能真正取代人类承保人的工作。但这对于规避因承保人主观判断失误给担保公司带来的风险却大有帮助。特别是神经网络模型是基于对大量人类专家的风险评判的学习，是对人类专家知识和经验的结晶，它的应用对于弥补新兴担保公司中承保人经验的欠缺有着非常积极的作用。然而，基于美国市场的承保案例的历史数据建立的这些承保风险评判模型却很难直接应用于中国市场。要发展出对中国工程担保业有实际应用价值的承保风险评价模型系统，还必须基于中国市场自己的数据。然而，国内目前的工程保证担保实践还远不够规范，也缺乏真正的代偿赔付经验，也很难取得承包商经营状况的各种数据，这是中国从事承保风险评判技术研究最大的困难。然而，要使中国工程担保业能够站在一个较高的起点上健康地发展，就不能避开对承保风险评判技术的研究与推广的问题。

四、市场策略

推行中国工程保证担保制度，是顺应市场经济规范有序发展和规避风险的现实需要，在推行中也需应用市场经济的手段，通过市场需求的启动而对市场建设加以有序引导。推行中国工程保证担保制度的市场策略应包括以下内容。

1. 通过立法确立强制性工程保证担保制度的原则，为市场提供需求启动和效果示范

通过立法推行强制性工程保证担保制度不仅可以使公共投资得到有效的保障，也可以给工程担保市场带来有效需求，使市场得以启动。推行强制性的工程保证担保制度的理由在第三章和第五章中都有所阐述。强制性工程保证担保作为一个制度建设的方向应该由立法加以明确，从而为工程担保市场的启动奠定一个坚实的法律基础。

2. 配合担保行业发展的现状和担保容量，分阶段合理制定强制性工程保证担保制度的实施范围

由于中国的工程保证担保制度尚处于起步阶段，担保容量有一个渐进的发展过程，为了使对工程保证担保的市场需求不至于大大超过担保市场容量可能提供的支撑，应当对强制性工程保证担保制度所创造的市场需求有所控制。具体办法是，根据担保市场容量分阶段调整推行强制性工程保证担保制度的项目的合同金额下限。调整的原则应该是在保证法定的投保需求能够得到担保市场容量的支持

前提下，适当超前，以保持担保市场对外部资金的吸引力。在这项制度推行之初，此下限可以定得较高，然后再根据担保市场发育的情况逐步下调。当担保市场容量达到合理规模后，制定此下限的依据将不再是担保容量，而是对建设项目的履约风险控制的需要。

另外，对于工程承包保证担保和业主责任保证担保可以分别制定不同的强制性投保的合同价下限，各地区也可以有所不同，不一定要一刀切。

五、资金策略

1. 以政府资金启动实施对中小承包商的工程保证担保援助计划

启动中国保证担保市场的一个重大任务就是要解决担保市场容量问题，也就是如何引导市场资金流入的问题。由政府出资实施对中小承包商的担保援助计划来对担保市场实施信用启动是解决这一问题的有效途径。

政府作为市场的监管人，不能既做裁判员又做运动员；同时，推行强制性工程保证担保制度主要是帮助政府将投资的风险转移出去，所以笔者不赞成政府直接投资组建国有的担保公司。即使为国有资产保值增值的目的向担保公司投资，也应通过专门的国有资产管理公司等的市场化经营主体，以避免在担保公司也出现政企不分的通病。

但政府出资实施中小企业担保援助计划却是政府促进市场竞争和繁荣的重要举措。政府的中小承包商担保援助机构在市场中的角色相当于一个再保险人，它帮助担保机构把为中小承包商担保的大部分风险分出来，以鼓励担保机构积极地承保中小承包商。

美国联邦政府的中小企业局（SBA：Small Business Administration）所提供

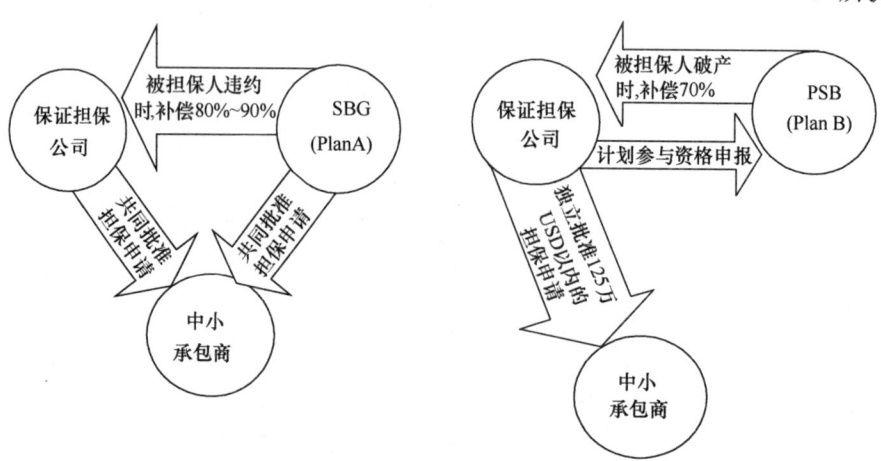

图 7-5　美国的中小承包商工程保证担保援助计划

的中小承包商担保援助计划有 SBG（Surety Bond Guarantee Program）和 PSB（Preferred Surety Bond Program）两种（图 7-5）。SBG 也称为计划 A（Plan A），其特征是 SBA 要自行对投保人的申请进行审核，它为担保公司分出的风险可高达 80％～90％；而 PSB 的运行是基于担保公司与 SBA 签订统一的合同，对于担保公司批准的申请，只要符合 SBA 关于承保对象的规定，担保公司只需将资料报送 SBA，分保即自动生效。PSB 也称计划 B（Plan B），它的分保额为 70％。SBA 通过为担保公司分出风险来为中小承包商提供帮助，而不是直接面对中小承包商的申请，一方面避免了直接介入市场成为与担保公司的竞争者，另一方面也借助于担保公司的承保评判而控制了一部分风险，因为担保公司毕竟还需自留一部分风险，特别是对于 PSB，担保公司将自留高达 30％的风险，显然不会过于放松对承保条件的要求。

实施对中小承包商的工程保证担保援助计划需要注意以下几方面的问题：

（1）计划的目标

实施这一计划的目标是帮助那些刚起步的中小承包商实现信用启动，获得参与有担保要求的项目的竞争资格，帮助他们尽快在竞争中立足，从而保持建筑市场的竞争性和市场活力。中小承包商在起步之初，资金实力不雄厚，又缺乏履约信用的记录，在申请投保时就处于一种不利地位。通过担保援助计划，不仅可以帮助他们获得担保，还可以使他们对担保公司的承保要求有所了解，据此对自己的企业进行改造，迅速提升管理水平，提高竞争力，最终脱离担保援助计划的帮助而独立地获得担保。所以，美国的中小承包商在进入担保援助计划时，需签署一个声明，说明自己如果没有 SBA 的担保援助，将无法得到担保公司的担保。而参与计划的担保公司也需提交一份帮助承包商从 SBA 担保计划毕业的计划书（Formal Graduation Plan[129]）。一旦某担保公司开始担保该承包商而不再借助于担保援助计划，则意味着该承包商已从这一计划毕业，SBA 也就将不再给予相应的援助。如果担保公司发现自己又有将这一承包商的承保风险分给 SBA 的需要时，需另行特别申请，并说明原因。这样，SBA 就可集中有限的担保容量去帮助那些最需要此担保援助的承包商。通常，担保公司在发现承保风险不大时，是不愿意将风险再分出去的，因为这也意味着保费的损失。

（2）对援助对象资格的认定需具有公平性，尽量减少对市场竞争的影响

构成担保援助计划的一个要件是对援助对象资格的认定。这一认定需具有公平性、客观性，否则就会造成对市场不合理的干涉。对于中小承包商的认定，在美国有严格的法律规定[131]。

首先，它的年销售收入不超过 500 万美元，这包括它的关联企业以及组成联合体的其他各方。

　　其次，持有超过 20％股份的企业股东、合伙人、核心管理人员等都需有良好的个人信用记录。具体包括：没有重罪的犯罪记录；没有破坏诚信原则的民事行为的法庭判决记录；没有被吊销履行合同所必需的某种个人证书或执照；没有以欺骗手段获取担保的记录；没有向担保公司隐瞒所承接的没有担保要求的项目情况等。

　　此外，没有参与违法行为；没有正在受到犯罪调查、指控等。

　　另外，SBA 不对存在明显利益冲突的中小承包商提供担保援助。这指担保公司及其关联公司对该承包商拥有超过 10％的股份的直接或间接利益。这包括对担保公司有代表权的个人、他们的配偶、亲属或其他家庭成员。这是因为这种情况下，担保公司有可能放松承保条件。

　　对于存在潜在利益冲突的中小承包商的申请，则需报送有公务人员行为标准检察权的有关官员审查并做出决定，或是进一步报送行为标准委员会。所谓潜在利益冲突，指对批准担保援助申请可能有影响的人员在承包商企业内有特殊经济利益。这些特殊经济利益包括：对该承包商拥有超过 10％的所有权，或担任该承包商企业的管理人员。这些受限制的人员包括：SBA 的雇员、他们的家庭成员、亲属；离开 SBA 不足一年的前 SBA 雇员；国会议员、他们的家庭成员、亲属；联邦政府的立法和司法机关的官员或雇员；其他对 SBA 的工作有影响的人员。

　　这些规定有效地消除了公务人员利用 SBA 担保援助计划以权谋私的机会，减少了对承包商之间竞争的影响。

　　（3）全面公开中小承包商担保计划、制定标准的工作流程，自觉接受公众的监督

　　对中小承包商的担保援助计划将涉及巨额的资金，而运作这一资金的将是政府官员和公务员。政府机构参与经济活动，最易于滋生腐败，同时还可能有工作效率低下的问题。要克服这些问题，必须大力提高机构工作的透明度，设定公开的客观的承保标准、工作流程，自觉接受公众的监督。

　　美国的 SBA 担保机构随时向外界提供所要求的各种信息，制定了非常详尽的标准工作流程。如承保方面就包括了约 150 页的内容[129,128]，理赔标准程序也包括了约 70 页的内容[131]。

　　美国政府的 SBA 担保援助计划实施以来取得了很好的效果。笔者曾经担心，由于 SBA 分保的风险常常属于高风险，会不会很快把家底赔光呢？事实上，如今，担保市场竞争激烈，担保公司开始竞相争夺对中小承包商担保的这一市场，中小承包商投保难的问题得到了极大的缓解，这反而使 SBA 的担保容量有了极大的富余。1998 年，通过 SBA 担保援助计划而承接联邦政府投资项目的中小承包商约由 6000 家，合同额达 59 亿美元[130]。

我国在启动中小承包商的担保援助计划时，可以借鉴美国政府对中小承包商的担保援助的许多成功经验，但对于中小承包商的规模则应结合中国国情设定一个科学的标准。

2. 成立建筑业互助担保基金

在建筑业内成立互助式担保基金，是一条快速提高工程担保市场容量、降低承包商投保成本的捷径。该基金可以采取会员制，吸收一些有实力的建筑企业出资作为会员单位。在该基金获得工程保证担保机构的执照之前，可以通过向担保机构，如银行，提供反担保的方式进入市场。在获得担保执照之后，除了为会员单位提供担保外，也可以为非会员单位承保，盈利可在会员单位之间分配。具有建筑业企业背景的这一担保机构应该在对承包商履约能力的承保风险评判上具有自己的优势。

3. 制定政策鼓励民间资金对担保业的投资

担保业是市场信用保障体系的重要组成部分，它能有效地降低市场交易中的道德风险、吸收宏观经济运行的周期性所带来的风险、减小个别经济实体的经营不良对整体市场的打击，帮助市场优胜劣汰机制的发挥，并形成一套平稳的市场退出机制，是市场经济波动的减震器。因此，国家应制定政策对于投资担保业给予积极的鼓励与扶持。要使工程担保业对民间资金产生吸引力，必须给予投资人以实实在在的经济利益，如优惠的税收政策。此外，还应对担保公司因代为履约而产生的对被担保人的债权的实现给予妥善的保护。

由于认识到这一行业给国民经济带来的巨大利益，美国对担保业与对保险业一样，在税收上给予了许多优惠政策。另外，对于担保公司的债权的优先权，在美国的司法原则中也一直有这样的规定：担保公司就所担保的主合同的资金的追偿具有优先权[51]。这一优先权使担保公司追偿权的实现得到了部分的保障。此外，担保公司还可以将 GIA 协议到抵押登记机关予以登记，从而确保对承包商其他财产的追偿权。这样，GIA 协议就具有了抵押合同的性质，追偿权则依据登记的先后次序而定。通常，担保公司只会在承包商真正陷入麻烦后才对 GIA 协议予以登记，以免影响承包商在银行的信用额度，而银行通常是在设定抵押之后立即登记，所以，担保公司的追偿权往往排在银行等抵押债权人之后，正因如此，对担保公司对合同内资金追偿的优先权的保护意义重大。

笔者这里所谈的民间资金不仅包括内资，也包括外资。根据 WTO 协议，在中国投资的外资都应享受国民待遇，因此在担保业的内资外资应一视同仁地参与竞争。在国际上，担保公司通常同时也是财险类的保险公司。随着中国金融市场的开放，大量的外资保险公司已经进入中国市场，这对于中国工程担保市场的担保容量的壮大极为有益，也带来了丰富的承保经验，但同时也为中国担保业的发展带来了紧迫的竞争压力。然而，与一般保险业务不同的是，担保业务必须基于对被担保人履约信用的充分了解和信任。因此，境外担保机构在进入中国市场的最初阶段，会对工程担保业务持非常谨慎的态度，特别是对于如何承保中国的承包商还需要有一个建立关系和逐渐磨合的过程。中国工程担保行业可以利用这个时间差，充分发挥自己的本土优势来率先抢占市场。所以，当前应迅速加大向全社会宣传工程保证担保的力度，制定优惠的税收政策，并通过立法对担保机构的追偿权给予妥善的保护，吸引民间资金对担保业的投入。对于保险公司从事担保业务的禁令也应尽快取消。对于境外担保机构，也应该鼓励它们在中国开展工程担保业务。

为了尽快壮大中国工程担保市场的担保容量，还应积极鼓励担保公司上市，成为公众性股份制公司。担保公司上市后，由于必须履行对上市公司信息披露的特定要求，还有一个附带的好处，就是增加担保公司操作的透明性，增加市场和公众对担保公司的监督。这对于担保市场的健康运行也是大有益处的。

第三节　中国推行工程保证担保制度的步骤

中国是一个历史悠久、幅员广阔、人口众多的发展中大国，并正在从事一场史无前例的社会经济大变革的实践：以渐进改革的方式从计划经济过渡到市场经济。中国所进行的探索、所遇到和将要遇到的问题都没有现成的答案，所以一项新制度的推广除了经过慎重的研究，还必须通过试点，了解市场的反应，充分掌握政策推行的效果，对研究进行补充和完善，才能予以全面推行。目前，国内的工程担保试点已经在各省市有所展开，但全国性的工程担保制度建设尚未启动。笔者在本书第一版中，曾对中国的工程保证担保试点工作应如何开展提出过一套较为系统的设想，虽然各地启动的试点工作并未完全按照笔者当时的建议展开，但其中不少思考对今天进一步深化我国的工程担保试点依然有着很好的借鉴意义，因此特将此部分内容相对完整保留于此，供各省市及中央各部委关注中国工程担保事业的领导参考。

一、第一步：推行中国工程保证担保制度的试点准备工作

要进行对推行中国工程保证担保制度的试点，必须对试点工作做好充分的准备。笔者认为推行中国工程保证担保制度的试点准备工作应包括以下内容。

1. 建立试点工作的领导机构

笔者本章第二节中提出组建一个由政府各部委、金融监管机构、市场承保主体和咨询研究机构共同参与的工程保证担保政策研究和推广工作小组，该小组可

以作为试点工作的领导机构，对试点工作进行统一协调、信息跟踪和研究成果汇总。

2. 确定试点工作目标

试点工作目标应该是将工程保证担保制度的理论研究和社会实践相结合，努力摸索出一条在中国国情下推行工程保证担保制度的新路，避免单纯理论研究所可能产生的盲点，对理论研究的一些结论进行验证，对待决问题进行试验，发现并解决实践中产生的新问题，为中国工程保证担保制度的全面推行创造条件。

3. 拟定试点内容及工作方法

试点工作需采用理论研究与社会实践相结合的方法。通过理论研究科学合理地制定试点内容，如试点担保品种的选择和试点工作流程的建立等。试点担保品种的选择应围绕拟推行的各种强制性保证担保品种，测试它们的推行效果和市场反应。试点工作流程应着重于建立试点信息的采集与反馈机制，与理论研究工作配合的机制，以及对试点措施的调整方法等。

4. 选择试点对象

试点对象的选择也很关键。笔者考虑，对试点对象的选择可以从两方面入手：一是从试点区域着手，选择那些对推行工程保证担保制度已具有一定基础的地区进行制度效果的测试；二是从项目出发，选择一些投资大、影响大的具体项目进行宣传性、示范性试点，测试在非强制性环境下，通过启发和引导市场的担保意识，起到推广工程保证担保制度的效果。对于参加试点的项目可以给予一定的优惠政策。此外还可以考虑通过政策性银行和国有商业银行的贷款项目推动相关试点。

二、第二步：中国工程保证担保制度的试点

在试点工作正式启动后，试点工作应围绕以下内容开展。

1. 对拟定中的各种强制性工程保证担保品种的效果进行测试

包括：对试点前后的建筑业整体履约情况的改善及投保成本的支出进行经济评价；对项目参与各方进行调查，了解他们对项目中采用了工程保证担保的效果的评价；了解市场的反应，如工程保证担保在非强制性范围的项目中自觉采用的情况，等等。

2. 对各强制性工程保证担保品种之间的关联性进行测试

在试点过程中，可以在不同试点区域对试点担保品种的强制性程度作不同要求，并对推行的效果进行对比。如，北京和上海的金融业基础最强，担保容量充足，政府管理水平较高，人才准备条件好，可以率先进行全面推行中国工程保证担保制度的目标体系的试点；而深圳厦门改革开放程度高，工程担保工作启动

早，与国际接轨的基础条件较好，则可以作为一个对照组，只推行工程承包保证担保制度，完全与国际接轨；内地省市的金融基础可能不如沿海发达地区，而建筑业秩序亟待整顿，可以针对不同的担保品种制定不同的实施范围，在担保方式上也可以进一步探索和创新，正好可以摸索出一套在中西部地区推行工程保证担保制度的经验。

3. 完成对工程担保业的监管制度及其技术平台的建设

对工程担保业实施严格的监管是中国工程担保市场健康发育的关键，必须抓紧利用试点期来完成对工程担保业的监管制度的建设。也只有在监管制度确立之后，中国工程保证担保制度才具有全面推行的条件。而市场技术平台的建设，如统一规则和标准文本的制定、具有高共享性的担保业操作电子平台的成功运行等，又是保障各种监管措施有效发挥其作用的关键。

4. 完成担保市场主体的组织建设和人才准备

完成担保市场主体的组织建设和人才准备是试点期必须完成的一项重要任务，也是中国工程保证担保制度全面推行的基础。这期间，中国工程担保业需建立起自己的行业组织，积累承保经验，加速人才培养。还需帮助相关行业推广普及担保知识，为中国工程担保业的发展逐渐步入正轨奠定基础。

5. 完成对工程保证担保立法工作的准备及对现行法律法规中相冲突的内容的重新审订

试点工作的最终成果将体现在对中国工程保证担保制度的立法当中。在试点期间，不仅要对推行中国工程保证担保制度的初步立法主张进行验证，还需不断将试点所取得的新成果和新经验反映到立法工作中。在试点工作结束时，应该完成全面推行中国工程保证担保制度的法律草案，以及对现行法律法规中相冲突的部分的修订草案。

三、第三步：中国工程保证担保制度的全面推行

在试点工作的各项任务完成，担保市场容量增长到一定规模，人才和相关市场也做好了充分准备后，就可以通过人大立法，将中国工程保证担保制度全面推行。由于一般建设项目需经过2～3年才能完成，要观察到试点效果预计需3～5年的时间。也就是说，如果我国的工程保证担保试点工作从"十五"计划期间开始，中国工程保证担保制度的全面推行的时间表基本上可以排到再下一个五年计划。笔者在2000年时对中国推行工程保证担保制度的时间表建议如表7-2所示。如今，虽已经是"十二五"开局之年，但中国工程担保制度的推行依然还在各地的试点探索中，并且还存在着大量待解决的问题，可见中国工程担保事业之不易。

中国推行工程保证担保制度的时间表①　　　　　　　　　**表 7-2**

时　　间	阶段	任　　务
2000 年	试点准备	·建立试点工作的领导机构； ·确定试点工作目标； ·拟定试点内容及工作方法； ·选择试点对象。
2001～2005 年 "十五"计划期间	试点	·对各种拟定的各种强制性工程保证担保品种的效果进行测试； ·对各强制性工程保证担保品种之间的关联性进行测试； ·完成对工程担保业的监管制度及其技术平台的建设； ·完成担保市场主体的组织建设和人才准备； ·完成对工程保证担保立法工作的准备及对现行法律法规中相冲突内容的重新审订。
2006 年起	全面推行	·······

---

① 这个时间表尽然已经过期，读者从中可以了解到我国工程保证担保制度推行早期曾经应该可以达成的一种可能性，也籍此可以对后来中国工程担保试点历程中所经历的曲折及其原因进行反思。

第三篇　对中国工程担保试点工作的跟踪研究

第八章 厦门、深圳工程担保试点情况的调研报告

工程担保制度从 20 世纪 90 年代末就开始尝试在各地推广，其中深圳、厦门是两个最早推行强制性工程担保制度的城市。笔者于 2005 年～2006 年组织了对该两市工程担保制度试行情况的调查，从政府、业主和承包商等不同角度了解了对当时在两市推行的强制性工程担保制度的看法。尽管此后厦门、深圳两地又都对各自的试点方案进行了调整，但当时调研得到结论对中国工程担保制度未来的发展依然具有重要参考价值，值得引起广泛重视。厦门、深圳两地作为中国工程担保试点最早的开拓者，其实践历程中反映出来的问题对其他后续跟进的城市依然具有很强的参考性。

第一节 两地试点制度特点概述[①]

一、共同点

深圳和厦门两地推行的强制性工程担保制度有不少共同之处，如：

（1）业主支付保函和承包商履约保函交叉提供[323,357]。这是当前国内的主流模式，并且也是从 2001 年开始实施的《房屋建筑和市政基础设施工程施工招标投标管理办法》（建设部 89 号令）中的要求。这种模式实行的效果将在后文重点讨论。

（2）强制范围包括辖区内所有建设工程[397,392]。强制执行的效果是：两市的工程担保制度很快就推行开了；而在国内其他不少城市，尽管有当地建设主管部门热心推动，但工程担保开展的情况始终不理想。直到 2004 年 10 月建设部发文要求在全国范围内对房地产项目强制推行工程担保制度，各地工程担保实践的热度才逐渐显现出来。强制性的工程担保要求可以为被担保人制造出一个始终面对重复博弈的政策环境，对于推行工程担保制度是一个重要的举措，但强制范围究

---

① 本报告所依托的调研工作的主体部分由本书作者与所指导的本科毕业生王春阳共同完成于 2005 年，此后厦门、深圳两地的试点工作又出现了一系列新的制度演进，相关情况详见第九章。

竟应该如何决策，是一个非常值得探讨的问题。

（3）可接受的保函类型主要是银行保函。其中，厦门相关规定中只提及银行保函[392]；而深圳尽管在地方立法中规定银行、保险公司和专业担保公司的保函均可接受，但由于建设工务署只接受银行保函，拒绝担保公司的保函，对市场起到很大的导向作用，使银行保函成为市场主要的保函类型，只有一般私人项目中才可见到担保公司的保函的应用。这在当前中国担保市场缺乏监管、良莠不齐的现实环境下是一种合理选择，但对工程担保市场主体的培育却不是太有利。但这一问题的解决并非朝夕可待。

（4）与最低价中标制度相配套，实行差额担保。在厦门这也被称为"低价风险担保金"[353]，其数额为投标人投标报价低于市造价站发布的最低控制价差额和评标委员会认定的其他措施不可靠的低价金额。深圳市的差额担保，则是指：最低价中标的承包商所应提交的履约担保金额，一方面不得低于工程承包合同价的15%，一方面还不得低于其中标合同价与政府发布最高限价间的差额，以防止因为竞相压价而导致中标人无法履约的情况出现。由于差额担保的使用，深圳多数项目设定的履约担保其总金额实质上都达到了合同金额的20%～60%，有的市政工程甚至达到了合同额的100%。可以认为，在低价中标的风险压力下，深圳的履约担保制度已经悄然走向了高保额模式。

二、不同点

深圳和厦门的担保制度的不同之处在于：

（1）深圳要求履约担保与业主支付担保金额对等，而厦门所要求的履约担保的最低线为合同额的10%，业主支付担保则应为不低于合同额的15%，相比之下有5%的差异，那么这5%的差异是否发挥出独特的效力，在后文中也将继续讨论。

（2）对保函的监管要求不同——厦门只需提交保函复印件给政府监管部门，而深圳则需将保函原件提交给政府监管部门保管①。由于保函监管方式的差异，厦门在复印件备案后撤保的现象较为突出，深圳在实行政府监管保函原件的制度后，明显的撤保行为不太常见，但有迹象表明这一问题并未杜绝。

第二节　工程履约担保制度的实施效果

通过对两市的调研发现，工程履约担保制度在公共工程和私人工程中的实施

---

① 目前厦门市也已改为保函原件集中管理。

效果有很大区别，故分别讨论：

一、公共工程

调查发现，尽管承包商们大多认为他们违约的可能性几乎为零，没有必要提交履约担保，但公共工程的业主无一例外地认为承包商履约担保很有必要。深圳、厦门都是比较富裕的沿海城市，政府工程款支付比较有保证，在此前提下，要求承包商提交工程履约担保显然也是合情合理的。

由于实行最低价中标，虽然一般正规承包商恶意违约的可能性极低，但一些挂靠的承包队伍却有可能在预期无利可图的情况下，恶意违约，撂担子走人。实际发生的违约案例中，基本都属于此类情况。如深圳有一个工程就发生挂靠的施工队伍在发现无利可图之后，包工头甩手走人的情况。但是其所挂靠的承包单位为了维护自己的商誉，在权衡得失后，被迫接手包工头甩下的烂摊子，履行了原合同项下的相关义务，显示出履约担保的效力。在没有履约担保的情况下，如果出现这种情况，尽管被挂靠的单位也可能出面来收拾烂摊子，但乘机提出合同调整要求则是非常常见的。

承包商履约担保对于厦门、深圳两地在政府公共工程中对最低价中标制度的成功实施起到了重要作用。其作用的机理是：提交保函的要求，给承包商造成了一定的资金压力。越是实力差、履约能力低的承包商，其在银行的信用记录就越差，银行对其要求的保证金要求也越高，其从银行开具保函的成本也就愈高。而且越是想低价中标，就越会面临高额的差额担保要求，这就限制了企业盲目杀价。那些资金实力不太强的企业基本上很难过银行保函这一关，更不要说那些挂靠的承包队伍了。可见，公共工程对履约保函的要求的确对承包商的资金实力起到了很好的甄别作用，同时对企业盲目杀价，以不合理低价中标也起到了一定的限制作用。

公共工程成功采用履约担保来保护纳税人的利益，与公共工程业主对保函的有效性及担保金额要求都严格把关密不可分。如：在专业担保市场发育不良、监管不严的现实环境下，采用只接受银行保函的策略；通过差额担保来提高总履约担保金额的策略等，都为保证履约保函的效力起到了非常关键的作用。如果真的出现了承包商因为某些原因无法履约的极端情况，那么深圳市建筑工务署完全可以利用较高比例的担保赔付重新进行招标发包。据工务署合同预算处的负责人介绍，迄今为止，尚没有发生过建筑工务署动用履约保函进行索赔的情况。出现过的几起违约事件都通过双方的友好协商得到了妥善解决。有人认为，既然没有出现过保函被索赔的情况，那么是不是设定担保就毫无意义了呢？其实，之所以违约事件能够在走向正式索赔前就能很好地通过协商得到解决，正是因为有保函作后盾，使违约者不得不按照保函受益人的要求对违约事件进行处理，并自行承担违约损失。从事担保业务的保证人的一个基本假设就是：批出的保函都是零风险。保函很少被索赔正符合担保业的这一基本假设。

以上是我们看到的两地公共工程推行履约担保制度的成功一面，但也有以下问题值得关注：

首先，以高额无条件银行保函来甄别承包商带来的问题是：资金实力强的承包商不一定必然是履约能力强、诚信好的承包商。低价中标导致的一个必然趋势是工程承包的利润水平会越来越低（除非承包商之间有机会通过围标哄抬最低标价）。客观来讲，过低的利润水平更容易为承包商带来偷工减料的动机，而如果承包商没有诚信履约的自觉追求，即使是最严格的监管也很难保证没有空子可钻。在当前深圳和厦门的模式下，承包商需要尽量低价中标，又需要为高额保函支付额外的成本，并且需要维持一定利润水平以保证其资金实力足以支持其持续参加公共工程的投标，显然是处于一种进退两难的局面，是否会出现坚持诚信履约的有实力的承包商退出公共工程市场的逆向选择？这样的风险不是说没有。据调查，已经有不少承包商认为公共工程无利可图而不愿意参加投标。

其次，由于对资金实力的过高要求，可能削弱公共工程招标的竞争性。一些有实际履约能力并愿意诚信履约的中小承包商，可能仅仅由于其资金实力不足而被排除在投标资格之外；而有资金实力的投标人在中标后又不一定都具有真正强大的履约能力。比较理想的情况是中标人将部分工程分包给那些有实际履行能力的承包商，从而使中标人的赔付能力和中小承包商的实际履行能力得到有机结合，以保障公共资金投入的安全性。但显然这并非最佳的合同安排，因为增加的总分包环节必然导致更高水平的公共支出；而如果这些有实际履约能力的中小承包商能够直接参加投标，本来是可以得到更低的合同价的。

要解决上述问题，就需要两地的工程担保制度更进一步地向高保额有条件保函模式发展[①]，促进保证人更多地去审查承包商的实际履约能力而非单一的资金实力。本书第二章的理论分析表明，保额标准是保函性质的控制性因素，只要保额标准达到一定水平，保证人的承保策略和理赔策略就会发生质的变化。担保市场只有两种均衡状态，一种是低保额无条件保函，其实质是货币赔付型保函，以快速的金钱赔付威慑被担保人，从而保障受益人权利；一种是高保额有条件保函，其实质是义务型保函，除了金钱赔付外，保证人还可以选择实际代为履行作为赔付方式。因此，在承保审查中，保证人将更侧重于履约能力的考察而非被担保人的金钱赔付能力的考察。目前，据调查，深圳、厦门由于采用差额担保模

---

① 目前此观点已经得到厦门市建设管理局的认同，见第一章国内外研究进展相关论述。

式，履约担保的实际总担保金额大多已经超越了通常相当于合同价 10% 的典型低保额模式，深圳房建项目普遍达到了 25%，而市政工程更是不少高达 50%～100%，已经接近或达到了典型高保额模式的要求。那么，对于资金实力雄厚的企业，估计银行也不一定需要对保证金有非常严格的要求了。但问题是：见索即付的要求还是会迫使银行不得不在一定程度上在保证金上做文章、下功夫，从而无法真正促使企业从保证金的资金压力下解脱出来。在国外，通常高保额模式都是采用有条件保函，它可以使保证人更加专注于实际履行能力的审查而非仅仅对赔付能力的关注，促使更多的资金实力足以履约但无法承受保证金要求的企业得到参与市场竞争的机会。

另外，一个值得关注的现象是：在不少的交通和港口项目中，承包商履约保函被变相地当成了预付款保函。由于承包商履约保函都是见索即付的无条件银行保函，有相当比例的业主会支付与履约保函同比例的预付款。这种混淆了履约担保和预付款担保的做法也是存在一定问题的：首先，履约担保在工程合同实际履行过程中其实是用于对抗承包商不断增加的谈判优势，这是因为工程实际投入越大，业主就越难下决心替换掉实际掌握现场施工的承包商，承包商也就有机会通过后期谈判而提高总合同金额，增加利润；其次，预付款担保只担保预付款被实际用于工程开支，而不担保承包商是否履行其他合同承诺。因此如果施工质量不合格需要返工，因承包商履约不当的损失承担，则需要由履约担保来保障，如果履约担保被用于顶替预付款担保，则上述功能就都会被削弱。好在，履约担保的担保金额并不像预付款担保那样随着预付款的扣回而担保金额递减，所以随着预付款扣回，预付款余额越来越小，履约担保的本来功能也就逐渐越来越多地得到恢复，但上述风险保障的漏洞依然值得重视。然而上述做法也有其合理的一面，即：公共业主之所以能够按照履约担保的金额支付预付款，一个重要的前提是这些项目的投资都实际上已经到位。这样做还有一个重要的好处，就是使承包商得以从高额保证金被扣的困境中解脱出来，使实际履约有充足的流动资金作保障。高保额的银行保函过度占用了承包商的流动资金，这对承包商的履约能力是一种很大的伤害，而签约后的业主和承包商对于实现项目目标而言已经在一定程度上成为了利益共同体，只要承包商与业主之间有比较好的工作关系，业主也会愿意在能力许可的范围内为承包商顺利履约创造条件，所以上述现象的出现也就不足为奇了。这个现象也反过来说明，为设定担保而过度占用承包商的流动资金显然也不符合业主的利益。因此，如何在享有履约担保所带来的信用风险保障的同时，进一步降低设定担保对承包商的资金压力，应该是下一步的努力方向。

二、私人工程

调查发现，尽管深圳、厦门两地的私人工程都按照当地政府的要求提交了保函原件（深圳）或保函复印件（厦门），但无论是业主还是承包商都认为推行工程担保没有什么实际意义，只是被动应付政府要求。在厦门，由于要求提交的仅仅是保函复印件，所以私下撤保的现象非常普遍，保函从开出到撤销之间的实际有效期间非常短，有的甚至仅为几天（保函书面有效期很长，但开出后很快即被撤销），仅仅是为满足办理施工手续的需要。在深圳，在政府规定收押原件之前，私人工程中撤保也是非常普遍，而收押原件以后，私下撤保行为受到一定抑制，但又进而催生了一个颇为繁荣的"廉价保函"市场，一批实力差、信用差、操作也不规范的担保公司应运而生，活跃于这个市场——甚至有根本就是皮包公司，它们对开出的保函从来就没有考虑过要认真理赔。因此，这类担保公司的收费一般都比较低，手续简单，反担保的措施也都很简单，甚至没有。由于担保公司良莠不齐，疏于监管，公共业主拒绝担保公司的保函也就不足为奇了。但私人业主却一般都会接受承包商开出的这类"廉价保函"。按理说，私人业主作为承包商履约保函的受益人，应该非常珍视自己的这项权利，而事实却是它们将自己在保函中的权利视同儿戏，这是为什么呢？分析起来，主要有以下因素制约了履约担保在私人工程中作用的实际发挥：

首先，在当前承包商垫资承包、业主拖欠工程款非常普遍的现实环境下，承包商的垫资以及业主对工程款的拖欠都是约束承包商的利器，因此，在绝大多数情况下，工程履约保函即便是从业主的角度来看也是多此一举。

其次，私人业主在实际操作中更注重与自己信任的承包商合作，即使在按照政府要求被迫公开招标的情况下（不分投资来源一律一刀切搞强制性招标的情况如今正在得到一定程度上的扭转），也总是会努力安排让自己信任的承包商中标。与公共工程不同，私人业主做出此种选择不存在花纳税人的钱去腐败的问题。因此，能够与私人业主签约的承包商通常与私人业主都有良好的关系，业主对承包商的资金实力和履约能力比较了解，一般不担心承包商履约失败的问题。

另外，不管是业主还是承包商都认为，在当前的市场条件下，正规承包商出于自身原因无法履约的情况一般是很难出现的。国外推行承包商履约保证担保制度，主要是针对承包商在破产的情况下不能够继续履行合同义务的问题；而在当前我国的现实环境下，承包商要破产非常不易。一个承包商只要还有意愿在这个行业里呆下去，恶意违约、拒绝履行合同义务的情况就很少会出现。而对于承包商因为自己的技术实力等原因无法履约的情况，在实际以房屋建筑为主的私人工程领域也是很少出现。

最后，履约保函的效力受制于对违约责任的认定机制。目前，对于因最低价中标引发价格过低，造成对承包商履约能力的损害，更多是表现在工程质量上而非履约失败。尽管工程质量达不到要求严格来讲也是不履约，但对工程质量标准的掌握却存在很大的弹性，一些工程尽管可能存在偷工减料、以次充好、粗制滥造、不按技术要求施工等情况，但只要通过验收，就很难说存在违约。如今，在房地产市场，通过验收却存在质量问题的房屋仍然存在，并引发了大量的购房人与开发商之间的冲突，可见我国工程质量管理的环节确实存在着一定的问题。而国内对履约保函担保期间的要求大都仅仅到工程竣工为止，也使质量问题的发现很难通过履约保函去解决。而国外不少履约保函的担保期限都是到施工合同责任（包括缺陷责任期）结束后的 6 个月，从而可以使履约担保对工程质量缺陷修补责任得到保障。另外，如果建筑工程合同制定不严密，也会造成"履约"的内涵和定义的不严密，从而妨碍了履约担保制度功能的发挥。

此外，还有私人业主反映，当前竣工资料管理制度往往造成业主很难真正在中途把不合格的承包商换掉，否则被赶走的承包商会扣留已完工部位的竣工资料，造成项目全面完工后无法向建设主管部门备案，也就因此完不成房屋竣工后的各项手续，办不出产权证。因此，无论是否有履约保函在手，业主也会大多选择与承包商和解，而不是撕破脸。

由于上述多种因素的影响，履约担保在私人工程中的作用非常有限。即便是强制执行，也最终不过流于形式。

三、相关评论

从深圳、厦门两地的实践情况来看，履约担保在公共工程中已经发挥着不可或缺的作用，而在私人工程中，尽管有政府强制性要求，其推行情况依然不大理想。笔者本书第三章中讨论过，设定履约担保对私人业主和公共业主具有不同的效用，对于公共业主而言，"履约担保＋最低价中标"必然带来对公共投资的节约，并减少公共工程中的腐败；而私人业主在公共工程强制性采用履约担保的环境下可以搭便车，其是否需要采用履约担保取决于其风险偏好，完全可以由私人业主自主决定。从实践反映的结果来看，上述理论推断在某种程度上得到了印证。另外，私人业主在现阶段之所以不重视履约担保，是因为其手上还常常扣留了工程款，如果工程款拖欠的问题得到根治，相信履约担保对私人业主的重要性也就可以凸显出来。只有切实推动由政府作名义受益人的"业主支付担保"或包含了业主支付责任的"业主责任担保"，才有希望切实解决工程款拖欠问题，履约担保在私人工程中也才会真正找到自己的市场。

第三节　业主支付担保制度的实施效果

业主支付担保是中国建设市场的独特创造，其初衷是为了遏制工程拖欠现象。但通过对深圳、厦门两地试点效果的调研发现，无论是承包商还是业主，都不认为业主支付担保对解决工程款拖欠有多少实际的意义。

一、私人工程

对私人工程而言，业主支付担保难以发挥作用的主要原因有：

1. 业主支付担保的设定本身存在着"虚假"因素

与履约担保的情况一致，在厦门政府只收取复印件的政策环境下，业主支付担保无法对业主产生有效的约束。保函在很大程度上仅仅是出于办理施工手续的需要而开；针对业主支付担保的私下撤保现象也同样普遍。即使是很快就会撤销的"短期保函"，承包商一般也很难真正拿到保函原件，所能见到的也仅仅是保函的复印件而已。在深圳，由于政府主管部门收取的是保函的原件，对撤销保函的情况起了一定的牵制作用，但业主也同样可以借助自己在合同缔约前的优势地位，强迫承包商书面放弃对保函索赔的要求，或者要求承包商为其开具业主支付担保提供反担保，从而从实质上撤销保函。

2. 承包商缺乏索赔意愿

即使是真实设定了业主支付担保，大多数承包商表示也很少考虑就保函索赔，其内在原因进一步分析如下：

（1）对于以房地产开发项目为主的私人项目，在当前垫资承包普遍存在的情况下，业主对承包商的欠款往往会远远超出合同额的 15%，因此 10%～15% 的业主支付担保远远无法给承包商提供有效的保护。承包商一旦启动了保函索赔，就意味双方的彻底决裂，即便不考虑双方以后的合作，余下的工程款也基本是没有什么希望了。因此，在绝大多数的情况下，双方的友好协商更能够保护承包商的利益。

（2）对索赔效果的怀疑。承包商在合同缔约前处于弱势地位，如果不是政府强制要求，根本就不可能去要求业主向其提交保函；现在有了政府的强大支持可以要求业主提交保函，但也根本不可能对出具保函的担保公司进行选择。而市场上有大量"廉价保函"供应，很符合私人业主的需要，而承包商却无从选择。对于那些经营"廉价保函"的担保公司，即使是"见索即付"的无条件保函，其赔付也很难"爽快"，有些甚至根本就赔不起或没有打算过真的要赔。

（3）承包商对商誉的考虑。在当前业主占主导地位的建筑市场上，承包商担心自己一旦启动保函索赔，会在业内产生不好的口碑，不利于以后竞标其他项目。

由于上述因素的影响，承包商不愿利用受益人的地位直接对保函索赔，与其说是意识不强，还不如说是前述原因所导致的结果。

二、公共工程

对于公共工程，调查结果发现，承包商和政府业主也都认为业主支付担保并没有多少实际的意义。据深圳市工务署介绍，深圳市的政府项目都是先有钱后开工的，资金来源是完全有保障的。从承包商处得到信息也证实了这一点。即便是政府业主在工程款的支付进度上有所拖延，其最终的支付也是可靠的。在此情况下，承包商出于各种考虑，是不会启动支付保函进行索赔的。因此，政府业主和承包商都感觉业主支付保函没有多少实际意义也就可以理解的了。由于政府业主信用很好，或承包商基本不会向政府业主索赔，银行给深圳市工务署开具业主支付保函不收取费用，这似乎没有增加公共工程的开支，但对银行来说，每个工程都多这么一道手续，也是需要投入人力物力的。作为企业，这些成本最终都需要从其他环节找回来。从社会总成本来讲，如果开具保函并没有什么实际意义，也就成为了一种对资源的浪费。

深圳、厦门政府财力雄厚，因此不需要对政府项目的工程款支付担心。那么，在政府财力不是那么雄厚的地区，针对公共工程推广业主支付担保是否可行呢？对这个问题尚未有过实地调查，但相信在此条件下，推行政府业主支付担保仍然是不可行的。工程保证担保归根结底是一种经济合同担保，其所协调的应该是平等经济主体间的合同法律关系。针对政府工程强制推行业主支付担保来解决广泛存在于建筑业领域里的政府项目工程款拖欠问题基本不具有可行性。

从两地的试点效果来看，尽管公共工程中业主支付担保得到了实质性推广，但由于公共工程不存在工程款拖欠的风险，因此显得多此一举；而恰恰是在最需要保障业主支付能力的私人工程中，这一制度却往往流于形式，并没有实质性地发挥出其作用。对于国内其他地区政府工程款拖欠现象严重的问题，可以预计业主支付担保也同样难以发挥出预想的作用。可见业主支付担保的实践并不成功。对于业主支付担保下一步究竟应该向哪个方向发展，确实值得深思。

三、相关点评

在国际上，承包商向业主提交履约担保是国际惯例，而业主向承包商提供支付担保却极为罕见，这是市场规律作用下的合理结果。其根本原因就是在工程发包过程中，业主处于优势地位，承包商没有多少可以和业主谈判的本钱。但是一且合同签署开工后，业主与承包商之间的谈判地位却开始发生微妙的转换，业主投入到实际施工的钱越多，而自己所能控制的钱越少，相对于承包商就越缺乏优势地位。明智的业主总是希望能够更好地控制住手中的"钱"——在国外，这个"钱"就是业主所掌握的承包商提交的履约保函；在国内，这个"钱"则主要是业主所拖欠的工程进度款。从这个角度来看，在我国当前建筑市场秩序还极为混乱、信用体系还未建立的情况下，业主拖欠工程款也具有一定的合理性。只是，与国外业主采用履约保函相比，国内业主拖欠工程款的做法其实是一种下下策，它既伤害业主自身的信用，也伤害承包商的履约能力和履约意愿，并可能带来更高的合同成本或是低劣的质量，因为承包商需要确保一定的利润水平来平衡自己蒙受工程款拖欠的损失风险。可见，对于真正追求合同履行而又有充裕支付能力的业主而言，拖欠工程款的做法其实是得不偿失的，而国外业主用履约保函来规避合同履行风险的做法显然更为明智。

如果说，在我国推行业主支付担保所追求的目标是需要将那些缺乏实际支付能力的业主甄别出来，排除在建设市场之外。那么，仅相当于合同额 10％～15％的业主支付保函显然很难确保上述目标的实现。

其实，退一步来看，政府确保业主具有支付能力的主要理由是使在合同谈判中处于弱势地位的承包商、分包商及其工人或供应商，在付出劳动或提供产品后而得不到报酬时获得有效救济，以免债务链恶性蔓延而影响整个经济体系的健康，以及造成严重的社会问题。那么，在国外，这一救济渠道就是建设者的留置权，留置权的设定无需谈判、无需签约，是一种依法自动产生的法定担保权，因此不会因设定担保而产生任何交易成本；而且担保标的物由于正是承包商等的劳动产品，也不存在对担保标的物的保存和监管成本，不会存在"虚假担保"问题。可见留置权正是解决工程款拖欠问题最有效最经济的一种担保方式。

目前我国担保法将建设工程排除在留置权的标的物之外，造成了留置权在我国的缺位，这正是造成我国工程款拖欠屡禁不止的制度性原因。鉴于当前建设者留置权缺位的现实，用保证担保的方式对此加以弥补有其现实的必要性，这正是当前我国推行"业主支付担保"背后的原因。

但值得注意的是，即使在发达国家，建设者的留置权也不涉及于政府工程，对政府工程款支付的保障是来自政府自身的信用。如果政府不能有效解决自身的信用问题，也很难指望用作为其替代物的"业主支付担保"来解决。

从建设者的留置权还可得到的另一个启示是：私人工程中的业主支付问题的确需要政府力量的介入才能得到有效的保障。如留置权作为一种法定担保权，是通过政府的立法程序赋予的，具有很高的强制力；可以想象，作为其替代物的"业主支付担保"也需要具有相当的强制性因素，才可以真正发挥出其作用；而仅仅指望业主与承包商之间通过一般的合同措施自行解决只能是一种幻想。

要想真正解决"虚假担保"、"廉价担保"等问题，确实有必要将政府监管机构作为名义受益人明确列入保函，并且政府还有必要进一步采取措施，强化对担保公司的监管，确保其所接受的保函都是来自于具有真实赔付能力的保证人，从而使保函可以真正发挥出其应有的作用。政府作为保函的名义受益人带来的另一个好处是，可以真正解决长期以来政府对业主行为监管无力的问题，而且政府还可以将此保函所担保的责任范围进一步扩大到业主获得开发权的行政许可所需要承担的其他责任。因此，笔者本书第四章中建议将此担保定名为"业主责任担保"，它的性质是一种许可证担保，以政府为名义受益人，以业主责任所涉及的其他相关主体为索赔权利人，从而使索赔权利人不必经由政府而直接就保函索赔，减少政府监管成本，也强化业主责任意识。

另外，长远来看，业主支付担保作为保证担保的一种，与留置权这样的法定担保相比，必然面临较高的交易成本，因此解决工程款拖欠的根本手段还是应推动立法重新确立建设者的留置权。在此基础上作为许可证担保的"业主责任担保"可以弱化其保障工程款支付的功能，而强化其加强政府对业主的其他监管功能。

第四节　专业担保机构的发展情况

正如前面的分析中所指出的，在工程保证担保方面，以美国为主要代表的高保额义务型有条件模式已经成为当前国际工程担保领域改革发展的主流方向，也是我国建立工程保证担保制度的引导方向。而在美国模式下，专业担保机构的角色至关重要，可以说没有专业担保机构，就不会有美国模式。我国要想走高保额的方向，市场上专业担保的角色是非常关键的。笔者在调研中却发现，我国专业担保机构的发展存在着很大的问题，前景难以乐观。

一、两地工程担保机构现状

厦门市当地政府规定仅仅接受银行的保函，因此当地工程担保领域没有担保公司的介入，主要是银行在做这块业务。当地的工程担保业务主要是由建设银行在做，但是其他银行也都开展了这项业务。由于当地私下撤销保函的情况比较盛行，导致该块业务的创收能力不高，各个银行对这块业务的积极性也不高，更多是把其当作一项配套服务而非一套专门业务来进行操作。虽然建设银行在建设工程担保中的相对比例比较大，但是绝对比例并不是很大。根据笔者在厦门市建筑市场交易中心翻阅保函时做的大致估计，建行所占比例大致在1/3左右。在收费方面，按照建行总行的规定收取相关费用，履约保函为千分之二点五，业主支付保函为千分之三点五。

深圳市建设局对银行和担保公司的保函都是接受的，但是深圳市最大的政府业主——建筑工务署只接受银行保函，许多使用公共资金的工程和港口道桥等投资型工程也参照建筑工务署的做法拒绝担保公司的保函。担保公司的保函主要是许多私人工程中被使用。如上文分析，由于在大多数的私人投资项目中，工程担保保函只是一种非常形式化的东西，而担保公司的收费一般比较低，而且手续要比银行简单很多，业主和承包商一般都更乐意从担保公司开保函。特别是对于一些小公司来说，由于他们在银行那里的资信比较差，需要向银行提交高比例的保证金，开具银行保函成本高，资金压力大，一般都不愿意从银行开具保函，多求助于担保公司的支持。深圳市改革开放的比较早，金融资源丰富，各类的担保公司也比较多，很好地满足了市场需求。建设银行深圳分行设有专门机构——担保中心。担保中心将工程保证担保业务作为其一块重要的业务加以开展，目前建行深圳分行在深圳的工程担保市场上已经占据了主导地位。担保中心在工程保证担保制度的宣传推广和相关的法规制订工作中也扮演着非常重要的角色。担保公司市场份额则相对比较小，数量也非常多，竞争非常激烈。同时担保公司在工程担保方面一般都和银行有着很好的合作关系，担保公司的一项重要业务就是在必要的情况下作为承包商申请银行保函的反担保人。

二、专业担保机构发展分析

目前我国介入工程保证担保领域的主要有商业银行和各类担保公司，而其中商业银行占据着工程保证担保市场的大部分份额，市场对其认可度高。商业银行与建筑业一直就有着天然的联系，对建筑业、房地产业的信贷一直都是很多银行的一个重要业务领域。由于历史上受计划经济的影响，对于中国建设银行来说尤其如此。银行系统对建筑业比较熟悉，掌握着大量关于建筑业的信息资料；建筑业又是一个典型的具有巨大资金需求的产业，各个环节都离不开银行业的金融支持，二者在许多时候都表现为一种相互依存的合作关系。所以工程保证担保制度一推行开来，银行很快就抢得先机，占据了大部分的市场份额。同时，与担保公司相比，银行实力雄厚、信用高、市场认可度高，这些远非担保公司可比。在不少地方，担保公司的保函都不被市场所接受。据笔者在调研中的了解，在厦门，担保公司被政府明文拒绝[①]，深圳也只有在私人投资项目中才考虑担保公司的担

---

①　这一情况目前已经有所改变，但厦门市对担保公司设立的市场准入门槛中依然包括了担保公司必须与厦门当地的银行签有银企合作协议，并获得银行的授信和一定金额的反担保。

保函，而且一般只有在双方都默认这种担保仅仅是出于形式需要的前提下。

在美国，由于其实行的是以合同额 100％ 的高保额义务型有条件履约担保为主要特色的工程保证担保制度，专业的担保公司在市场中占据着主导地位。由于历史上很长时期受到严格的金融业分业经营规定所限，银行业基本很少涉及这个领域。依托建筑业巨大的市场需求，工程保证担保对于美国的担保业举足轻重，其担保业中有 2/3 的收入来自于工程保证担保领域。这应该主要得益于美国的高保额有条件制度——这种制度下，担保金额高，担保的责任也非常的大，费率和保费收入自然也就相应的高。而在实行低保额的欧洲各国，由于主要是以货币赔付型担保为主，银行占据着保函市场 90％ 的市场份额，居于市场主宰地位。同时和美国的担保公司比较起来，欧洲担保公司的规模和保费收入要少得多。

在我国，目前各地在推行的工程担保制度基本都是以低保额的货币赔付型担保为主，即便是如上文所述深圳市差额担保下所形成的高保额履约担保，货币赔付型担保的色彩仍然要更浓一些。在此情况下，银行也就理所当然地占据了工程保证担保市场的绝大多数的市场份额。即使是在政府法规接受担保公司保函的深圳市，仅仅建行担保中心一家就占了工程担保市场九成以上的份额。

笔者在调研中了解到，目前我国对于担保业的监管仍然是空白，没有对口的政府主管部门，也没有相应专门的担保法规。在担保业究竟是属于中介行业还是金融行业的问题上也存在着不同的认识，某些地方甚至出现了注册资金仅有 50 万元人民币的担保公司。由于监管缺位，进入门槛非常低，整个担保行业目前极为混乱，担保业恶意欺诈的情况屡见不鲜，致使担保行业的市场口碑很差，不被市场所接受。笔者在对担保公司做问卷调查的过程中也可以明显地感觉到，担保行业从业人员的素质，公司的管理水平都参差不齐。甚至还有一些担保公司的从业人员以复员军人和下岗职工为主要群体。这大概也是担保业内一些公司坚持自己是属于中介行业的一个重要原因，这样的行业现状也确实很难把其归入金融业的范畴。而如果不将担保业当作金融业来对待，不对其实行严格的财务会计监管，就无法保证其信用，就不会有一个健康正常的担保业，自然市场也成长不出有信用、有实力的担保公司。在笔者按照名单去寻找一些担保公司进行问卷调研的过程中，不断遇到有公司查封、关门、"放假"的事情。让这样的一群公司去经营信用，其结果当然是不言而喻的。

目前国内的专业工程担保公司很少，其中以长安保证担保公司成立的时间最长，影响较大。长安工程保证担保公司成立于 1998 年 7 月，是由原建设部牵头成立的中国首家专业化工程担保公司，成立后一直通过市场机制积极推动工程保证担保制度在我国的试点工作。先后在北京大剧院、首都博物馆新馆、北京天文馆、华远房地产等一批项目的试点中积累了不少的工程担保经验。而不少原来非专业的担保公司都开始进入工程担保领域，并且取得了不错的市场业绩。

据笔者对一些担保公司的调研了解，目前国内的担保公司在工程担保领域并没有把银行定位为自己的竞争对手，他们一般将自己定位为银行的补充和合作者。在北京，担保公司的主要客户是那些很难获取银行授信的外地企业和本地的中小企业；在深圳，担保公司主要为私人业主开具以应付建筑行业主管部门监管要求为目的的形式化的保函，并在必要的时候为企业担保从银行获得保函——他们多有自己的合作银行。在深圳调研中了解到，当地的不少担保公司多在银行系统有比较好的人脉，甚至有些人过去就是银行系统的。对于一些小的担保公司尤其如此，他们的生存资本就是良好的银行关系。工程担保领域的中高层管理人员的知识结构基本没有工程背景，大多是法律背景。而基层业务人员的人员组成就更为复杂了，基本没有什么对学历和知识结构的要求。用一位专业工程担保公司副总的话："和卖保险的类似，什么人都有"，只要有本事拉来保单就可以。

在笔者的调研中明显感觉到，担保公司的风险意识相当薄弱，特别是在对待工程担保业务方面。一些专业的工程担保公司甚至是把工程担保业务当作一项近乎零风险的业务来做。虽然这些担保公司也会对保函的申请人进行审核，但是在实际的操作中，极少有审核不通过的情况发生。公司内部对这块业务也缺乏风险评估和控制指标等工具，更多是靠拍脑袋、想当然来评估风险。仍然是一种相当粗放的管理方式。据长安担保公司的一位负责人介绍，他们也曾经请人做了一套定量的风险评价指标体系，由于后来感觉没有什么实用价值，就一直束之高阁，没有使用。

由于担保行业的混乱，市场上担保公司的实力的单薄，担保公司的市场信用普遍比较差。各个担保公司之间的竞争焦点主要集中在两个方面：人脉和保费。而不是依靠担保公司的实力和信用水平。长此下去，工程担保市场上还会有担保公司影子吗？日韩和欧洲目前都在向着高额义务型担保的方向改革。国外的实践证明，高保额的义务型担保才应该是我们在中国推动建立工程保证担保制度的努力方向。而要推行义务型的工程保证担保制度，专业的工程担保机构又是必不可少的。没有专业的担保机构，就无法建立起真正的义务型工程保证担保制度。改革的目标要求市场上必须要有有实力的专业担保机构。

目前市场现状却令人担忧。首先是担保公司的先天不足。目前的担保公司除了几个国字号的外，大多是新成立不久的，普遍存在着自身实力不足、市场认可度低的问题。更为不幸的是恶劣的外部环境：目前我国对于担保行业的监管空白导致担保市场极为混乱，虚假担保、甚至还有恶意欺诈的现象，长此以往，将极有可能导致"良币驱逐劣币"的可悲结果。在缺乏一个良好外部环境的情况下，市场很难培育出规范经营的、有实力的担保公司。笔者在深圳市的调研了解到：

目前担保公司所服务的客户都是实力不太强的中小企业，从很大程度上，这类群体是工程担保市场上违约率较高的"劣质客户"；而"优质客户"都基本为银行所垄断。但与此极不协调的确是，担保公司对这类"劣质客户"的审查更为宽松，反担保的要求更低，收取的保费也更低。这些看似矛盾的现状其实是畸形的市场机制所导致的必然结果。最终这样的担保公司必将会为市场所淘汰。这显然是我们很不希望出现的局面。

　　为了避免出现这种大家都不乐意看到的结局，政府当务之急是规范市场环境，为优秀专业担保公司的发展壮大提供一个良好的外部环境。这是必须也是最重要的第一步。政府首先就应该制订出相关法规，改变担保行业监管空白的现况。没有一个适宜的政策环境，一切都是白搭。在担保市场逐步规范后，政府应考虑积极引导扶植有实力的专业工程担保公司发展壮大，推动工程保证担保制度在我国向着高保额义务型有条件模式的方向发展。

　　总之，从深圳、厦门两地的实践来看，担保市场混乱已经对工程担保制度的进一步推行起到了严重的制约作用。由于担保市场不规范、缺乏监管，导致公共工程拒绝担保公司的保函，这既对担保市场自身的发育是一种釜底抽薪，也直接导致本应由专业担保公司经营的义务型担保产品无法得到有效的市场支持。在深圳，工程担保市场已经出现了对高保额保函的需求，但却因为缺乏义务型保函产品的选择，而不得不依然采用无条件保函，导致公共工程的承包商承受过高的资金压力，这对整个建筑业、对公共业主都是一种效率的损失。可见，为了进一步有效推动中国工程担保制度的发展，对工程担保的市场主体——担保公司的监管已经迫在眉睫！对从事工程担保业务的专业担保公司的具体监管办法的设想参见本书第十二章相关内容。

第九章　中国工程担保发展现状[①]

第一节　国家层面的要求

一、工程担保相关立法体系概述

国家层面的要求主要体现为相关法律法规对工程担保的相关规定。我国的担保立法体系可以分为担保机构组织法和担保行为法两个部分。就担保组织法而言，目前我国担保公司的设立依据是《中华人民共和国公司法》（以下简称《公司法》）。

就担保行为法而言，其法律制度框架是以《中华人民共和国民法通则》（以下简称《民法通则》）、《中华人民共和国合同法》（以下简称《合同法》）、《中华人民共和国物权法》（以下简称《物权法》）为基础，由《中华人民共和国担保法》（以下简称《担保法》）集中规定典型担保；《中华人民共和国刑事诉讼法》（以下简称《刑事诉讼法》）规定司法程序中的担保；《合同法》规定非典型担保，以相关司法解释为补充，并结合行政法规、规章所构成的法律体系。

具体就工程担保制度而言，我国现在还没有制定专门的《工程担保法》，与工程担保制度有关的规定主要散见于《物权法》、《合同法》、《担保法》、《中华人民共和国建筑法》（以下简称《建筑法》）、《中华人民共和国招标投标法》（以下简称《招标投标法》）、《建设工程质量管理条例》和《建设部关于在房地产开发项目中推行工程建设合同担保的若干规定（试行）》等法律法规和相关规范性文件当中。

二、工程担保相关法律规定

我国《民法通则》[397]第八十九条规定："依照法律的规定或者按照当事人的约定，可以采用下列方式担保债务的履行：（一）保证人向债权人保证债务人履行债务，债务人不履行债务的，按照约定由保证人履行或者承担连带责任；保证

---

① 笔者所指导的学生冯珂和李钰参加了本章部分内容的资料收集和写作。

人履行债务后，有权向债务人追偿；（二）债务人或者第三人可以提供一定的财产作为抵押物。债务人不履行债务的，债权人有权依照法律的规定以抵押物折价或者以变卖抵押物的价款优先得到偿还；（三）当事人一方在法律规定的范围内可以向对方给付定金。债务人履行债务后，定金应当抵作价款或者收回。给付定金的一方不履行债务的，无权要求返还定金；接受定金的一方不履行债务的，应当双倍返还定金；（四）按照合同约定一方占有对方的财产，对方不按照合同给付应付款项超过约定期限的，占有人有权留置该财产，依照法律的规定以留置财产折价或者以变卖该财产的价款优先得到偿还。"本条是对债务的担保做出的一般性规定。

我国《担保法》[392]第二条规定："在借贷、买卖、货物运输、加工承揽等经济活动中，债权人需要以担保方式保障其债权实现的，可以依照本法规定设定担保。本法规定的担保方式为保证、抵押、质押、留置和定金。"因此《担保法》的规定将人保和物保置于了同一部法律之中。人的担保主要是指保证。我国《担保法》第六条规定："本法所称保证，是指保证人和债权人约定，当债务人不履行债务时，保证人按照约定履行债务或者承担责任的行为。"在人的担保中，涉及债权人、债务人和保证人三方关系。债权人为了确保自身权利的实现，在设定保证担保时，应当严格审查保证人的资信状况。我国《担保法》对反担保进行了规定，其中第四条规定："第三人为债务人向债权人提供担保时，可以要求债务人提供反担保。反担保适用本法担保的规定。"反担保属于一种约定担保。对于建设工程合同的担保，不论是业主要求承包商通过保证人提供的投标保证、履约保证等工程保证担保，还是承包商要求业主通过保证人提供的业主支付保证担保，保证人均可要求承包商或业主进一步向自己提供反担保。

我国《物权法》和《合同法》分别就物的担保、人的担保进行了进一步规定。但是《担保法》、《合同法》、《物权法》没有明确提及对工程担保的规定，只是对担保行为作出了一般性的规定。《最高人民法院关于适用〈中华人民共和国担保法〉若干问题的解释[408]》第十三条规定："保证合同中约定保证人代为履行非金钱债务的，如果保证人不能实际代为履行，对债权人因此造成的损失，保证人应当承担赔偿责任。"本条从如何承担保证责任的角度间接规定了包括工程担保在内的"代为履行非金钱债务"类的担保方式在法律上的效力。

我国《物权法[398]》第二百三十二条规定："债务人不履行到期债务，债权人可以留置已经合法占有的债务人的动产，并有权就该动产优先受偿。前款规定的债权人为留置权人，占有的动产为留置财产。"我国《担保法》第八十二条规定："本法所称留置，是指依照本法第八十四条的规定，债权人按照合同约定占有债务人的动产，债务人不按照合同约定的期限履行债务的，债权人有权依照本法规定留置该财产，以该财产折价或者以拍卖、变卖该财产的价款优先受偿。"可见留置物仅限于动产。因此，目前立法并没有肯定工程留置权。对于承包商来说，当业主违约时，承包商并无行使留置权的可能。

在缺乏担保机构组织法的情况下，我国《担保法》第七条规定："具有代为清偿债务能力的法人、其他组织或者公民，可以作保证人。这是在法律上保证人必须具备的主体资格。当债务人不履行其债务时，保证人应当代为履行债务，保证人可以通过不同方式来承担自身的担保责任。"

在建设工程合同的担保中，以履约保证担保为例，如果银行充当保证人，提供履约保函，一旦承包商不履行合同义务，银行要按照合同规定的履约保证金额对于业主进行赔偿。如果担保公司充当保证人，提供履约保证书，倘若承包商中途毁约，担保公司将对于业主因此蒙受的一切损失进行补偿。担保公司可以向该承包商提供资金及技术援助以使其继续完成合同；也可以接手该工程，并经业主同意寻找其他的承包商来完成建设工程；还可以与业主协商重新招标，由新的承包商负责完成合同的剩余部分，业主只按原合同支付工程价款，担保公司将承担实际工程造价与原合同价格之间的差额部分；如果上述解决方案业主均不满意，担保公司可在合同规定的履约保证金额的范围内与业主协商，按一定金额对业主进行赔付。

《担保法》第三条规定："担保活动应当遵循平等、自愿、公平、诚实信用的原则。"以及《合同法》第四条规定："当事人依法享有自愿订立合同的权利，任何单位和个人不得非法干预。"可见从目前的法律法规中来看，是否设立担保属于当事人意思自治的范畴。《招标投标法》第四十六条"招标人和中标人应当自中标通知书发出之日起三十日内，按照招标文件和中标人的投标文件订立书面合同。招标人和中标人不得再行订立背离合同实质性内容的其他协议。招标文件要求中标人提交履约保证金的，中标人应当提交。"该规定仍是建立在尊重当事人意思自治的基础上，赋予当事人是否设立担保的选择权。《合同法》第二百八十六条的规定赋予了承包人优先受偿权，强化了对于承包人的合法权益的优先救济和法律保护[302]。最高人民法院法释〔2002〕16号《关于建设工程价款优先受偿的批复[407]》第一条规定："人民法院在审理房地产纠纷案件和办理执行案件中，应当依照《中华人民共和国合同法》第二百八十六条的规定，认定建筑工程的承包人的优先受偿权优于抵押权和其他债权。"在实践中对优先受偿权进行了确认，有效地保障了建筑商不因工程欠款而使自己的利益受到侵害。《担保法》第十七条第一款规定："当事人在保证合同中约定，债务人不能履行债务时，由保证人承担保证责任的，为一般保证。"并在本条第二款赋予一般保证人先诉抗辩权，即"一般保证的保证人在主合同纠纷未经审判或者仲裁，并就债务人财产依法强制执行仍不能履行债务前，对债权人可以拒绝承担保证责任。"一般保证是一种补偿性的保证，不利于保护债权人的利益，因此一些地方排除了一般保证的做法。例如北京市建设委员会《关于工程建设保证担保的若干规定[191]》（京建法[2006] 938 号）第三条第二款明确规定："保证人提供的保证方式应当为连带责任保证。"

《建筑法[396]》对规范监督管理我国建筑活动，发挥着重要作用。其中第七条规定："建筑工程开工前，建设单位应当按照国家有关规定向工程所在地县级以上人民政府建设行政主管部门申请领取施工许可证；但是，国务院建设行政主管部门确定的限额以下的小型工程除外。按照国务院规定的权限和程序批准开工报告的建筑工程，不再领取施工许可证。"实践中，本条规定常被地方政府作为强制承包商提供工程担保的工具。如《湖北省建设工程担保实行方法》中第八条规定："实行担保的建设工程，业主应当将业主支付担保和承包商履约担保与建设工程承包合同一并报送建设工程所在地建设行政主管部门备案，否则不予办理施工许可证。"

《建筑法》第十八条规定："建筑工程造价应当按照国家有关规定，由发包单位与承包单位在合同中约定。公开招标发包的，其造价的约定，须遵守招标投标法律的规定。发包单位应当按照合同的约定，及时拨付工程款项。"承认了工程合同承发包双方对工程造价的自主约定权利。但对于工程担保的保费是否应在工程造价中列支，并没有明确的法律规定。我国《保险法[391]》对于完善我国工程担保制度的相关规定具有借鉴意义。其中第六十九条规定："设立保险公司，其注册资本的最低限额为人民币二亿元"，我国《保险法》第九十八条规定："保险公司应当根据保障被保险人利益、保证偿付能力的原则，提取各项责任准备金。"第一百条规定："保险公司应当缴纳保险保障基金。"对保险公司提取风险准备金提出了相关规定。而我国对工程担保公司如何提取风险准备金尚没有明确的规定。我国《保险法》也明确规定了保险公司的保险余额和每一危险单位的保险金额。如第一百零二条规定："经营财产保险业务的保险公司当年自留保险费，不得超过其实有资本金加公积金总和的四倍。"第一百零三条规定："保险公司对每一危险单位，即对一次保险事故可能造成的最大损失范围所承担的责任，不得超过其实有资本金加公积金总和的百分之十；超过的部分，应当办理再保险。"再保险是指根据法定或约定，保险人把自己的保险责任金额和保费收入分出部分甚至全部给再保险人，再保险人为收入的保险金额（责任）承担赔付责任。通过实行再保险可以有效解决担保余额或单笔保函金额过大的问题。再担保的操作与再保险无本质区别，但由于再担保人所将承担的担保责任风险是一种区别于保险的主观风险，所以会对所将分出的担保责任有更为严格的风险评估。目前我国国内和与国际合作的再保险体系已基本建立，但工程担保的再担保体系还是空白。《保险法》第一百三十六条规定："关系社会公众利益的保险险种、依法实行强制保险的险种和新开发的人寿保险险种等的保险条款和保险费率，应当报国务院保险监督管理机构批准。"工程担保目前同样存在较大的定价问题，我国担保业对于费率监管还没有相关规定。

《中华人民共和国政府采购法[400]》重点规范了在政府采购目录和采购限额标准内的以合同方式有偿取得货物、工程和服务的行为，包括政府采购当事人、政府采购程序、政府采购合同等内容，没有涉及建设工程担保、保险的内容，但其四十五条规定："国务院政府采购监督管理部门应当会同国务院有关部门，规定政府采购合同必须具备的条款"。为政府工程采购中运用工程担保和保险留下了合同空间。

《中华人民共和国招标投标法[399]》是为了规范招标投标活动，保护国家利益、社会公共利益和招标投标活动当事人合法权益、提高经济效益、保证项目质量而制定的法规。本法第四十六条规定："招标文件要求中标人提交履约保证金的，中标人应当提交。"第六十条第一款规定："中标人不履行与招标人订立的合同的，履约保证金不予退还，给招标人造成的损失超过履约保证金数额的，还应当对超过部分予以赔偿；没有提交履约保证金的，应当对招标人的损失承担赔偿责任。"

三、工程担保制度推进历程及相关文件要求

1996年，当时在美国佛罗里达州立大学任教的张维麟教授向建设部提议，引进工程担保这一国际惯例。此后建设部委托同济大学丁士昭教授展开对工程合同担保制度的研究。建设部还于1998年组织了对美国工程担保制度最早的考察。此后我国工程担保相关的规章制度经历了一个不断发展完善的过程。1999年2月，国务院办公厅发布了《关于加强基础设施工程质量管理的通知[231]》（以下简称《通知》），《通知》第十条明确规定："必须实行合同管理制。建设工程的勘察设计、施工、设备材料采购和工程监理要依法订立合同。各类合同都要有明确的质量要求、履约担保和违约处罚条款。违约方要承担相应的法律责任。"使履约担保的概念出现在了国务院文件中。

1999年，建设部《关于深化建设市场改革的若干意见[234]》提出，要将建立以工程担保为主要内容的工程风险管理制度作为我国今后改革政府监督管理建设活动方式、以经济手段强化工程质量管理的重要措施。同时指出可以先实行投标保证担保、业主支付保证担保、承包商履约保证担保和质量保证担保等工程担保制度。成为了当前国内各地工程担保试点方案的一个基本蓝图。

2000 年 1 月 1 日开始执行的《招标投标法》中首次提到可以采用履约保证金，但并没有强制性推行的要求，也没有引入投标担保的概念。

2000 年全国建设工作会议把实行工程担保制度作为"十五"期间的一项重点工作，要求该工作在"十五"期间有重大进展[292]。

2001 年 6 月开始实施的《房屋建筑和市政基础设施工程施工招标投标管理办法》（建设部 89 号令）第二十七条规定："招标人可以在招标文件中要求投标人提交投标担保。投标担保可以采取投标保函或者投标保证金的方式。投标保证金可以使用支票、银行汇票等，一般不得超过投标总价的 2%，最高不得超过 50 万元"，第四十七条规定："中标人不与招标人订立合同的，投标保证金不予退还并取消其中标资格，给招标人造成的损失超过投标保证金数额的，应当对超过部分予以赔偿；没有提交投标保证金的，应当对招标人的损失承担赔偿责任。"第四十八条规定："招标文件要求中标人提交履约担保的，中标人应当提交。招标人应当同时向中标人提供工程款支付担保"，明确了投标担保、履约担保和工程款支付担保，并提出投标担保可以采用投标保函、投标保证金，投标保证金可以是支票和银行汇票。这是国内各地工程担保试点中，业主支付担保的最初来源，正是这一纸部令将后来各地的工程担保试点引向了歧途，并且至今成为了中国工程保证担保制度进一步健康发展的障碍。

2001 年 7 月 4 日，《建设部关于修改〈建筑工程施工许可管理办法〉的决定[274]》（建设部第 91 号令）提出："建设单位应当提供银行出具的到位资金证明，有条件的可以实行银行付款保函或者第三方担保"。根据这个办法，作为银行向政府出具的证明文件的替代物，这里的银行保函或第三方担保本应顺理成章地成为以政府为受益人许可证担保，这将是启动中国工程保证担保制度的一个很好的方向。可惜因办法条文语焉不详，后来各地在试点中，往往结合了 89 号文对业主支付担保的要求，把许可证申请条件与业主支付担保挂上了钩。

2001 年 7 月 5 日，当时的国家计委、国家经贸委、建设部、铁道部、交通部、信息产业部、水利部（以下简称七部委）第 12 号令《评标委员会和评标方法暂行规定[311]》第二十五条第一项规定："没有按照招标文件要求提供投标担保或者所提供的投标担保有瑕疵属于重大偏差"，第四十条第一款规定："评标和定标应当在投标有效期结束日 30 个工作日前完成。不能在投标有效期结束日 30 个工作日前完成评标和定标的，招标人应当通知所有投标人延长投标有效期。拒绝延长投标有效期的投标人有权收回投标保证金。同意延长投标有效期的投标人应当相应延长其投标担保的有效期，但不得修改投标文件的实质性内容。因延长投标有效期造成投标人损失的，招标人应当给予补偿，但因不可抗力需延长投标有效期的除外。"，第五十二条规定："招标人与中标人签订合同后 5 个工作日内，应当向中标人和未中标的投标人退还投标保证金"，第四十条和第五十条对投标保证金做出了相关规定。这些规定强化了投标担保的作用，并细化了投标担保的具体操作。但将投标担保与投标保证金混用，强化了市场对投标担保就是投标保证金的误解。

2002 年，建设部与国务院有关部门联合成立了课题组，组织部分建设行政主管部门、高校和企业的专家对建立我国工程风险管理制度的主要内容、理论依据、国际惯例等进行了研究，并在广泛调查研究的基础上，完成了《关于在我国建立工程风险管理制度的课题研究报告》。报告分析了在我国建立工程风险管理制度的必要性，借鉴了发达国家和地区在政府投资工程管理和工程风险管理方面的做法和成功经验，细化了建立工程风险管理制度的设想，为制订适合我国实际情况的工程担保管理制度打下了一定基础[273]。

2003 年 5 月，当时的国家计委、建设部、铁道部、交通部、信息产业部、水利部和民航总局联合发布《工程建设项目施工招标投标办法[227]》（七部委 30 号令），其中第三十七条规定："招标人可以在招标文件中要求投标人提交投标保证金。投标保证金除现金外，可以是银行出具的银行保函、保兑支票、银行汇票或现金支票。"，第五十条第五项规定："未按招标文件要求提交投标保证金的招标人不予受理"，第五十八条规定："依法必须进行招标的项目，招标人应当确定排名第一的中标候选人为中标人。排名第一的中标候选人放弃中标、因不可抗力提出不能履行合同，或者招标文件规定应当提交履约保证金而在规定的期限内未能提交的，招标人可以确定排名第二的中标候选人为中标人。"分别对银行保函、投标保证金和履约保证金作出了规定。第六十二条还规定："招标文件要求中标人提交履约保证金或者其他形式履约担保的，中标人应当提交；拒绝提交的，视为放弃中标项目。招标人要求中标人提供履约保证金或其他形式履约担保的，招标人应当同时向中标人提供工程款支付担保。"再次明确了推行履约担保与业主支付担保遵从业主与承包商意思自治，但应相互提交，延续了建设部 89 号令的错误思路。

2003 年 11 月，《国务院办公厅关于切实解决建设领域拖欠工程款问题的通知[255]》（国办发〔2003〕94 号）提出："改革工程项目管理制度，对房地产开发项目积极推行业主工程款支付担保等风险管理方式。"再次强化了对业主支付担保的肯定。

2004 年 8 月，建设部《关于在房地产开发项目中试行建设工程合同保证担保的若干规定（试行）[248]》（建市［2004］137 号）。《规定》指出：对于工程建设合同造价在 1000 万元以上的房地产开发项目（包括新建、改建、扩建的项目），有必要进行工程建设合同担保。这份文件第一次对当时建设部对建设工程保证担保的推进方向做了较为全面的阐述。如要求的担保措施包括投标担保、业主工程款支付担保、承包商履约担保和承包商付款担保。其中，投标担保可以采用投标保证金或保证的方式；业主工程款支付担保、承包商履约担保和承包商付款担保应采用保证的方式。工程的担保人应是银行金融机构和专业担保公司。工程建设合同担保的担保费可计入工程总价，等等。此外，第十一条第二款规定："业主在签订工程建设合同的同时，应当向承包商提交业主工程款支付担保。未提交业主工程款支付担保的建设工程，视作建设资金未落实。"正式将建设部第91号令对以担保替代建设资金到位证明的具体担保措施、解读为业主支付担保。第十二条第二款又规定："业主支付担保的担保金额应当与承包商履约担保的担保金额相等。"这个文件的积极意义在于加大了敦促各地投入工程担保试点的力度；但负面作用却在于把一套未经深思熟虑、违背市场规律的试点方案仓促推给了各地建设主管部门，而各地的工程担保试点在实践中发现的问题，已经不断打破这些要求。

2004年10月，国务院办公厅发布了《国务院办公厅关于转发建设部等部门关于进一步解决建设领域拖欠工程款的问题意见的通知[256]》，提出："严格工程招标投标和工程款担保管理。对没有按期完成清欠任务以及发生新拖欠的建设单位、施工企业，各级建设行政管理部门和发展改革（计划）部门一律停止其新项目的招标投标。房地产开发企业要严格执行《关于房地产开发项目中实行建设工程合同保证担保的若干规定（试行）》，在办理有关手续时，必须向施工企业提交由银行、担保公司等机构提供的工程款支付保证担保。同时，施工企业也应对等提交由银行、担保公司等机构提供的承包履约保证担保。"再次强化了对业主支付担保的要求。

2005年1月，建设部和财政部联合出台了《建设工程质量保证金管理暂行办法》[242]，其中对政府投资项目的质量保证金提取比例、保管方式、运用和返还方式等做出了明确规定，并要求其他社会项目参照执行。其中第四条特别提及："采用工程质量保证担保、工程质量保险等其他保证方式的，发包人不得再预留保证金"。这是明确以保证担保方式替代质保金的第一个政府规章。

2005年10月，建设部市场司出台了《关于选择深圳、厦门等市作为推行工程担保试点城市的意见[236]》（建市招函［2005］73号）。文件明确选择深圳、厦门、青岛、成都、杭州、常州六市作为推行工程担保试点城市，此后又补充了北京和天津两市加入试点，形成后来常说的8个试点城市。

2006年12月，为进一步推进工程担保制度，建设部印发了《〈关于在建设工程项目中进一步推行工程担保制度的意见〉的通知[240]》（以下简称《意见》）。该《意见》强调，不按照规定提供担保的，地方建设行政主管部门应当要求其改正，并作为不良行为记录记入建设行业信用信息系统。其他工程担保品种除了另有规定外，可以由建设单位、施工单位自行选择实行。

《意见》提出，除了《关于在房地产开发项目中推行工程建设合同担保的若干规定（试行）》中所规定的投标担保、承包商履约担保、业主工程款支付担保、承包商付款担保等四个担保品种外，各地还应积极鼓励开展符合建筑市场需要的其他类型的工程担保品种，如预付款担保、分包履约担保、保修金担保等。

《意见》也勾勒出了未来几年我国工程担保行业的发展蓝图：2007 年 6 月份前，省会城市和计划单列市在房地产开发项目中推行试点；2008 年年底前，全国地级以上城市在房地产开发项目中推行工程担保制度试点，有条件的地方可根据本地实际扩大推行范围；到 2010 年，工程担保制度应具备较为完善的法律法规体系、信用管理体系、风险控制体系和行业自律机制的工作目标。同时，要求各省、直辖市、建设行政主管部门应在 2007 年 3 月底前确定本地区的工程担保试点城市或试点项目。并针对推行工程担保制度过程中存在的问题，如相关法律法规滞后、工程担保市场监管有待加强、专业化担保机构发育不成熟、工程担保行为不规范等，加强调查研究，及时总结经验，根据相关法律法规和本地区的实际情况，制定本地区实施工程担保制度的相关管理规定，推动地方工程担保制度的实施。《意见》对如今各地工程担保试点工作的开展起到了极大的推动作用。然而，从目前中国工程担保制度推行相关的法律法规体系、信用管理体系、风险控制体系和行业自律机制等的发展状况看，《意见》中上述计划的落实情况并不理想。

此外，由于银行越来越多地开展保函业务，且与担保公司的合作规模不断加大，中国银监会开始关注担保行业风险对银行业的影响。2006 年 7 月，银监会为督促各银行业金融机构防范与担保机构业务合作面临的风险，发布了《关于银行业金融机构与担保机构开展合作的风险提示[237]》，规定"担保机构注册资本金应在一亿元人民币以上，且必须是实缴资本"才能与银行业金融机构开展授信业务。

由于我国不同地区的经济水平差异较大，目前我国对从事工程担保业务的担保公司应当具有的最低注册资本金还没有统一的规定。从不同地区的相关规定看，也有相当大的差别。如山西省规定 500 万元，厦门市规定 8000 万元，东莞市规定 1 亿元。因此，2010 年 3 月中国银监会联合了国家发改委、工信部、财政部、商务部、中国人民银行和国家工商总局 7 部委出台的《融资性担保公司管理暂行办法[314]》（银监会等七部委令 2010 年第 3 号）中，将融资性担保公司的准入门槛的最低线也放在了 500 万元，但对其业务运作方式有所限制。该办法对融资性担保机构的设立、经营和风险监管等都做出了明确的要求。其中也规定了融资性担保机构可以兼营履约担保等工程担保业务。值得注意的是住建部在此7部委令中的缺席。

2011年9月，财政部进一步出台了《关于开展政府采购信用担保试点工作方案》，首次明确在政府采购中推行信用担保试点，计划试点时间暂定2年，从2012年1月1日始至2013年12月31日止。试点担保品种包括投标担保、履约担保和融资担保。并将参加试点的专业担保机构限于具有融资性担保机构经营许可证的专业担保机构。这将进一步推动我国未来在政府工程中推行工程保证担保制度，也促使融资担保机构和专业工程担保机构在某些业务领域进一步走向融合。但需要注意的是融资担保业务的风险远高于工程担保，如果没有对不同类型的担保业务的分类监管和审慎的风险切分措施，很可能会导致融资担保的风险向工程担保领域的传递；其次，试点方案中对试点担保机构的准入资格也未制定明确标准，而是采用指定中央一家、各省再选一家担保公司的方式，极易造成政府项目担保市场的垄断，造成对纳税人的剥削；最后，笔者还注意到其示范保函具有本书第二章所介绍的ICC325号统一规则的典型特征，而这种保函因其缺乏对受益人利益的充分保障而已经基本为国际市场的实践所抛弃。这些问题都值得在后续予以认真研究和纠正。

第二节　地方试点情况

一、主要试点城市基本情况

目前，由于住房城乡建设部的积极推动，我国不少省市的工程担保试点工作已经展开。下面，以住房城乡建设部指定的首批工程担保试点城市为例，对我国各地工程担保试点情况予以说明。

深圳市早在1996年就开始在政府工程中尝试推行投标担保与履约担保。2001年12月20日，深圳市人大通过对《深圳经济特区建设工程施工招标投标条例》的修改决定[314]，对工程担保做了强制性规定，开始在招标工程中普遍推行工程担保制度。之后，深圳市建设局颁布《深圳市建设工程担保实施办法》（深建市场［2002］36号文件）。这是全国第一个以地方法规的形式推行工程担保制度，已于2003年1月1日起施行。作为一项强制性管理措施，工程担保如今已覆盖了全市范围内的所有建设工程。深圳市在发展工程担保制度的同时，还同步推进了工程保险制度，在全国率先试行了建设工程设计责任保险[324]。

厦门市于2002年1月下发《关于进一步规范建设工程施工承发包行为若干指导意见的通知[232]》，提出推行建设工程施工投标保证金、履约保函、付款保函制度。并于同年 11 月颁布《厦门市建筑市场管理若干暂行规定》，以地方行政规章的形式对工程担保制度推行的具体办法做了详细规定。在 2000～2005 年期间，厦门市根据本市工程建设的具体情况，进行了工程担保制度的探索和研究，实行了投标保证金制度、业主支付和承包履约担保制度、招标投标风险包干制度，以及最低控制价风险保证担保制度等，并积极探索和试行其他形式的工程担保。2005 年 10 月 26 日建设部确定厦门市为全国工程担保的试点城市后，厦门市对其工程担保制度进行了进一步深化完善。2005 年，厦门市建设管理局颁布了《厦门市建设与管理局关于建设工程担保若干实施意见[355]》（厦建建〔2005〕160号），2008 年又颁布了《厦门市建设与管理局关于印发厦门市建设工程担保实施办法（试行）的通知[356]》（厦建建〔2008〕33 号）。厦门作为中国最早推行工程担保试点的城市，其工程担保制度在 2005 年以后经历了如下演进：（1）实行了担保主体多元化：从原来单纯接受银行保函，发展到既接受银行保函，也接受专业担保公司的保函；（2）实行担保函件原件集中代管：这是为了防范市场普遍存在的随意或恶意撤保现象，增强工程担保制度的强制力；（3）建立了工程担保公司备案管理制度，要求担保公司按年度向市交易中心进行信息披露，特别是明确了担保公司的资本金准入门槛（8000 万元）、担保余额的放大倍数（净资产的 10倍）和单笔担保金额上限（净资产的 50%），并将银企合作协议，以及由银行或其他注册资本金 1 亿以上的企业为专业担保公司提供连带责任保证等，纳入专业担保公司准入门槛管理，（2008 年以后还进一步对专业担保公司实行了信用评级管理[334]）这在一定程度上规范了对专业工程担保公司的管理；（4）强化了有形建筑市场对工程担保的服务：包括建立工程担保统计分析系统，提供担保函件的查询、统计和管理；提供保函有效期截止（提前 30 日）或保函索赔事件后（7日内）的续保提示；提供专业担保公司工程担保余额台账查询，以及建立专业担保公司信用监管系统等[288]。厦门市的上述改进是基于其早期试点工作的经验教训的不断完善，非常值得其他地方政府借鉴。最后，将笔者获取的厦门市 2006年工程担保试点情况统计数据抄录于此，以便读者对厦门市工程担保市场的规模有个大体的概念（见表 9-1）。

2006 年厦门市工程担保试点情况统计数据　　　　　　　表 9-1

	银行保函	担保公司	合　计
有效工程担保函件	567 件	397 件	964 件
担保额度	14.2492 亿元	6.2288 亿元	20.478 亿元
受理工程建设项目	485 件		
合同造价	125.842 亿元		

天津市于 2003 年 3 月印发了《天津市建设工程担保实施方法[338]》，决定从 2003 年 4 月 1 日起推行双向担保，增加的"支付担保"是为了约束发包人在执行合同中的行为。办法规定首先在房地产项目中推行。2004 年起，在所有的建设工程项目中全面推行了建设工程双向担保制度，完成了由房地产项目到所有建设工程项目，由单向担保到双向担保的转变。2008 年 2 月，天津市实行了新的《天津市建设工程担保管理办法[337]》替代了上述实施办法，增加了总包企业支付分包款的担保责任；实行担保单统一管理制度；制定工程担保的操作规程；建立担保企业评价制度；治理虚假担保、中途退保和恶意使用担保行为。实现市、区县两级管理过程的计算机化和对建筑市场监管的信息化，实现信息服务平台、信息管理平台、信息查询平台三位一体的监管模式，实现审批、注册、备案过程的电子政务办公。

1999 年，北京市出台了《关于进一步加强工程招标投标管理的若干规定[190]》和《北京市政府投资建设项目管理暂行规定[193]》。其中规定："政府投资建设项目必须实行合同管理制。其设计、施工、采购和工程监理要依法订立合同，各类合同都要有明确的质量要求、履约担保和违约处罚条款。"是全国第一个以地方行政规章形式出台的有关工程建设履约担保的规定。2000 年又出台《北京市推行工程担保制度试点工作实施方案[263]》，提出了试行保证担保的品种，其中包括投标担保、履约担保、预付款担保、分包和材料供应商的投标及履约担保和业主支付担保等。北京市于 2004 年 6 月，印发了《关于在建设工程发包承包活动中设定保证担保的若干规定》，并于当年 10 月 1 日开始在全市房地产开发项目中实行工程保证担保制度。2006 年 12 月 1 日，北京市又推出《关于工程建设保证担保的若干规定[229]》，之后又进一步做了相关补充通知[191]。增加了对保证人资格的规定，特别是从担保能力、信用状况、风险管理等方面对专业担保机构提出了具体要求，并明确对专业担保机构实施建筑市场信用监管；增设了劳务分包付款保证担保和劳务分包履约保证担保两个新的担保品种，以防范拖欠农民工工资行为的发生；同时规定房地产开发项目应实行工程款支付保证担保、承包履约保证担保、劳务分包付款保证担保和劳务分包履约保证担保；增加了建设行政主管部门对工程保证担保市场及市场各方主体行为的监管职责的规定，明确要求凡实行工程建设保证担保的项目，其发包人和承包人、劳务发包人和分包人需将保函原件送交市或区县招标投标监管部门保管，并对当事人取回保函原件的程序做出了具体规定。

2002 年 6 月，青岛市建委发布了《关于实行建设工程担保制度的意见[235]》，要求在房地产开发项目中先行试点，其他项目凡要求承包商提供履约保证担保的，也必须同时对等实行业主支付保证担保。计划用三年时间在全市所有新建、改建、扩建的工程中全部实行工程担保制度。青岛市正式实施的工程担保制度主要包括投标担保、业主支付担保和承包商履约担保，目前已覆盖到非政府财政投资以外的所有社会投资项目。在推行工程担保制度的过程中，青岛市不断总结经验，逐步建立起工程担保法规文件和运行体系。目前除政府财政投资项目外的所有建设项目开工前，建设单位要向施工单位提供银行或专业担保人出具的工程款支付担保。2009 年上半年，青岛市新开工的工程 357 项，有 186 项工程实行了工程担保。建设工程业主支付担保余额累计 11.22 亿元，涵盖了房地产、市政基础设施、工业厂房、装饰装修等多个工程类别，工程担保制度全面实行[328]。

2003 年常州市出台《常州市建设工程担保实施办法[202]》。规定凡在市区的建设工程项目，工程施工合同金额在 100 万元以上的（除政府财政拨款项目须提供财政拨款计划单外），均须提供履约保函和业主支付保函。当时要求必须是银行保函，且同步出台了《中国建设银行常州分行出具建设工程业主支付担保、承包商履约担保保函实施办法》，对本地运用银行保函做出了具体规定，并要求其他要开展银行保函业务的银行也去市招标办办理相关手续。2006 年又进一步出台了针对上述《办法》的补充规定[228]，明确了专业工程担保公司的准入门槛和备案管理办法，以降低建设主体各方的财务成本和社会成本，还进一步推行了差额担保，并鼓励在工程质量保修金中使用保函。截至 2009 年，常州市逐步引进和培育了 5 家专业工程担保公司，并对专业担保公司进行担保行业限制和财务状况监管等严格管理。目前，常州市的工程担保制度作为一项强制性工程管理措施，已经覆盖了常州市所有建设工程，包括房屋建筑、装饰装修、市政工程、园林绿化等。截至 2009 年，总共已办理 2391 个项目的担保手续，担保合同金额达 465.5 亿多元，保证金额 27.21 亿元[328]。

杭州市要求自 2005 年 5 月起，工程造价在 1000 万元以上的建设项目（含分包的项目）应当实行承包商履约担保和业主工程款支付担保。同时规定财政全额投融资建设项目，由财政统一提供支付担保。2006 年 11 月，杭州市建委制订了《杭州市建设工程担保管理试行办法[257]》，完善了对担保人及被担保人的管理措施，促使担保机构规范担保行为，对投保人进行必要的信用评价，逐步建立并完善合同跟踪管理机制、评价机制和信用档案，遏制中途退保现象的发生，使工程担保制度真正落到实处。其中还特别明确了杭州市担保协会对专业工程担保公司的行业自律功能定位。与此同时，杭州市担保协会也出台了《杭州市工程担保实施办法》、《杭州市工程担保的若干规定》、《工程担保收费标准参考表》、《关于同意浙江中财等 19 家专业担保公司开展建设工程担保业务的通知》等相关的行业自律规定[223]，进一步规范了工程担保业务流程、工程担保市场管理及行业准入要求。

2004 年 6 月，成都市以清理拖欠工程款和民工工资为切入点，由市政府办公厅印发了《关于切实解决和预防建设领域拖欠工程款和民工工资有关问题的通知[233]》（现已废止），要求"强化项目资金到位的核验监督"、"建立工程备料预付款制度"和"建立民工工资制度保证金和担保制度"。在新建项目开工之前，建设单位和施工企业都应按工程合同价格的5%预交民工工资支付保证金或提供保函，才能获取施工许可证，并同时与银行、劳动保障部门、建设行政主管部门签订民工工资支付保证金监管协议。同年，成都市建委又印发了《关于加强成都市建设领域民工工资保证金管理工作有关问题的通知①》，进一步强调了"民工工资支付保证金和担保制度的执行"，而没有像大多数城市那样强制推行履约担保和业主支付担保，并对民工工资支付担保的方式进行了创新。其特点包括：（1）施工企业和建设单位被一视同仁地要求向政府提交担保；（2）允许采用银行保函、保险公司保函、担保公司保函等方式替代保证金，只有重点监控企业除外（由清欠办根据企业欠薪记录动态公布重点监控企业名单）；（3）采取基于项目和基于企业等多种方式设定担保。其中，基于项目的按项目合同额的5%设定，合同价4000万元以上的实行滚动担保；基于企业的担保对该企业所有在蓉工程有效，分级设定额度（一级本地企业200/外地企业300万元、二级本地企业100/外地企业200万元、三级本地企业50/外地企业100万元）。成都市在农民工工资支付担保上的创新意义在本章稍后及第十一章中还会涉及。

二、各地工程担保制度推行方案的比较

为了对我国各地工程担保制度的实施情况有个清晰的了解，笔者和学生赵国富、王爱华、冯珂等从多种渠道（包括书籍、普通网站及各地建设行政主管部门网站）充分收集了我国目前各省市工程担保管理办法，并对各地工程担保品种、保证人、保费、担保日期、责任承担方式、担保行为之监管等方面进行了详尽的比较。详见本书的附表1：中国各地工程担保管理办法及信息一览表（截至2011年）。通过对比各地工程担保试点办法，可以发现以下特点：

1. 担保品种

投标担保、履约担保和业主支付担保依然是目前我国各地工程担保试点的主要担保品种，但与之相比较而言，作为处理农民工工资拖欠问题杀手锏的工资支付担保异军突起，其推行基本接近于100%，甚至超过了履约担保和业主支付担保这两种住建部（原建设部）一直极力宣传推行的工程担保品种②（图9-1）。此

---

① 关于加强成都市建设领域民工工资管理工作有关问题的通知，成建委发［2004］776号2004.11.4.
② 这是因为至少试点城市中就有成都市未按住房城乡建设部的部署强制开展，而是单独开展了民工工资支付担保；而目前的调查显示几乎所有开展工程担保试点的地区都开展了工资支付担保，因此无论如何民工支付担保都会超过履约担保和业主支付担保的应用。

外，维修担保和承包商付款担保也是各地建设主管部门关注较多的担保（即质量保证金担保）品种。个别地区还有预付款担保和分包担保的规定。业主责任担保仅河北省担保办法中有所提及。但成都市的农民工工资支付担保中由业主提交的部分，以及大连市明确由建设单位和房地产企业交纳的农民工工资保证金，已经成为了一种事实上的业主责任担保，只是其担保责任单一，且金额偏低。

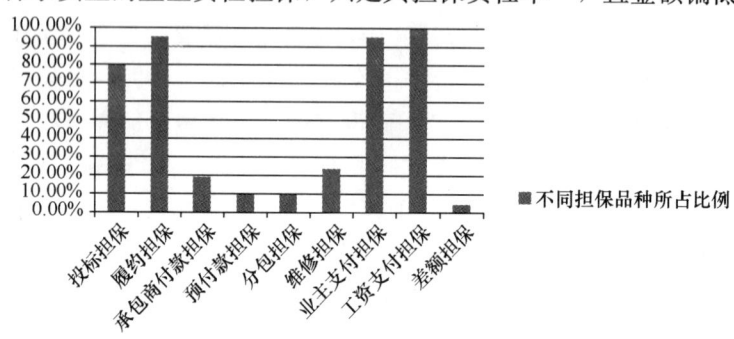

图 9-1　不同的担保品种所占比例

2. 强制性工程担保覆盖范围

除住房城乡建设部指定的首批试点城市外，强制推行工程担保试点的城市并不多。而且即使是在首批试点城市中，也并非所有城市都积极推行住房城乡建设部计划推进的所有担保品种。而在大多数非试点城市和省份，对是否强制推行相关工程担保品种的意向并不明确，即使是在住房城乡建设部发文明确要求推行工程担保制度的房地产项目中，各地是否落实也不是很明确。这显示出各地的观望态度浓郁，对工程担保的价值，或者说是对工程担保品种缺乏足够认可。而相反，保障农民工工资支付的担保品种，以及工程质量保修金这一现金担保品种，倒是不用大力推动，各地也趋之若鹜，足见有关部门对当前的试点推动方式还是有不少值得反思之处。另外，值得关注的是，温州出现了针对大型政府工程的高保额保函要求，具有科学性，代表了工程担保未来的发展方向。再有，河南省对强制推行工程担保的项目范围要求采用了和招投标法一致的描述，也是较为合理的规定。

3. 同业担保

同业担保在不少地方的管理办法中被接受，一方面可能对同业担保的危害认识不足；一方面也反映出我国工程担保行业发育不良，难以给市场提供足够的支持。

4. 银行保函

银行保函在所有的省市被接受，说明在专业工程担保公司发育不够完善的情况下，银行保函对中国工程担保事业发展具有不可或缺的重要性。但银行保函对建筑企业带来的资金负担过重的问题显然也被各地所认识，所以包括一开始只接受银行保函的城市也开始重视培育专业工程担保行业，以逐步推进对专业工程担保公司保函的运用。

5. 保额标准

大多数省市所运用的依然是低保额保函。但在深圳、厦门等试点起步较早的城市，已经越来越认识到发展高保额保函的必要性。而温州市则成为首个正式发文要求在政府工程中强制推行高保额有条件保函制度的城市[347]。《关于试行高额工程保函制度的暂行办法》中规定：应在投资额 1 亿元以上的政府投资工程中试行高额保函。该保函是包含了投标保函、履约保函和支付保函，并覆盖投标人在投标及项目实施过程中所有责任的一体化保函。该保函可由施工企业注册地或工程所在地的商业银行、保险公司或经行业主管部门、金融监管部门和建设行政主管部门认可的专业担保公司出具。同时该高保额保函实行有条件的见索赔付，其具体保额规定见表 9-2 所示。参照国外担保行业的成熟经验，我们可以发现：通常高保额模式都是采用有条件保函，它可以使保证人更加专注于实际履行能力的审查而非仅仅对赔付能力的关注，促使更多资金实力足以支持履约但无法承受保证金要求的企业得到参与市场竞争的机会。因此，温州市高保额保函推进的后续成效非常值得关注。

温州市政府投资工程保函额度设定表　　　　　　　表 9-2

政府投资领域	保函额度设定范围	政府投资领域	保函额度设定范围
保障性住房工程	70%～100%	园林绿化工程	50%～100%
国有投资商品房工程	50%～100%	装饰装修工程	70%～100%
公共建筑工程（工程复杂、工期长）	60%～100%	交通工程	50%～100%
市政基础设施工程	70%～100%	水利工程	50%～100%

三、地方政府对专业工程担保公司的管理

工程担保在我国并不是一种完全的市场自发行为，而是被政府作为一种规制建筑市场秩序的手段，一种解决建筑市场中长期存在的工程质量问题和工程款拖欠问题的长效机制而大力推动，其本身是一种政府为实现有特定社会效益的政策目标而做出的制度安排，这种制度安排不可能完全通过市场调节机制来实现，而需要借助法律和行政的手段来实现。这意味着，市场规则从无到有，不可能由市场自发产生，必须由政府供给，规则可以大到法律法规、政策规定，也可以小到某项行为规范。这些规则的综合构成了一项制度，而要有效地推行这项制度，监管就成为不可缺少的外在强制力量。

2004 年 8 月建设部 137 号文关于在房地产开发项目中试行工程建设合同担保

的文件的出台，有力地推动了工程担保制度在全国建立和推行的进程，一些地方工程担保市场已经初步形成。这项制度的推行，确实在一定程度上抑制了在建筑市场大量存在的垫资施工、阴阳合同、违法分包和转包等违规行为，对于保证建设工期、工程质量，促使开发商履行工程款支付义务，起到了积极的作用。但是，由于工程担保在我国处于初建时期，规制建设还不完善，行业规范尚未形成，特别是缺乏市场监管经验和措施，缺乏对工程担保机构资信和担保能力的评价制度，在刚刚形成的工程担保市场中存在着担保机构良莠不齐，不规范操作，忽视风险管理，甚至投机取巧、逃避责任等不良现象；也存在一些房地产开发商、承包商为了减少担保成本，与担保机构共同采取互保、撤保等规避政策的行为。

2005 年 8 月在北京同时召开了"2005 年中国工程担保论坛"和各省市建设主管部门参加的"全国工程担保座谈会议"。担保论坛突出了两个主题，一个是要大力推行工程担保制度；一个是要进一步加强工程担保市场的监管，强调发展与规范要协同并进。建设部黄卫副部长、建设部建筑市场管理司王素卿司长作了重要讲话。王司长在讲话中具体提出了加强工程担保市场监管的措施，包括：建立工程担保机构的评级标准体系和评级制度，以便引导和培育合格的担保人；建立工程担保信息的统计分析系统，以便加强对担保公司风险的管理；建立工程担保机构的诚信管理系统，以便约束担保机构的行为；加强保函的审查和备案，以便提高保函的合规性和制约互保、撤保这类规避政策的行为；以及加强行业自律等[342]。这些讲话精神对日后工程担保制度的推行具有重要的指导意义，并实际产生了重大影响。

然而，由于全国性的工程担保行业的政府监管因立法滞后尚未到位，我国对工程担保行业真正的政府监管都是在地方政府的层面上开展的。目前全国各地方建设行政主管部门对专业工程担保机构的监管大都实行批准备案制，只有取得当地建设行政主管部门批准备案才有资格在当地开展工程担保业务，所以各专业工程担保机构绝大多数只能在各自省市开展工程担保业务，工程担保机构跨区域经营受到严重限制。如河南、四川等省批准备案的工程担保机构只能在当地省内执业，不能在其他省份执业；厦门、深圳等城市批准备案的工程担保机构则只能在本市执业，不能在省内其他城市执业。

从 2004 年 8 月建市 [2004] 137 号文出台至今，全国大概有 15 个省市逐步培育并批准备案了 200 多家专业工程担保机构。其中：四川 62 家、北京 35 家、杭州 19 家、天津 19 家、河北 15 家、河南 13 家、山西 12 家、厦门 9 家、深圳 4 家、广西 3 家。此外，其他一些未开展专业工程担保机构批准备案的省市也出现零星的从事工程担保业务的担保机构，这些机构多数得到相关主管部门单独的许可，在一些特定领域开展工程担保业务。如湖南财信工程投资担保公司在城镇垃圾处理领域开展工程担保业务，合肥市国投建设发展有限公司虽名称中未含有"担保"字眼，但实际在有关主管部门的许可下开展了工程担保业务①。

本书附表2详细列表比较了各试点省市对担保行业的监管措施和规则，供读者参考。总体来看，当前各地对专业工程担保公司的监管措施包括以下几个方面：

（1）注册资本金准入管理

这在全国各地存在较大差异，从500万到1亿不等。过低的准入门槛可能导致担保公司承保能力不足，不足以维持自身健康发展；但过高的准入门槛则可能导致一些虚假注资后抽逃资金的行为。由于不同担保品种的担保金额差异较大，可以考虑对不同担保品种的设定不同的准入门槛，这将有利于吸引社会资金对工程担保行业的投入和培养专业工程担保人才队伍。

（2）单笔保函最高限额管理

由于目前专业担保公司资本实力普遍不足，各地对单笔保函的最高限额控制力度大都偏低。其中履约保函最高限额从净资产余额的25%～50%不等，业主支付保函从10%～50%不等。从多数地方的规定看，大家普遍认同业主支付保函的风险要高于履约保函，所以其最高限额往往是履约保函的一半，但也有不区分保函品种统一设定为50%的。总的来讲，单笔保函最高限额越宽松，则单个保函给同一担保公司出具的其他保函所带来的系统风险就越大。所以笔者的建议是：在当前我国专业担保公司普遍成熟度不高的前提下，应该尽量压低单笔保函的最高限额。如果在建工程投资规模大，应该鼓励多个担保公司共保，或将风险分给其他银行或再保险，再担保等，而不应盲目放松对单笔保函最高限额的控制。以笔者的观察，单笔保函最高限额控制在净资产余额的10%以下，是国际通行的做法。

（3）担保余额放大倍数管理

控制单个担保公司的担保余额放大倍数，也是帮助担保公司对抗集中代偿风险的重要手段。目前各地管理办法的放大倍数在5～10倍不等。其中厦门等地对担保公司更进一步实行分级管理，对于信用好的担保公司提高放大倍数，对信用不足的担保公司收紧放大倍数。这是一个较为稳妥的做法。从国际经验来看，担保余额的放大倍数通常也都是以10倍为限。但笔者认为，设定这一倍数最科学的办法应是将工程担保公司的成熟度与之相结合。对于承保风险管理水平高的专业工程担保公司而言，长远来看甚至可以考虑更进一步提升放大倍数。因为放大倍数越大，就意味着担保公司的营业规模越大，相应地保费收益越高，而风险也

---

① 此部分数据由河南诚建工程投资担保有限公司的白红磊先生提供。

越分散。而专业工程担保公司的风险与一般融资担保的风险有很大不同，可能是开出的保函越多，担保公司的经营就越健康。但在短期内，由于对担保余额放大倍数的设定机理还缺乏充分的理论研究，而国内工程担保行业也还远不成熟，因此还是从严控制为宜。

（4）银企合作与再担保管理

目前，由于作为行业主管部门的国内建设行业主管部门普遍不熟悉担保公司的管理，因此找到了一个比较取巧的方法，就是要求担保公司与本地银行建立银企合作关系，从而发挥银行的作用来考察担保公司的资信实力。具体的要求包括与本地银行签订合作协议，获得一定额度的银行授信，以及由银行承诺为其保函提供再担保等。这不失为是一种方便有效的手段，不仅可以起到鉴别担保公司好坏的作用，也可以通过银行提供的再担保来扩大专业担保公司保函的抗风险能力。由于对专业担保公司保函抗风险能力的关注，除银行外，厦门市将一般超过1亿元注册资金规模的其他企业提供的再担保也纳入可接受范围。

（5）资产流动性管理

为了确保专业担保公司保函能实现快速赔付，一些地方政府的监管要求中还包括了要求担保公司注册资金必须包括一定比例的现金。如厦门市要求担保公司的注册资本金最少8000万中，至少有70%为现金。但对于担保公司资产流动性的问题尚未引起普遍关注。相反，一些地方还有特别要求外地注册的担保公司必须在本地拥有一定金额以上固定资产。

（6）跨地域经营管理

由于当前的担保公司监管都是由各地政府自行主导，出于对外地担保公司逃债的担忧，各地纷纷出台政策，对非本地担保公司在本地准入的条件提出了一系列较为严格的条件。如：必须与本地银行有合作协议和得到授信及再担保；必须在本地持有一定比例的房产等。这一比例从5%～35%不等，并且厦门市要求此房产必须办理抵押。此类规定其实制约了担保公司资产的流动性，不利于担保公司未来的健康发展。虽然放在当前的环境来看还不失为各地方政府的一项明智选择，但应该随着全国性担保市场的发展成熟逐渐减少此类要求。

（7）规范担保公司行为的监管要求

目前，不少地方都认识到有必要对担保公司的行为进行规范。如要求担保公司建立风险内控流程。但此类要求如果不能结合具体的信息披露和监管考核，则易于流于形式。在此方面，厦门、天津和河南省都通过建立对担保公司的定期信息披露、年审和信用评级管理等制度来加以强化，不失为是一种可行的办法。此外，深圳市还要求超过一定金额的大额保函必须要附股东会的授权书，以控制虚假担保，并帮助担保公司加强风险内控。

总体来看，尽管各地出现了一些好的经验，但政府部门对专业工程担保公司的监管还任重道远。特别是全国统一的工程担保市场还远未形成，急需加快其进程，以减轻各担保公司应付地方层出不穷、办法迥异的监管要求的额外运作成本，促进中国工程担保行业的发展壮大。

四、专业工程担保公司的经营状况与问题分析

目前总的来看，由于受工程担保立法滞后、监管缺失、担保机构自身实力不足等多方面问题的困扰，尽管全国各地的工程担保需求在不断放大，但市场主要的份额还是由银行保函所占有。全国多数专业工程担保公司保函经营状况一般，只有少数公司经营状况较好。如深圳市高新技术投资担保有限公司一直在深圳市工程担保保函市场保持领先地位；河南诚建工程投资担保有限公司作为河南省首家取得备案的专业工程担保公司，从 2007 年公司备案至今一直在河南省工程担保保函市场保持领先地位，约占有河南省 70％的市场份额。由于目前缺乏对全国性的工程担保专业机构的跟踪统计，这里仅给出 2010 年河南省专业工程担保机构工程担保业务的主要经营数据（表 9-3）。

河南省备案专业工程担保机构 2010 年度工程担保业务主要经营指标汇总表①

表 9-3

序号	项目内容	一季度（万元）	二季度（万元）	三季度（万元）	四季度（万元）	2010 年度（万元）
1	季初在保责任项目余额	101642.74	123015.37	130459.94	151346.66	101642.74
2	季度新增担保责任金额	27494.45	27701.75	29964.28	49293.93	134454.41
3	季度解除担保责任金额	6008.52	20257.17	15803.24	30863.15	72932.08
4	季末在保责任项目余额	123015.37	122163.05	143876.18	169777.44	169777.44
5	季初在保责任项目数量	726	834	873	1032	——
6	季度新增担保责任项目数量	214	250	261	325	1050
7	季度解除担保责任项目数量	106	206	243	473	1028
8	季末在保责任项目数量	834	878	891	884	
9	发生代偿项目数量	0	0	0	0	0
10	发生代偿项目金额	0	0	0	0	0
11	已追偿项目数量	0	0	0	0	0
12	已追偿项目金额	0	0	0	0	0
13	季度担保费收入	634.07	573.93	559.99	707.91	——
14	年度累计担保费收入	503.81	1166.72	1687.03	2392.90	2475.90

从表中的数据可以看出，河南省工程担保年度在保余额在河南省年度建筑业增加值中所占比例仅有万分之五左右。而考虑到即使是低保额的工程履约担保，

---

① 表 9-3 数据由河南诚建工程投资担保有限公司提供。

其保额也应占工程总合同额的 10%，可见该省的工程项目运用工程担保还并不普遍。不过该年度和各季度的担保费收入占在保余额的比例较高，从 1.4%～2.3%不等，这已经高于美国工程担保行业平均的费率。不过，考虑到目前河南省工程项目对工程担保普及程度不高，担保业总体盘子较小，单个项目的保费收入不高——年平均仅 2.36 万元/项；而且，考虑到国内担保公司普遍不够成熟，成本水平偏高，目前河南省各担保公司的这一保费收入并不算高。不过，对全年无赔付可能有两种解读：一方面可能说明各担保公司风险控制很好，起到了对不良承包商的过滤作用，因而没有发生违约事件；另一方面也可能是发生了违约事件但没有启动索赔机制。究竟情况是前者还是后者还有待于更多考证。

总体来看，专业工程担保公司保函经营方面存在的主要问题为：首先，全国各地多数担保公司得不到建设市场认可，并导致其保函产品市场占有率较低；其次，担保费率由于市场混乱和恶性竞争而总体偏低，低于维持行业和公司正常经营水平，很难维持公司持续稳定发展。由此，部分担保公司转为为银行提供反担保，部分担保公司退出工程担保转为融资担保。

造成上述问题的其原因包括：

（1）专业工程担保公司在各地的市场准入门槛不统一

一些担保公司自身实力不足。据了解有的地方只有几百万甚至几十万，其信用实力比一般普通的建筑企业都还差很多，根本不足以为建筑行业提供担保，造成市场对工程担保行业信心不足。

（2）专业工程担保公司对市场而言无从识别

专业工程担保公司区别于一般融资担保公司的根本特征，在于其通常会具备专门的工程风险识别和控制能力，这能为建筑市场带来特殊的价值。但目前由于对专业工程担保公司的行业监管滞后，市场无从将专业工程担保公司从众多的融资担保公司中区别开来。

（3）不少担保公司自身行为不规范。

现在市场上由于对担保行业的监管缺失，一些担保公司本身就是皮包公司，一些打着担保公司旗号的企业其主业根本不是做担保，而是做地下钱庄、高利贷。

（4）专业担保公司保函与银行保函的功能差异不明显

就理想状况而言，专业担保公司保函应该比银行保函拥有更多的市场功能，如承保风险过滤、保后监管和实际代为履行合同等，但这些功能都只能在高保额的条件下才能真正彰显出来。目前国内的高保额有条件保函发展极为缓慢，导致专业担保公司保函与银行保函的功能区别不大，而经营成本较银行保函为高，没有竞争优势。

以上 4 个方面的原因，从根本上说，都与当前我国工程保证担保制度的推行力度不足、行业自律和监管缺失有关。而专业工程担保公司的生存和发展恰恰严重依托于各级建设行政主管部门对工程担保市场的推行力度、对担保机构准入的管理水平和行业的自律程度。

通过对部分省市工程担保行业及专业工程担保公司的研究发现：凡通过建设行政主管部门制定统一备案管理政策，并使用行业协会自律和政府监督相结合的方式严格管理的地方担保市场，专业工程担保机构的发展就较为快速、健康。如河南省工程担保行业初步具备了较为有效的行业自律和监管机制，对加快发展全省专业工程担保机构的质量和提升其竞争力起到了关键作用；再如厦门政府备案管理的严格措施也起到了很好的效果。而如果只有批准备案，政府主管部门或行业协会没有发挥监督、自律、约束机制，专业担保机构在竞争中必然出现无序竞争、失信等不良市场行为，造成市场萎缩，担保机构发展停滞；而在未推行专业担保机构批准备案的省市，担保业务发展较为缓慢，专业担保公司在担保市场只起到为银行保函提供反担保的次要作用。

第三节　市场自发的工程担保实践

笔者在近年来对各地工程担保试点的跟踪研究中，也注意到了一些市场自发的工程担保实践。市场自发的工程担保实践指的是不因中央政府统一部署而完全由地方政府或市场实践所推动而产生的各种工程担保实践。这些基层实践最能代表中国建筑业对工程担保的真实需求，应当给予充分重视和合理引导，从而促进担保行业充分响应这些市场需求，并不断拓展担保市场规模，促进工程担保市场的良性发展。

一、工程担保品种的创新

市场自发的担保品种创新主要包括：农民工工资支付担保、项目承包人履约担保、房屋质量保修担保、代建合同及项目法人招标合同的履约担保等。其中，农民工工资支付担保被用于解决农民工的工资拖欠问题，已经得到了各地政府普遍的青睐。项目承包人履约担保被用于企业控制承包经营的项目经理的个人诚信，强化企业的内控管理，在河南省已经有所开展。以上两种担保品种实践的具体情况详见本书第十一章和第十七章。房屋质量保修担保则在华远房地产公司的开发的项目中被普遍使用，具体情况详见本节后面的内容。

在各试点城市目前推行的担保品种中，最有效地发挥了担保的作用并解决了建设市场中的部分问题的是农民工工资支付担保，它使农民工工资支付难的问题得到了有效缓解，对保障社会稳定做出了贡献。但对实践中存在的问题还有待进一步改进。有关农民工工资支付担保更深入的讨论，详见第十一章。

代建合同及项目法人招标合同中的履约担保不同于一般施工承包商合同中的履约担保，因其合同风险并非是一种单纯的施工风险，还包括了项目设计甚至投资决策的风险，对于这一类合同的承保风险的认识，在国际上也属于较为前沿的问题。值得注意的是，由于代建合同及项目法人合同的特殊性，以及其主管部门往往是发改委系统而非建设行业主管部门，业主支付保函很少在这些合同中被对等使用。

二、成都市自发的工程担保实践所反映的市场需求

成都是建设部首批试点城市中唯一没有强制推行业主支付保函和履约保函此两类住房城乡建设部主推的担保品种的城市，故此两类担保在成都市场的应用情况在某种意义上反映出了市场对工程担保的真实需求。

调查显示，由于没有政府强制推行，两种担保品种应用得都不多，这在某种程度上反映出市场的担保意识还不强。但履约担保不仅在未做相关强制性要求的成都出现了一定的市场自发需求，而且已经出现了实际代偿的个案以及通过威胁使用保函而使违约风险得到化解的多个案例，显示出这一市场需求的真实存在。业主支付担保在成都唯一出现的市场自发的个案，是发生在对承包商垫资承包的约定还款中，显示出此担保缺乏真实市场需求的支撑，除非因承包商的垫资行为而改变了自身的合同谈判地位。从担保机构反映的情况看，担保机构开出的履约保函约能占到其保函业务总量的10%，而业主支付保函几乎没有，可见履约保函比业主支付保函有着更加明确的市场需求。这或许在某种程度上也反映出业主在要求对方开出履约保函方面占据了更加有利的地位；但承包商在要求业主开具业主支付保函方面也并非完全无所作为，但前提是必须改变承包商的谈判地位。我国是全球唯一试点强制推行业主支付担保的国家，其目的是为了解决业主拖欠工程款的问题，而成都市尝试的部分解决此问题的方案是除承包商以外，也要求业主向政府提交以地方建委为受益人的农民工工资支付保函，以此预防因业主未支付工程款而导致的农民工工资支付问题。事实证明其预防此类风险效果良好，目前发生的农民工工资拖欠案子中，很少有因业主拖欠而造成的情况。不过，目前成都对此保函的担保金额要求仅为5%，尚不足以真正全面预防业主拖欠工程款的风险，因此业主支付问题的减少还与我国相关政治环境的改进，以及过去数年宏观经济环境较好有关。但成都市的工程担保实践显示：要求业主提交以政府为受益人的保函，来担保业主履行支付责任是有其可行性的，它在功能上完全可以取代业主支付保函。

由于业主和承包商的行为已经得到了较为有效的控制，因此在成都，如今的农民工工资支付问题往往是发生在劳务公司这一环节。但在与当地担保机构的交流中也发现，实践中已经有承包商向劳务公司分包时要求开具以承包商为受益人的分包商履约保函，以此约束劳务公司的行为，其原因是承包商在出具了农民工工资支付担保后，感到有必要采取措施控制此风险，于是市场就自发出现了此担保需求。这样的担保方案正是有效约束劳务公司行为的良方。

成都市工程担保实践经验的启示是：其实政府在推行工程担保制度中不必追求担保品种设置的面面俱到，而应选好政府启动市场自发工程担保需求的着力点。如成都所强制推广的其实就只有农民工工资支付担保这一种，但由于业主成为了被担保人，它为了规避自身风险，就开始自发向承包商索要履约担保，而承包商也因为成为了被担保人而开始自发地向其分包商索要保函，从而使履约风险的保障措施层层推动，并逐渐覆盖到整个工程建设项目总分包体系中的信用风险。

三、长安保证担保公司与华远地产公司合作开展工程保证担保的试点情况

目前，房地产开发的工程建设领域存在着许多问题，比如：购房人与开发商之间的房屋质量纠纷；工程承包企业履约能力参差不齐，导致工程质量不达标；开发企业实力各有强弱、工程款支付能力有限，导致劳务工资支付困难和各种社会问题等。这些问题都在考验着开发商、承包商以及设备和材料供应商的企业实力和信誉能力。

为解决此类诸多问题，给购房者提供质量优良、品质卓越的房屋产品，在房地产开发的工程建设领域建立良好的信誉机制，北京市华远地产股份有限公司与长安保证担保公司合作，率先在北京市房地产工程建设领域，引入工程保证担保制度。

长安保证担保公司是建设部牵头、国家烟草专卖局、国家冶金工业局、国家国内贸易局、国家林业局、国家轻工业局、经济日报社、求是杂志社、中共中央党史研究室和新疆生产建设兵团 10 个部委共同发起组建，1998 年 7 月经国家工商行政管理总局批准成立，是我国首家专业工程担保公司[199,201]。据长安担保公司介绍：在其承包的项目中，合同履约率达到 100％，工程质量优良率达到 100％，到期完工率达到 100％，迄今无一例赔付。主要承保项目包括：首都博物馆新馆建设工程、广州白云国际机场迁建工程、北京天文馆新馆建设工程、上海国家烟草博物馆建设工程以及珠海华发新城等。通过引入工程担保制度，保证承包商按照合同约定履行义务，使得工程建设得以顺利进行，实现了业主的工期、质量、造价等预期目标。在为促进国家重点工程项目建成使用提供保障、加大违约成本、提高履约率、发挥专业担保机构协助承包商履约的支持机制、约束和协调建设工程各方关系的利益、促进落实建设项目工程款等方面，都取得了不少有益的经验。

早在 2001 年华远地产就开始研究工程保证担保，并从 2002 年 7 月取得《关于北京市海润国际公寓工程保证担保试点的批复》开始，在旗下的"海润国际公寓"项目中首先引入"工程保证担保"[268]。在购房者入住前，华远地产向担保公司投保，担保公司则给购房人出具"房屋质量保修保证担保承诺书"。

2003 年，华远公司建立了相对完整的工程保证担保制度，开始在开发建设的"尚都国际中心"和"盈都大厦"等项目中大力推行。设立的担保品种有：购房人为受益人的"房屋质量保修担保"、承包商为受益人的"工程款支付担保"、"材料、设备供货担保"、开发商为受益人的"工程投标担保"、"工程履约担保"和"工程保修担保"。

2004 年初，针对工程保证担保在实践过程中存在的不足，华远公司进一步完善其工程担保制度，详细研究了担保制度与工程监理制度的衔接、房屋质量保修担保的保修维修流程和索赔流程、工程承包企业信用等级管理和评定等问题，同时确定了劳务费支付担保方案。

华远公司各种保函品种及金额详见表 9-4。而其担保措施的实施及覆约情况详见表 9-5。

各项目保函品种及金额（金额：万元；数量：件）①　　表 9-4

项　目	投标保函		履约保函		保修（含小业主保函）		合　计	
	数量	金额	数量	金额	数量	金额	数量	金额
海润国际公寓	7	70	9	668	4	145	20	1033
尚都国际中心	40	730	21	2116	439	3560	500	7257
盈都大厦	38	714	22	4122	347	2051	407	3759
昆仑公寓	38	329	17	2694	8	1283	63	4306
静林湾	21	178	10	1060	199	1232	230	2470
裘马都	115	1355	40	5436	1	26	156	6817
华泽大厦	0	0	2	544	0	0	2	544
总计	259	3376	121	16640	998	8297	1378	26186

华远地产公司最具价值的创新是为购房者购买"房屋质量保证担保"。其具体操作为：购房人在与开发商签订《商品房买卖合同》时约定，开发商（被担保

---

① 华远地产公司的担保实践，以及表 9-4 和表 9-5 的数据来源均为：刘达飞. 华远地产公司工程保证担保实践.［硕士学位论文］. 北京：清华大学建设管理系. 2008.

人）将房屋交付购房人（受益人）使用时，担保公司将向购房人正式出具一份《房屋质量保修保函》。在保证期间，若受益人购买的房屋（限于房屋套内建筑面积部分）及配套装置发生质量保修问题，而被担保人或有关责任人在房屋保修期内未按《商品房买卖合同》和《住宅质量保证书》的规定履行房屋质量保修义务，受益人有权依据保函和《房屋质量保修保函理赔程序》在保证期间和保证范围内要求保证人承担保证责任；及对被担保人应履行而未履行上述义务，以及迟延履行上述义务给受益人造成的直接财产损失，以及受益人为防止或减少房屋及其配套装置和房屋内的财产损失所支付的必要的、合理的费用，予以赔偿。

保证期间按照《商品房买卖合同》和《住宅质量保证书》所规定的保修项目的保修期限划分，一部分保修项目的保证期限到期，该部分的保证责任自动解除。

发生保函项下的违约事故时，受益人可以按照《房屋质量保修保函理赔程序》提出索赔，填写保证人统一印制的《索赔通知书》，由受益人或由其授权的代理人签署。保证人在核实并确认被担保人违约及其造成的损失后，依照主合同和保函的约定承担保证责任。受益人提出索赔时，由保证人对责任和损失进行核定，对核定结果没有争议的部分可先行赔付，对有争议的部分由保证人与受益人和被担保人协商处理措施。协商不成的，可以委托经受益人、被担保人和保证人三方协商选定的鉴定机构对事故责任和损失进行鉴定，做出质量问题和直接损失的鉴定书。

另外在华远公司出版的介绍其担保措施的专著《担保——构筑一道防火墙》一书中，所介绍的其他担保品种还有监理履约保证担保、工程保修保证担保，以及设计（地质勘查）履约担保[268]。

其中，工程维修保证担保是与前文所述的房屋质量保修保函相配套的担保措施，用于将开发商向购房人承担的保修责任转移给承包商。而另两种担保品种则是以工程咨询类专业服务提供者为被担保人的保证担保措施，这在国际上并未看到先例，笔者对其运行效果也深感怀疑。从理论上讲，工程咨询类型的服务并不适合用担保措施来转移风险，这是因为工程咨询类型的服务，其履约质量不仅仅取决于咨询服务提供者的诚信，还取决于其专业素质和项目本身所涉及的未知技术风险，对于这样的风险，即使是专业的承保人也很难准确评价并事先规避；同时，咨询服务的提供者所提供的服务对工程项目的成败影响巨大，而与其咨询服务费收入并不成比例，因此很难真正让咨询服务提供者全面承担因其工作失误给项目实际所将带来的损失，也因此无法真正做到将信用风险转移回风险源。由于上述原因，工程咨询类服务的职业责任风险往往是由保险而非担保手段来规避。华远公司推出的上述方案显然过于放大了工程担保所可能起到的作用。当然，在涉及技术问题并不复杂的简单咨询服务中，工程担保还是可以在一定程度上起到增强相关人员责任心的作用。

担保实施及履约情况（以尚都国际中心主要部分为例）　　　表 9-5

担保事项	保函品种	履约情况
工程总承包	投标保函、履约保函、保修保函	良好
工程监理	履约保函、保修保函	良好
电梯供货和安装	投标保函、履约保函、保修保函	良好
弱点工程专业分包	投标保函、履约保函、保修保函	2 次投诉，未提出索赔
消防工程专业分包	投标保函、履约保函、保修保函	良好
幕墙工程专业分包	投标保函、履约保函、保修保函	1 次投诉，并进行索赔
精装修工程专业分包	投标保函、履约保函、保修保函	良好
精装修材料	履约保函、保修保函	良好
户式空调供货及 工程专业分包	投标保函、履约保函、 保修保函	3 次投诉解决及时， 未提出索赔
房屋质量 （公共工程/单个业主）	房屋质量保修保函	1 笔索赔

同时，特别值得一提的是，华远公司的整套担保措施中也包括了业主支付担保，这可以算作是市场自发的业主支付担保实践的案例。从中可以得到的启示是：业主支付担保作为一种合同担保措施，其可行性是建立在业主自觉自愿而非强制的基础上。华远公司作为一家大型国有房地产公司，拥有充足的资金实力，为了在推行针对承包商的履约担保制度时能够符合国家相关法律法规的规定，而自愿向承包商出具业主支付担保。这一措施对于缓和甲乙双方的对立，建立伙伴关系，共同促进工程质量的提高还是有益的。但如果不是出于业主自愿，而是迫于政府强制推行，则并不能真正起到上述效果，更多是流于形式。

四、银行保函的实践

银行保函尽管是工程担保的主流形式之一，但由于我国工程担保制度建设从一开始设定的市场功能目标就超出了银行保函所能承载的范围，且银行保函业务的开展也并非由建筑行业主管部门的试点工作而启动，其发展更多是受市场自发出现的工程担保需求推动，因此在此将其纳入市场自发的工程担保实践中。

1. 总体情况

在国际市场，我国已经开展对外承包工程的建筑企业的保函需求大都由银行满足，多为独立保函，风险相对较大。

在国内市场，国有投资大型工程项目的业主单位常常借鉴世行项目的经验自发采用国际惯例，要求施工方提供履约保函。由于履约保函金额较大，国内有实力的大型专业工程担保机构较少，这一自发产生的保函市场主要由各大银行占据。承接国内大型工程项目的施工方多为有实力的大中型国有企业，也有少数优质的民营企业，这些施工企业总体实力较强、信用较好。据从有关银行了解，目前银行保函的安全性相对较好，风险较小。

由于履约保函存在潜在风险，各银行控制与防范风险的手段措施也各不相同，各银行保函业务发展水平不很均衡。中国建设银行、中国工商银行、中国银行的银行保函市场占有率较大，其他银行保函市场占有率较小。此外，沿海发达地区的银行保函市场占有率比内地大，主要因为沿海发达地区对施工企业的保函服务更为方便、快捷、高效，特别是深圳的银行保函业务比全国多数地方都要超前很多。四大国有银行的深圳分行在2007～2010年间在全国范围内的保证业务收入情况比较见表9-6。

深圳四大行境内保证业务比较表[①]（单位：万元）　　　表 9-6

年份	指标	建设银行	工商银行	农业银行	中国银行	建行排名
2010	收入	16486	2499	1646	1058	1
	占比（%）	76.01	11.52	7.59	4.88	
2009	收入	14861	1470	738	719	1
	占比（%）	83.55	8.26	4.15	4.04	
2008	收入	13993	1736	482	1157	1
	占比（%）	81	10	3	7	
2007	收入	4107	1260	993	535	1
	占比（%）	60	18	14	8	

从表中可以看出，近几年来全国银行业银行保函业务开发和发展最好的是中国建设银行深圳分行。中国建设银行深圳分行2010年担保总额估计约为200亿元，出具工程保函约4万份。其中投标约3万份，履约、预付款、质量、工资支付等约1万份。目前担保余额约310亿元，在保项目5000余个（不含投标），覆盖全国各省市，涉足越南、印尼、蒙古、迪拜、伊朗、安哥拉、埃塞俄比亚、玻利维亚等国家。在保项目中70%为非深圳的企业和项目。2010年处理索赔危机约20起，处理索赔金额约1.5亿元。通过沟通谅解、谈判复工、协议补偿、更换企业、法律诉讼等方式方法，100%化解了风险，连续5年未发生赔付。从深

---

① 数据由中国建设银行深圳分行担保中心提供。

圳建设银行提供的数据看，工程担保的确起到了化解工程风险的作用，显示了其价值。

2. 风险控制手段及其与专业工程担保市场的关系

对于面向国际市场的银行保函，因为多采用独立保函，风险较大，银行为控制风险，多采用严格的保证金反担保方式。

对于面向国内市场的银行保函，因为目前建筑市场自身对保函索赔的意识不强，且一些地区保函操作也不够规范，有的纯粹是为应付地方建筑市场政府监管对保函的强制性要求，保函索赔条件设定较为苛刻，导致现阶段国内市场银行保函业务风险很小。一些商业银行甚至将为建筑企业出具银行保函作为吸引存款的优惠条件，以极优惠的费率开出，风险控制机制形同虚设。而随着建筑市场改革的深化，国内房地产市场形势的变化，以及国内外经济发展形势的不明朗，银行保函业务所面临的风险也正在不断增大。各商业银行在识别风险、处置风险方面的水平如不能得到较大提升，则会带来较大的风险。此外，各商业银行开具异地保函对施工企业缺乏深入的调查了解，一旦出现风险，不能及时处置，或发生索赔后，不能对违约施工方进行追偿，都将使银行保函受到制约。

鉴于以上问题，开展银行保函业务较多的主要银行如建行深圳分行也正在谋求新的风险规避手段，如以通过专业工程担保公司为建筑企业开具反担保的方式，可以有效引入专业工程担保公司的经验来规避承保风险，并借助专业工程担保公司的保后监管和实际代偿来化解履行保函责任的风险。而专业工程担保公司也需要借助银行保函的信用来拓展自己的市场业务。因此，目前国内的工程担保市场中，银行保函业务与专业工程担保公司的保函业务并不仅仅是简单的竞争关系，而是在工程担保与反担保的产业链上各自找到了自己的位置，形成了一种共生共荣的关系。而由于国内市场普遍对银行保函的认可，银行在这种共生共荣关系中往往居于主导地位，并通过给予合作的专业工程担保公司存放在银行的保证金一定的信用放大倍数和单笔保函限额以及提留风险准备金等方式，对专业工程担保公司的经营风险予以监控，在一定程度上起到了对专业工程担保公司的信用监管作用。因此，一些地方政府在设定本地的专业工程担保市场准入门槛时，也将担保公司是否得到银行的授信和业务合作作为参考依据。

第四节　发展现状评述

一、现行中国工程担保制度特征总结

我国工程担保试点首先是从地方开始摸索，由于各地在推行试行方案时大都

相互交流和借鉴，加上推动工程担保所欲解决的问题具有共性，所以尽管没有全国统一的推行方案，目前中国工程担保市场现行办法仍然具有许多共同特点，包括：

（1）以解决工程款拖欠为主要动力，积极推行业主支付担保和农民工工资担保。

（2）业主和承包商相互向对方提交业主支付担保和工程履约担保。

（3）履约担保大都采用低保额模式，保额在 $10\%\sim15\%$，并配合采用预付款担保和保修担保。

（4）大多同时允许接受保证金、银行保函和担保公司保函。

而在工程担保制度的强制性方面，各地却存在着不少差异。首先，国家法律层面尚没有对工程担保的强制性要求。全国范围来看，建设部 137 号文只是将房地产项目纳入强制性担保试点范围，但这在各地的推行效果也不尽理想。

二、存在问题分析

1. 对工程担保的认识不足，定位不准

这个问题在政府和市场都普遍存在。突出表现在对工程担保的核心价值和运作规律缺乏准确理解[340]。一方面，一些宣传把高保额有条件模式的工程担保市场功能混同为所有工程担保的一般功能，盲目夸大了工程担保能解决的问题；另一方面，在实际操作中采取的不少措施却又妨碍和制约了工程担保核心价值的发挥，特别是强制推行一些不具备真实市场需求的合同担保品种，强制对象和范围设定的不够恰当，导致部分工程担保品种在实践中流于形式，打击了市场对工程担保的信心和认同[332]，反而将工程担保视为一种额外负担，妨碍了工程担保的进一步推广。

2. 工程担保操作不规范

突出表现在以下几点：

（1）使用一般责任担保。在一般责任担保下，如果发生违约事件，受益人会被要求首先向被担保人索赔；只有当被担保人清偿能力不足，无力全部或部分赔付时，受益人才有权利向保证人提出代偿要求。受益人为实现自己的权利，往往需要经过漫长的调查取证和举证，甚至需要通过法律诉讼程序。因此一般责任担保只是一种聊胜于无的效力很低的担保。在担保法中，如果保函中对此无明确约定，都推定为连带责任担保。只有在连带责任担保下，受益人才有权直接向保证人提出代偿要求，快速实现自己在保函下的权利。在国际工程担保实践中，也普遍采用连带责任担保，甚至与主合同分离的独立担保，以确保受益人快速实现自己在保函下的权利。只有对受益人的权利能提供充分有效保障的工程担保才会是

真正能被市场认可的担保。而目前部分担保公司能够开出一般责任担保，往往是因为我国不少受益人的企业领导还缺乏担保意识和相关法律常识，被钻了空子。这从短期来看似乎的确能够降低担保公司的代偿风险，但却损害了受益人的权利，长远来看必定会妨碍工程担保市场的健康发展。

（2）使用现金担保[342]。现金担保是指被担保人通过向受益人提交一笔现金的方式——通常被称为保证金，来保证自己履约相关承诺和约定，此笔现金在成功履约后应退还给被担保人。现金担保本质上是一种质押，受益人对保证金负有保管的义务，而被担保人才是保证金的实际所有者，于法享有保证金的所有权和增值的收益。在国际上，现金担保只是工程担保的一种补充形式，只有在作为被担保人的投标人暂时来不及开出投标保函的情况下使用，而履约担保、付款担保等主要担保品种则很少使用现金担保。保留金本质上也是一种现金担保，但也往往可以通过承包商开出保留金保函而换取业主释放保留金。现金担保之所以不能成为工程担保的一种主要形式，是因为它存在许多问题：首先是严重占用被担保人的流动资金，损害了被担保人的实际履约能力，且因此还提高了被担保人的履约成本；其次是现金担保本身会给受益人带来风险，如果金额巨大，受益人对现金的保管往往也需要支出一定的成本，受益人及其雇员很可能因难以抵御诱惑而贪污挪用保证金，如果是个人贪污挪用会构成犯罪，如果是法人挪用则构成侵权；第三是易于诱发受益人对被担保人的不公平索赔或欺诈性索赔，带来市场交易的不公和矛盾冲突[254]。目前在我国，业主扣留承包商的质保金、保留金的现象非常普遍，加重了承包商的负担，也诱发了更多市场行为不规范的问题。如笔者在调研中发现：由于农民工工资担保普遍使用保证金的方式，而保证金往往由政府监管部门收取，不少城市都已累积了巨额的保证金，但保证金的管理制度却并不健全，也缺乏透明信息，已经蕴藏了极大的腐败风险。

（3）担保机构运作还不够规范[295,278]。一些担保公司因为仰仗本地政府对工程担保的强制性要求，开出基本无风险的"一般责任担保"，根本没有动力去完善自己的风险内控机制，也缺乏对承保风险评价经验的积累，更不用费心去开展什么"保后监管"，既未能为市场提供有效的信用风险过滤机制，也未能通过保后监管，发挥自己在预防违约风险实际发生方面的作用。一些担保机构在违约发生后也不积极代偿，而是钻各种法律空子推卸自己的责任，使得工程担保形同虚设。一个担保机构若不能为市场提供有价值的服务，还要赚取保费，本质上就是对市场的剥削，而这个成本还将最终转移到普通消费者身上。所以对于没有信誉不创造任何价值的担保机构就应该严格清除，不能让其损害整个市场。

3. 专业担保公司生存环境困难

目前，由于工程担保尚处于试点阶段，社会普遍对专业的工程担保公司的性质和运作特点缺乏认识，也缺乏相关法律制度的建设，导致专业担保公司普遍生存困难。这主要体现在以下方面：

（1）工程担保的法律环境不良[340,327,376]。目前还没有规范工程担保行为的专门法律法规，相关法律包括担保法、物权法、招投标法等。目前担保法所定义的五种典型担保方式，以及担保期间等与当前国内的工程担保实践不能完全匹配，物权法对担保物权的定义也还存在许多争论。这导致在实践操作中有许多法律漏洞可钻，加剧了担保市场的不规范现象。在建设部 89 号令和七部委 30 号令在相关招投标管理办法中，将承包商履约担保与业主支付担保对等提交这一违背工程担保规律的操作方式仓促用部门规章的形式肯定下来，给工程担保实践的进一步推广和改进制造了障碍。比如，在没有对工程担保有强制要求的领域，业主很可能因为不愿意提供业主支付担保而被迫放弃使用履约担保。而承包商单独向业主提交履约担保才是国际惯例。此外，我国法律还缺乏对专业担保机构权益的充分保护，如美国的担保公司有权在接受业主代偿请求后要求业主冻结对承包商的合同支付，并全面接管合同，在代为履行合同时对尚未支付的合同金额有优先受偿权，这在我国还是法律空白。调研中还发现，不少担保公司在设定反担保中遇到很大障碍，如对被担保人一些资产的抵押被政府监管部门拒绝登记，导致约定的抵押权益得不到很好的保护。

（2）推行工程担保的相关政策层级不高，法律依据不足。目前在国家层面除了住房城乡建设部发文要求在房地产项目中强制推行工程担保外，尚未有其他有法律效力的强制性工程担保政策出台。各地试点要求也差异很大，导致专业担保公司拓展市场遭遇很多障碍。特别是有的试点城市甚至拒绝担保公司保函，只接受银行保函，这固然有担保公司自身运作不规范的问题，但此类政策也扼杀了中国专业化的工程担保市场成熟的希望。而要最终发展出具有完善市场功能的高保额有条件担保模式，成熟的担保市场发育恰恰是其前提。另外，就国家层面而言，不区分投资来源，一刀切地在房地产项目中强制推行工程担保，而对最需要强制推行工程担保的公共工程却恰恰缺乏此项要求，这也违背了工程担保实践的内在规律，不能充分体现出工程担保的价值，反而会被私人投资的工程建设项目视为额外负担，而衍生出大量上有政策下有对策的不规范现象。这一点希望财政部在推行政府采购项目信用担保试点中对此能有所突破。

（3）工程担保的监管体系缺失，规范不足[340,201]。目前，中国信用担保行业的监管体系正在建设之中，工程担保作为信用担保的一个分支，与融资担保有着显著的差异。在国际上，融资担保与工程担保也被视为不同行业，分别接受不同的监管。但工程担保公司本质上还是属于以提供增信服务的金融企业，应接受类似金融机构的监管。如在美国，各州政府的保险部对在本州从事工程担保业务的担保公司具有监管权，同时担保公司为服务于联邦工程，还必须接受美国财政部的监管，有着完善的信息披露机制、风险控制机制、动态的市场准入和清除机制。在我国，目前融资担保已被纳入银监会的监管体系，此监管要求侧重于针对融资担保的特定风险，并不完全适用于一般工程担保公司，但工程担保却还没有建立相应的监管体系，这就给市场带来很多困惑。而活跃于融资担保领域的担保公司也鱼龙混杂，社会形象不佳，工程担保公司却很难明显区别于此，也不利于专业的工程担保公司的整体形象和信誉。这反过来又影响到市场对专业工程担保的接受。现在一些地方试点工程担保，却拒绝担保公司保函，就是其恶果。因此，对专业工程担保市场的规范急需大力推进。

第十章　对中国工程担保试点深化方向的建议

笔者于 2009 年下半年至 2010 年初，作为专家组成员，参加了由住房城乡建设部组织的对建设工程担保试点工作的调研。针对调研中发现的问题，笔者对如何进一步深化有关工程担保试点工作，提出了一些建议，当时已提交了住房城乡建设部市场司主抓工程担保工作的有关领导。本章是在上述建议基础上，结合一些最新发展改写而成。有关中国工程担保试点中存在的问题分析详见第九章，以下仅仅从对后续工作建议的方面予以展开。

第一节　指导思想和基本原则

针对当前国内普遍存在的对工程担保的认识不足，定位不准的问题，特在此提出对中国工程担保试点后续深化工作的指导思想和基本原则。

一、指导思想

中国工程担保试点后续深化的指导思想可以概括为以下 24 个字，即：

正确定位、规范发展，

提升信用、完善功能，

彰显价值、服务社会。

其中，所谓"正确定位"，就是要求推动工程担保试点工作的相关政府部门要对工程担保的核心价值、适用范围，以及对政府在工程在推行工程担保制度中的角色形成正确的认识，从而准确定位政府应该做什么、不应该做什么，以及如何努力才能有利于充分地实现工程担保的市场功能。

"规范发展"是针对当前工程担保市场行为普遍存在的不规范现象而言，专业工程担保市场自身运作不规范，其结果是损害行业整体信用，严重制约中国工程担保事业的发展。

"提升信用"是针对专业工程担保公司而言，要综合提升专业工程担保公司在资金实力、信用水平、风险控制等各方面的综合实力，才能使专业工程担保公司的服务得到市场的认可。

　　"完善功能"是针对社会对工程担保事业的期许而言。如今，有不少推广工程担保制度的文章，对理想的工程担保制度的市场功能进行了大量的宣传，却极少告诉人们：要实现这些功能都有什么条件？由于只有高保额有条件模式的工程担保才能真正担负起这些令全社会所广泛期许的市场功能，因此后续的工程担保试点的各项措施都应围绕推进高保额有条件模式的工程担保在中国的实现而开展。

　　"彰显价值、服务社会"是针对工程担保试点的目标而言。其中，彰显价值是因，服务社会是果。只有真正彰显出工程担保所能给社会带来的价值，工程担保才能真正为市场、为社会所认可，工程担保事业才能真正得到发展。

　　由于要实现上述所有这一切，都必须以正确定位为出发点，以下将笔者对工程担保核心价值和使用范围的理解，以及正确的政府角色定位建议加以阐述。

　　1. 工程担保核心价值描述

　　（1）借助市场手段防范工程风险。工程担保是一种市场化的工具，工程担保行业通过提供专业化服务来满足建筑市场防范信用风险的需求，从而创造价值并获得发展；而建筑市场则通过专业担保公司之间的良性竞争来获得优质的风险监控服务。

　　（2）将工程风险转移到建设系统以外。工程风险如果不转移到建设系统以外，则会因少数影响重大的工程项目的失败而给整个建筑业带来系统风险。因此，将工程风险向建设系统以外转移具有重要价值。而专业工程担保行业独立于建筑业，可以提供此项价值。反之，如果采用母子公司、关联公司以及同业公司相互之间的担保，则不能起到此项作用。

　　（3）通过保证人专业化的风险甄别能力和信用风险管理，建立信用风险屏障，将缺乏信用和实际履约能力的企业淘汰出局。要实现这一点还有赖于专业工程担保机构能力的提升。

　　（4）通过将风险损失转移回风险源，强化被担保人的主动履约意识，预防风险实际发生。实现这一点的前提条件是通过强制性的工程担保制度环境为担保机构和被担保人之间创造出一种重复博弈的机制。

　　（5）避免占用现金和银行信用，减轻被担保人财务负担，增强被担保人的实际履约能力。要实现这一点就要做到：担保机构必须以一定幅度的授信，而非通过严格设定反担保来为被担保人出具保函，这也就意味着要求推行高保额有条件保函。

　　（6）保证人作为风险管理专家对受益人和被担保人在保证期间规避风险实际发生所提供的服务，实现这一点的前提条件与第3点相同。

　　（7）在风险发生时，通过保证人的快速理赔代偿而使受益人的损失及时得到弥补。理赔代偿方式包括货币赔付和实际代为履行合同两种方式。在对工程承包合同的履约担保中，实际代为履行具有更重要的价值。要实现这一点就必须做到：首先，担保机构有很高的信用，愿意为保持自身的信誉而积极行动；其次，保额标准足够高，且是有条件保函，促使担保机构有足够的动力积极行动以避免风险损失的进一步扩大。

2. 工程担保的适用范围描述

（1）不能替代必要的政府监管。也就是说，工程担保只是一种市场手段，其功能不宜过度夸大，不能指望工程担保能替代政府监管的作用，毕其功于一役地解决当前建筑市场中的所有问题，

（2）只对具备风险承担能力的被担保人起到预防履约风险发生的作用。也就是说，如果被担保人自身不具有承担违约责任损失的实际能力，则设定担保就是无效的，或其作用会大打折扣。

（3）只有保证人具备充分的货币赔付风险承担能力，工程担保的价值发挥才能有充分保障。专业工程担保公司采用实际代为履行合同的方式往往为业内所称道，但这种能力不能完全脱离实际货币赔付能力的支撑，否则其代为履行能力也会大打折扣；而有货币赔付能力的保证人，即使自己不能真正实际履行，也可在需要时可以用货币在市场购买。

3. 政府在推行工程担保制度中的角色

在 2005 年发布的《国务院工作规则》（修订版）中，明确提出了我国政府职能转变的四个方向：经济调节、市场监管、社会管理、公共服务。其中，经济调节、市场监管和公共服务都与维护正常的市场经济秩序、促进和保障市场经济健康发展有关，政府对市场经济的影响体现在：

（1）作为监管者，保障市场公平有效。

（2）作为服务者，为市场提供必要公共信息，减少交易成本，消除因信息不对称和交易成本过高而造成的市场失灵。

（3）作为调节者，借助市场手段来调节供需，从而扶持具有正外部性市场活动和削弱具有负外部性的市场活动。

对应到工程担保领域，政府的角色定位则应该包括：

（1）作为监管者，保障工程担保市场公平有效。

（2）作为服务者，提供工程建设和工程担保市场交易的公共信息，从而降低工程担保市场的交易成本，使工程担保市场功能得到有效发挥。

（3）作为调节者，借助市场手段来加大对工程担保的市场需求和扶持工程担保产品的专业提供者，从而促进担保市场的良性发展。从上文对工程担保核心价值的讨论可以看出，工程担保是一种具有很强正外部性的经济活动，非常有必要大力扶持和培育。

事实上，由于担保工具可以有效转移信用风险，往往是政府有效履行自身职责不可或缺的工具。国际上，政府常常在以下环节要求提交以政府为受益人的保函：

（1）作为监管者，为促使被监管者自觉履行合规守法和不侵害第三方合法权益的义务，而要求其提交保函。保函一方面可以起到预防被监管对象的违规违法和侵权行为的目的，另一方面也使政府在上述违规违法和侵权行为发生后可以通过保函的赔付，获得足够的金钱赔偿来处理和弥补其所造成的损害。此类保函主要是执照和许可证保函，如施工企业执照担保、许可证担保等。

（2）作为公共服务提供者，在进行以政府为投资人的公共建设活动时，要求与政府做生意的对方提交以政府业主为受益人的担保，如美国密勒法案下的投标担保、履约担保和付款担保。

国际实践中，除法定留置权以外的所有法定强制性工程担保品种均是以政府（包括政府业主机构）为受益人的担保品种。

概而言之，政府在任何依法行政的领域，都可以将设定担保作为一种辅助手段，来预防被监管对象的不服从，以及被委托的合同对方违约等潜在风险，从而强化自己的行政能力，并保护公共财产不蒙受损失。由于设定担保给被担保人带来的是一种"或有债务"——只要被担保人注意约束自己的行为就可以避免担保责任发生，所以要求被担保人提交保函并不加重被担保人的法定义务或合同义务，但使受益人多了一重风险预防手段。而政府自己作受益人并接受专业担保机构出具的保函，则又成为启动工程担保市场最为有效和有力的手段。

二、基本原则

基于对工程担保核心价值和使用范围的理解和正确的政府角色定位，中国工程担保制度的后续发展应遵循以下原则：

（1）有利于强化市场对专业担保机构的信心；

（2）有利于激励担保机构发展专业化能力；

（3）有利于强化担保机构的资金实力；

（4）有利于专业担保市场规模的扩大；

（5）有利于保障受益人在保函下的正当索赔权利的快速实现；

（6）有利于减轻被担保人因设定担保而增加额外的资金压力；

（7）有利于增强政府对建设市场监管的有效性；

（8）有利于公共建设活动的保障。

第二节　规范工程担保市场行为的相关建议

一、严格禁止使用一般责任保函

一般责任保函由于不能带给受益人得到快速理赔的好处，不能实现工程担保的核心价值，只会被市场视为一种负担，不利于市场形成对工程担保制度的认同。

二、用保证担保取代现金担保，为建筑市场减负，为担保市场扩需

这个问题比较集中地反映在农民工工资保证金上，这个问题处理得比较好的是成都、常州和宁波。成都市的经验表明：以收取农民工工资保函替代收取农民工工资保证金并没有降低担保效力。另外，厦门等地通过将农民工工资保证金的缴纳额度与承包商的信用评级相结合，对于信用记录好的企业可以少收甚至减免，也有效地减轻了信用良好的企业的资金负担。但结合对承包商的信用记录有差别地给予承包商有针对性的担保授信额度，正是一个专业担保机构应具备的专业化能力，在一个专业担保市场发育较为充分的市场中，政府理应退出。相信对于农民工工资保障，成都的担保模式结合厦门对担保机构的有效监管是一个比较适宜的发展方向。

三、规范专业化运作，提升工程担保机构能力

担保机构是工程担保制度的重要依托对象，工程担保制度的发展离不开担保机构能力的发展。为担保机构创造专业工程担保的市场需求是发展担保机构能力的第一步。在此基础上，要强化担保机构的风险承担能力、风险预警和风险管理能力以及市场服务和市场开拓能力。担保机构的风险承担能力需要有动态的担保市场准入监管来保障；风险预警和风险管理能力则是担保机构保障自身可持续运作的基础；市场服务和市场开拓能力则是担保机构在市场竞争中取胜的必要能力。可以通过市场需求引导、行业自律及业务培训相结合的方式，大力发展担保机构的相应能力。

第三节　深化工程担保品种试点的相关建议

一、做精市场需求明确的核心担保品种，彰显工程担保价值

调查情况显示，在各试点城市目前推行的担保品种中，最有效地发挥了担保

的作用并解决了建设市场中的部分问题的是农民工工资支付担保。它使农民工工资支付难的问题得到了有效缓解，对保障社会稳定做出了贡献。其次则是履约担保，尽管实际代偿案子发生并不多，但也毕竟已经出现了实际代偿的个案以及通过威胁使用保函而使违约风险得到化解的多个案例，并且在未做相关强制性要求的成都也出现了市场自发的需求，显示出这一市场需求的真实存在。只有业主支付担保，目前尚未发生任何一起代偿，调查中也发现不少项目中出现了承包商代业主办理业主支付保函的情况，使其沦为了一张仅仅应付办理施工手续而并无担保意义的纸；成都唯一出现的市场自发的业主支付担保个案，也仅仅发生在对承包商垫资承包的约定还款中，显示出此担保缺乏真实市场需求的支撑。而成都等地的经验显示：要求业主提交以政府为受益人的保函，来担保业主履行支付责任是有其可行性的，它在功能上完全可以取代业主支付保函。

二、合并功能相近的多重担保要求，推进高保额模式的应用

目前各地的试点方案中普遍存在功能相近的多重担保要求。例如厦门的履约担保和低价中标保证金，其作用都是为了确保承包商履约，目前履约担保担保金额为合同额的 10％，是一种低保额保函；而低价中标保证金的担保金额是随中标价与标底的差额而定，是一种现金担保，往往给承包商带来过度的财务负担。如果将低价保证金改为保函，并将之与履约保函合并，就可以将这些同时使用且功能相同或类似的担保品种合并，一方面简化了担保办理手续，另一方面也可为高保额保函创造出有效的市场需求。而高保额保函恰恰可以给担保机构极大的激励来发展其专业化的风险评估能力、风险跟踪能力和快速理赔能力，所有这些也都是我国发展工程担保制度所追求的核心价值。如今，温州市率先提出在投资过亿的政府工程中推行高保额保函，其效果非常值得期待。

三、重视市场自发形成的担保需求，引导促进担保市场健康发展

对于工程担保市场的启动，政府主导推行部分强制性担保品种是必要的；但是，工程担保市场的健康发展则要依靠真实的市场需求。应该相信，凡是市场已经自发形成的担保品种和担保方式都有其存在的合理性，其背后都有着某种真正的市场需求在支撑。政府监管部门需要善于发现这些需求，并围绕如何促进工程担保核心价值的实现，加以合理引导。

如农民工工资支付担保，这一担保品种本来不在住房城乡建设部规划和积极推动的担保品种之列，但各地建设主管部门都普遍认同推行这一担保品种的必要性。因此，对此担保品种背后的政府管理的合理需求必须肯定。但对于农民工工资支付担保推行中目前存在的问题，则需要合理解决。

再如业主支付担保和履约担保，成都是试点城市中唯一没有强制推行此两类担保品种的城市。其市场实践显示：履约保函比业主支付保函有着更加明确的市场需求；而由于有强制性的农民工工资支付担保的存在，成都市场上还进一步产生了业主对承包商的履约担保需求，以及承包商对分包商履约保函的自发市场需求。总之，对于市场这样自发形成的担保创新，政府应该善于发掘、合理引导和推广。

第四节　强化对担保机构的管理与服务的相关建议

一、建立有效的市场准入机制

在这一点上，厦门将担保机构准入资格与银行对担保公司的授信挂钩，这对于自身缺乏足够监管条件和能力的地方政府而言，在现阶段不失为一种相对科学和具有可操作性的办法；而杭州则建立了担保协会协助政府核定保函的有效性；河南省将对专业工程担保公司的备案管理也交给了行业协会，建立起了一定的行业自律机制。相信把政府管理和行业自律有机结合起来，是未来的发展趋势。

专业担保机构准入的管理水平高低对专业担保机构的生存和发展产生重要影响。如注册资本金要求应和区域经济发展水平、业务规模、业务品种相适应，在仅开展农民工工资支付、投标保函等小品种的区域和偏远区域，注册资本起步略低有利于当地工程担保行业的起步和发展；但如果工程担保业务扩大到履约担保和支付保函，则可根据业务发展增加对专业担保机构注册资本金和净资产余额的要求，使之与市场发展相匹配。而更根本的是要建立起一套担保公司净资产的动态监管机制和准入条件，包括担保总额对净资产的放大倍数、单笔保函的担保金额等。而不是只要达到最低注册资本金门槛，是个担保公司，就可以随心所欲地开出任意金额和数量的保函。

二、保障担保机构的风险承担能力

目前可以采取的措施包括：

（1）按不同的强制性担保业务分别设定担保机构准入门槛，鼓励将对担保机构的准入认定与其在银行的授信挂钩，并在银行建立受政府监控的风险准备金专用账户。对具备提供相应保函业务能力的合格的担保机构进行备案管理和动态监控。

（2）鼓励政府会同行业自律平台建立包括担保机构每笔保函业务的动态业务跟踪数据库，严格监控担保机构的在保余额和单笔保函金额，使其控制在安全范围以内，超出安全范围的保函将不被接受。

三、提升担保机构的风险管理能力

目前可以采取的措施包括：

（1）鼓励和引导担保机构建立规范的风险内控机制，并通过行业平台进行风险内控方法的交流。担保机构在备案时应提交报告，就其风险内控机制的相关信息进行披露。

（2）鼓励和引导担保机构采用合理的反担保手段来规避承保风险，鼓励和引导担保机构发展与投保客户的长期关系和一揽子授信能力。

（3）鼓励和引导担保机构发展保后风险跟踪和预警等保后服务能力，防范风险于未然，使受益人和被担保人体验到更高的工程担保价值。

（4）鼓励和引导担保机构快速响应担保索赔请求，积极主动介入合同违约责任的认定，并与受益人协商确定代偿或代为履行合同的具体方案，而不是被动等待政府监管机构出面调解或做出决定后仅仅履行货币赔付责任，从而使政府监管机构从繁重的具体事务管理中解脱出来。

（5）政府监管机构应将担保机构的保后服务效果和理赔效果纳入担保机构的信用记录。可通过向受益人和被担保人进行满意度调查等方式获取相关信用信息。

四、提升担保机构的市场开拓能力

在强制性工程担保品种创造的对工程担保的基本需求以外，鼓励和引导担保机构积极主动发现市场自发产生的担保需求，并发展相应担保业务。

对于市场有自发产生的有担保需求潜力的担保品种，政府不必将之作为强制性担保品种去推行，而只需为之创造必要条件和积极引导，使这些潜在需求转变为现实需求，从而进一步扩展工程担保的市场规模。

在附表3中笔者对市场可能自发产生的担保品种及其发生条件做了列举，可供各试点城市参考。

五、改善政府对工程担保市场的服务

担保市场是一个新兴市场，工程担保是一类新兴业务，目前中国的担保行业刚刚起步，还非常缺乏有利于担保市场发展的市场信用环境和法治环境，在此方面政府尚需投入大量工作。以下是关于在此方面深化试点的一些建议：

（1）深化建筑市场诚信体系建设，完善对建筑市场主体的信用档案管理，强化对工程担保市场的信息披露和信息公开管理，并积极为担保机构和其他市场主体各方提供相关数据。这一点目前政府相关建设力度在不断加大，值得期许。

（2）借助担保行业平台，积极为担保机构提供有关工程担保业务理论知识和工程建设合同管理相关知识的培训。要实现这一点还有赖于大力促进工程担保行业协作平台的建设。

（3）增强担保机构介入合同纠纷调解和赔付责任认定方面的能力。目前出现合同纠纷担保公司往往缺乏相应能力来解决，而要求担保公司雇有专门人员来充实这种能力也不完全现实，因为毕竟发生担保索赔要求和实际代偿的案子和总的担保笔数相比永远都应当是很少的。但快速的合同纠纷责任认定和赔付又是工程担保的核心价值，因此担保行业要发展此能力必须借力于工程建设领域专家的能力，从而避免走繁琐的司法和仲裁程序，也将政府监管部门从合同纠纷调解中解脱出来。在发生担保索赔时，担保机构应可快速调取专家资料并找到合适的专家帮助他们调查和认定合同责任和应承担的损失赔偿金额。具体办法可以是帮助担保行业建立起一个工程建设合同纠纷调查专家数据库，专家应该具备资深的工程建设背景、合同与法律事务专长，以及公平公正的职业道德。该数据库可与建设市场诚信档案挂钩，使专家的诚信执业记录得到保留。

（4）创造有利于担保受益人主张权利的监管环境。就履约担保而言，调查显示，目前妨碍业主提出索赔的一个很大问题在于要求承包商退场会碰到两大难题：其一是承包商不交工程资料，使后续承包商无法编制竣工资料；其二是承包商恶意占据工地不退场。针对以上两大问题可以有以下两条改进方案：

1）改进对竣工资料的监管。应要求承包商开展与工程建设同步的动态竣工资料编制，在现场保留一份随时备查，同时向业主代表提交一份包括相同内容的副件。所有已完成过程验收的工程资料必须齐全，而不是待工程全面竣工时才补齐竣工资料。这样可避免承包商以不交竣工资料为威胁，在自己已违约的情况下妨碍业主对履约保函提出索赔要求。对此，建设主管部门应出台相应的管理办法，并将对竣工资料动态编制情况的核查纳入质量安全监督的现场巡视工作中。

2）保障担保机构勒令承包商退场的权利。在担保机构受理对履约保函的索赔并做出代为履行的决定后，视需要，担保机构应有权勒令原承包商退场并引入新的承包商代为履行。原承包商拒绝退场的，建设主管部门应出面协助担保机构进行清退，并对承包商予以适当处罚。

（5）增强对担保机构在承担代偿或代为履行责任后的代位求偿权的保障。担保机构保障代位求偿权的实现一般有两种手段：其一是设定以担保机构为受益人的反担保；其二是请求业主立刻冻结尚未履行的合同剩余金额，以便接管合同后可以用其中的资金继续履行合同。在国际上，担保机构对合同剩余金额有优先权。目前，以上两条保障担保机构代位求偿权实现的手段在我国都遭遇一定障碍，需要政府适当行动以消除相应障碍。具体有以下建议：

　　1）关于保障担保机构在反担保下的权利问题，建设主管部门应与抵押登记机构协调，将担保机构常用的反担保抵押合同纳入抵押登记范畴，保障担保机构的反担保措施的有效性。

　　2）关于保障担保机构对未履行的合同剩余金额的优先权，以及受益人配合保证人冻结合同的义务，应该有相应的立法来做出明确规定。在相应法律规定出台前，可通过政府推动完善相关合同示范文本的方式来解决。

第十一章 以工程担保制度
治理农民工工资拖欠

本章将首先通过对"垫资承包"、"工程款拖欠"和"农民工工资拖欠"问题及其相互关系的深入讨论，然后通过对相关国际经验和国内实践的总结，提出对农民工工资担保的后续发展建议。

第一节 引 言

2004年，中央提出"用三年时间彻底解决农民工工资拖欠问题"，受到社会各界的衷心拥护和舆论的广泛关注。但这一问题的解决如果仅仅依靠行政命令，而没有与之配套并符合市场经济原则的市场经济制度，显然是非常艰难的。拖欠农民工工资并不能完全简单地理解为包工头的狠心剥削，尽管完全不能排除部分包工头道德败坏的因素。对农民工工资的拖欠只是整个工程建设承发包债务链中最末端的一环。熟悉建筑行业的人士都清楚，工程款拖欠与工程质量问题一直是中国建筑市场的痼疾，多年来虽经治理但成效不大。特别是工程款拖欠的数额反倒呈不断增长的趋势。垫资承包和工程款拖欠被认为是农民工工资被拖欠的罪魁祸首。巨额的拖欠款看似应早已使许多建筑企业破产，而业内却流传着这样一句话："建筑企业日子难过，但年年难过年年过"。这就不由得使笔者思考，为什么工程款拖欠的风险竟不能阻止承包商"铤而走险"？难道他们真的都是"明知山有虎、偏向虎山行"的勇士吗？如果一项法律被社会普遍地不遵从，是否应该反思一下其中的原因？那么问题究竟出在哪里？究竟我们应该怎样去认识垫资承包和工程款拖欠的问题？如果工程款拖欠问题不能解决，农民工工资拖欠问题又能不能解决？这些正是本章试图回答的问题。

第二节　对"农民工工资拖欠"问题的重新审视

一、"农民工工资拖欠"与"垫资承包"及"工程款拖欠"的关联关系分析

"垫资承包"和"工程款拖欠"多年来一直被认为是农民工工资被拖欠的罪魁祸首。然而，应当注意到：它们之间并不存在必然的因果关系。"垫资承包"和"工程款拖欠"都会造成承包商不能及时从业主方得到工程款的支付。这固然会对承包商资金周转带来压力，有可能造成承包商不能及时支付农民工工资的现实情况。但若承包商是自愿"垫资承包"或自愿容忍业主对工程款的拖欠，根据合同不涉及第三方的原则，不应以此作为拒绝向农民工按时支付工资的理由。而且，"垫资承包"和"工程款拖欠"也不必然就会造成承包商无力向农民工支付工资。

无论理由如何，承包商拖欠农民工工资总是"失信"行为。中国建设领域的市场化改革已经进行快 30 年了，建筑企业是市场化主体应该已是毫无疑问的了。建设行业主管部门一再严令不得垫资承包，而事实上垫资承包却屡禁不止。明知工程款可能被拖欠，承包商却依然趋之若鹜，还不惜以黑白合同与业主共同去蒙蔽建设主管部门。如果承包商不惜垫资或已经预期到工程款可能被拖欠而依然热切地参与承接工程的竞争，那么他们一定是看到了其中依然有利可图，他们也一定已对风险应对措施做到了心中有数。其中，很可能，他们早已把拖欠农民工工资纳入了他们的风险应对措施。之所以"垫资承包"和"工程款拖欠"往往会最终引发"农民工工资拖欠"，是因为农民工处于雇佣关系中的弱势地位，也是整个社会中的弱势群体，拖欠他们的工资因此常常成为资金周转困难的承包商最方便的选择。甚至一些不良承包商，即使不存在资金周转问题，也肆意拖欠农民工工资，以此强化对农民工控制。农民工为了讨回工钱而不得不依附于承包商，忍受高强度的劳动和恶劣的生存条件，从一个可以自由出卖劳动力的劳动者沦为难以运用这一自由权利对抗雇佣者剥削的奴工。而农民工多年来追讨工钱无门的窘况又进一步鼓励了承包商滥用自己作为雇主的优势地位。农民工工资被拖欠的问题也就积重难返了。

二、"农民工工资拖欠"与"垫资承包"及"工程款拖欠"的法律主体差异

"垫资承包"和"工程款拖欠"造成承包商不能及时得到业主的支付，特别是"工程款拖欠"显然还是业主方的失信行为。这与农民工不能及时得到承包商支付工资看似有异曲同工之处。承包商在与业主的承发包合同关系中，由于承包

方竞争激烈，往往也处于某种弱势地位，这也似乎与农民工对承包商之间的弱势地位相类似。因此，许多人也就将两个问题予以混淆，认为只要堵住了"垫资承包"和"工程款拖欠"，"农民工工资拖欠"就自然迎刃而解。然而，从前面的分析可以知道，"垫资承包"和"工程款拖欠"与"农民工工资拖欠"并不存在必然的因果关系，也就是说，即使承包商本身不存在"垫资承包"和"工程款拖欠"问题，也不能确保它就不拖欠农民工工资。

更重要的是，"垫资承包""工程款拖欠"与"农民工工资拖欠"中债权人的法律主体存在着性质上的差异。"垫资承包"和"工程款拖欠"中，承包商通常是依据《公司法》所组建的仅承担有限责任的法人，即使其亏损破产，其所有者个人家庭财产依然受《破产法》的保护，不至于倾家荡产，其员工工资的支付也会优先得到保障；而农民工是以出卖个人劳动力以换取个人及家庭谋生手段的民事主体，在其与承包商的合同关系中，是负无限责任的自然人。一旦不能得到工资支付，其个人和家庭的生存权就立刻受到威胁。生存权是基本人权，是法律保护的对象，也是社会稳定的基础。"工程款拖欠"基本上仅仅涉及经济法中的债权债务关系，而"农民工工资拖欠"则涉及对基本人权的侵害。

正是由于上述两种法律主体的性质存在差异，因此对于处理"垫资承包""工程款拖欠"问题与处理"农民工工资拖欠"问题就有必要区别对待。在法律对民事关系的调整中，"民不举、官不纠"被视为一条基本原则。如果债权债务一方出于意思自治而放弃对自身债权的主张，就无对这一债权不能实现的现象进行法律调整的必要。这一原则显然应适用于大多数情况下承包商与业主之间的关系，除非是在某些极端情况下——如有黑社会介入强迫承包商放弃其债权的主张。但对于承包商与农民工之间，这一原则是否也适用呢？理论上讲，农民工尽管是自然人，也与作为有限责任法人的承包商在诉权上拥有平等地位。但在现实中，要让处于弱势地位的农民工依靠个人微薄的力量去对抗财力雄厚的承包商的企业组织，加上其往往文化层次不高，缺乏寻求法律救济的必要常识，其难度是可想而知的。要想做到"民举"往往就需要非凡的勇气和智慧，而且其寻求债权实现的结果常常不过是以卵击石，投告无门的农民工情急之下铤而走险的新闻时有所闻也就不足为奇了。因此，在处理"农民工工资拖欠"问题时，就不能简单地依据"民不举、官不纠"而无视农民工权利被侵害，而应采取积极的行政和法律措施予以干涉。

三、"农民工工资拖欠"相关债务链成因及后果的"信用经济"视角解读

市场经济是一种信用经济，信用在本质上就是市场主体因为预期到债权能够得到实现而广泛地与其他市场主体建立起来的债权债务关系。这种债权债务关系

延伸得越是广泛和复杂，说明市场经济越是发达。在国际上，向商业伙伴融资是一种常见的融资策略，也是信用经济的重要组成部分。建设项目资金需求巨大，如果项目业主有此需求，而承包商也有富余的资金，在双方自愿的前提下，承包商参与项目融资是非常正常和有效的措施，它可以加快项目建设进程，创造市场有效需求，增强经济活力。

30年来中国经济出现了飞跃，全国各地都进行着大规模的建设，对建设资金存在着巨大的需求。但中国的金融系统改革进展缓慢，一直滞后于现实经济生活的需要。如果没有承包商参与项目融资，根本就不可能取得目前的建设成就。那么，承包商又是如何参与到项目融资中的呢？一些正常的渠道，如承包商以BOT的方式承包项目，但这样承包商就需要承担100％的项目融资责任，这对大量的有一定资金富余但并不具备足够的投资实力的承包商来说是不现实的；而通过"垫资承包"或者默许业主在一定期限内拖欠工程款，帮助项目业主渡过一时资金紧缺的难关，就成为许多承包商的选择。为什么有大量的承包商在工程款被拖欠后并不愿通过法律途径强制解决，就是因为他们知道：如果业主真正没钱支付，强制执行也不一定就能保证他们的利益；相反，允许工程款被拖欠一定时间，使业主有机会在项目竣工启用后通过运营回笼资金，倒是有收回欠款的希望，即使这种希望或许会让他们等待数年，但只要自己资金周转没有问题，终究还是一个可行的选择。从这个角度，我们可以将"垫资承包"和"工程款拖欠"理解为承包商参与项目融资在中国的一种变异。

正是因为一方面业主方存在着强烈的需求，另一方面，承包商也具备一定参与项目融资的实力，而承包商参与项目融资却缺乏合法的渠道，也就只能以某种变异的方式存在着。这正是"垫资承包"和"工程款拖欠"之所以屡禁不止的一个重要原因。其实承发包双方均是合法的民事行为主体，只要双方自愿又不损害第三方利益，建设行业主管部门对此进行干预是并无必要也无道理的。显然，现行建筑法对"垫资承包"的禁止与合同法的精神是相互矛盾的。

中国市场经济的发展历程中一直受到"三角债"问题的严重困扰。其实，所谓"三角债"正是来源于市场经济发展过程中广泛存在的通过商业伙伴进行融资的行为。由于这样的行为是如此的广泛，以至于形成了很长的债务链甚至债务环，因而被形象地称为"三角债"。其实，"三角债"本身并不可怕，只要这一债务链是建立在有偿付能力的基石上。为什么近年来政府工程是工程款拖欠的主角，而承包商依然趋之若鹜？其原因就在于：因为政府工程总是有政府信用作最后的保障的，即使这种保障没有任何法律或合同文件的明示。但中国所面临的困境是：当前我国"三角债"的债务链常常缺乏偿付能力的保障，其信用风险或是通过拖欠工资等形式直接转移给了以劳动谋生的个人；或是最后形成银行坏账危害银行信用，并可能进一步诱发大规模金融危机。银行信用事实上又是建立在广大储户的存款基础上的，因而对银行信用的损害最终损失将落到千千万万的储户身上。也就是说，无论是拖欠工资还是形成银行坏账，信用风险都是被转移给了那些与形成债务链的融资交易行为无关甚至不知情的千千万万的个人。一旦一个国家无力帮助这些无辜的普通民众去对抗这种外力强加给他们的信用风险，则国家自身也就会因丧失了信用而陷入混乱。

市场经济遵循的是优胜劣汰的竞争法则，并通过这种竞争使有限的资源得到最有效率的配置。但市场竞争又是残酷的，如果没有强有力的社会正义的伸张和对基本人权的保护，市场经济就很可能发展成为一台血淋淋的绞肉机，这并不是真正理想的市场经济。利用市场这一"万能的手"实现对资源的有效配置是基于一些前提条件的，否则就会造成市场失灵。其中一个重要的条件就是每一市场主体都处于平等的交易地位，且都有行动和选择的自由，他们通过"用钱投票"来表达自己的偏好，从而形成真实的市场信号。农民工一旦工资被拖欠而又追讨无门，他们就很容易在贫穷和饥饿的锁链下，抱着有朝一日追回欠款的微弱希望而放弃自己作为劳动力出让主体的行动和选择自由，沦落为拖欠其工资的承包商的奴隶式的劳工。这样，劳动力成本的市场信号就会被扭曲，而农民工及其家庭也会陷入极度贫困的境地。贫困不仅仅损害农民工及其家庭，如果一个国家存在大量失去了消费者的市场功能贫困人群，就会对整个宏观经济的健康造成损害。拉美经济长期的萎靡不振正是这一问题上典型的反面教材。

可见，市场经济是一柄双刃剑。它既可被用于实现对资源的有效配置，但如果任其残酷极端发展而没有力量加以遏制和纠正，也同样可以摧毁市场经济制度本身。正是基于这种认识，马克思才预言了资本主义制度的毁灭。既要利用好市场经济来有效配置资源，又要防止其极端发展所带来的社会不公，以及防止贫富分化本身给市场经济秩序带来的损害，这正是建设社会主义市场经济新秩序所需解决的根本问题。因而，规范市场经济秩序所面临的最大考验，就是如何通过有效的制度安排，既发挥出市场经济合理配置有限资源的作用，又克服其弊端，使市场主体追逐自身利益的行为选择同时也成为符合社会公平公正目标的行为选择。

可见，处理"三角债"问题的要旨不在于理顺债务链本身，而在于如何斩断债务链，使信用风险不至于向无辜的个人延伸。从而使那些在整个社会经济环境中处于弱势地位的个人的生命财产安全得到保护。回到"垫资承包"、"工程款拖欠"与"农民工工资拖欠"的问题，同样，笔者认为需要政府施加干涉的关键不在于禁止前者，而在于必须以断然措施斩断后者。我们之所以关注农民工工资被拖欠，是出于一种人本关怀，是出于对农民工生存权的尊重。政府从保障基本人权、维护社会稳定的角度进行行政干预也是有充分理由的。同时，笔者也相信，一旦斩断了承包商向农民工拖欠工资的这一信用风险转移途径，建筑市场中"垫资承包"和"工程款拖欠"这一久拖不决的问题也自然会迎刃而解。这种迎刃而解并非是指这一现象的自然消失，而是指"垫资承包"和"工程款拖欠"将被承包商参与建设项目融资的正常商业行为所取代。

在建筑工程承发包的债务链中，一旦有妥善的制度安排使向农民工转移债务风险的路子被彻底堵死，做到后墙不倒，就可以预见：原来的劳务分包将不得不拒绝承担只能在拖欠农民工工资的条件下才可能承担下来的工程；而承包商将因债务负担不能向下转移而不得不审慎对待垫资承包以及工程款拖欠的风险，除非自己有足够的资金实力来承担这种债务负担或风险。从而，工程款拖欠的顽症也就可以被一举攻克。那些资金实力雄厚的建筑企业通过参与项目融资而获得竞争优势这一正常的市场行为也就可以得到施展的空间。

四、以禁止"拖欠农民工工资"取代对"垫资承包"的禁止

前面谈到，对于自愿的"垫资承包"和默许的"工程款拖欠"，其实建筑行业主管部门的干预并无适当的法理依据（这也是为什么现行《建筑法》相关内容受到某些批评的原因）。但现实中，之所以政府建筑行业主管部门认为依然有必要进行干预，无非是看到其所引发的一些弊端，也就是承包商为化解承担参与项目融资所带来的额外成本和债务负担而采取的一些不恰当措施，这些措施或损害到其他利益主体的权益，或对整个市场秩序造成破坏和威胁从而违背公共利益。这些措施包括：

（1）将债务负担进一步向自己的分包商、材料供应商，甚至农民工转移。这一措施引发了严重的企业间的三角债，也造成了农民工工资被普遍拖欠。企业间的三角债危及整个市场金融秩序，而农民工工资拖欠则危及社会稳定。

（2）偷工减料、以次充好，从而降低工程成本，从而确保企业自身的利润。这一措施引发了严重的工程质量问题，也是工程建设合同履行过程中的腐败现象发生的一个重要的诱因。

可见，建设行业主管部门之所以认为需要行政干预垫资承包和工程款拖欠行为，主要是为了反对上述不恰当的风险转移措施和成本节约措施，并不是绝对反对由承包商参与为建设项目提供融资本身。而上述不恰当措施并不必然是工程款拖欠或垫资承包的产物。那么，要反对上述不恰当的风险转移措施和节约成本措施，是否又只有禁止承包商参与项目融资这一条路呢？其实不然，国际惯例的工程担保制度正是解决上述的问题另一条有效途径。

从以上讨论我们可以得出这样的结论：通过行政或法律手段干预"农民工工

资拖欠"有着其坚实的理论依据，也具有重大的现实意义，也符合《行政许可法》对行政行为干预范围的界定；相反，对"垫资承包"的强行禁止尽管有现行《建筑法》的支持，也具有一定的现实意义，但却缺乏相应的法理依据，也不符合市场经济自身发展的规律。因而，笔者建议建设行政主管部门应该尽快转换思路，将自己工作的重点转移到对"拖欠农民工工资"问题的治理。目前各地政府普遍成立清欠办，并以农民工工资支付保障制度的建设为突破口正是对这一思路的正确实践。同时，我国还应加快修订《建筑法》的进程，对其中有关对建筑市场的一些不符合市场经济原则的不合理干预进行修改，进一步充分尊重市场主体的权益和创造性，促进建筑市场的活力，给予承包商参与建设项目融资的这一正常商业行为以合法空间，并对其债权给予保护，从而为中国的建筑企业创造一个真正与国际市场接轨的市场环境。

第三节　以工程担保制度解决农民工工资拖欠问题

前面谈到，一定要有坚决有效的措施来斩断债务链，使其不会延伸至农民工，造成农民工工资拖欠。那么什么样的措施才算坚决有效呢？2005年年底，国务院总理发布政令，要求各地政府至少清理 1/3 的欠款，保证让农民工拿到工资回家过年。这一措施固然坚决有效，但债务问题是一个经济问题，仅仅靠行政命令显然是不可以持续的，最后落实到钱的问题，如果承包商确实没钱，那么谁可以来支付这笔钱呢？其实，市场经济的问题最终最好还通过市场的手段来解决。拖欠款是一个信用不良的问题。国际上，对付信用不良恰恰有担保这一信用工具可以借鉴。

一、相关国际经验

在工程建设领域，保障劳工工资和材料供应款不被拖欠的问题向来受到高度重视。因为工程质量正是维系在这些普通劳工和材料供应商的手上。工资或材料款被拖欠可能给工程带来严重隐患。心怀不满的工人怠工或恶意破坏，以及心怀不满的材料供应商以次充好都会给项目业主带来巨大的损失。因此，作为风险管理措施，保障劳工工资和材料供应款在国际上得到了多种担保手段的支持，具体包括建设者的留置权、付款担保、预付款担保、清偿担保、施工企业执照担保等，以下分别予以说明。

首先是建设者的留置权，它对向建筑工程提供了劳务和材料设备供货的所有工人、分包商、承包商和供货商得到付款的权利提供了最为便捷有力的保障[154,53]。由于留置权是一种法定担保权利，无需通过拟订合同、签署保函等来加以设定，因此是一种交易成本最低的担保措施，且是对不具有谈判优势的缔约者的一种天然保护。只要上述权利人的应得款项被拖欠，留置权就自然产生，留置权利人就可以向法院申请留置在建工程，将其拍卖以抵偿拖欠款项。这不仅使项目业主随时面临在建工程被拍卖的风险，而且任何具有诉讼纠纷的在建工程都将无权上市交易，又会进一步导致项目业主对第三方违约。因此，这一权利给建筑工程项目业主及时付款带来了巨大压力。这是在发达国家很少看到项目业主恶意拖欠工程款的根本原因。但即使项目业主及时付款，在建筑市场普遍存在多层次分包的市场环境下，也可能面临工程款在中间环节被截留的问题，这依然不能解除在建工程被留置的风险。为了应对这一风险，就产生了业内熟知的另一担保品种——付款担保。

付款担保全称是"对劳工及材料的付款担保"（Labors and Materials Payment Bonds）。它的特点是以项目业主为名义受益人，以除与项目业主有直接合同关系的承包商以外的绝大部分上述留置权利人——如承包商的工人和供应商、承包商的分包商，以及分包商的工人和分包商等——为索赔权利人的一种保证担保，由承包商向业主提交。也就是说，项目业主因为希望自己的在建工程不被留置，首先会保证自己绝对不拖欠工程款，但还担心承包商在中间截留工程款，就要求承包商再出具一份付款担保。一旦合同下层的工人、分包商和供应商被拖欠了工资或货款，请他先不要去主张留置在建工程，而是直接去就付款担保索赔，以此解除了业主自己所面临的在建工程被留置的风险。因此，付款担保本质上也是一种履约担保，只是将承包商履约义务中向工人、分包商和供应商等及时支付工资和货款的部分独立出来，做成了一个专门的担保品种，这也显示出首创付款担保这一担保品种的美国对建筑工人等及时得到工资支付的重视。在美国，所有公共工程对付款担保的要求是强制性的，其原因是留置权不涉及公共工程，因此法律以强制性的付款担保保护那些本应具备留置权的相关索赔权利人。这里值得注意的是，承包商似乎恰恰是被排除在了这一保护之外。其原因是，在美国的公共工程中，承包商及时得到工程款的保障是来源于法律禁止没有得到明确财务预算批准的公共工程上马。美国强制性的公共工程付款担保的索赔权利人包括了直接服务于总包的劳工、分包商和材料供应商，以及第一级分包商的劳工和材料供应商。在美国，强制性付款担保的担保金额是工程合同价的100%[52]，是典型的高保额模式的保函。在私人项目中，是否索要付款担保是由项目业主自行决定。付款担保在私人工程中得到普遍应用的根本动力显然是来自于法律对建筑工人留置权的保护。在拉美，履约保函的担保金额常常是工程合同价的20%，但付款担保的担保金额却也达100%，可见对付款担保的重视。

预付款担保则是流行于低保额地区的一种担保，是在业主向承包商支付工程预付款时所要求提交的保函，它保证承包商不会将工程预付款挪作他用，而是将预付款全部用于工程建设，这实际上就包括了向分包商、材料供应商等付款，以及支付工人工资。预付款担保的担保金额常常等于预付款额；担保余额则随着预付款扣回而逐渐扣减。担保余额扣减完毕则保函自动到期。预付款担保在低保额模式下运用得相当普遍。低保额模式是指履约担保的担保金额在10％左右的担保模式，常常是无条件保函，在国际市场上有广泛的运用。在预付款担保中，受益人是项目业主。预付款担保不直接对工人、分包商和材料商提供保护，但可以通过约束承包商的行为而间接地起到保护作用。而且，一旦工人、分包商或材料供应商得不到及时的工资、工程款或材料款的支付，业主就可以通过向保证人索赔而收回预付款并直接向其支付。这种担保措施对于承包商滥用预付款有很好的预防作用：只要钱还在，就使得工人、分包商或材料供应商的工资、工程款或材料款的支付有所保障。但这种担保措施不能预防业主本身就拖欠款的情况，同时由于担保金额有限，也不能提供完全的保护。在约束承包商行为敦促其向工人、分包商和材料供应商付款方面，履约保函其实也起到一定作用，但低保额的履约保函在这方面的作用也同样非常有限。

除了上述两种常见的保函外，在英国还有一种"清偿担保"，它保证在承包商破产时，工人工资能够通过就此担保索赔而得到优先支付[160]。这是一种政府在公共工程中建议采用的担保措施，它反映出政府将确保工人工资得到支付放到了政府工作中的一个重要位置。

此外，在美国还普遍采用施工企业执照担保，该执照担保是向政府执照审批部门提交，保障施工企业依法从业，若其违法违规行为对第三方造成损失，则政府将有权通过索赔此担保来对相关受害者以弥补。此担保的保障对象并非特别针对施工企业的工人。但显然，如果施工企业老板拖欠工人工资，也属于启动此担保责任的违法违规行为。

综上所述，担保工具在确保工人工资得到支付，确保工程款的债务链不向工人、分包商和材料供应商等延伸方面起到了重要作用。但不同的担保工具的效力是不同的。此外，发达国家社会信用体系已经较为完善，它们在确保工人工资得到支付方面所需防范的主要问题不是业主和承包商恶意拖欠款的道德风险，而是确保承包商不将其面临的市场风险和经营风险转移给工人、分包商和材料供应商，从而切断债务链。此外，发达国家相关担保的保障尽管都覆盖了建筑工人及时得到工资支付的权利，但相关担保品种的保障对象都不是单纯针对建筑工人这一特定群体，而是覆盖了可能因项目业主拖欠工程款，以及承包商挪用工程款蒙受损失的所有受众。而施工企业执照担保更将保护范围扩展到所有社会公众。

二、相关国内实践

国内与解决农民工工资拖欠问题的相关工程担保实践包括业主支付担保、承包商对工程款支付的优先权以及农民工工资支付担保等三类，以下分别予以讨论。

1. 承包商对工程款的优先受偿权

我国建筑市场工程款拖欠问题导致的社会影响巨大。其根本原因是留置权只限于动产，而使承包商和农民工都失去了留置权的保护。对此，我国于1999年颁布《合同法》时，通过赋予承包商对工程款的优先受偿权而予以了一定程度的弥补。赋予了承包人优先受偿权，强化了对承包人的合法权益的优先救济和法律保护[302]。最高人民法院法释［2002］16号《关于建设工程价款优先受偿的批复》第一条在实践中对优先受偿权进行了确认，保障了承包商不因工程欠款而使自己的利益受到侵害。

但是我国工程款优先受偿权所提供保护的权利人仅为承包商，虽然没有明文规定仅为总承包企业，但分包商肯定不可能直接向与其没有直接合同关系的业主主张优先权——尽管业主才是工程款的最终来源，且其劳动也的的确确凝固在了业主拥有产权的工程项目中；而分包商显然也没有权利向不拥有在建工程项目产权的承包商去商议拍卖事宜；再有，无论总包还是分包企业中的工人都不可能以个人的名义主张优先受偿权。而实际上，正是劳务分包通过劳动赋予工程以价值；正是材料设备供应商提供的材料设备，结合工人的劳动将价值转移到在建工程当中。他们在建筑从无到有的过程中是不可或缺的环节，所付出的是社会最应该保护的劳动。优先受偿权却将这些与业主没有直接合同关系的分包企业以及劳动者个人排除在权利人之外。因此并没有给农民工以实质性的保护。而且即使是承包商，因为在工程实践的具体操作中存在诸多困难，其所得到的保护也远逊于美国的建设者留置权所能提供的保护。这一点在笔者与所指导的研究生张蕊合作完成的一篇论文中有更加深入的分析[377]。因此，尽管合同法规定了承包商的工程款优先受偿权，希望从法律权利的保障入手解决工程款拖欠问题，但是并没有得到预期效果。

2. 业主支付担保

业主支付担保是国内工程担保试点中的一种创新担保品种，它的根本目的是通过合同担保手段约束业主行为，从而避免业主拖欠工程款给建筑市场带来的危害，保障建筑企业的健康发展。如果业主支付担保制度能够有效运转，至少能解决因业主拖欠工程款而带来的农民工工资拖欠。但这一担保品种却因违背工程担保自身的规律而推行效果差强人意。关于这一点已在本书第八章中有较为详细的介绍和分析。

业主支付担保与承包商的履约保函是相互提交的。倡导者的初衷是使承包商与业主之间义务对等。但问题是，如果真正保额对等了其作用也就相互抵消了。从理论上看，这样的立法除了让担保公司坐收渔利外，看不出任何好处。那么担保制度究竟应该向谁倾斜呢？市场已经有了它自己的答案：就是国际惯例中的履约担保。它仅要求承包商向业主提交担保。

其实这种市场安排是很有道理的。业主在发包过程中虽然处于绝对优势地位。但一旦承包商与业主签约并支付首付款后，这种双方之间的优劣势关系就迅速发生了变化。这就类似我们日常生活中消费者与商家的关系：下单付款前消费者是上帝，要再去退货可就没那么容易了。因此，业主利用自己的优势地位在发包前要求承包商提交履约担保，以便日后对承包商有所制约，也就在情理之中了。这正是履约担保这一国际惯例的合理性之所在。

因此，尽管国内工程担保试点中业主支付担保一再被强制推行，但却一再受到市场的各种消极抵制。显然，这种违背市场规律的盲目创新是没有前途的，不是中国工程担保制度的发展方向。

3. 农民工工资支付担保

农民工工资支付担保是我国工程担保试点中自发产生的一个创新担保品种。说它是自发的，是因为建设行业主管部门原来的试点计划中是不包括此担保品种的，而且对于各地的试点，至今也未得到建设行业主管部门的明确态度。但这一担保概念一经出现，就迅速在各地走红，几乎成为了大多数试点城市的必推担保品种。目前，这一新型担保品种对于各地维护社会稳定起到了重要作用，应进一步深入探索。

目前在各地的实践中，具体试点有多种方案。有的是基于项目设定担保，这是最普遍的方式；有的是以企业为对象设定担保，如厦门。不仅如此，他们还将担保金额与信用评级挂钩[302,377]。以成都为代表的不少省市则是针对不同对象分别采取了基于项目或基于企业收取担保两种方式。此外，绝大多数农民工工资支付担保都是以承包商为被担保人，只有成都和河北是业主和承包商均为被担保人，再有就是大连是单纯由建设单位和房地产企业——也就是业主方缴纳保证金。另外，在绝大多数试点城市中，典型的做法是向被担保人收取一笔保证金。目前，具体负责农民工工资支付担保推行的政府部门常常是各地建设系统与劳动保障系统共同组建的政府清欠办公室，而具体负责执行的则常常是各地的有形建筑市场。收取的保证金则存入专门账号。也有地方的做法是要求被担保人将保证金存入政府指定的监管账户，但被担保人可以将此资金用于支付工人工资。只有成都、常州和宁波在农民工工资支付担保中的运用保证担保，可以接收保函，这种做法减轻了企业的资金负担，是一个值得推广的方向。

所发现的不足之处在于：担保大都以政府收取承包商保证金的方式运作，这种方式不合理地加重了承包企业的资金负担；同时政府在对保证金的保管过程中也面临一定风险；而业主作为工程资金最终的提供方，恰恰是农民工工资拖欠的重要风险源。只有成都市和河北省是政府既要求承包商、也要求业主各自独立向政府提交农民工工资担保，且政府对任何一方的担保都有同等的追偿权利，从而约束业主和承包商共同为保障农民工工资得到支付而努力。成都市政府主要采用收取保函的方式也避免了过度占用企业的流动资金，有利于担保机构根据被担保人的信用给予差别授信，从而使信用好的企业得到竞争优势，符合工程担保制度的核心价值。但成都市的做法的不足之处在于政府作为受益人每每不得不介入到农民工工资的理赔过程中，尽管它已经比政府直接收取保证金并介入到工资支付责任的履行中已经有很大的改进，但在实现工程担保借助市场手段化解风险这一核心价值方面做得还不够充分。

三、评论及建议

1. 问题分析

由于我国的市场经济秩序还在初创阶段，中国农民工工资被拖欠很大程度上来源于业主或承包商恶意拖欠，以及因得不到业主付款而出现的债务负担的层层转移，所以急需信用工具来分别约束业主和承包商的行为。其中，约束业主行为更为关键，其要旨在于：首先，任何项目必须落实了可靠的资金来源才能允许开工，杜绝"钓鱼工程"和"空麻袋背米"的假业主；其次，要通过妥善的制度安排杜绝主观上的恶意拖欠行为。一旦拖欠工资和拖欠工程款所带来的利益小于其失信成本时，任何理性的业主和承包商都会选择及时按合同付款。

目前，法定的工程款优先受偿权尽管对业主行为构成一定程度的约束，但却未能真正为广大农民工提供实质性的保障，而且易于陷入承包商因各种原因——包括自愿的垫资承包行为，而"自愿"放弃索赔权利的陷阱。国内不少地方强制推行的业主支付担保试点基本失败。尽管业主支付担保被设想应该起到对业主行为一定的约束作用，但实际上，由于作为受益人的承包商常常迫于被动的合同地位放弃自己在此保函下的权利，甚至自己作为反担保人代业主办理保函，因而仅凭业主支付保函难以有效约束业主行为。因此也就很难使农民工从中受益。

倒是不在建设行业主管部门计划之中的农民工工资支付担保如雨后春笋般在各地破土而出并蓬勃发展，并大有替代之势。其成功的秘诀正在于，借助于政府的权威使担保缔约行为不再只是合同主体之间的自愿行为，而是政府对被担保人的强制行为，而政府显然对作为被担保人的企业具有谈判优势，代替了不具有任何谈判地位的最下层的农民工，帮助他们获取了实质上的受益人的权利，因而避开了业主支付担保所存在的陷阱。因此，农民工工资支付担保其实倒正是在一定程度上代表了相关担保制度的未来发展方向。

但就目前而言，国内农民工工资支付担保的实践也并不成熟。如，目前在绝大多数试点城市，农民工工资支付担保都仅仅要求承包商提交。其中大多数地方是要求按项目提交，其本质上与美国的付款担保有一定的类似之处，但由于大多采用现金方式，已经给承包商带来了沉重的财务负担，也给各地清欠主管部门带来了现金保管的巨大压力和腐败风险。为了给承包商减压，厦门市的创新是改按项目提交为按企业提交，并通过对企业诚信的评级来设定不同的保额标准，这种做法已经接近于美国的施工执照担保，但由于依然是现金担保，所以占用企业资金及政府部门现金保管的问题依然没有得到彻底解决。而成都市的创新做法包括两个方面：其一是以保函取代现金，这显然是未来的发展方向；其二是要求业主和企业分别提交农民工工资支付担保，这就把业主行为也纳入了政府监管的范畴，这在目前中国建筑市场建设者的留置权缺位的现实条件下显然是非常必要的。

2. 建议

笔者建议的担保措施为一个体系。它既包括约束业主行为的"业主责任担保"，又包括约束承包商行为的"工程合同担保"及"施工企业执照担保"。其中，业主责任担保和施工企业执照担保属于强制性的许可证担保。其中，业主责任担保以政府为受益人，以与业主有直接合同关系并服务于获得许可的特定项目的项目参与各方为索赔权利人，保障他们得到工程款支付。建议的担保金额为年度工程款的100%，并且每年更新保函。一旦承包商及依据直接合同关系为承包商服务的工人、分包商和材料供应商得不到工程款支付，就可以就保函索赔，从保证人处得到支付。一旦业主得不到保证人对保函的更新，就意味着其工程款不到位，政府就可以收回行政许可，对在建项目进行拍卖，从而将"半拉子工程"送到有实力完成这一项目的其他社会投资人手中。这样，工程款拖欠问题就可以从源头予以遏制，而"烂尾工程"所带来的资源浪费也可以避免。业主责任担保可被视为当前成都模式的农民工工资支付担保中政府向业主要求提交的那份保函的一种合理延伸和功能完善。代表了农民工工资支付担保试点的一个主要的后续发展方向。

"工程合同担保"则可以规避承包商对业主违约的风险。前面谈到"垫资承包"和"工程款拖欠"所带来的弊端中，有很大一部分是承包商对业主违约的风险。通过工程合同担保制度，建设主管部门所担心的一旦"垫资承包"合法化所留下的监管真空就可以得到弥补。"工程合同担保"作为合同担保措施，除了对公共工程应做出法定强制性要求外，其他工程都可以由业主自行选择是否采用担保，以及采用什么样的担保，以体现合同自由的原则。然而可以预见，只要采用了强制性的"业主责任担保"，与国际接轨的"工程合同担保"必将自然得到广泛应用。

此外，建设主管部门还可以考虑借鉴美国政府监管经验，推行企业执照担保，将其作为批准相关企业资质的条件，但应该尽量采用保证担保的方式，而不是现金担保，从而避免对建筑企业资金的过度占用，切实做到既强化监管又为企业减负。这是当前农民工工资支付担保发展的另一个方向，可被视为当前厦门模式的农民工工资支付担保的一种合理延伸和完善。

在以上建议推行的担保品种中，业主责任担保因为采用受益人与索赔权利人相分离的模式，是一种相对复杂的担保类型，因此有必要进一步分析讨论其对遏制农民工工资拖欠的作用机制。对于"业主责任担保"制度，设定索赔权利人的层次非常重要。众所周知，业主与承包商在缔约前是处于优势地位，承包商往往会不惜放弃一些利益来争取赢得签约机会，这就是造成"黑白合同"的根源。所谓"黑合同"就是业主与承包商共谋并违反相关法律法规的私下约定，只能处于地下见不得阳光。违法违规行为不暴露的条件是参与共谋的人越少越好。如果索赔权利人仅仅是承包商本人，则很容易与业主达成共谋；而一旦将索赔权利人扩大到参与该建设项目的所有层级的分包商、材料供应商和每一位农民工，则这种共谋就很难实施。但由于索赔权利人过多，这样的保函被索赔的风险就很大，很难有担保机构会愿意做这样的保证人；即使有，也会设定严格的反担保措施来规避风险，从而加重被担保人也就是项目业主的负担，使这项制度可能因交易成本过高而难以推行。因此，索赔权利人的范围需要一个权衡。美国的法定付款担保是由承包商向业主提交，索赔权利人包括了两级分包商及其劳工，以及承包商及第一级分包商的材料供应商。让这样一个范围内的分包商及其每一个工人都与承包商建立起放弃付款权利的共谋关系显然就很难了。在我国，由于担保业刚刚起步，担保容量有限，经营信用风险的经验还有待提高。所以笔者建议将法定"业主责任担保"的索赔权利人范围界定为：就工程建设与业主有直接合同关系的承包商、监理方和设计咨询方，以及与承包商有直接合同关系的工人、分包商和材料供应商，以及分包商的工人。不再向分包商的分包商、供应商等延伸。这样既在一定程度上控制业主与承包商之间的共谋，又不至于使保证人被索赔的风险无限放大。只要工地上的普通工人，包括农民工，成为保函的索赔权利人，要让他们主动放弃利用一个方便的途径去讨工钱就不是那么容易了。而一旦这种付款责任无处逃避，作为被担保人的业主自然也就会认真落实资金来源。

因此，可以预见，一旦设定业主责任担保，那些假业主必然无处遁形。而最终将为信用风险"埋单"的业主，一旦作为被担保人，其采用担保工具规避信用风险的意识也必然会大大增强。他们也会自觉利用履约担保、付款担保等合同担保措施来规避承包商的信用风险。

另外，由于目前各地政府加大了对农民工工资支付问题的解决力度，并将其作为一个政治上的"维稳"措施，这又诱发了市场上另一种不规范的行为——所谓"恶意讨薪"。此类讨薪行为常常是承包商或分包商私下授意，借民工讨薪向政府施压，以此谋求在正常合同争议解决中的不公正优势地位。对于这一问题的解决也可借助于企业执照担保来约束相关劳务分包企业的行为。而对于无企业执照的"包工头"及普通工人的非诚信行为，则还需要配套采用另一种担保措施——建筑从业人员诚信担保，本书第十七章将对此有所讨论。

第十二章　中国工程担保行业的监管机制研究

参照国际经验，工程担保行业的政府监管是工程担保行业管理模式的一个重要方面。从本质上看，工程担保是担保公司可能从事的众多担保业务中的一个担保品种，所以其监管不能脱离担保行业这个大背景；但从事工程担保业务又涉及工程建设领域的一些特定专业知识的运用，所以又有其一定的特殊性。因此，工程担保行业监管机制研究的关键是如何把握工程担保行业监管的这种一般性和特殊性。本章将基于工程担保行业管理的需求分析，提出对工程担保行业的整体监管架构，并对政府监管和行业自律等不同监管模式加以分析，明确对政府监管职能和监管模式的定位，以及提出具体的监管内容建议。

第一节　工程担保行业管理需求分析

工程担保是担保机构可能经营的众多担保业务品种中的一个大类。它既具有一般担保的共性，又有工程担保的具体特点，以下分别从不同的角度对工程担保行业管理的需求进行分析。

一、从一般担保分类看行业管理需求

为了更好地形成对担保业的理解，以下从"一般民间担保行为与专业化担保"、"法定担保与普通商业担保"以及"政策性担保与商业性担保"等三个不同的视角去观察和分析担保市场对行业管理的需求。

1. 一般民间担保行为与专业化担保

"一般民间担保行为"的定义是：受《中华人民共和国担保法》所保护的所有合法担保主体与其他市场主体之间的担保行为。这种行为是合法的，但是它区别于专业化担保的地方在于：在这样的民间担保行为当中，除了政府机关，其他任何市场主体，只要是具有代偿能力，基本上都是有条件成为保证人的。而作为专业化担保，保证人必然是具有经营信用风险能力的担保机构以专业化方式来开展，而且它主要是依靠赚取保费从而得到生存和发展。即使是政策性担保机构，通过收取保费形成良性的自我维系能力，也就是可持续发展的能力（贾康，

2001[271]），也是至关重要的。

对这两种担保行为加以比较。首先，专业化担保由于是专业化运作，可以很容易地积累担保经验，而且易于将贷款能力集中利用，易于建立专业化的市场信誉，而一般民间担保行为在这些方面都是有劣势的。当前的现实正是有大量的问题源于一般民间担保行为，比如说保证人缺乏承保信用，或缺乏足够的代偿能力，而受益人难以识别，结果担保责任执行难，保函形同虚设，受益人的权益无从保证；或者保证人缺乏风险意识——保证人给被担保人出具了保证，但是并没有意识到他的这一担保行为有可能会危害自己的财务能力，所以一旦发生代偿之后，保证人往往就陷入非常困难的境地，甚至引发产业链上的连锁破产，这个在我国当前的市场当中有很多这样的教训（陈敏敏2006[205]）。在这些问题上，专业化担保可以很好地弥补一般民间担保行为的缺陷。但是，正因为一般民间担保行为的大量存在，使专业化担保的发展也面临了一定的困难。主要是由于专业化担保机构现在行业管理缺位，没有很明确的市场监管条件和市场准入条件，专业化担保产品难以区别于一般民间担保行为所提供的担保。受益人无从识别，因而也就难以认可和接受将专业化担保机构所提供的担保作为一种专业化担保产品来接受。目前各地担保机构反映最多的问题就是银行常常不接受他们所出具的保函。因此，对专业化担保机构而言，迫切需要对工程担保行业实行行政监督，从而将自己的行为明显地区别于一般民间担保行为。

但是，单从现行《担保法》对保证人条件的设定，彻底将一般民间担保行为从市场逐出，只许可专业化担保机构提供担保基本上是不可行的。那么，退一步讲，如果《担保法》可以修订，是否就应该借机将一般民间担保行为彻底逐出市场呢？其实不然，这是因为一般民间担保行为也有着特定的市场地位。首先，它可以方便灵活地适应千变万化的市场需求。尽管专业性担保机构也在努力地满足各种市场需求，并提供相应的产品，但毕竟市场对信用的需求是千变万化的。专业性的担保公司每推出一个担保品种都需要经过长期审慎的研究，设定相应的承保审查政策等，这些需要时间，因此难以对市场需求的变化做出敏捷的反应，而一般民间担保行为恰恰可能在这个方面对专业性担保提供一定的弥补。其次，目前大量的专业化担保机构都对被担保人设定有较高的反担保要求，而在这些反担保要求中，一般民间担保行为所提供的保证也是一种重要的担保方式。可见，一般民间担保行为尽管问题重重，却很难将它一棒子打死。因为它恰恰是市场中专业化担保的一种重要补充。因此，在对专业化担保进行规范的同时，应该也给予一般民间担保行为以一定的生存空间。

《行政许可法》对政府介入市场实施行政许可的行为也有严格的规定。任何行政许可的设定都必须能够证明是真正出于维护社会公共利益，而且依靠市场自身没有办法去解决这样一些矛盾。所以，尽管现在市场出现了这样的需求，即专业化担保市场希望能够得到规范，希望能通过某种机制使潜在的受益人能够认可专业性担保所提供的产品的价值，但政府在规范专业化担保这个方面却面临着很大的挑战。

一般民间担保行为与专业化担保　　　　　　　　　　表 12-1

	一般民间担保行为	专业化担保
性质与特点	1. 是受《担保法》保护的合法主体之间的担保行为； 2. 可以方便灵活地适应千变万化的市场需求	1. 是由经营的信用风险担保产品的专业化机构以商业化方式开展的以赚取保费为目的担保行为； 2. 易于积累承保经验； 3. 易于代偿能力的集中运用； 4. 易于建立专业化的市场信誉
当前问题	1. 保证人可能缺乏承保经验、风险意识和代偿能力； 2. 受益人难以验证保证人的代偿能力	专业化担保产品难于区别于一般担保，要得到市场中潜在的担保产品需求者的认可尚存在困难

2. 法定担保与普通商业担保

在普通商业担保中，受益人是一般的市场主体——如果能相信它是真正的市场主体——也就是说，在这样的一些机构中，它的投资者都是真正在掏自己腰包的钱，所以没有所有者缺位的问题。这些市场主体完全可以为自己的权利是否能实现做出自己的判断，所以他自身应该承担对担保机构的担保能力的审查，并且承担相应的风险。也就是说，作为私人部门的投资者，你接受了没有担保能力的机构的保函之后，如果你的债权得不到实现，你会自己为此付出代价。

那么什么是法定担保呢？法定担保是依据相关法律要求提交的担保，往往是以公共部门为受益人，但也不排除政府为保障公共利益而扩大其适用范围。这是一种在发达国家运用极为广泛的担保，这是因为公共部门具有保护纳税人财富这样的义务。比如，公共工程中实际上存在着所有者缺位的现象，它的具体执行人——公共业主就被法律强制性地要求在工程采购中要设定以政府为受益人的担保。由于没有任何一个公共业主有资格来用纳税人的钱来为自己的判断负责，所以就有必要由政府通过法律，以强制性的手段，对保证人统一地进行认可，以此来规避风险。这也可以类推到其他的公共部门的活动中。

在以公共部门为受益人的担保当中，政府自己是受益人，因此，关于什么样的保函可以接受、什么样的保函不可以接受，政府有权利、也有义务来制定相应的市场准入的条件。所以从这个角度，可以看到解决《行政许可法》和《担保法》与政府监管之间的矛盾的曙光。也就是说，从法定担保这个角度可以找到政府适当干预市场的操作空间。

表12-2中列举了部分担保品种，比如公共工程担保、农民工工资担保、其他公共采购合同的担保，还有司法担保、进出口担保、许可证担保、官员忠诚担保、证券融资担保等。这里特别对证券融资担保加以说明。证券融资担保或是服务于公司上市、债券发行，以及其他各种各样的资产证券化，无论如何，这些证券的最终买主是社会公众，他们相对于证券发行人是弱势群体，因此政府就有义务来维护其利益。在这类保函中，政府机构是保函的名义受益人，而社会公众才是真正的索赔权利人。同样，在农民工工资担保的实践中，无论是政府收取保证金还是保函，也都在实质上承担了名义受益人的角色，农民工是工程项目中的弱势人群，其权利得到了保护。此外，涉及数量众多且不特定公众利益的特殊企业及其特殊活动也可以纳入法定担保的范畴，这类企业应包括：国有企业、上市公司、房地产企业。国有企业比照公共业主不难理解；上市公司则因为其股权分散，容易出现少数内部人控制危害广大投资人利益的行为；房地产企业的情况比较特殊，它们往往是工程项目的业主，却不是最终用户，往往是在房屋已经转手到最终用户手上后的使用期，工程缺陷才逐渐暴露出来，而最终用户由于力量分散，很难有效地对房地产企业进行追偿。这就容易出现房地产企业为工程建设阶段获得短期利益而牺牲购房人在使用期的长远利益的逆向选择，这是将其比照公共业主制约其选择担保主体的权利的原因。

而普通的商业担保，包括银行贷款担保、雇员忠诚担保、一般的合同担保等，都是属于普通商业担保行为。担保在本质上是一种合同行为，无论是专业化担保，还是一般民间担保行为的担保，是否被接受关键在于它是否能为受益人带来价值。对于绝大多数私人部门的市场主体而言，其冒着损失自有资产的风险，追求利润的本性要求他们认真判断并规避担保风险，政府从没有义务为这些私人部门的市场主体来判断谁是合格的保证人。风险应该由他们自身来承担。但其困难在于获得准确判断担保主体担保能力和信誉的信息，因此，为私人业主判断担保主体能力和信誉的信息就是市场对行业管理的需求，但政府和行业提供的信息应仅仅是其所能得到的信息渠道之一，私人业主完全可以保留对选择担保主体的最终决定权。

当前，从政府到市场的各个方面缺乏对法定担保的认识，所以在制定相应的政策时，没有清楚地引入这个概念。而普通的商业担保，受益人又缺乏专业担保机构提供的充分信息。建议政府在为担保市场设定准入标准时，应将其准入范围严格界定在法定担保范畴，而为一般商业担保、民间担保行为等留下生存发展的空间。借助法定担保，不仅可以有效地保护纳税人的利益，为市场提供有效需求外，还由于政府为法定担保设定的市场准入门槛，为市场提供了必要的市场信号机制。因为政府在批准提供法定担保产品的这些担保机构的资质的时候，总是选择好的、被确信具备相应担保能力的机构。因此通过给这些担保机构发出许可，就可以为市场提供清晰的信号。

当然，法定担保的范围需要通过立法来定义。在相关立法尚未完成之前，政府监管部门可以比照法定担保范围的确定原则，通过部门规章的形式，明确哪些具体的担保行为需纳入监管。而不是笼而统之不加区分地将所有担保行为都纳入政府监管范畴，那样一是给自己增加工作负担，二是很容易窒息市场的创造力，陷入不当监管造成的"一管就死、一放就乱"的恶性循环。

法定担保与普通商业担保　　　　表 12-2

	法定担保	普通商业担保
性质与特点	依据相关法律法规要求提交，以公共部门为受益人（或名义受益人）	受益人为一般市场主体，受益人自身承担对担保机构的担保能力的审查并承担风险
举例	1. 公共部门的合同担保 2. 农民工工资担保 3. 司法担保 4. 进出口担保 5. 许可证担保 6. 官员忠诚担保 7. 证券融资担保	1. 合同担保 2. 雇员忠诚担保 3. 银行贷款担保
当前问题	从政府到市场的各方面尚对此类担保缺乏认识	受益人缺乏考察专业担保机构信用的充分信息

3. 政策性担保与商业性担保

政策性担保与商业性担保的差异在于：作为政策性担保，它总是要执行相关的公共政策目标，比如要维护市场的竞争性、促进就业、实现受教育机会均等、发展机会均等等等，具有很强的外部性，所以它的成本收益分析应该是在全社会上做出平衡。因此，对于政策性担保机构不能要求它自己能够通过保费来维持收支平衡，因为它所面临的赔付风险相对来说是比较高的。而商业性担保是以盈利为目标，以市场需求为导向，不断地寻找并弥补市场信用链的缺口，以保费收入和自有资金来共同构筑一个风险蓄水池，抵御代偿的风险。所以对于商业性担保机构，它应该严格地在机构内部保持这种成本与收益的平衡，而且赚取合理的利润，维护自己的商业信用和担保能力。

如今，区分政策性担保和商业性担保，区别实施不同的监管政策已经越来越多地得到了认同，但在具体监管措施上还没有明确的解决方案，同时，政策性担保的市场准入缺乏透明度，也成为一个很大的问题。政策性担保机构往往可以得到一定的财政支持。那么谁该得到财政的拨款或注资？谁不该得？并没有一个公开透明、公平高效的市场准入原则。这使得一些得到政府财政补贴的担保公司并没有很有效地去利用这些资源去实现政策性担保的目标。市场竞争只有是公平公正的，才能最好地发挥出其配置资源的效率。而显然现在各种担保机构的竞争条件并不公平。

目前，国内比较常见的政策性担保包括中小企业担保，帮助下岗工人再就业的小额担保等。就工程担保领域而言，其实也存在政策性担保的问题：如果一旦政府在相当大的范围内推行强制性的工程担保，那么中小承包商很可能因难以获得担保而率先受到冲击。在美国，有专门的中小企业局为中小承包商获得工程担保提供担保援助，其援助方式是：具备获得担保援助资格的中小企业得到其认可的担保公司的担保后，一旦出现违约赔付，则由中小企业局担保处补偿索赔额的70%～90%。这给一些新兴有创新能力和发展前景的中小企业赢得了成长机会，非常值得我国借鉴。表12-3总结了两种担保行为的性质差异和当前问题。

政策性担保与商业性担保 表 12-3

	政策性担保	商业性担保
性质与特点	1. 执行相关政策目标，如：维持市场的竞争性、促进就业、实现受教育机会均等、发展机会均等； 2. 具有很强的外部性，其成本收益分析需在全社会范围内综合平衡	1. 以盈利为目标，以市场需求为导向，不断寻找并弥补市场信用链的缺口； 2. 以保费收入和自有资金共同构筑风险蓄水池，抵抗代偿风险； 3. 财务在机构内部平衡
当前问题	1. 担保机构性质定位不清； 2. 缺乏持续的财政资金补充； 3. 市场进入条件缺乏透明度	主业不突出
	1. 市场信用水平差，法律漏洞多，担保公司权益缺乏保障； 2. 担保机构缺乏有效监管	

二、从工程担保产品价值看行业管理需求

就工程建设领域目前对工程担保产品的需求而言，众多工程担保产品都可归为工程承包责任履行和工程款支付责任履行这两大类型。

其中，工程承包责任履行类担保产品在国际上已基本形成惯例，包括：投标担保、承包商履约担保、分包商履约担保、保留金担保、维修担保等。它们的共同特点是保障工程承包人履行与工程承包相关的缔约责任或合同责任，责任履行主体将要或正在承担工程现场的实际施工服务，并将因为他们所提供的这些服务而获得相应的报酬。

工程款支付责任履行类担保产品则主要是我国的创新。促进工程款支付责任的履行是我国推行工程担保制度的一大动机，国际上可借鉴的经验不多。目前国内各类试点中的具有保障工程款支付功能的担保产品大致有：业主责任担保、业主支付担保、承包商付款担保、农民工工资担保等，如表 12-4 所示。

现行国内工程款支付责任履行类担保产品一览表　　表 12-4

担保产品	担保责任范围	被担保人	受益人	保函保管人	可借鉴的国外担保品种
业主责任担保	业主合同支付责任＋业主公众责任＋善后责任	业主	承包商＋与业主签订合同的其他合同方＋政府（代表被损害的公众利益索赔）	政府主管部门	美国：许可证担保 地块开发责任担保 完工担保
业主支付担保	业主对承包商的合同支付责任	业主	承包商	承包商＋政府主管部门	无
承包商付款担保	承包商对分包商和工人的合同支付责任	承包商	分包商和所有被拖欠工资的员工、农民工	业主	美国：付款担保
农民工工资担保	工地现场农民工工资被支付的责任	承包商	农民工	政府主管部门	无

无论是上述哪种类型的担保，设定担保的目的，也就是此类担保的市场功能，都可以分解为 3 个层次，包括：

功能 A：增强被担保人主观上认真履约的自觉性；

功能 B：在实际发生不履约的情况时使受益人的损失得到及时弥补；

功能 C：通过对保函的要求提高工程市场准入的门槛，将一些缺乏诚信或实际履约能力的市场主体排除在市场之外。

就工程担保而言，要使以上三大功能得到正常发挥，最理想的状况是：担保机构不仅具备实际赔付能力，还具备一定的工程知识，这样他们才能够对被担保人的实际履约能力做出合理判断，在违约事件发生后也有能力及时合理地认定实际损失。目前国内此类担保公司不多，但代表的是市场发展的方向，应有措施大力保护和提倡，并鼓励其他担保公司以此作为自身能力建设的方向。

退而求其次，不少担保机构具备实际赔付能力，但不具备工程承发包和合同管理知识和经验，不足以对承包人的实际履约能力做出合理判断，违约事件发生后也不具备及时合理认定损失的能力。这类担保机构能给市场带来的价值主要在于功能B，在一定程度上可以实现功能A（具体看保函约定），功能C则大打折扣。不过这种功能损失主要是针对承包责任履约类工程担保产品而言，而对工程款支付类担保产品影响较弱，因为支付责任履行的认定要相对简单。也就是说，如果不存在应支付金额的争议，那么担保机构就不大需要动用其自行认定付款责任的能力。恰恰在国内很多工程款和农民工工资拖欠的原因不是因为合同争议，而是因为承担付款责任的一方资金周转有问题，或恶意违约拖欠。在这种情况下，担保机构无需面对合同争议就可以起到很好的保障被拖欠款一方的权利的作用。由此可见，尽管仅仅要求担保机构的赔付能力会带来担保产品一定程度上的功能损失，但对于解决我国工程款拖欠和农民工工资拖欠问题依然能够发挥很大的作用，有非常积极的现实意义。

三、从工程担保责任承担类型看行业管理需求

基于国际惯例和目前国内市场的实践，从工程担保责任承担方式的角度，又可以将工程担保产品分为以下4种类型：

（1）连带责任合同履行型（Ⅰ型）：这类保函约定担保机构将承担连带责任，并有义务对被担保人的违约行为做出理赔调查，以此确定受益人的实际损失，同时担保机构有权自行选择责任的履行方式，包括是否直接与受益人协商提供货币赔付，抑或引入其他承包商来代为履行工程合同，抑或请业主重新招标并赔付。显然，这类保函对担保机构的能力提出了最高标准的要求，但如果担保机构的确有能力做到公平公正地处理相关索赔，不仅对发包人是一个很好的保障，对承包人的合法权利也提供了很好的保护。这类保函其实正是典型的ICC524号规则保函。

（2）独立责任货币赔付型（Ⅱ型）：这类保函约定担保机构独立承担赔付责任，不介入违约事实调查的责任，而是根据受益人请求的索赔金额直接进行货币支付，只要受益人按照保函规定的方式提出了索赔请求。实践中，保函很少对受益人的索赔权利提出任何限制，因此常常被称为无条件保函。这类保函对担保机构的工程经验没有要求，但给了受益人过度的权利，因而在政府推广的工程担保制度的相关文件中基本都不被提倡，但实践中却受到受益人的欢迎。这类保函对担保机构的及时赔付能力提出很高要求，常常是银行保函。这类保函在国际上有

ICC458 号规则予以规范。特点是担保责任独立于主合同责任，因此也被称为独立保函。国际商会（ICC）为了纠正无条件保函带来的不公正索赔问题，推荐采用此类保函时增加以下索赔条件，即：受益人出具其索赔请求是基于被担保人违约的书面声明。这样一旦受益人是不公正索赔，其声明可作为"欺诈"犯罪的证据。但这并不能完全解决不公正索赔的问题。

（3）连带责任有条件货币赔付型（Ⅲ型）：这类保函约定担保机构将承担连带责任，但责任以受益人蒙受的实际损失为限，同时担保机构也不承担自行认定违约责任的义务。当发包人和承包人之间对实际损失金额存在争议时，常常需要经过漫长的争议调解程序或法律程序来对实际损失金额做出裁定，担保机构才会做出赔付。这类保函对担保机构的工程经验也没有要求，最终的货币赔付也保证了公平公正，但一旦对违约赔付金额存在争议，则受益人不能得到及时赔付，因而如果没有政府强制推行，就基本没有生命力。这类保函实质上正是 ICC327 号规则下的保函，由于近年来独立保函的蓬勃发展，如今在国际上的运用越来越有限。

（4）一般责任有条件货币赔付型（Ⅳ型）：这类保函约定仅在被担保人实际违约，并且被担保人的全部财产都已被用于赔付但尚不足以弥补受益人的损失的情况下，担保机构才承担剩余部分的赔付责任。这类保函在国际上基本找不到先例，基本上是部分国内担保机构的创造。它极大地减少了担保机构财产实际被用于赔付的概率，因此极大地降低了承保风险。但对受益人而言，此类保函所带来的价值极为有限，它唯一能对抗就是被担保人破产后的部分债权风险。之所以说是部分，因为此类保函往往也只承诺工程总合同额 10%～15% 的担保金额，所以如果受益人落空的债权超出此担保金额，超出部分的损失还得自己消化。从市场功能角度看，这类保函基本丧失了功能 A，因为担保机构只在承包人无财产可执行的前提下才做出赔付，因此基本不可能再向承包人追回代偿损失，也因此不能起到增强承包人履约自律的作用。这类保函尽管被索赔的风险极低，但一旦被索赔其损失也不可能再从被担保人处被追回，因此一旦出险，其给担保机构带来的损失也不可低估。这类保函之所以在中国市场得以存在，有两方面原因：一是受益人缺乏担保常识，不了解一般责任担保与连带责任担保之间的区别；二是在一些试点推行强制性工程担保制度的地区，受益人本身缺乏担保意识和需求，而将购买此类保函作为应对政府政策的手段。由于担保机构风险很小，相信也会愿意以极低的价格开出此类保函。

不同的责任承担方式也带来不同的理赔效率。工程担保的一个重要价值在于，当受益人一旦遭遇保函下的违约风险时，能够尽快及时获得赔付，弥补因被担保人违约给自己带来的损失。前文所述的四种类型的保函对受益人快速获得赔付的保障依次为：Ⅱ＞Ⅲ＞Ⅳ。这是因为，Ⅳ型需要被担保人先行履行赔付责任后，不足部分才由保证人来补充，显然难度极大。Ⅲ保函主要的问题在于保证人不介人对违约责任的认定，而是等待受益人和被担保人双方（即主合同双方）对违约责任的认定达成一致，或者等待法庭判决或仲裁，一旦主合同双方陷入争议之中，则受益人并不能得到来自保证人的帮助。毫无疑问，由于Ⅱ型保函下，担保机构无需等待违约责任认定就先行赔付，显然理赔效率会在此三者之中最优。

Ⅰ型保函的情况则比较特殊，其索赔效率的关键取决Ⅰ型保函的担保金额是否足够高。当担保金额足够高时，Ⅰ型保函甚至可以被认为是优于Ⅱ型保函，这是因为保证人会担心争议不能及时解决导致小风险演化为大风险，拖延风险事件的解决只会对自己造成更大损失，所以会有更大动力去积极介入违约责任的认定，甚至事前采取措施帮助被担保人避免违约事件的发生，起到化风险于无形的效果。这显然是Ⅱ型保函难以达到的效果。

反之，如果Ⅰ型保函的担保金额非常低，一旦实际违约损失超过该金额后，风险继续扩大的损失就是由受益人来承担了，所以担保机构理赔的积极性主动性就会大大降低，但好在保证人有义务介入违约责任调查，从保护自身从业信誉的角度，一旦保证人确信被担保人的确应承担违约责任时，就不必等待法庭判决或仲裁了，因此会比Ⅲ型保函更快做出赔付。但不排除部分缺乏诚信的担保机构会故意拖延做出决定，这时其索赔效率会趋近于Ⅲ型保函。

可见，Ⅰ、Ⅱ型保函从索赔效率来讲各有优劣。从监管需求来看，对Ⅰ型保函应引导其向高保额方向发展，同时创造良好的法制环境来保护担保机构的追偿权利，提升其承保意愿；对Ⅱ保函则应控制被恶意索赔的受益人利用的负面效果。

综上所述，对四种类型的保函的监管需求总结见表12-5：

各类型的担保产品、市场功能，及其监管需求 表12-5

保函类型	基本描述	ICC规则	市场功能	承保环节监管需求	索赔环节的监管需求	政策引导方向
Ⅰ型	连带责任合同履行型	524	A＋B＋C	赔付能力＋工程经验	创新违约责任认定机制，促进保证人快速理赔	不断提高保额要求；保护担保机构代偿后的追偿权利；政策倾斜鼓励其大力发展
Ⅱ型	独立责任货币赔付型	458	A＋B	赔付能力	为蒙受不公正索赔的被担保人提供救济	通过保函标准化来推广"防欺诈条款"的应用

续表

保函类型	基本描述	ICC 规则	市场功能	承保环节监管需求	索赔环节的监管需求	政策引导方向
Ⅲ型	连带责任有条件货币赔付型	327	a + b	赔付能力	创新违约责任认定机制、促进保证人快速理赔	无
Ⅳ型	一般责任有条件货币赔付型	无	b	赔付能力	赔付能力	（法定）强制性担保中应拒绝采用，维护担保产品对受益人的价值

注：市场功能中，字母大写表示此类功能强，小写表示此类功能弱

第二节　工程担保行业监管架构设想

一、政府监管与行业自律

要满足以上所述行业监管需求，可以从两个途径来实现：其一是通过政府监管，其二是通过行业自律。事实上，在市场经济发达国家，这二者总是相辅相成，缺一不可。政府监管的特点是具有强制性，它监管的出发点是维护公平公正的市场环境和公共利益，它只在没有它市场机制就失灵的最关键之处出手，并仅在法律的授权范围内严格依法实施监管。由于政府组织优先关注自己的信誉，为了避免朝令夕改，在采取监管措施时往往倾向于谨慎行事，且一旦行动起来后政策方向常常就会有很大的惯性，发现问题后再转向常常会有很大的难度。

行业自律则是从维护行业整体利益的角度，由业内企业或从业者自觉自愿达成共识，形成行为标准和道德规范。行业自律由于缺乏强制性，它的行业管理功能发挥主要依靠行业组织对外提供行业标准和会员行为规范等相关信息的方式来实现，这些信息帮助市场克服信息不对称，成为市场中服务或产品需求方决策的重要参考信息，从而促进市场的优胜劣汰。也正因为非强制性，与政府监管相比，行业组织的行为可以有更大的灵活度，一旦发现问题也便于调整，可以快速有效地弥补政府监管之不足。

因此，在市场经济发达的国家，一些市场规范问题常常都是由行业组织打头阵，先行摸索研究，首先推动在业内形成共识，先供市场检验，最后再通过立法形成稳定的政府政策。一些政府机构甚至直接对行业组织制定的规范标准加以采纳，减少了政府的相关工作负担。

美国对担保市场的监管主要可概括为 4 大机制（图 12-1），即：①以偿付能

力为核心的动态的市场进入与退出监管机制；②对市场竞争与价格的监管机制；③信息披露机制；④行业自律机制。其中，政府监管职能包括了①②③；行业组织的角色主要在④，但同时也在②③两个方面发挥着重要作用。

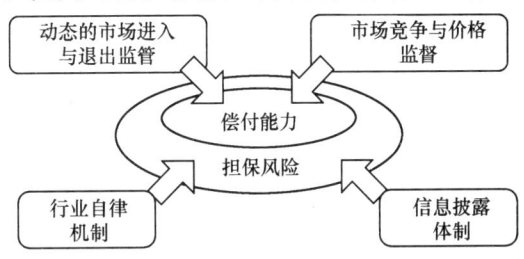

图 12-1　美国工程担保市场风险防范机制

基于上述讨论，我国对工程担保行业的管理也应学会两条腿走路，其基本架构应包括政府监管和行业组织的自律管理两个层面。并且各自承担不同的行业管理职能。

二、政府监管的定位

在现代市场经济体制中，政府监管的价值在于纠正市场失灵，从而促使市场机制的正常运行。这就要求政府干预市场既不能缺位，缺位就不能使市场失灵得到有效纠正；但也不能越位，越位就导致市场机制不能有效健康地发挥。要准确把握这种政府监管的度，就需要坚持以下原则：

1. 严格限定政府干预市场的行为范围

政府监管的角度应该是：维护市场秩序的公正，维护市场公平竞争的机制。即如何最好地去促进社会公共利益，如何确保政府的一些非常有价值的公共政策目标的实现——如发展中小企业、保护弱势群体等。

维护市场秩序的公正，首先是对监管者提出了要求，要不断增强市场监管的透明度，确保不同的商业机构具有同等的、公平的竞争环境；其次，就是要完善法律环境，保障担保机构的权利和义务与担保关系中的其他法律主体之间有适度的分担。

超出以上范围的任何政府干预，都是应该避免的。

2. 审慎选择政府对市场的干预模式

政府对市场的干预有两种模式：一是直接告诉市场应该如何行动；二是为市场提供公共信息，帮助市场自行去判断应该如何行动。

我国传统的政府监管往往注重前者，其结果就是"一管就死"。主要是因为

317

忽视了公共信息的提供，没有为市场服务好；一旦政府撒手，又立刻进入"一放就乱"的状态。因此，政府在制定担保业相关监管政策时，必须彻底转变观念，真正从"市场管理者"变为"市场服务者"。即帮助建立健全市场的信号机制，尽可能通过为市场提供有价值的公共信息，降低信息的获取成本，纠正自发市场中信息不对称的状态，维护市场的整体信用，为市场机制的正常发挥创造出良好的外部环境。

3. 审慎选择市场中的干预对象

为适应不同市场交易行为的需要。市场中存在着大量不同类型的担保行为，如第一节所述法定担保与普通担保、合同担保，非合同担保、融资性担保，非融资性担保、商业性担保与一般民间担保等。从受哪些担保行为应该纳入政府监管，哪些无须政府干预，在制定相关监管政策时都应该审慎研究。

具体到担保业的监管需求，从前面的分析可以看出，从专业性担保的角度一刀切地设定市场准入的统一条件是不太妥当的。但是，政府在规范担保市场的问题上却有两大操作空间：

1）对于政策性担保，因为政府是出资人，所以政府完全有权利来决定对谁提供担保以及对谁不提供担保；

2）对于（法定）强制性担保，要么政府本身是受益人，要么是作为不特定公众受益人的代表人，所以他也有条件来决定，谁是他可以接受的保证人，谁不是。

政府对担保市场实施监管的操作空间可以用图 12-2 表示。

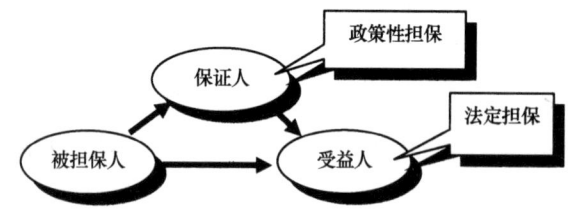

图 12-2　政府对担保市场实施监管的操作空间

三、行业组织的行业管理角色定位

正如上文所述，行业组织的行业管理由于遵循自愿服从原则，因此只要在法律许可的范围内，具体如何开展自律管理有很大的灵活性。

行业组织应该发挥的作用可以概括为以下几个方面：

（1）提供一个行业信息交流和讨论行业发展与共同利益的讲坛；

（2）代表行业利益对外进行宣传、教育，为担保业争取良好的发展环境；

（3）开展行业统计分析工作，确定行业的平均运营成本，识别和应对行业风险；

（4）推动行业运作的标准化和规范化；

（5）开展从业人员职业资格认证；

（6）提供对律师、会计师、咨询工程师等相关市场人员的培训。

对于中国工程担保业而言，由于面对政府监管缺位的现实困境，非常有必要发挥行业的自主性和能动性，率先行动，自我规范。面对市场竞争无序的现状，可以通过建立担保企业信用评级体系、设立会员资格和级别、开展从业人员职业资格认证等多种方式，为市场发出有效信号，形成一种替代性的市场准入标准。这一工作只要能够真正做到公平公允，为市场所认可，那么也完全有希望为政府监管提供依据，甚至直接为政府所采纳。

第三节　工程担保行业的政府监管模式研究

一、工程担保行业政府监管模式国际经验借鉴

就一般担保产品而言，从国际经验来看，担保机构主要有银行和担保公司两大类，其中银行作为担保机构历史悠久，并受到中央银行的监管；而专业担保公司的大规模发展仅有百年历史，它们或隶属于保险公司，或被视同保险公司，被作为非银行金融机构，接受类似于保险公司的金融监管。而就工程担保这一特殊产品而言，应该说国际上不存在一般意义上的市场准入，而是将选择担保机构的权利交给了受益人。但是，在公共工程中，由于工程担保往往是法定担保，受益人也往往是公共业主，所以会有特定的政府部门来为公共工程担保市场的准入条件制定监管规则，如美国财政部定期审查担保机构并发布准入者名单，即著名的"T-list"。可见，在国际上，工程担保市场的政府监管有两个层次的门槛，其一是作为一般担保机构的行业准入门槛，其二是作为法定公共工程担保的准入门槛。长远来看，这也将是中国工程担保市场监管的发展方向。

二、工程担保市场政府监管利益相关人分析

中国担保业经过 10 多年的发展，已经不是一张白纸可以任由制度设计者去涂抹颜色，而是需要审慎地识别利益相关者，并通过各相关部门的政策协调寻找一条最妥当最有效的完善政府监管的途径。

（1）发改委系统：是工程项目前期工作的监管者，对工程项目业主方从项目核准的角度施加影响；是公共工程代建制模式和项目法人招标项目的积极推动者，常常也是代建制合同及项目法人合同的政府签约方，也因此成为代建合同及

项目法人合同履约保函的受益人。

（2）财政系统：是国家公共财政的监管者，公共工程资金的供应方和拨付方，对公共资金的安全使用负有责任，从资金管理的角度对公共工程业主有着举足轻重的影响。由于公共工程履约担保可以有效规避公共工程资金使用过程中因承包商违约所带来的风险，所以事实上财政部门正是公共工程履约担保的实际受益人。目前，财政系统主管工程以外的其他政府采购活动，也存在大量的合同担保问题。财政部门也一直在积极摸索担保机构的金融风险监管机制，并取得了初步的成果。

（3）住房城乡建设系统：是一切工程建设活动及其产品的安全性、合法合规性的监管者，是承包方所属的建设行业的主管部门，对建筑行业有着重要影响；同时通过工程报建、设计审批、开工许可证发放等法定监管职能，对工程建设的业主方也有一定的影响力。住房城乡建设系统对解决工程款拖欠、农民工工资拖欠，以及由此隐藏或引发的质量安全风险以及社会风险负有第一责任，因此是工程担保制度最积极的推动者，并特别对其中关于工程款支付责任类担保约束业主行为寄予了厚望。住房城乡建设系统还是国家推动保障性住房建设的首要责任者，因此也可在某种程度上被视为保障性住房这一大类项目的公共业主。目前，住房城乡建设系统还是住房置业担保这一特定担保品种的主管部门，在对担保机构的监管方面初步积累了一定的经验。

（4）工信系统：目前是中国中小企业融资担保的推动者和监管者。此前对中小企业融资担保的监管职能由发改委系统并入，在中小企业担保方面已经初步积累了一定经验。

（5）金融监管系统：包括银监会、保监会、证监会等，他们分别对银行业、保险业、证券业、信托业等实施专业金融监管。目前，银行保函为《银行法》所认可的银行业务，因而也受到银监会的监管。而保险公司已经在开展的海关担保和诉讼担保业务；此外，近年来部分保险公司推出的一些保证保险业务，与担保公司的担保业务也有很大的相似性，应已纳入保监会的监管。但由于目前国内对担保公司是否属于金融机构存在争议，所以担保公司的保函尚未正式纳入任何金融监管。但银监会已经设立了一个融资担保业务部，并已联合其他相关部委出台了对融资担保公司的监管办法。

（6）工程建设活动其他相关部委系统：包括交通运输部、水利部、铁道部、海洋局等，具体负责城际公路工程、水利工程、铁道工程、航站工程、河道工程、港口工程等的建设。目前这些工程建设中工程担保已经有不少使用，但大都采用银行保函。工程建设活动其他相关部委系统作为工程担保的受益方，必然也会介入到工程担保监管相关的事务中。事实上，一些地方开展工程担保试点相关文件中已经出现地方交通部门、水利部门等的身影。

以上几大相关监管系统中，长远来看，将担保公司纳入非银行金融机构接受严格的基于赔付能力和风险内控机制的监管是必然趋势。而金融监管正好可以解决所有类型的保函的赔付能力的问题。但对于Ⅰ型保函所要求的工程经验，显然金融监管不是全部，还需要一定的专业监管。一般而言，住房城乡建设系统对工程项目实施阶段的监管有着丰富的经验，其专业经验是工程担保监管的重要一环。但就工程项目建设全过程而言，特别是在我国大力推行代建制的现实环境下，决策阶段的代建合同担保也不可忽略。因此，长远来看，Ⅰ型保函有必要从监管环节实现工程项目前期与实施阶段的整合；财政系统作为公共财政支出的监管者，也是工程担保的重要相关者；而在全面推行强制性工程担保制度后，对中小承包商的担保援助也需要提上议事日程。因此，建议住房和城乡建设部与国家发展和改革委员会、财政部、工信部以及其他工程建设相关部委要充分沟通，建立起跨部委的协调机制，就Ⅰ型保函的专业监管及援助等对外形成统一的出口。

短期而言，我国对于一般担保机构的监管办法还没有明确的定论，担保机构赔付能力尚缺乏有效保障。在这样一个大背景下，工程担保市场要大力向前推进，则我国工程担保制度的主要推动者——建设行业主管部门就必须义不容辞地担当起推动完善政府监管的责任，至少对于工程项目实施阶段的各类担保产品，应该从赔付能力和专业经验两方面都建立起强制性担保产品的市场准入机制。

三、工程担保市场政府监管职能分析

工程担保制度的核心是为受益人带来价值。从受益人的角度，需要抓住两个环节，其一是承保、其二是理赔。前者关系到担保市场的准入，后者关系到担保市场的可持续发展。

从承保环节来看，受益人的投保决策需要基于对担保机构的信誉和赔付能力的掌握，确保不要找到没有诚信或实际赔付能力的保证人，使自己规避风险的决策落空。这是对担保市场准入或担保市场信息披露的监管要求。当受益人能获得充分的信息披露时，是否给予其充分的选择保证人的自由裁量权则视其性质而定。对于将成为最终用户的真正意义上的私人业主，完全可以赋予其完全的自由裁量权；而对于前文所述法定担保下的受益人，则应通过政府监管来约束其自由裁量权。基于前文对法定担保和政策性担保的分析，建议市场准入门槛仅仅针对法定担保和政策性担保而设定。在全国统一的法定担保相关立法出台前，可通过部门规章或地方法规来确定强制性担保范围，并为其设定市场准入门槛。除此之外，政府应建立全国统一的担保信息披露机制，作为一项为一般商业担保和民间担保行为提供的政府服务，通过信息披露引导中国担保市场的健康有序发展（图12-3）。

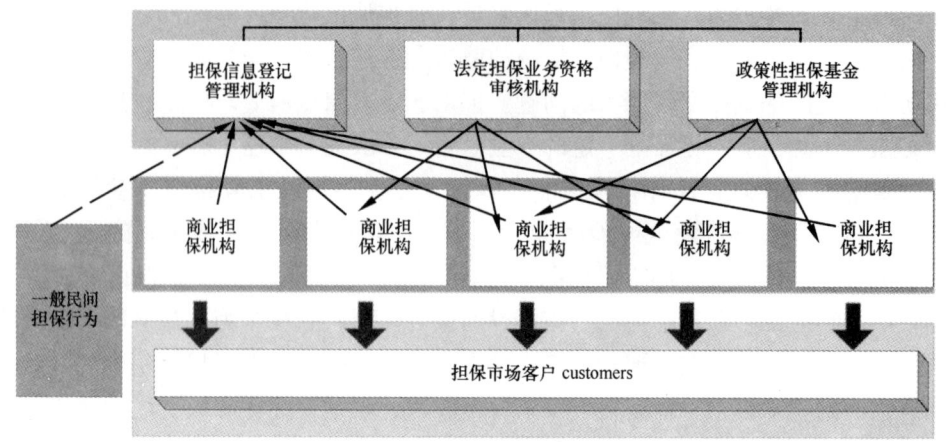

图 12-3　担保市场政府监管架构

从理赔环节来看，高效率的保函理赔是工程担保市场信用得以确立的关键。可以预见，在推行强制性工程担保制度以后，就保函的索赔事件会比现在大量增加，因此建议建设主管部门在各地组建工程担保索赔裁定中心。表 12-6 对工程担保索赔裁定中心的裁定意见对不同类型保函的不同作用进行了归纳。

工程担保索赔裁定中心的裁定意见对不同类型保函的作用　　　　表 12-6

保函类型	基本描述	ICC 规则	作　　用
Ⅰ 型	连带责任合同履行型	524	当保证人与受益人不能就赔付方案达成一致时，可作为保证人最终承担赔付责任的依据
Ⅱ 型	独立责任货币赔付型	458	可作为蒙受不公正索赔的被担保人要求保证人停止赔付，或被不公正索赔后向受益人追回损失的依据。
Ⅲ 型	连带责任有条件货币赔付型	327	可作为保证人设定的赔付条件
Ⅳ 型	一般责任有条件货币赔付型	无	可作为受益人和被担保人之间争议解决的工具

四、对政府监管模式的建议

针对我国工程担保业亟须发展的现实需求，以及担保业全行业监管存在跨部门协调的困难，建议建设行业主管部门遵循先易后难的路径，先找到推行工程担保制度和实施政府监管的突破点，再从这一突破点积累经验，并不断扩大战果；与此同时，积极同步推动与其他政府相关部委的政策协调，逐渐改善推行工程担保制度的外部环境，从而使工程担保制度得到稳步推进。具体建议如下：

1. 以许可证担保为突破点，实施针对该担保品种的市场准入制度

从行政许可法赋予自身的市场监管职能入手，许可证担保是最好的突破点。建议建设行业主管部门率先以部门规章形式，设立与自身监管职能相配套的强制性担保品种，并在承保环节设立专门的工程担保监管机构来负责对相应强制性担保品种的市场准入监管。作为一种监管试点，该工程担保监管机构应尽量做到麻雀虽小五脏俱全，兼备工程担保信息披露和发布、对担保机构赔付能力的动态监管、对保函的集中管理，以及推动中小建筑企业担保援助政策等多方面的职能。

可以作为启动的强制性担保品种可首先考虑与规划许可证、施工许可证以及企业资质审批等建设行业主管部门职能相配套的许可证担保。这类许可证担保系以建设行业主管部门为受益人，以项目业主或申请资质的企业为被担保人，在被担保人向建设行业主管部门申请许可或资质证书时向政府提交，担保自己不滥用许可证从事违法违规活动。导致保函被索赔的这些违法违规行为需在保函中明示，根据担保金额，范围可大可小。如小至仅要求业主采取必要措施防范承包商拖欠农民工工资的行为，并在农民工工资实际被拖欠时要求业主先行代为清偿，并从承包商的合同款中扣除，否则政府有权就保函索赔来解决农民工工资拖欠的问题。大致可以包括开发商非法土地囤积行为、非法拆迁行为、规划违法行为、售房欺诈行为、工程款欺诈行为等，一旦出现上述违法违规行为，政府就有权收回许可，并通过担保索赔获得善后资金来处理工程烂尾问题。配套资质许可的施工企业执照担保则可以用于解决企业出卖资质违规挂靠问题。

建筑市场长期以来的混乱更主要还是来自业主行为不规范，而建设行业主管部门却一直没有很好的办法来管理业主行为，这是建筑市场混乱的根本原因。许可证担保是国外政府部门履行政府职能的重要帮手，特别是在小政府大社会模式下，政府监管人手严重不足，他们往往是通过在发放许可证的环节设立担保条件来减少许可证签发审批环节的工作量，同时又使这种许可证监管的效果一直持续延伸到保函到期日，大大加强了许可证的监管力度，是强化政府监管很好的手段。

工程担保一定要从业主抓起，因为一旦抓住了业主监管，相信工程担保的其他各种担保品种无需强制自然也会得到推行，这是因为业主一旦成为被担保人，自然就会苦思冥想如何将保函可能被索赔的风险转移出去，向其他合同方转移将成为其最自然的选择。在国际上之所以工程担保成为惯例，一个重要的原因就是业主受制于"建设者的留置权"这一法定担保。不仅如此，美国许多地方政府都要求开发商提交地块开发责任担保，它实质上也是许可证担保，担保开发商按照规划和地块开发合同的要求来开展相关开发工作，并保证不损害第三方的利益。由于业主受到担保的制约，所以他们才会非常有积极性地要求承包商也提交担保

来转移这种风险。

再者，从许可证担保出发，建设主管部门可最大限度地规避行政许可法对其开展担保监管工作的限制，因为建设主管部门本来就是担保合同的一方，自然拥有选择担保机构的合同权利，这就给了建设主管部门非常宽松的法律环境来尝试对担保机构的市场准入的监管。而管住这一类担保，其实也就是给市场提供了担保公司优劣的强有力的市场信号，为整个工程担保市场带来一种合理引导的效益。

2. 设立工程担保索赔裁定中心来为工程担保制度提供配套服务

前文已经谈了工程担保索赔裁定中心的必要性和市场角色。从操作层面讲，该中心可与目前已经在各地全面推开的"有形建筑市场"相结合。进入有形交易市场进行招投标的项目，可以视其投资主体和投资来源的不同，或强制、或推荐将"工程担保索赔裁定中心"纳入其合同争议解决条款或保函标准文本。原则上，对法定担保或强制性担保可以强制。但在裁定中心建立之初，可以先以推荐方式试运行。

3. 积极推动跨部委政策协调

工程担保业不是一个孤立的行业，整个担保业健康良性发展必将为大范围普及工程担保提供一个良好的外部环境。鉴于目前各不同担保业务分散在不同部委系统管辖的现实，有必要从组织上建立一种跨部委的协调机制。为了使这一协调机制有所保障，建议成立"中国工程担保政策协调工作组"如图 12-4 所示。再在此工作组内各部委良性互动的基础上，逐渐酝酿出一套统一的担保业政府监管机制和平台。

在此过程中，还希望充分吸收已经逐渐壮大的担保行业及相关行业和专家学者的意见。经验证明，政策酝酿过程中各相关方的充分参与对于一项事业的成功推动往往是决定性的，希望得到充分重视。因此，建议协调工作组下设工程担保专家委员会，集中进行工程担保制度的各种政策研究，制定行业规范，搭建行业技术平台等（图 12-4）。此专家委可以作为日后的工程担保行业协会的前身。该小组应该联合政府有关部委、金融监管机构、担保企业以及各专业的研究咨询机构，并以研究机构为依托，成立各专项课题组，对推行工程担保制度所涉及的各种技术问题进行专项研究。并在工作组的统一协调下，尽快明确并建立工程担保市场监管机构的组织，并制定具体的监管办法。

目前，工程担保行业部分企业和业内专家已经率先在中国建筑业协会经营管理委员会下成立了工程担保专家委员会，其使命就是研究如何筹备和发展行业组织，及制定相关规范。他们的工作也可以为未来协调工作组的工作打下一个很好的基础。长远来看，工程担保的相关研究需求还将持续进行下去，因此协调工作

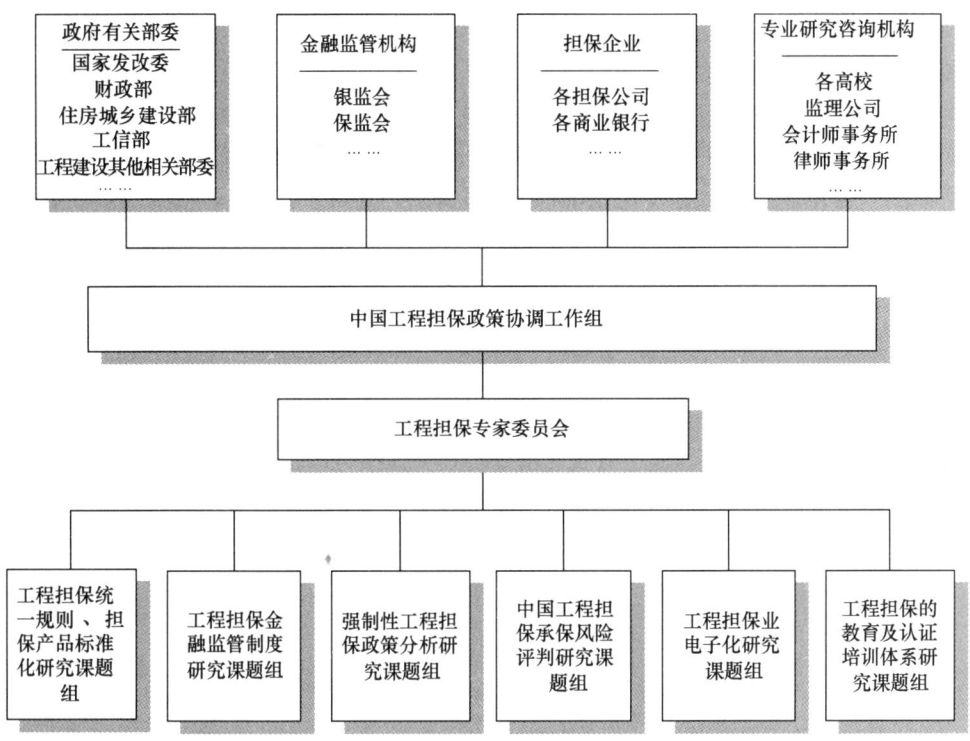

图 12-4 中国工程担保政策协调工作组

组及其专家委员会的模式可以作为一种长远发展模式来考虑。

第四节 对监管内容的建议①

一、对我国工程担保市场准入标准的建议

1. 工程担保市场准入制度实施范围

该准入制度仅限于（法定的）强制性工程担保市场。具体建议为：

（1）（法定的）强制性的工程担保应该由专业担保机构提供。专业担保机构可以是包括根据《银行法》《信托法》和《保险法》所成立并接受中国银监会或保监会监管的，依法开展担保业务的金融机构，也可以是经工程担保专业监管机构核准的非金融机构专业保证人。财产保险公司和经建设行业主管部门核准的专业保证人既可经营《国际商会 524 号合同保函统一规则》所规范的Ⅰ型保函，也

---

① 本部分内容大多已被纳入笔者参与《建筑法》修订工作时起草的《建筑法》修订建议条文，参见附录 2。

可经营《国际商会 458 号承付保函统一规则》所规范的 II 型保函类型。非保险金融机构经营"承付保函"无需申请特别许可，但若经营 I 型保函，则应在工程担保专业监管机构备案。所有工程担保的专业担保机构都需要按照工程担保专业监管机构的信息披露要求对其担保业务逐笔备案和接受对其担保限额的监管。在跨部委的工程担保政策协调工作组成立之前，具体的监管事务暂由建设行业主管部门负责落实。

（2）工程担保业务的代理人、经纪人和公估人的从业许可同工程保险的代理人、经纪人和公估人。

说明：

1）强制性工程担保是工程担保中的一种。工程担保是一种为受益人提供风险防范的特殊的民事合同关系。根据《担保法》对保证人的规定，任何具有清偿能力的个人和法人机构都可以作为保证人；《合同法》也尊重合同缔约者之间的缔约自由。只要受益人是真正的财产所有者，就有理由相信其可以对自身风险及其转移的需要做出准确的判断，无需法律干预。而法定的强制性的工程担保是以保护公共利益为目标，并且以政府、公共投资项目法人或特殊法人为担保受益人。这些保函上列明的受益人只是受托管理公共资产，为防范受托人不恪尽职守甚至监守自盗给公共资产造成损害，用法律来约束其自由裁量权显然是必要的。考虑到工程担保所涉及的风险标的巨大，承保和理赔的专业性都很强，正应通过对专业担保机构的市场准入管理，来缩小法定的强制性工程担保法律关系中受益人选择保证人的自由裁量权，从而控制特定工程项目在设定担保中所面临的风险。

2）国际商会 524 号规则所规范的工程担保所保证的是：一旦被担保人违约行为发生并给受益人造成损失，受益人可以从保证人处获得代为履行或赔偿，从而确保工程目标的完成或受益人利益不受损害。它要求保证人对保函的理赔是基于被担保人的违约责任，且保证人可以自行选择代为履行或货币赔付。经营这种保函要求保证人具有一定的专业能力来评估被担保人的合同履行能力和认定工程建设中违约情况，这种能力要求与财产保险公司经营工程保险业务和其他信用保险、责任保险和保证保险具有相通之处，同时保险公司所经营的每一特定险种都是保监会监管的对象，这也促使其经营工程担保业务时采取审慎的风险控制措施。参照国际经验，从工程担保市场最为发达的美国来看，无论是负责核定担保资质的美国财政部，还是各州保险监管机构，对工程担保业务的监管都套用了对一般保险业监管的办法。目前，鉴于中国保监会对保险业的监管已经建立起了以偿付能力为核心的监管标准，因此，因此不再另对保险公司经营工程担保设定特别的准入条件。

3）国际商会 458 号统一规则所规范的是国际上较为流行并非常适合银行业

开展的承付保函。这种保函基本独立于其所担保主合同，保证人在收到索赔请求后无需介入认定主合同违约责任即可支付赔款，这对于通常缺乏理赔经验的银行迅速处理索赔请求是非常方便的。同时，银行业将担保业务的监管纳入表外业务，缺乏对工程担保业务的特别监管，因此如果大规模介入工程担保领域可能会给整个银行金融系统带来未知风险。所以将银行经营工程担保业务的范围限定在国际商会 458 号统一规则所规范的承付保函，是对我国金融业实施分业管理现状的一种尊重，也是为了帮助银行系统防范金融风险。信托公司经营担保业务的范围同银行。

4）考虑到中国建筑市场规模，一旦推行法定的强制性的担保品种，急需拓展担保容量来满足市场对保函的需求，因此，除了银行、保险公司和信托公司外，同时允许建设主管部门另行核准一批专业保证人。建设主管部门对其核准的专业保证人采用类似于保险公司的以偿付能力为核心的监管原则，其担保业务范围也同保险公司。其主要目的是降低《保险法》所规定的设立保险公司的最低资本金门槛，从而吸引社会富余资金投资担保行业，放大市场整体的担保容量。这样做的合理性在于，与一般保险遵循大数定律不同，担保公司的承保是基于"零赔付"预期的，它必须在经过审慎的承保风险评判后认定被担保人具备履约能力和履约信用后才会出具保函，因此，只要坚持对担保公司采用基于偿付能力的严格监管，对担保公司的净资产要求适当放松并不会给整体市场带来更多的风险。

2. 对专业保证人的核准条件

（1）保证人是《中华人民共和国经济合同担保法》所规定的合法担保主体。

（2）净资产余额不低于 3000 万；其中短期流动性资产不少于 20%。

（3）具备完善的财务管理体系、内部稽核监控制度和风险控制制度。

（4）拥有专职承保师 2 名以上和理赔师 1 名以上。对承保师和理赔师的认定办法参照从业人员资格管理办法。

（5）过去 5 年中无不良信用记录。担保机构信用记录不足 5 年的，应有过去 5 年中无不良信用记录的自然人或法人做保荐人，对新建担保机构的诚信经营进行担保。保荐人需向监管部门提交保函或保证书，保证对因新建担保机构违规操作对第三方造成的损害按照一般保证责任进行赔偿。保荐人的担保总金额需为净资产余额的 20%。可以是多个自然人和法人联合保荐。保荐人之间应通过契约明确保荐责任的分担，或参照《担保法》对保证人的规定执行。已投保信用保险且保险总金额达净资产余额的 20% 的，可以免除对保荐人的要求。

说明：

1）保险法对设立保险公司的最低资本金设置的门槛是 2 亿元人民币，而本建议将从事工程担保的担保机构的门槛降为净资产 3000 万元人民币，这就使大量不足以进入保险市场的资金可以跻身担保市场谋求利润。尽管 3000 万元人民币的净资产门槛不高，但此 3000 万元要求的都是优质并确保了合理的流动性的净资产，加上经营担保产品并不预期出现赔付，而且第四条对担保限额又有明确规定，监管条件又非常严格，所以这一门槛基本上可以防范担保机构无力赔付的风险。

2）对承保师和理赔师的资格认定，建议由行业组织参照国外担保从业人员相关知识体系的要求来组织培训和相关资格考试。

3）担保机构是经营信用产品的机构，因此对其自身信用应该有严格要求。由保荐人对担保机构进行信用担保，或由保险公司为其提供信用保险，可以增强担保机构的诚信经营的自律，并在担保机构本身失信并缺乏足够的偿付能力的情况下，可以使受益人的权益得到一定的保护。为了使获得保荐这一门槛不至于过高，本法规定保荐人只承担一般保证责任——也就是说，只有在利用担保机构自身资产进行赔付后，不足部分才由保荐人承担。

3. 对专业保证人担保资格的动态监管

(1) 对专业保证人的担保限额管理

保证人承保的单笔保函的担保余额不超过经核定的保证人净资产余额的 10％，其承保的所有保函的总担保余额不超过经核定的保证人净资产余额的 10 倍。工程担保专业监管部门在核定保证人净资产余额时，应对以下资产项目酌情扣减：

1）流动性超出 90 天的资产项目，包括保证人所拥有的除自用物业和在最近两年内追偿所得的物业以外的房地产资产项目，按其金额的 30％折算；单独的土地合同所代表的资产将被扣除。

2）对各种流动性证券的投资，每个品种不超出公司总资产的 15％（国债除外）；在单个金融机构的存款不得超出公司总资产的 33％。超出部分金额将被全额扣减。

3）低品质的债券和股票所代表的资产将被剔除（根据相关部门公布的评估结果）。

4）保证人拥有的无担保债权应全额扣减。

5）保证人拥有的资产为诉讼标的物的应全额扣减。

6）保证人的子公司要从事担保业务也需独立在省建设行政主管部门进行担保限额的备案。同时母公司对子公司所拥有的资产应在母公司的资产中扣除。

7）工程担保专业监管部门发现保证人前后两年的精算对赔付预期结果明显地缺乏一致性和连贯性时，将酌情下调该公司的核定净资产，除非该公司能提供充分的证据证明自己的赔付准备金是充足的。

说明：以上对担保限额的规定和对净资产的核定方法基本上参照国际上对保险业进行的基于赔付能力的监管办法。

（2）对非金融机构专业保证人市场准入的动态监管

1）非金融机构的专业保证人，需定期向工程担保专业监管部门报送以下材料备案：①独立的会计师审计的保证人的财务报表；②保证人名下所有未到期保函单项逐笔的担保余额、担保期限和受益人。以上材料的报送周期是：每季末报季报，每财政年度年终报年报。

2）工程担保专业监管部门对非金融机构保证人年度备案应依据各专业保证人的业绩表现每年更新并予以公布；同时，在各专业保证人的季报中发现风险异常的，工程担保专业监管部门也有权在年中随时对业务许可和担保限额予以调整。核定净资产余额不足 3000 万人民币的，担保机构应补足。

3）工程担保专业监管部门对专业保证人的业务及担保限额的调整，包括取消其在本行政区域内经营工程担保业务的许可，均不影响该保证人对未到期保函应承担的保证责任。

（3）对开展Ⅰ型担保的专业担保机构的政策倾斜

Ⅰ型担保代表着工程担保业未来的发展方向，开展Ⅰ型担保需要很高的承保经验，但可以有效地将不具备真实履约能力或意愿的担保申请人排除在市场之外。为了鼓励担保公司发展承保Ⅰ型担保的专业能力，对开展Ⅰ型担保的专业担保机构在进行总担保余额和单笔保函担保限额的核定时，参照其历年平均赔付记录与行业平均水平之间的差异，对历年平均赔付率明显低于行业平均赔付率的，按照其差额与平均赔付率之间的比率，对该担保机构的总担保余额和单笔保函担保限额做相应的放大处理。这一措施将鼓励担保公司尽量通过改进承保技术来控制风险。

二、对我国工程担保信息监管与信息披露机制的建议

我国在建设工程保证担保市场时，应该借鉴本书第六章所阐述的市场经济发达国家的先进经验，从政府和民间两个方面尽快建立和完善市场信息披露制度，以防范担保市场的信用风险。

1. 非保险金融机构从事工程担保业务的信息披露

非保险金融机构主要包括银行、信托公司和证券公司，它们都接受银监会、证监会等的严格监管，有较为成熟的风险内控机制，所以工程担保专业监管部门无需重复监管其赔付能力。但这些金融机构规模庞大、组织结构复杂，下属各分支机构的权限很难为外部所准确洞悉，而下级分支机构越权对外担保造成的风险主要伤害的是金融机构自身的金融安全，而金融机构各下级分支机构竞相越权对

外担保也造成担保产品的无序竞争，危害担保业的健康发展。因此有必要通过信息披露机制，使金融机构从事担保业务的行为得到外部监督。具体的披露方式是：

首先，金融机构从事（法定）强制性担保业务的经营应由总行或总公司在工程担保业务监管部门备案，备案内容应包括对其下属各级分支机构从事工程担保业务及品种类型的权限、可自行核准的单笔担保限额和累计担保限额等，上述信息由各金融机构总部自行核定，但通过备案由工程担保专业监管部门统一对外披露。

其次，若金融机构的某个分支机构要从事Ⅰ型保函业务，则应针对该业务单独到工程担保业务监管部门备案，其信息披露方式等同于非金融机构的监管模式。

2. 其他专业担保机构从事工程担保业务的信息披露

其他专业担保机构包括经工程担保专业监管部门核准的担保机构，以及财险类的保险公司。它们应通过政府监管部门对外披露其经核准的单笔担保限额和累计担保限额、业务品种权限和在保金额。一旦发生索赔，还应对外披露尚未清偿的被索赔金额；如该项索赔事项有再保、分保安排，则分别按照再保、分保合同约定，一并披露被索赔公司应自行承担的被索赔金额，以及各再保、分保公司应分担的债务金额。必要时还可及时调整对某担保机构的单笔担保限额和累计担保限额的核准并予以披露。这些信息对于潜在受益人判断可接受的担保机构范围，以及保函所提供的保障的有效性都是极其重要的。对受益人的有效保护，也就是对工程担保存在价值的保障。

3. 面向以不特定公众或群体为受益人的保函信息披露

这一信息披露要求针对所有专业担保机构。披露内容应包括保函的全部担保承诺和担保金额、受益人对象极其权利范围等。这类保函应要求列入指定政府机构为名义受益人，作为不特定公众或群体的代理人或代言人，如农民工工资担保、业主责任担保、房地产项目相关担保等。这一信息披露要求可以有效避免因不特定公众或群体在缔约过程中缺位而蒙受利益损害和欺诈行为的问题。

三、对我国工程担保行业竞争与费率监管机制的建议

参照第六章所叙述的美国经验，我国在对担保市场竞争的监管中，应侧重于为市场创造公平竞争的平台，这就是参照 SFAA 制定《担保规则、过程及分类手册》的办法，尽快将担保品种标准化，并以非强制性的担保平均赔付成本的公布来对市场的价格竞争加以引导。这个工作可以交由行业自律组织来具体执行。政府则可相对超脱，可适当运用"监而不管"的原则，对市场应以引导为主，管制

则应尽量不用或少用，应特别注意避免采用可能妨碍公平市场竞争的手段。专业担保机构所采用的费率标准应向工程担保专业监管机构备案，专业担保机构也可参照行业组织公布的平均赔付率，对其怀疑的恶意竞争行为展开调查。对涉嫌《反不正当竞争法》的违规行为，可以采取警告、取消市场准入资格，以及向法庭起诉等惩治行动。

第十三章 关于组建"中国工程担保同盟"的建议

第一节 中国工程担保同盟
——行业监管机制的另一种选择

一、中国工程担保事业发展对行业监管的迫切需求

市场经济是一种信用经济，市场经济的发展历史就是一部市场信用不断扩张的历史，而信用短缺将导致市场的退化和失灵。建筑市场由于其交易存在着先签约后交付、合同履行周期漫长、合同价值高风险巨大等特点，对市场信用高度依赖。工程担保行业以自身信誉为基础，通过为建筑市场交易双方输出信用而创造了独特的价值。随着中国建筑市场改革的不断深化，信用风险也随之凸显，加上中国建筑企业海外承包业务的不断扩展，对工程担保的市场需求也随之产生。工程担保被广泛用于解决工程款支付、农民工工资拖欠和工程质量缺陷控制等问题。建筑行业主管部门的大力推动和市场自发产生的各种担保需求，都在不断推动中国工程担保事业的发展，已经完成了从无到有的巨大转变。然而，工程担保行业目前也面临诸多问题，使工程担保事业的进一步的深化推进面临很大瓶颈。

工程担保作为一种国际惯例，其最重要的市场功能在于通过严格的承保风险评判来帮助建筑市场建立起一套有效的信用清除机制，将不诚信和缺乏实际履约能力的担保申请人排除在建筑市场之外；并通过及时的代偿，包括实际代为履行或货币赔付等方式，保障受益人的合法权利不受侵害；再通过行使代位求偿权，将因被担保人不诚信行为给建筑市场带来的信用风险最终转移回其风险源自身，从而迫使被担保人增强行为自律，减少因其主观上的不诚信行为给建筑市场其他合同方、最终用户及全社会带来的危害。但上述市场功能的发挥，不应以削弱被担保人对工程合同及其他法定义务的实际履行能力为代价。

而在工程担保实践中，却存在银行保函、担保公司保函以及抵押、质押等其他物的担保替代方式。其中，只有高保额的成熟的专业工程担保公司保函才能真正达成工程担保制度上述理想的市场功能。这是因为，在高保额的前提下，专业化的工程担保公司往往倾向于以严格的承保风险评判来规避承保风险；同时，对于其批准承保的被担保人，专业的工程担保公司往往倾向于与被担保人建立起一种长期的紧密关系，通常以综合授信来保护和提升其实际履约能力，从而实现自身利润与被担保人的成功发展而一道成长。而银行保函则往往倾向于采用严格的反担保措施来规避银行自身的风险，这往往导致被担保人银行信用额度被过度占用而危害其实际履约能力，而且也不能够很有效地防范因被担保人不能正确评估自己的能力而导致的履约失败的风险；且银行往往采用货币赔付方式履行代偿义务，因而不能为受益人提供实际代为履行义务方式的代偿服务。而直接采用抵押、质押等物的担保方式替代保函，则不仅同样意味着占用可被用于提升银行信用额度的资产，而且特别是现金质押方式还往往导致质押品被不公正占用挪用等风险。由于专业工程担保公司所提供的服务具有特殊的价值，在工程担保实践中，尽管银行保函和担保公司保函存在着一定的市场竞争关系，但即使是在一个银行保函主导的工程担保市场中，开展工程担保业务的银行，也会希望市场有一批成熟的专业的工程担保公司，能够为银行保函业务来提供反担保，以降低被担保人的资金负担和增强其实际履约能力，从而也帮助银行控制和分散自身承担的风险。

因此，一个理想的工程担保市场应该是专业化的工程担保公司所主导的市场，但其前提则是要拥有一大批成熟的对于建筑市场有着深刻理解和风险管控能力的专业化的工程担保公司。

但当前中国专业工程担保公司的生存状态却不容乐观。由于立法滞后，从全国范围看，工程担保市场一直未能得到有效规范。这就导致市场上不同担保公司的经营理念、资信程度良莠不齐、鱼龙混杂，其中一些毫无开展工程担保的专业能力，也缺乏足够的市场信誉。其结果是：一些试点城市和省份拒绝担保公司保函，大量的工程担保市场需求只能依靠银行保函来满足，甚至以现金形式的保证金来替代，给建筑企业带来了很重的资金负担，也极大地压缩了工程担保行业赖以生存的有效需求。这种状况已经严重威胁到了专业化工程担保公司的基本生存。如今，市场上绝大多数担保机构的业务品种单一，盈利能力较低，普遍缺乏资金融通和风险补偿机制，缺乏担保风险分散的制度安排，担保公司平均注册资本金已经出现下降。一些工程担保事业的早期开拓者逐渐淡出甚至退出工程担保行业，而转向到融资担保等其他领域发展，使多年来的工程担保实践中培养出来的一批宝贵人才趋于流失。

但在一些工程担保行业自律和监管机制发展较好的试点省份——如河南省通过设立工程担保协会，通过行业自律来约束规范工程担保公司的行为，在一定范围内建立起了专业化工程担保行业的整体信誉，一批专业化的工程担保公司也因此成功运作，并彰显了专业化工程担保的价值。由此可见，专业工程担保公司的生存和发展又离不开市场对工程担保公司保函的有效需求，而市场有效需求的产生、维持和扩展则来源于市场对工程担保行业整体信用的认可。而行业整体信用的建立则又离不开有效的行业规范。实践证明，有效的行业自律和监管机制正是专业化工程担保的生命线。当前，一系列阻碍我国工程担保行业长期、持续发展的问题，如担保机构的规范运作、业务运营水平和风险控制能力的提升，行业整体信用的维护和信用保障实力的提升等，都对整个工程担保行业的行为自律和监管提出了迫切的要求。

二、中国工程担保行业监管缺失原因分析

十多年来，中国的工程担保事业之所以一直举步维艰，工程担保制度的许多重要的市场功能得不到有效发挥，其中一个重要原因就是工程担保行业一直未能从全国范围得到有效规范。造成这一现象的一个重要原因，又在于工程担保这一特殊行业的发展空间需要与多个国家部委的综合协调。如工程担保服务的一大市场主体是建筑和房地产企业，归口于住房和城乡建设部主管；但工程担保还将服务于建筑企业走出去战略，又归口于商务部主管；而目前大量运用工程担保的代建制项目又归口于国家发改委主管；此外，从国际实践看，强制性工程担保的应用范围通常限于公共工程，属政府采购范畴，还归口于财政部；而从金融风险控制的角度，则工程担保业务与银监会和保监会也有一定的对口关系。

而在我国，传统上，对一个行业的监管机制的确立无论是通过政府监管，还是通过设立社团法人机构实行行业自律，都需要纳入某一个归口的部委来管理。目前，住房与城乡建设部对于在中国推行工程担保制度是最为积极的一个部委，地方试点也是以各地建设系统为主管单位，但因为跨部委协调的困难，至今没有全国性的法律法规出台明确授权某政府机构对工程担保行业进行监管。

因此，要想快速突破工程担保行业监管所面临的上述困境，就需要集中行业智慧，并借鉴国际经验，进行大胆创新。

那么，在市场经济条件下，一个行业的有效监管机制的形成，是否还存在着除政府监管和行业协会自律以外的第三条道路呢？答案是肯定的。那就是以公司制的形式，组建起具有完善法人治理结构的企业，作为一个同业合作平台，并承担起相应的社会责任，通过建立起良好的公共治理机制，实现企业与政府和社会公众之间的良性互动，从而为行业整体建立起必要的社会公信力，在社会公共领域发挥自己不可或缺的作用。其典型案例包括美国的联储银行体系，以及全球大量存在的公司制的证券交易所。在本章第二节将对他们的经验及启示做更加深入的分析。

三、"中国工程担保同盟"的提出

"中国工程担保同盟"（暂定名）这一概念最初的提出者是河南诚建工程投资担保公司的董事长白红磊先生。白红磊先生投身工程担保事业的初衷正是看到工程担保行业发展所带来的市场功能将为社会带来的巨大价值以及其中所蕴含的市场机会。因此他也身体力行，严格按照专业工程担保公司的业务规范来打造自己的企业。他很早就注意到行业整体信用对每一家专业工程担保公司生存发展的重要性，并率先在河南省推动建立了工程担保协会，借助协会这一平台建立了一系列行业自律准则，取得了良好的效果，使得工程担保公司保函的信誉在河南得到了市场的认可。但河南的工程担保公司要进一步走出去开拓全国市场又遭遇到了很大困难。不少其他省份的工程担保公司也面临同样的困境。因此，白先生希望把他在河南省内运作成功的行业自律模式推向全国，但面临诸多的不确定性。作为一位有丰富企业运作经验的企业家，白先生想到能否先注册一家无行业主管部门的公司，先行建立起一个同业合作的平台，通过这一平台发挥再担保功能，来达到团结同业、强化自律监管、谋求共同发展的目的。

白先生将这一构想与笔者交换意见，立即一拍即合。因为长期以来，笔者对中国工程担保事业发展的现状深感忧虑，也对行业监管机制做过一些初步的研究，深切了解其所面临的困境。而以公司制的再担保平台为纽带，恰好是突破上述困境的良策。于是笔者与之一道，共同进一步完善发展了这一初步构想。以下将对有关"中国工程担保同盟"及其公司制的再担保平台构建的理论依据及建议的实施方案做进一步的阐述。

第二节 通过同盟实现公共治理模式的创新

一、美国联邦储备系统的组织架构及其启示①

美国联邦储备系统（Federal Reserve System）——简称美联储，本质上是一个独立于政府行政部门的政府机构、私人银行机构和非政府组织的混合体，因《联邦储备法》的授权而具有特殊的独立的法律地位。它承担着重要的公共职能，却是一个由私人银行投资入股并且拥有可观运营收入的商业性组织；但它又不是一个以追求自身利益最大化为目标的普通商业性组织，而是通过一系列复杂的组织架构和内部治理机制而使投资人的营利冲动受到了严格的约束；它依法对国会

---

① 笔者所指导的学生李钰参与了美联储和公司制证交所案例的相关资料收集和部分文字写作。

负责，但它运作方式的独立性又使它避免于党派利益操控和政府政策的一意孤行，有效地维护着货币市场的稳定，并借助于美国在全球的霸权而成为了整个全球资本主义世界金融体系的一块重要基石。当前，近年来的金融危机和美国政府债务危机一再使人们对美元的信心受到打击，美联储究竟是为谁服务的质疑也一再进入人们的视线，但这些都不能改变这样一个事实：自从美联储成立以来，资本主义世界的经济经历了长期的蓬勃发展，并在与前苏联所领导的社会主义世界的经济竞赛中取得了胜利，尽管这期间资本主义世界的经济危机依然会周期性爆发，但从一个长时间的跨度来看，稳定和发展依然是这一时代的主轴。因此，深入研究美联储的组织和运行机制依然可以给我国未来的相关发展带来很多启示和借鉴。

美联储组建于 1913 年，其成立的初衷正是为了稳定金融系统、对抗通货膨胀[①]。而触发《美国联邦储备法》通过的直接诱因则是 1910 年出现的特别严重的金融危机和通货膨胀。这次危机使整个美国的银行系统都感觉到了建立中央银行来加强对私人银行的监管的重要性。但从美国中央银行曲折的发展史可以看出，究竟这个中央银行应该如何平衡政府与私人银行间的权利来确保达成其使命，其实是一个非常艰难的问题。在美联储成立之前，美国中央银行的发展经历了以下几个时期[77]：

(1) 1791 年至 1811 年：美国第一银行；

(2) 1811 年至 1816 年：没有中央银行；

(3) 1816 年至 1836 年：美国第二银行；

(4) 1837 年至 1862 年：自由银行时代（1846 年至 1921 年独立的财政制度）；

(5) 1863 年至 1913 年：国家银行。

从中可以看出，美国政府一直在是否需要一个中央银行来履行对整个银行金融体系的监管职责的问题上态度摇摆。如果一个社会的银行体系完全自由放任而没有中央银行的监管，则可能因个别银行的经营风险而导致整个银行体系信用的丧失；而一个中央银行完全由私人银行家所控制，不受约束，则有可能为逐利而损害公众利益；但把中央银行完全抓在政府手里，又可能出现因政治利益的角逐争斗而影响到整个金融系统的稳定。最后出现的美国联邦储备系统应该是经过政府和银行界多轮博弈的折中产物。

如今的美联储，其组织系统应该分为三个层次[159]。在最上层是联储理事会，全称为 The Board of Governors of The Federal Reserve System，亦即联邦储备系

---

① The Federal Reserve System；Purpose & Functions，the 9th edition，Board of Governors of the Federal Reserve System，washington，D. C. 2005

统管理委员会，通常也被称为联邦储备系统理事会。联储理事会在法律属性上是独立于一般政府行政部门的特殊政府机构，设主席、副主席各 1 人，共 7 名理事，均由总统提名，参议院审核，理事每届任期 14 年，主席副主席任期 4 年。由于每位理事的任期远远长于总统任期，因此尽管理事由总统提名，但总统所能施加的影响却非常有限，且由于提名还须经国会审核批准，因此任命理事时总统不能随心所欲。例如共和党总统里根在民主党总统卡特任命的主席保罗·沃尔克（民主党人）的任期届满时，在巨大的压力下不得不再次任命沃尔克担任主席。同样，民主党的克林顿总统在共和党总统里根和布什任命的格林斯潘（共和党人）的主席任期第二次届满时，也继续任命他担任主席。这些制度安排在很大程度上保证了联储理事会的独立性。

　　而美联储最下层的组织机构则是分属美国 12 个联邦储备区域的储备银行及其 25 个地方分行。这些区域性储备银行的法律属性基本上是一种私人机构，例如，在 Lewis v. United States 一案中，美国加利福尼亚地区法院和上诉巡回法院都一致认为美国联邦储备银行不属于联邦政府机构，而是独立的私人公司[79]。完全由普通私人银行入股组建，其财产权完全归投资人所有。联储银行同样拥有自己的股东大会、董事会和 CEO，但其决策权则不像一般私人机构那样完全受投资人自己控制。这主要反映在其董事会的构成上。地区联储银行董事会由 9 人组成，其席位分为三类，每类 3 席。其中 C 类的 3 席——包括董事会主席——是由位于华盛顿总部的美联储 7 人理事会任命；而 B 类的 3 席虽是由股东银行选举产生，但被选举人必须是公众利益代表，他们应对农工商业、服务业、劳工组织和消费者等有代表性；只有 A 类的 3 席为代表银行利益的会员银行代表所拥有——会员银行只能是持有国家银行牌照的银行（state-charted bank）。各联储银行依照上述治理结构自主决策独立运作，而联储理事会只能通过包括董事会主席人选在内的 3 席的投票权，以及对董事会任命的银行行长的最后批准权来施加自己的影响，因此并不是传统意义上的总部与分支机构之间的领导被领导关系。这12 家储备银行在职能上就是本地区的中央银行——在货币发行权、存贷款利率权、制定机构编制权等方面均具有高度的独立性，只有财政预算需要接受美联储总部的直接管理。联储银行对各会员银行和入股银行除了可以行使监管职权外，也为会员银行的私人存款提供信用担保，但前提是会员银行必须缴纳一定数量的存款准备金。对这部分资金，联邦储备银行不付给利息。

　　最后，在政府机构性质的联储理事会和私人公司性质的 12 家储备银行之间，还存在着一个公私合作性质的非政府组织——联邦公开市场委员会（Federal Open Market Committee），是它再次通过其内部特殊的席位代表机制成功地将上层的政府机构和下层的分散化的私人机构拧在了一起，成功地使美联储这个特殊的系统获得了集中化的行动能力。因此，联邦储备系统中最重要的政策机构并不是理事会本身，而是这个公开市场委员会。公开市场委员会由联储理事会的 7 名理事加上 12 家银行行长共同组成。但是，仅有 5 个行长席位拥有表决权。5 个有表决权的储备银行席位中，1 席始终由纽约联邦储备银行行长担任，其他四个名额由另外 11 个联邦储备银行行长轮流担任。该委员会设一名主席——通常由联邦储备委员会主席担任，一名副主席——通常由纽约联邦储备银行行长担任。由于理事会是政府机构，私人拥有的联邦储备银行的投票权小于政府机构，这样的安排保证了联邦理事会拥有最终的控制权。联邦公开市场委员会的最主要工作是利用公开市场操作（主要的货币政策之一），从一定程度上影响市场上货币的储量。另外，它还负责决定货币总量的增长范围（即新投入市场的货币数量），并对联邦储备银行在外汇市场上的活动进行指导。该委员会主要的决定都需通过举行讨论会议投票产生。它每年都要在华盛顿特区召开八次例行会议，其会议日程安排表每年都会向公众公开。而平时，则主要通过电话会议协商有关的事务，当然，必要时也可以召开特别会议[41]。

　　由于美联储在一定程度上具有私人机构的性质，因此它并不是一个非营利机构，而是一个真正具有盈利能力的经济组织。其收入来源包括美联储的收入来源是美国政府发行的证券的利息、银行贷款利息、服务费和外汇投资等。美联储利用这些资金按国会批准的预算支付其费用，并将所有额外收入汇寄给美国财政部。最近美国为强化对整个金融市场的监管，又成立了消费者金融保护署（Consumer Financial Protection Bureau），并要求美联储将其收入按一定比例向其提交。美联储尽管财务预算要向国会申报并获得批准，但因为有自己独立的收入来源，并不依靠财政拨款生存，这也成为其运作独立性的一个重要保障。

　　如今，美联储承担的职责主要包括[①]：

（1）制定并负责实施有关的货币政策；

（2）对银行机构实行监管，并保护消费者合法的信贷权利；

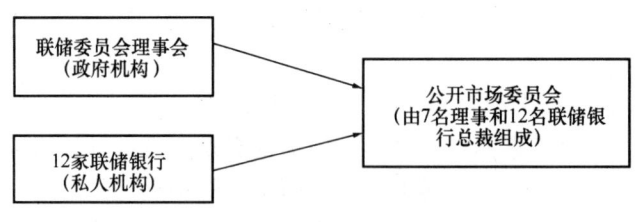

图 13-1　美联储结构示意图

　　① The Federal Reserve System；Purpose & Functions，the 9th edition，Board of Governors of the Federal Reserve System，washington，D. C. 2005

（3）维持金融系统的稳定；

（4）向美国政府，公众，金融机构，外国机构等提供可靠的金融服务；

（5）其他职责还包括：经济教育、社会超越和经济研究。

美国联邦储备系统对同盟的借鉴意义在于：首先，私人机构通过适当的治理结构安排同样可以承担特定的公共职能；其次，合理的治理结构可以实现政府与社会和企业利益的适当平衡，而这种平衡可能有利于实现各方的共赢。

二、公司制证券交易所的发展及其启示

自 20 世纪 90 年代以来，世界范围内的证券交易所纷纷从传统的会员制组织变成营利性的公司，证券交易所的公司化改革近乎成为世界潮流。从 1993 年斯德哥尔摩证券交易所作为第一家证券交易所进行公司制改造以来，短短 10 年左右的时间，全球范围的交易所纷纷从传统的会员制组织结构转变为公司制组织结构。根据世界交易所联合会（WFE）的统计，截至 2003 年 12 月，WFE 统计的 50 家交易所中，14 家证券交易所已经完成公司制改制但股票还没有公开上市，13 家证券交易所已经变成了公开上市的交易所；公司制交易所占统计的全部成员交易所的 54%。世界著名的交易所，除了纽约证券交易所（NYSE）之外，澳大利亚证券交易所（1998）、新加坡交易所（1999）、伦敦证券交易所（2000）、纳斯达克股票市场（2000）、香港交易所（2000）、泛欧交易所（Euronext，2000）、多伦多证券交易所（2000）、东京证券交易所（2001）都已经变成公司制交易所。同时，截至 2002 年 12 月底，斯德哥尔摩证券交易所（1993）、澳大利亚证券交易所（1998）、香港交易所（2000）、新加坡交易所（2000）、Euronext（2001）、多伦多证券交易所（2001）、伦敦证券交易所（2001）、纳斯达克股票市场（2002）的股票都已经进行了公开交易。也就是说，这些交易所本身也都已经变成上市公司了（谢增毅，2006[360]）。公司制交易所和会员制交易所的差异主要表现在：

（1）经营目标不同，会员制证券交易所具有公益性，通常是非营利性；而公司制证券交易所具有营利性。

（2）在权利归属方面，会员制证券交易所由会员所有，而公司制交易所由股东所有，股东不一定是会员。

（3）在治理结构方面，会员制证券交易所采取的是互助式的管理模式，发扬民主，采取一人一票；而公司制证券交易所则是采用现代商事公司的治理结构进行运行，实行一股一票。

证券交易所的公司化改革，使证交所引入了现代股份公司的治理结构，有利于提高证交所的决策和运作效率，并降低成本；也有利于证券交易所吸纳更多资本。特别是上市公开交易的证交所，还必须按照上市公司的要求依法向市场进行

信息披露，其决策机制更加清晰明了。

同时，证券交易所的公司化改革，可以强化证券交易所的自治地位，改善证券交易所的自律监管（刘俊海，2005[293]），削弱了政府的不当干预，更能保证交易的公平和保护投资者的利益。这是因为政府对市场的不当干预本身就可能是不公平的来源，而公司制的证交所本身如果不具有垄断地位，而是有多个竞争者，则其交易条件如果缺乏公平性就会导致市场用脚投票，选择到其他证交所去交易。由于公司制证交所对市场竞争更为敏感，所以竞争的压力会促使公司制交易所更加注重维护交易的公平。

证交所的公司化改革也必然强化其对自身利润的追逐，这一方面可通过不断改善经营管理、降低风险、提高自主创新能力和竞争力等方式来实现；当然也可能是通过损害社会第三方利益的方式来实现。同时，公司制证交所区别于一般普通商事公司的特点在于：它必须承载公益职能，包括提供流动性和证券定价，提供对上市公司、会员公司和证券交易的一线监管等，不仅与繁荣和稳定证券市场密切相关，甚至严重影响一国的经济发展。因此，公司制证交所尽管也是股份公司，但却具有准公共机构的性质，并承担着法定的和政府监管者相同的证券监管的公共目标。因此美国证券交易委员会（U. S. Securities and Exchange Commission，简称 SEC）将证交所定义为自律组织（Self-Regulatory Organization，简称 SRO）。而要将公司制证交所的逐利倾向与其所承载的公益目标相协调，关键还是在于合理制定其治理目标和治理结构。因此，在证交所公司化改革推进的同时，世界上的一些国家针对证券交易所公司化的问题也进行了交易所公司治理的改革。改革的主要宗旨均是提高董事会和自律监管的独立性及克服交易所市场职能和监管职能的利益冲突，确保交易所履行法定的自律职责，保护投资者和社会公众的利益（谢增毅，2006[360]）。

下面以 2004～2005 年美国证券交易委员会（U. S. Securities and Exchange Commission，简称 SEC）提出的交易所公司治理改革方案[84]为例，说明公司制证交所治理目标和治理结构的特点。

1. 治理目标

SEC 指出：作为交易市场的经营者、证券商的一线监管组织以及上市公司标准的制定者，证券交易所对美国证券市场的公正至关重要；而且，交易所作为市场监管者和市场经营者的双重角色，市场之间竞争的加剧，以及交易所非互助化①趋势的增强，引发了人们对交易所严格、公正的履行监管义务的能力和努力

---

① 交易所非互助化是交易所公司化的另一种提法，因为传统的会员制交易所本身被认为具有互助性质，因此从会员制走向公司制也就被认为是非互助化。

的担忧。交易所面临严重挑战。因此，SEC 将致力于解决自律组织的公司治理和管理面临的问题，探索能够促进自律组织有效完成自律义务的改革。可以看出，SEC 关于自律组织公司治理的改革方案主要为了解决交易所的双重角色以及公司制改制面临的利益冲突，促使交易所履行法定的自律义务，促进证券市场的公正（谢增毅，2006[360]）。

2. 治理结构

（1）董事会（Board of Directors）：是交易所最高决策机构，要求确保其独立性。这种独立性的保证来源于交易所董事会的大部分成员必须是独立董事，这些独立董事应与交易所的股东、会员券商及证券承销商等没有关联关系，而是代表一般股票投资人的利益。SEC 并对董事的独立性提出了一系列明确标准，同时要求独立董事对影响其独立性的事项自行主动报告。董事中至少 20％是由会员选举产生，而不是按股东的股份投票决定。此外，还应至少有 1 人是股票发行人代表，1 人是股票投资人代表，且这些代表应与券商经纪人和承销商等没有任何关联关系，以此体现公平的代表性。所有董事会成员都被要求承担起遵守证券法、维护公共利益和廉洁自律等义务。为了确保独立董事有充分的机会来发挥他们的作用，改革方案还要求证交所董事会要设定明确的会期。

（2）董事会常设委员会（Standing Committee）：至少要包括提名委员会（Nominating Committee）、治理委员会 Governance Committee、薪酬委员会 Compensation Committee、审计委员会 Audit Committee 和监管委员会（Regulatory Oversight Committee）等。这些专门委员会与董事会没有隶属关系，但委员会成员由董事组成。它们依章程对某些专门事项拥有管辖权。这些常设的专门委员会每次对特定事项的表决也必须是以独立董事占多数表决权为前提。如某委员会有 9 名独立董事，8 名非独立董事，但某次讨论有 2 名独立董事缺席，则非独立董事的表决权就只能有 6 席而非 8 席，以确保独立董事的表决权依然占多数。SEC 鼓励证交所设立其他专门委员会。但任何被授权可代表董事会决策的专门委员会都必须遵循独立董事占多数的原则。但这些委员会同时也要求有至少 20％的会员代表。

（3）首席执行官（Chief Executive Officer，CEO）与董事会主席的关系：当 CEO 与董事会主席不是同一人时，董事会主席应由独立董事担任。当 CEO 与董事会主席为同一人时，董事会还应从独立董事中任命一位首席董事（lead director），并向社会公开首席董事的姓名和联系方式。董事会会期事务将由首席董事而非董事会主席来负责主持。

（4）首席监管官（Chief Regulatory Officer，简称 CRO）：改革方案要求证交所任命一位首席监管官，负责证交所履行市场监管职责的相关事务。他独立于

CEO，直接向监管委员会负责。以此确保证交所的市场监管职能与其市场经营行为相分离。改革方案对证交所将其市场监管职能与市场经营行为相分离提出了明确的要求，以使其市场监管行为不受市场经营及其他商业利益的影响。为此，改革方案也明确要求交易所从监管中的罚款、收费和惩罚中获得的收入只能用于监管的用途，而不能用于支付其他成本开支及纳入可分配利润。

（5）所有权和投票权限制。改革方案要求证交所设立规则限制任何会员券商、承销商、经纪人对证交所或其所属独立设施的权益拥有超过一定比例的所有权及投票权。对于具体的上限标准 SEC 认为应该一事一议。对于一般性 SRO 设施，所有权上限的参考标准是 40%，投票权上限的参考标准是 20%；而对于全国性的证交所，则对会员券商或经纪人的所有权和投票权上限比例都是 20%，这一比例上限是将会员及其"关联人"所持股份和投票权加总到一起来计算的，以防止证交所被特定会员所操纵。改革方案还规定，如果有会员的所有权超出 20%，则超出的部分将由证交所按票面价值赎回，这个价格往往会远低于市场价，以此遏制会员超额持股的动机。改革方案还要求证券交易所的经纪商或者证券商会员在其持有交易所或者交易所设施 5% 以上的所有权时必须向 SEC 报告。这些措施旨在确保交易所有合理的所有权结构，防止交易所的所有权集中于特定的人。

（6）禁止兼职：证交所雇员和管理人员不得在任何会员券商或经纪人的董事会任职。

（7）行为与道德准则及治理指南：改革方案要求证交所为所有的董事会成员、执行官及雇员都要制定行为与道德准则（Code of Conduct and Ethics）。其中至少要包括利益冲突（conflicts of interest）、公司机会（corporate opportunities）、保密（confidentiality）、公平交易（fair dealing）、保护和正当使用交易所资产、遵纪守法以及举报违法或不道德行为等内容。治理指南则至少要包括：董事任职标准、董事责任、董事与管理层及独立顾问的接触、董事薪酬、董事任前培训及继续教育、管理权继承以及年度董事会绩效评估等内容。

3. 信息披露

改革方案对证券交易所的信息披露提出了更高要求，并且对交易所信息披露的更新频次和披露方式也作出了规定。如要求在互联网上公布必须披露的信息。需要公开披露的信息包括：

1）董事会成员、组织结构和职责；

2）专门委员会和执行委员会的组成、结构和职责；

3）治理指南和行为道德准则；

4）组织结构图；

5）市场监管规则；

6）经审计的财务报表和相关财务信息；

7）交易所与其设施及关联机构之间的关系；

8）所有权结构；

9）挂牌或交易中的证券信息；

10）注册地；

11）其他。

4. 对交易所自我上市的要求

SEC 提议对于交易所上市或者交易自身的证券、交易设施的证券、与交易所自身或其交易系统关联的企业的证券加以规定。这些规定旨在确保证券交易所对自身或者关联公司的证券，能够有效的执行上市标准并且监管这些股票的交易，避免利益冲突①。

上述改革方案的出台背景是之前纽约证交所爆出的公司治理丑闻以及交易所的公司制改革导致的人们对营利性机构承担社会公益性监管职责的疑虑。这份长达数百页的改革方案涉及自律组织公司治理、信息披露和记录保管等要求。其重要的特点是通过强制性的独立董事的多数投票权，以及确保会员及其他利益相关方在董事会中的公平代表权，来实现交易所股东、会员券商和经纪人以及上市公司和股票投资人之间的利益平衡，从而解决利益冲突、促进公平交易。

传统的经济学理论和公司法理念认为，公司的营利性特征决定了公司只需全力为追求股东利益最大化服务，公司如果能尽可能高效率地使用资源以生产社会需要的产品和服务，并以消费者愿意支付的价格销售它们，公司就尽到了自己的社会责任。但是进入到 21 世纪之后，公司社会责任的理念发生了变化。现代公司社会责任理论认为公司不能仅以最大限度地为股东赚钱作为其唯一的存在目的，还应以最大限度的考虑公司其他相关利害关系人的利益，包括职工利益、社会弱势群体利益和整个社会公共利益等。我国《公司法》第 5 条规定："公司从事经营活动，必须遵守法律、行政法规，遵守社会公德、商业道德，诚实守信，接受政府和社会公众的监督，承担社会责任。公司的合法权益受法律保护，不受侵犯。"明确地指出了企业应该承担社会责任。

提议中的"中国工程担保同盟"作为一个行业自律机构类似于证券交易所的性质。公司制证券交易所对中国工程担保同盟的借鉴之处在于：（1）与美联储给

---

① SEC Proposed Rule，Release NO. 34-50699. File NO. S7-39-40 http：//www. see. gov/rules/proposed/34-50699. htm

予的启示一样：一个私人投资机构通过设立合理的治理目标和治理结构，同样可以承担起公共职责。而这种治理结构的核心在于机构的股权结构及其在董事会的代表权和投票权。（2）引入独立董事，是保持机构决策独立于利益相关者影响、维护公共利益的重要手段。（3）控制单一股东及其关联者对机构的所有权及投票权上限是防范机构被个别利益相关者操纵而背离公共利益的重要手段。（4）要重视并防范各种潜在的利益冲突所可能带来的风险，这些利益冲突包括但不限于机构的市场监管行为与市场经营行为之间的利益冲突，以及管理人员及雇员个人兼职或其他因素带来的利益冲突，为此有必要制定合理的措施加以防范。（5）要重视机构董事会成员、管理层及普通雇员的职业道德教育和个人行为指导，防范相关风险于未然。

三、公共治理理论及其启示[①]

同盟的建构将依托于现代公共管理理论中的公共治理理论（public governance）。公共治理与新公共管理和新公共服务一道，是现代公共管理理论的三大基石。其中，公共治理强调借助于多元的、自组织的、合作的和去意识形态的社会网络来实现"良好治理"（good governance，简称"良治"，也称"善治"）；新公共管理则基于新古典主义经济学，相信市场机制是分配社会资源的最有效率的工具，主张有限政府，并通过将私人私营部门先进的管理方法引入政府提高政府管理效率；新公共服务可视为对新公共管理片面追求效率而忽视价值的一种矫枉过正之后的反动，强调公共管理应以人为本、关注公平，政府的职能就是帮助公民表达并实现他们的共同利益，从而促进社会的和谐发展。以上三大理论相辅相成，新公共管理解决的是政府管理的效率问题，新公共服务则指明了政府存在的价值和努力方向，而公共治理则被用于弥补有限政府以外的社会管理真空，从而提供了一种政府管理以外的公共利益实现途径。由于公共治理理论与同盟建构密切相关，并具有现实的指导意义，以下特对公共治理理论的背景、定义、特征和实现结构等进一步展开。

1. 公共治理的背景和定义

英语中治理（governance）一词源于拉丁文和古希腊语，原意是控制、引导和操纵。长期以来它与统治（government）一词交叉使用，并且主要用于与国家的公共事务相关的管理活动和政治活动中。20世纪70年代以来，西方发生的社会、经济和管理危机，推动了公共管理和公共行政理论研究的范式变革。1989年世界银行在概括当时非洲的情形时，首次使用了"治理危机"（crisis in gov-

---

① 笔者指导的研究生张乐参与了本部分中部分内容的写作。

ernance）一词，此后"治理"便广泛地被用于政治发展研究。20 世纪 90 年代以来，西方政治学家和经济学家赋予 governance 以新的含义，不仅其涵盖的范围远远超出了传统的经典意义，而且其涵义也与统治（ government）相去甚远（李建华，2008[281]）。

治理理论的主要创始人之一詹姆斯·N·罗西瑙在其代表作《没有政府的治理》和《21 世纪的治理》等文章中明确指出：治理与政府统治不是同义语，它们之间有重大区别。他将治理定义为一系列活动领域里的管理机制，它们虽未得到正式授权，却能有效发挥作用。与统治不同，治理指的是一种由共同的目标支持的活动，这些管理活动的主体未必是政府，也无须依靠国家的强制力量来实现。换句话说，与政府统治相比，治理的内涵更加丰富。它既包括政府机制，同时也包括非正式的、非政府的机制[375]。

英国学者罗伯特·罗茨认为：治理意味着"统治的含义有了变化，意味着一种新的统治过程，意味着有序统治的条件已经不同于以前，或是以新的方法来统治社会。"接着他列举了六种关于治理的不同定义：①作为最小国家的管理活动的治理，它指的是国家削减公共开支，以最小的成本取得最大的效益。②作为公司管理的治理，它指的是指导、控制和监督企业运行的组织体制。③作为新公共管理的治理，它指的是将市场的激励机制和私人部门的管理手段引入政府的公共服务。④作为善治的治理，它指的是强调效率、法治、责任的公共服务体系。⑤作为社会－控制体系的治理，它指的是政府与民间、公共部门与私人部门之间的合作与互动。⑥作为自组织网络的治理，它指的是建立在信任与互利基础上的社会协调网络（俞可平，2000）[369]。

在治理加上"公共"一词，治理的公共性就凸显出来。此外，之所以把它称为"公共治理"而非"政府治理"，主要是因为现代社会中，公共事务治理所牵涉的范围已远不是传统的政府事务领域了，更多需要各社会主体共同的参与（曾正滋，2006）[374]。

公共治理为公共管理提出了一种新的范式，它主张由政府、社会组织、私人部门等治理主体，通过协商、谈判、洽谈等互动的、民主的方式共同治理公共事务。与传统的公共行政相比，公共治理不再是自上而下、依靠政府的政治权威，通过发号施令、制订和实施政策，对公共事务进行单一化管理。它强调的是主体多元化、方式民主化、管理协作化的上下互动，重视网络社会各种组织之间的平等对话和系统合作关系。

2. 公共治理的基本特征

结合之前的一些相关研究（谢罗奇 2005[359]；李建华 2008），笔者将公共治理的基本特征概括如下：

（1）治理主体的多元化。在公共治理中，政府不再是治理公共事务的唯一主体。各社会组织、私人部门、国际组织及至公民个人都可以成为公共治理的主体。在处理公共事务时，不同主体发挥其特有的作用，以便达到处理效率的最大化，方式的最优化。

（2）治理权力的多中心化。公共治理模式中，政府不再是唯一的权力中心。社会组织、私人部门、国际组织等其他主体也参与到管理中，组成管理网络，形成多个权力中心，互相监督，互相制衡，共同治理公共事务。

（3）政府权力的有限化。公共治理理论强调社会通过公民自主自治能够解决的问题，政府都不应该插手，即将全能型政府转变为有限政府。这样不但可以限制政府滥用权力，还可以有效保障其他主体能够参与到公共事务的管理中；同时，也可以极大的降低管理成本，提高管理效率。当然，公共治理也会失灵，其他治理主体也可能互相推诿责任，而政府因其特殊的属性和职能应及时担负起责任。

（4）主体间权力的互相依赖性和互动性。所谓权力依赖，是指参与公共活动的各个组织，无论其为公共组织还是私人组织，都不拥有充足的能力和资源来独自解决一切问题。由于存在权力依赖关系，治理过程便成为一个互动的过程。政府与其他社会组织在这种过程中便建立了各种各样的合作伙伴关系。

（5）参与合作是公共治理的精髓。主张主体多元化、权力多中心化的公共治理理论，它必须注重在公共治理过程吸纳治理的利益相关者、专家学者以及关心公共事务的组织和个人的广泛参与。否则，其多元化、民主化、合作化便无从谈起。

3. 公共治理的结构

在公共治理结构中（如图 13-2），公民是治理者，政府领导是协调者，公共管理人员是帮助者[187]。

在这三位一体的共治结构中，三者都处于平等的地位，没有任何一方受到其

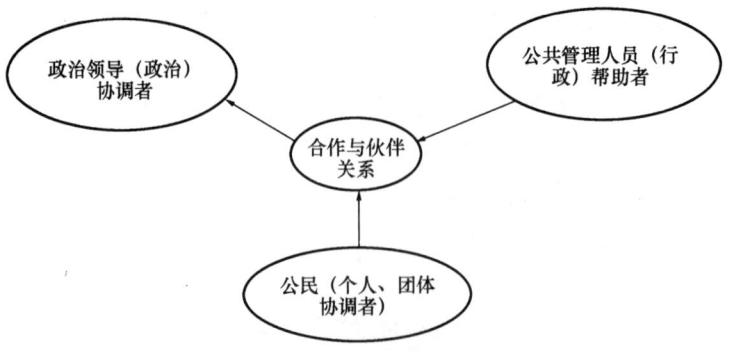

图 13-2　公共治理的基本结构模型

他二方的支配；三者都为着共同的目的而相互协商合作，而不将自身利益置于共同体利益之上。公民既是政策议题的确定者，又是社区（community，这里实际上是泛指一个特定公共领域内的利益共同体，下同）政策的制定者，还是社区政策执行的参与者，更是社区政策的受惠者；政治领导献身于公共事务的前瞻性发展，着眼于社区共同愿景的形成和塑造，对社区共同体实施共识价值观的领导；公共管理人员则为积极的公民做引导和培养工作，为公民的参与能力和意愿做教育和帮助工作，为公民参与协商合作做服务工作，为公共政策做负责任的执行工作。这样，在多中心治理结构中，公民由被统治的消极被动的市民，变成了积极主动的公共治理的公民；公共权威由政治领导和公共管理人员手中，回归到社区共同体和社区公民；公共利益由对公共物品和公共服务的单纯满足，上升为对整个共同体优良生活的公共治理。

总之，公共治理理论认为政府与社会的关系是多元的、互动的，而非单向的统治与被统治关系。同样，在市场经济环境下，政府与市场的关系也是多元互动的，政府既是市场的监管者，又是市场的一分子。因此，应提倡政府管理中的公众参与，提倡运用每个公民的力量和智慧共同管理公共事务。政府干预市场是有条件的；但同时，市场也要承担公共责任。

4. 对同盟建构的借鉴意义

首先，公共治理理论为同盟存在的合理性提供了一个重要的理论依据。其次，它也为同盟约束自身行为、正确处理自己与政府的关系提供了一个重要的指导。这主要体现在以下几个方面：

（1）同盟应有服务于社会公共利益的明确宗旨，努力将自己打造成为一个承载工程担保行业公共治理职能的重要平台。

（2）同盟应积极构建一个包括政府、社会组织、公众与同盟成员及同盟再担保平台投资者的公共治理网络。并借助于这个网络，实现专业工程担保公司与社会其他利益相关方和政府监管部门之间的有效沟通，从而能就中国工程担保行业的健康可持续发展的系列重要问题展开磋商、达成共识、并付诸行动。

（3）同盟成员及同盟再担保平台的投资者要充分认识到，企业和行业自身利益与社会其他相关方的利益是相互依赖的。为此，尽管作为私人部门的市场主体，也应有自觉承担公共责任的意识，并做好思想准备，自愿让渡自己的一部分权利，努力促成行业与政府和社会的共赢，从而确保行业和企业的健康可持续发展。

（4）同盟要本着合作和参与的精神，有意识地引入外部专家资源，来帮助自己提升参与公共事务和承担公共职能的业务素质和能力。

第三节　对同盟设立方案的初步设想

一、同盟宗旨与功能定位

同盟设立的宗旨可概括为两句话："服务同业、服务社会！"

所谓"服务同业"，具体在功能定位上体现为：

首先，同盟通过国内跨区域转担保服务功能、联合增信功能、国际保函互认互换功能、信用放大倍数管理功能、再担保赔付功能等，为加盟担保公司提升实力、分散风险、提升信用。

其次，同盟通过行业准入功能、注册资本监管功能、拒绝赔付决策功能、行业退出功能、自律监督功能、协助监管功能等，具体实现行业自律、促进行业发展、推动行业内协调与纠纷解决、实现同盟成员互助、服务于行业发展。

第三，同盟通过制定共同的业务标准，并为从业人员提供培训教育和业务支持，来不断提升同业的业务水平。

第四，同盟通过积极的政策研究，并加强与政府及其他工程担保行业利益相关人的沟通、促进有利于行业共同发展的相关政策的出台、扩展专业工程担保公司保函的业务市场，促进行业共同发展。

同盟的发展应秉承"整合资源，团结发展，求同存异，各尽所能"的理念，充分发挥成员的优势，促进成员直接的互助，实现同盟的发展功能、服务功能和自律功能，服务于整个工程担保行业的发展。

所谓"服务社会"，具体体现为：

（1）对中国建筑业的服务：同盟通过不断增强自身实力而为中国建筑业打造出一个足以依托的信用担保平台，从而为中国建筑市场的规范发展，和促进中国建筑企业实现走出去战略提供支撑。

（2）对全社会的价值：通过借助同盟所实现的对中国建筑市场的规范发展，减少因市场不诚信行为带来的工程质量问题，减少甚至消除工程款及农民工工资拖欠问题，减少对不可再生资源的浪费，消除社会不稳定因素，促进社会和谐发展。此外，同盟自身的建设发展过程本身所实现的对公共治理模式创新的探索，将有利于沟通私域与公域之间的意见表达，促进国家与社会的协调发展；适应了国家与社会适度分离的现代法治要求，是市场经济的必要组织体，最终促进国民经济的健康发展和法治国家的建设。

二、同盟的总体运作机制

同盟将兼具社团性行业组织和公司制企业法人的双重特点。同盟本身实行会员制管理，体现民主决策，并主动与政府管理的需求对接，负责实现社会管理功能，并接受社会监督。同盟旗下的公司制再担保平台（以下称公司）则将主要吸收专业工程担保公司入股，并适当吸收一定的财务投资人和建筑业内企业入股，共同搭建一个资本平台，建立起完善的法人治理结构，在确保贯彻同盟宗旨和履行行业社会责任的前提下，充分保障投资人的决策权和经营自主权。

公司将以工程再担保为主业，不直接参与工程担保市场的竞争，只为各会员和业务合作单位提供再担保，分担各专业工程担保公司的部分经营风险，帮助其增信、并拓展业务能力和规模，从而促使整个工程担保行业的发展壮大。围绕工程再担保业务，公司还将进一步向各会员单位提供多种再担保相关中介服务，并通过适当的工程再担保费率定价和多种再担保中介服务，实现盈利和股东投资回报。公司应实行稳健的财务政策，公司资本运作以确保投资人资产安全为首要前提，在此基础上实现保值增值。

同盟将根据担保公司的不同资信实力、业务和风险内控水平以及是否严格遵守盟约规范从业等条件，设定不同的会员等级，只有达到一定等级的同盟会员才有资格投资参股再担保公司，成为股东会员。高等级会员将获得更为优惠的总担保金额放大倍数，从而获得更多的竞争优势。而违背盟约、行为不规范的会员，即使是股东会员，也将受到包括被限期禁止开展业务，甚至被剥夺股东地位和永久开除等真实的惩罚，从而维护同盟会员的整体市场信用。被剥夺股东地位的会员，其股份将由高等级的非股东会员优先竞价购买，在落实对其的惩罚措施的同时也维护其作为再担保公司投资人的合法权利。

同盟还将受理受益人对代偿纠纷的申诉，并进行调查和裁决，对于应予赔付的索赔先行代为履行担保责任，坚决维护受益人的权益，从而彰显工程担保行业存在的价值。

同盟将以开放的姿态，主动对接和邀请相关政府监管部门和其他利益相关者代表参与同盟的内部事务，积极沟通协调，以高度的社会责任感确保行业利益服从社会整体利益，以此实现行业和社会的双赢和可持续发展。

总之，同盟将借助于同盟旗下的公司制再担保平台，以资金为承诺、以利益为纽带，约束所有加盟的工程担保公司规范运作，并通过再担保平台对加盟工程担保公司的增信和服务，促进整个中国工程担保行业的资金实力、业务能力和风险控制水平的提高，从而为支持中国建筑市场的繁荣和规范运作，支持中国承包商参与国际竞争做出应有的贡献。

三、同盟的组织建构方案

同盟的法律定位是一个介于政府、社会和企业之间的一个合作沟通协调平台，并通过再担保机制实现对会员担保公司的行为监管。在具体的组织架构上，需要妥善处理好社团性行业组织和公司制企业法人之间的关系，处理好同盟与政府和其他利益相关方的关系，并确保自身的运作合法合规。为此，同盟的具体组织架构还需要综合多方智慧，做进一步深入的研究。本书作为抛砖引玉，先提出以下不成熟的方案，供有识之士参考。

1. 方案一

其基本特点是一个班子、两块牌子，在组织架构上将再担保公司与同盟会员内部管理相关组织融为一体。其中，再担保公司先行注册，同盟待外部条件更为成熟后正式注册和挂牌运作。其具体组织架构如图 13-3 所示。

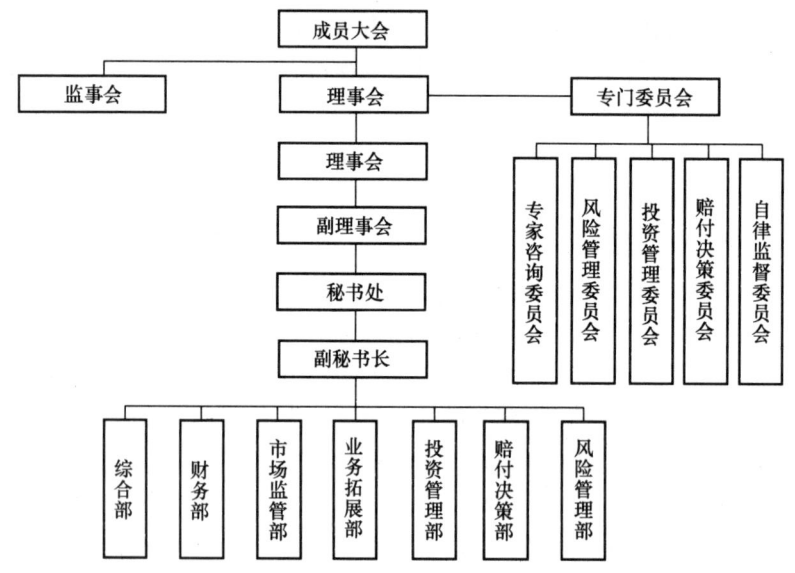

图 13-3　同盟组织建构方案一

这个方案的特点是同盟自身组织构建更接近于一个社团组织，但在再担保平台的运作管理上又具备满足公司运作的全部职能机构设置。因其组织架构简明而具有易于操作的特点，但也存在着投资人所有权、决策权等权力机构不够清晰的问题，有待进一步完善。

2. 方案二

其基本特点是同盟会员管理和再担保公司的运作适度分离。具体组织架构如图 13-4 所示。对此组织架构图说明如下：

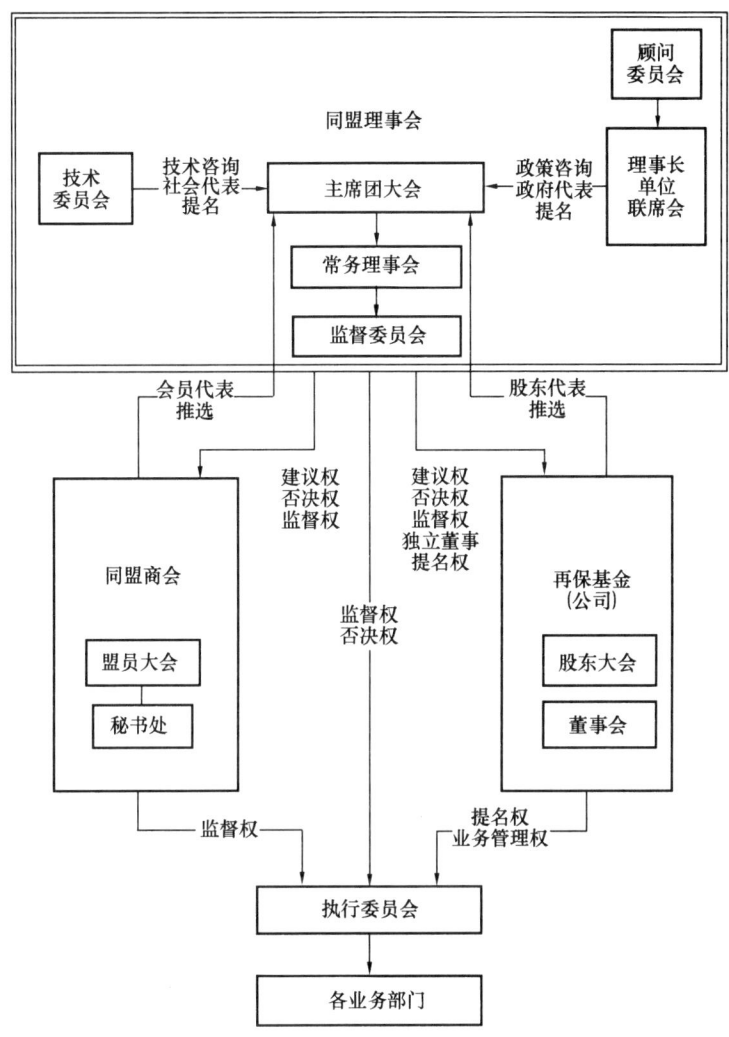

图 13-4　同盟组织建构方案二

　　同盟整体架构中的决策层将包括再担保基金、同盟商会和同盟理事会三种不同性质的组织。其中，再担保基金为公司制运作部分，以完善的法人治理结构来保障投资人权利。同盟商会是社团会员制运作部分，以盟员大会决策机制来保障盟员的民主自治权利。而同盟理事会则是一个同盟与政府和其他利益相关方的合作协商平台。同盟理事会对再担保公司和同盟商会的行为有建议权、监督权和否决权，但没有决策权。此外，同盟理事会还拥有一个向再担保公司提名独立董事的特殊权利。

　　但同盟理事会也在一定程度上受同盟商会和再担保公司的制约，并在自身的决策中反映此二者的诉求。这体现在同盟理事会的主席团大会构成中，将包括一定比例的同盟商会代表席位和再担保公司代表席位。同盟主席团大会的其他席位则由政府代表和社会代表所拥有。具体席位比例构成将是一个需要群策群力来讨论的问题，这里暂不给出具体建议，但一个基本原则应该是，任何一方代表单方面都不能获得绝对多数，他必须要善于协商和联合其他代表来共同推动同盟理事会的决策。

同盟理事会的政府代表则来源于同盟理事长联谊会的推选，而理事长联谊会则接受由中央政府相关部委高级领导所组成的顾问委员会的领导，并代表积极推行工程担保制度的各地方政府和公共业主机构的利益。社会代表则由同盟设立的技术委员会推选，技术委员会由在工程担保领域被社会广泛认可的专家组成，由主席团大会提名聘任。

为确保行动力，以上三大组织都分别有自己的常设机构。其中，再担保公司设董事会，但设置一定比例的独立董事席位，由同盟理事会提名；同盟商会设秘书处，为盟员服务；同盟理事会设常务理事会、监督委员会和技术委员会。常务理事会受主席团大会委托，在闭会期间代行部分决策权利；监督委员会履行独立监督职能，确保盟约和同盟的各项决策得到遵守；技术委员会是为同盟服务的专业咨询机构，代表社会良心，并按专业的独立判断来行为，不受其他因素的影响。技术委员会还下设多个专业委员会，具体处理同盟的各项专业技术和法律事务。

由此，同盟的决策层将形成一种各方利益得到充分代言，并相互合作和制衡的决策机制。

在以上三大组织之下，另设一个执行委员会，体现出同盟决策权利分散化，但执行权力相对集中的特点，以确保同盟各项决策得到严格执行。执行委员会在业务上接受再担保公司董事会的直接领导，但同时接受同盟理事会和同盟商会的监督。因此，对于执行委员会而言，此二者就相当于一个扩大了的股份公司监事会。执行委员会下设各具体业务部门，负责再担保业务的运营管理和同盟资产管理。各业务部门的设置同方案一。

此方案的优点是同盟内部的决策、执行和监督权责清晰，且整个构架具有较大的包容度和可塑性，可以有充分的空间打造起一个政府、企业和社会共担公共治理责任的合作协商平台。但此架构下各种组织建构较为复杂，运行成本较高，且牵涉利益主体众多，筹建过程要凝聚各方共识可能的影响因素众多，很难一步达成，可以作为同盟建构的目标模式。为此，需进一步考虑实际操作过程中的过渡模式。

3. 过渡方案

本质上，以上提出的同盟建构的两个方案并无实质性冲突，因此可以相互融合形成一个同盟组织建构的过渡方案。并且，在实际操作中，由于当前注册无行业主管部门的社团组织存在法律上的困难，而为使同盟所将承担的为行业和社会所急需的诸多服务功能尽快实现，可以先行注册公司制的再担保平台，并同步设立一个专家委员会兼同盟筹备工作组，在同盟筹备期间代行同盟社会管理相关职能，并承担起行业发展所需的各项研究的组织工作。由此形成同盟组织建构的过渡方案。见图 13-5。

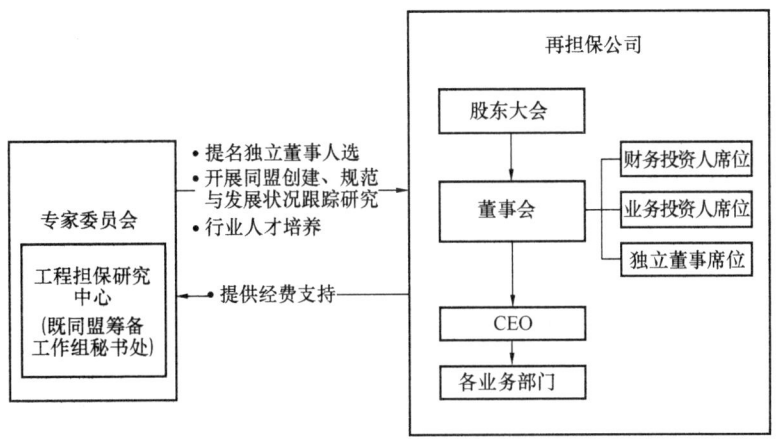

图 13-5　同盟组织架构过渡方案

第四篇　利用担保工具预防腐败

第十四章　应用担保工具进行腐败预防的基本原理

第一节　腐败决策的数学期望模型

对于一个理性人，如果存在某种腐败机会，是否卷入某项腐败交易取决于以下数学期望[381]：

$$E＝(腐败收益－腐败成本)×(1－腐败行为被发现的概率)＞0 \quad (14-1)$$

所以减少腐败的途径包括：

(1)减少腐败机会；

(2)减少腐败收益；

(3)提高腐败成本；

(4)加大查处力度。

腐败收益本身常常取决于腐败活动的参与者，如行贿者愿意支付多少贿金，外界无从控制。从查处力度来看，近年来我国的反腐败力度不可谓不强。而从制度预防的角度，减少腐败机会和提高腐败成本正是两条可行的思路[264、265]。从理论上讲，再完美的制度设计也可能百密一疏，并且必须跟随不断变换的现实需要而不断发展，要彻底消除腐败机会其实是不可能的。但是，如果我们能让可能腐败的当事人因认识到腐败成本的高昂而在面对腐败机会时不敢下手，也能有效地减少腐败行为的发生。

反腐败工作不能仅仅重于事后惩处，更为重要的是要建立起有效的制度预防机制，这种机制应该实实在在地让潜在的腐败分子认识到自己将要面对巨大的腐败成本，从而自觉杜绝腐败行为。担保工具的各种腐败预防机制从根本上正是着眼于如何降低上述腐败交易的数学期望。

第二节　担保工具的腐败预防机制

一、信用风险转移回风险源的机制

无论是保证担保，还是物的担保，担保工具的一条最基本的作用机制就是将信用风险转移回风险源，从而增强被担保人的履约自律。

在抵押、质押等物的担保方式中，被担保人通常以自己的财产作保，如房屋抵押、股权质押等。一旦被担保人违约，受益人可就设定担保的标的物索赔，如变卖房产以弥补自己因对方违约所造成的经济损失。

保证担保的风险转移机制稍微复杂一点。依据《担保法》第三十一条："保证人承担保证责任后，有权向债务人（即被担保人）追偿。"采用保证担保的情况通常是：（1）保证人更便于向被担保人追偿，如母公司对子公司的担保；（2）保证人与被担保人之间已经安排有反担保协议，保证人可以依据反担保协议非常方便地获得赔付。如银行与被担保人之间的反担保协议通常规定被担保人在银行开设保证金账户，一旦银行代偿即可从保证金账户中扣除代偿金额；或者规定代偿金额转为对被担保人的贷款，而被担保人的还贷计划事前已经与银行有妥善安排。（3）保证人对被担保人的履约能力和履约信用有非常深入的了解，而被担保人破坏与保证人之间的这种信任关系的代价异常高昂，从而主观上不会对保证人逃废债务。无论是以上哪一种情况，信用风险都通过保证人这一信用桥梁被转移回了被担保人本身，从而增强了被担保人的履约自律。

腐败正是一种失信行为，因为腐败当事人往往是滥用被授予的权力来谋取私利，从而辜负了权力的委托方的信任，往往这种权力的来源最终是社会公众。"权力导致腐败，绝对的权力导致绝对的腐败"。可以说，每一位被授权者都可能是潜在的腐败分子，是腐败的风险源。而担保工具可以帮助将腐败这样一种失信行为的信用风险转移回风险源本身，从而增强当事人的行为自律。

二、事前警示的机制

"事前警示"甚于"事后惩处"。但这种警示不能仅仅停留在简单的思想教育。在合同担保中，担保责任是基于主合同责任的，设定担保后，被担保人为避免违约而导致保函被没收，一定会非常谨慎地对主合同进行研究，小心地避免违约事件的发生。在非合同担保中，尽管没有主合同，担保责任也通常是基于一些法律责任的。如申请饭店执照的当事人必然会对保函所涉及的相关法律条款，如公司法、食品卫生法、环境保护法等进行研读，以避免自己无意中触犯相关法律而导致保函被没收。这种事前警示对于规避违约事件的发生比事后惩罚更为有效，并且从总体上减少违约事件所带来的社会成本。

三、以便利的合同手段增加失信成本的机制

腐败是一种不恰当地运用被授予的权力谋取私利的行为。也就是说，它在本质上是一种失信行为，是对被授予的权力的滥用。但对被授予的权力的滥用会给腐败当事人带来什么样的成本呢？在很多情况下，这种成本是隐性的，或者即使看得见，也因为成本的负担机制存在问题，而诱惑腐败当事人铤而走险。例如，一位腐败的公共项目官员即使明知将工程发包给不合格的行贿者，出了事故可能造成数亿元的损失，会丢官、坐牢等，但面对巨额的贿金可能依然难以拒绝，因为数亿元的损失反正也赔不起、这种成本与己无关，有的腐败者甚至愿意坐几年牢来换取后半身的安逸享受。

但是，如果能以合同方式明确腐败的代价，并且以合同手段配合其他制度安排便捷的索赔，就可以使腐败成本非常明确地被感知和计算。运用担保工具的一大特点就是使失信成本变得非常明确、具体，并且在事前就对违约的后果有非常明确的警示。如对公务员在工资之外支付高额的养老金，使其在廉洁奉公一辈子退下来后能保证优裕而体面的生活；而一旦腐败，其造成的损失将根据担保合同从养老金中扣除，失信成本就非常现实地转移到了被担保人头上，这会极大地增强当事人的廉洁自律。这种制度安排显然有助于减少大量的小额腐败。

四、对被担保人守信要求的心理放大机制

前面所引用的腐败条件是假设潜在的腐败当事人是理性的，但事实上，人类受各种心理机制的影响，并不总是按照数学期望去决策。现代人类风险心理学的一个重要发现是，同样金额的"得"和"失"对于人的效用是不同的，在同样的利益诱惑下，"失"的威慑作用会远远大于"得"的诱惑。这正是诺贝尔经济学奖获得者丹尼尔·卡内曼（Daniel kahne man）著名的"预期理论"中的发现。

一个有名的心理测试是：（1）如果你现在将做的某件事有 1/5000 的概率会令你失去生命，而支付一笔保险费就可以完全消除这个 1/5000 的小概率事件，你最多愿意花多少钱去买这种保险？（2）如果你现在将做的某件事有 1/5000 的概率会令你失去生命，你希望得到多少钱，才会答应去做这件事，也就是让概率为 1/5000 的失去生命的风险降临到你的头上？几乎所有的人在回答第一个问题时，仅愿意支付数百元；而在回答第二个问题时则给出的几乎都是天文数字。然而，有趣的是，人们面对的这两个问题的数学期望是完全相同的，唯一的差别是：在第一个问题中，人们面对的是"得到"1/5000 的生存机会；而在第二个问题中，

人们所面对的是"失去"1/5000 的生存机会[310]。显然，在人类的风险心理中，对"失"的恐惧远远超出对"得"的渴望，也就是说"失"具有显著的心理放大功能。

应用担保工具，可以有效地利用人类的这种风险心理来放大失信成本的威慑作用。设定担保实际上是在事前对被担保人发出警告：如果你不诚实守信，你将付出怎样的代价，这些代价都是设定在被担保人的偿付能力的基础之上，这就使得"失去"能够被真切地感受到并在心理上被显著放大。如同在前面的例子中，可能腐败的当事人若知道自己如果不腐败，将肯定得到累计 100 万元的养老金并且被人尊重，而某次腐败收入尽管可能是 500 万元，但面临身败名裂的风险，失去养老金和体面生活所产生的巨大的心理压力就很有可能帮助他成功抵御数百万腐败收入的诱惑。在这个例子中，腐败决策的期望计算公式改变为：

$$E = （腐败收益 - 其他腐败成本 - 担保金 \times n）$$
$$\times （1 - 腐败行为被发现的概率） > 0 \qquad (14-2)$$

其中，n 是"失"对潜在腐败当事人的威慑的心理放大系数。

五、第三方的市场化监督机制

在保证担保中，引入了第三方保证人。保证人对被担保人提供担保时，往往会采取措施，避免自己因被担保人违约而蒙受损失。一方面，他们尽量把违约风险转移回风险源，另一方面，他们也会尽量采取措施避免风险事件的发生。这些措施包括事前的风险评估和履约过程中的监督。对于商业性担保的保证人，提供担保被作为他们的一项重要的业务为公司赚取保费，而一旦赔付率过高，公司就很难盈利甚至走向破产。所以，他们对于每一笔保证业务都会进行非常审慎的承保风险评判，将那些具有高违约风险的投保人拒之门外，这就为社会提供了一套第三方市场化的风险过滤机制；而在履约过程中，他们也会对自己的客户进行跟踪监督，甚至在必要时为可能面临违约的被担保人提供必要的帮助以渡过难关，同时自己也在长期的担保业务中积累起了宝贵的专业经验，从而帮助减少违约事件的发生。由于保证人是基于自己的偿付能力为被担保人提供担保的，所以他们具有很强的动力来规避实际损失的发生。这种市场化的第三方监督机制是保证担保所特有的。

六、保护受益人不因违约事件而蒙受经济损失的机制

虽然笔者将此列为担保工具预防腐败的机制中的最后一条，但事实上正是对受益人所带来的妥善保护成为了担保工具被广泛应用的动力。担保工具常常是因受益人的要求而得以应用的，采用何种担保方式、担保金额、赔付方式等都需要得到受益人的认可。在一般的商务活动中，可能蒙受违约损失的一方往往会提出

担保要求，成为担保法律关系中的受益人；在公共事务中，为腐败交易承担损失的往往是社会公众，是广大的纳税人。政府受托于人民管理社会公共资产，有义务采取风险规避措施以保护纳税人不因腐败交易而蒙受经济损失。所以，国际上，在许多公共事务中，担保工具的应用是强制性的，是法律所要求的。腐败之所以受到反对，正是因为它会给腐败交易之外的第三方——通常是社会公众——造成损失。而防范这种损失的实际发生，正是担保工具可以带来的最根本的贡献。

第三节　应用担保工具进行腐败预防的几种途径

从担保工具的运行机制和国外应用担保工具的经验看，笔者认为担保工具在腐败制度预防中的应用主要有以下途径：

一、增强政府采购中的透明度

采购中的腐败治理的关键是增强政府采购的透明度，这需要一系列妥善的制度安排。采购涉及应该由谁来实施采购？向谁采购？以及如何监督采购合同的执行等一系列复杂的问题，不可能仅仅依赖某一种工具就完成对采购中的腐败治理，但担保工具在采购中的应用确实有助于提高政府采购的透明度。其中，合同担保或称工程保证担保是工程采购中担保工具成功应用的典范。它一方面运用保证担保的第三方市场化监督的机制，成功地减少了采购者的自由裁量权，从而减少了腐败机会；另一方面通过合同措施增强了承包商的履约自律。对于合同担保的问题将在第十五章中详细展开。

二、政府行政审批职能的社会化与市场化

中国由于经历了计划经济时代，审批经济成为了一种中国特色。当前行政改革的一个重要内容就是大力减少各种行政审批。但我们真的就有可能告别审批吗？发达国家的经验——特别是2008年以来的金融风暴及其后续发展显示，现代政府实际上对经济的干预非常普遍，也非常必要。市场机制可能失灵，市场本身可能难以同时兼顾公平和效率，维护社会公正、保护公共利益、调整利益冲突、促进社会共同发展等社会目标需要由政府来发挥其重要作用。政府履行其职能的一个重要途径就是行政审批，减少政府行政审批不能以政府管理的削弱为代价。问题也许不在于政府应不应该参与经济活动，而在于如何参与；同样，问题也不在于政府应不应该保留某些行政审批权力，而在于如何审批。

担保工具在这一领域的应用主要是执照与许可证担保。它的基本思想是，通

过设定担保门槛来增强执照和许可证的申请人合法经营的自律，而政府审批方式则改为备案制，使其从繁重的责任重大的审批工作中解脱出来。如果采用保证担保的方式，则实质上相当于将申请人的资格审查工作进一步地交给了第三方保证人，充分体现了政府行政审批职能的社会化。更为深入的讨论详见第十六章。

三、增强公职人员和从业人员的行为自律

一切腐败交易都是通过人来实施的，所以，增强公职人员的行为自律是减少腐败的根本途径。采用忠诚担保可能是一种可行的方式。在美国，不少官员在上任时需要提交一份忠诚担保保函，保证自己将正当地兢兢业业地履行自己的职责，因工作失误所造成的损失政府将从担保金中罚没，以保证公众利益不因官员的过失而蒙受损失。对于建筑业而言，还有相当多的腐败因从业人员缺乏职业道德和行为自律而发生。忠诚担保对于减少这一类腐败也将大有用武之地。更为深入的讨论详见第十七章。

第十五章　应用工程担保制度预防
公共工程中的腐败

第一节　工程保证担保制度的腐败预防机制分析

一、公共工程招投标中的腐败机会分析

　　招投标是工程建设领域中可能发生腐败行为的一个重要环节，而繁琐的招投标程序正是滋生腐败行为的温床。对目前我国招投标程序只要简单地剖析一下，就可看到其中有大量的腐败机会。

　　从表 15-1 我们可以看到，招投标程序的设计本来有其内在的合理性，但恰恰又是这些貌似合理的繁琐程序在创造着大量的腐败机会。

招投标程序中的腐败机会　　　　　　　　　　　　　　表 15-1

招投标程序	程序设定的合理性	腐　败　现　象
投标资格预审	投标文件通常包含了大量的合同条件、技术说明和报价计算资料等，编制和审查这些文件的有效性本身就需要投入大量的人力、物力，有限范围的投标往往更能吸引有实力有声誉的竞争者，也使招投标管理工作更有效率	认定投标人资格的标准弹性很大，招标人拥有极大的自由决定权，导致： 在对投标人资格考察的过程中收受贿赂，只有行贿的投标人才可能入围； 收受贿赂后，有目的地将对内定中标人有竞争威胁的投标人排除在外
编制标底	建筑工程一般有其合理的造价范围，盲目选用低价只会导致承包商以不合理的投标价中标，而导致质量低劣、偷工减料	向行贿的投标人泄露标底； 收受贿赂后，按照内定中标人的报价宣布合理标范围，排除其他竞争者
制订综合评标办法	承包商的报价不是孤立的，它必须有合理的施工技术方案、施工能力、施工管理经验等加以支持，否则承包商可能无法按其承诺的报价完成施工，所以在评标标准的设定上必须综合考虑这些因素	向行贿的投标人泄露评标标准； 收受贿赂后，以各种理由排斥其他竞争者； 以最有利于内定中标人的方式制订综合评标办法； ……

363

二、强制性工程保证担保制度在公共工程招投标中的腐败预防机制

担保措施被当作债权人保障其合同债权得以实现的一种工具，一般而言，是否采用担保措施，以及如何设定保证担保等，应由债权人自行决定，保证人的履约信用也需要得到债权人本人的认可。在工程建设领域，债权人就是项目投资人，或称业主。然而，在公共工程中，政府将大量的公共资金投资到各种基础设施和公益性建设项目中，这些项目的业主并非是真正的项目投资人，而只是实施政府公共投资行为的代表。显然，对于公共投资项目是否应该采取担保措施，以及应该如何设定保证担保等，就成为了一种公共政策。

在强制性的工程保证担保制度下，投标人资格预审的工作大大简化，只要有能力提交投标保函的承包商都可以入围，这就大大地减少了该环节的腐败机会。实际上，强制性的工程保证担保制度是将严格的资格预审的责任从政府业主手中转移到了专业担保机构手中，这一转移不仅仅使资格预审成为不必要，也使编制标底和采用综合评标标准等统统成为不必要了，因为编制标底和采用综合评标标准的出发点都是担心投标人不具备按照自己的报价履行合同的实际能力——即所谓不合理低价中标。这将导致投标人或者在项目实施过程中以各种理由逼迫业主提高合同价，或者偷工减料来维持自己的利润，这些行为都将使业主成为最终的受害者。而在强制性的工程保证担保制度下，以最低价中标的承包商若系以不合理低价中标，他只有两种选择：要么退出，并承担相应的损失；要么以投标价签约并赔本履约。也就是说，投标人必须为自己不审慎的报价承担损失，而无法将这一损失转嫁给项目业主。

那么，专业担保机构又将如何履行他们的资格预审职能呢？专业的担保机构从事保证担保业务的目的在于安全地赚取保费，由于保证人对承包商（被担保人）的合同义务负连带责任，而其可能的最高赔偿额可达100％的工程合同造价，所以保证人最大的利益在于审慎地选择那些极有可能成功履约或具有充足赔偿能力的承包商，并为他们承保。承包商充足的赔偿能力的源泉则在于其通过承包工程并取得盈利，所以惯常以亏本价抢揽工程的承包商是绝不会获得专业担保机构青睐的。专业担保机构通常积累了大量的承包商成功履约或违约的经验教训，能够通过在资金、项目经验、管理和技术的实力等各方面对承包商的履约能力做出判断，也能够帮助承包商判断即将参与投标的项目是否超出了承包商目前实力所许可的范围，从而帮助承包商避免盲目参与投标，规避可能的风险。对于成功的专业担保机构而言，与信誉良好的承包商一同成长往往是他们成功的秘诀。

三、工程保证担保对合同履行阶段的腐败预防机制

工程建设项目的实施是一个漫长而复杂的过程，虽然招投标阶段的腐败最引人注目，但合同履行阶段的腐败交易也同样不容忽视。在合同履行阶段，承包商最常见的腐败行为是偷工减料。履约担保对于这种类型的腐败有很好的预防作用。由于公共业主有保函的保护，不会因承包商偷工减料导致的工程质量缺陷和事故而自己蒙受经济损失，这些损失将由担保公司赔付并最终转移回肇事的承包商的头上。如果担保是强制性要求，承包商要继续从事公共工程的承包，也必须兢兢业业，以良好的履约来换取担保公司的信心，并且除非破产，很少会向担保公司逃废债。

四、与"廉洁公约"配套运用以强化其腐败预防作用的机制

仅仅是承包商履约类担保的作用是有限的，因为是否就履约保函索赔是由业主方自行决定，如果承包商与业主方人员勾结，让业主方人员对于自己以次充好、偷工减料睁只眼闭只眼，将不合格报告为合格，只要不出大的质量事故，承包商不良的履约行为是很难被发现的。所以，对于工程建设项目的合同履行阶段的腐败预防必须同时从业主和承包商两个方面来进行。

为此，透明国际提出的一个好经验是：要求包括公共项目官员和承包商等参与项目的各方都要签署一份"廉洁公约"（Integrity Pact）[104]，在其中约定自己将保证不行贿受贿，并将公约公开以接受项目各方甚至公众的监督。不仅如此，构成廉洁公约的要件还包括两个方面：一是违背廉洁责任的经济赔偿条款，及具体的赔偿责任计算方法。该条款使未参与腐败的其他签约各方获得了一项向腐败违约方索赔的权利；二是独立评估人，由具有社会公信力的组织或个人专家担任，负责跟踪检查监督各方对廉洁公约的执行情况，接受举报，并定期向签约各方及社会公众公布其调查评估结果，以及有权向检察机关报告腐败嫌疑。廉洁公约以其经济赔偿条款而为其他无辜的项目参与方提供了更强的反腐败动力，也通过独立评估人的介入使廉洁公约的执行情况得到了持续的审查。但这总体而言只是一个促进项目各参与方道德自律的协议，它究竟是软是硬还要取决于对公约的实际监督执行，以及对于违约行为的惩罚。

笔者认为，为了使"廉洁公约"成为一项更为有力的约束，应该将它与担保措施的应用结合起来。为此可进行一个简单的博弈分析。

假设有投标人 A 和 B 参加投标且势均力敌。其参加投标的成本是一定的，记为 -1，一旦中标将获得相当于投标成本 10 倍的收益，记为 +10。为了不使自己的投标成本打水漂，会考虑再投入一份与投标成本相当的行贿成本，也记为

－1。此时它们都有行贿或不行贿两种策略可选。当选择不行贿时，它们中标的概率均为50％，但都需要支出投标成本，因此收益期望为＋4；而当一方选择行贿，另一方选择不行贿时，则行贿方会有100％的中标机会，同时增加支付一份行贿成本；而对方则投标失败，只有投标成本的投入而没有收益。因此，此情景下的博弈结果如表15-2所示。显然，此时对于双方而言，行贿都会成为优势策略，因此最终的均衡是双方都行贿，社会综合收益为＋6。此为无担保的博弈结果。

当廉洁公约与担保配套设定后，尽管行贿依然可能提高其中标概率，但一方因行贿行为被抓住后不仅将失去中标项目，且还将向对方做出经济损失赔偿。这一后果对投标人的心理压力因事前设定担保而放大。此时，行贿的成本不仅仅是实际投入的－1，而应加上一个基于担保金额一定放大倍数的损失预期，假设担保金额为合同额的40％（一种高保额保函），心理损失放大倍数为1.25，则腐败成本为－6。此时双方博弈分析的结果如表15-3所示。显然，此时不行贿会成为双方的优势策略，因而双方都不行贿会成为均衡状态。因双方都避免了支付行贿成本，社会总收益从6上升到8。这就是采用廉洁公约并配套采取担保措施对整个招投标行为的改进效果。需要指出的是，以上博弈分析仅是从投标人视角去分析腐败成本，且假设两个投标人都是胜任该项目的工作的。这并未包括因腐败带来的其他社会成本，也未考虑中标人为弥补腐败成本支出而可能带来的偷工减料等行为给工程项目本身可能带来的损失。

行贿策略的博弈分析		表 15-2
投标博弈策略（无担保）	投标人 A	
	不行贿	行贿
投标人 B　不行贿	＋4，＋4	－1，＋8
投标人 B　行贿	＋8，－1	＋3，＋3

行贿策略的博弈分析		表 15-3
投标博弈策略（有担保）	投标人 A	
	不行贿	行贿
投标人 B　不行贿	＋4，＋4	－1，＋3
投标人 B　行贿	＋3，－1	－2，－2

还需要注意的是：担保合同的义务是从属性的，如果主合同没有规定行贿是违约行为，那么承包商行贿尽管是不道德的、甚至可能是违法的，却不一定会成为就保函索赔的一大理由。因此，将廉洁责任条款补充进招投标文件和工程合同条款显然是必需的。从承包商的角度讲，如果采用了履约担保措施，那么"廉洁公约"应该被列为承包合同的一个要件，违反"廉洁公约"将导致就保函索赔。目前，我国已经普遍推行在工程承发包中"双签合同"的做法，也就是在签订工程合同的同时，还要签订一份"廉洁协议书"。这是很好的实践，但据笔者了解，很多廉洁协议书缺乏透明国际推广的"廉洁公约"上述两大要件而流于形式，同时也缺乏配套的担保措施来落实廉洁公约中经济赔偿条款。这是需要后续改进之处。

此外，从业主方的角度看，应强制性要求项目官员提交忠诚担保，从而增强其认真履行廉洁协议的主观自觉。一旦发现其受贿，担保金将被扣除用于弥补其玩忽职守给公共工程项目带来的损失。有关官员忠诚担保的更多内容请参见第十七章。

第二节　应用工程保证担保进行公共工程腐败预防的国际经验借鉴

一、美国高保额模式强制性工程保证担保制度预防腐败的成功经验

美国实行的是典型的高保额模式的强制性工程保证担保制度。美国人相信，由政府官员对承包商进行事前评估是不恰当的，因为：

（1）每个承包商、每件工程都不相同，所以要运用纯粹的客观标准来做决定是不可能的。从另一方面说，一个客观的决定，若受到一个失望的投标人的无端攻击，对政府来说也是很难接受的。当使用民间的保证担保来进行事前评估时，政府就避免了这个麻烦。

（2）被政府拒绝的承包商没有其他办法，只好诉诸法庭，诉讼案件既费时又费钱，而且若是承包商胜诉，政府将不得不启用它不想用的承包商。但是，若承包商被保证人拒绝时，他可以到另一个保证人处找到不同的解决方案。

（3）如果政府官员做出了错误的判断，将是纳税人而非政府官员为这一错误赔款。若是保证人判断错误，他就得赔偿，而政府和纳税人则可及时得到保护。

（4）当政府官员决定承包商时，几乎不可能阻止承包商通过施加政治影响以取得有利的评估决定。若使用保证担保，贿赂行动基本可以避免。

（5）承包商可能不愿为政府事前评估人员提供商业信息，因为政府实际是就是建筑工程的业主。若使用私人保证担保，承包商就可以把信息提供给公正的第三方——保证担保人，而非业主[120]。

美国的招投标制度中，由于政府投资花费的都是纳税人的钱，政府业主拒绝采用最低标也就意味着将多花纳税人的钱，如果没有足够的理由，在政治上具有极大的风险。笔者曾查到一份美国某县政府办公会议纪要，就当地某公共项目是否授予最低标举行听证，业主方工程师列举了大量的证据陈述拒绝最低标的理由，怀疑最低标的投标人的报价不能达到完成要求质量的合理成本，包括其投标文件中的疏忽、过去承担过的项目中出现的法律纠纷、对过去业主的访问等，而承包商也为自己进行了充分的辩护，最后经过充分讨论和投票，形成了将该项工程授予次低标的决议。整个会议纪要长达 14 页，并在网上公布[99]。可见拒绝最

低标中标是一件非常不易的决定，在这样一种严密的制度之下进行腐败交易的风险和成本都是极大的。

可见，强制性工程保证担保制度的应用极大地减少了公共项目官员的自由裁量权，从而极大地消除了腐败机会。同时，由于保证人的专业贡献和对风险的转移，公共投资项目的真正所有者——广大纳税人得到了很好的保护。中国在工程建设领域长期存在着"概算超估算，预算超概算，决算超预算"的所谓"三超"现象，而美国通过工程保证担保制度使合同价成为了硬约束，而且因为采用最低标中标而常常使实际投资与预算相比有大量节约。在1994年美国工程保证担保制度诞生100周年时，美国前总统克林顿在给担保业的一封祝贺信中说道："保证担保为我国的经济实力和过去一个世纪的发展作出了巨大的贡献。美国纳税人应感谢保证担保提供的保障。"[34]

美国高保额的工程保证担保制度成功的关键在于采用以GIA协议（General Indemnity Agreement）为核心的对承包商进行资格预审的承保方式。担保公司与承包商通过GIA结成了一种紧密捆绑的关系。这种关系给担保公司、承包商以及整个社会都带来了多方面的好处。相关论述详见本章第三节"高保额有条件保函模式"的相关内容。

对于腐败预防而言，高保额模式的工程保证担保制度的最大好处，就是担保公司对承包商进行的承保风险评价已经提供了有效的资格预审功能，这就极大减少了公共项目的投资代表人乘机以权谋私的机会，有力地遏制了腐败。同时，在市场竞争机制的作用下，美国的公共项目投资得到了大量的节约。

二、低保额模式对工程保证担保制度预防腐败功效的削弱

高保额模式预防腐败的成功之处在于，它有效地将对投标人进行履约能力和信用风险评判的责任转移给了社会中市场化的第三方。值得注意的是，投标保函本身并不能独立地起到这种对投标人进行严格的资格预审的作用，其核心是100％的履约保函和100％的付款保函。履约保函担保承包商对业主的合同责任，避免其以偷工减料的手段来赚取利润；而付款保函则担保承包商不能通过向分包商、材料供应商及工人等拖欠款来转嫁亏损。这样，承包商除了审慎地报价和认真地履约之外，没有其他选择。投标保函本身没有明确的资格预审功能，但它既可以通过提高参加投标的门槛来增强投标人编制投标文件的审慎态度，还可以避免因最低标投标人的退出和在合同签订后迟迟不提交履约保函等原因，使招标人不得不改用次低标而蒙受的损失。

而在低保额模式下，由于成本因素的影响，保证人必然会倾向于采用基于投保人偿付能力的承保方式，而非基于对履约能力和信誉的资格预审，这就使在低保额无条件模式下，投标保函不能起到对承包商的有效资格预审的作用，所以不能取代业主自行进行承包商的资格预审，也无法采纳简单的最低标中标的评标原则，这就给招投标中的腐败留下了不少机会。因此，在低保额模式下，投标保函常常被认为并非必要。在本书第三章给出的部分国家公共工程招投标的招投标制度模式对比表（表3-1）中可以清楚地看到：实行低保额模式的英国、法国和德国都没有采用投标担保。从对投标人的资格审查来看，这些国家或在事前实行业主方自行组织的资格预审，或者采用一种综合的评标办法，以考虑造价之外的其他技术和管理因素。显然，这些招投标模式都给腐败交易留下了大量的空间。可见，低保额无条件模式的工程保证担保制度不具备有效的腐败预防功能。或者说，随着保额的降低，工程保证担保制度的腐败预防功能被极大地削弱了。

三、替补承包商担保制度加剧腐败

在本书第三章也谈到了日本和韩国一度采用的替补承包商担保制度这种独特的模式。其核心概念是由"竞争者提供的完工担保"（Kunishima，1996[78]）。

替补承包商在中标的承包商违约时即介入项目，代替违约的承包商完成剩余的工作量，并且必须在原来的合同价下完成。由于日本实行最低价中标，替补承包商往往是次低标，它们的完工成本理论上必然高于中标的承包商。当然，它们代替中标人履约所蒙受的损失从理论上讲也是可以从中标人那里追回的。但问题是，违约的承包商往往会出现财务困难，替补承包商实际上很难追回损失。那么，替补承包商为什么愿意提供担保并承担可能赔钱的风险呢？理由之一可能是他们为了保持同政府继续做生意的可能性，因为一旦他们中标别的工程，也需要其他承包商的支持；理由之二则可能是，他们也许有更隐蔽的办法赚钱，而不是表面上看起来的赔钱。

事实上，日本和韩国的公共工程招投标中盛行了另一种类型的腐败——"围标"：指投标人串通起来哄抬标价，并内定中标人。这种腐败行为如果隐蔽得好的话，业主方可能会一直蒙在鼓里，毫不知情。但看来日本政府在20世纪90年代初就已经察觉到了这个问题，所以他们在公共工程招投标中往往会规定一个最高限价，高于这个最高限价的投标书将被宣布为废标。这个最高限价唯一可能发挥作用的情况是：所有的投标报价都高于最高限价时，招投标程序就必须重来一次。而国外的观察家则直言不讳地揭露说，日本和韩国的招投标中的围标行为已经严重到了令人忍无可忍的程度，并且呼吁改革。事实上，1996年日本对公共工程的招投标进行了一系列改革，其中也包括对替补承包商制度的改革。统计数据表明，改革之后，公共工程的合同价平均下降了约20%[109]。这个数据从一个侧面说明了1996年改革前日本公共工程招投标中腐败情况的严重程度，以及其社会代价。

笔者认为，这种腐败形式与替补承包商担保制度有着密切的关系。因为替补承包商制度鼓励相互竞争的承包商之间必须合作以相互担保，而非展开真正有意义的竞争；而替补承包商制度强加给替补承包商沉重的经济负担和亏损的风险也促使投标人相互合作，以抬高合同价来规避风险。由此可见，替补承包商模式带来一大严重的腐败隐患就是可能加剧投标人围标这一腐败方式。而围标带来的对竞争关系的扭曲，不仅导致腐败现象的滋生，还妨碍了日本建筑业企业整体竞争力的提高。美国的建筑业生产率比日本高出35％，就是一个明显的证明。

第三节　对应用工程保证担保制度的建议

一、以高保额模式为主要借鉴模式

从前面的讨论可以看到，不同担保制度模式的腐败制度预防的功效是不同的：有的模式可以有效地遏制工程建设领域的腐败现象，有的却不仅无助于遏制腐败，还会对其有所加剧。所以正确的担保模式选择以及良好的制度设计是发挥担保工具在建设领域的腐败预防作用的关键。

笔者建议，中国要推行工程保证担保制度，应该以高保额模式为主要借鉴模式，这种模式不仅能给业主带来最大限度的保护，也是一种更为公平的保证担保模式。高保额模式的主要优点包括：

1. 增强招投标的透明度

由于高保额模式最具透明度，所以它最利于发挥担保工具的信用保障作用，增强合同履约当事人的自律，促进公平竞争，有效预防腐败。

2. 是一种更为公平的保证担保模式

与无条件保函相比较，这种基于违约责任的赔付对承包商更具有公平性。

3. 为业主提供更为全面有效的违约风险规避措施

对业主来说，除了违约损失可得到最大限度的弥补外，担保公司介入帮助其处理未完工程也是一项非常有价值的服务。由于有条件保函的赔付严格基于违约责任，对于违约事实和损失金额的认定通常需要一个必要的理赔过程，不能迅速对业主的索赔做出反应是低保额条件下业主不倾向于使用有条件保函的另一个理由；但在高保额条件下，担保公司对理赔做出快速反应和决策是其控制违约损失进一步扩大的关键，所以担保公司对业主的索赔要求通常都反应极为迅速，不仅如此，担保公司还常常先于业主发现承包商的问题并及时给予管理上、技术上、资金上的必要援助，帮助承包商渡过难关，以避免违约的发生。

4. 为建筑业的发展积累和输送必要的管理经验，帮助承包商提高履约能力和竞争力

这是保证人的专业化为市场所带来的价值。只有高保额模式才能有效促进保证人的专业化。

二、安排多种模式并存的过渡期，逐步引导市场向高保额模式演化

虽然高保额模式优点很多，但推行起来时有条件的，那就是：市场中要有足够的成熟的专业化的保证人。否则，大量的承包商将因市场缺乏担保容量而被拒门外，而不是因为缺乏足够履约能力，这将给建设市场带来伤害。考虑中国当前的现实环境，建议以混合模式启动，逐步引导市场向高保额模式演化（图 15-1）。对于这种制度设计的具体内容和理由详见本书第 3 章。

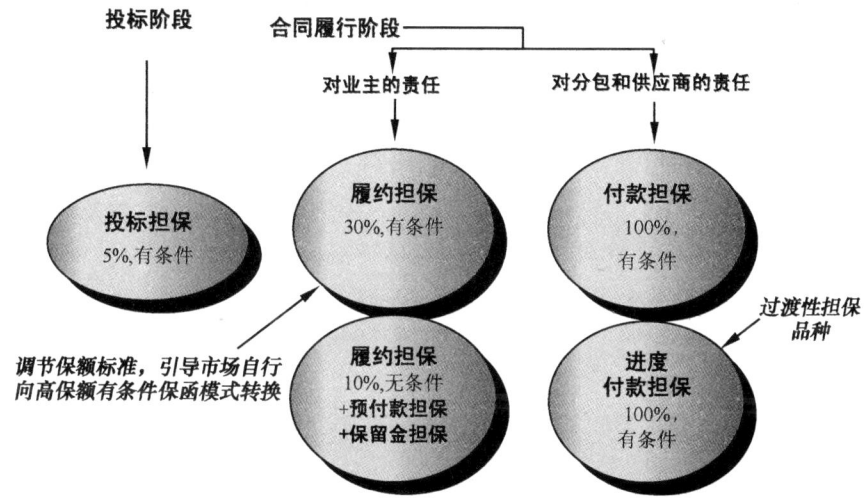

图 15-1　过渡阶段的混合担保制度模式

第十六章　应用执照与许可证担保预防
政府行政审批中的腐败

第一节　执照与许可证担保的基本概念

一、定义

执照与许可证担保保护公众免于因执照申请人的过失或违法行为而导致的经济损失[101:pp198]，它可能由任何一级政府所要求，作为其发放相关执照和许可证以批准申请人进入某特定的商业领域的一个先决条件。这一类担保的一大重要作用是为政府和公共机构执行其法律赋予的有关保护公众健康与安全等方面的职能提供保障。下面是一个美国管道工执照的保函样本：

<table>
<tr><td colspan="2" align="center">执照与许可证担保样本　　　　　　　　　　　　表 16-1</td></tr>
<tr><td colspan="2" align="center">**管道工的担保书**</td></tr>
<tr><td colspan="2">　　敬启者，我们_____，作为被担保人，和_____，作为保证人，向市长和_____委员会（一家依据_____州的现行法律运行的市政公司）严格保证，以总计_____美元作为担保金额（这笔担保金额将被实际支付）。被担保人将约束他或她本人、其继承人、执行人和管理人严格履行这一声明。
　　一旦，该被担保人已经、或即将在_____城市提出申请，依照该城市的法律成为一位有执照的管道工，并在上述市政公司许可范围内开展管工业务，并包括铺设下水道、天然气管、水箱等。
　　那么，被担保人在此保函下的责任是：在 19____年 6 月 30 日之前，良好地、诚实地、并以工人应有的态度去从事上述工作，并且应该对任何因该被担保人、他或她的代理人、下属或雇员的疏忽或过失而受的损害进行赔偿，以使上述市长和_____委员会免于损失，之后这项责任将予以免除。否则，这项责任将全面持续有效。
　　签名并盖章于 19_____年_____月_____日

　　　　　　　　　　　　　　　　　　　　　被担保人_____
　　　　　　　　　　　　　　　　　　　　　保证人_____</td></tr>
</table>

二、责任范围

执照与许可证担保属于非合同担保，它的责任范围依据政府对批准该项执照的有关法律法规和相关规定而定，这些责任都是执照申请人在获得执照后正常经营所必须严格遵守的。

从担保的责任范围来看，可以将执照与许可证担保分为以下 5 类：

（1）服从担保（compliance guarantees）——规制性责任。如与建筑业有关的商务活动须遵守有关房屋建筑规范及商业法。

（2）赔偿担保（Indemnity guarantees）——涉及第三方的公众生命安全责任。它保证第三方在因被担保人的过失或疏忽而受到伤害时得到赔偿。

（3）善意担保（good faith guarantees）——涉及第三方责任的公众保护措施。它意在保护公众免于受到被担保人的欺诈、误导和不公正的商业行为带来的危害。

（4）信用担保（credit guarantees）——涉及第三方责任的公众保护措施。如收购商担保（buyer's bond）通常被用于农产品收购，是政府强制性要求的担保。它用于向农民提供保护，使其免于受到收购商拖欠款的坑害。

（5）财务担保（financial guarantees）——涉及税收、租赁、向工人提供补偿，以及财产罚没等。最为典型的是商店代征销售税的情况，税务机关往往要求商店提供担保，保证将代征的税金如实转给税务机关。一些演艺活动、体育赛事也往往需要提交纳税担保，以避免其偷税漏税。

第二节　执照与许可证担保应用的国际经验

在美国从事某种商业活动大都需要取得相应的执照，在申请执照时则需提交专业保证担保机构的保函，以担保执照申请人合法地从事相应的经营活动。美国有约 8 万个政府机构或其他公共机构要求执照与许可证担保[49:pp36-42]。

要求这一类担保主要出于以下理由：

（1）对被担保人履行其赔偿责任提供财务保障。这涉及申请人合法纳税、一些可能的法定罚款，以及对第三方的赔偿责任等。政府一旦批准执照，即对执照申请人的行为负有责任。如果没有担保措施，政府可能会因其辖下的企业的过失或违法经营行为而承担相应的经济赔偿责任；而通过担保，政府就得到免于经济损失的保障；

（2）将公共行政机构行政审批的职责转移给专业保证机构，在提高行政审批工作效率的同时，减少了腐败机会；

（3）方便：法律同时接受申请人以交付现金的方式担保，而保证担保的方式可以节约申请人大量的现金。

美国执照与许可证担保品种举例[17: pp38]　　　表 16-2

种类	编码	种类	编码
牲畜保险公司	408	书商	473
牛奶推销	426	帽子清洁	474
砖工	440	慈善活动	475
垃圾清理	440	美容学校	476
擦窗	440	测谎仪检测	477
无线电和电视天线安装	441	儿童收养机构	478
搬家	444	墓地看护	480
养路工	445	曲轴箱润滑油分销	481
雨棚、遮阳棚安装	446	液化气	483
室外广告	446	酒精仓库保管员	491
航空播撒	447	人工彩色信号处理	499
杀虫服务	447	集会	499
熏蒸业者	447	捕蛤者	499
地震探测	449	健身俱乐部	499
挖掘机采矿保护	450	猪瘟免疫浆销售	499
烟草销售	452	售冰者	499
自动售货机售货	454	移民旅社	499
保释担保代理人	456	苗木销售	499
证券代理人	462	枪支销售	499
二手机动车上门推销	465	需预付款的合法服务	499
废弃物服务站	468	杂鱼清除	499
汽车上照服务	468	游艇和船只经纪人	499
柑橘类水果中间商	470	印第安人保留地的商务——商人的担保	499
种子销售	470	公路收费	598
棉花检验员	471		

从表 16-2 的列举可以看出，美国的执照与许可证担保所涉及的行业非常细，从白领到蓝领的各种工作几乎都包括其中。而且它们往往都是对从业者的职业道德有较高要求，或是任何疏忽和过失都有可能给社会和人民生命财产安全造成威胁或损害，而风险控制的主要手段是依靠从业人员的自律。

美国的许可证担保通常可以分为两种：

（1）守法担保（code observance bonds）

它又分为两类：

1）一般风险：它基本上属于服从担保的范畴。如电工、管工、典当代理、小型贷款公司等。保证人保证执照持有人遵从相关法律法规，合法经营。

2）特殊风险：这一类执照所涉及的商务领域包含一些大的风险。如拍卖人、搬家公司、汽车商人、房地产代理、爆炸专家等。对于这一类风险，保证人会特别审查担保申请人的相关经验以及财务清偿能力。

（2）税金支付及钱款支付担保（tax payment and money remittance bonds）

对于这一类担保，保证人也需严格审查申请人的相关经验和财务能力。属于这类担保的一大项业务是对演艺人员、娱乐行业、体育赛事的纳税以及酒类消费税和商业销售税等的担保。

执照担保并非一份简单的保函。以施工执照担保为例，它除了要求针对企业的担保外，还要求提交针对企业主要管理人员个人的担保，除非该管理人员拥有企业 10％以上股权—主要股东可以免于提交担保，这是因为已有针对整个企业的担保①。通过这些担保措施，就可以成功地通过对企业的所有者和管理者的个人行为的控制来达到督促企业合法经营的目的。

在美国，执照与许可证担保通常都是每年更新一次。这又增强了担保工具的效力。那些在本年度有着劣迹的执照持有人很可能会因为得不到担保而被清理出市场。

第三节　执照与许可证担保腐败预防机制分析

和其他任何腐败交易一样，执照与许可证审批中的腐败涉及审批人和申请人两个方面。同样，腐败并不仅仅存在于执照审批的那一个短暂时期，而是贯穿于执照有效的整个期间。下面将从审批人和申请人两方面来分析执照与许可证担保的预防机制。

一、对执照审批中腐败的预防机制

从审批人的角度，执照审批和许可证发放是政府机关履行其行政职能的重要手段，但如果应用不当、或自由裁量权过大，就可能被利用来从事腐败交易。这种腐败交易使不合格的从业者进入市场，而合格的从业者却得不到正常参与市场竞争的机会，从而降低整个经济运行的效率，使社会公众蒙受损失。

采用执照与许可证担保，就可以将执照申请人是否合格的审理工作从政府官员移交给社会第三方——专业化市场化的保证人。保证人一方面有动机尽量多地

---

① http：//www.cslb.ca.gov/bondbasics.html

发放保函以赚取保费；而另一方面，又必须严格防范因被担保人缺乏相应的从业能力以及缺乏诚信而导致保函被索赔，所以必须谨慎从事。理论上保证人尽管可以向被担保人追偿，但如果担保金额很高、损失很大，在现实中对高赔付的追偿往往会有很多困难，并且拖延很长时间。过高的赔付率往往会给担保公司带来严重的困难。保证人在赚取保费和减少赔付的权衡中，可以给社会带来最有效率的审批。如果担保制度设计得合理，执照和许可证担保完全可以取代政府官员的自由裁量，减少了政府官员在执照和许可证发放过程中的一个重要的腐败环节。在有效的担保工具引入后，执照和许可证审批过程可以变得极为简洁和透明，申请人只需向有关政府官员交齐包括保函在内的各种申请文件即可领取执照。对于某些大量的一般风险的执照申请甚至可以采用备案制，这样就大大减少了政府官员的事务性工作，而将精力重点投入到那些对国计民生有重大影响的事务的监管之中。

另一方面，从执照申请人的角度看，执照申请人如果担心执照不能顺利通过，总是会产生行贿动机。然而，担保公司是一个完全市场化运作的实体，它会意识到自己错误批准一项担保给自己所带来的风险。只要行贿金额达不到抵消这种风险的效果，以行贿手段来获得担保几乎就是不可能的。这与向政府官员行贿是完全不同的，政府官员通常无需也无力为自己错误批准执照的行为承担起经济赔偿的责任，所以行贿政府官员的成功率会远远高于行贿担保公司的成功率。担保工具的这一腐败预防机制能否有效发挥，还要视具体的制度设计而定，包括对担保责任范围的认定、保额的标准等。如果担保金额仅仅是象征性的，那么担保公司给予被担保人廉价的批准也就不足为奇了。

二、对执照持有和执法过程中的腐败的预防机制

在执照审批之后行政管理部门还有义务对执照持有人是否从业经营负有检查的责任，这当中也有很多腐败机会，腐败的形式也多种多样。其中，执法人员素质不高、乱罚款的问题比较突出。执照与许可证担保本身并不直接作用于这种腐败现象，但由于推行执照与许可证担保时，执照管理与执法检查部门必须对保函所担保的责任范围有明确清楚的界定，这样才能帮助担保公司在做出是否承保的决定时有效地预计其所承担的风险，并采取相应的风险控制措施。如果担保公司不能有效地预计自己所承担的风险，或者发现自己所承担的赔付风险过高，就会拒保或者拒绝经营该项担保品种。没有担保公司的支持，政府即使认识到执照与许可证担保的好处并且下决心推广，也会在市场中碰壁。这将有助于增进政府有关机构对市场管制行为的透明化和规范化，从而减少执法人员在执法过程中的腐败。

对执照与许可证担保的定期更新的要求也是减少这一过程中的腐败的一种机制。如果被担保人在执照持有期间有不良的从业行为记录，即使没有引发政府对保函索赔，也会降低担保公司对该被担保人的风险评级，甚至导致保函到期后拒绝更新，从而使执照自动失效。也就是说，由于担保公司谨慎规避赔付风险的需要，有时无需执法机构亲自出马，不良从业者也可能被自动清理出局。担保公司实际上就成了对不良从业者的一道有效的市场屏障。由于担保公司的有效贡献，以及被担保人在设定担保后自律意识的提高，对政府经常性的执法检查的需要也就大大降低，这也能起到一定的腐败预防的功效。

从执照持有人的角度看，执照与许可证担保最大的功效就是促进了执照持有人在从业期间自觉遵守有关法律法规、自觉纳税，并且诚信地开展其商务活动。担保工具增强被担保人自律的机制在前面已经有详细的阐述。这里需着重强调的是：

1. 事前防范甚于事后惩处

目前国内商务活动中缺乏诚信的原因，一部分是知法犯法，但还有很大一部分是因为不知法、不懂法、缺乏法律意识。担保工具的引入迫使被担保人在提交保函时认真地去研究如何避免保函被索赔，这就促进被担保人主动去学法，并在行动中加以贯彻。在质量管理中有一句名言：质量不是检查出来的。同样，良好的商务环境也不是执法者检查出来的。如果政府只是扮演起执法者的角色，到处去罚款、去吊销执照甚至去起诉和判刑，即使它能做到所有的处罚决策都正确无误，而不良商务行为所造成的危害事实上已经发生了，并且在有的时候所造成的损害还难以弥补。所以，政府还有责任去教育民众自觉地守法。但教育的作用同样是有限的，只有调动起被教育者主动学习的积极性，才能使一个法制社会真正地出现在中国大地上，才能真正营造出一个良好的商务环境。担保工具的引入正好可以为人们提供一个主动学法守法的内在动力。

2. 保函定期更新是保持保函对被担保人的约束效力的有效制度设计

保函每年更新的效果实际上类似于对执照进行每年的年审。区别也在于，这种"年审"从政府手中转移到第三方保证人，将会更有利于使"年审"进行得更有效率，也更加透明化。在担保制度下，在一年的从业过程中有过不良从业记录的被担保人可能面临保证人提高保费或承保条件（如减少授信，要求更大比例的抵押），甚至拒绝对保函进行更新，从而导致执照作废。应该说，由于保证人比政府官员更有动力去审慎对待有关法律法规对执照持有人的责任约束，以及不良从业行为的风险，保证人更新保函时对被担保人的审查将比一般年审更为全面。而因更新保函的需求，被担保人将更有动力在从事每一项工作时都严肃考虑自己的行为所带来的商誉及其对将来更新保函的影响。以博弈论的术语来讲，定期更新保函的要求迫使被担保人与保证人之间建立起了一种重复博弈的关系，这种关系将有利于在他们之间建立起诚信，从而增进了被担保人的行为自律。

第四节　执照与许可证担保在我国的应用研究

我国当前正在进行行政审批制度的改革。其中，减少行政审批事务中的自由裁量权，提高政府行政效率成为人们关注的焦点之一。在行政审批制度的改革中，执照与许可证担保应该大有用武之地。

一、将备案制改革同执照与许可证担保制度结合起来

从当前政府行政审批制度改革的方向来看，大量的行政审批程序将被削减，由备案制所取代。这场改革不仅带来中国政府行政向适应市场经济新秩序方向的转变，也将是腐败制度预防的一项有效措施。在这些行政改革中，相当一批计划经济时代遗留的不必要的行政审批项目被取缔是必然的，但还有相当多的领域，特别是市场经济新秩序下出现的新问题更需要强有力的政府干预来维持市场的正常运转。而审批制的取消如果不结合其他的一些技术措施，必然会带来政府监管力度的下降。而执照与许可证担保正是弥补备案制监管缺陷的有效工具。所以，笔者建议将以备案制取代审批制的行政审批制度改革和执照与许可证担保制度结合起来，以加强备案制的监管效力。

二、以担保措施取代注册资金制度

执照担保最直接的一个应用途径是：在当前的工商营业执照审批中，以担保措施取代注册资本金制度。

当前中国对工商营业执照的发放有严格的注册资本金的要求。对工商企业进行注册资本金验资本身的目的在于保障这些企业有充足的资本以开展其业务，并且在执照上标明其注册资本金以向其他商务伙伴转达关于该企业经营规模和实力的可靠信息。同时，注册资本金成为了有限公司承担偿债责任的最高限额，而使公司的投资人免于承担无限责任。但在现实中，这些目的并没有有效实现。事实上，当前以虚假验资骗取执照的情况普遍存在。当一项制度被大多数人漠视和违反的时候，很可能是制度出了问题。本文对当前中国的注册资本金制度建议进行改革，理由如下：

1. 一刀切的资本金要求本身不尽合理

从事任何一项商业活动都需要一定的资本注入，但各行各业对资本金的需求并不相同。有的商务活动对资本投入的需求事实上很少，而人为地设定最低注册

资本金要求妨碍了许多具有创业精神的个人进入商业领域。虽然我国目前已经准许承担无限责任的个人独资企业的注册，但由于当前的商业环境中传统上对私企的歧视，促使很多人依然宁愿选择以虚假验资开办有限公司。

2. 注册验资方式与商业经营需求的矛盾

对于一家新办企业，本来在筹办期间正需要大量资本金的实际投入，而不少地方的注册验资却要求投资人将资本金存入指定账户，三个月不能挪用。这必然迫使投资人去寻找其他资金来源以应付验资需要，从而促生了一批专门为新办企业提供验资服务的"行业"。这一灰色行业的存在又进而为那些需要虚假验资的人提供了便利。

3. 当前的注册资金验资手段不能有效防范虚假验资

资本金终究是需要运用的，政府不可能永远要求将资本金禁锢在政府所监管的账户中。三个月的验资期一过，抽逃资本的现象非常普遍。虽然这是违法的，但面对大量的违法现象，政府不可能有精力一一查处。

4. 虚假验资的社会危害

由于虚假验资的情况非常普遍，注册资金不再成为一项帮助商业伙伴判断交易对象的企业实力的有效信号工具，这就加剧了市场中的信息不对称，恶化了商业环境。而且社会对这种状况的普遍的宽容也在一定程度上腐蚀了商业上的诚信。此外，对于那些无需太多资本金的行业，合法经营的从业者可能因虚假验资而受到抽逃资本金的起诉，给自身带来危害。而对于那些债权人，可能得不到本来是由注册资本金所提供的对实现债务的保障。而政府又是否应该因其错误批准执照的行政行为而承担相应的责任呢？在民众法律意识不断提高的情况下，政府在批准执照过程中的大包大揽很可能会引发这样的尴尬。

改革当前的注册资本金制度的一项有效措施就是引入执照与许可证担保。至于担保金额，对于不同的行业，政府可以要求不同的担保金额下限，只要在此下限之上，投资人可以自愿提交不同担保金额的保函。保函要在政府工商管理部门备案，并且开放给社会各界查询。设定执照与许可证担保的好处，除了前述的减少政府官员在审批中的腐败机会，增强执照人守法经营的自律等以外，还有以下几点：

（1）执照持有人不良行为所造成的损害可以从担保金中得到有效赔付；从而使政府免于因批准其执照而蒙受风险；

（2）由于保函信息公开，商业伙伴可以得到可靠的信息来权衡与被担保人做生意所将承担的风险。例如，某银行将 1000 万元贷款给一家担保金额仅为 5 万元的小公司，它应该了解其中的风险，而又不采取其他措施来规避风险（如另外设定抵押、质押或合同保证担保），那么若最后被担保的公司不能还钱，它就仅能得到被担保公司最多 5 万元的赔付。这种情况下，它就很难将不能实现债权的责任推到政府身上。

三、法律基础

中国推行执照与许可证担保所涉及的相关法律应该包括：中华人民共和国担保法、中华人民共和国合同法、中华人民共和国行政程序法、中华人民共和国民法等。

当前，中国的《担保法》仅将合同担保纳入了自己的调整范围，尚未将非合同担保纳入，而《行政程序法》中也无相关规定。这对执照与许可证担保的推行是一个障碍。但由于保函是一种合同文件，本身可以被纳入《合同法》，所以在担保法和行政程序法未修订之前，可以先适用《合同法》以及调整更为普遍的民事法律关系的《民法》。然而，担保合同本身有其特殊性，并且涉及各种责任和赔付先后次序的认定，需要更加专门的法律来加以调整。笔者的建议是：《担保法》应该尽快加以修订，从而将对非经济合同责任的担保也纳入担保法的调整范围；其次，在担保法修订尚未出台之前，试行执照与许可证担保的政府机构应该根据合同法和担保法的精神，先期推出相应的行政规章，对推行执照与许可证担保过程中可能涉及的责任和问题进行清楚地定义，并提出对纠纷的解决方案，从而使执照与许可证担保的推行做到有法可依、有章可循。也只有做到这一点，该担保品种的推广才可能得到担保机构的支持，从而使这一制度创新得以真正实现。在试行阶段，可以采取合同手段来绕过非合同担保的法律问题，如要求执照申请人签订守法和拒绝行贿的协议，再在此协议的合同责任基础上设定担保。

四、在建设领域应用的初步设想

在建设领域，笔者认为设定执照与许可证担保可以覆盖以下对象，并将其作为行业准入条件，与其他相关条件配套运用。初步设想如下：

（1）业主责任担保：由项目业主向批准项目许可的政府部门提交，担保业主行为的合法合规和不拖欠工程款。

（2）施工企业执照担保：应取消施工企业资质，但设定基本的施工企业准入门槛。其中，施工企业执照担保将成为其重要的组成部分。施工企业执照担保用于担保自己合法从业，将对治理农民工工资拖欠、企业资质挂靠等行为发挥重要作用。

（3）物业公司执照担保：用于担保物业公司诚信从业。由于其服务对象涉及不特定公众，且作为个体的业主与物业公司谈判地位不对等，而物业公司的不当行为直接影响到社会秩序，因此有必要设定担保以加强监管。当物业公司的不当行为损害所服务的业主的利益时，政府监管部门将因此有足够的资源来进行善后。

（4）房地产中介公司执照担保：房地产中介服务与物业服务类似，也是其服务对象涉及不特定公众，且作为消费者与物业公司的谈判地位不对等，因此有必要设定担保以加强监管。

第十七章　应用忠诚担保
增强廉洁自律和职业道德

第一节　忠诚担保的基本概念和国际经验

忠诚担保主要用于弥补因被担保人欺诈和不诚实行为所造成的损失，包括贪污、秘密非法拿走权利人所属财物，伪造文件或票据骗取财物，未经权利人同意非法挪用公款移作他用，故意损害权利人的利益等[382：p356]。忠诚担保的被担保人可以是普通个人，也可以是政府官员。由于官员身份比较特殊，且官员忠诚担保多为法定担保，因此按照被担保人是否是官员，通常将忠诚担保细分为官员忠诚担保和个人忠诚担保两类。

一、官员忠诚担保

官员忠诚担保（Public Official Bonds）要求被授权担当公共事务的官员应忠实地履行自己的职责，包括对自己掌控的公共资金诚实做账，否则造成的损失政府将从保函得到赔付。在美国，常见的要求官员忠诚担保的职位列举如下[①]：

（1）发售狩猎、钓鱼和陷阱等执照的官员（Agents for Sale of Hunting, Fishing & Trapping Licenses，Auto Tags，etc.）；

（2）签发证书的官员（Commissioners of Deeds）；

（3）执法官（Constable）；

（4）法院书记员（Court Clerks）；

（5）捕狗队员[②]（Dog Catchers）；

（6）重要岗位主管（Deputies）；

（7）联邦、州和市政府官员（Federal，State and City Officials）；

（8）个人公共官员（Individual Public Officials）；

---

① http：//publicofficial. suretybondcenter. com/understanding. html 此部分笔者指导的学生王爱华参与了部分写作。

② 指由市政府雇佣的负责搜捕流浪猫狗的官员

（9）法官（Judges）；

（10）市长（Mayors）；

（11）公证员（Notaries Public）；

（12）法务官员（Officers of the Law）；

（13）州或市政府秘书等（Secretary of State，City，etc.）；

（14）警长（Sheriffs）；

（15）税务官（Tax Collectors）；

（16）市镇经理（Township Managers/Directors）；

（17）财政官（Treasurers）；

（18）其他……。

可以看出，官员忠诚担保所针对的官员要么是那些掌控着大量公共资金的官员，如财政官、税务官等；要么是掌握重要职权的官员，如市长、市镇经理、法官、警长等；也有职位不高但其行为直接影响政府正常运作的，如政府秘书、法院书记员；以及直接与公众打交道，其行为直接影响政府形象的，如掌管政府执照、证书的颁发的。甚至连由市政府雇佣的负责搜捕流浪猫狗的捕狗队员——其工作性质在某种程度上类似于我国的城管，都被要求提交官员忠诚担保。

在实践中，官员忠诚担保又进一步分为法定担保和普通商业担保两类。法定担保往往是针对那些重要岗位官员，包括被选举出来或被任命的，提交该项保函是他们能够走马上任的先决条件。在美国这一类担保通常是法律强制的，受益人则是政府机构。它保证该官员将忠实地履行其职责，而不仅仅是诚实。任何过失、失职和滥用职权所造成的损失都会导致对保函的索赔。而普通商业担保往往是针对一般公务员，通常是集体投保，被称作"公共雇员一揽子担保"。这一类保函是否需要以及如何设定赔付标准要视情况而定。这类担保有的在责任范围上接近于第一类担保；而有的则仅仅担保雇员的诚实，本质上更接近于保险而非担保，此将不在本章讨论范围。

官员忠诚担保的责任范围通常由相应的法律来规定。由于索赔条件既包括官员的错误决策或违法行为所造成的损失，也包括其不作为（即失职）所造成的损失。而官员如果不能有效地对下属实施领导，从而导致下属的失职或过失，也须承担相应的赔偿责任。由于官员们往往还须承担其下属不能忠实履行其职责的风险，所以有时也会要求主要的下属提交忠诚担保，这种担保的提交不属于法定，所以其责任范围也可以灵活设定，相当于一种合同责任。

二、雇员忠诚担保

雇员忠诚担保（Employee Fidelity Bond）用于保护雇主不因雇员的不诚实

和腐败行为而遭受损失。下面引述密歇根大学 Russell 教授的英文定义：

A fidelity bond protects employers against dishonest and corrupt employees who can cause an employer to lose money. [114]

雇员忠诚担保是专业担保公司发展进程中最先提供的担保品种。1720 年英格兰就出现过向上流社会提供仆人忠诚担保的公司。雇员忠诚担保与保险行业提供的忠诚保证保险类似，只是因行业不同而叫法不同罢了。雇员忠诚担保的受益人为企业雇主，被担保人为雇员，主要承保的是雇员的不诚实和欺诈对雇主带来的损失。与其他担保品种略有不同的是，它可由被担保人购买，也可以由受益人购买[382:p357]。当其由受益人购买时，其功能更接近于保险而非担保，这种情况不在本书的讨论范围内。

对于建筑行业来说，雇员忠诚担保着眼于建筑企业的内部控制，帮助企业雇主管理好员工，使他们恪尽职守，而且企业员工因此也不必采用缴纳现金的方式来保证自己忠于职守。例如，对于建筑企业的财务、采购、技术等关键岗位，都可以通过以相应岗位责任人为被担保人的雇员忠诚担保，来避免建筑企业出现工程款贪污、劣质建筑材料、保密施工技术外泄等问题。

在我国，雇员忠诚担保的相关经营已经有所开展。如，河南诚建工程投资担保公司已经在经营以项目经理为被担保人的个人忠诚担保，他们将之称为"项目承包人履约担保"，担保项目经理落实其在项目经理承包责任制中向企业所承担的各项义务。详见本章后面相关内容。

近年来，忠诚担保在美国发展迅猛，成为了不少担保公司新的业务增长点。这正是美国担保协会（SAA）更名于美国保证与忠诚担保协会（SFAA）的一个重要原因。

第二节　以官员忠诚担保增强官员的廉洁自律

一、我国廉政保证金制度相关实践

实践中，与官员忠诚担保相关的廉政保证金制度在我国已经有了的大量讨论和试点。如，从 2002 年开始，湖南省浏阳市最先试点廉政保证金制度。此后先后试行各种廉政保证金制度的地方还包括：陕西安康、旬阳、蒲城、西安；山东泰安；江西萍乡；河北承德、宁晋；广西南宁；贵州余庆；海南澄迈；以及浙江等地，所涉及的领域包括国税、财政、法院甚至整个公务员系统。

这些廉政保证金要么采用退休或离任一次性廉洁奖励，要么设立廉政保证金专户，由官员在任期间不断按一定金额预存，并配套一定金额补贴，离任审计后一次性领取等。

但在廉政保证金制度试点不断推进的同时，质疑声也不绝于耳。主要批评意见包括[①]：

（1）合法性问题：廉政保证金的来源主要有两种方式，一种是由个人工资、财政资金各按一定比例组成；另一种是由财政全额承担，变相增加了公务员的收入。而公务员工资是受《公务员暂行条例》等相关法律法规调整，在没有出台新的法律法规前，以制度的形式来规定公务员的部分工资走向是否合法？用纳税人的钱来普遍增加公务员工资，是否应该有一个规范的程序去认可？

（2）公平性问题：廉政保证金制度实质上是用纳税人的钱作担保。也就是纳税人用廉政保证金来购买为其服务的人员廉洁工作。如果纳税人感受不到廉洁水平的提升，就会觉得不公平。这就需要解决政务公开问题。只有政务公开透明，让群众看得见，公务员的公务行为都在群众的监督之下，群众才会觉得推行廉政保证金制度是值得的。

（3）纪律的严厉性问题：廉政保证金所依托的廉洁纪律，也就是廉洁责任如何认定？廉政保证金的前提是纪律要严。否则，廉政保证金就会失去其意义。

二、对我国推行官员忠诚担保的问题及解决方案的讨论

1. 努力解决个人资产不足的问题

在我国要推行官员忠诚担保，首先会面临一个巨大的困难：官员个人资产不足以为其所承担的责任提供担保。要解决这个问题可能有以下途径：

（1）合理制定担保金额标准

前面我们谈到了担保的心理放大效应。如果在推行官员忠诚担保的初期，不强调以官员忠诚担保为公共财产提供全面的保护，而只强调发挥其事前警示的心理预防机制，担保金额就无需完全按照官员的职责所可能带来的损失来定，而只需将担保金额标准设定在一种切实可行，但又能给被担保的官员带来明显心理压力的标准上。

（2）提供担保援助

为了保持官员忠诚担保有足够的威慑作用，担保金额标准也不能定得过低。政府可以考虑在启动担保制度的同时，安排一项担保援助计划，对那些无力满足担保要求的官员提供援助，帮助他们获取保函，但要求其配偶、子女等作为反担保人在保函上签字，承担连带的赔偿责任。这不仅可以扩大官员设定担保的财产范围，还可以借此约束其家属的行为。调查表明，我国目前大多数党政干部的腐

---

① 谢茂明，廉政保证制度亟待解决的三大问题，中国青年报，2005.2.8

败中都有其家属的不良影响。

（3）结合提高公务员待遇的薪酬制度改革设定担保

提高公务员待遇，实现某种程度上的高薪养廉，是我国公务员薪酬制度改革的必然方向。

（4）以官员未来的潜在收益为担保

这在国外有很多实例。如在新加坡的高薪养廉制度中，公务人员可能有很大一笔收入是退休后的养老金，而一旦该公务员有腐败行为被查处，养老金就拿不到了。这就相当于以养老金作抵押来担保该公务员的廉洁自律。前述我国的廉政保证金试点也大都属此范畴。

在实际的制度设计中，以上不同措施可以综合应用，也可以采取同一思路的不同变换模式。

2. 构筑起坚实的法律基础

要推行官员忠诚担保，也同样需要为其构筑起坚实的法律基础。官员忠诚担保的法律基础也同样涉及《担保法》、《合同法》、《行政程序法》等。也同样存在如何为非合同担保寻找法律基础的问题。

要推行官员忠诚担保，首先应该明确哪些职务需要设定担保、担保责任的范围、担保金额的标准等。由于在官员忠诚担保中，真正的受益人是社会公众，所以应该对这种担保要求以法律的形式固定下来，也就是说：官员忠诚担保应该是一种强制性担保，而且应该有明确的法律责任。

在相关法律尚未健全之前，可以考虑由中纪委和监察部牵头，与学术界、司法界一道，深入研究并明确每一个具体的重要职务的职责范围，并可考虑通过与官员签订合同的方式把这些职责范围明确下来，并以此为基础提出相应的担保方案，予以试行。这实际上是把官员忠诚担保这种非合同担保转变成了一种合同担保，从而可以有效地借助于《合同法》和现行《担保法》来推动对官员忠诚担保的应用。如果一时不能将这种职责范围考虑得很充分，也可以简单地从与官员签订廉洁协议开始，并针对官员在廉洁协议中的责任来设定担保，以加强官员的廉洁自律。

3. 对我国当前廉政保证金实践的建议

目前国内实践的廉政保证金实质上就是官员忠诚担保，但基本上只是一种现金担保，且追偿责任范围以官员个人所拥有或应得的保证金金额为限，这就制约了担保金额的进一步提高，在很多情况下不足以遏制腐败对其的诱惑。长远来看，应该考虑转向保证担保，以保函取代保证金，且通过担保公司的运作，将官员的配偶、子女等都纳入为保函开具所需的反担保体系，这不仅将利于提高担保金额、增强保函对公共利益的保护，还有利于促进领导干部家属共同参与到腐败预防体系中来。

三、对建设领域官员忠诚担保的初步设想

笔者在负责住房和城乡建设部相关课题时，提出了一套较为系统的建设项目行政监管与公共服务改革方案，其中建议的相关担保措施有以下三种：

1. 公共业主忠诚担保

公共业主是指使用公共建设资金的项目业主。他是否能严谨忠实和廉洁奉公地履行自己的职责，显然对社会公众利益有着举足轻重的影响。而公共业主代表则指是该项目业主机构中的最高决策负责人。这一担保品种的设置，是为了增强公共业主代表的个人诚信和责任心，使国家和公众免于或减轻因公共业主代表个人的失职或徇私舞弊行为而蒙受的经济损失。所担保的是公共业主代表个人的信用风险。由于公共业主的职责大都涉及收集、运用和分配国有和公众资金、财产，而一把手的工作作风和廉洁自律对整个公共业主机构的表现都将带来举足轻重的影响，并且一把手也有能力通过加强内部管理措施来约束手下同样做到严谨忠实和廉洁奉公。此项担保的担保金额应当基于该公共业主代表可以从项目中获得的个人收益及其可能给所掌管的日常公共资金所带来的损失，按一定比例合理核定，并且将其配偶家属等纳入共同被担保人。

适用于此项制度的项目包括：政府投资非经营性项目、政府投资经营性项目（含PPP）、国有企业投资项目、保障房项目、个人集资建房、公开募集社会捐赠的公益事业、上市公司建设项目和社会投资非营利公益产品。

2. 国有企业负责人忠诚担保

国有企业负责人不是国有企业的所有权人，而只是国有资产的管家。国有企业负责人能够恪尽职守、正常运用手中的权力，而不损公肥私、监守自盗，对于国有资产的保值增值非常重要。在建设领域，建筑业和房地产业都有大量的国有企业，掌管着巨额资金，因此采用官员忠诚担保对其行为予以约束是必要的。

国有企业负责人忠诚担保应由国有企业负责人向各级国资委提交，保障自己诚信从业，审慎决策，严格保护和正常运营国有资产，努力使其保值增值。

3. 项目监督官员忠诚担保

工程项目基本建设程序中涉及大量的许可审批事项，对于有权受理和批准相关许可的官员，都应设定官员忠诚担保，以强化其行为自律。

进而，项目监督官员忠诚担保是笔者向住房城乡建设部建议中的"建设项目监管绩效问责制"的配套措施。设立项目监督官员的目的是为了打破当前建筑市场监管中跨部门协调和官员问责的困难，以厘清建设项目的监管责任归属，便于对建设监管官员实施问责。建议对每一项目都任命一位首席项目监督官员，类似

于企业界常设的客户经理，直接服务于项目客户，也是项目监督问责的具体对象。项目监督官将与其所监管的项目紧密联系在一起，负责受理一个项目的所有监管审批申请，然后自己出面与各个职能部门的专业技术官员协调，并拥有最终是否签发相关许可的决定权。项目监督官还将全程跟踪项目的实施及运行效果，并为自己不当的监督决策承担责任。

建设项目监管制度的有效性不仅仅取决于制度设计本身，更取决于相关制度的执行。而执行相关监管制度的建设项目监督官员的个人行为将成为制度有效性的一大决定性因素。因此，为了保障建设项目监管官员的正当履职，防范其因不认真履职、以权谋私或者疏忽懈怠而给公共利益造成损失，有必要设定此项担保，以此加强监督官员奉公守法、认真履行监督职责的责任意识，从而有效预防监督官员自身可控的不当行为的发生。

第三节　以个人忠诚担保增强从业者的职业道德和责任

一、我国项目经理忠诚担保相关实践

1. 背景

我国在1991年末开始试点推行施工企业项目经理岗位责任制。1995年，建设部又出台《建筑施工企业项目经理资质管理办法》（建建字〔1995〕1号），进一步明确了项目经理的职责，并要求项目经理在承担工程项目施工的管理过程中，应当遵循建筑施工企业与建设单位签订的工程承包合同。项目经理还必须持有资质证书。至此正式确立了以施工企业项目经理承包责任制为核心的新型施工企业经营模式。

在建筑施工企业项目经理承包责任制下，项目经理受企业法定代表人委托对工程项目施工过程全面负责，是建筑施工企业法定代表人在工程项目上的代表人，并通过与企业签订承包合同，对项目实施风险承包、独立核算、自负盈亏。这种经营模式以工程项目为对象，以项目经理负责为前提，以创建优质工程为目标，以承包合同为纽带，其合同期往往覆盖从工程项目开工到竣工验收交付使用的全过程。

实施项目经理承包责任制打破了传统的施工管理模式，使企业和项目经理之间变行政管理为合同管理，变行政关系为经济关系。明确了项目承包者与企业、职工三者之间责、权、利关系，实现了生产要素的优化配置，提高了项目承包者的责任心和积极性，从而更有利于工程项目在工期、质量、成本、安全等全方位目标的达成。由于项目经理承包责任制明显的诸多优点，目前已为我国施工企业所普遍采用。2003 年国务院发文规定："取消建筑施工企业项目经理资质核准，由注册建造师代替"（国发［2003］5 号），并给了五年的过渡期①，用注册建造师的执业资格证书替代了项目经理资质证书后，项目经理执业素质得到了进一步的保障。在可以预见的将来，此项制度还将长期施行。

由于在项目经理承包责任制下，项目经理权力很大、责任则更为重大，项目经理们被寄予厚望：应秉承专业精神诚信执业，通过项目经营的成功实现项目经理和企业的共赢。但如果缺乏一定的约束机制，项目经理的个人行为就会成为企业很大的风险源，一旦项目经理行为不当造成项目合同执行失败，尽管项目经理应承担相应的经济损失，但企业也将为此承担连带责任，且蒙受品牌声誉上的损失。项目经理与企业签订的内部承包合同既是项目经理得到授权的依据，也是其行为的一个重要约束机制。但此合同能否得到顺利执行，则还有赖于适当的合同保障措施。这就为工程担保在其中的运用留下了空间。

为了确保企业各项经营目标的实现，以及防范项目经理在承包该工程时因经济或其他方面纠纷给企业造成信誉或经济方面的损失，目前项目经理除需与企业签订承包合同外，普遍还需向施工企业缴纳一定数量的风险抵押金。风险抵押金的额度视承包工程量的大小和管理的难易程度确定，一般以所承包工程造价的 2%～5%计取。风险抵押金一般情况下会在项目竣工验收合格且工程款全额收到后予以退还。风险抵押金本质上正是一种现金担保，通过质押的方式实行。但以风险抵押金的方式设定担保显然存在着诸多问题。首先，它的金额其实无助于真正弥补企业可能面临的损失，但这对项目经理个人来说就已经是一种不可承受之重了，也正因为这样，企业也很难进一步提高风险抵押金的额度。进而，它除了能在一定程度上增强项目经理的行为自律外，并无助于防范因项目经理个人能力问题而带来项目经营失败。因此，以保证担保来取代风险抵押金就成为一种现实的选择。

2. 项目承包人履约担保实践②[189]

项目承包人履约担保是河南诚建工程担保有限公司推出的一种创新担保品种。它是由项目承包人向施工企业提供的，保证项目承包人将履行《工程项目内部承包合同》所约定的义务。这种担保所保证的是内部承包合同中约定的项目承包人的责任条款，如果承包人违约或者其在承建项目时因经济或其他方面纠纷给雇主造成实际经济损失的，担保方就要承担保证责任。由于这一担保品种是由企业内部员工向企业提交，担保自己诚信从业，因此可以纳入雇员忠诚担保（Em-

---

① 《国务院关于取消第二批行政审批项目和改变一批行政审批项目管理方式的决定》（国发［2003］5 号）。

② 此部分由河南城建工程投资担保公司提供。

ployee Fidelity Bond) 的范畴，是一种可以与国际工程担保实践直接对接的担保品种。

由于项目承包人履约担保直接就是项目承包人风险抵押金的替代品，因此实践中其保额目前一般和内部承包合同中约定的风险抵押金的额度相同。

项目承包人履约担保的主要作用有以下几个方面：

（1）它是承包商履约担保的有效支撑：项目承包人履约担保的受益人虽然是发包的施工企业，但它所保证内容中的大多数条款都是围绕着所承建的工程项目而设置的，比如对工期、质量、安全文明等指标的保证、对项目经理经营行为的保证等，都对建设项目施工合同的顺利履行起到重要的作用。可以说项目承包人履约担保是承包商履约担保的一种细化和补充，两者殊途同归、互为支撑。

（2）有效维护了施工企业的权益和信誉：由于项目经理承包责任制的主要特点是风险抵押、自负盈亏，所以发包的施工企业只对项目实施正常的管理、指导和监督，项目的资源配置和成本开支都是由承包人自主决定。施工企业通过在合同中约定收取项目经理一定比例的利润或者管理费，来实现发包项目的创收，另外，在项目承建的全过程中，施工企业都要对外承担经济和法律责任，项目经理的一切经营行为都会直接影响到整个企业的品牌和信誉。这一切仅仅靠着一纸合同来保障是不够的，内部承包合同是把行政管理变成合同管理，引入了担保是把行政关系变成了经济关系，企业可以用担保这个经济手段来有效维护自身的权益和信誉。

（3）有效监督管理项目承包人的经营行为：在项目经理承包责任中引入担保，可以使保证人成为承包人履行合同的监督和管理人，使其及时纠正履约过程中的偏差，必要时给承包人履约过程提供支持和援助，从而化解和防范项目承建过程中的风险，及其因此所造成的对施工企业利益的损害。

（4）有效惩戒违约行为：项目经理和施工企业虽然是内部承包合同的两个主体，但对外发生业务时双方还是以一家人的面目出现的，双方关系紧密，人员交叉使用，负责人层面甚至是上下级的身份。如果项目经理出现违背内部承包合同约定的事项，企业很难做到不计人情、秉公办事、照章索赔。担保的引入，使这样一个棘手的问题变得简单，因为为保证人独立于双方以外，发生违约后的索赔事宜，施工企业只需要面对保证人；而发生赔付后对违约行为的惩戒，是由保证人出面向项目承包人进行追偿。也就是说，项目经理和施工企业在不见面的情况下就能完成对权益的维护和对违约的惩戒。

建筑施工企业在实行项目经理承包责任制中，引入项目承包人履约担保，就能真正加强对承包者的监督，加强对自身权益和信誉的维护，充分保证承包经营模式为企业带来效益，更能确保项目经理承包责任制的良性规范运行。

由于项目承包人履约担保的责任是从属于项目经理内部承包合同这一主合同的，因此，开展项目承包人履约担保，必须注意项目经理内部承包合同签订的完善，应要做到内容齐全，项目清楚，施工企业和项目经理的责、权、利的落实和明确。其内容至少要包括：工程情况、项目经理情况、承包的目标（工期、质量、安全、效益等指标）、目标的考核与奖惩、双方的责任和权利和其他指标等。因此，实行项目承包人履约担保也将从另一方面促进项目经理内部承包合同的完善和发展。

二、我国发展个人忠诚担保的必要性及在建筑行业应用的初步设想

目前各行各业，以至各个阶层的人群，其实都面临着严重的信用缺失问题。很多企业也都面临着雇员忠诚的风险。例如，对于建筑业而言，偷工减料既可能是源于施工企业高层甚至业主的直接授意，也可能是简单源于普通工人的偷懒以及对企业或社会不满的泄愤。因此，以担保体系来增强建设领域各个层面的从业人员的职业道德和责任非常必要。

考虑到目前建筑企业管理层和劳务层相分离的现实，笔者设想中的建筑业从业人员忠诚担保包括两个层次：其一是项目经理的个人忠诚担保；其二是劳务人员的个人忠诚担保。前者在国内的相关实践已经展开，详见本节第1部分，在此不做展开。而劳务人员的个人忠诚担保——笔者名之为"劳务人员从业诚信担保"，因为涉及特殊的制度创新，下面特别说明。

劳务人员从业诚信担保制是对劳务人员持证上岗制的一项重要的配套措施。劳务人员在建筑业从业不一定需要很高的技术水平，但一定需要很高的职业道德和责任心。由于中国建筑市场劳务人员的流动性很强，按企业逐一设定劳务人员从业诚信担保，不仅设定担保的交易成本高，而且也难以形成重复博弈机制来有效增强从业者的行为自律。因此笔者建议的劳务人员从业诚信担保的实施，将配套于一个笔者建议中的全国性的统一劳务市场的建立。统一劳务市场的设立将很好解决企业对劳务人员的培养成本投入严重不足的问题，并且将进入统一劳务市场作为建筑业劳务人员的市场准入门槛，为流动性很强的劳务人员创造起一套非常有效的重复博弈机制，从而增强相关劳务人员的行为自律。

不仅如此，提交从业诚信担保将成为进入统一劳务市场的基本准入门槛，从而增强劳务人员职业道德和责任心。此项担保以劳务人员为被担保人，以劳务市场为名义受益人，以雇用劳务人员的承包商（含劳务分包）及其他因其不法行为受到损害的第三方为索赔权利人，担保劳务人员将根据自己的相应技能合法合规并诚信地提供相关劳务服务，否则保证人将在担保金额的限额以内赔付因劳务人员非诚信行为给索赔权利人所带来的损失。担保金额设定可与建筑业劳务人员平均年收入按一定比例挂钩。

为方便一般劳务人员获得担保和降低投保成本，本担保的保证人无需是专业担保机构，而是借鉴我国传统的中保人或保荐人制度，由已在统一劳务市场获得上岗证书的初级或中级技工以上持证劳务人员担任。统一劳务市场实行对不同劳务人员的专业技能分级管理，评定初级技工、中级技工、高级技工等。新进入劳务市场的人员只能是学徒工，随着其技能的不断提升、完成相关的培训时间并通过技能考核，才能向上升级。而只有上级技工对下级劳务人员拥有担保资格。

由于保证人在代偿后有权向被担保人追偿损失，因此该项损失将最终转移回不诚信的劳务人员。而愿意为新进入劳务市场的劳务人员提供担保的其他持证劳务人员往往会是该劳务人员的同乡或亲友，这就使被担保劳务人员的诚信可以借助相对紧密传统社会关系而得到增强。对于一时找不到合适的保荐人的劳务人员，也可以寻求银行或担保公司的帮助，或采用抵押质押等方式自保。担保期间可以是一次性长期有效，也可以是按年度甚至每半年滚动续保。一旦担保到期不能续保，则劳务市场有权收回相应的上岗证书。

建筑从业人员忠诚担保体系的建立将不仅有利于促进劳务人员诚信从业，减少因其不诚信行为带来的偷工减料问题，也有助于约束劳务人员参与其他不法活动。如可将参与"恶意讨薪"、"非法强拆"、"野蛮施工"、"破坏环境"等违法违规行为都纳入此担保的索赔范围，从而约束建筑从业人员以更加道德的方式诚信从业。

附　　录

附录1 建设工程保证担保
管理暂行办法^①（建议案）

第一章 总 则

第一条 为完善建筑市场管理体系，规范建筑市场主体行为，保证工程质量，降低工程风险，防止拖欠工程款，保障从事工程建设活动各方的合法权益，根据《中华人民共和国担保法》、《中华人民共和国合同法》、《中华人民共和国招标投标法》、《中华人民共和国建筑法》、《中华人民共和国行政许可法》等相关法律、法规的规定，结合本地实际，制定本办法。

第二条 在建设工程项目发包承包中实行工程保证担保制度。

凡在本行政区域内依法实行招标发包或直接发包的建设工程采用工程保证担保的，其保证担保活动应当遵守本办法。

第三条 本办法所称建设工程是指各类房屋建筑及其附属设施的建造和与其配套的线路、管道、设备安装工程和市政工程项目。

第四条 本办法所称工程保证担保制度，包括业主责任担保制度和工程合同担保制度两大制度。

业主责任担保制度系指以落实业主社会公共责任为核心，以政府为受益人，以因业主违背其公共责任而蒙受损害的第三方为索赔权利人的许可证担保制度。

工程合同担保制度系指包括投标担保、履约担保、付款担保、预付款担保和保修担保等在内的，以落实承包商合同履行责任为核心的工程合同担保制度。

第五条 本办法所称业主、招标人、发包人、承包人、供应商、投标人、中标人的具体含义如下：

业主：指建设工程项目的项目法人，及其合法权利继承人；

招标人、发包人：指招投标中的合法发包主体，及其合法权利继承人；

承包人：指与发包人合法签订工程承包合同的主体，及其合法权利继承人。

---

① 本建议案由笔者受河北省建设厅委托完成，其中部分内容被河北省2004年出台的《河北省建设工程担保管理办法（暂行）》所吸收；但也有不少内容未予采用，这里将原建议案提供给读者供参考。

供应商：指与发包人合法签订材料及设备供货合同的主体，及其合法权利继承人。

投标人：投标人是响应招标、参加投标竞争的法人或者其他组织。

中标人：是按照法律法规和招标文件的约定依法获得中标通知书的投标人。投标人、中标人均应遵守本办法关于承包人的规定。

第六条　本办法所称专业保证人，指在中华人民共和国内具有合法经营担保业务或保证保险业务资格的金融机构，或是经建设行政主管部门认可的专业担保公司。认可的专业担保公司的名单由建设行政主管部门定期更新。

第七条　本办法所称同业保证人，指具有承揽建设工程项目合法资格的，与被担保的投标人或承包人具有相同或更高级资质的建筑企业。

第八条　本办法所称保函仅指由专业保证人出具的担保合同文书。

第九条　省人民政府建设行政主管部门负责全省工程担保活动的监督管理。

县级以上地方人民政府建设行政主管部门负责本行政区域内工程担保活动的监督管理。

第二章　业主责任担保制度

第十条　各地政府代表社会公众利益，对其辖区内批准实施的建设工程项目负有以下责任：

（一）确保因建设项目实施所带来的土地利用方式的改变、对周边地区环境和景观的改变和对周边市政公用设施的改变等符合相关法律法规的要求，并不对第三方的合法权利造成损害；

（二）确保参与建设项目的劳动者获得正当劳动收入和生命安全保障。

业主责任担保是指：政府通过授予建设项目业主实施项目开发所必需的各种许可证，而将上述责任转移给了项目业主，为此，项目业主向政府提交以政府为受益人，以因业主未能依法履行其责任而使合法权利蒙受损害的保函项下列明的第三方为索赔权利人，由专业保证人所出具的许可证担保。担保业主的建设项目开发活动将严格依法开展，并采取必要措施保证参与项目的所有劳动者的劳动收入得到如期支付，和采取必要措施以保障其生命安全，否则受益人和保函项下列明的索赔权利人都有权请求保证人就业主因未能履行其业主责任而带来的损失给予赔偿。保证人在代偿后，有权向被担保人（项目业主）追偿。

第十一条　业主责任担保制度的适用范围：依法必须实行公开招标的工程建设项目必须实行业主责任担保制度。

第十二条　业主责任担保的保函需符合《ICC 承付保函统一规则》（国际商会 458 号出版物）的各项原则。

第十三条　提供业主责任担保的保证人必须是专业保证人。

第十四条　业主责任保函分阶段滚动提交：

（一）规划许可证担保：业主在办理"用地规划许可证"时，应向政府提交相当于该许可证所列明的项目总投资的 5% 的担保金额的承付保函。此保函担保业主将依法开展勘察设计，支付相关设计和咨询人员报酬，并在 1 年内动工。否则，政府有权就保函请求保证人支付对业主违法行为的各项罚款，与业主有直接合同关系而投入该项目工作的设计人和咨询机构也有权向保证人请求支付所拖欠的设计咨询费，但以担保总额为限。

此保函在项目动工时，由施工许可证年度保函换回，或在 1 年半后自动失效。对于保函到期而未能开工的项目，政府将收回对该项目的许可，并就该项目进行公开拍卖。

（二）施工许可证年度担保：业主在办理"施工许可证"时，应向政府提交以相当于所申请开工项目当年年度投资额的 100% 金额，和相当于所开工项目合同价 5% 金额，两项之和为担保金额的承付保函，担保期限到以当年财政年度为限。政府收到此保函，应即退还规划许可证保函。

施工许可证年度担保需在整个施工期限内每年更新，或者在担保金额余额因支付索赔而下降到等于或不足项目合同金额的 5% 时，由业主按照当年年度未完成投资额的 100% 另加项目合同金额的 5% 的总金额进行更新。对于到期不能更新保函的，政府将收回对该项目业主的项目许可，并就未完工程进行拍卖。

施工许可证年度担保在项目竣工验收并完成建档 6 个月后自动失效。

第十五条　对于收回许可的项目的拍卖收入的处置：拍卖收入在扣除拍卖成本和项目因业主责任而发生的债务后，优先清偿保证人因履行保函项下的代偿责任而对项目业主产生的债权，再用于清偿项目的其他欠款；在清偿了项目所有债务后，余额退还给原项目业主。若拍卖收入不足以抵消拍卖成本和项目因业主未妥善履行其业主责任而发生的债务，政府可按不足部分的金额向保证人索赔，但以担保金额为限。

第十六条　对于因业主未妥善履行其业主责任所带来的损失超过担保金额而不能从保证人处得到赔付的部分金额，政府保留对项目业主继续索赔的权利。

第十七条　县级以上人民政府建设行政主管部门为业主责任担保中的受益人的政府指定代表，对担保事务实施统一管理，其管理职责包括：

（一）编制、提供标准保函文本。标准保函文本应在项目报建时提供给项目业主。

（二）对业主责任的明示。应列出与项目业主履行其业主责任相关的所有法律法规目录，在项目报建时免费提供给项目业主。涉及业主责任的新法律法规颁布后，应主动通知项目业主和保证人法律法规对业主责任所带来的相关变化。通知在送达保证人后 20 天内，保证人没有提出撤回保函的，视为同意继续承保。

（三）接收保函。除建设行政主管部门外，其他任何政府机构无权接收业主责任担保制度下的保函。建设行政主管部门在接收保函时，应依据本办法严格审查保函的有效性，对无效保函不予接收。

（四）保函的公开。建设行政主管部门在收到保函后，应出具收到保函的相关证明，同时通过网络和指定报刊向社会公示。公示内容包括：

1. 提交保函的项目业主法定名称、地址；

2. 所担保的建设项目名称、地址；

3. 保函所列担保金额和担保余额：担保金额是指保函上所列明的总金额；担保余额是指在保证人代偿后，在担保限额中扣除了已赔付金额后的余额。

建设行政主管部门还有义务向请求查询保函内容的任何社会公众如实全面地提供相关信息。

（五）更新保函通知。保函在以下情况下需要更新：

1. 施工许可证年度保函到期；

2. 担保余额等于或不足于施工许可证项目合同价的 5％；

3. 因业主责任范围发生变化，保证人决定撤回保函。

对需更新的保函，建设行政主管部门需提前 20 天通知相关项目业主及时办理对保函的更新。若因特殊情况，通知无法直接送达，则应在规定报刊上发布更新保函通告，并在通告发出 15 天后视为送达。

（六）组织对收回许可证的项目的拍卖。对于到期不能更新保函的项目，政府收回对原项目业主的许可，并对项目进行拍卖。建设行政主管部门负责拍卖工作的具体组织实施。

（七）代表政府就保函索赔。除建设行政主管部门外，其他任何政府机构无权向保证人提出就业主责任担保制度下的保函进行索赔。其他政府机构在发现业主违背其保函承诺的事实后，应书面通知建设行政主管部门，陈述索赔理由和提交相关证据，由建设行政主管部门统一负责向保证人提出索赔。

（八）对索赔权利人提供必要的协助。

第三章　工程合同担保制度

第十八条　工程合同担保是指承包人为担保自己将诚实履行合同义务而向发包人提交的担保。包括：投标担保、履约担保、付款担保、预付款担保、保修担保等。

第十九条　在本行政区域范围内的公共投资建设工程项目，依法必须实行公开招标的，一律实行工程合同担保制度。同时鼓励非公共投资项目采用工程合同担保制度。非公共投资项目中约定采用工程合同担保制度的也应符合本办法的相关规定。

第二十条 采用工程合同担保制度并以招投标方式发包的建设工程项目，应在招标文件和工程合同中对拟采用的各种担保措施和所要求的担保金额予以明确，并在招标文件中附保函文本格式，以便投标人评估自己参与投标的风险，并有充足的时间安排落实担保措施。

第二十一条 投标担保是在投标截至前或者在投标截至的同时，由投标人向招标人提供，保证投标人按照招标文件的规定履行投标人的义务的担保。

第二十二条 招标人要求投标人提交投标担保的，应当在招标文件中载明。投标人应当按照招标文件的要求提交投标担保。投标人未提交投标担保或提交的投标担保不符合招标文件要求的，其投标文件无效。

第二十三条 投标担保可以是由专业保证人出具的投标保函，也可以是投标保证金，包括现金、支票、银行汇票等。投标人有权自行选择以上任何一种担保方式，任何单位和个人不得强制。

第二十四条 投标担保的担保金额不超过投标总价 2％，每份招标文件规定的投标保证金或保函的担保金额最高不得超过人民币八十万元。

第二十五条 投标担保的有效期应超出投标有效期至少 28 天。

第二十六条 除不可抗力外，投标人在投标截标后的投标有效期内撤回投标文件的，或者中标后在规定的时间内不与招标人签订工程合同和提交履约担保的，其中标资格取消。招标人有权没收该投标人的投标保证金或要求保证人承担投标保函的保证责任。给招标人造成的损失超过投标担保数额的，投标人还应当对超过部分予以赔偿。

第二十七条 中标人在按照合同约定提交了履约保函后，招标人应即返还该中标人的投标保证金或投标保函。

第二十八条 招标人与中标人签订合同后七日内，应当向未中标的投标人退还投标保证金或投标保函。

第二十九条 履约担保是承包人在签订合同前或签订合同后根据合同约定向发包人提交的第三方保证担保，保证其按照合同约定全面和实际地履行其合同义务。

第三十条 履约担保的保证人可以是专业保证人，也可以是同业保证人。采用同业保证人的需符合本办法对同业担保的相关规定。禁止发包人直接向承包人收取履约保证金。

第三十一条 公共投资项目的承包人应在签订合同后七日内向发包人提交履

约保函。适用于公共投资项目的履约担保包括高保额和低保额两种模式，发包人需在招标文件中同时提供两种模式的保函文本给承包人，承包人可自主选择采用何种模式，任何单位和个人不得强制。

第三十二条　高保额模式履约担保：指履约担保的担保金额达到合同金额的30－50%，保函符合《ICC 合同担保统一规则》（国际商会 524 号出版物）的各项规定，保证人承担的赔付责任完全基于承包人违约的事实，并以因违约给发包人带来的损失为限，担保期限至工程竣工后 28 天。

第三十三条　发包人一般不得要求采用高保额模式履约担保的承包人再另提交预付款担保。但若预付款金额超过履约担保金额的，可以要求承包人另行提交一份以预付款金额和担保金额的差额为担保金额的预付款担保。

第三十四条　低保额模式履约担保：指履约担保的担保金额为合同金额的10%～15%，或为合同价与标底价之间的差额，两者之中取金额大者，保函符合《ICC 承付保函统一规则》（国际商会 458 号出版物）的各项原则，担保期限至竣工验收后 28 天。

采用低保额模式的承包人在得到发包人支付预付款时应另向发包人提交预付款担保。

第三十五条　因承包人违约带来的违约责任超过担保金额的，发包人在获得担保赔付外，不足部分可继续向承包人索赔，使其承担违约责任。

第三十六条　本办法对履约担保的上述规定也同样适用于与发包人签订材料或设备供应合同的供应商。

第三十七条　付款担保是由承包人提交给发包人的由专业保证人出具的第三方保证担保，保证承包人得到发包人的支付后，将按照其与分包商和供应商签订的合同及时支付合同款，以及支付与该承包人有直接劳动关系的劳动者参加其所承包的建设工程项目工作所应得的报酬，否则由保证人代为支付。付款担保的担保金额为发包人已向承包人支付的合同款项的 100%。

第三十八条　付款担保的担保期限需与履约担保相同。

第三十九条　付款担保的索赔权利人包括：

（一）与承包人有直接劳动关系并参加了其所承包的建设工程项目的劳动者；

（二）与承包人有直接合同关系的分包商和供应商；

（三）与承包人的分包商有直接劳动关系，并参加了其所分包的工程项目的劳动者；

（四）与承包人的分包商有直接合同关系的分包商和供应商。

第四十条　付款担保的保函可以采用《ICC 合同担保统一规则》（国际商会 524 号出版物）的规定的保函类型，也可以采用《ICC 承付保函统一规则》（国际商会 458 号出版物）的规定的保函类型。

第四十一条　预付款担保是指发包人在支付给承包人或供应商合同约定的预付款时，由承包人或供应商向发包人提交的第三方保证担保，保证其将按照合同约定正确和合理地为合同目的使用预付款，不将预付款挪作他用。

第四十二条　采用低保额模式的，预付款担保的担保金额与预付款金额相等。采用高保额模式的，预付款担保的担保金额为预付款金额与履约担保金额的差额。担保金额随尚未扣回的预付款余额的减少而减少。

第四十三条　预付款保函应当在发包人支付预付款前七日内向发包人提交。

第四十四条　预付款保函的有效期最长不超过承包人或供应商全部返还发包人预付款后 28 天。

第四十五条　承包人或供应商应当按照招标文件或合同的规定提供预付款保函。对未提交预付款保函或提交的预付款保函不符合规定的承包人或供应商，发包人有权拒绝向该承包人或供应商支付预付款并由该承包人或供应商承担相应的违约责任。

第四十六条　发包人有足够的证据证明承包人或供应商未能正确和合理地为合同目的使用预付款时，发包人有权收回承包人或供应商此前未返还的预付款余额，承包人或供应商拒绝按发包人要求返还预付款余额时，发包人有权要求保证人在担保金额内承担保证责任，赔偿预付款余额。

第四十七条　预付款保函可以采用《ICC 合同担保统一规则》（国际商会 524 号出版物）的规定的保函类型，也可以采用《ICC 承付保函统一规则》（国际商会 458 号出版物）的规定的保函类型。

第四十八条　保修担保是承包人或供应商向发包人保证自己将按照合同中有关保修条款或保修合同的约定全面和实际地履行其合同责任和义务。可以有保留金和保留金保函两种形式。

第四十九条　保留金是由发包人从承包人或供应商应得的合同价款中按合同约定的比例逐步扣留的款项。保留金的最高金额不应超过合同总价的 5%。在工程竣工结算后，除保留金外，发包人不得再扣留承包人或供货商的任何其他款项。

第五十条　保留金保函是承包人或供应商向发包人提交的由专业保证人出具的第三方保证担保，担保金额等于合同规定的保留金的金额，用于换回被发包人扣留的保留金。发包人在收到保留金保函后 7 天内，应向承包人或供货商全额退还保留金。

第五十一条　发包人不得以任何理由拒绝承包人或供货商以保留金保函换回保留金。

第五十二条　保留金保函的有效期不应短于工程竣工之日后 12 个月零 28 天，但最长不超过十年。

第五十三条　承包人或供应商不履行合同约定的保修责任时，发包人可要求保证人在担保金额内承担保证责任。

第五十四条　保留金保函可以采用《ICC 合同担保统一规则》（国际商会 524 号出版物）的规定的保函类型，也可以采用《ICC 承付保函统一规则》（国际商会 458 号出版物）的规定的保函类型。

第五十五条　同业担保是指由同业保证人所提供的履约担保，由同业保证人出具的履约担保文书称为同业履约保证书。

第五十六条　同业保证人应在同业履约保证书中承诺，如果被担保的承包人违约，同业保证人将代为履行承包人在工程合同下的义务。

第五十七条　承包人提交同业履约保证书的，应同时提交由专业保证人为同业保证人出具的履约保函。该保函可以是高保额模式，也可以是低保额模式，由同业保证人自行选择。

第五十八条　对于以上所有工程合同担保，保证人在履行了保函项下的代偿责任后，即继承了承包人在所担保的主合同下全部权利，发包人对承包人支付的合同款应优先用于清偿保证人代偿后产生的对承包人的债权。

第五十九条　若以上各工程合同担保的担保余额不足以赔付因承包人的违约责任所带来的损失，发包人可继续就不足部分金额向承包人索赔。

第四章　非金融机构专业保证人的监督管理

第六十条　非金融机构保证人在本行政区域从事需专业保证人资格才能开展的工程担保业务的，需由建设行政主管部门对其担保限额按照第六十一条的标准进行备案。

第六十一条　保证人承保的单笔保函的担保余额不超过在省建设行政主管部门备案的经核定的保证人净资产余额的 10%，其承保的所有保函的总担保余额不超过经省建设行政主管部门备案的保证人净资产余额的 10 倍。省建设行政主管部门在核定保证人净资产余额时，应对以下资产项目酌情扣减：

（一）流动性超出 90 天的资产项目，包括保证人所拥有的除自用物业和在最近两年内追偿所得的物业以外的房地产资产项目，按其金额的 30% 折算；单独的土地合同所代表的资产将被扣除。

（二）对各种流动性证券的投资每个品种不超出公司总资产的 15%（国债除外）；在单个金融机构的存款不得超出公司总资产的 33%。超出部分金额将被全额扣减；

（三）低品质的债券和股票所代表的资产将被剔除（根据相关部门公布的评估结果）；

（四）保证人拥有的无担保债权应全额扣减；

（五）保证人拥有的资产为诉讼标的物的应全额扣减。

第六十二条　保证人的子公司要从事担保业务也需独立在省建设行政主管部门进行担保限额的备案。同时母公司对子公司所拥有的资产应在母公司的资产中扣除。

第六十三条　当省建设行政主管部门发现保证人前后两年的精算对赔付预期结果明显地缺乏一致性和连贯性时，将酌情下调该公司的核定净资产，除非该公司能提供充分的证据证明自己的赔付准备金是充足的。

第六十四条　省建设行政主管部门对非金融机构保证人的担保限额备案应依据以下标准：

（一）保证人是《中华人民共和国经济合同担保法》所规定的合法担保主体。

（二）净资产余额不低于 3000 万；其中短期流动性资产不少于 20％。

（三）具备完善的财务管理体系。

（四）拥有专职承保师 2 名以上和理赔师 1 名以上。对承保师和理赔师的认定办法依据国家的法律法规。

（五）有良好的诚信理赔记录。

第六十五条　非金融机构的专业保证人，需按本办法规定定期向省建设行政主管部门报送以下材料备案：

（一）经独立的会计师审计的保证人的财务报表。

（二）保证人名下所有未到期保函单项逐笔的担保余额、担保期限和受益人。

以上材料的报送周期是：每季末报季报，每财政年度年终报年报。

第六十六条　省建设行政主管部门对非金融机构保证人年度备案应依据各专业保证人的业绩表现每年更新并予以公布；同时，在各专业保证人的季报发现风险异常的，省建设行政主管部门也有权在年中随时对业务专业保证人的范围和担保限额予以调整。

第六十七条　省建设行政主管部门对专业保证人的业务范围及担保限额的调整，包括取消其在本行政区域内经营工程担保业务资格的，均不影响该保证人对未到期保函应承担的保证责任。

第五章　保函的有效性

第六十八条　保证人出具保函或保证书，应有其法人的单项逐笔书面授权。

第六十九条　非金融机构的专业保证人可以出具符合《ICC 合同担保统一规

则》（国际商会 524 号出版物）的规定的保函类型（下称 ICC524 号保函），也可以出具符合《ICC 承付保函统一规则》（国际商会 458 号出版物）的规定的保函类型（下称承付保函）。但其单笔保函的担保金额和担保总金额均最高不应超过省建设厅为该保证人所核准的担保限额。不足部分，可以以联保、分保、再保、反担保等方式将风险分出。

（一）联保是指两个以上的专业保证人联合出具保函，参加联保的所有保证人都对保函负连带保证责任。采用联保的，担保金额除以联保人数所得平均担保金额不得超过各联保人的核准担保限额。

（二）分保是指由一个专业保证人为主保人，独立向受益人承担全部保证责任，但由其他一个以上的专业保证人为分保人，向受益人担保：若主保人不能履行其保函项下的保证责任，分保人将在其对该份保函分保的一定担保金额内向受益人赔付其损失。采用分保的，各分保人所承担的担保金额不得超过其核准担保限额，保函项下的担保金额在扣减分保金额后的金额不得超过主保人的核准担保限额。

（三）再保是指承担保证责任的专业保证人与其他再保险人达成再保险或再担保协议，当保证人不能履行其保证责任时，再保人将根据再保协议为受益人理赔。再保人的资格应符合国家相关规定。采用再保的，对保函项下的担保金额的扣减根据再保协议具体计算，扣减后的余额不得超过保证人的核准担保限额。

（四）反担保是指保证人向被担保人要求的担保，可以是抵押、质押、保证金、第三方出具的保证担保等。以反担保方式扣减后的保函项下的担保余额不得超过保证人的核准担保限额。采用反担保的，对保函项下的担保金额的扣减仅限于抵押、质押、保证金和由专业保证人出具的第三方保证担保，且作为反担保人的专业保证人所出具的反担保保函的担保金额不得超过其核准担保限额。非专业保证人所出具的反担保不作为对保函项下担保余额的扣减依据。

第七十条　非保险金融机构作为保证人的，只能出具承付保函类型的保函。但金融机构遵循本办法对非金融机构专业保证人的管理条件并到省建设行政主管部门备案后，即可出具 ICC524 号类型的保函。

第七十一条　保证人因担保合同向债权人承担赔偿责任后，可以向债务人追偿，或者在承担赔偿责任的范围内，要求有反担保人承担赔偿责任。

第六章　保证合同各方的权利和义务

第七十二条　由于工程担保的保证责任履行有一定的特殊性，保证合同各方的权利义务除应遵循《中华人民共和国经济合同担保法》的规定外，还要遵循本办法的相关规定。

第七十三条　受益人和被担保人都有义务为保证人提供真实信息以协助保证人正确做出承保风险评估。受益人违约、欺诈、误导和提供信息有重大遗漏的，保证人免责。重大遗漏指受益人在保证人承保前与其直接沟通时，没有向保证人披露与保证人风险有关的重要信息，导致保证人无法正确评估其承保风险。

第七十四条　当保证人就一个特定建设合同向承包人提供保函后，即获得对工程合同款的监管权。合同款将仅仅被用于支持建设项目并弥补项目成本，不得滥用。受益人未经保证人同意不得提前就未完成的工作向被担保人付款，受益人也有义务按照保证人的要求停止对被担保人工程款的支付，以保护保证人对剩余合同款的权利不受侵害。否则保证人的保证责任中扣除被侵害的部分。

第七十五条　高保额模式保函中的保证人在接到受益人请求履行保证责任后，有义务立即对违约责任展开调查。受益人和被担保人都有义务为保证人调查违约责任提供必要协助，包括提供完整的工程进展记录，接受保证人的现场调查和询问，并协助保证人估算和确定其将承担的保证责任等。受益人还有义务采取必要措施保护已完工程和原材料，避免损失的进一步扩大，由于受益人的责任造成损失扩大的，保证人不承担扩大部分的损失的赔偿责任。

第七十六条　高保额模式保函中的保证人有权自行选择保证责任的履行方式。包括继续帮助被担保人履约，自行代为履约，引入第三方代为履约，协助受益人组织再发包并赔付其合同差价，或直接赔付受益人可接受的金额。

第七十七条　高保额模式保函中的保证人在收到受益人请求其履行保证责任后，有权接管项目并取代被担保人在主合同下的地位，被担保人拒绝保证人取代其位置以履行保证责任的，保证人有权向受益人先行赔付后再向被担保人追偿。保证人也有权对被担保人与分包商和供应商之间的合同的未履行部分做出重新安排，以便利其履行保证责任。高保额模式保函中的保证人接管项目后，即有权根据其代位追偿权，强迫被担保人动用其所有资产用于保证人履行其保证责任。

第七十八条　受益人实质性地改变履约保证的风险水平或根本改变保证合同的要件，则保证人免责。包括涉及改变工程性质的重大变更（特别是包括承包人没有经验的工程）、大幅增加合同金额、超过保函允许范围的工期拖延、被担保人发生重大变更等。

第七章　附　　则

第七十九条　项目业主为提交业主责任担保所支付的保费计入工程建设成本。承包人或供应商为合同担保所支付的保费计入工程造价。

第八十条　必须实行工程担保制度范围的项目，其保函和保证书作为合同文件的必要组成部分，应在建设行政主管部门备案。

第八十一条　工程建设过程中的工程分包和材料设备采购供应采用工程担保的，其担保行为也应当依照本办法。

第八十二条　本办法由省建设行政主管部门负责解释。

第八十三条　本办法　自　年　月　日起施行。

河北省建设厅-清华大学公共管理学院

《建设工程保证担保制度体系》研究课题组

二〇〇四年三月

附录 2　工程担保相关《建筑法》修订建议条文^①

第一条　工程保险业务的从业许可

开展工程保险的保险公司、保险代理人、保险经纪人和保险公估人等都应是依据《保险法》成立并经保监会核准开展财产保险业务的保险公司、保险代理人、保险经纪人和保险公估人。

说明：《建筑法》不对工程保险设置特别的市场进入门槛，是因为《保险法》所设置的有关从业条件和中国保监会对保险业的严格监管已经足以防范相关风险。这也是国际上通行的做法。

第二条　工程保证担保业务的从业许可

法定的强制性的工程保证担保应该由专业担保机构提供。专业担保机构可以是依《银行法》、《信托法》或《保险法》成立并接受中国银监会和保监会监管的，依法开展担保业务的金融机构，也可以是经建设主管部门（或财政部、保监会？）核准的非金融机构专业保证人。其中，财产保险公司和经建设主管部门（或财政部、保监会？）核准的专业保证人既可经营《国际商会 524 号合同保函统一规则》所规范的保函类型（下称"524 号保函"），也可经营《国际商会 458 号承付保函统一规则》所规范的保函类型（下称"458 号保函"或"承付保函"）。非保险金融机构经营"承付保函"无需申请特别许可，但若经营"524 号保函"，应像其他专业保证人那样向建设主管部门备案并接受相应监管。

工程保证担保业务的代理人、经纪人和公估人的从业许可同工程保险的代理人、经纪人和公估人。

说明：

1. 工程保证担保是工程担保中的一种，它是由第三方保证人所提供的担保。对于其他担保形式，包括抵押、质押、留置和定金等物的担保方式无需设定从业许可条件，所以这里只对工程保证担保的从业许可做出规定。

2. 工程保证担保是一种为受益人提供风险防范的特殊的民事合同关系。根

---

①　本文是笔者于 2004 年参加《建筑法》修订时负责编写的相关建议条款及其说明。因建筑法修订工作迟迟没有结果，因此尚不了解最后对笔者修订建议的采用情况。这里发表出来谨供读者参考。

据《担保法》对保证人的规定，任何具有清偿能力的个人和法人机构都可以作为保证人；《合同法》也尊重合同缔约者之间的缔约自由。只要受益人是真正的财产所有者，就有理由相信其可以对自身风险及其转移的需要做出准确的判断，无需法律干预。

而法定的强制性的工程保证担保（其范围希望也能在这次《建筑法》修订中予以明确）是以保护公共利益为目标，并且以政府、公共投资项目法人或特殊法人为担保受益人。这些保函上列明的受益人只是受托管理公共资产，为防范受托人不恪尽职守甚至监守自盗给公共资产造成损害，用法律来约束其自由裁量权显然是必要的。考虑到工程担保所涉及的风险标的巨大，承保和理赔的专业性都很强，本法正是通过对专业担保机构的从业许可管理，来缩小法定的强制性的工程保证担保法律关系中受益人选择保证人的自由裁量权，从而控制特定工程项目在设定担保中所面临的风险。

3. 国际商会 524 号规则所规范的工程担保所保证的是：一旦被担保人违约行为发生并给受益人造成损失，受益人可以从保证人处获得代为履行或赔偿，从而确保工程目标的完成或受益人利益不受损害。它要求保证人对保函的理赔基于被担保人的违约责任，且保证人可以自行选择代为履行或货币赔付。经营这种保函要求保证人具有一定的专业能力来评估被担保人的合同履行能力和认定工程建设中违约情况，这种能力要求与财产保险公司经营工程保险业务和其他信用保险、责任保险和保证保险具有相通之处，同时保险公司所经营的每一特定险种都是保监会监管的对象，这也促使其经营工程保证担保业务时采取审慎的风险控制措施。参照国际经验，从工程担保市场最为发达的美国来看，无论是负责核定担保资质的美国财政部，还是各州保险监管机构，对工程担保业务的监管都套用了对一般保险业监管的办法。目前，鉴于中国保监会对保险业的监管已经建立起了以偿付能力为核心的监管标准，因此，本法不再另对保险公司经营工程保证担保设定特别许可条件。

4. 国际商会 458 号统一规则所规范的是国际上较为流行并非常适合银行业开展的承付保函。这种保函基本独立于其所担保的主合同，保证人在收到索赔请求后无需介入认定主合同违约责任即可支付赔款，这对于通常缺乏理赔经验的银行迅速处理索赔请求是非常方便的。同时，银行业将担保业务的监管纳入表外业务，缺乏对工程担保业务的特别监管，因此如果大规模介入工程担保领域可能会给整个银行金融系统带来未知风险。所以本法将银行经营工程担保业务的范围限定在国际商会 458 号统一规则所规范的承付保函。信托公司经营担保业务的范围同银行。

5. 考虑到中国建筑市场规模，一旦推行法定的强制性的担保品种，急需拓展担保容量来满足市场对保函的需求。因此，除了银行、保险公司和信托公司外，同时允许建设主管部门另行核准一批专业保证人。建设主管部门对其核准的专业保证人采用类似于保险公司的以偿付能力为核心的监管原则，其担保业务范围也同保险公司。其主要目的是降低《保险法》所规定的设立保险公司的最低资本金门槛，从而吸引社会富余资金投资担保行业，放大市场整体的担保容量。这样做的合理性在于：与一般保险遵循大数定律不同，担保公司的承保是基于"零赔付"预期的，它必须在经过审慎的承保风险评判并且认定被担保人具备履约能力和履约信用后才会出具保函。因此，只要坚持对担保公司采用基于偿付能力的严格监管，对担保公司的净资产要求适当放松并不会给整体市场带来更多的风险。

第三条　建设主管部门对专业保证人的核准条件

（一）保证人是《中华人民共和国经济合同担保法》所规定的合法担保主体。

（二）净资产余额不低于 3000 万；其中短期流动性资产不少于 20%。

（三）具备完善的财务管理体系、内部稽核监控制度和风险控制制度。

（四）拥有专职承保师 2 名以上和理赔师 1 名以上。对承保师和理赔师的认定办法由国务院人力资源部门会同相关专业管理部门另行制定。

（五）过去 5 年中无不良信用记录。担保机构信用记录不足 5 年的，应有过去 5 年中无不良信用记录的自然人或法人做保荐人，对新建担保机构的诚信经营进行担保。保荐人需向监管部门提交保函或保证书，保证对因新建担保机构违规操作对第三方造成的损害按照一般保证责任进行赔偿。保荐人的担保总金额需为净资产余额的 20%。可以是多个自然人和法人联合保荐。保荐人之间应通过契约明确保荐责任的分担，或参照《担保法》关于保证人的相关规定执行。已投保信用保险且保险总金额达净资产余额的 20% 的，可以免除对保荐人的要求。

说明：

1. 保险法对设立保险公司的最低资本金设置的门槛是 2 亿元人民币，而本法将从事工程担保的担保机构的门槛降为净资产 3000 万元人民币，这就使大量不足以进入保险市场的资金可以跻身担保市场来谋求利润。尽管 3000 万元人民币的净资产门槛不高，但此 3000 万元要求的都是优质并确保了合理的流动性的净资产，加上经营担保产品并不预期出现赔付，而且第四条对担保限额又有明确规定，监管条件又非常严格，所以这一门槛基本上可以防范担保机构无力赔付的风险。

2. 对承保师和理赔师的资格认定建议监管部门组织统一的资格考试。

3. 担保机构是经营信用产品的机构，因此对其自身信用应该有严格要求。由保荐人对担保机构进行信用担保，或由保险公司为其提供信用保险，可以增强担保机构的诚信经营的自律，并在担保机构本身失信并缺乏足够的偿付能力的情况下，可以使受益人的权益得到一定的保护。为了使获得保荐这一门槛不至于过高，本法规定保荐人只承担一般保证责任，也就是说，只有在利用担保机构自身资产进行赔付后，不足部分才由保荐人承担。

第四条　对非金融机构专业保证人的担保限额管理

保证人承保的单笔保函的担保金额不超过经核定的保证人净资产余额的10%，其承保的所有保函的总担保余额不超过经核定的保证人净资产余额的10倍。建设主管部门在核定保证人净资产余额时，应对以下资产项目酌情扣减：

（一）流动性超出90天的资产项目，包括保证人所拥有的除自用物业和在最近两年内追偿所得的物业以外的房地产资产项目，按其金额的30%折算；单独的土地合同所代表的资产将被扣除。

（二）对各种流动性证券的投资，每个品种不超出公司总资产的15%（国债除外）；在单个金融机构的存款不得超出公司总资产的33%。超出部分金额将被全额扣减；

（三）低品质的债券和股票所代表的资产将被剔除（根据相关部门公布的评估结果）；

（四）保证人拥有的无担保债权应全额扣减；

（五）保证人拥有的资产为诉讼标的物的应全额扣减。

（六）保证人的子公司要从事担保业务也需独立在省建设行政主管部门进行担保限额的备案。同时母公司对子公司所拥有的资产应在母公司的资产中扣除。

（七）建设主管部门发现保证人前后两年的精算对赔付预期结果明显地缺乏一致性和连贯性时，将酌情下调该公司的核定净资产，除非该公司能提供充分的证据证明自己的赔付准备金是充足的。

说明：以上对担保限额的规定和对净资产的核定方法基本上参照国际上对保险业进行的基于赔付能力的监管办法。

第五条　非金融机构的专业保证人，需定期向建设行政主管部门报送以下材料备案

（一）独立的会计师审计的保证人的财务报表。

（二）保证人名下所有未到期保函单项逐笔的担保余额、担保期限和受益人。

以上材料的报送周期是：每季末报季报，每财政年度年终报年报。

第六条　建设主管部门对非金融机构保证人年度备案应依据各专业保证人的业绩表现每年更新并予以公布；同时，在各专业保证人的季报中发现风险异常的，省建设行政主管部门也有权在年中随时对业务许可和担保限额予以调整。核定净资产余额不足3000万人民币的，担保机构应补足。

第七条　省建设行政主管部门对专业保证人的业务及担保限额的调整，包括

取消其在本行政区域内经营工程担保业务的许可，均不影响该保证人对未到期保函应承担的保证责任。

说明：第五条、第六条和第七条体现的是监管机构对担保机构的偿付能力的监管是一种动态监管。只有随时获得担保机构风险状况的准确信息，并据此对其担保限额进行动态监管，才能确保担保机构始终保持真实的偿付能力，并降低担保行业的整体风险。

中国各地工程担保管理办法及信息一览表

地区	颁布时间	担保覆盖范围	担保品种									担保人					担保方式	担保额度
			Ⓐ	Ⓑ	Ⓒ	Ⓓ	Ⓔ	Ⓕ	Ⓖ	Ⓗ	Ⓘ	(1)	(2)	(3)	(4)	(5)		
成都	2004.6.1①	全市范围内的工程建设项目								√		√	√			√		4000 万元以下工程合同价的 5%；4000 万元以上工程，实行分段担保制度
深圳	2002.12.1② 2008.1.1③	全市范围内工程建设项目	√	√					√	√		√	√	√			业主支付担保为无条件见索即付；承包商履约担保为有条件	履约担保额不低于工程承包合同价的 10%；包合同价的不低于 15% 的支付担保额对等于履约担保
青岛	2002.6.27④ 2009.9.25⑤	从房地产项目起步，三年后向全市范围内其他工程建设项目推广。农民工工资保证金由建筑企业缴纳	√						√	√				√	√		农民工工资担保为现金担保	采用银行保函分段滚动担保方式的，每阶段保额不低于合同价款 10%；采用担保公司出具担保书分段滚动担保方式的，每阶段不低于合同价款的 15%；履约担保的保额采用担保书和商业担保的担保额度为合同价 15%，采用履约保证金方式的（包括银行保函），担保额度为合同价 5%。农民工工资担保金额按不同企业类型按 20～50 万元不等

① 关于加强成都市建设领域民工工资保证金管理工作有关问题的通知·成建委发 [2004] 776 号
② 深圳市建设局关于印发《深圳市建设工程担保实施办法》的通知·深建市场 [2002] 36 号·2002/12/1
③ 深圳经济特区建设工程担保和谐劳动关系促进条例·施行日期：2008/11/1
④ 关于实行建设工程担保制度的意见·青岛市建设委员会·2002/6/27
⑤ 青岛市建筑工程管理局关于在我市建筑业实行"农民工工资保证金"管理的通知·2009/2/25
⑥担保品种：Ⓐ一投标担保；Ⓑ一履约担保；Ⓒ一承包商付款担保；Ⓓ一预付款担保；Ⓔ一分包担保；Ⓕ一维修担保；Ⓖ一业主支付担保；Ⓗ一农民工工资支付担保；Ⓘ一差额担保。

地区	颁布时间	担保覆盖范围	担保品种														担保方式	担保额度
			Ⓐ	Ⓑ	Ⓒ	Ⓓ	Ⓔ	Ⓕ	Ⓖ	Ⓗ	Ⓘ	(1)	(2)	(3)	(4)	(5)		
杭州	2006.11.28①	在本市市区（不含萧山、余杭区和各开发区）范围内的建设工程。工程造价在1000万元以上的建设项目（含分包的项目）	✓	✓					✓	✓②		✓	✓				除投标担保外的工程担保应采用保证担保方式。当事人对保证方式没有约定或约定不明确的，按照连带责任保证承担保证责任	一般招标或者交易的项目，低于1亿元的，不低于工程造价的10%；1亿元以上的，应不低于最低价1000万元。采用最低价中标的项目，低于1亿元的不低于15%；高于1亿元的不低于1500万元
常州	2003.10.1③ 2008.5.14④	全市范围内工程建设项目，总造价100万元以上；农民工工资支付担保面向重点监控企业和一般监控企业		✓					✓	✓		✓				✓	农民工工资担保包括保证金（重点监控企业）、保函（一般监控企业）两种形式	承包商的履约担保金额额度一般为工程承发包合同总价的5%~10%。农民工工资支付保证金：总承包特级企业80万元；总承包一级企业60万元；总承包二级企业40万元；总承包三级企业20万元；专业承包一级企业40万元；专业承包二级企业20万元；专业承包三级企业10万元；部分减半，建筑一般监控企业10万元；建筑劳务企业按上述金额的80%

① 杭州市政府办公厅转发市建委关于杭州市建设工程担保管理试行办法的通知·杭政办［2006］45号·2006/11/28c
② 岳德亮·浙江省所有市县均建立工资支付保证金制度·新华网2009/12/08　来源：http://news.xinhuanet.com/employment/2009-12/08/content_12608483.htm
③ 常州市建设工程担保实施办法·2003/7/29
④ 关于印发《常州市建设领域农民工工资保证金管理办法》的通知·常州市建设局·2008/5/14

续表

地区	颁布时间	担保覆盖范围	担保品种										担保人					担保方式	担保额度
			Ⓐ	Ⓑ	Ⓒ	Ⓓ	Ⓔ	Ⓕ	Ⓖ	Ⓗ	Ⓘ	(1)	(2)	(3)	(4)	(5)		
厦门	2008.1.18① 2008.6.12②	全市范围内工程建设项目：建筑面积在 1000m² 或工程总造价在 100 万元以上		✓					✓	✓		✓	✓			✓	连带责任保证；农民工资担保为现金担保	履约担保保额不得低于工程建设合同价的 10%，超过 1 亿元的建设工程，业主工程款支付担保可以按工程建设合同付款周期实行分段担保，每段保额为该段工程建设合同价款的 10%～15%，政府投资项目不提供支付担保。工资保证金额＝施工合同人工费总额/合同工期（月）×调整系数，最高限额从 0～200 万元不等
天津	2008.2.1③ 2009.4.27④	有保函集中管理要求，但未明确是否强制推行。农民工工资保证金强制推行	✓			✓		✓	✓	✓		✓	✓	✓			连带责任保证；农民工资担保为现金担保	工程款支付担保不低于合同价的 10%。工程履约担保不低于 10%，低价中标工资担保不低于 15%。农民工资担保：施工总承包企业 100 万、专业承包和劳务企业 30 万，年度优秀诚信施工企业免交保证金

① 福建省厦门市人民政府关于印发《企业工资保证金实施办法》的通知·厦府〔2008〕24 号·2008/1/18
② 厦门市建设与管理局关于印发厦门市建设工程担保实施办法（试行）的通知·夏建〔2008〕33 号·2008/6/22
③ 天津市建设工程担保管理办法·建筑〔2008〕127 号·天津市建设管理委员会·2008/1/23
④ 天津市建筑农业农民工工资保证金制度实施细则

414

续表

地区	颁布时间	担保覆盖范围	Ⓐ	Ⓑ	Ⓒ	Ⓓ	Ⓔ	Ⓕ	Ⓖ	Ⓗ	Ⓘ	(1)	(2)	(3)	(4)	(5)	担保方式	担保额度
北京	2006.9.20① 2008.4.21②	农民工工资保证金在所有房屋和市政工程中强制推行；其他担保限于房地产开发项目	✓	✓	✓	✓	✓	✓	✓	✓		✓	✓				连带责任保证；工资支付担保为现金担保	投标保证担保的担保金额一般为投标总价的2%，最高不得超过80万元人民币。承包履约保证担保的担保金额不得超过合同价的10%，但采用经评审最低投标价法中标的担保证金履约保证金承包企业承包低于承包合同价的15%。农民工工资保证金；施工总承包企业承包工程不少于100万元，专业承包企业和劳务分包企业不少于50万元
温州	2003.12.24③ 2009.8.3④ 2011.6.28⑤	房地产开发建设项目；造价1亿元及以上的政府投资工程；交通项目实行农民工工资担保	✓	✓		✓	✓	✓	✓	✓ 交通项目		✓	✓	✓			连带责任保证；农民工工资担保允许使用保函	投标担保额度一般为投标总价的2%，最高不得超过80万元。承包人的履约担保金额一般为合同总价的5%～10%。采用经评审的最低投标价中标的招标项目，担保金额为中标工程承包合同总价的高额10%～15%；政府工程保函见表9-2

① 北京市关于工程建设保证担保的若干规定．京建法[2006]938号．2006/9/20
② 关于印发《北京市建设工程担保管理办法》的通知．京建法[2008]66号．北京市社会和劳动保障局和北京市建设委员会．2008/4/21
③ 温州市建设工程担保实施办法（试行）．2003/12/24
④ 浙江省温州市劳动保障局关于进一步加强建设领域农民工工资支付管理的通知．温劳社法监[2009]90号．2009/8/3
⑤ 温州市委市政府关于进一步整治规范建设工程招标投标市场的若干规定（试行）．温委发[2011]89号．2011/6/28

续表

地区	颁布时间	担保覆盖范围	担保品种									担保人					担保方式	担保额度
			Ⓐ	Ⓑ	Ⓒ	Ⓓ	Ⓔ	Ⓕ	Ⓖ	Ⓗ	Ⓘ	(1)	(2)	(3)	(4)	(5)		
云南	2001.10.1① 2011.5.1②	除农民工工资备金外，对一般项目的其他工程担保未做强制性规定	✓						✓			✓			✓		农民工工资保证金为现金担保	投标担保额度为投标总价的0.5%～1%。履约担保采用担保方式的，为合同价的8%～10%；采用履约保函，为合同价的5%～8%。农民工工资支付担保额为业主支付准备金的10%；另有工资支付准备金支存要求，金额待定
台州	2007.6.29③	限招投标项目；业主招担保仅在房地产项目中实行	✓						✓④			✓	✓	✓				投标担保额度为投标总价的2%，且最高不得低于5万元，最高不得超过80万元。履约担保和业主支付担保对等，额度一般为工程合同价的10%
沈阳	2004.6.22⑤ 2007.3.8⑥	有保函备案要求，但是否强制推行不明确；农民工工资支付担保面向重点监控企业	✓				✓			✓		✓		✓			农民工工资支付担保为现金担保	投标担保额度为投标总价的1%。履约担保采用担保书和同业担保方式的，为合同价的15%；采用履约保函（包括银行保函），为合同价的10%。农民工工资担保为合同价的2%

---

① 云南省建筑工程履约担保暂行规定．2001/10/1
② 云南省农民工工资支付保障规定．2011/5/1
③ 台州市建设工程担保管理试行办法．台建规[2007]215号
④ 岳德亮．浙江省所有市县均建立工资支付保证金制度．新华网 2009/12/08 来源：http://news.xinhuanet.com/employment/2009-12/08/content_12608483.htm
⑤ 沈阳市建设工程担保实施办法．沈建发[2004]73号．城乡建设委员会．2004/6/22
⑥ 沈阳市人民政府关于解决农民工问题的实施意见．沈政办发[2007]14号．2007/3/8

续表

地区	颁布时间	担保覆盖范围	担保品种 Ⓐ	Ⓑ	Ⓒ	Ⓓ	Ⓔ	Ⓕ	Ⓖ	①	担保人 (1)	(2)	(3)	(4)	(5)	担保方式	担保额度
宁波	2002.11.18① 2007.6.1② 2009.12.9③	一般工程担保：1000万元以上的房地产项目；农民工工资支付担保：300平方米以上或工程造价在30万元以上的工程项目	√	√	√			√	√		√		√			履约担保只能用保函；农民工工资可以是现金担保或保函，保函以政府主管部门为受益人	投标担保额度一般为投标总价的1%～2%，并最高不得超过80万元。履约担保额度为工程合同价的10%，造价1亿元以上的项目可滚动担保。农民工工资担保：特级企业200万，一级企业150万元，二级企业120万元，三级企业80万元，专业承包企业50万元，其中注册资本金在50万元及以下的企业20万元，劳务分包企业20万元
南宁	2001.12.21④ 2007.5.21⑤	有保函备案要求，但是否强制推行不明确；农民工工资担保适用于水利水电工程项目	√	√					√		√	√	√	√	√		投标担保额度以招标文件规定的额度为准，一般不得超过投标总价的2%，最高不得超过50万元。履约担保采用担保方式的，为合同价的15%。采用履约保证金方式的（包括银行保函），为合同价的10%

① 宁波市建设工程担保试行办法．甬建市 [2002] 438 号．2002/11/18
② 关于印发宁波市房地产开发合同担保实施细则的通知．甬建发 [2007] 132 号．2007/4/27
③ 宁波市建委关于进一步加强建设工程担保管理的通知．2009/12/9
④ 南宁市建设工程担保试行办法．2001/12/21
⑤ 关于在南宁市水电水利工程项目实行农民工工资保证金制度的通知．南劳社字 [2007] 28 号．南宁市劳动和社会保障局．南宁市水利局．2007/5/21

续表

地区	颁布时间	担保覆盖范围	担保品种									担保人					担保方式	担保额度
			Ⓐ	Ⓑ	Ⓒ	Ⓓ	Ⓔ	Ⓕ	Ⓖ	Ⓗ	Ⓘ	(1)	(2)	(3)	(4)	(5)		
湖北	2004.1.1① 2006.7.31②	省内合同估价在200万元人民币以上的房屋建筑和市政基础设施建设工程。农民工工资担保适用于交通水利铁路等工程项目	√	√		√		√				√	√	√			担保人对其出具的保函应当承担连带责任，保函应为见索即付；农民工工资担保为现金担保	投标担保担保金额一般为投标总价的1%~2%，最高不得超过50万元；承包商履约担保的担保金额一般为建设工程承包合同价的5%~10%。采用房屋评审的最低投标价中标的招标工程，担保金额一般为建设工程承包合同价的10%~15%。农民工工资担保为中标合同价的0.1%~0.2%
贵州	2006.12.21③ 2007.12.18④	有保函备案要求，但是否强制推行不明确；农民工工资担保面向贵阳市的建筑企业	√	√	√	√			√		√	√	√	√	√		农民工工资支付担保为现金担保	投标担保金额为超过投标总价的2%，最高不得超过80万元人民币。承包工程承包合同价的10%，业主支付担保对等提交；农民工工资支付担保为合同价3%，以50万元为限

① 关于印发《湖北省建设工程担保试行办法》的通知. 鄂建［2003］111号. 湖北省建设厅. 2003/12/18
② 关于在交通、水利、铁路等行业建立工资支付保证金制度的通知. 鄂劳社文［2006］111号. 湖北省劳动和社会保障厅、湖北省交通厅、湖北省水利厅、武汉铁路局. 2006/7/31
③ 贵阳市人民政府办公厅关于转发市劳动和社会保障局、市建设局《贵阳市建筑企业业务工人员工资支付担保实施办法（试行）的通知. 黔建施通［2007］551号. 2007/12/18
④ 贵州省建设厅关于印发贵州省建设工程担保实施办法的通知. 黔建施通［2007］551号. 2007/12/21

地区	颁布时间	担保覆盖范围	担保品种									担保人					担保方式	担保额度
			Ⓐ	Ⓑ	Ⓒ	Ⓓ	Ⓔ	Ⓕ	Ⓖ	Ⓗ	①	(1)	(2)	(3)	(4)	(5)		
新疆	2004.9.1① 2007.6.11②	未做强制性要求	✓	✓				✓	✓	✓			✓			✓		投标担保定金按照工程预算确定，一般不超过工程预算总额的2%，最高不超过50万元人民币。施工履约担保采用履约保证金方式担保的，担保额度一般不超过施工合同总价的10%，经评审最低报价中标的，一般不超过施工合同总价款的15%；采用银行担保或者担保公司担保的，担保额度一般不超过施工合同总价款的15%
河南	2006.2.16③ 2009.7.23④	大型基础设施、公共事业等系社会公共利益、公共安全的项目；全部或者部分使用国有资金或者国家融资的项目；使用国际组织或者外国政府贷款、援助资金的项目；房地产开发项目（包括新建、改建、扩建的项目；农民工工资担保面向高速公路项目	✓		✓				✓	✓		✓	✓				一般保证或连带责任保证；农民工资担保为现金担保	投标担保的担保金额一般不超过投标总价的2%，最高不得超过80万元人民币。承包商履约担保担保金额一般采用中标价的10%，采用经评审最低价中标的招标项目，保函的担保金额应不低于合同价的15%。农民工工资担保为工程质保金的5%

① 新疆维吾尔自治区建筑工程施工担保实施办法. 2004/9/1
② 关于印发《新疆维吾尔自治区建设领域农民工工资支付管理办法》的通知·新政办发 [2007] 111 号·2007/6/11
③ 河南省建设工程担保实施办法（试行），河南省建设厅·2006/2/16
④ 河南省高速公路建设项目农民工工资支付监督管理规定·豫交工 [2009] 44 号，河南省交通厅·2009/7/22

续表

地区	颁布时间	担保覆盖范围	担保品种									担保人					担保方式	担保额度
			Ⓐ	Ⓑ	Ⓒ	Ⓓ	Ⓔ	Ⓕ	Ⓖ	Ⓗ	Ⓘ	(1)	(2)	(3)	(4)	(5)		
河北	2004.12.1① 2010.1.13②	合同造价在1000万元的房地产开发项目;采用工程量清单招标,中标人为最低标或次低标的;需将工程分包的;法律规定的其他情况	✓	✓	✓				✓	✓			✓				农民工工资为现金担保担保	投标担保的金额不超过投标总价2%,最高不得超过人民币80万元;勘察设计招标保证金过10万元。农民工工资保证金由建设单位和施工企业双方分别交纳。建设单位按投资额的2%;施工企业按以上交纳50万元;专业承包一级承包二级一级和专业"总承包一级、专业承包一级三级不分等级承包三级30万元;施工总承包二级和专业承包二级企业交纳20万元;专业承包三级企业和劳务分包企业交纳5~10万元
陕西	2005.9.1③ 2006.12.28④	有保函备案要求,但是否强制推行不明确	✓		✓				✓	✓			✓	✓	✓		西安:农民工工资担保为现金担保	投标担保金额一般不得超过投标总价的2%,最高不超过80万元人民币;承包商履约担保的担保金额一般不得超过工程承包合同价的10%,采用工程量清单评审的最低投标价中标不得低于招标工程;承包合同价在西安,担保金额不得超过合同价15%;项目合同价在西安:用工年工资总额1%~2%或用工人数25%;用工总额5000元/人,现金预存

① 河北省建设厅关于印发《河北省建设工程担保管理办法(暂行)》的通知·河北省建设厅·2004/11/9
② 河北省清欠办关于调整规范农民工工资保证金收缴方式和使用管理的通知·2010/1/13
③ 《陕西省工程建设担保管理办法(试行)》的通知·陕建发[2005]108号·陕西省建设厅·2005/5/16
④ 陕西省人民政府关于进一步做好农民工工作的实施意见·陕政发[2006]70号·2006/12/28

地区	颁布时间	担保覆盖范围	担保品种													担保方式	担保额度
			Ⓐ	Ⓑ	Ⓒ	Ⓓ	Ⓔ	Ⓕ	Ⓖ	①	(1)	(2)	(3)	(4)	(5)		
大连	2006.9.27① 2007.7.16②	全市范围内工程建设项目；合同价在人民币200万元以上（农民工工资担保无此下限规定）	√	√	√				√	√	√	√			√	连带责任保证；农民工工资担保为现金担保	投标担保的担保金额一般不超过投标总价的2%，最高不超过80万元人民币。建设工程合同价款3000万元人民币以下的工程，业主工程款支付担保实行一次性担保，担保的额度不得低于建设工程合同价的15%。对于建设工程合同价款超过3000万元人民币的工程，可按工程合同确定的付款周期实行工程款分段滚动担保，每段的担保金额应为该段工程款的10%～15%，农民工工资担保：房地产开发企业50万元，其他按项目合同额从1～100万元不等，由建设担保交纳

① 《大连市建设工程合同担保实施办法》的通知．大政发〔2006〕93号．2006/9/27
② 大连市人民政府关于印发大连市建筑业企业农民工工资保证金管理规定的通知．大政发〔2007〕81号．2007/7/16

附表2

地方政府对工程担保公司的监管措施比较

省市	文件名称	保函有效期及续保	担保余额放大倍数	注册资金	对担保公司的监管		单笔保函保额	其他要求
					定期考核	审核备案		
北京	《关于工程建设保证担保的若干规定》京建法[2006]938号①	合同约定的数保证人义务履行完毕之日后30天至180天	专业担保公司担保余额的总额不得超过其净资产的10倍		定期进行资信调查和评价，评价结果向政府有关部门、建设单位、以及银行公布。专业担保公司应当在每年规定时间，提交公司营业执照、股东构成、上一年度审计报告、验资报告、法定代表人身份证明等材料	北京市或区县招标投标监管部门	单笔承保包履约保证担保金额不得超过其净资产的50%，单笔工程款支付保证担保金额不得超过其净资产的20%	根据中国银行业监督管理委员会的规定，可以与银行业金融机构开展授信合作的专业担保公司应当有规范的操作流程和风险管理制度，能够承担工程风险预控和对债务人履约情况进行监管的责任
深圳	《深圳市建设工程担保实施办法》②；《关于规范工程担保公司承担工程建设合同担保的规定（试行）》	工程担保期限应满足保证履约完毕		注册资金、净资产均必须在5000万元以上		深圳市建设工程交易服务中心	单笔担保金额超过5000万元的，应同时具备公司股东大会对该项目实施担保的审批意见，工程跟踪方式及风险管理办法。担保公司出具保函时须同时将上述资料交予保函申请人，由保函申请人一并提交市建设工程交易服务中心备案	担保公司须持有在公司注册地的房产，记录登记在公司名下，注册地的房产、主管部门评估价为注册资金5%以上。担保公司须与一家本市注册并签订合作协议并获得至少为注册资金20%以上的授信额度。在本市注册具备一家以上会计师事务所对公司财务运营情况进行审计并对审计报告真实性负责

① 北京市关于工程建设保证担保的若干规定·京建法[2006]938号·2006/9/20
② 深圳市建设局关于印发《深圳市建设工程担保实施办法》的通知·深建市场[2002]36号·2002/12/1

422

省市	文件名称	对担保公司的监管						
		保函有效期及续保	担保余额放大倍数	注册资金	定期考核	审核备案	单笔保函保额	其他要求
东莞	《东莞市建设工程保证担保制度暂行办法》（东府[2005]57号发文①）		承保的总担保金额不得超过其注册资金的5倍	1亿元以上（内部规定）	担保公司应在每年1月15日前，将上一年度完成的担保工作情况以及业务工作总结报市建设行政主管部门已备案。备案由市建设行政主管部门另行规定	东莞市建设局	担保公司承保的单笔担保金额不得超过其资产的50%	保证人在本市行政区域从事工程担保业务，应当到市建设行政主管部门进行备案。市建设行政主管部门应当定期公布应选用已备案的保证人
秦皇岛	《秦皇岛市建设工程担保管理实施细则（试行）》（秦建[2006]31号）《秦皇岛市关于工程担保实施办法》秦政[2007]85号附件三②	合同义务实际履行完毕后28天止。发包人凭《竣工验收报告》、承包人出具的工程款结算完毕证明；承包人凭收报《竣工验收报告》、《不拖欠农民工工资证明》办理撤销手续	承保的总担保金额不超过保证人银行再担保函额度的10倍，并计入银行再担保保函额度	2000万元以上	定期公布保证人情况、被保证人必须适用已登记保证人。根据保证人在本市的业绩和信用情况、评定其在本市的信用等级	秦皇岛市建设工程交易中心	保证人承保的单笔担保金额不得超过保证人净资产的50%	担保公司提交银行再担保保函或抵押总值不低于注册资金20%的固定资产作为担保

① 东莞市建设工程保证担保制度暂行办法·东府[2005]57号·东莞市人民政府·2005/4/4
② 关于印发《秦皇岛市关于规范我市房屋建筑和市政基础设施工程项目招标投标活动的若干规定》的通知·秦皇岛市人民政府·秦政[2007]85号·2007/4/30

续表

省市	文件名称	对担保公司的监管						
		保函有效期及续保	担保余额放大倍数	注册资金	定期考核	审核备案	单笔保函保额	其他要求
厦门	《厦门市建设工程担保实施办法（试行）》厦建建[2008]33号①	承包商履约担保的有效期从工程建设合同约定的开工日期起，至工程建设合同约定的竣工日期后90～180天止。业主工程款支付担保从工程建设合同约定的开工日期起，至该建设工程承包商履约担保有效期截止之日后60～90天止。	上一年度经厦门金融评信评定的信用等级为AAA级以上的，担保余额应控制在该公司上一年度末净资产的10倍以内；上一年度经厦门金融评信评定的信用等级为AA级以上的，担保余额应控制在该公司上一年度末净资产的8倍以内；其他专业担保公司的担保余额应控制在该公司上一年度末净资产的5倍以内	企业实缴注册资本应在人民币1亿元以上，且货币出资金额不低于实缴注册资本的80%	由厦门门金融评信公司进行信用等级评定	市、区建设工程交易中心	单笔履约担保的担保金额不得超过该公司上一年度末净资产的25%，单笔业主工程款支付担保的担保金额不得超过该公司上一年度末净资产的10%	已与至少一家营业地在本市的国有商业银行签订企业融资担保协议，取得企业融资担保授信，申请备案的企业银行3倍以上额度的融资担保授信，且最近3个月企业实际开展企业融资担保业务，且备案时点企业融资担保在保余额不低于人民币3000万元；自2010年1月1日起，备案时点上一年度经厦门金融评信公司评定的信用金融评信公司评定信等级为A级以上

① 厦门市建设与管理局关于印发厦门市建设工程担保实施办法（试行）的通知，厦建建[2008]33号，福建省厦门市建设与管理局，2008/6/22

续表

省市	文件名称	对担保公司的监管						其他要求
		保函有效期及续保	担保余额放大倍数	注册资金	定期考核	审核备案	单笔保函保额	
山西	《关于印发〈建设工程担保备案管理暂行办法〉的通知》（晋建字 [2005] 110 号）①			500 万元以上	每年 1 月上旬，担保机构将上一年度担保项目及备案情况向备案管理机关上报。每年 1 月底，备案机关应当将上一年度备案情况汇总，报省建设行政主管部门。每年第二季度，对担保经营业绩、担保情况进行考核，向社会公布的担保合格的机构，考核不合格的担保机构，不予备案	省建设行政主管部门负责各类担保机构备案的监督管理，省建设工程劳动保险管理机构负责实施		
苏州	《苏州市市区建筑业企业工资支付担保暂行办法》（苏府 [2004] 149 号）2004 年 12 月 20 日发布②	自提交工资付担保之日起至工程质量监督机构出具该工程竣工验收备案报告后 60 天为止						

① 关于印发《建设工程保证担保备案管理暂行办法》的通知．晋建字 [2005] 110 号．山西省建设厅 2005/4/24
② 关于印发《苏州市市区建筑业企业工资担保暂行办法》的通知．苏府 [2004] 149 号．苏州市人民政府．2004/12/20

续表

省市	文件名称	保函有效期及续保	对担保公司的监管					其他要求
			担保余额放大倍数	注册资金	定期考核	审核备案	单笔保函保额	
湖北	《湖北省建设工程担保试行办法》（鄂建〔2003〕111号）①	合同义务实际履行完毕之日止。担保人就其担保金额赔付了全部担保金额之日起28天内，应当重新提交同等金额的担保。当剩余合同价值已不足原担保金额时，担保人重新提交担保不应低于剩余合同价值	专业担保机构的担保余额一般应控制在该公司上一年度末净资产的10倍			各级建设行政主管部门	单笔履约担保的担保金额不得超过该公司上一年度末净资产的50%。单笔业主工程款支付担保不得超过该担保金额上一年度公司末净资产的20%	
河南	《河南省建设工程担保实施办法（试行）》2006年3月1日发布②	合同约定的被保证人义务履行完毕之日后30天至180天	专业担保机构的担保余额一般应控制在该公司上一年度末净资产的10倍			专业担保机构工程担保资格由省人民政府建设行政主管部门认定	单笔履约担保金额不得超过该公司上一年度末净资产的50%。单笔业主工程款支付担保不得超过该担保金额上一年度公司末净资产的20%。不符合该条件的，可以与其他保证人共同提供担保	有从事工程担保的营业场所和相应资金。专业担保机构与行政机关不得存在隶属关系或者其他利益关系

① 关于印发《湖北省建设工程担保试行办法》的通知. 鄂建〔2003〕111号. 湖北省建设厅. 2003/12/18

② 河南省建设工程担保实施办法（试行）. 河南省建设厅. 2006/2/16

426

具有市场需求潜力的工程担保品种及其产生条件　　　　附表 3

担保品种	内涵描述	市场化需求产生条件
履约担保（私人业主）	由承包商向业主提交，保障承包商诚信履约。对发生违约的情况，担保机构要及时代偿或代为履行合同责任	● 业主具有相应的风险意识——成熟的市场主体应该自然拥有此风险意识 ● 担保机构可在此领域发挥作用，积极帮助业主提升相应的风险意识。这只会促进和维护业主的利益，对业主不带来任何风险 ● 或者，业主被强制要求提交以政府为受益人，以被拖欠款的承包商为索赔权利人的业主支付保函（目前业主支付保函是向承包商提交，这会导致业主利用其谈判优势将风险又转嫁回承包商，达不到增强业主风险意识的作用）。——此时，担保机构可以发挥自己的作用，将业主要求承包商提交履约担保作为自己为业主出具保函的前置条件，要求业主在担保委托合同中承诺必须向承包商要求提交以业主为受益人的履约担保
付款担保	由承包商向业主提交，保障承包商及时向其分包商或供货商及农民工付款。否则担保机构将代为支付	● 业主被强制要求提交以政府为受益人，以被拖欠款分包商和农民工为索赔权利人的保函，并且达到足够的担保金额，使业主不得不考虑支付风险的规避手段（成都要求业主提交的农民工工资保函是其中一类，但担保金额太低，风险责任单一，尚不足以启动此保函需求） ● 或者：修订我国现行担保法，使留置权覆盖不动产的建设过程 以上两种情况都可以使业主不得不产生对支付风险的规避需求，而担保机构也可在上述前提条件成立的前提下有效说服业主向承包商要求此保函，在政府要求业主提交以政府为受益人的保函时，可将业主要求承包商提交付款担保作为自己为业主出具保函的前置条件
分包商履约/付款担保	由分包商向承包商提交，保障分包商诚信履约/向它下面的分包商、供应商和工人及时付款。对发生违约的情况，担保机构及时代偿或代为履行合同责任。 视分包合同金额，如金额不高，履约保函和付款保函可以作为一个保函开出	● 承包商向业主提交了履约担保/付款担保，发现自己面临相应风险（成熟的承包商应该自然注意到此风险） ● 担保机构在为承包商出具履约担保/付款担保时，将承包商要求分包商提交履约担保作为自己为承包商出具保函的前置条件 ● 在挂靠非常普遍的市场环境下，担保机构可积极说服接受挂靠的承包商向挂靠单位收取类似的保函，以对挂靠者做出甄别和筛选，减少接受挂靠的施工企业的风险，从而也在一定程度上遏制挂靠泛滥的现象，以及减轻因资质挂靠给工程建设带来的风险

担保品种	内　涵　描　述	市场化需求产生条件
投标担保	用于保障投保人诚信投标并在中标后与业主签订合同和及时提交履约保函	● 监管部门应严格禁止招标人在投标完成后不向未中标投标人退还投标保证金的行为。避免投标保证金从一种单纯的担保方式变形为一种变相敛财的方式 ● 担保机构应积极向承包商宣传投标保函，促使承包商在投标前与招标人沟通，使其同意接受投标保函，以保函取代保证金，从而减少投标对承包商资金的不合理占用
维修担保	由承包商提交给业主，保障自己在保修期内履行维修责任。用于帮助承包商在竣工后换出质保金，减少承包商流动资金被占用的风险。 此项担保特别适于在工程竣工后安排有一个长周期的维修责任期时使用	● 担保机构可积极向承包商宣传此担保品种，促使承包商向业主争取其同意接受此保函，以此换出质保金，从而减少保修阶段对承包商资金的不合理占用 ● 担保机构应积极向业主宣传促使其接受此保函，促使业主在招标文件中就明确以维修保函取代质保金，从而促使承包商做出更合理的投标报价
保留金担保	与维修担保类似，但在进度款支付时就开出，以免除进度款支付时扣留承包商的保留金	● 担保机构可积极向承包商宣传此担保品种，促使承包商向业主争取其同意接受此保函，以此换出保留金，从而减少工程建设过程中对承包商资金的不合理占用 ● 担保机构应积极向业主宣传促使其接受此保函，促使业主在招标文件中就明确以保留金保函取代保留金，从而促使承包商做出更合理的投标报价

参 考 文 献

[1] AdcoxJ. W.. Surety Bonding in Construction Today. American Professional Constructor, 1995，3.

[2] AGC & NASBP. Private Work: Managing the Risks. The Associated General Contractors of America & the National Association of Surety Bond Producers，1997.

[3] AGC & NASBP. The Basic Bond Book. The Associated General Contractors ofAmerica & National Association of Surety Bond Producers，1993.

[4] AGC Document No. 470: Design-Build Performance Bond (Where the Surety is Liable for the Design Costs of the Work). The Associated General Contractors of America，1999.

[5] AGC Document No. 471: Design-Build Performance Bond (Where the Surety is NOT Liable for Design Services). The Associated General Contractors of America，1999.

[6] AGC Document No. 472: Design-Build Payment Bond (Where the Surety is Liable for the Design Costs of the Work). The Associated General Contractors of America，1999.

[7] AGC Document No. 473: Design-Build Payment Bond (Where the Surety is NOT Liable for Design Services). The Associated General Contractors of America，1999.

[8] AGC Document No. 606: Subcontract Performance Bond. The Associated General Contractors of America，1988.

[9] AGC Document No. 607: Subcontract Payment Bond. The Associated General Contractors of America，1988.

[10] AGC Document No. 660: Bid or Proposal Bond. The Associated General Contractors of America，1991.

[11] Ahenkorah KO. Re-thinking the retentions rule. Charted Quantity Surveyor，1993，3.

[12] Ahenkorah KO. Bonds in the Construction Industry. The Building Economist，1997，3.

[13] AIA DocumentA310: Bid Bond. American Institute of Architects，1970.

[14] AIA Document A312: Performance Bond and Payment Bond. American Institute of Architects，1984.

[15] Akenhead QC. Bonds and Guarantees. Proceeding of Insolvency in the Construction Industry，1992.

[16] Al-Sobiei, Arditi&Polat. Managing Owner's Risk of Contractor Default. The Journal of Construction Engineering and Management . 2005，131(9): 973

参 考 文 献

[17] Anderson J.. 5 Ways to Obtain More and Larger Surety Bonds: Guide to Surety Bonding 2000. The Associated General Contractors of America, 2000.

[18] Anderson M. J.. A Surety Perspective on Design-Build. ENR, Jul. 12, 1999.

[19] Andrews R. B.. Tender Calls and Requests for Proposals: The Requirement of Fairness and Good Faith. White, Ottenheimer& Baker, 1998.

[20] ArtinianP.. Glossary of Common Terms Used in Suretyship. Chubb, 1992.

[21] Awad&Fayek. Developing a Framework for Construction Contractor Qualification for Surety Bonding. ASCE Conf. Proc. , 2010, 373: 90 .

[22] AXCO Insurance Report, AXCO Insurance Information Services, 1998.

[23] Barnett R. Demand Bond Obligations. Chubb International Bonding & Surety Underwriters Memorandum, Aug. 14, 1998.

[24] Bayraktar&Hastak. A Scoring Approach to Construction Bond Underwriting. Journal of Construction Engineering and Management. 2010, 136(9): 957.

[25] Bayraktar, CuiHastak&Minkarah, State-of-Practice of Warranty Contracting in the United States. Journal of Infrastructure Systems . 2004, 10(2): 60.

[26] Bayraktar, CuiHastak&Minkarah. Warranty Bonds from the Perspective of Surety Companies. Journal of Construction Engineering and Management. 2006, 132(4): 333-337.

[27] Bingham T.. The Current Situation of Sub-contracting Market in Britain and Related Laws & Regulations. 建筑管理体制研讨会，建设部与 CIOB 联合主办，1999. 3.

[28] Borden R. Speech On Surety Bonding Presented Before AIE. National Electrical Contractors Association, September 17, 1998.

[29] Burns A. , Build Insurance and Warranties-A Better Form of Protection than Bonds and Guarantees? Construction Law Journal, 1996, 6.

[30] ByerlyJ.. Statement of Cash Flows: It's Impact on Surety Underwriting. Suretyscope, Winter, 1989.

[31] CCDC. A Guide to Construction Surety Bonds. Canadian Construction Documents Committee, 1979.

[32] China D.. Legal Spotlight: Miller Act Changes, Guide to Surety Bonding 2000. The Associated General Contractors of America, 2000.

[33] CLaeysJ.. Is oversupply of surety credit cause for concern? Seattle Daily Journal of Commerce, 1998.

[34] Clinton B. Letter to J. Martin Huber-Executive Vice President of the National Association of Surety Bond Producers, August 26, 1994.

[35] Clough R. H.. Construction Contracting. 5th Edition. John Wiley & Sons, 1994.

[36] Coleman N.. Corporate and Individual Sureties, GSA Office of Acquisition Policy, 1999.

[37] ConstruccionesInstalaciones Jupiter, Contractor Bids, Pricing and Terms of Service, http: // www. ci-jupiter. com, 1999.

[38]   CuiJohnson. Quick &-Hastak. Valuing the Warranty Ceiling Clause on New Mexico Highway Using a Binomial Lattice Model. Journal of Construction Engineering and Management, 2008, 134(1): 10.

[39]   CuiJohnson. Sharma &-Bayraktar. Determinants of Industry Acceptance for Highway Warranty Contracts: Alabama Case Study. Journal of Infrastructure Systems, 2010, 16 (1): 93.

[40]   Davis R.. O'Higgins N. The impact of insolvency Law. Construction Law, 1995.

[41]   Donald L. Kohn. The Evolving Role of the Federal Reserve Banks. At the American Bar Association, Banking Law Section, Washington, D. C., Nov. 3, 2006.

[42]   Dougherty M.. Surety Bonds in the Private Market: Protection for the Owner or the GC? ENR, Jul. 12, 1999.

[43]   Dunlap Insurance and Bonding, Erlon User Documentation, 1997.

[44]   Dunn J. W.. Bonds &- Insurance for Contractors, Willis Corroon Global Construction Industry Division.

[45]   Eaglestone F. N. &- Smyth C.. Insurance under the ICE Contract. George Godwin, LondonNew York.

[46]   Edwards L.. Lord G. &- Madge P.. Civil Engineering Insurance and Bonding. 2nd edit.. London: Thomas Telford Publishing, Thomas Telford Services Ltd, 1996.

[47]   El-Itr&-Kangari. Improving Effectiveness of Equal Business Opportunity Programs. Journal of Professional Issues in Engineering Education and Practice, 1994, 120(3).

[48]   Federal Reserve Bank of Minneapolis. A History of Central Banking in the United States. http: //www. minneapolisfed. org/community _ education/student/centralbankhistory/ bank. cfm.

[49]   Fitzgerald J. B.. Britt R. H. &- Waldorf D. D.. AFSB 151: Principle of Surety ship, 1st ed. Insurance Institute of America, 1991.

[50]   Florida Statutes. Public Property and Publicly Owned Buildings: Chapter255. 1995.

[51]   Gallangher E. G.. The Law of Suretyship. second edition. American Bar Association, 2000.

[52]   Gallangher E. G.. Miller Act Update, NACM News, May 1999.

[53]   Gerrity H. J.. Mechanics' Miens. The Law Offices of Harry J. Gerrity, Jun. 4, 1996.

[54]   Gharaibeh&-Shirazi. Risk-Based Model for Pricing Highway Infrastructure Warranties. Journal of Infrastructure Systems . 2009, 15(4): 378.

[55]   HeffronJ. L.. Accounting Alert: Turnaround Management Necessary kills for Today's Contractor. CFMA Building Profits, Nov. /Dec. 1991.

[56]   Hendrickson C. &- Au T.. Project Management for Construction Fundamental Concepts for Owners, Engineers, Architects and Builders, Department of Civil Engineering, Carnegie Mellon University, Pittsburgh, Jun. 28, 1999.

［57］ Hill W. M. & Evans D. M.．Pay When Paid Provisions: Still a Conundrum. The Construction Lawyer, Apr. 1998.

［58］ Hills M. J. FAN L. C. N. Construction Surety Bonds used in Hong Kong. Proceedings of the Symposium on Construction Project Management in China and Hong Kong. Beijing: Tsinghua University, 1990, 1: 9-10.

［59］ HSBC. 98 Annual Review. The Hongkong and Shanghai Banking Corporation Limited, 1999.

［60］ Hunt G.．Construction Surety and Bonding Hand Book -1996 Cumulative Supplement. Wiley Law Publications, John Wiley & Sons, 1996.

［61］ Hunt G.．Construction Surety and Bonding Hand Book. Professional Education Systems, Inc. 1990.

［62］ Hylton& Morris. Construction Issues: Surety Bonds, Height Restrictions. Community Association Update, 2010, (5): 1-2.

［63］ ICC Publication No. 325, ICC Uniform Rules for Contract Guarantees. International Chamber of Commerce, 1978.

［64］ ICC Publication No. 458, ICC Uniform Rules for Demand Guarantees. International Chamber of Commerce, 1992.

［65］ ICC Publication No. 536, Guide to ICC Uniform Rules for Contract Bonds & Model Forms. International Chamber of Commerce, 1997.

［66］ ICE. The New Engineering Contract. 6th Edition. The Institution of Civil Engineering, 1991.

［67］ ICIA. International Credit Insurance Association 1999/2000 Directory.

［68］ Illinois Compiled Statutes, 30 ILCS 550, Public Construction Bond Act.

［69］ INSCO DICO. Request for Sucdivision Bond Credit. The INSCO DICO Group, 1997.

［70］ Jones G. W. Performance Guarantees of Construction Contracts: Surety Bonds Compared to Letters of Credit As Vehicles to Guarantee Performance. The International Law Review, 1994.

［71］ Kangari& Bakheet. Construction Surety Bonding. Journal of Construction Engineering and Management . 2001, 127(3): 232 .

［72］ Kangari R. Bekheet M. T.．Risk Assessment of Construction Bonds Underwriting Using Neural Network Technique, Melchers& Stewart(eds), Integrated Assessment, Balkema, Rotterdam, 1995.

［73］ Kehlenbach F. EIC Workshop on Contract Bonds. Zürich SYNOPSIS, 17 Dec 17, 1998.

［74］ Klein R. Should we be so retentive? Building, Aug. 16, 1996.

［75］ Knocke J. Editor, Post-Construction Liability and Insurance, Routledge, 1993.

［76］ Kopp J. C. Private Capital for Public Works: Designing the Next-Generation Franchise for Public-Private Partnerships in Transportation Infrastructure. Master's Thesis Submitted to the Department of Civil Engineering, Northwestern University, May 1, 1997.

[77] Krizan E. G.. Bonding, Insurance Falling Short. ENR, Mar. 21, 1988.

[78] Kunishima M. & Shoji M. The Principle of Construction Management. SanKaido Publishing Co. , Ltd. , 1996.

[79] Kunishima M. (国岛正彦). Keynote Speech: CIB 1996 Beijing international Conference on Construction Modernization and Education, Oct. 24, 1996.

[80] Landau H. Galloway M. L.. Subcontractor's Bond Effective as a guarantee. Times, Jul. 4, 1995.

[81] Levine M. Wood J.. Construction Insurance and UK Construction Contracts. Lloyd's of London Press LTD, 1991.

[82] John L. Lewis. Court Rules Federal Reserve is Privately Owned Case Reveals Fed's Status as a Private Institution. http: //www. globalresearch. ca/index. php? context = va&aid=8518.

[83] Loeb Ed.. Miller Act, GSA Office of Acquisition Policy, 1999.

[84] Loulakis M. C. Cregger W. L.. Proof of Damages for Loss of Bonding Capacity, Civil Engineering of ASCE, 1995, 65(5).

[85] Lupien J G. Reducing Subcontractor Financial Risk: 5 Reasons for Bonding Subcontractors and 6 Things to Look for When Bonding Subs. Surety Information Office.

[86] Lupien J G.. A Model of the Surety Cycle. John Burnham & Company, Surety Bond Department, 1999.

[87] Lybeck K. L. Shreves H. B. The Law of Payment Bonds. American Bar Association Fidelity and Surety Law Co. , 1998.

[88] Madge P. A Guide to the Indemnity and Insurance aspects of Building Contracts Based on the JCT Standard Forms of Building Contract. RIBA Publications Limited, 1986.

[89] Malikowski P. J. Notice of Claim of Lien. Paul J. Malikowski&The Computer People, 1997.

[90] Maloney J. Surety Market Forecast, Guide to Surety Bonding. The Associated General Contractors of America, 2000.

[91] Marsh&Clifford. Representing the Surety: California Mechanics' Lien Law and Construction Industry Practice. Matthew Bender & Company, Inc. 2011.

[92] Marsh &Fayek. Development of a Fuzzy Expert System for Surety Underwriting. ASCE Conf. Proc. , 2009, 339: 23.

[93] Marsh &Fayek, SuretyAssist: Fuzzy Expert System to Assist Surety Underwriters in E-valuating Construction Contractors for Bonding. Journal of Construction Engineering and Management, 2010, 136: 1219.

[94] Maryland Insurance Administration, Agents/Broker Application for Individuals. Assessment Systems, Inc. 1997.

参 考 文 献

[95] McGuiness K. P. The Law of Guarantee. Sweet & Maxwell, 1986.

[96] McKenna E. J. Contractors Financial Analysis. 3rd Edition. A rough Notes Publication, 1988.

[97] Michie. Supplemental of the Annotated Code of the Public General Laws of Maryland, Michie, 1999.

[98] Michie, The Annotated Code of the Public General Laws of Maryland, Michie, 1997

[99] Minutes, Catawba County Board of Commissioners, June 2, 1997.

[100] Moelmann L. R. Hrris J. T. The Law of Performance Bonds. The American Bar Association, 1999.

[101] Moore F. L. Agents' Bonding Guide. 23rd edtion. The Rough Notes Company, Inc. 1982.

[102] NASBP. Code of Professional Standards (Article XIV of NASBP Bylaws). National Association of Surety Bond Producers.

[103] NJCC & JCCB, Guidance Note 2: Performance Bonds, National Joint Consultative Committee for Building and the Joint Consultative Committee for Building. Jul. 1986.

[104] Pope J. Confronting Corruption: Elements of National Integrity System. Transparency International, 2000.

[105] PSA, Panamerican Surety Association XIV International Seminar. Cabo de Santo Agostinho, Reciff-Pernambuco-Brasil, 2A 5 de Maio, 1999.

[106] PSA. Panamerican Surety Association XV General Assembly, Vancouver, British Columbia, Canada, 1998, 5: 23-27.

[107] Regan J. Power of Attorney. 1999 Federal Surety Bond Seminar, 1999, 11.

[108] Robertson F. The Global Marketplace Today. ENR, 1999-7-12.

[109] Rose-Ackerman S. Corruption and Government: Causes, Consequences, and Reform. Cambridge University Press(Chinese edition). Beijing: Xinhua publication. 2000.

[110] Russell &Jaselskis. Predicting Construction Contractor Failure Prior to Contract Award. The Journal of Construction Engineering and Management . 1992, 118(4): 791.

[111] Russell &Jaselskis. Quantitative Study of Contractor Evaluation Programs and Their Impact. The Journal of Construction Engineering and Management . 1992, 118(3): 612.

[112] Russell &Zhai. Predicting Contractor Failure Using Stochastic Dynamics of Economic and Financial Variables. The Journal of Construction Engineering and Management, 1996, 122(2): 183.

[113] Russell J. S. Construction Contract Bonds. Journal of Management in Engineering. 1991, 7(3).

[114] Russell J. S. Surety Bonds for Construction Contracts. ASCE. 2000.

[115] Russell J. S. Surety Industry: Overview. Journal of Management in Engineering. 1990, 5(3).

434

[116] Russell J. S. Underwriting Process for Construction Contract Bonds. Journal of Management in Engineerin. 1992, 8(1).

[117] RussellJ. S. Contractor Failure: Analysis. Journal of Performance of Constructed Facilities. 1991, 5(3): 163.

[118] RussellJ. S. Surety Bonding and Owner-Contractor Prequalification: Comparison. Journal of Professional Issues in Engineering, 1990, 116(4): 360.

[119] RussellJ. S. Underwriting Process for Construction Contract Bonds. Journal of management in engineering. 1992, 8(1): 63.

[120] SAA & NASBP. Joint Statement of the Surety Association of America (SAA) and the National Association of Surety Bond Producers (NASBP): The Surety Industry Remains Strong, Well Regulated, and Committed to the Financial Strength and Security of Surety Bonds Despite Liquidation of Amwest Surety Insurance Company . http: //www. surety. org , 2001-7-18 .

[121] SAA & NASBP. Subcontract Bonds-Needless Expense or Needed Protection, 1991.

[122] SAA & NASBP. The Surety Safeguard: How Bonding Protects Taxpayer Dollars. The Surety Association of America & the National Association of Surety Bonds Producer.

[123] SAA Archive. Towner Rating Bureau Record. the Surety Association of America.

[124] SAA. Answers to Suretyship. http: //www. surety. org.

[125] SAA. Constitution of The Surety Association of America, As adopted Oct. 23, 1947 and Amended to Jun. 6, 1996.

[126] SAA. Constitution of the Surety Association of America. 1947-10-23.

[127] SAA. The Surety Manual of Rules, Procedures and Classification. The Surety Association of America, 1995-1-1.

[128] SBA. Preferred Surety Bond (PSB) Guarantee Program Criteria Sheet (New Entrants). U. S. Small Business Administration.

[129] SBA. Prior-Approval (Plan A) Surety Bond Guarantee (SBG) Program Criteria Sheet. U. S. Small Business Administration.

[130] SBA. Programs & Services, 3rd Edition, U. S. Small Business Administration, Apr. 1999.

[131] SBA. SOP 50 45 2. The Surety Bond Guarantee Program, Office of Surety Guarantees. U. S. Small Business Administration, 1999-3-18.

[132] SBA. SOP 50 46 1. Claimes and Recovery Program, Office of Surety Guarantee. U. S. Small Business Administration, 1999-1-15.

[133] SeesCui & Johnson. Legal Environment for Warranty Contracting. Journal of management in engineering. 2009, 25(3): 115.

[134] Seifert. District of Columbia Green Building Act of 2006 and Its Implications for Sureties. Journal of Professional Issues in Engineering Education and Practice. 2008, 134

(1): 84.

[135] Seifert. International Construction Dispute Adjudication under International Federation of Consulting Engineers Conditions of Contract and the Dispute Adjudication Board. Journal of Professional Issues in Engineering Education and Practice. 2005, 131 (2): 131.

[136] Severson G D, Jaselskis E J & Russell J S. Trends in Construction Contractor Financial Data. Journal of Construction Engineering and Management, 1993, 119(4).

[137] Severson G D, Russell J S, &Jaselskis E J. Predicting Construction Contract Surety Bond Claims Using Contractor Financial Data. Journal of Construction Engineering and Management, 1994, 120(2).

[138] Florida Statutes. Chapter 255: Public Property And Publicly Owned Buildings. Full Volume. 1995.

[139] Severson, Russell &Jaselskis. Predicting Contract Surety Bond Claims Using Contractor Financial Data. The Journal of Construction Engineering and Management, 1994, 120 (2): 405.

[140] SIO. Bond Against Tomorrow's Losses. The Surety Information Office.

[141] SIO. Contractor Failure Analysis. The Surety Information Office.

[142] SIO. Letters of Credit Don't Guarantee Performance. The Surety Information Office.

[143] SIO. Protect Your Construction Lending Capital with a Surety Bond. The Surety Information Office.

[144] SIO. SAA & NASBP. A Construction Project Owner's Guide to Surety Bond Claims, 1999.

[145] SIO. SAA & NASBP. Why Bid, Performance & Payment Bonds are Required for Public Construction Projects?

[146] SIO. Surety Bonds at Work. Vol. 1. The Surety Information Office.

[147] SIO. Surety Bonds: Managing the Risk of Contractor Default. The Surety Information Office.

[148] SIO. Surety Companies: What They Are and How to Find Out About Them. The Surety Information Office.

[149] SIO. The Importance of Surety Bonds in Construction. The Surety Information Office.

[150] SIO. Understanding the Benefits of Surety Bonding. The Surety Information Office.

[151] SIO. Why Do Contractors Fail? The Surety Information Office.

[152] Spencer S. A. The Role of the Professional Surety Agent, Federal Surety Bond Seminar, Nov. 1999.

[153] Stark J N. New Mechanics' Lien Laws Enacted, Affect Public and Private Work, Business and Corporate Information and Legal Issues for Decision Makers, 1999, 2(3).

[154] Stephens S. Mechanics Liens. Trade Press Publishing Corporation, 1997.

[155] Surety Executive Roundtable, Surety: Where the Industry is, and Where it is going. ENR, 1999-7-12.

[156] Tan G. Performance Bonds in Construction Disputes and Judicial Intervention: The Singapore Approach. Proceedings of Construction Conflict: Management and Resolution, held in Lexington, Kentucky, USA, 1994, 10: 16-19.

[157] Tenah K. A. Guevara J. M. Fundamentals of Construction Management and Organization, Barbara Gyles, 1985.

[158] Board of Governors of the Federal Reserve System. The Federal Reserve System: Purposes & Functions. the 9th edition. Washington, D. C. , 2005.

[159] The Structure of the Federal Reserve System, http: //www. federalreserve. gov/ pubs/frseries/frseri4. htm.

[160] U. K. Inter-Department Work Group for the Construction Sponsorship Directorate of the Department of the Environment. The Use of Performance Bonds in Government Construction Contract, 1996, 11.

[161] U. S. Bureau of the Census. Historical C30 Value of Construction Put in Place Data. http: //www. census. gov, 1999.

[162] U. S. Code: Title 2, Title 15, Title 15, Title 30, Title 31, Title 33, Title 40, Title 42.

[163] U. S. Department of the Treasury, 31 CFR Part 225: Acceptance of Bonds Secured by Government Obligations in Lieu of Bonds, Federal Register, 1996.

[164] U. S. Department of the Treasury, 31CFR. 223: Regulations Governing Surety Company Doing Business with the United States, 1978.

[165] U. S. Department of the Treasury, 48 CFR Parts 1, 28: Irrevocable Letters of Credit and Alternatives to Miller Act Bonds, Federal Register, 1997.

[166] U. S. Department of the Treasury, 48 CFR Parts 28, 52, and 53: Federal Acquisition Regulation; Performance and Payment Bonds, Federal Register.

[167] U. S. Department of the Treasury, Federal Register, Circular 570, 1976-1980, 1982-1999.

[168] U. S. Department of the Treasury, Surety Bond Branch Performance Measures, 2000-3-31.

[169] U. S. Federal Acquisition Regulations, FAC 90-9 PART 28 Bonds & Insurance, Revised Oct. 1998.

[170] Vann John. Bonds and Guarantee - a Minefield for Contractors, National Builder, Jul. / Aug. , 1987.

[171] Ward, Burch, Flanagan, & Hogan. Recent Developments in Fidelity and Surety Law. Tort Trial & Ins. Prac. L. J. 2008-2009: 459.

[172] Weissenberger&Stephani, Rule 65. 1. Proceedings against a Surety. Federal Civil Pro-

cedure Litigation Manual. Matthew Bender & Company, Inc. , 2011.

[173] Welch J. W. , Morelewicz J. F. , Ruck A J. & Trecker S. J. . Contract Surety, AFSB 152. 1st Edition. Insurance Institute of America, 1992.

[174] Winter C. , Contract Surety: Effective Claim Management, Present to: College of Architectural Engineering. Kansa State University, 1997-10-9.

[175] Xiaomei Deng, QianTian, Shizhao Ding and Bob Boase. Transparency in the Procurement of Public Works. Public Money & Management, 2003, 23(3): 155-162.

[176] Xiaomei Deng, Shizhao Ding & QianTian. Reasons Underlying High Penalty Mandatory Construction Contract Bonding System. Journal Of Construction Engineering & Management, 2004. 130 (1): 67-74.

[177] Yang L. K. The Law of Guarantees in Singapore and Malaysia. Butterworths, 1992.

[178] Zinkewicz P. Expanding surety business offers opportunities to agents, Rough Notes, Jul. , 1996.

[179] Lee E. S. . A Study on the Guarantee System of Public Construction Contract and the Construction-related Financial Cooperatives: Current Problems and Proposals for their Solutions in Korea. CERIK, Sep. 1997.

[180] Lee E. S. . The Construction Guarantee System in USA and Japan. CERIK, Jan 1997.

[181] Lee E. S. etc. . A Study on the Construction Bonding and Loan: Current Problems and Proposals for their Solutions. CERIK, Jun. 1996.

[182] Lee E. S. . Improvement Directions for Guarantee System of Public Construction Contract. CERIK, Nov. 1996.

[183] 金本良嗣. 日本の建设产业. 日本经济新闻社, 1999: 25-26

[184] 《大连市建设工程合同担保实施办法》的通知. 大政发[2006]93 号. 2006-9-27.

[185] 《陕西省工程建设担保管理办法(试行)》的通知. 陕建发[2005]108 号. 陕西省建设厅. 2005-5-16.

[186] 2006 年度中国担保业监管研究. 2006 中国担保论证. http: //finance. people. com. cn/GB/8215/72696/72699/4971027. html. 2006-10-29.

[187] 埃瑞·维戈达, 孙晓莉. 从回应到协作: 治理、公民与未来的公共行政. 国家行政学院学报, 2003 (5) : 91-96.

[188] 安志达. 中国人信用忧思录. 中经评论, 中国经济信息网(www. cei. gov. cn), 1999-6-9.

[189] 白红磊. 项目承包人(项目经理)履约担保业务概述(内部资料), 2011.

[190] 北京市城乡建设委员会《关于进一步加强工程招标投标管理的若干规定》. 中外房地产导报. 1998, (22).

[191] 北京市关于工程建设保证担保的若干规定. 京建法[2006]938 号. 2006-9-20.

[192] 北京市建设委员会关于实施《关于工程建设保证担保的若干规定》有关工作的通知. 京建市[2006]1267 号. 2006-12-13.

[193] 北京市人民政府关于印发北京市政府投资建设项目管理暂行规定的通知. 京政发 [1999]31号, 1999-10-9.

[194] 财政部关于开展政府采购信用担保试点工作方案. 2011-9-5.

[195] 蔡鄂生, 谢平. 金融贷款担保全书, 中国金融出版社, 1997.

[196] 曹士兵. 中国担保制度与担保方法. 中国法制出版社, 2008.

[197] 曹守晔. 民事合同理论与实务. 人民法院出版社, 1997.

[198] 草刈耕造. 邓晓梅, 等, 译. 公共工程合同新履行保证制度. 北京: 中国建筑工业出版社, 2004.

[199] 长安保证担保有限公司. 工程保证担保业务指南. 1999. 5

[200] 长安保证担保有限公司. 建立我国工程保证担保制度高层研讨会会议资料. 1999. 7.

[201] 长安保证担保有限公司. 建立我国工程保证担保制度新闻资料汇编. 1999. 11.

[202] 常州市建设局. 常州市建设工程担保实施办法. 2003-7-29.

[203] 陈春来, 周琪, 杨洁, 黄巍. 杭州市工程担保试点过程中出现的问题与对策研究. 建筑经济, 2007, (01): 8-11.

[204] 陈发春. 负重如此, 谈何景气?. 建筑时报, 2000-7-17.

[205] 陈敏敏. 上市公司不规范担保行为的成因及对策. 集团经济研究, 2006, (09Z).

[206] 陈守湖. 贵州余庆县副科级以上干部须缴纳廉政保证金. 贵州都市报, http://news. sina. com. cn/c/2007-01-17/101512061558. shtml. 2007-1-17.

[207] 大连市人民政府关于印发大连市建筑业企业农民工工资保证金管理规定的通知. 大政发[2007]81号, 2007-7-16.

[208] 邓晓梅. "支付担保"还是"责任担保". 建筑时报, 2004-5-20.

[209] 邓晓梅, 田芊. 论担保制度在反腐制度建设中的作用. 中国软科学, 2002, (6): 20-23.

[210] 邓晓梅. 推行保证担保增强履约信用, 建筑时报, 2000-9-16.

[211] 邓晓梅. 政府监管慎用审批权. 数字财富, 2004, 9.(10): 37

[212] 邓晓梅. 中国工程保证担保制度的理论基础与实施策略研究, 同济大学博士论文, 2000, 12.

[213] 邓晓梅. 中国工程保证担保制度的研究. 中国建筑工业出版社, 2003.

[214] 邓晓梅. 中国建筑业市场在信息不对称条件下的退化现象及对策. 基建管理优化, 1997, 3(32): 1-9.

[215] 邓晓梅, 田芊. 国际工程保证担保制度特征的研究. 清华大学学报, 2003, 18(2): 66-72.

[216] 邓晓梅, 田芊. 论担保制度在反腐制度建设中的作用. 中国软科学, 2002, (6).

[217] 邓晓梅, 王春阳. 工程履约担保制度在公共工程中的试行效果及发展前景分析--基于对深圳、厦门工程担保制度的试点调查. 建筑经济, 2006, 283 (5): 22-25.

[218] 邓晓梅, 王春阳. 业主支付担保制度的试行效果及发展前景分析--基于对深圳、厦门工程担保制度的试点调查. 建筑经济, 2006, 289(11): 5-8.

参 考 文 献

[219]　丁明往. 建立工程担保和工程保险制度的基本思路. 建筑，1999，(12)：19-20.

[220]　丁士昭. 国际建筑业发展战略和中国建筑业发展的关系的思考. 中国建筑业协会项目管理委员会大连会议，1999-8-30.

[221]　东莞市人民政府. 东莞市建设工程保证担保制度暂行办法. 东府[2005]57 号. 2005-4-4

[222]　范亮亮，邓晓梅. 我国担保行业发展现状及建议. 金融理论与实践，2005. 314(9)：15-17.

[223]　方佩岚. 杭州创新管理思路推进工程担保取得成效. 建筑时报，http：//news. zhu-long. com/read44710. htm. 2006-12-21.

[224]　丰景春，杨晨，王荣喜. 我国工程担保制度的探讨. 人民黄河，2002，24(7)：6-8.

[225]　福建省厦门市人民政府关于印发《企业工资保证金实施办法》的通知. 厦府(2008)24 号. 2008-1-18.

[226]　高向峰. 浅谈工程担保实践中的几个问题. 建筑经济，2007(01)：16-18.

[227]　工程建设项目施工招标投标办法. 中华人民共和国国家发展计划委员会、中华人民共和国国家经济贸易委员会、中华人民共和国建设部、中华人民共和国铁道部、中华人民共和国交通部、中华人民共和国信息产业部、中华人民共和国水利部第 30 号令. 2003-5-1.

[228]　关于《常州市建设工程担保实施办法》补充规定的通知. 常建〔2006〕130 号，2006-7-5.

[229]　关于工程建设保证担保的若干规定. 京建法〔2006〕938 号，2006-12-1.

[230]　关于加强成都市建设领域民工工资保证金管理工作有关问题的通知. 成建委发[2004]776 号. 深圳市建设局关于印发《深圳市建设工程担保实施办法》的通知. 深建市场[2002]36 号. 2002-12-1.

[231]　关于加强基础设施工程质量管理的通知. 国务院办公厅. 1999-2-13.

[232]　厦门市建委. 关于进一步规范建设工程施工承发包行为若干指导意见的通知. 厦建建[2002]1 号，2002-1-7.

[233]　成都市办公厅. 关于切实解决和预防建设领域拖欠工程款和民工工资有关问题的通知. 成办发[2004]102 号. 2004-06-15.

[234]　关于深化建设市场改革的若干意见. 建设部. 1999. 2.

[235]　关于实行建设工程担保制度的意见. 青岛市建设委员会. 2002-6-27.

[236]　关于选择深圳、厦门等市作为推行工程担保试点城市的意见. 建市招函[2005]73 号. 建设部建筑市场管理司，2005-10-26.

[237]　关于银行业金融机构与担保机构开展合作的风险提示. 银监办发[2006]145 号，2006-5-29.

[238]　北京市社会和劳动保障局和北京市建设委员会. 关于印发《北京市建筑业农民工工资支付暂行管理办法》的通知. 京劳社资发[2008]66 号，2008-4-21.

[239]　常州市建设局. 关于印发《常州市建设领域农民工工资保证金管理办法》的通知. 2008-5-14.

[240] 建设部. 关于印发《关于在建设工程项目中进一步推行工程担保制度的意见》的通知. 建市[2006]236 号，2006-12-7.

[241] 湖北省建设厅. 关于印发《湖北省建设工程担保试行办法》的通知. n 鄂建[2003]111 号，2003-12-18.

[242] 山西省建设厅. 关于印发《建设工程保证担保备案管理暂行办法》的通知. 晋建建字[2005]110 号，2005-4-24.

[243] 中华人民共和国建设部，中华人民共和国财政部. 关于印发《建设工程质量保证金管理暂行办法》的通知. 建质[2005]7 号，2005-1-12.

[244] 秦皇岛市人民政府. 关于印发《秦皇岛市关于规范我市房屋建筑和市政基础设施工程项目招标投标活动的若干规定》的通知. 秦政[2007]85 号，2007-4-30.

[245] 苏州市人民政府. 关于印发《苏州市市区建筑业企业工资担保暂行办法》的通知. 苏府[2004]149 号，2004-12-20.

[246] 关于印发《新疆维吾尔自治区建设领域农民工工资支付管理办法》的通知. 新政办发〔2007〕111 号，2007-6-11.

[247] 关于印发宁波市房地产开发项目工程建设合同担保实施细则的通知. 甬建发[2007]132 号，2007-4-27.

[248] 关于在房地产开发项目中试行建设工程合同保证担保的若干规定(试行). 建设部建市[2004]137 号，2004-8-6.

[249] 湖北省劳动和社会保障厅，湖北省交通厅，湖北省水利厅，武汉铁路局. 关于在交通、水利、铁路等行业建立工资支付保证金制度的通知. 鄂劳社文[2006]111 号，2006-7-31.

[250] 南宁市劳动和社会保障局，南宁市水利局. 关于在南宁市水利水电工程项目实行农民工工资保证金制度的通知. 南劳社字[2007]28 号，2007-5-21.

[251] 贵阳市人民政府办公厅关于转发市劳动和社会保障局、市建设局《贵阳市建筑企业务工人员工资支付保证金制度实施方案》的通知，2006-12-21.

[252] 贵州省建设厅关于印发贵州省建设工程担保实施办法(试行)的通知. 黔建施通[2007]551 号，2007-12-18.

[253] 郭明瑞，房绍坤. 担保法. 北京：中国政法大学出版社，2008.

[254] 郭瑛. 规范工程保证担保制度的思考，企业经济，2004，(02)：32-33.

[255] 国务院办公厅关于切实解决建设领域拖欠工程款问题的通知. 国办发〔2003〕94 号，2003-11-22.

[256] 国务院办公厅关于转发建设部等部门关于进一步解决建设领域拖欠工程款的问题意见的通知. 国办发[2004]78 号，2004-10-29.

[257] 杭州市政府办公厅转发市建委关于杭州市建设工程担保管理试行办法的通知. 杭政办[2006]45 号，2006-11-28.

[258] 何伯森. 国际工程合同与合同管理. 中国建筑工业出版社，1999.

[259] 河北省建设厅. 河北省建设厅关于印发《河北省建设工程担保管理办法(暂行)》的通知.

2004-11-9.

[260] 河北省清欠办关于调整规范农民工工资保证金收缴方式和使用管理的通知. 2010-1-13.

[261] 河南省交通厅. 河南省高速公路建设项目农民工工资支付监督管理规定. 豫交工 [2009]44 号, 2009-7-22.

[262] 河南省建设厅. 河南省建设工程担保实施办法(试行). 2006-2-16.

[263] 侯承儒. 积极推进工程担保制度, 促进建筑市场健康有序的发展. 北京: 2005 中国工程担保论坛. 2005-8-25.

[264] 胡鞍钢. 有效防止腐败的关键是从制度入手. 改革, 2000, (6): 101-106.

[265] 胡鞍钢, 过勇. 公务员腐败成本—收益的经济学分析. 经济社会体制比较, 2002, (4): 33-41.

[266] 胡建文. 我国工程担保与工程保险的现状与未来. 建筑, 2000, (03): 26-27.

[267] 胡建文. 纵观香港工程建设和建筑业管理. 建筑报, 1998-10-20.

[268] 华远地产. 担保—构筑—道防火墙—工程保证担保实践之路. 北京: 现代出版社, 2005.

[269] 黄明知. 国际工程承包惯例及其新发展综述. 水电科技情报, 1996, (01): 1-5.

[270] 吉晓辉, 黄纪宪. 国有商业银行的贷款管理. 上海: 同济大学出版社, 1993.

[271] 贾康. 信用担保业须体现政策性调节保持政府资金介入. 中华工商时报, 2001-07-12.

[272] 建立我国公共工程合同保证制度课题组. 建立我国公共工程合同保证制度. 北京: 中国市场出版社, 2007.

[273] 建设部副部长黄卫在工程担保论坛开幕式上的讲话. http://finance. sina. com. cn/ g/20050826/18411920971. shtml. 2005-8-26.

[274] 建设部关于修改《建筑工程施工许可管理办法》的决定. 建设部令第 91 号, 2001-7-4.

[275] 雷俊卿. 国际工程承包中的经济担保与风险. 国外公路, 1994, (05): 11-13.

[276] 冷静, 秦旋, 张云波. 基于信号传递博弈模型的担保公司风险控制. 武汉理工大学学报(信息与管理工程版), 2008, (1): 114-117.

[277] 李德全. 对于工程担保、保险法律规定的政策建议. 建筑经济, 2004, (1): 32-38.

[278] 李栋. 工程保证担保制度启动阶段的问题和对策. 建筑经济, 2005, (08). 10-12.

[279] 李广涛. 工程保证担保制度法律问题研究. 上海交通大学硕士学位论文, 2007.

[280] 李慧敏, 刘红梅. 工程担保发包模式在欧洲和美国高速公路项目的实践. 筑路机械与施工机械化, 2009, (11): 4-8.

[281] 李建华. 公共治理与公共伦理. 长沙: 湖南大学出版社, 2008.

[282] 李健, 张庆云. 我国推行工程担保制度的立法与执法环境评析. 建筑经济, 2004, (10): 5-9.

[283] 李涛. 南京市工商局廉政人员退休有望拿到 20 万奖励. 南京日报, http://www. southcn. com/news/china/zgkx/200409140677. htm. 2004-9-14.

[284] 李燕. 独立担保法律制度. 中国检察出版社, 2004.

[285] 李燕鹏. 美国的保险与担保. 建筑经济，1999，8.

[286] 李燕鹏. 美国的工程项目保险与保证担保. 建筑经济，1998，190(8)：27-31.

[287] 梁宝忠. 智圆行方——担保体系的构筑与全动态风险管理. 北京：中国经济出版社，2007.

[288] 林德志. 厦门市工程担保的实践与探索. 建筑经济，2008，(6)：25-27.

[289] 刘爱民，等. 建筑公司老总痛说招投标黑幕. 建筑报·新闻周刊，1999-6-8.

[290] 刘保玉. 担保法原理精要与实务指南. 北京：人民法院出版社，2008.

[291] 刘嘉呈. 中小企业信用担保体系试点遍地开花，建筑报·网桥周刊，1999-8-28.

[292] 刘巨荣. 浅议工程担保问题. 科技情报开发与经济，2004，(3)：221-222.

[293] 刘俊海. 证券交易所的公司化趋势及其对中国的启示. 甘肃政法学院学报，2005，7.

[294] 刘新来. 信用担保概论与实务. 北京：经济科学出版社，2003.

[295] 刘玉明，刘伊生，刘菁. 北京市推行工程保证担保制度的实践——存在的主要问题与原因分析，建筑经济，2006，(4)：27-30.

[296] 刘粤波，王健梅. 天津市推行建设工程担保的情况分析. 建筑市场与招标投标，2007(01)：45-48.

[297] 刘智. 保证担保资料汇编(一). 长安保证担保公司/北京经济管理研究培训中心，1999，3.

[298] 陆潚，王雅萍. 中资商业银行在上海的发展，上海金融调统，1996，20.

[299] 马振东，孔庆智，传斌. 施工过程中应用担保转移风险的探讨. 建筑经济，1999，(10)：3-6.

[300] 毛亚敏. 担保法论，中国法制出版社，1997.

[301] 茅于轼. 不是需求不足而是信用不足. 中经评论，中国经济信息网，1999-3-15.

[302] 孟宪海. 工程担保制度中必须明确解决的若干法律问题. 中国政法大学学报，2001，(3)：52-56.

[303] 孟宪海. 国际工程担保制度研究借鉴(二). 建筑经济，2000，(6)：3-6.

[304] 孟宪海. 国际工程担保制度研究借鉴(三). 建筑经济，2000，(7)：3-4.

[305] 孟宪海. 国际工程担保制度研究借鉴(一). 建筑经济，2000，(5)：3-5.

[306] 孟宪海. 建设工程担保制度相关法律问题的研究. 政法论坛(中国政法大学学报)，2001，(3).

[307] 南宁市建设工程担保试行办法. 2001-12-21.

[308] 宁波市建设工程担保试行办法. 甬建市[2002]438号. 2002-11-18.

[309] 宁波市建委关于进一步加强建设工程担保管理的通知. 2009-12-9.

[310] 皮德·伯恩斯坦. 毛二万，张顺明，译. 与天为敌——风险探索传奇. 北京：清华大学出版社. 1999.

[311] 评标委员会和评标方法暂行规定. 中华人民共和国国家发展计划委员会、中华人民共和国国家经济贸易委员会、中华人民共和国建设部、中华人民共和国铁道部、中华人民共和国交通部、中华人民共和国信息产业部、中华人民共和国水利部第12号令.

2001-7-5.

[312] 青岛市建筑工程管理局关于在我市建筑业实行"农民工工资保证金"管理的通知. 2009-2-25.

[313] 任健. 建筑时报独家调查——工程款：拖欠知多少？建筑时报，2000. 7. 17.

[314] 融资性担保公司管理暂行办法. 中国银行业监督管理委员会、中华人民共和国国家发展和改革委员会、中华人民共和国工业和信息化部、中华人民共和国财政部、中华人民共和国商务部、中国人民银行、国家工商行政管理总局令 2010 年第 3 号. 2010-3-8.

[315] 阮文良，姚爱娜. 我国推行工程保证担保制度的博弈分析. 合作经济与科技，2008，(13)：60-61.

[316] 陕西省人民政府关于进一步做好农民工工作的实施意见. 陕政发[2006]70 号，2006-12-28.

[317] 上海城市合作银行研究发展基金项目课题：国外中小企业发展与金融(摘登). 上海金融调统，1997，2.

[318] 上海浦东发展银行. 担保性表外业务管理办法. 沪发展银信管字[1999]第 5 号，1999，5.

[319] 上海浦东发展银行. 企事业法人客户最高综合授信限额定量测算与控制暂行办法. 1999，6.

[320] 上海市建设工程交易中心，上海市建设工程招投标办公室. 上海市建设工程承发包实用手册. 上海：上海科学普及出版社，1998，9.

[321] 深圳经济特区和谐劳动关系促进条例. 施行日期：2008-11-1.

[322] 深圳经济特区建设工程施工招标投标条例(修正本). 施行日期：2002-3-1.

[323] 深圳市建设工程担保实施办法. 深建市场[2002]36 号，2002-12-01.

[324] 深圳市建设局. 深圳市建设局关于试行建设工程设计责任保险的通知. 深建技[2000]11 号，施行日期：2000-8-1.

[325] 沈阳市建设工程担保实施办法. 沈建发[2004]73 号. 城乡建设委员会，2004-6-22.

[326] 沈阳市人民政府关于解决农民工问题的实施意见. 沈政办发[2007]14 号. 2007-3-8.

[327] 盛春奎，王旭峰，徐伟. 中国推行工程担保制度的探讨. 建筑技术，2004，(08)：620-622.

[328] 史汉星. 建设工程担保试点工作调研报告. 住房与城乡建设部市场司. 2009-8-18.

[329] 四川省建设工程担保制度实施意见. 川建建发[2004]132 号.

[330] 宋宗宇，侯茜，王热. 工程担保的风险处理属性分析. 建筑经济，2008，(3)：16-18.

[331] 宿立强，姜建明. 对建筑工程担保与工程量清单计价关系的几点认识. 建筑经济，2009，S1 (6)：45-46.

[332] 孙劲峰. 工程担保高额模式的系统演进与若干实践问题. 建筑经济，2008，(10)：10-13

[333] 孙劲峰，黄依柱，朱萍. 工程担保制度试点与推进分析. 建筑经济，2007，(01)：1-3.

[334] 孙劲峰. 规范工程担保制度，为工程建设保驾护航. 建筑市场与招标投标，2008，

(5)：23-25.

[335] 孙茂强. 关于担保业务若干问题的思考与建议. 中国经济技术投资担保公司担保论坛，1996，(1).

[336] 台州市建设工程担保管理试行办法. 台建规[2007]215 号.

[337] 天津市建设工程担保管理办法建筑[2008]127 号. 天津市建设管理委员会，2008-1-23.

[338] 天津市建委. 天津市建设工程担保实施方法. 建筑[2003]182 号，2003-3-28.

[339] 天津市建筑业农民工工资保证金制度实施细则.

[340] 万克淑. 我国发展工程履约担保问题探讨. 建筑经济，2009，S1 (6)：1-3.

[341] 王洪波，刘长滨，张丽. 建立和完善我国建设领域风险管理制度的探讨. 建筑经济，2006，(09)：27-30.

[342] 王素卿. 开拓创新、重在落实，大力推行工程担保制度. 建筑经济，2005(09)：10-12.

[343] 王文彩. 担保与银行实务. 警官教育出版社，1992.

[344] 王迎莹. 建设工程担保解决方案的探讨. 建筑经济，2010，(5)：87-89.

[345] 王作成，杨庆丰. 我国建筑工程风险管理的现状及其解决对策. 煤炭技术，2003，22 (11)：113-114.

[346] 温州市建设工程担保实施办法(试行). 2003-12-24.

[347] 温州市委市政府. 关于进一步整治规范建设工程招投标市场的若干规定(试行). 温委发[2011]89 号.

[348] 吴福良，席酉民. 中国建筑工程招标应用最低价中标法的问题及对策. 建筑经济，2001(09)：28-31.

[349] 吴福良，仲伟周. 工程担保机制的理论分析. 西安交通大学学报，2001，135 S1 (12)：46-50.

[350] 吴旭丹. 工程担保制度对于质量控制的意义. 科技经济市场，2007，(5)：168-169.

[351] 吴亚平. 强制推行政府投资项目的工程担保制度. 中国投资，2006，(3)：113-114.

[352] 夏利民. 担保. 北京：学苑出版社，1994.

[353] 厦门市建设工程最低投标价中标实施办法. 厦建建[2003]18 号，2003. 4.

[354] 厦门市建设与管理局. 推行工程担保制度构筑建设市场诚信体系. 建筑经济，2003，(4)：50-51.

[355] 厦门市建设与管理局关于建设工程担保若干实施意见. 厦建建[2005] 160 号，2005-12-28.

[356] 福建省厦门市建设与管理局. 厦门市建设与管理局关于印发厦门市建设工程担保实施办法(试行)的通知. 厦建建[2008]33 号. 2008-6-22.

[357] 厦门市建筑市场管理若干暂行规定. 厦门市人民政府令第 103 号，2002-11-15.

[358] 厦门市人民政府关于印发企业工资保证金实施办法的通知(厦府[2008]24 号).

[359] 谢罗奇. 市场失灵与政府治理. 长沙：湖南人民出版社，2005.

[360] 谢增毅. 证券交易所组织结构和公司治理的最新发展. 环球法律评论，2006，(02).

[361] 新疆维吾尔自治区建筑工程施工担保实施办法. 2004-9-1.

[362] 薛万祥. 上海市主要商业银行中间业务发展的现状和战略选择. 上海金融调统，1998，(13).

[363] 杨春学. 二十世纪经济学的重大发展(1). 中国经济信息网(www. cei. gov. cn)，1999-11-24.

[364] 杨立新. 中国合同责任研究(上). 河南省政法管理干部学院学报，2000，(1)：22-34.

[365] 杨启兵. 从新加坡建筑业看国际建筑工程发展和我们的对策. 铁道工程学报，1999，61(1).

[366] 姚兵. 保险与担保的意识和行动，建立我国工程保证担保制度第一期高级研修班发言稿，1999. 12.

[367] 姚兵. 建筑管理. 北京：中国建筑工业出版社，1998，8.

[368] 於峰. 完善工程保证担保制度法律环境的对策建议. 建筑经济，2009，S1(6)：42-43.

[369] 俞可平. 治理与善治. 北京：社会科学文献出版社，2000.

[370] 苑茜，周冰，沈士仓，等. 现代劳动关系辞典. 北京：中国劳动社会保障出版社，2000：274-275.

[371] 岳德亮. 浙江省所有市县均建立工资支付保证金制度. 新华网 http：//news. xinhuanet. com/employment/2009-12/08/content _ 12608483. htm. 2009-12-8.

[372] 云南省建筑工程履约担保暂行规定. 2001-10-1.

[373] 云南省农民工工资支付保障规定. 2011-5-1.

[374] 曾正滋. 公共治理及其中国意义：基于双重维度和公民社会的分析. 福州：福建师范大学，2006，5.

[375] 詹姆斯 N·罗西瑙，编. 张胜军，刘小林，等，译. 没有政府的治理. 南昌：江西人民出版社，2001.

[376] 张清嵋，胡双全，牛英辉. 关于推行工程担保制度的调研报告. 建筑经济，2004，(10)：10-13.

[377] 张蕊，邓晓梅. 我国工程款优先受偿权与美国建设者留置权的对比研究. 建筑经济，2005，274(08)：45-48.

[378] 张维迎. 博弈论与信息经济学. 上海：上海人民出版社，1997.

[379] 浙江省温州市劳动保障局关于进一步加强交通建设领域农民工工资支付管理的通知. 温劳社法监[2009]90 号，2009-8-3.

[380] 浙江试行廉政保证金制廉洁公务员退休可拿 30 万. 重庆晨报. http：//news. sohu. com/20041214/n223477304. shtml. 2004-12-14.

[381] 郑利平. 腐败的经济学分析. 北京：中共中央党校出版社，2000，12.

[382] 中国保险百科全书：保证、信用保险. 北京：中国环境科学出版社，2001，9.

[383] 中国建设银行. 中国建设银行保证业务办法. 1998-10-16.

[384] 中国建设银行. 中国人民建设银行担保业务暂行办法. 施行日期：1992-1-1.

[385] 中国建筑工程总公司. 关于请求解决与土耳其伊斯银行(TURKIYE IS BANKASI AS)经济纠纷的报告，1995-11-6.

[386] 中国建筑工程总公司. 中建总公司工程保函管理办法(讨论稿). 1995-11-28.

[387] 中国经济技术投资担保有限公司. 2000 中国担保论坛文集. 北京: 经济科学出版社, 2000.

[388] 中华全国律师协会民事业务委员会. 中国建筑法实务论坛论文汇编. 杭州, 1999.

[389] 中华人民共和国 1998 年国民经济和社会发展统计公报. 中国经济信息网(www. cei. gov. cn)

[390] 中华人民共和国 1999 年国民经济和社会发展统计公报. 中国经济信息网(www. cei. gov. cn)

[391] 中华人民共和国保险法. 2009 年修订, 施行日期: 2009-10-1.

[392] 中华人民共和国担保法. 施行日期: 1995-10-1.

[393] 中华人民共和国国家统计局. 中国统计年鉴. 2010.

[394] 中华人民共和国国务院令第 279 号. 建设工程质量管理条例, 施行日期: 2000-1-30.

[395] 中华人民共和国合同法. 施行日期: 1999-10-1.

[396] 中华人民共和国建筑法. 施行日期: 1998-3-1.

[397] 中华人民共和国民法通则. 施行日期: 1987-1-1.

[398] 中华人民共和国物权法. 施行日期: 2007-10-1.

[399] 中华人民共和国招标投标法. 施行日期: 2000-1-1.

[400] 中华人民共和国政府采购法. 施行日期: 2003-1-1.

[401] 中华人民共和国财政部. 政府采购招标投标管理暂行办法. 中国财经报, 1999-7-3.

[402] 中华人民共和国建设部建筑业司. 制订《建筑法》有关背景资料汇编, 1997. 5.

[403] 中华人民共和国建设部令第 71 号. 建筑工程施工许可管理办法. 施行日期: 1999-12-1.

[404] 周锐, 周盛廉. 工程担保操作实务. 北京: 中国建筑工业出版社, 2007.

[405] 周武. 关于工程项目合同担保制度的研究. 同济大学硕士学位论文, 1997, 1.

[406] 邹还林, 常敏. 债权担保的方式与应用. 北京: 法律出版社, 1998.

[407] 最高人民法院关于建设工程价款优先受偿的批复. 法释 [2002]16 号, 2002-6-11.

[408] 最高人民法院关于适用《中华人民共和国担保法》若干问题的解释. 法释[2000]44 号. 施行日期: 2000-12-13.

[409] ENR 全球最大 225 家国际承包商排名: 中国 50 家企业上榜, 中国经济网, http: // intl. ce. cn/specials/zxgjzh/201109/13/t20110913 _ 22691045. shtml. 2011-9-13.

致　　谢

　　本书第一版是笔者在同济大学完成的博士论文的基础上改写而成的。笔者进入工程保证担保领域的研究完全归功于笔者的导师丁士昭教授。丁老师将其所负责的建设部课题："中国工程建设担保制度（体制、法制和机制）的研究"定为笔者的论文选题，他敏锐地看到了这一选题对国民经济发展的重大意义，并且以充分的信任鼓励笔者从原来的一名建筑师进入了一个全新的研究领域。他一再要求自己的学生：作为一名当前这个时代的知识分子，应该立志为国家的进步做出重大贡献。并且他自己一直身体力行。论文从研究思路、提纲拟定到文章的最后定稿，一直得到了丁老师的悉心指导，在此表示衷心感谢！

　　接受这一课题任务以后，笔者发现研究的最大困难，在于国内非常缺乏相关研究资料，仅仅通过互联网搜索也很难得到一个关于国际工程保证担保制度的完整认识，于是萌生去国外进行实地考察，与有关担保业者和专家进行面对面的交流的想法。非常感谢美国 Chubb& Son 保险集团和美国 St. Paul 担保公司，他们的资助使我有机会对美国的担保业进行了为期 2 个月的考察，参加了 Chubb Training School 和美国律师协会 ABS 主办的 Baltimore 担保研讨会，走访了多家担保公司、担保代理人、理赔专家、行业协会、政府监管机构及主要的研究机构等。笔者通过这一宝贵研究经历，汇同大量的网上调研，取得了大量的第一手资料，第一次形成了对工程保证担保制度国际经验的一个较为完整和系统的认识。这为国内今后此领域的研究打下了一个较好的基础，并且本书也可以作为国内业界借鉴国际经验开展工程保证担保业务，以及政府有关部门制定相关政策的一套较翔实的参考资料。

　　本书第一版相关研究成果的取得要特别感谢以下朋友抽出宝贵时间接受笔者的访问、耐心解答笔者的问题、回复笔者的 e-mail 调研、热心提供大量的相关资料和对笔者访美期间的照顾：

　　■ 美国 Chubb& Son 保险集团担保部：副总裁 Frank Robertson、培训主任 Patricia Attinian、国际业务区主任 Richard Barnett、东北西南区主任 Jay Schribner、东南区主任 John Smith、拉丁美洲区副主任 Dekker Buckley、律师 Bill Murray、理赔部 Rich Towl、IT 经理 Scott Wichstrom、总部承保人 Brenda G.

Menichillo、Melissa Coombs、Jane Bender、东北分部经理 Leah Whalen 和承保人 Robert Rapp；

- 美国 St. Paul 担保公司：副总裁夫妇 John & Yutian Phinney、承保人 Cindy Bowers、Mike Groman、Joan Boemmel、Micheal R. Mckibben、Brian Curry、集团法律事务总顾问 Rosemary Quinn、理赔法律顾问 Deborah A. Feuer、Bruce Corriveau、财务部 Peter Carman 和精算师 Joe Malsky；
- 美国担保协会（SAA）：主席 Lynn Schubert、副主席 Martha Hamby、律师 Edward Gallangher、承保部主任 Robert Duke、统计分析师 Sean Foley 和政府监管事务主任 Barbara Reiff；
- 美国担保信息办公室（SIO）主任 Marla McIntyre；
- 美国担保代理人协会（NASBP）：主席 Foss Duke 和培训部主任 Susan A. Ostrander；
- 美国保险协会（AIA）：副主席 John G. Savercool 和资深法律顾问 Martha Perkins；
- 美国总包商协会（AGC）国际承包分会主席 Terry M. Chamberlain；
- 美国财政部财务管理司担保处处长 Dorothy E. Martin；
- 美国中小事业局担保处：特别助理 Barbara Brannan、担保计划观察员 Pam Swilling、承保政策研究员 Dionne Neal 和理赔部主任 Ellam M. Luke；
- 美国马里兰州保险部财产与灾害保险分部副保险监督官 Robert Becker；
- 美国乔治亚理工大学：建筑学院建筑管理系主任 Dr. Roozbeh Kangari 教授和 Rita A. Gregory 博士；
- 美国密歇根大学 Jeffrey S. Russell 教授；
- 美国 C. Winter Enterprises, Inc. 公司总裁/美国再保协会仲裁员/美国担保协会理赔顾问委员会成员 Clem Winter 及夫人 Rita Winter；
- 美国 INSCO/DICO 担保公司加州分部经理 Steven R. Bonilla；
- 美国 John Burnham & Company 公司资深副总裁/担保代理部经理/NASBP 前任主席 Jack G. Lupien；
- 美国 Thompson Surety Agency 担保代理公司总裁 Alan J. Thompson；
- 美国 Constructors Bonding, Inc. 公司合伙人/NASBP 区域副主席 Dave Mckee；
- 美国 Foster Wheeler Corporation 公司风险管理部主任 John J. Herguth, Jr.；
- 美国新亚洲担保服务有限公司总经理 Daniel J. Mitterhoff；
- 美国南加州大学金得哲博士和夫人池承媛；

致 谢

- 美国注册建筑师冯智和夫人祁荔；
- 德国慕尼黑再保公司（Munich Re）副总经理 Richard Wulff；
- 意大利 SIC 担保公司总经理 D. G Limagalli；
- 丹麦 Dansk Kaution 担保公司 Kim Larsen；
- 荷兰 Nationale Borg 公司 William Wesseling；
- 瑞士丰泰保险公司（Winterthur）瑞士分公司信用与担保部主任 Werner Loher；
- 西班牙 Mapfre Caución y Crédito 公司/欧盟担保政策联合工作组成员 Carlos Hoyos；
- 国际担保协会（ISA）/国际信用保险协会（ICIA）欧盟担保政策联合工作组成员 Yves Pavillet；
- 国际信用保险协会（ICIA）Klaus Oppenheimer；
- 欧洲国际承包商组织（EIC）秘书长 Vera Stark；
- 韩国建筑产业研究院（CERIK）：院长洪性雄、研究员 Eui Seop Lee；
- 日本东京大学教授国岛正彦（Masahiko Kunishima）；
- 日本名古屋大学博士刘春路；
- 中国建设部总工程师姚兵教授；
- 中国长安担保公司总经理刘智、副总经理夏珊叶、工程监理部总经理贺立成、金犁等；
- 中国人民保险公司河北省分公司市场开发处副处长/英国皇家特许保险学会会员康国君；
- 深圳市盐田港建设指挥部吴福良；
- 中国人民银行上海分行行政处处长杜胜畅、机关事务管理处刘俊、银行监管一处处长洪佩丽、国有商业银行监管科洪上遊、货币信贷管理处信贷管理科科长闻富国等；
- 上海浦东发展银行：总行公司机构金融部副总/中间业务科科长王景斌、信贷管理部副总经理何海涛、社保部戴涛、上海地区总部公司金融部张燎等；
- 中国银行上海市分行周志良；
- 中国建设银行宝山分行王应雄；
- 中国平安保险公司上海分公司李大绪；
- 上海丰润投资顾问有限公司副总经理/律师代明华；
- 上海房地产经营集团有限公司张晶；
- 上海浦东六里开发区有限公司许江；
- 中国第五冶金建筑公司余云志；

　　■ 上海建纬律师事务所主任/上海仲裁委员会仲裁员朱树英；

　　■《建筑时报》总编助理任健；

　　■ 上海市建设工程交易中心总裁/上海市招标投标管理办公室主任陈仕中、书记许智琴、资料员郁玲等。

　　此外，本书第一版的写作还要感谢上海市建设工程监理公司总工程师金东浩教授的指导！感谢孙继德老师为笔者博士论文的修改与答辩准备所做的大量工作！感谢乐云、李佳川、谭震寰、王广斌、何清华、徐友全、陈建国、黄如宝等老师和王海艳、吴贻永、李文泉、郭晖等同学在论文研究过程中提供的各种帮助！感谢同济大学工程管理研究所的全体同事和同学的支持与关心！感谢余志峰、王谦、王予红、张薇、王健、魏昆等在美国的朋友在文献资料收集方面的协助！还要特别感谢余云志、潘蓉夫妇为我在论文写作过程中无偿提供住房和友谊的关怀！

　　本书第一版最后能够在博士论文的基础上修改出版，则要归功于清华大学公共管理学院众多同事和师长的关心和鼓励。笔者的合作导师，原清华大学公共管理学院常务副院长田芊教授，廉政研究室主任程文浩老师和任建明老师都从一开始就对笔者的研究方向给予了一贯的积极支持和鼓励；胡鞍钢教授则从笔者一进站就敦促笔者：应该迅速将自己有价值的研究成果进行整理并推向社会，并争取对国家相关政策的制定形成影响；施祖麟教授则敦促和积极推荐本书的出版。还有许许多多关心和支持我的老师和博士后同仁，恕我不能在此一一将他们列出。我深切感受到，所有的这些关心和鼓励，不仅仅出于他们对一位年轻学者的关爱，而更多地是他们出于学者精神，而对笔者的研究领域和研究成果对中国经济在 WTO 环境下进一步的改革和发展的重要意义的认同。这些支持和鼓励也就成为了笔者进一步前进的动力。

　　本书第二版的成稿则要感谢笔者目前所在的清华大学土木水利学院建设管理系以及其他兄弟院校选用本书做教参的各位同仁对笔者在工程担保领域工作的长期肯定和支持；感谢原住建部总工程师姚兵同志对笔者相关研究的长期支持；感谢原住房和城乡建设部缪长江处长邀请笔者参加了其组织的国内工程担保试点城市的考察工作，这项工作对笔者掌握我国工程担保试点的第一手资料提供了很大的便利，也促使笔者系统整理和完善了对试点工作中的问题和对策的思考；也感谢北京的梁宝忠先生、夏珊叶先生、罗亚莉女士、莫翠红女士、张援女士，河北的张凤珠女士、张冠伟先生，厦门的白玉渊先生、吴小慧女士、江文涛先生，深圳的韩跃伟先生、巫志东先生、吴福良先生、傅仰艺先生等住建系统领导和业内同行——恕在此不能一一列出所有给过我支持帮助的朋友们的名字——对笔者先

致　谢

后多次的调研提供接待和数据资料。还特别感谢河南诚建工程投资担保有限公司董事长白红磊先生及其同事的对本书再版的敦促和支持。在本书最后的编写过程中还得到了白红磊先生及其同事裴明高先生，以及中国建设银行深圳分行的傅仰艺先生提供的一些重要数据资料。

本书第二版的最后编写也得到了笔者的博士生汪辉、硕士生王爱华、冯珂，以及本科生李钰、张珂南、孙畅、周逸能和宋歌等的大力帮助。其中，汪辉负责了整个书稿的编辑整理工作；王爱华、冯珂和李钰分别参加了第2章、第9章和第13章的部分文字编写；王爱华还在十一长假加班加点对全书的参考文献标注进行了校对；张珂南、孙畅和周逸能则帮助进行了工程担保国内相关文献的查找。没有他们的帮助，本书不可能如期按计划的时间付印。笔者也感谢曾经指导过的本科毕业生王春阳、研究生张蕊、选修过我的"建设工程担保"课程的研究生赵国富和张君等在笔者对工程担保试点跟踪研究方面的参与。以及感谢笔者指导的研究生张乐在公共治理相关文献研究中的参与。也感谢蔡昳女士帮助校对了部分书稿。在此对他们的工作一并表示感谢。

本书先后两版的出版得到了中国建筑工业出版社总编张惠珍女士、崔勇博士、石枫华博士和李宁博士等的大力支持。特别是本书第二版的出版计划时间紧迫，石枫华博士和李宁博士对本书在选题计划、篇章结构和文字内容的校审等方面都付出了大量的心血。

最后，还特别感谢我的父母！无论是当前学习建筑学和从事建筑设计，还是后来笔者转入建设管理与公共政策的领域，无论是寒窗苦读、还是事业钻研，他们都一如既往地给予我信任和对我倾注着无私的关爱。笔者还特别感谢笔者的阿姨窦焕雪女士和表妹邓冬梅女士先后帮助笔者，尽心尽力照顾迄今为止方才1岁2个月的小宝宝，使笔者免除了后顾之忧。笔者也感谢丈夫周辉先生及公公婆婆和弟妹们对笔者事业的理解和大力支持！

邓晓梅

2011 年 10 月 8 日